Dipl.-Hdl. Dipl.-Kfm. Hartwig Heinemeier, Dipl.-Hdl. Peter Limpke, Dipl.-Hdl. Hans Jecht

W0381058

Handeln im Handel

Ausbildung im Einzelhandel

3. Ausbildungsjahr: Lernfelder 11–14

7. Auflage

Bestellnummer 222270

Winklers
westermann

Die in diesem Produkt gemachten Angaben zu Unternehmen (Namen, Internet- und E-Mail-Adressen, Handelsregistereintragungen, Bankverbindungen, Steuer-, Telefon- und Faxnummern und alle weiteren Angaben) sind i. d. R. fiktiv, d. h., sie stehen in keinem Zusammenhang mit einem real existierenden Unternehmen in der dargestellten oder einer ähnlichen Form. Dies gilt auch für alle Kunden, Lieferanten und sonstigen Geschäftspartner der Unternehmen wie z. B. Kreditinstitute, Versicherungsunternehmen und andere Dienstleistungsunternehmen. Ausschließlich zum Zwecke der Authentizität werden die Namen real existierender Unternehmen und z. B. im Fall von Kreditinstituten auch deren IBANs und BICs verwendet.

Die in diesem Werk aufgeführten Internetadressen sind auf dem Stand zum Zeitpunkt der Drucklegung. Die ständige Aktualität der Adressen kann vonseiten des Verlages nicht gewährleistet werden. Darüber hinaus übernimmt der Verlag keine Verantwortung für die Inhalte dieser Seiten.

Bildquellenverzeichnis

|Adel & Link Public Relations, Frankfurt/M.: © Visa 2018 173. |alamy images, Abingdon/Oxfordshire: 64. |Bergmoser + Höller Verlag AG, Aachen: 174, 269, 297, 307, 308, 310, 311. |Bitcoin.com: 175. |Bundesverband E-Commerceund Versandhandel Deutschland e. V., Berlin: Bundesverband E-Commerce und Versandhandel Deutschland e. V. 172. |Deutsche Post AG, Bonn: 48. |fotolia.com, New York: 23; Adam Gregor 271; allapen 177; B. Wylezich 378, 383; Flamingo Images Titel; FM2 322; fotodo 206; industrieblick 79; J. Mühlbauer 124; Kica Henk 317; Kzenon 340; Thaut Images 23; Yuri Arcurs 6, 214, 280. |Handelsverband Deutschland (HDE), Berlin: 140, 183, 184, 185. |Heinemeier, Hartwig, Hannover: 12, 12, 23, 85, 102, 142, 166, 191, 206, 314, 333, 346; Hartwig Heinemeier 119, 335; Heinemeier, Hartwig 281. |Hild, Claudia, Angelburg: 11, 12, 26, 29, 30, 31, 31, 32, 32, 33, 33, 34, 34, 35, 35, 35, 36, 42, 43, 44, 44, 45, 45, 46, 47, 47, 48, 48, 48, 49, 49, 50, 50, 50, 51, 51, 51, 52, 52, 52, 53, 54, 66, 67, 78, 95, 103, 103, 113, 116, 123, 130, 142, 145, 147, 157, 158, 159, 159, 162, 168, 169, 170, 171, 171, 195, 212, 213, 215, 219, 222, 223, 226, 227, 227, 229, 235, 240, 245, 246, 247, 248, 250, 253, 257, 257, 262, 263, 265, 289, 290, 315, 316, 317, 320, 336, 342, 344, 345, 349, 350, 351, 351, 352, 353, 355, 359, 376, 377, 386, 387, 395; Heinemeier, Hartwig 100, 104, 139, 153, 211. |Picture-Alliance GmbH, Frankfurt/M.: 183; dieKLEINERT.de 176; dpa-infografik 143, 148, 168, 209, 287, 318, 361, 389; dpa-infografik GmbH 175; dpa/Steffen, Peter 12; Google 176; Jean-François FREY 176. |punktgenau gmbh, Bühl: 49. |Shutterstock.com, New York: kay roxby 134; Sentavio 182; Sorbis 79; TotemArt 192. |stock.adobe.com, Dublin: 133; arrow 168; contrastwerkstatt 216; Dietl, Jeanette 232; Ihlenfeld, Wilm 144; Kneschke, Robert 134; marog-pixcells 134; photographicss 177; Popov, Andrey 174; Raths, Alexander 1; Robert Kneschke 12; seksan94 176; styleuneed 282; Victor 293; wladimir1804 172. |Stollfuß Medien GmbH & Co. KG, Bonn: 237.

Wir arbeiten sehr sorgfältig daran, für alle verwendeten Abbildungen die Rechteinhaberinnen und Rechteinhaber zu ermitteln. Sollte uns dies im Einzelfall nicht vollständig gelungen sein, werden berechtigte Ansprüche selbstverständlich im Rahmen der üblichen Vereinbarungen abgegolten.

Druck: westermann druck GmbH, Braunschweig

service@westermann.de
www.westermann.de

Bildungshaus Schulbuchverlage Westermann Schroedel Diesterweg Schöningh Winklers GmbH, Postfach 33 20, 38023 Braunschweig

ISBN 978-3-14-**222270**-7

westermann GRUPPE

© Copyright 2019: Bildungshaus Schulbuchverlage Westermann Schroedel Diesterweg Schöningh Winklers GmbH, Braunschweig
Das Werk und seine Teile sind urheberrechtlich geschützt. Jede Nutzung in anderen als den gesetzlich zugelassenen Fällen bedarf der vorherigen schriftlichen Einwilligung des Verlages.

„Handeln im Handel“: Der Titel dieser Buchreihe weist auf das dahinterstehende Unterrichtskonzept hin:

- Schulische Inhalte sollen näher an die berufliche Erlebniswelt der Schüler herangebracht werden.
- Das selbstständige Lernen der Schülerinnen und Schüler soll unterstützt werden.
- Den Schülerinnen und Schülern soll ein umfassender Kompetenzerwerb ermöglicht werden. Vermittelt werden daher umfangreiche Fachinformationen. Wir haben versucht, sie möglichst anschaulich darzustellen. Gleichberechtigt und gleichrangig unterstützen wir auch den Erwerb von Methoden- und Sozialkompetenzen, um das Ziel „Können soll mehr als Wissen sein“ zu erreichen.

Das 3. Ausbildungsjahr umfasst die Lernfelder 11 bis 14 des novellierten Rahmenlehrplans für die Ausbildungsberufe „Kaufmann im Einzelhandel und Kauffrau im Einzelhandel“ sowie „Verkäufer und Verkäuferin“. Er ist nach dem Lernfeldkonzept strukturiert. Das heißt, die Lernfelder wurden so konzipiert, dass sie konkrete berufliche Situationen umfassen. Durch die Auseinandersetzung mit diesen Situationen werden fachliche, methodische, personale und soziale Kompetenzen erworben.

Auch der vorliegende dritte Band der Schulbuchreihe „Handeln im Handel“ möchte vor diesem Hintergrund die Handlungskompetenz der Lernenden explizit und nachhaltig fördern. Als Handlungskompetenz verstehen wir „die Fähigkeit des Einzelnen, sich in beruflichen, gesellschaftlichen und privaten Situationen sachgerecht, durchdacht sowie individuell und sozial verantwortlich zu verhalten“ (KMK). Die Schülerinnen und Schüler sollen auf die selbstständige Bewältigung der zunehmend komplizierteren und komplexeren Praxis in den Einzelhandelsunternehmen vorbereitet werden.

In einem von dem neuen Rahmenlehrplan geforderten Unterricht muss ein Schulbuch

- den von den Lernsituationen ausgelösten Lernprozess strukturieren,
- die zur Erreichung der geforderten Kompetenzen notwendigen Inhalte und Methoden darstellen,
- zum Lesen und zum Lernen bewegen und motivieren.

Die einzelnen Kapitel dieses umfassenden und verständlichen Schulbuchs sind einheitlich gegliedert:

1. **Einstieg:** Jedes Kapitel beginnt mit einer anschaulichen Fallschilderung oder Darstellung, die auf eine Problemstellung des Kapitels hinweist.
2. **Information:** Es schließt sich ein ausführlicher Informationsteil mit einer großen Anzahl von Beispielen und weiteren Veranschaulichungen an.
3. **Aufgaben:** Die im Aufbau folgenden Lernaufgaben, die der Erschließung des Textes dienen, sollen von den Schülern mithilfe des Informationsteils selbstständig gelöst werden.
4. **Aktionen:** Durch Anwendung wichtiger Lern-, Arbeits- oder Präsentationstechniken im Zusammenhang mit dem behandelten Thema werden Grundlagen zum Erwerb der beruflich geforderten Handlungskompetenz gelegt.
5. **Zusammenfassung:** Am Kapitelende werden die wesentlichen Lerninhalte in Form einer farblich hervorgehobenen Übersicht als Post-Organizer zusammengefasst. Die Übersicht eignet sich sehr gut zur Wiederholung des Gelernten.

Die übersichtliche Gestaltung der Kapitel, die ausführlichen Erläuterungen der Fachbegriffe, die leicht verständliche Textformulierung und die vielen Beispiele und Abbildungen veranschaulichen die Inhalte ganz besonders, sodass das Lernen wesentlich erleichtert wird.

Das umfangreiche Sachwortverzeichnis am Schluss des Buches soll dem schnellen und gezielten Auffinden wichtiger Inhalte dienen.

In diesem Buch werden viele Begriffe, wie z. B. Verkäufer und Kunde, neutral verwendet, d. h., sie bezeichnen Personen beider Geschlechter. Wir bitten speziell die Leserinnen um Verständnis dafür, dass wir zugunsten der Leserfreundlichkeit auf die zusätzliche Erwähnung der weiblichen Formen verzichtet haben.

Die Verfasser

Vorwort zur 7. Auflage

Das Werk befindet sich auf dem Stand der Gesetzgebung vom 1. Januar 2019. Statistische Tabellen und Bildstatistiken wurden – soweit dies möglich war – auf den neuesten Stand gebracht. Eingearbeitet wurden alle gesetzlichen Veränderungen, die den Status quo abbilden, sowie Änderungen, die durch die Novellierung des Rahmenlehrplans notwendig geworden sind.

Frühjahr 2019 *Die Verfasser*

INHALTSVERZEICHNIS

LERNFELD 11

LERNFELD 12

LERNFELD 13

2222704

Anhang

GESCHÄFTSPROZESSE ERFOLGSORIENTIERT STEUERN

11

Geschäftsprozesse erfolgsorientiert steuern

Lernsituation 1

Die Ambiente Warenhaus AG hat momentan einige Schwierigkeiten mit ihrer Warenwelt „Sport“. Der Vorstandsvorsitzende Herr Rischmüller bestellt daraufhin seine Stellvertreterin Frau Bode und die Leiter der fünf Funktionsbereiche zu einer außerordentlichen Abteilungsleiterkonferenz ein.

Herr Rischmüller führt aus, dass insbesondere der Sportbereich in den letzten Jahren unter der allgemein schlechten Einzelhandelskonjunktur in auffälliger Weise gelitten hat. Die nominalen Umsätze sind auf dem Niveau von vor 3 Jahren stehen geblieben. Das gerade abgelaufene Jahr hat allerdings aufgrund des „Supersommers“ eine leichte Erholung (Umsatzzuwachs ca. 3,5 %) gebracht und für das laufende Geschäftsjahr zeichnet sich ab, dass der Vorjahresumsatz erreicht werden kann.

Die **Rentabilität** hat sich nach Aussage von Herrn Freiberg, Leiter des Funktionsbereichs Rechnungswesen, wegen des zunehmenden Wettbewerbs der Discounter und des Wachstums der Großflächenanbieter verschlechtert.

Die **Ertragslage** in dieser Warenwelt blieb auch im letzten Jahr angespannt. Eine grundlegende Verbesserung ist in diesem Jahr bei stabiler Nachfrage nicht zu erwarten – mittelfristig möglicherweise, wenn die Verbrauchernachfrage wieder ansteigt, was ggf. für den gesamten Sportbereich zu erwarten ist.

Nach wie vor sind **Kostenabbau** und ein schnellerer Lagerumschlag wichtige Ansatzpunkte für die Erhöhung der Rentabilität, so die übereinstimmenden Aussagen von Herrn Rischmüller und Herrn Freiberg. Mit Beratung und Service muss die Ambiente Warenhaus AG darüber hinaus ihre spezifischen Stärken herausstellen und mit Qualitätsware Nischen besetzen, die dem Preiswettbewerb nicht so stark ausgesetzt sind.

In diesem Zusammenhang weist Herr Rischmüller auf die Vergleichszahlen des letzten Jahres zwischen dem Sportartikel-Einzelhandel – zur Verfügung gestellt vom Einzelhandelsverband – und der Warenwelt „Sport“ der Ambiente Warenhaus AG hin:

Kostenarten und gesamte Handlungskosten in Prozent des Umsatzes[1]									Handelsspanne und Betriebsergebnis in Prozent des Umsatzes	
im Erhebungsjahr 20..										
Branche	**Personalkosten**	**Miete**	**Raumkosten**	**Werbekosten**	**Gewerbesteuer**	**Kraftfahrzeugkosten**	**Abschreibungen**	**Gesamte Handlungskosten**	**Betriebshandelsspanne**	**Betriebswirtschaftl. Betriebsergebnis**
Sportartikel-Einzelhandel	12,0	4,8	1,1	2,6	0,2	0,9	1,4	32,4	33,9	+ 1,5
Zahlen der Ambiente Warenhaus AG	15,3	3,7	1,2	3,1	0,25	1,2	1,38	37,8	28,9	+ 1,1

1 Alle Prozentwerte beziehen sich auf den Umsatz ohne Umsatzsteuer.

Im Vergleich mit anderen Einzelhandelsunternehmen, so Herr Rischmüller weiter, halten sich die durchschnittlichen Mietkosten mit 3 %–4 % des Umsatzes in Grenzen. Mit einem flüchtigen Blick in Richtung von Frau Kraibaum, die für den Funktionsbereich Personal verantwortlich ist, stellt er ferner fest, dass der entscheidende Kostenfaktor die Personalkosten mit einem Mittelwert von 15,3 % vom Umsatz sind. Nach Abzug der Kosten bleiben der Ambiente Warenhaus AG durchschnittlich nur unzureichende 2,8 % vom Umsatz als Gewinn vor Steuern.

Frau Hauck, Leiterin des Funktionsbereichs Verkauf/Absatz, ergänzt in diesem Zusammenhang, dass aufgrund eines durchgeführten **Betriebsvergleichs** Einzelhandelsunternehmen der Sportbranche mit zwei bis drei Personen durchschnittlich rund 350.000,00 € Umsatz pro Jahr erzielen, bei einem Absatz von ca. 150.000,00 € pro Beschäftigten. Das heißt, bei den kleineren Unternehmen ist die Kapazitätsauslastung besser als im eigenen Haus.

Eine weitere Information von Frau Hauck betraf die privaten Konsumausgaben, die entsprechend der Prognosen des ifo-Instituts im laufenden Jahr nominal um 1,5 % steigen werden. Darüber hinaus liegt mittelfristig die sportliche Betätigung „Otto-Normalbürger“ wieder im Trend, sodass summa summarum einiges für eine vergleichsweise positive Entwicklung auch der Sportbranche spricht.

Um hieran mit entsprechenden höheren Umsätzen teilhaben zu können, müssen von den Verantwortlichen der Ambiente Warenhaus AG geeignete Maßnahmen getroffen werden. Herr Rischmüller und sein Team benötigen daher zusätzlich aussagekräftige Daten, die ihm und seinen Führungskräften helfen sollen, dieses Ziel zu verfolgen, die richtigen Entscheidungen zu fällen und für die Zukunft Verbesserungen anzusteuern.

Informationen dazu können **Kennzahlen** liefern. Neben den bereits vorliegenden Zahlen erwartet der Vorstand von weiteren (neben den in der Übersicht dargestellten) betrieblichen Kennzahlen Hilfestellung, um

- die wirtschaftliche Lage der Warenwelt „Sport“ zum jetzigen Zeitpunkt noch besser beurteilen zu können,
- die Schwächen und die Stärken des Sportsektors im eigenen Unternehmen klar erkennen zu können,
- die weitere Entwicklung des Sportbereichs innerhalb des Unternehmens beobachten zu können,
- zukünftig rechtzeitig Signale für Fehlentwicklungen zu erhalten,
- die Warenwelt „Sport“ mit anderen vergleichbaren Unternehmen der Sportbranche vergleichen zu können,
- Maßstäbe (Planzahlen) für die Zukunft festlegen zu können.

Die fünf Funktionsbereichsleiter (Beschaffung, Lagerhaltung, Verkauf/Absatz, Personal und Rechnungswesen) werden daraufhin vom Vorstand aufgefordert, innerhalb der nächsten 14 Tage auf der Grundlage der von ihnen noch zu ermittelnden Kennzahlen Vorschläge für expansive und damit auch zukunftssichernde Maßnahmen für die Warenwelt „Sport“ auszuarbeiten.

Sie werden nun in die Rolle eines Funktionsbereichsleiters versetzt, der in diesem Team mitarbeitet. Beantwortet werden sollen die folgenden Aufgabenstellungen:

2222708

1. Warum ist es für ein Einzelhandelsunternehmen wie die Ambiente Warenhaus AG sinnvoll, die Kosten aufgeschlüsselt sowohl nach ihrer Art (Mieten, Abschreibungen usw.) und gleichzeitig nach dem Ort ihrer Entstehung (hier: Warenwelt „Sport") zu erfassen?

2. Führen Sie innerhalb Ihres Teams ein Brainstorming durch.
   a) Analysieren Sie anhand der tabellarischen Übersicht die Kostenstruktur in der Warenwelt „Sport".
   b) Führen Sie eine Abweichungsanalyse durch.
   c) Erläutern Sie, was das Betriebsergebnis (siehe Tabelle) von dem Gesamtergebnis der Gewinn- und Verlustrechnung unterscheidet.

3. Empfehlen Sie auf der Grundlage Ihrer bisherigen rechnerischen Ergebnisse und Ihrer gewonnenen Erkenntnisse aus den Aufgaben 1 bis 3 dem Vorstand der Ambiente Warenhaus AG einzelwirtschaftliche Maßnahmen zur Kostensenkung und zur Umsatzsteigerung.

4. Stellen Sie Ihr gesamtes Maßnahmenpaket unter Zugrundelegung von geeigneten Präsentationsmethoden und unter Berücksichtigung der Präsentationsregeln vor.
   Bereiten Sie Ihre Präsentation sorgfältig vor, da von ihr die Zukunft der Warenwelt „Sport" einschließlich der vielen damit zusammenhängenden Arbeitsplätze abhängt. Begründen Sie die von Ihnen vorgeschlagenen Einzelmaßnahmen.

5. In Statistiken wie der auf Seite 8 abgedruckten ist sehr häufig der Hinweis „Umsatz ohne Umsatzsteuer" zu finden. Klären Sie in diesem Zusammenhang mithilfe Ihres Ausbildungsunternehmens,
   a) was unter Umsatzsteuer zu verstehen ist,
   b) welche Bedeutung die Umsatzsteuer im Rahmen der Preiskalkulation für ein Einzelhandelsunternehmen hat,
   c) ob und wie die Umsatzsteuer beim
      - Einkauf (→ erhaltene Eingangsrechnungen) und
      - Verkauf (→ ausgestellte Ausgangsrechnungen)
      in der Buchhaltung beim Buchen der Geschäftsfälle berücksichtigt wird.

6. Stellen Sie Ihre Ergebnisse der Aufgabe 5 dem Plenum vor:
   a) Verwenden Sie zur nachhaltigen Unterstützung Ihrer Ausführungen mit dem Computer selbst erstellte Muster je einer Einkaufs- und einer Verkaufsrechnung (oder mit Erlaubnis Ihres Ausbildungsunternehmens Originale – u. U. abgeändert – aus der Praxis).
   b) Fertigen Sie von den wichtigsten Ihrer Ausarbeitungen (einschließlich der Rechnungsformulare) Folien an.
   c) Begründen Sie während Ihres Vortrags Ihre Arbeitsergebnisse.
   d) Gehen Sie in diesem Zusammenhang auch auf die Wichtigkeit von Belegen als Grundlage für die Buchhaltung ein (z. B. mit Bezug auf die Ausführungen zur Einkaufs- und Verkaufsrechnung) und geben Sie der Klasse Informationen zu den Aufbewahrungsfristen.
   e) Wiederholen Sie zum Schluss die wichtigsten Erkenntnisse Ihrer Arbeit.

Lernsituation 2

1. Nach der Ermittlung der einzelnen Daten wie Reingewinn, Rohgewinn, Handelsspanne, Personal- und Raumproduktivität (siehe Lernfeld 8) erhält die Abteilung Rechnungswesen von der Geschäftsleitung den Auftrag, für die Filialen Potsdam, Regensburg und Kiel weitere zusätzliche Kennzahlen auf der Grundlage des bisherigen Datenmaterials (siehe folgende Tabelle) bereitzustellen.

Filiale	Betriebliche Daten aus der Warenwelt „Schöner schlafen" Datenerhebung: Januar – Dezember 20..				
	Umsatzerlöse	Wareneinsatz	Handlungskosten[1]	Miete	Personalkosten
Potsdam	9.300.000,00 €	5.100.000,00 €	2.513.000,00 €	575.400,00 €	1.377.600,00 €
Regensburg	8.400.000,00 €	5.900.000,00 €	1.750.000,00 €	232.500,00 €	767.500,00 €
Kiel	8.800.000,00 €	5.720.000,00 €	1.680.000,00 €	224.840,00 €	994.840,00 €

1 In den Handlungskosten sind die Mietaufwendungen und Personalkosten enthalten.

Im Einzelnen werden vom Management genaue Ergebnisse erwartet über

- die Wirtschaftlichkeit,
- die Intensität der Mietaufwendungen und der Personalkosten,
- die prozentualen Anteile der Mietaufwendungen und der Personalkosten am Rohertrag,
- die Umsatzrentabilität,
- die Intensität des Wareneinsatzes,
- den prozentualen Anteil des Wareneinsatzes an den Umsatzerlösen.

Die Ergebnisse sollen anschließend – so weit wie das möglich ist – mit den Kennziffern im Einzelhandel verglichen und die entsprechenden Abweichungen festgestellt werden.

Kennziffern im Einzelhandel (in Mio. €)												
	Jahr	**Umsatz (U)**	**Wareneinsatz**		**Rohertrag (RE)**		**Bruttolohn- und Gehaltssumme**		**Investitionen (I)**		**Mietaufwendungen**	
Warenhäuser		€	€	Anteil am U (%)	€	Anteil am U (%)	€	Anteil am RE (%)	€	Anteil am RE (%)	€	Anteil am RE (%)
	2011	11.227,00	8.003,00	71,3	3.224,00	28,7	1.133,00	35,1	93,00	2,9	323,00	10,0
	2010	11.863,00	8.365,00	70,5	3.498,00	29,5	1.195,00	34,2	92,00	2,6	349,00	10,0
	2009	11.459,00	7.985,00	69,7	3.309,00	28,9	1.187,00	35,9	157,00	4,7	343,00	10,4
	2008	11.385,00	8.167,00	71,7	3.219,00	28,3	1.321,00	41,0	164,00	5,1	211,00	6,5
	2007	11.263,00	7.933,00	70,4	3.331,00	29,6	1.467,00	44,0	159,00	4,8	261,00	7,8

a) Verschaffen Sie sich mithilfe der einzelnen Ergebnisse einen zuverlässigen Einblick in die wirtschaftliche Situation der drei Filialen und stellen Sie die innerbetrieblichen Unterschiede heraus.

b) Wie ist die momentane Situation der drei Ambiente-Warenhaus-AG-Filialen Potsdam, Regensburg und Kiel im Vergleich mit den Kennziffern im Einzelhandel zu beurteilen?

c) In welchen Bereichen sehen Sie bei den drei Filialen Ansätze für Einzelmaßnahmen, um die Leistungsfähigkeit zu steigern und die Kosten zu senken? Begründen Sie Ihre Entscheidung.

d) Klären Sie im Rahmen dieser Lernsituation abschließend die Frage, warum Bestandsveränderungen zur Ermittlung des Wareneinsatzes (siehe Spalte 4 der Übersicht) berücksichtigt werden müssen.

---

2. In der Filiale Kiel hat die Warenwelt „Herren" einen Anteil an Umsatz und Kosten, wie er in der folgenden Tabelle dargestellt ist.

In der Artikelgruppe Herrenoberhemden führt die Ambiente Warenhaus AG die Artikel Elegantia, Superior und Durable.

Filiale Kiel	Betriebliche Daten aus der Warenwelt „Herren" Datenerhebung: Januar – Dezember 20..		
	Umsatzerlöse	**Wareneinsatz**	**Variable Handlungskosten**
Warenwelt „Herren"	5.957.600,00 €	3.678.000,00 €	1.160.880,00 €
Artikelgruppe Herrenoberhemden/**Artikel:**			
• Elegantia	57.500,00 €	43.070,00 €	17.574,00 €
• Superior	138.000,00 €	84.240,00 €	25.260,00 €
• Durable	85.100,00 €	47.100,00 €	19.900,00 €

a) Ermitteln Sie für die einzelnen Artikel die Deckungsbeiträge.

b) Treffen Sie eine sortimentspolitische Entscheidung auf der Grundlage Ihrer Ergebnisse. Begründen Sie Ihre Maßnahme.

22227010

KAPITEL 1

Wir schließen die Warenkonten ab und berücksichtigen Veränderungen des Warenbestands

In der Abteilung Rechnungswesen der Ambiente Warenhaus AG muss Britta Krombach die folgenden Geschäftsfälle bzw. betrieblichen Informationen erfassen und anschließend die unten aufgeführten fünf Arbeitsaufträge erledigen. Unterstützen Sie Britta Krombach hierbei.

- Anfangsbestand an Waren in der Warenwelt „Lesen" zum 1. April . . . 300.000,00 €
- Einkäufe von Waren auf Ziel zum Einkaufspreis lt. Eingangsrechnung (ER) vom 1. April bis 30. Juni . . . . 750.000,00 €
- Verkäufe von Waren gegen Banküberweisungen zum Verkaufspreis lt. Ausgangsrechnung (AR) vom 1. April bis 30. Juni . . . . 1.100.000,00 €
- Warenschlussbestand an Waren lt. Inventur zum 30. Juni . . . . 370.000,00 €

1. Erfassen Sie die Geschäftsfälle im Grundbuch und im Hauptbuch.
2. Ermitteln Sie die Bestandsveränderung an Waren in der Warenwelt „Lesen" zum 30. Juni. Wie ist die Veränderung zwischen Anfangs- und Schlussbestand zu erklären?
3. Schließen Sie nur die Warenkonten ab und nennen Sie den jeweils dazugehörigen Buchungssatz.
4. Ermitteln Sie das Rohergebnis aus dem vorliegenden Warenhandelsgeschäft.
5. Abschließend ist der Reingewinn zu berechnen unter Berücksichtigung der übrigen Aufwendungen von 450.000,00 € und der übrigen Erträge von 600.000,00 €.

INFORMATION

Durch die Inventur wird am Ende des Geschäftsjahres der Warenschlussbestand ermittelt. Stimmt der Schlussbestand nicht mit dem Anfangsbestand überein, so spricht man von einer **Bestandsveränderung**. Dabei sind zwei Fälle denkbar:

1. Der Schlussbestand ist größer als der Anfangsbestand → es liegt eine **Bestandsmehrung** vor.
2. Der Schlussbestand ist kleiner als der Anfangsbestand → es liegt eine **Bestandsminderung** vor.

Erhöhung des Warenbestands

Situation:

Die im Sortiment der Ambiente Warenhaus AG sich befindenden Jogginganzüge (GTIN bzw. EAN 4024010404180) sind ein richtiger Verkaufshit geworden. Herr Otte hatte seinerzeit mit seinem Entschluss, die Ware in das Sortiment aufzunehmen, einen guten Riecher bewiesen.

Da am 1. Juni nur noch 15 Anzüge auf Lager sind, ordert die Einkaufsabteilung weitere 170 Jogginganzüge zum Einkaufspreis von 31,50 €, zahlbar innerhalb von 40 Tagen. Die wenige Tage später gelieferten Sportanzüge werden sofort nach dem Eingang als Warenaufwand buchhalterisch erfasst.

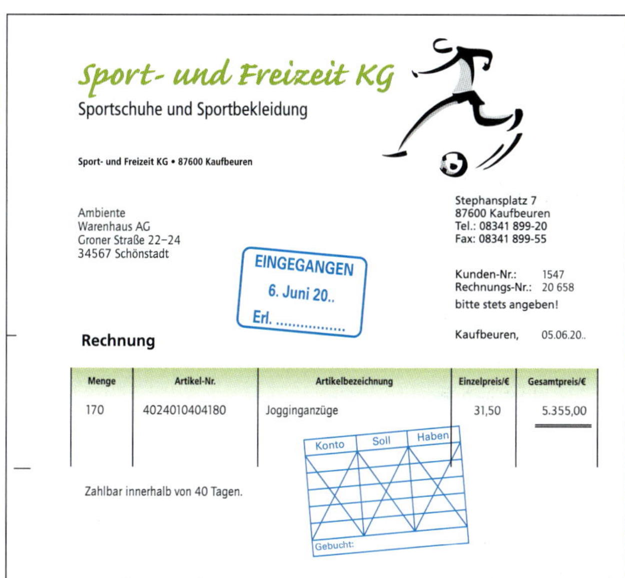

Sport- und Freizeit KG
Sportschuhe und Sportbekleidung

Sport- und Freizeit KG • 87600 Kaufbeuren

Ambiente
Warenhaus AG
Groner Straße 22–24
34567 Schönstadt

Stephansplatz 7
87600 Kaufbeuren
Tel.: 08341 899-20
Fax: 08341 899-55

EINGEGANGEN
6. Juni 20..
Erl. ....

Kunden-Nr.: 1547
Rechnungs-Nr.: 20 658
bitte stets angeben!

Kaufbeuren, 05.06.20..

Rechnung

Menge	Artikel-Nr.	Artikelbezeichnung	Einzelpreis/€	Gesamtpreis/€
170	4024010404180	Jogginganzüge	31,50	5.355,00

Konto | Soll | Haben
Gebucht:

Zahlbar innerhalb von 40 Tagen.

Bis zum Ende des Monats Juni[1] werden insgesamt 129 Anzüge zum Verkaufspreis von 52,20 € bar verkauft (siehe Kassenbon, der einen dieser Verkäufe zeigt).

Ambiente Warenhaus AG
Filiale 89 Berlin • Warenwelt „Sportmode“

```
  ***  TV-Ambiente nicht vergessen!  ***
   2 Wochen TV & Lebensart nur 60 Cent!
 Alle 14 Tage neu bei Ambiente Warenhaus AG

Verkäufer: 120

4024010404180
JOGGINGANZUG                          52,20
Summe EUR                            *52,20
gegeben bar EUR                       55,00
zurück                                 2,80
```

Die Warenkonten in der Buchhaltung der Ambiente Warenhaus AG zeigen nun folgendes Bild:

Geschäftsfälle:

Kauf der Sportanzüge auf Ziel lt. ER 5.355,00 €

Verkauf der Sportanzüge für 6.733,80 € bar.

Lieferer (Großhändler)

Kunden

Ambiente Warenhaus AG

Einkauf
170 Jogging-anzüge

sofortige Buchung

Lager

Geschäftsräume

Verkauf
129 Jogging-anzüge

Aufwendungen für Waren
= Aufwandskonto

Waren
= Bestandskonto

Umsatzerlöse für Waren
= Ertragskonto

Aufwendungen für Waren
an Verbindlichkeiten a. LL 5.355,00 €

Soll	**Aufwendungen für Waren**	Haben
Einkauf 5.355,00 **170 Stück**		

Soll	**Waren**	Haben
AB 472,50 **15 Stück**		

Kasse
an Umsatzerlöse für Waren 6.733,80 €

Soll	**Umsatzerlöse für Waren**	Haben
		Verkauf 6.733,80 **129 Stück**

1 Zur Vereinfachung sollen die Sachverhalte zunächst nur für den Betrachtungszeitraum von einem Monat dargestellt werden.

In der Ambiente Warenhaus AG wurde der Wareneinkauf der 170 Jogginganzüge nicht auf dem Bestandskonto „Waren" erfasst, sondern sofort auf dem Konto „Aufwendungen für Waren". Es wird damit unterstellt, dass die Ware, die „morgens" angeliefert wurde, noch am selben Tag verkauft wird. Mit diesem „Just-in-time-Verfahren" erspart man sich im Warenhaus die vielen Buchungen auf dem Waren-Bestandskonto. Das Konto „Waren" weist dann nur noch den Anfangsbestand, den Schlussbestand und – wie die Fortführung des Beispiels noch zeigen wird – die Bestandsveränderung aus.

Von den Anfang Juni eingekauften 170 Jogginganzügen wurden bis zum Ende des Monats 129 Stück verkauft. Daher sind Ende Juni neben den 15 Anzügen, die ohnehin bereits Anfang Juni im Lager waren, weitere 41 Sportanzüge hinzugekommen. Der beim Zählen Ende Juni im Lager festgestellte Schlussbestand ergibt daher 56 Jogginganzüge.

Soll	Waren		Haben
AB **(15 St.)**	472,50	SB **(56 St.)**	1.764,00

Es zeigt sich nun, dass der Warenschlussbestand (SB) größer ist als der Anfangsbestand (AB). Der Warenbestand hat sich um 41 Anzüge erhöht; es liegt eine Bestandsmehrung von 1.291,50 € vor.

Bei einem **Mehrbestand** ist der Warenbestand am Jahresende **höher** als am Jahresanfang.

Eine Bestandsmehrung deutet demnach immer darauf hin, dass im laufenden Geschäftsjahr mehr Waren eingekauft wurden als verkauft. Die nicht verkaufte Ware hat den Lagerbestand erhöht.

Ermittlung des Rohgewinns

Beim Zieleinkauf der Jogginganzüge wurden Warenaufwendungen für 170 Stück angenommen, obwohl letztlich nur 129 Stück verkauft wurden. Die Ambiente Warenhaus AG hat also in Höhe des Mehrbestands (= 41 Stück) Waren eingekauft, die nicht am Markt abgesetzt werden konnten. Es dürfen aber nur die Aufwendungen für die verkauften 129 Anzüge erfasst werden (Einkaufsmenge = Verkaufsmenge). Da somit die Aufwendungen zu hoch ausgewiesen sind, müssen sie um den Mehrbestand von 41 Stück gemindert werden.

Würde dieser Warenmehrbestand nicht von den Warenaufwendungen subtrahiert, dann würden auf dem GuV-Konto den Umsatzerlösen im Haben (= 6.733,80 € für 129 Jogginganzüge) Aufwendungen für eine zu hohe Einkaufsmenge im Soll gegenüberstehen (= 5.355,00 € für 170 Jogginganzüge). Nur durch die Korrektur kann demnach der genaue Aufwand des Geschäftsjahres für die verkaufte Ware ermittelt werden.

Wareneinkauf	170 Jogginganzüge zu je 31,50 €	= 5.355,00 €
./. **Bestandsmehrung**	41 Jogginganzüge zu je 31,50 €	= 1.291,50 €
= Wareneinsatz	**129** Jogginganzüge zu je 31,50 €	= 4.063,50 €
↕	↕	↕
Umsatzerlöse	**129** Jogginganzüge zu je 52,20 €	= 6.733,80 €
= **Rohgewinn**		**2.670,30 €**

Buchungen im Grund- und Hauptbuch

Nach der Eröffnung der Bestandskonten und der Buchung der Geschäftsfälle ist folgende Schrittfolge einzuhalten:

1. Abschluss des aktiven Bestandskontos „Waren" mit dem Schlussbestand lt. Inventur über das Schlussbilanzkonto.
2. Rechnerische Ermittlung der Bestandsveränderung (Saldo) auf dem Konto „Waren".
3. Umbuchung der Bestandsveränderung vom Konto „Waren" auf das Aufwandskonto „Aufwendungen für Waren".
4. Abschluss des Aufwandskontos „Aufwendungen für Waren" und des Ertragskontos „Umsatzerlöse für Waren" über das Gewinn- und Verlustkonto.

Die entsprechenden Eintragungen auf den Sachkonten im Hauptbuch sehen wie folgt aus:

(Saldo im Soll = Bestandsmehrung → Verringerung der Warenaufwendungen)

Soll	Waren		Haben
AB	472,50	SBK	1.764,00
AfW	1.291,50		
	1.764,00		1.764,00

Soll	Aufwendungen für Waren		Haben
Verb. a LL	5.355,00	Waren	1.291,50
		GuV	4.063,50
	5.355,00		5.355,00

Soll	Umsatzerlöse für Waren		Haben
GuV	6.733,80	Kasse	6.733,80

Soll	Gewinn und Verlust		Haben
AfW 129 St.	4.063,50	UfW 129 St.	6.733,80

Wareneinsatz
= Wareneinkäufe
./.Bestandsmehrung

Auf dem GuV-Konto stehen nun dem Erlös für die verkauften 129 Stück die entsprechenden Aufwendungen für diese verkauften 129 Jogginganzüge gegenüber. Die Differenz (= Umsatzerlöse minus Wareneinsatz) von 2.670,30 € macht den **Rohgewinn** für die Jogginganzüge im Monat Juni aus. Ist der Wareneinsatz größer als die Umsatzerlöse, so liegt ein **Rohverlust** vor.

Erklärung:
Das Konto Waren wird nur am Anfang und am Ende des Geschäftsjahres angesprochen. Bei der Abschlussbuchung (siehe lfd. Nr. 1 im folgenden Grundbuch) wird der durch Inventur ermittelte Warenendbestand auf der Haben-Seite des Kontos „Waren" gebucht; die Gegenbuchung erfolgt über das Schlussbilanzkonto (SBK) auf der Soll-Seite.

Die Bestandsveränderung wird erst im Zusammenhang mit dem Abschluss des Kontos „Waren" ermittelt und gebucht. Der Vergleich des Anfangs- mit dem Schlussbestand ergibt im vorliegenden Fall die Bestandsmehrung im Soll des Kontos „Waren" (= 1.291,50 €). Die Gegenbuchung (lfd. Nr. 2) erfolgt über das Konto „Aufwendungen für Waren" im Haben.

Nr.		Buchungssatz	Soll	Haben
1.	Buchung des durch Inventur ermittelten Warenendbestands (= 56 Stück) im Wert von 1.764,00 €	SBK an Waren	1.764,00	1.764,00
2.	Umbuchung der Bestandsmehrung von 41 Anzügen zu je 31,50 € = 1.291,50 € vom aktiven Bestandskonto „Waren" (Saldo im Soll) auf das Aufwandskonto „Aufwendungen für Waren"	Waren an Aufwendungen für Waren	1.291,50	1.291,50
3.	Abschluss des Kontos „Aufwendungen für Waren" über das Gewinn- und Verlustkonto (der Saldo entspricht dem Wareneinsatz)	GuV an Aufwendungen für Waren	4.063,50	4.063,50
4.	Abschluss des Kontos „Umsatzerlöse für Waren" über das Gewinn- und Verlustkonto	Umsatzerlöse für Waren an GuV	6.733,80	6.733,80

Minderung des Warenbestands

Situation:
Das Konto „Waren" der Ambiente Warenhaus AG hat einen Anfangsbestand an Taschenrechnern von 6.300,00 € (350 Stück · 18,00 €); lt. Inventur beträgt der Schlussbestand 5.220,00 € (290 Stück · 18,00 €). Es wurden Rechner gegen Bankscheck für 10.800,00 € (600 Stück · 18,00 €) eingekauft und gegen bar für 19.140,00 € (660 Stück · 29,00 €) verkauft.

1 Im vorliegenden Fall bezieht sich der Abschluss lediglich auf den Monat Juni.

22227014

Der Schlussbestand am Ende des Geschäftsjahres (= 290 Stück) ist niedriger als der Anfangsbestand (= 350 Stück). Es wurden daher von der Ambiente Warenhaus AG mehr Taschenrechner verkauft als eingekauft. Zusätzlich zu den eingekauften 600 Taschenrechnern wurden für den Verkauf 60 Stück aus dem Lager genommen, sodass schließlich 660 Stück verkauft werden konnten. Der Warenbestand im Lager ist deshalb um 60 Stück niedriger als zuvor; es liegt eine Bestandsminderung von 1.080,00 € vor.

Soll	Waren		Haben
AB **(350 St.)**	6.300,00 €	SB **(290 St.)**	5.220,00 €

Bei einem **Minderbestand** ist der Warenbestand am Jahresende **niedriger** als am Jahresanfang.

Eine Bestandsminderung deutet demnach immer darauf hin, dass im laufenden Geschäftsjahr mehr Waren verkauft wurden als eingekauft. Die zusätzlich aus dem Lager verkaufte Ware hat den Lagerbestand verringert.

Ermittlung des Rohgewinns

Die Ambiente Warenhaus AG hat – neben den 600 eingekauften Rechnern – zusätzlich 60 Geräte (= Höhe des Warenminderbestands) am Markt absetzen können. Daher sind die Aufwendungen für den Wareneinkauf zu niedrig ausgewiesen und müssen um diesen Minderbestand erhöht werden.

Würde dieser Warenminderbestand nicht zu den Warenaufwendungen addiert werden, dann stünden auf dem GuV-Konto den Umsatzerlösen im Haben (= 19.140,00 € für 660 Taschenrechner) Aufwendungen für eine zu niedrige Einkaufsmenge im Soll gegenüber (= 10.800,00 € für nur 600 Taschenrechner). Durch die entsprechende Korrektur kann demnach der genaue Aufwand des Geschäftsjahres für die verkaufte Ware ermittelt werden.

Wareneinkauf	600 Taschenrechner zu je 18,00 €	= 10.800,00 €
+ **Bestandsminderung**	60 Taschenrechner zu je 18,00 €	= 1.080,00 €
= Wareneinsatz	**660** Taschenrechner zu je 18,00 €	= 11.880,00 €
↕	↕	↕
Umsatzerlöse	**660** Taschenrechner zu je 29,00 €	= 19.140,80 €
= **Rohgewinn**		**7.260,00 €**

Buchungen im Grund- und Hauptbuch

Eintragungen auf den Sachkonten im Hauptbuch:

Soll	Waren		Haben
AB	6.300,00	SBK	5.220,00
		AfW	1.080,00
	6.300,00		6.300,00

Soll	Aufwendungen für Waren		Haben
Ki	10.800,00	GuV	11.880,00
Waren	1.080,00		
	11.880,00		11.880,00

(Saldo im Haben = Bestandsminderung → Erhöhung der Warenaufwendungen)

Soll	Umsatzerlöse für Waren		Haben
GuV	19.140,00	Kasse	19.140,00

Soll	Gewinn und Verlust		Haben
AfW **(660 St.)**	11.880,00	UfW **(660 St.)**	19.140,00

Wareneinsatz = Wareneinkäufe + Bestandsminderung

Auf dem GuV-Konto stehen nun dem Erlös für die verkauften 660 Taschenrechner die entsprechenden Aufwendungen für diese verkauften 660 Rechner gegenüber. Die Differenz (= Umsatzerlöse minus Wareneinsatz) von 7.260,00 € macht den Rohgewinn aus.

Die entsprechenden Buchungen für den Abschluss der Warenkonten am Ende des Jahres lauten:

Nr.		Buchungssatz	Soll	Haben
1.	Buchung des durch Inventur ermittelten Warenendbestands (= 290 Stück) im Wert von 5.220,00 €	SBK an Waren	5.220,00 €	5.220,00 €
2.	Umbuchung der Bestandsminderung von 60 Rechnern zu je 18,00 € = 1.080,00 € vom aktiven Bestandskonto „Waren" (Saldo im Haben) auf das Aufwandskonto „Aufwendungen für Waren"	Aufwendungen für Waren an Waren	1.080,00 €	1.080,00 €
3.	Abschluss des Kontos „Aufwendungen für Waren" über das Gewinn- und Verlustkonto (der Saldo entspricht dem Wareneinsatz)	GuV an Aufwendungen für Waren	11.880,00 €	11.880,00 €
4.	Abschluss des Kontos „Umsatzerlöse für Waren" über das Gewinn- und Verlustkonto	Umsatzerlöse für Waren an GuV	19.140,00 €	19.140,00 €

AUFGABEN

1. Was verstehen Sie unter dem Begriff „Wareneinsatz"?

- a) Wert der verkauften Ware zum Einstandspreis
- b) Wert der eingekauften Ware zum Verkaufspreis
- c) Wert der verkauften Ware zum Verkaufspreis
- d) Wert der eingekauften Ware zum Einstandspreis
- e) Wert des gesamten Lagerbestands

2. Mit welchem Buchungssatz wird das Konto „Aufwendungen für Waren" abgeschlossen?

- a) GuV an Aufwendungen für Waren
- b) Aufwendungen für Waren an Waren
- c) SBK an Aufwendungen für Waren
- d) GuV an Waren
- e) Aufwendungen für Waren an GuV

3. Der Ist-Bestand an Waren ist lt. Inventur höher als der in der Lagerbuchhaltung errechnete Bestand.

Worauf führen Sie dies zurück?

4. Von einem Artikel sind im Lager noch 250 Stück vorhanden. Es müssten aber laut Lagerkarte noch 275 Stück sein.

Worauf kann die Differenz von 25 Stück zurückzuführen sein?

- a) Entnommene Waren wurden buchungsmäßig nicht erfasst.
- b) Es wurden mehr Waren verkauft als im Einkauf geplant.
- c) Der Meldebestand wurde für diese Ware um 25 Stück erhöht.
- d) Die Ware wurde unter dem Einstandspreis verkauft.
- e) Die Bestandsmehrung wurde buchungsmäßig falsch erfasst.
- f) Der vom Einkauf festgelegte Mindestbestand wurde ebenfalls verkauft.

5. Buchen Sie die folgenden Angaben auf den Warenkonten:

	a)	b)
Warenanfangsbestand	97.850,00 €	268.750,00 €
Geschäftsfälle:		
Einkäufe von Waren		
auf Ziel	37.502,00 €	175.225,00 €
Verkäufe von Waren		
bar	92.652,00 €	91.380,00 €
auf Ziel	9.927,00 €	12.900,00 €
gegen Girocard	20.960,00 €	19.350,00 €
Warenschlussbestand		
lt. Inventur	65.100,00 €	301.000,00 €

6. Wie hoch ist

- der Wareneinsatz?
- das Rohergebnis?

22227016

Zu berücksichtigende Daten:

	a)	b)
Warenanfangsbestand	7.000,00 €	9.000,00 €
Wareneinkäufe	90.000,00 €	140.000,00 €
Warenverkäufe	143.000,00 €	120.000,00 €
Warenschlussbestand lt. Inventur	4.000,00 €	19.000,00 €

7. Berechnen Sie die Umsatzerlöse für Waren und die Wareneinkäufe zu Einkaufspreisen:

Rohgewinn	40.000,00 €
Bestandsmehrung	30.000,00 €
Wareneinsatz	770.000,00 €

8. Berechnen Sie die Bestandsveränderung (Mehrung oder Minderung) und den Wareneinsatz:

Wareneinkäufe zu Einkaufspreisen	470.000,00 €
Rohgewinn	80.000,00 €
Umsatzerlöse für Waren	630.000,00 €

9. Eröffnen Sie die Bestandskonten. Buchen Sie die Geschäftsfälle im Grund- und Hauptbuch. Schließen Sie die Konten ab.

Anfangsbestände	**€**
Geschäftsausstattung	66.000,00
Waren	16.500,00
Kasse	4.500,00
Kreditinstitute	12.500,00
Verbindlichkeiten a. LL	8.200,00
Eigenkapital	?

Geschäftsfälle	**€**
1. Einkauf von Waren auf Ziel lt. ER	4.100,00
2. Wir erhalten Provision d. Bankscheck	4.500,00
3. Barzahlung der Miete	2.700,00
4. Verkauf von Waren gegen Bankscheck	2.000,00
5. Überweisung einer Liefererrechnung	2.400,00
6. Warenverkauf bar	3.900,00
7. Überweisung der Gewerbesteuer	350,00
8. Kauf von Büromaterial bar	750,00
9. Tageslosung (Barverkäufe von Waren)	5.400,00

Abschlussangaben	**€**
1. Schlussbestand an Waren lt. Inventur	18.000,00
2. Die Schlussbestände der übrigen Bestandskonten stimmen mit den Werten der Inventur überein.	

10. Ermitteln Sie das Rohergebnis mithilfe der entsprechenden Warenkonten sowie des GuV-Kontos und des Schlussbilanzkontos. Der Einstandspreis pro Stück beträgt 3,90 €, der Verkaufspreis pro Stück 4,70 €.

Warenanfangsbestand	700 Stück
Wareneinkäufe	2500 Stück
Schlussbestand lt. Inventur	900 Stück

11. a) Wie wird der Wareneinsatz ermittelt?

b) Wie ist es möglich, dass das Gewinn- und Verlustkonto einen Reingewinn von 26.000,00 € ausweist, obwohl ein Warenrohverlust von 7.000,00 € vorliegt?

c) Nennen Sie die Umbuchungen bei den beiden möglichen Bestandsveränderungen.

d) Wo erscheint der Saldo auf dem Konto „Waren" bei einer Bestandsmehrung?

12. Wie hoch ist im folgenden Fall der Betrag, zu dem Waren zu Einstandspreisen (= Wareneinsatz) verkauft wurden?

Soll	Waren		Haben
AB	45.000,00	SBK	60.000,00

Soll	Aufwendungen für Waren		Haben
Verb. a. LL	90.000,00		

13. Ihnen liegen für das Jahr 20.. aus der Buchhaltung auszugsweise die Zahlen über die nachfolgend aufgelisteten Artikel der Ambiente Warenhaus AG vor (Hinweis: Die Inventur erfolgte aus organisatorischen Gründen zeitlich verlegt erst am 14.10.):

Artikel	**Inventurbestand am 10.01.**	**Zugänge vom 01.01. bis 10.01.**	**(nachträglich) errechneter Inventurbestand am 31.12.**	**Verkäufe (Abgänge) vom 01.01. bis 10.01.**	**VKP in €**
Ringbuchblätter DIN A4	5984	2000	5684	?	2,14 (für 100 Stck.)
Pelikan-Etui	2533	730	1890	?	16,80
Blumentopf Madeira	608	150	470	?	33,00

a) Ermitteln Sie für die drei genannten Artikel die Verkaufszahlen (= Abgänge) in Stück für den Zeitraum 01.01. bis 10.01.20...

b) Wie hoch ist der Umsatz der einzelnen Artikel im angegebenen Zeitraum?

c) Wie viel Prozent machen die Verkaufszahlen gemessen am Inventurbestand vom 31.12. aus? Ergebnisse bitte auf zwei Stellen nach dem Komma genau berechnen.

AKTION

Eröffnen Sie die Bestandskonten. Buchen Sie die Geschäftsfälle im Grund- und Hauptbuch. Schließen Sie die Konten ab.

Anfangsbestände	€
Grundstücke	250.000,00
Geschäftsausstattung	170.000,00
Waren	120.000,00
Forderungen a. LL	17.500,00
Kreditinstitute	125.000,00
Postbank	16.700,00
Kasse	4.250,00
Eigenkapital	654.550,00
Darlehensschulden	30.000,00
Verbindlichkeiten a. LL	18.900,00

Erfolgskonten: Aufwendungen für Waren, Gehälter, Zinserträge, Beiträge zu Wirtschaftsverbänden und Berufsvertretungen, Provisionserträge, Mietaufwendungen, Büromaterial, Gewerbeertragsteuer, Postgebühren – Telefon – Telefax, Umsatzerlöse für Waren

Abschlusskonten: Gewinn- und Verlustkonto, Schlussbilanzkonto

Geschäftsfälle	€
1. Zinsgutschrift der Bank	3.850,00
2. Darlehenstilgung durch Banküberweisung	10.500,00
3. IHK-Beitrag wird per Postbanküberweisung bezahlt	450,00
4. Zieleinkauf von Waren lt. ER	39.000,00
5. Wir erhalten Provision auf Postbankkonto	4.900,00
6. Banküberweisung für Miete der Geschäftsräume	3.000,00
7. Barverkauf von Waren lt. AR	18.000,00
8. Barkauf von Büromaterial	270,00
9. Banküberweisung an unseren Lieferer	9.200,00
10. Verkauf einer gebrauchten Kasse gegen Bankscheck	870,00
11. Banküberweisung für Gehälter	3.600,00
12. Gewerbesteuer wird durch Postbanküberweisung bezahlt	800,00
13. Warenverkauf, bar	7.500,00
gegen Girocard	24.000,00
14. Kauf eines neuen Pkw gegen Bankscheck	31.000,00
15. Verkauf von Waren lt. AR	27.000,00
16. Kunde begleicht Rechnung durch Banküberweisung	430,00
17. Postwertzeichen werden bar bezahlt	80,00

Abschlussangaben	€
1. Warenschlussbestand lt. Inventur	135.000,00

2. Die Schlussbestände der übrigen Bestandskonten stimmen mit den Werten der Inventur überein.

22227018

ZUSAMMENFASSUNG

- Am Ende des Geschäftsjahres wird der Warenendbestand durch Inventur ermittelt und zu Einstandspreisen bewertet. Dabei sind drei Fälle denkbar:
  - Schlussbestand = Anfangsbestand
  - Schlussbestand > Anfangsbestand: Es liegt eine **Bestandsmehrung** vor.
  - Schlussbestand < Anfangsbestand: Es liegt eine **Bestandsminderung** vor.

- Der **Abschluss der Warenkonten** am Ende eines Geschäftsjahres erfolgt stets in vier Schritten:

1.	Das Konto „Waren" wird mit dem Inventurbestand über das Schlussbilanzkonto abgeschlossen:	SBK an Waren
2.	Umbuchung der Warenbestandsveränderung (→ Saldo des Kontos „Waren") vom Konto „Waren" auf das Konto „Aufwendungen für Waren":	
	• Buchungssatz bei einer Bestands**mehrung** (auf dem Konto „Waren" ergibt sich der Saldo im Soll):	Waren an Aufwendungen für Waren Bestandsmehrungen vermindern die Warenaufwendungen und werden daher im Haben gebucht.
	• Buchungssatz bei einer Bestands**minderung** (auf dem Konto „Waren" ergibt sich der Saldo im Haben):	Aufwendungen für Waren an Waren Bestandsminderungen erhöhen die Warenaufwendungen und werden daher im Soll gebucht.
3.	Abschluss des Kontos „Aufwendungen für Waren" über das GuV-Konto:	GuV an Aufwendungen für Waren Der Saldo auf dem Konto „Aufwendungen für Waren" ist der Wareneinsatz (= Warenverkauf zu Endstandspreisen).
4.	Abschluss des Kontos „Umsatzerlöse für Waren" über das GuV-Konto:	Umsatzerlöse für Waren an GuV Der Saldo auf dem Konto „Umsatzerlöse für Waren" ist der Warenverkauf zu Verkaufspreisen.

- Inhalt der Warenkonten und des Kontos „Umsatzerlöse für Waren" bei einer **Bestandsmehrung** (Schlussbestand > Anfangsbestand):

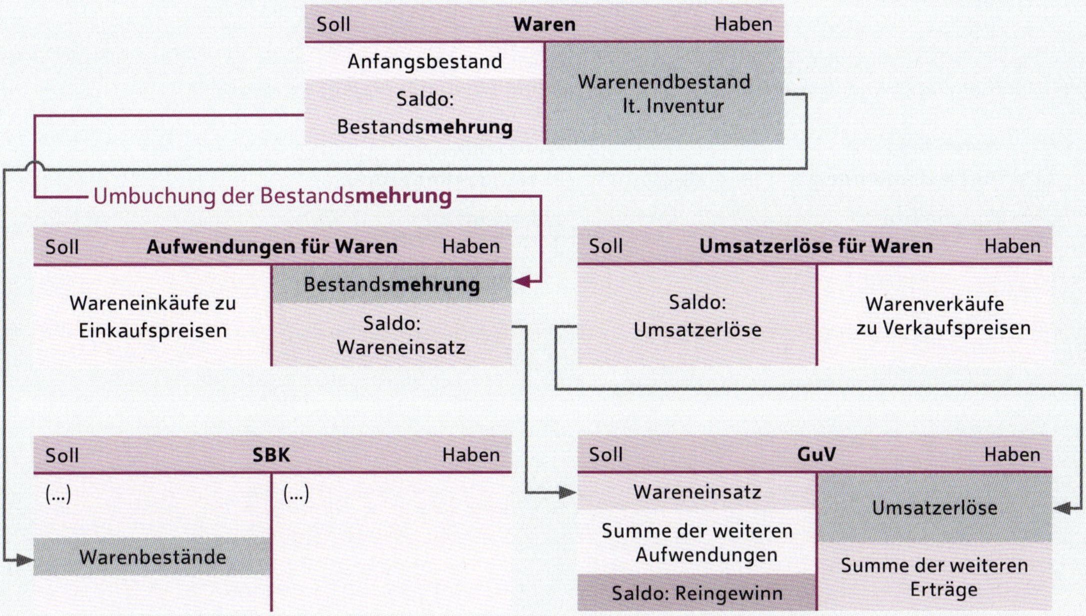

- Inhalt der Warenkonten und des Kontos „Umsatzerlöse für Waren" bei einer **Bestandsminderung** (Schlussbestand < Anfangsbestand):

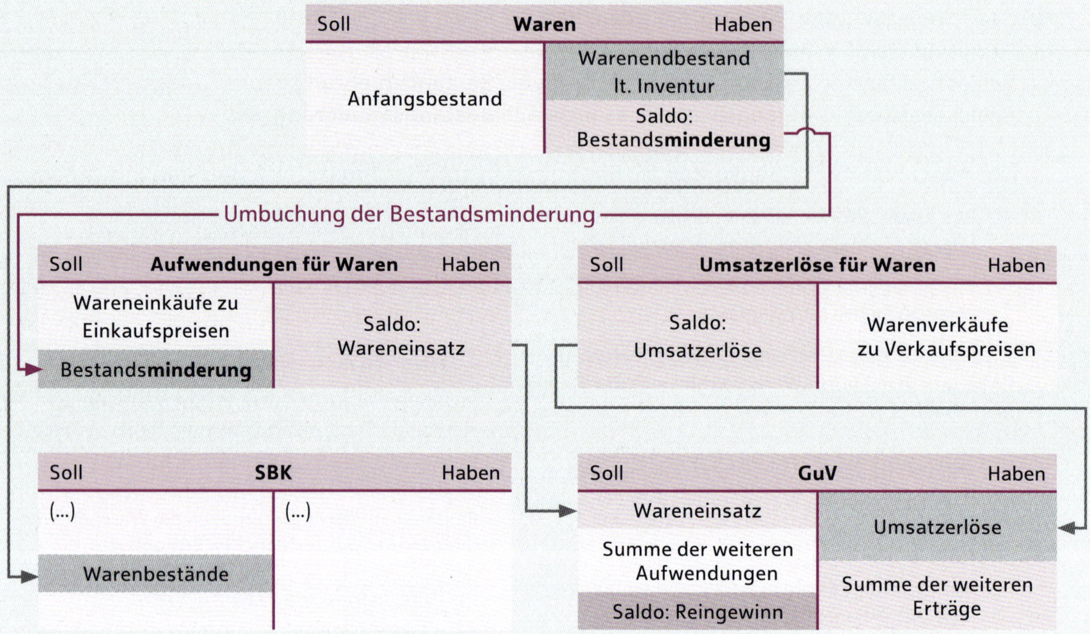

- **Merke:**
  - Ist die Menge der eingekauften und verkauften Waren innerhalb eines Abrechnungszeitraumes **nicht gleich hoch** (Einkaufsmenge ≠ Verkaufsmenge), dann kann der Wareneinsatz erst nach der **Umbuchung der Bestandsveränderungen** ermittelt werden.
  - Das Konto „Aufwendungen für Waren" erfasst als Aufwandskonto die Wareneinkäufe und die Gegenbuchung der Bestandsveränderung.

- Berechnung des Roherfolgs:

	Erlöse der verkauften Waren
./.	Wareneinsatz (Einstandspreis der verkauften Waren)
=	Roherfolg (Rohgewinn oder Rohverlust)

- Wareneinsatz = Die verkauften Waren bewertet zum Einstandspreis (Bezugspreis).

	Wareneinkäufe			Wareneinkäufe
./.	Bestands**mehrung**	bzw.	+	Bestands**minderung**
=	Wareneinsatz		=	Wareneinsatz

22227020

KAPITEL 2

Wir ermitteln die Umsatzsteuerschuld unseres Unternehmens

Die Ambiente Warenhaus AG hat einen hochwertigen Seidenteppich an den Kunden Jörg Krüger verkauft. Das Warenhaus stellt die nachfolgende Rechnung aus, die Herr Krüger mit seiner Girocard bezahlt.

Verkäufer	Auftrags-Nr.	Auftragsdatum	Lieferdatum	Kunden-Nr.	Rechnungs-Nr.	Rechnungsdatum
428	643839	14.06.20..	24.06.20..	1943-329	1204053	24.06.20..

Pos.	Art.-Nr.	Artikelbezeichnung	Menge	Preis je Einheit €	Betrag €
01	V329645-R	Seidenteppich	1	3.689,00	3.689,00

Nettowarenwert €	Fracht/Porto €	Verpackung €	steuerpfl. Wert €	USt-Satz	USt €	Rechnungsbetrag €
3.100,00	Selbstabholer	0,00	3.100,00	19 %	589,00	3.689,00

Zahlungsbedingungen: Zahlbar sofort ohne Abzug.
Die Ware bleibt bis zur vollständigen Bezahlung unser Eigentum.
Erfüllungsort und Gerichtsstand ist Schönstadt.

Unternehmenszentrale
Groner Straße 22-24
34567 Schönstadt

Haus 1:
Groner Straße 22-24
34567 Schönstadt

Haus 2:
Groner Straße 52-54
34567 Schönstadt

Amtsgericht Schönstadt HRB 1811
Vorstandsvorsitzender: Heinz Rischmüller
Vorstandsmitglieder: Andrea Bode, Michael Sauter
Vorsitzender des Aufsichtsrates: Dirk Rosenthal

USt-IdNr.: DE 164 882 465
Finanzamt: Schönstadt-Mitte-Altstadt
Steuer-Nr. 24 671 00036

Bankhaus Delfs
BIC: BADEDEFF
IBAN: DE43 5594 3200 0006 3436 82

Grün & Gut Bank
BIC: GUGBDE2H
IBAN: DE76 5889 0001 0007 1667 07

1. Begründen Sie, warum dieser Warenverkauf in der Ambiente Warenhaus AG von Britta Krombach buchhalterisch nicht mehr so erfasst werden kann wie bisher. Welche Lösung würde sich anbieten?

2. Ermitteln Sie, welche wirtschaftlichen Auswirkungen die Mehrwertsteuer (= Umsatzsteuer)
   a) für die Ambiente Warenhaus AG und
   b) für Herrn Krüger hat.

INFORMATION[1]

Steuerbare und steuerfreie Umsätze

In der Bundesrepublik Deutschland werden mehr als 45 verschiedene Steuern auf Einkommen, Vermögen und Verbrauch erhoben. Unter ihnen spielt die Umsatzsteuer neben der Einkommensteuer eine besonders herausragende Rolle, da sie mit ca. 25 % an den gesamten Steuereinnahmen zu den aufkommenstärksten Steuern gehört.

Der Besteuerung durch die Umsatzsteuer (auch Mehrwertsteuer genannt) unterliegt jeder **Umsatz von Waren oder Dienstleistungen,** und zwar auf sämtlichen Produktions- und Handelsstufen bis hin zum endgültigen Verbrauch.

1 Informationen zur Umsatzsteuer-Voranmeldung und -Vorauszahlung sowie zur Umsatzsteuererklärung sind nachzulesen im 1. Ausbildungsjahr von „Handeln im Handel", Kap. 3.11.

Ermittlung der Umsatzsteuer

Um die Umsatzsteuer berechnen zu können, benötigt der Einzelhändler Informationen über den Steuersatz und die Bemessungsgrundlage. Die **Bemessungsgrundlage** bei Warenumsätzen ist der Nettowarenwert (= Nettoverkaufspreis).

	Nettowarenwert	3.100,00 €	– 100 %
+	Umsatzsteuer	589,00 €	– 19 %
=	Bruttowarenwert (Rechnungspreis)	3.689,00 €	– 119 %

Die Umsatzsteuer kennt zwei Steuersätze: den allgemeinen Steuersatz von 19 % und den ermäßigten Steuersatz, der 7 % beträgt.

Durch den ermäßigten Steuersatz von 7 % soll der Endverbraucher bei bestimmten Umsätzen entlastet werden, wie z. B. beim Kauf von Grundnahrungsmitteln sowie Zeitschriften und Büchern.

WEITERE BEISPIELE FÜR DIE ANWENDUNG DES ERMÄSSIGTEN STEUERSATZES

- Der Verkauf von erwärmtem Popcorn und Nachos in Kinos durch den Kinobetreiber.
- Einfach zubereitete Speisen, die Kunden an Theken und Ablagebrettern behelfsmäßig verzehren können, z. B. Currywurst im Stehimbiss.
- Die Vermietung von Wohn- und Schlafräumen im Hotelgewerbe einschließlich Pensionen, Fremdenzimmern und Ferienwohnungen.
- Kunden, die **im Stehen** ihr Essen einnehmen, zahlen den ermäßigten Umsatzsteuersatz von 7 %. Dagegen müssen Kunden, die im Sitzen an Tischen bequem speisen, 19 % zahlen.
- Der niedrige Steuersatz gilt auch für einfach zubereitete Speisen, die Kunden an Theken und Ablagebrettern behelfsmäßig verzehren können.

Steuerlast und Endverbraucher

Wirtschaftlich gesehen ist die Umsatzsteuer eine Verbrauchsteuer, mit der **allein der Endverbraucher** von Lieferungen oder sonstigen Leistungen belastet werden soll, während der Unternehmer als Nicht-Endverbraucher unbelastet bleibt.

BEISPIEL

Die Ambiente Warenhaus AG verkaufte einen Seidenteppich für 3.689,00 € an den Kunden Jörg Krüger: netto 3.100,00 € + 589,00 € Umsatzsteuer (siehe Einstiegsfall). Das Unternehmen muss die eingenommene Umsatzsteuer von 589,00 € an das Finanzamt abführen. Insofern ist das Einzelhandelsunternehmen Ambiente Warenhaus AG Steuerschuldner.

Wirtschaftlicher Träger der Umsatzsteuer ist aber der Kunde Jörg Krüger, der für den Seidenteppich den Bruttoverkaufspreis von 3.689,00 € einschließlich Umsatzsteuer bezahlen muss (siehe hierzu auch Beispiel auf Seite 23).

Dies wird wie folgt erreicht: Da das Finanzamt nicht jeden einzelnen Endverbraucher ausfindig machen und gemäß seinem Verbrauch besteuern kann, ist zunächst einmal jeder Umsatz eines Unternehmers steuerpflichtig. War es ein Umsatz an einen Endverbraucher, so wurde diesem die Umsatzsteuer in Rechnung gestellt und von dem Unternehmer für das Finanzamt eingezogen. Die berechnete und kassierte Umsatzsteuer ist daher eine Schuld des Unternehmers an das Finanzamt; die leistenden Unternehmen sind aus diesem Grund die **Steuerschuldner.**

Allerdings ist die Umsatzsteuer für sie lediglich ein **durchlaufender Posten,** da die gesamte Steuerlast letztlich vom Endverbraucher (Konsument) getragen werden muss.

Ermittlung der Zahllast

Der Einzelhändler muss die Umsatzsteuer, die er seinen Kunden in Rechnung stellt, nicht vollständig an das Finanzamt abführen. Er darf die Umsatzsteuer, die er beim Wareneinkauf an seine Lieferer gezahlt hat, als **Vorsteuer abziehen.**

Da in der Regel jeder Unternehmer zu höheren Preisen verkauft, als er eingekauft hat, bleibt bei der Aufrechnung ein Differenzbetrag als Umsatzsteuerschuld an das Finanzamt, den der Einzelhändler an das Finanzamt bezahlen muss **(Zahllast).**

	Umsatzsteuerschuld
./.	Vorsteuerforderung
=	Zahllast (Überweisung an das Finanzamt)

22227022

Kauf eines Seidenteppichs auf Ziel lt. ER 2.975,00 €

Verkauf eines Teppichs für 3.689,00 € gegen Girocard

Lieferer Wollenweber KG
(Importeur)

Kunde
Jörg Krüger

Ambiente Warenhaus AG

Einkauf

Verkauf

Eingangsrechnung[1]

Seidenteppich	2.500,00 €
+ MWSt 19 %	475,00 €
= Brutto-VKP	2.975,00 €

Ausgangsrechnung[1]

Seidenteppich	3.100,00 €
+ MWSt 19 %	589,00 €
= Brutto-VKP	3.689,00 €

Vorsteuer 475,00 €

Umsatzsteuer 589,00 €

Konto **Vorsteuer**
- Forderungen gegenüber dem Finanzamt
- aktives Bestandskonto

Umsatzsteuer	589,00 €
./. Vorsteuer	475,00 €
= **Zahllast**	**114,00 €**

Konto **Umsatzsteuer**
- Verbindlichkeit gegenüber dem Finanzamt
- passives Bestandskonto

Finanzamt

Erklärung:
- Die beim **Einkauf** an den Lieferer Wollenweber KG zu zahlende Umsatzsteuer von 475,00 € (= **Vorsteuer**) ist eine **Forderung** der Ambiente Warenhaus AG gegenüber dem Finanzamt.
- Die bei ihren **Verkäufen** dem Kunden Jörg Krüger in Rechnung gestellte **Umsatzsteuer** von 589,00 € ist eine **Verbindlichkeit** der Ambiente Warenhaus AG gegenüber dem Finanzamt.
  Die Umsatzsteuer wurde nur im Auftrag und im Namen des Finanzamtes eingenommen. Es besteht daher in Höhe des Umsatzsteuerbetrags eine Geldschuld gegenüber dem Finanzamt.

Durch den Vorsteuerabzug wird erreicht, dass der Einzelhändler nur die Umsatzsteuer an das Finanzamt abführt, die auf den von ihm erzielten **Mehrwert** entfällt. Deshalb wird die Umsatzsteuer auch **Mehrwertsteuer** genannt.

1 Zu Kleinbetragsrechnungen siehe Seite 43.

BEISPIEL

Die Ambiente Warenhaus AG hatte den Seidenteppich für 2.500,00 € netto eingekauft und für 3.100,00 € netto verkauft. Damit hat die Ambiente Warenhaus AG dem Teppich durch ihre Dienstleistung, die Lagerung und den Verkauf, einen zusätzlichen Wert, den sogenannten Mehrwert, zugefügt.
Die Ermittlung der Zahllast kann daher auf zwei Arten erfolgen:

Eingangsrechnung

Seidenteppich	2.500,00 €
+ 19 % MWSt	**475,00 €**
= Brutto-VKP	2.975,00 €

Ausgangsrechnung

Seidenteppich	3.100,00 €
+ 19 % MWSt	**589,00 €**
= Brutto-VKP	3.689,00 €

Mehrwert: 600,00 €
(= Wertschöpfung)

Umsatzsteuerschuld	**589,00 €**
./. Vorsteuerforderung	**475,00 €**
= Zahllast	114,00 €

19 % von 600,00 €

Die Erhebung der Umsatzsteuer als Mehrwertsteuer bei den Unternehmen stellt einerseits sicher, dass das Finanzamt die Umsatzsteuer auch tatsächlich erhält, schließt aber andererseits eine Mehrfachbelastung der Ware aus.

An der Herstellung der meisten Endprodukte sind mehrere Unternehmen beteiligt. Der Verkäufer einer Ware stellt seinem Kunden die auf den gesamten Warenwert entfallende Umsatzsteuer in Rechnung, führt den eingenommenen Steueranteil jedoch nicht vollständig an das Finanzamt ab, sondern behält die in seinen Zahlungen an Vorlieferer enthaltene Umsatzsteuer (die Vorsteuer) zurück. Damit wird auf jeder Stufe nur die Differenz zwischen dem augenblicklichen Wert der Ware und den auf früheren Stufen erbrachten Vorleistungen, das heißt die **Wertschöpfung** (der Mehrwert), besteuert.

BEISPIEL EINES AUF VIER STUFEN BEGRENZTEN WARENWEGS MIT VORSTEUERABZUG

Am Anfang des Herstellungsprozesses des Seidenteppichs stehen die inländischen Unternehmen der Urproduktion mit der Zucht von seidespinnenden Raupen. Es folgen Weiterverarbeitungsbetriebe: die Seidenspinnereien, die Webereien sowie die Produzenten in der Bekleidungs- und Teppichindustrie (es sind an dieser Stelle nicht sämtliche Umsatzstufen aufgeführt). Über den Groß- und Einzelhandel kommen die Seidenteppiche letztlich zum Endverbraucher (Konsument).

Umsatzstufen	Ausgangsrechnung	Umsatzsteuer	Vorsteuer	Zahllast	Wertschöpfung (= Mehrwert)
Raupenzucht zur Seidenherstellung ↓	Nettowarenwert 800,00 € + 19 % USt 152,00 € Rechnungspreis 952,00 €	152,00 €	–	152,00 €	800,00 €
Weiterverarbeitende Industrie (z. B. Webereien) ↓	Nettowarenwert 1.800,00 € + 19 % USt 342,00 € Rechnungspreis 2.142,00 €	342,00 €	152,00 €	190,00 €	1.000,00 €
Großhandel ↓	Nettowarenwert 2.500,00 € + 19 % USt 475,00 € Rechnungspreis 2.975,00 €	475,00 €	342,00 €	133,00 €	700,00 €
Einzelhandel ↓ Endverbraucher	Nettowarenwert 3.100,00 € + 19 % USt **589,00 €** Rechnungspreis 3.689,00 €	589,00 €	475,00 €	114,00 €	600,00 €
		1.588,00 € Umsatzsteuerschuld	./. 969,00 € ./. Vorsteuerforderung	**= 589,00 €** = Zahllast	Σ 3.100,00 € davon 19 % = 589,00 €

22227024

Die Summe aller Umsatzsteuerschulden sämtlicher Stufen beträgt 589,00 €. Sie stimmt mit der Umsatzsteuer überein, die im Rechnungspreis der letzten Umsatzstufe (Einzelhandel → Endverbraucher) enthalten ist.

Das Finanzamt erhält im vorliegenden Fall die auf dem Endverkaufswert ruhende Umsatzsteuer von 589,00 € in vier Raten (152,00 € + 190,00 € + 133,00 € + 114,00 €), da auf jeder Umsatzstufe ein Mehrwert entsteht (= Differenz zwischen Nettoeinkaufs- und Nettoverkaufspreis). Von seiner Wertschöpfung muss jeder Unternehmer die Umsatzsteuer an das Finanzamt abführen.

Letztlich ist es aber der Endverbraucher, der die gesamte Umsatzsteuerbelastung in Höhe der 589,00 € bezahlen muss (→ 19 % von 3.689,00 € Warenwert). Für die (vier) Unternehmen ist die Umsatzsteuer daher kein Kostenfaktor, sondern nur ein durchlaufender Posten.

Buchung der Umsatzsteuer im Ein- und Verkauf

Britta Krombach bucht den Ein- und Verkauf des Seidenteppichs in der Buchhaltung der Ambiente Warenhaus AG nun wie folgt:

Grundbuch

Die Vorsteuer beim Einkauf

Buchungssatz	Soll	Haben
Aufwendungen für Waren	2.500,00	
Vorsteuer	**475,00**	
an Verbindlichkeiten a. LL		2.975,00

Die Umsatzsteuer beim Verkauf

Buchungssatz	Soll	Haben
Kreditinstitute	3.689,00	
an Umsatzerlöse für Waren		3.100,00
an **Umsatzsteuer**		**589,00**

Hauptbuch

Einkauf

Soll – Aufwendungen für Waren – Haben

Soll		Haben	
Verb. a. LL	2.500,00		

Soll – Verbindlichkeiten a. LL – Haben

Soll		Haben	
		AB	7.500,00
		AfW, VSt	2.975,00

Soll – Vorsteuer – Haben

Soll		Haben	
Verb. a. LL	475,00		

Verkauf

Soll – Kreditinstitute – Haben

Soll		Haben	
AB	9.300,00		
UfW, USt	3.689,00		

Soll – Umsatzerlöse für Waren – Haben

Soll		Haben	
		Ki	3.100,00

Soll – Umsatzsteuer – Haben

Soll		Haben	
		Ki	589,00

- Auf das Konto „Aufwendungen für Waren" wird der Nettowert der Ware ohne Umsatzsteuer gebucht.
- Auf das Konto „Umsatzerlöse für Waren" wird der Nettowert der Ware zu Verkaufspreisen ohne Umsatzsteuer gebucht.
- Die Umsatzsteuer auf der Verkaufsrechnung des Verkäufers ist die Vorsteuer auf der Eingangsrechnung des Käufers.
- Die **Vorsteuer** ist eine **Forderung** des Einzelhändlers gegenüber dem Finanzamt. Sie wird daher im Soll des aktiven Bestandskontos „Vorsteuer" gebucht.
- Die **Umsatzsteuer** ist eine **Verbindlichkeit** gegenüber dem Finanzamt. Sie wird daher im Haben des passiven Bestandskontos „Umsatzsteuer" gebucht.

Berechnung und Buchung der Barverkäufe

In einem Einzelhandelsunternehmen werden immer noch die meisten Verkäufe bar bezahlt. Der dabei erstellte Kassenabschnitt tritt an die Stelle einer Ausgangsrechnung[1].

Ambiente Warenhaus AG
Filiale 89 Berlin • Warenwelt „Computer"

```
*** TV-Ambiente nicht vergessen! ***
2 Wochen TV & Lebensart nur 60 Cent!
Alle 14 Tage neu bei Ambiente Warenhaus AG

Verkäufer: 056

3253013856991
BÜRODREHSTUHL                      417,60
Summe EUR                         *417,60
gegeben bar EUR                    420,00
zurück                               2,40
```

Ambiente Warenhaus AG
Filiale 89 Berlin • Warenwelt „Moderne Küche"

```
*** TV-Ambiente nicht vergessen! ***
2 Wochen TV & Lebensart nur 60 Cent!
Alle 14 Tage neu bei Ambiente Warenhaus AG

Verkäufer: 133

8698228103625
BADMÖBELBLOCK *CATANIA*          1.310,80
Summe EUR                       *1.310,80
gegeben bar EUR                  1.500,00
zurück                             189,20
```

Ambiente Warenhaus AG
Filiale 89 Berlin • Warenwelt „Schöner wohnen"

```
*** TV-Ambiente nicht vergessen! ***
2 Wochen TV & Lebensart nur 60 Cent!
Alle 14 Tage neu bei Ambiente Warenhaus AG

Verkaufer: 201

1021221698547
MOBILES MONOBLOCK-KLIMAGERÄT     1.020,80
Summe EUR                       *1.020,80
gegeben bar EUR                  1.050,00
zurück                              29,20
```

Aus den abgebildeten Kassenzetteln geht eine Gesamtsumme an Barverkäufen von 2.749,20 € hervor (diese Summe soll aus Vereinfachungsgründen als Kasseneingang angenommen werden)[2]. Leider sind die Belege hier nicht vollständig. Um nun die anteilige Umsatzsteuer berechnen zu können, ist es wichtig zu wissen, dass die auf diesen unvollständigen Kassenzetteln ausgewiesenen Rechnungsbeträge Bruttobeträge sind, die die Umsatzsteuer bereits enthalten.

Berechnung der Barverkäufe:

Nettowarenwert	?	100 %
+ Umsatzsteuer	?	19 %
= **Bruttowert**	**2.749,20 €**	**119 %**

(Angabe auf dem Kassenzettel)

119 % – 2.749,20 € (Barverkäufe)
19 % – x € (Umsatzsteuer)

$$x = \frac{2.749,20 \cdot 19}{119} = 438,95 \text{ € USt}$$

Lösung:

- Die im Rechnungspreis enthaltene Umsatzsteuer beträgt 438,95 €.
- Der Nettowert der verkauften Waren beträgt dementsprechend 2.310,25 €.

1 Zu Kleinbetragsrechnungen siehe Seite 43.

2 Informationen zur detaillierten Berechnung der Barverkäufe des Tages, des Kasseneingangs und zum Bruttoumsatz des Tages sind nachzulesen im Lehrbuch des 1. Ausbildungsjahres, Kap. 14.

22227026

Buchung der Barverkäufe:

Buchungssatz	Soll	Haben
Kasse	2.749,20	
an Umsatzerlöse für Waren		2.310,25
an Umsatzsteuer		438,95

Soll	Kasse		Haben
∑	2.749,20		

Soll	Umsatzerlöse für Waren		Haben
			2.310,25

Soll	Umsatzsteuer		Haben
			438,95

Buchhalterische Ermittlung der Differenz zwischen Umsatzsteuer und Vorsteuer

Umsatzsteuerüberhang

- Verrechnung der Umsatzsteuerschuld mit der Vorsteuerforderung und Ermittlung des Saldos auf dem Umsatzsteuerkonto

Soll	Vorsteuer		Haben
Verb. a. LL	475,00	USt	**475,00**

spätestens am 10. Juli

Soll	Umsatzsteuer		Haben
VSt	**475,00**	Ki	589,00
	114,00 (Zahllast)		

Buchungssatz	Soll	Haben
Umsatzsteuer	475,00	
an Vorsteuer		475,00

Es ergibt sich auf dem Konto „Umsatzsteuer" ein Überhang der Umsatzsteuerschulden (= Zahllast) gegenüber dem Finanzamt von 114,00 €.

	Umsatzsteuerschuld	589,00 €
./.	Saldo Vorsteuer lt. Vorsteuerkonto im Soll	475,00 €
=	Zahllast (Umsatzsteuer-Vorauszahlung)	**114,00 €**

- Überweisung der Zahllast von 114,00 € am 10. Juli an das Finanzamt

Soll	Umsatzsteuer		Haben
VSt	475,00	Ki	589,00
Ki	**114,00**		
	589,00		589,00

Soll	Kreditinstitute		Haben
AB	9.300,00	USt	**114,00**
UfW, USt	3.689,00		

Buchungssatz	Soll	Haben
Umsatzsteuer	114,00	
an Kreditinstitute		114,00

Ermittlung und Passivierung der Zahllast zum Jahresschluss

Die vom Einzelhändler ermittelte Zahllast für den Monat Dezember wird erst am 10. Jan. des folgenden Jahres fällig. Insofern muss am Bilanzstichtag diese Steuerschuld gegenüber dem Finanzamt als Verbindlichkeit auf der Haben-Seite des Schlussbilanzkontos aufgeführt werden (= **Passivierung der Zahllast**).

Soll	Vorsteuer		Haben
Σ	475,00	USt	475,00

Soll	SBK		Haben
		USt	114,00

Soll	Umsatzsteuer		Haben
VSt	475,00	Σ	589,00
SBK	114,00		
	589,00		589,00

Passivierung der Zahllast

Buchungen zum 31.12.:	Soll	Haben
Umsatzsteuer	475,00	
an Vorsteuer		475,00
Passivierung der Zahllast:		
Umsatzsteuer	114,00	
an SBK		114,00

Vorsteuerüberhang

Von einem Vorsteuerüberhang spricht man, wenn innerhalb eines Abrechnungszeitraumes die Vorsteuer höher ist als die Umsatzsteuer. Der Einzelhändler hat in diesem Fall eine Forderung gegenüber dem Finanzamt, die von der Finanzbehörde ausgezahlt oder verrechnet wird.

- Verrechnung der Vorsteuerforderung mit der Umsatzsteuerschuld und Ermittlung des Saldos auf dem Vorsteuerkonto

BEISPIEL

Das Vorsteuerkonto weist im Soll eine Summe von 900,00 € auf, auf dem Konto „Umsatzsteuer“ sind im Haben als Gesamtsumme 750,00 € ausgewiesen.

→ Das Umsatzsteuerkonto wird über das Konto „Vorsteuer“ abgeschlossen.

→ Der Saldo (= Vorsteuerüberhang) von 150,00 € erscheint auf dem aktiven Bestandskonto „Vorsteuer“ im Haben.

Soll	Vorsteuer		Haben
Σ	900,00	USt	750,00
			150,00

Vorsteuerüberhang

Soll	Umsatzsteuer		Haben
VSt	750,00	Σ	750,00

Buchungssatz	Soll	Haben
Umsatzsteuer	750,00	
an Vorsteuer		750,00

Ermittlung und Aktivierung des Vorsteuerüberhangs zum Jahresschluss

Der vom Einzelhändler ggf. ermittelte Vorsteuerüberhang für den Monat Dezember wird erst im Januar des folgenden Jahres ausgezahlt bzw. verrechnet werden können. Insofern muss am Bilanzstichtag dieser Vorsteuerüberhang gegenüber dem Finanzamt als Forderung auf der Soll-Seite des Schlussbilanzkontos aufgeführt werden (= **Aktivierung des Vorsteuerüberhangs**).

Soll	Vorsteuer		Haben
Σ	900,00	USt	750,00
		SBK	150,00
	900,00		900,00

Soll	Umsatzsteuer		Haben
VSt	750,00	Σ	750,00

Soll	SBK		Haben
VSt	150,00		

Aktivierung des Vorsteuerüberhangs

Buchungen zum 31.12.:	Soll	Haben
Umsatzsteuer	750,00	
an Vorsteuer		750,00
Aktivierung des Vorsteuerüberhangs:		
SBK	150,00	
an Vorsteuer		150,00

22227028

Vorsteuer bei Aufwendungen und sonstigen Käufen

Die Vorsteuer fällt auch bei **Aufwendungen** an, wie beispielsweise für Reparaturen, Aufwendungen für Werbung oder beim Kauf von Büromaterial. Auch beim **Kauf von Anlagegütern** wie Fahrzeugen oder Büro- und Geschäftsausstattung ist Vorsteuer zu zahlen. Wie beim Wareneinkauf wird die Vorsteuer in diesen Fällen **im Soll** des Kontos „Vorsteuer" gebucht.

Geschäftsfall	Buchungssatz	Soll	Haben
Banküberweisung für unsere Werbeanzeige, netto 250,00 € zzgl. 19 % USt	Werbung, Dekoration Vorsteuer an Kreditinstitute	250,00 47,50	 297,50
Barkauf von Druckerpatronen, netto 126,00 € zzgl. 19 % USt	Büromaterial Vorsteuer an Kasse	126,00 23,94	 149,94
Kauf eines neuen Kassensystems auf Ziel, netto 12.500,00 € zzgl. 19 % USt	Kassensysteme Vorsteuer an Verbindlichkeiten a. LL	12.500,00 2.375,00	 14.875,00

Eingangsrechnung

HENSCHEL INDUSTRIE-ELEKTRONIK GMBH

Henschel GmbH • Bergstraße 7 • 34531 Schönstadt

Bergstraße 7 • 34531 Schönstadt
Tel.: 05121 56658 • Fax: 07131 56659

E-Mail: henschel-wvd@t-online.de

Geschäftsführerin: Inge Sovega
Registergericht: Schönstadt 62 665

Bankverbindung:
Deutsche Bank Schönstadt
Konto: 68 556 011 • BLZ: 226 700 05
BIC: DEUTDEDB117
IBAN: DE24 2267 0005 0068 5560 11

Ambiente
Warenhaus AG
Groner Str. 22–24
34567 Schönstadt

EINGEGANGEN
30. Sept. 20..
Erl. ....

Rechnung Nr. RP 83-33-17

Schönstadt, 28. Sept. 20..

Menge	Einheit	Artikel	Einzelpreis	Betrag
		Für die Reparatur der Klimaanlage berechnen wir Ihnen		
		Materialkosten		117,40 €
4		Monteurstunden	62,00 €	248,00 €
				365,40 €
		+ 19 % Umsatzsteuer		69,43 €
		Gesamtsumme		434,83 €

Buchung der Eingangsrechnung:	Soll	Haben
Fremdinstandhaltung	365,40	
Vorsteuer	69,43	
an Verbindlichkeiten a. LL		434,83

AUFGABEN

1. Entscheiden Sie, in welchen der folgenden Fälle die Umsatzsteuer anfällt.
   a) Wir erhalten Zinsen auf unser Bankkonto gutgeschrieben.
   b) Wir zahlen Gehälter per Banküberweisung.
   c) Wir verkaufen Waren auf Ziel.
   d) Wir überweisen Darlehenszinsen per Banküberweisung.
   e) Kauf einer EDV-Anlage gegen Postbankscheck
2. Was verstehen Sie unter dem Begriff „Mehrwertsteuer“?
   a) Die Mehrwertsteuer ist die Steuer auf den Unterschied zwischen Verkaufswert und Einstandswert.
   b) Die Mehrwertsteuer wird häufig auch als Umsatzsteuer bezeichnet.
   c) Waren des Wirtschaftsverkehrs werden mehrmals besteuert.
   d) Sie ist eine Steuer auf den höheren Wert der Ware verglichen mit nicht so wertvollen Waren.
   e) Durch die Versteuerung werden die Waren mehr wert.
3. Welche Aussage zur Vorsteuer ist richtig?
   a) Die Vorsteuer muss vor der Überweisung der Umsatzsteuer überwiesen werden.
   b) Die Vorsteuer ist eine Steuer, die zum Bilanzstichtag passiviert werden muss.
   c) Zur buchhalterischen Ermittlung der Zahllast wird das Konto „Umsatzsteuer“ über das Konto „Vorsteuer“ abgeschlossen.
   d) Der Buchungssatz zur Aktivierung der Vorsteuer heißt: SBK an Vorsteuer.
   e) Das Vorsteuer-Konto ist ein aktives Bestandskonto, auf dem stets im Zusammenhang mit Warenausgangsrechnungen gebucht wird.

Wackerhagen OHG
Wohnaccessoires – Residential Accessoires

Wackerhagen OHG, Rotsandweg 14, 67657 Kaiserslautern

Ambiente
Warenhaus AG
Groner Str. 22–24
34567 Schönstadt

EINGEGANGEN
21. Juni 20..
Erl. ....

Wackerhagen OHG
Rotsandweg 14
67657 Kaiserslautern

Konto	Soll	Haben

Gebucht:

Rechnung Nr.: A 934/19

Wir sandten Ihnen für Ihre Rechnung und auf Ihre Gefahr für Ihre Warenwelt „Schöner wohnen“ (modernes leben & einrichten):

Menge/ Einheit	Artikel-Nr.	Ware	Einzelpreis in €	Betrag in €
		Vase mit Asien-Touch aus Fiberglas mit hochwertigem China-Lack überzogen; H/Ø ca. 71/19 cm		
40 St.	34076	– weiß	67,30	2.692,00
40 St.	34077	– rot	67,30	2.692,00
100 St.	41893	Tier-Skulptur (Öko-Objekte) aus schwarz beschichtetem Eisen, teils mit Weißmetall verkleidet (handgefertigt); H/L/B ca. 33/34/8 cm; Sockel ca. 23 x 8 cm	24,70	2.470,00
50 St.	39681	Zeitungs- und Papierkorb, aus rotbraunem Vollrindleder; H/B/T ca. 34/43/26 cm	106,30	5.315,00
150 St.	34108	Wellness-Brunnen in modernem Design aus Glas, Ø ca. 32 cm, Höhe ca. 16 cm inkl. Pumpe (12 Watt)	48,80	7.320,00
		Warenwert		20.489,00
		+ 19 % Umsatzsteuer		3.892,91
		Gesamtbetrag		24.381,91

Beleg zu Aufgabe 4

4. Der links stehende Beleg ist zu buchen
   a) aus Sicht des Käufers (als Eingangsrechnung),
   b) aus Sicht des Verkäufers (als Ausgangsrechnung).
5. Der Buchhaltung der Ambiente Warenhaus AG liegt eine Quittung vor über den Bareinkauf von Büromaterial von 99,76 € brutto.
   a) Ermitteln Sie den Nettopreis sowie die im Bruttopreis enthaltene Umsatzsteuer.
   b) Buchen Sie den Geschäftsfall.
6. In einem Einzelhandelsunternehmen sehen die Konten „Vorsteuer“ und „Umsatzsteuer“ zum 31. Dez. wie folgt aus:

Soll	Vorsteuer		Haben
Σ	45.000,00		

Soll	Umsatzsteuer		Haben
		Σ	38.000,00

   a) Schließen Sie beide Konten zum Bilanzstichtag ab.
   b) Wie lauten die entsprechenden Buchungssätze?
   c) Wie deuten Sie die Differenz zwischen Vorsteuersumme und Umsatzsteuersumme?
7. Warum ist die Umsatzsteuer für den Einzelhändler kein Kostenfaktor, sondern lediglich ein ihn nicht belastender durchlaufender Posten?
8. Erklären Sie, warum die Umsatzsteuer auch Mehrwertsteuer genannt wird.
9. Was verstehen Sie unter dem Begriff „Zahllast“?
10. Jens Lembke, Inhaber der gleichnamigen Kaffeebar, kauft Anfang August Kaffee zum Gesamtrechnungspreis von 2.607,59 € auf Ziel ein. Die gesamte Menge konnte er bis Ende August in Form von ausgeschenktem Kaffee zum Gesamtpreis von insgesamt 3.248,00 € bar verkaufen.

22227030

a) Buchen Sie den Warenein- und -verkauf in einer Summe.

b) Ermitteln Sie rechnerisch die Differenz zwischen Umsatzsteuerschuld und Vorsteuerforderung für den Monat August.

c) Wie lautet die Buchung am 10. Sept. für die Überweisung der Umsatzsteuer-Zahllast bzw. für die Überweisung des Finanzamtes der Vorsteuerforderung von Jens Lembke?

11. Sie sind Angestellte(r) der Ambiente Warenhaus AG in Schönstadt. Ihnen werden die nachfolgenden Belege 1 – 12 zur Buchung vorgelegt.

a) Nennen Sie die Geschäftsfälle, die den Belegen zugrunde liegen.

b) Bilden Sie unter Beachtung der Grundsätze ordnungsmäßiger Buchführung für die einzelnen Belege die Buchungssätze im Grundbuch.

c) Wie bucht der jeweilige Geschäftspartner der Ambiente Warenhaus AG den Beleg 5, 8 und 9?

Ambiente Warenhaus AG

Ambiente Warenhaus AG · Groner Straße 22–24 · 34567 Schönstadt

Herrn und Frau
Lamprecht
Goethestraße 17
34613 Schönstadt

Unternehmenszentrale

Groner Straße 22–24
34567 Schönstadt
Tel.: 05121 839001
Fax: 05121 839002

E-Mail: zentrale@ambiente-warenhaus-wvd.de
Internet: www.ambiente-warenhaus-wvd.de

Durchschrift

Rechnung Nr. 36-HK-197
Ihr Auftrag vom: 2. April 20..

Kundennummer: 419-P
Datum: 8. April 20..

Unser Cateringservice der Warenwelt „Lebensmittel" lieferte Ihnen am 06.04.20.. frei Haus:

Art.-Nr.	Artikelbezeichnung	Menge	Einzelpreis €	Gesamtpreis €
299.03	Eagle Ridge, kalifornischer Rotwein, trocken	20	4,70	94,00
286.07	Johannisberger Erntebringer, Q.b.A., halbtrocken, fruchtig, feinherb	25	4,29	107,25
217.23	Servietten „Spring Clean", 25er-Pack	10	0,89	8,90
217.04	Einweggeschirr für 50 Personen			7,30
	Summe			217,45
	+ 19 % Umsatzsteuer			41,32
	Gesamtbetrag			258,77
	Zahlbar sofort netto Kasse.			

Konto | Soll | Haben
Gebucht:

Beleg 1

Elektro Ferber

Elektro Ferber • Daimlerstraße 12 • 34568 Schönstadt

Ambiente
Warenhaus AG
Groner Straße 22-24
34567 Schönstadt

EINGEGANGEN
15. März 20..
Erl. ....

Daimlerstraße 1
34568 Schönstadt

Telefon: 05121 8655-0
Telefax: 05121 8655-32

E-Mail: info@ferber-wvd.de

Postbank Schönstadt
Konto-Nr.: 3 266 845
BLZ: 226 100 33
BIC: PBNKDEST, IBAN:
DE12 2261 0033 0003 2668 45

St.-Nr.: 24 126 37841

Ihr Zeichen, Ihre Bestellung vom: vo 06.03.20..
Unser Zeichen: hv
Datum: 14.03.20..

Rechnung Nr. 6423, Kunde: D00732

Pos.	Menge/Einh.	Bezeichnung	Preis/€	Gesamt/€
1	1 St.	Gira Dimmer für Niedervolt-Halogenlampen mit gewickelten Trafos 20-500VA Unterputz ohne Abdeckung	52,00	52,00
2	1 St.	OSR Lumilux Combi 72011 W	51,10	51,10
3	2 St.	Schuko-Stecker	1,58	3,16
4	2 St.	RZB DKN-Leuchte OP 10120.002	16,92	33,84
5	6 St.	Heißkleber	1,08	6,48
6	3 St.	Verteiler Baldachin	0,94	2,82
7	5 Std.	Montage	36,25	181,25
		Nettosumme		330,65
		zzgl. 19 % USt		62,82
		Gesamtsumme		393,47

Zahlen Sie den Rechnungsbetrag bitte bis spätestens 28.03.20.. ohne Abzug auf unser Konto. Wir danken für Ihren Auftrag!

Beleg 2

COM Elektronik Service GmbH

Potsdamer Straße 10
34571 Schönstadt

Tel.: 05121 38225
Fax: 05121 38226

E-Mail: com-elektronik@wvd.de

Commerzbank Schönstadt
Konto: 256 669 874
BLZ: 226 400 10
BIC: COBADEST
IBAN: DE83 2264 0010 0256 6698 74

USt-IdNr.: DE 589 636 221
Geschäftsführer: Udo Niederer

COM GmbH • Potsdamer Str. 10 • 34571 Schönstadt

Ambiente
Warenhaus AG
Groner Straße 22–24
34567 Schönstadt

EINGEGANGEN
20. Sept. 20..
Erl. ....

Ihr Zeichen	Unser Zeichen	Datum
Klm	Ki/Jenssen	18.09.20..

Rechnung Nr.: 90021-4R

Lfd. Nr.	Anzahl	Gegenstand	Einzelpreis	Gesamtpreis
1		**Ihr Reparaturauftrag vom 14.09.20..**		
		Lastenhebebühne im Außenbereich Ihres Lagers „Schönstadt, Waldstr. 63"		
		Materialkosten und Arbeitsaufwand		276,00 €
		gem. anl. Aufstellung		217,00 €
		Summe		493,00 €
		19 % USt		93,67 €
			Rechnungsbetrag	586,67 €
		Zahlbar innerhalb von 14 Tagen mit 2 % Skonto oder 30 Tagen rein netto.		

Beleg 3

Ambiente Warenhaus AG

Warenwelt Lesen

Kassenbericht vom 5. Januar 20.. **Nr.:** 004

	Kassenbestand bei Geschäftsschluss:		4.500,64 €
+	**Ausgaben im Laufe des Tages:**		
	1. Geschäftsausgaben		
	Geschenkpapier	112,00 €	
			112,00 €
	2. Einzahlungen auf das Bankkonto:		0,00 €
	3. Privatentnahmen		0,00 €
	4. Sonstiges		
			0,00 €
=	**Zwischensumme**		4.612,64 €
./.	**Kassenbestand des Vortages (Wechselgeld)**		500,00 €
=	Kasseneingang		4.112,64 €
./.	Sonstige Einzahlungen		0,00 €
=	**Barverkäufe des Tages (Tageslosung)**		4.112,64 €

Kundenzahl: 96 Unterschrift Schrader

Beleg 4

22227032

RAMINO KG
Mineralöle – Schmierstoffe

Ramino KG • Hansaplatz 5 b • 37339 Brehme

Telefon: 036071 2525-88
Telefax: 036071 2525-90

E-Mail: ramino@wvd.de

Ramino KG, Hansaplatz 5 b, 37339 Brehme

Ambiente
Warenhaus AG
Groner Straße 22–24
34567 Schönstadt

EINGEGANGEN
20. April 20..
Erl. ....

Ihre Bestellung vom	Unser Zeichen	Datum
13.04.20..	Fri/ms	17.04.20..

Rechnung Nr. 348-05

Pos.	Artikel-Nr.	Bezeichnung der Lieferung/Leistung	Menge und Einheit	Preis je Einheit/€	Gesamtbetrag/€
1	S 39 C	Maschinenöl und	80 Liter	2,90	232,00
2	S 39 V	Schmierfette für Transportfahrzeuge und Hebebühne Ihres Lagers	10 kg	0,85	8,50
					240,50
		abzgl. 25 % Rabatt			60,13
					180,37
		+ 19 % Umsatzsteuer			34,27
		Gesamtsumme			214,64

Betrag dankend erhalten.
Friedrich

Beleg 5

Ambiente Warenhaus AG

Unternehmenszentrale

Ambiente Warenhaus AG · Groner Straße 22–24 · 34567 Schönstadt

Groner Straße 22–24
34567 Schönstadt
Tel.: 05121 839001
Fax: 05121 839002

E-Mail: zentrale@ambiente-warenhaus-wvd.de
Internet: www.ambiente-warenhaus-wvd.de

Familie
Jürgens
Amselweg 15
34532 Schönstadt

Durchschrift

Rechnung Nr. 73-LV-382
Ihr Auftrag vom: 2. Februar 20..

Kundennummer: 3884 M
Datum: 19. März 20..

Art.-Nr.	Artikelbezeichnung	Menge	Einzelpreis €	Gesamtpreis €
	Polsterecke, Stoffbezug in Anthrazit	1		2.299,00
	Couchtisch, Platte Eiche furniert natur, Gestell Chrom Hochglanz, höhenverstellbar 30–35 cm, ca. 110 x 110 cm	1		699,00
	Warenwert			2.998,00
	+ 19 % Umsatzsteuer			569,62
	Rechnungsbetrag			3.567,62

Konto	Soll	Haben

Gebucht:

Zahlbar sofort netto Kasse.

Beleg 6

TRATEX GMBH
FASHION & MORE

Tratex GmbH • Rosentitzer Str. 183 • 01217 Dresden

Ambiente
Warenhaus AG
Groner Straße 22–24
34567 Schönstadt

Konto	Soll	Haben

Gebucht: J 368 Gesch.

EINGEGANGEN
9. Aug. 20..
Erl. ....

Rosentitzer Str. 183 • 01217 Dresden

Telefon: 0351 1233-69
Telefax: 0351 1233-75
E-Mail: tratex@wvd.de
Internet: tratex-wvd.de

Bankverbindung:
Norisbank Dresden
Konto: 225 002 003 • BLZ: 760 260 00
BIC: NORSDE71
IBAN: DE27 7602 6000 0225 0020 00

USt-IdNr.: DE 698 567 263
Geschäftsführerin: Inka Trabur

Ihr Zeichen, Ihre Bestellung vom	Unser Zeichen	Datum
Gli 28.07.20..	Ma/Bo	07.08.20..

Rechnung ER 717

Bei Zahlung bitte stets angeben! Rechnung-Nr.: B 3882 Kunden-Nr.: 238-32

Pos.	Menge	Gegenstand	Einzelpreis in €	Betrag in €
1	80	Jerseykleid 017B7 schwarz, 96 % Viskose, 4 % Elasthan, Gr. 34–46	56,30	4.504,00
2	200	Jeansblazer 021C3 2-Wege-Zipper, Länge ca. 58 cm, 98 % Baumwolle, 2 % Elasthan, Gr. 34–46	59,90	11.980,00
3	170	Multicolor-Pullover 053R9 tailliert, Länge ca. 56 cm, 47 % Polyacryl, 33 % Polyamid, 14 % Wolle, 6 % metallisiertes Garn, Gr. 34–38	49,20	8.364,00
		Warenwert + 19 % USt		24.848,00 4.721,12
		Rechnungsbetrag		29.569,12
		Zahlungsziel: 30 Tage.		

Beleg 7

Autohaus Wittek
Kraftfahrzeuge, Technik und Reparaturwerkstatt GmbH

Wittek GmbH • Kurze Straße 134 • 34534 Schönstadt

Ambiente
Warenhaus AG
Groner Straße 22–24
34567 Schönstadt

EINGEGANGEN
4. Aug. 20..
Erl. ....

Kurze Straße 134
34534 Schönstadt

Telefon: 05121 172-14
Telefax: 05121 172-15

E-Mail: info@wittek-ah-wvd.de
Internet: wittek-ah-wvd.de

Rechnung/Lieferschein

Bei Zahlung bitte stets angeben!
Rechnungsnummer: 3196-A17

Auftragsdatum: 16.06.20..
Rechnungsdatum: 03.08.20..
Verkäufer: Bruns

Pos.	Menge	Gegenstand	Betrag in €
		Wir danken für Ihren Auftrag und berechnen Ihnen wie folgt:	
		1 Pkw Opel Kombi	24.000,00
		Sonderausstattung: Autoradio „Bremen“	270,00
			24.270,00
		+ 19 % Umsatzsteuer	4.611,30
		Rechnungsbetrag	**28.881,30**
		Bezahlt durch Postbankscheck vom 3. Aug. 20... Bruns	

Beleg 8

22227034

Beleg 9

Reinigungsservice
GÖRZEN
GmbH & Co. KG

Görzen GmbH & Co. KG • Laurinweg 45 • 34567 Schönstadt

Ambiente
Warenhaus AG
Groner Straße 22–24
34567 Schönstadt

EINGEGANGEN
4. Juni 20..
Erl. ....

Laurinweg 45
34567 Schönstadt
Telefon: 05121 55688
Telefax: 05121 55689

Rechnung

Bei Zahlung bitte stets angeben!

Ihre Bestellung vom	Rechnungs-Nr.:	Datum:
gemäß Vertrag vom 17.02.20..	1638	03.06.20..

Leistungsbezeichnung/Warenbezeichnung	Preis je Einheit/€	Summe/€
Für die Monatsreinigung Mai Ihres Verwaltungsgebäudes (Haus 1) in der Groner Straße 22–24 berechnen wir Ihnen vereinbarungsgemäß:		
– Reinigungsmaterial		125,00
– Lohnkosten		950,00
		1.075,00
+ 19 % Umsatzsteuer		204,25
Summe		1.279,25

Zahlungsbedingungen:
Zahlbar innerhalb von 20 Tagen ohne Abzug.

Beleg 10

Kundendurchschrift — BADEDEFF

Bankhaus Delfs
Schönstadt

Für Überweisungen in Deutschland und in andere EU-/EWR-Staaten in Euro.
Bitte Meldepflicht gemäß Außenwirtschaftsverordnung beachten!

Angaben zum Zahlungsempfänger: Name, Vorname/Firma (max. 27 Stellen, bei maschineller Beschriftung max. 35 Stellen)
Finanzamt Schönstadt-Mitte-Altstadt

IBAN
DE55 2505 0000 0047 1840 03

BIC des Kreditinstituts/Zahlungsdienstleisters (8 oder 11 Stellen)
NOLADE2H

Betrag: Euro, Cent
32.760,00

Kunden-Referenznummer - Verwendungszweck, ggf. Name und Anschrift des Zahlers - (nur für Zahlungsempfänger)
Umsatzsteuer-Zahllast, Februar 20..

noch Verwendungszweck (insgesamt max. 2 Zeilen à 27 Stellen, bei maschineller Beschriftung max. 2 Zeilen à 35 Stellen)
Steuer-Nr.: 24/671/00036, USt-IdNr.: 164 882 465

Angaben zum Kontoinhaber: Name, Vorname/Firma, Ort (max. 27 Stellen, keine Straßen- oder Postfachangaben)
Ambiente Warenhaus AG Schönstadt

IBAN
DE 43 2264 0010 0006 3436 82 — 16

SEPA

Datum: 08.03.20..
Unterschrift(en): Schrader

Kundendurchschrift — GUGBDE2H

Grün&Gut Bank
Schönstadt

Für Überweisungen in Deutschland und in andere EU-/EWR-Staaten in Euro.
Bitte Meldepflicht gemäß Außenwirtschaftsverordnung beachten!

Angaben zum Zahlungsempfänger: Name, Vorname/Firma (max. 27 Stellen, bei maschineller Beschriftung max. 35 Stellen)
Stadt Schönstadt

IBAN
DE35 2264 0010 0000 1530 87

BIC des Kreditinstituts/Zahlungsdienstleisters (8 oder 11 Stellen)
COBADEST

Betrag: Euro, Cent
499,61

Kunden-Referenznummer - Verwendungszweck, ggf. Name und Anschrift des Zahlers - (nur für Zahlungsempfänger)
Kunden-Nr. 3489 0720-H

noch Verwendungszweck (insgesamt max. 2 Zeilen à 27 Stellen, bei maschineller Beschriftung max. 2 Zeilen à 35 Stellen)
Müllgebühren 419,84 Umsatzsteuer 79,77

Angaben zum Kontoinhaber: Name, Vorname/Firma, Ort (max. 27 Stellen, keine Straßen- oder Postfachangaben)
Ambiente Warenhaus AG Schönstadt

IBAN
DE 76 5889 0001 0007 1667 07 — 16

SEPA

Datum: 08.03.20..
Unterschrift(en): Schrader

Beleg 11

Beleg 12

Schönstädter Allgemeine Zeitung

Verlag und Agentur GmbH • Weidendamm 13 • 34572 Schönstadt

SCHOEN ZTG/N *100 VERLAG UND AGENTUR GMBH

Rubrik		Seite	Manuskript-Nr.	Erscheinungsdatum	Vorlage/Spalten x Zeilen	Gesamt mm	mm-Preis €	Brutto €
Stellenangebot	163		255	02.06. 09.06.				
Kurztext: Aushilfskraft Lager								

Anzeigen-Rechnung

vom 06.06.20..

SEIPP GMBH • PF. 20 25 • 34576 Schönstadt

Herrn, Frau, Firma

Ambiente
Warenhaus AG
Groner Straße 22-24
34567 Schönstadt

EINGEGANGEN
7. Juni 20..
Erl. ....

Bei Zahlung bitte unbedingt angeben Rechnungs-Nr.
14 798

NETTOBETRAG	230,00
19 % UST	43,70
RECHNUNGSBETRAG €:	273,70

Bankverbindung		Konto-Nummer	Bankleitzahl
Commerzbank Schönstadt		12 655 000	226 400 10
	BIC: COBADEST, IBAN:	DE43 2264 0010 0012 6550 00	
Postbank Schönstadt		6 002 001	226 100 33
	BIC: PBNKDEST, IBAN:	DE76 2261 0033 0006 0020 01	

Telefon
05121 122-0

Zahlungsbedingungen:
sofort netto Kasse

Erfüllungsort und Gerichtsstand ist für das Mahnverfahren und im Verkehr zu Kaufleuten
SCHÖNSTADT

12. Ihnen wird vom Fahrer eines Kundendienstfahrzeugs eine Tankquittung über 90,48 € einschließlich 19 % Umsatzsteuer vorgelegt. Der Fahrer hat den Betrag bar ausgezahlt bekommen. Wie lautet der Buchungssatz?

13. Ordnen Sie die folgenden Geschäftsfälle den Buchungssätzen zu.

Geschäftsfälle	
A	SBK an Vorsteuer
B	Umsatzsteuer an Vorsteuer
C	Barverkäufe
D	Wareneinkauf auf Ziel
E	Umsatzsteuer an Kreditinstitute
Buchungssätze	
1.	Überweisung der Zahllast
2.	Kasse an UfW an USt
3.	AfW, Vorsteuer an Verbindlichkeiten a. LL
4.	Verrechnung der Umsatzsteuerschuld mit der Vorsteuerforderung und Ermittlung des Saldos auf dem Umsatzsteuerkonto
5.	Aktivierung des Vorsteuerüberhangs

14. Buchen Sie die folgenden Geschäftsfälle: €

1. Bareinzahlung auf das Bankkonto 1.700,00
2. Überweisung der Zahllast des Vormonats per Banküberweisung 5.600,00
3. Warenverkauf auf Ziel
   Nettowarenwert 430,00
   Umsatzsteuer 81,70
4. Rechnungseingang der Schönstädter Tagesnachrichten für eine Werbeanzeige
   netto 170,00
   Umsatzsteuer 32,30

€

5. Barverkäufe 7.497,00
6. Wareneinkauf auf Ziel
   Nettowarenwert 5.800,00
   Umsatzsteuer 1.102,00
7. Kauf von neuen Büromöbeln
   Nettowarenwert 24.000,00
   Umsatzsteuer 4.560,00
8. Banküberweisung für Löhne 13.000,00

15. Nennen Sie zu den folgenden Buchungssätzen die entsprechenden Geschäftsfälle.

a)	Aufwendungen für Waren Vorsteuer an Verbindlichkeiten a.LL	3.000,00 570,00	 3.570,00
b)	Schlussbilanzkonto an Vorsteuer	1.200,00	 1.200,00
c)	Umsatzsteuer an Postbank	790,00	 790,00
d)	Kasse an Umsatzerlöse für Waren an Umsatzsteuer	987,70	 830,00 157,70
e)	Umsatzsteuer an Vorsteuer	410,00	 410,00

16. Im Rahmen des Weihnachtsgeschäfts wird der Netto-Verkaufspreis der Espresso-Maschine „Enzo Galvani" von 55,00 € auf 46,75 € gesenkt. Ermitteln Sie den neuen Brutto-Verkaufspreis, wenn 19 % Umsatzsteuer zu berücksichtigen sind.

22227036

AKTIONEN

1. 60 Tennisschläger nehmen den folgenden Weg vom Hersteller über den Handel zum Endverbraucher:

Hersteller:
VKP netto pro Stück 170,00 €

↓

Weiterverarbeitungsunternehmen:
VKP netto pro Stück 220,00 €

↓

Großhandel:
VKP netto pro Stück 255,00 €

↓

Einzelhandel:
VKP netto pro Stück 270,00 €

↓

Endverbraucher

a) Erstellen Sie mit Excel eine Übersicht, in der der Weg der Tennisschläger vom Hersteller bis zum Konsumenten dargestellt wird.

b) Berücksichtigen Sie auf jeder Umsatzstufe die entsprechende Verkaufsrechnung des Lieferer.

c) Stellen Sie auf jeder Umsatzstufe den Mehrwert fest.

d) Stellen Sie abschließend mithilfe einer Proberechnung fest, ob die Summe der einzelnen Mehrwerte übereinstimmt mit der Umsatzsteuer, die die Endverbraucher beim Kauf der 60 Tennisschläger bezahlt haben.

e) Buchen Sie summarisch den Ein- und Verkauf der Tennisschläger beim Einzelhändler (Einkauf erfolgt auf Ziel; Verkäufe finden bar statt).

2. Buchen Sie den folgenden Geschäftsgang im Grund- und Hauptbuch.

I Anfangsbestände	€
Grundstücke	370.000,00
Geschäftsausstattung	230.000,00
Fuhrpark	115.000,00
Waren	190.000,00
Forderungen a. LL	33.000,00
Kasse	14.500,00
Kreditinstitute	36.000,00
Postbank	35.000,00
Eigenkapital	?
Darlehensschulden	350.000,00
Verbindlichkeiten a. LL	65.000,00

Erfolgskonten: Aufwendungen für Waren, Gehälter, Zinserträge, Fremdinstandhaltung, Provisionserträge, Mietaufwendungen, Büromaterial, Kraftfahrzeugsteuer, Mieterträge, Postgebühren – Telefon – Telefax, Umsatzerlöse für Waren

Abschlusskonten: Gewinn- und Verlustkonto, Schlussbilanzkonto

II Geschäftsfälle	€
1. Zieleinkauf von Waren, brutto	2.856,00
2. Wir überweisen unserem Lieferer zum Rechnungsausgleich	1.700,00
3. Wir erhalten Provision auf unser Bankkonto	1.200,00
4. Banküberweisung für Miete der Geschäftsräume	2.300,00
5. Verkauf von Waren auf Ziel Nettowarenwert	19.500,00
+ Umsatzsteuer	3.705,00
6. Barkauf von Büromaterial	270,00
+ Umsatzsteuer	51,30
7. Belastung des Postbankkontos	
– für Zahlung der Gehälter	10.500,00
– Überweisung der Zahllast am 10.05. an das Finanzamt	4.300,00
– Barabhebung	800,00
8. Banküberweisung an unseren Lieferer	3.200,00
9. Reparatur eines Pkw gegen Barzahlung Reparaturkosten netto	350,00
+ Umsatzsteuer	66,50
10. Warenverkäufe bar	11.305,00
11. Verkauf einer gebrauchten Regalwand gegen Bankscheck, netto	400,00
+ Umsatzsteuer	76,00
12. Wir zahlen die Kraftfahrzeugsteuer durch Postbanküberweisung	240,00

13. Kauf eines neuen Pkw gegen Bankscheck
    Nettopreis 31.000,00
    + Umsatzsteuer 5.890,00
14. Wir kaufen Ware gegen Bankscheck
    Warenwert 1.250,00
    + Umsatzsteuer 237,50
15. Bankgutschrift für Miete 2.500,00
16. Ein Kunde begleicht seine Rechnung
    durch Banküberweisung 3.155,00
17. Postwertzeichen werden
    bar bezahlt 85,00
18. Wir verkaufen Waren (brutto)
    gegen Barzahlung 300,00
    gegen Postbankscheck 1.600,00
    auf Ziel 700,00
19. Teilrückzahlung eines Darlehens
    durch Banküberweisung 6.000,00

III Abschlussangaben €

1. Ermittlung und Passivierung der Zahllast/Aktivierung des Vorsteuerüberhangs
2. Warenschlussbestand lt. Inventur 160.000,00
3. Die Schlussbestände der übrigen Bestandskonten stimmen mit den Werten der Inventur überein.

ZUSAMMENFASSUNG

- **Wesen der Umsatzsteuer**
  - In der Bundesrepublik Deutschland wird die Umsatzsteuer in Form der Mehrwertsteuer erhoben.
  - Bei jedem Umsatz wird nur die Wertschöpfung (Mehrwert) versteuert. Dieser Mehrwert ergibt sich aus dem Unterschied zwischen Einkaufs- und Verkaufswert.
  - Die Mehrwertsteuer ist kein Kostenfaktor für den Unternehmer, da sie auf den Endverbraucher abgewälzt wird. Der Unternehmer zieht die Mehrwertsteuer lediglich für das Finanzamt ein.

- **Umsatzsteuer/Vorsteuer**
  - Auf das Konto „Aufwendungen für Waren" wird der Nettowert der Ware ohne Umsatzsteuer im Soll gebucht.
  - Die Umsatzsteuer wird bei Eingangsrechnungen als Vorsteuer bezeichnet und ist eine Forderung gegenüber dem Finanzamt. Deshalb ist das Vorsteuer-Konto ein aktives Bestandskonto.
  - Auf das Konto „Umsatzerlöse für Waren" wird der Nettowert der Ware ohne Umsatzsteuer im Haben gebucht.
  - Die Umsatzsteuer wird bei Ausgangsrechnungen als Umsatzsteuer bezeichnet und ist eine Verbindlichkeit gegenüber dem Finanzamt. Deshalb ist das Umsatzsteuer-Konto ein passives Bestandskonto.
  - Die Tageslosung ist der Barverkauf von Waren, in der die Umsatzsteuer bereits enthalten ist. Der Betrag der Tageslosung entspricht einem vermehrten Grundwert.

Buchungssatz	
Kasse	
an	Umsatzerlöse für Waren
an	Umsatzsteuer

- **Zahllast**
  - Die Zahllast ist die Differenz zwischen der höheren Umsatzsteuer und der niedrigeren Vorsteuer und muss in der Regel am 10. des Folgemonats an das Finanzamt abgeführt werden.
  - Die Zahllast des Monats Dezember ist als Verbindlichkeit im Schlussbilanzkonto auf der Haben-Seite auszuweisen (= Passivierung der Zahllast).

Die Umsatzsteuer

beim

Warenverkauf	Wareneinkauf	
erhaltene **Umsatzsteuer** vom Kunden Buchung: **Umsatzsteuerkonto im Haben**	gezahlte Umsatzsteuer (= **Vorsteuer**) an den Lieferer Buchung: **Vorsteuerkonto im Soll**	abzuführende Steuerschuld an das Finanzamt

Umsatzsteuer**schuld** ./. Vorsteuer**forderung** = Zahllast

Soll	**Vorsteuer**	Haben
Σ Vorsteuer aus Eingangsrechnungen		Saldo

Soll	**Umsatzsteuer**	Haben
Vorsteuerforderung		Σ Umsatzsteuer aus Ausgangsrechnungen
Zahllast		

Soll	**Kreditinstitute**	Haben
		USt-Zahllast

(Abbuchung)

Soll	**Schlussbilanzkonto**	Haben
		USt-Zahllast

(Passivierung)

Buchungssatz:
Umsatzsteuer an Kreditinstitute (bzw. an SBK)

- **Vorsteuerüberhang**
  - Ist die Vorsteuer höher als die Umsatzsteuer (= Vorsteuerüberhang), so hat das Einzelhandelsunternehmen mehr ein- als verkauft; es entsteht eine Forderung gegenüber dem Finanzamt.
  - Ein Vorsteuerüberhang des Monats Dezember ist als Forderung im Schlussbilanzkonto auf der Soll-Seite auszuweisen (= Aktivierung des Vorsteuerüberhangs).

Soll	**Vorsteuer**	Haben
Σ Vorsteuer aus Eingangsrechnungen		Umsatzsteuer
		Vorsteuerüberhang

Soll	**Umsatzsteuer**	Haben
Saldo		Σ Umsatzsteuer aus Ausgangsrechnungen

Soll	**Kreditinstitute**	Haben
Vorsteuerüberhang		

Soll	**Schlussbilanzkonto**	Haben
Vorsteuerüberhang		

Buchungssatz:
Kreditinstitute (bzw. SBK) an Vorsteuer

KAPITEL 3

Wir prüfen und erfassen Belege

Der Außendienstmitarbeiter der Ambiente Warenhaus AG Jens Thiede hatte während seiner letzten Dienstreise u. a. Auslagen für ein dienstliches Telefonat – geführt aus einer öffentlichen Telefonzelle in Österreich – von 22,50 € und für Benzin, Rechnungsbetrag 92,25 €.

Bei seiner Spesenabrechnung in Schönstadt konnte er diese Ausgaben nicht belegen, da er einen Nachweis für das Telefonieren nicht erbringen konnte und die Quittung als Beleg für das Tanken dummerweise abhandengekommen war.

Britta Krombach kennt Herrn Thiede als seriösen und ehrlichen Kollegen, der in der Vergangenheit immer gewissenhaft seine Ausgaben abrechnete, deshalb genehmigte und veranlasste sie die Auszahlung dieser beiden Teilbeträge in der Gesamtsumme von 114,75 €.

1. Erläutern Sie, warum das Verhalten von Britta Krombach für eine ordnungsmäßige Buchführung nicht korrekt ist.
2. Erstellen Sie für die beiden fehlenden Ausgabenposten ersatzweise eigene Belege.

INFORMATION

Notwendigkeit von Belegen für die ordnungsmäßige Buchführung[1]

Die Buchführung darf Geschäftsfälle weder vergessen aufzuzeichnen, noch darf sie sie vortäuschen – nur dann gilt die Buchführung als ordnungsgemäß. Aus diesem Grund muss jeder Geschäftsfall durch eine schriftliche Unterlage nachgewiesen werden. Derartige Unterlagen werden **Belege** genannt.

Jede Buchung von Geschäftsfällen muss auf der Grundlage von Belegen vorgenommen werden (Belege als Beweismittel). Nur so können später Aufzeichnungen wahrheitsgemäß nachgewiesen und die einzelnen geschäftlichen Vorgänge, z. B. bei betrieblichen Kontrollen durch das Finanzamt oder gerichtlichen Verfahren, nachgeprüft werden (Grundsatz der Nachprüfbarkeit).

Eine ordnungsmäßige Buchführung auf der Grundlage einer tadellosen Belegorganisation liegt ferner nur dann vor, wenn der **Zusammenhang von Beleg und Buchung** nachgewiesen werden kann und die Möglichkeit zur **Kontrolle** jederzeit gegeben ist (Grundsätze der Ordnung und der Übersichtlichkeit).

Arten der Belege

Während **Einzelbelege** nur einen Geschäftsfall erfassen, werden **Sammelbelege** für mehrere gleichartige Geschäftsfälle erstellt, wie z. B. Gehalts- und Lohnlisten, Scheckeinreichungen, Abrechnung von Reisen.

Belege sind ein wichtiges Beweismittel für die Richtigkeit der Aufzeichnungen.

1 Umfangreiche Ausführungen zu den Grundsätzen einer ordnungsmäßigen Buchführung sind im Kap. 8.1 des 2. Ausbildungsjahres von „Handeln im Handel" zu finden.

Arten der Belege

Natürliche Belege fallen automatisch im Geschäftsverkehr an

externe Belege (Fremdbelege) kommen von außen in das Unternehmen:
- Eingangsrechnungen von Lieferern
- Gutschriften von Lieferern
- Kontoauszüge von Banken
- Quittungen für von uns bezahlte Waren
- Telefonrechnung
- Steuerbescheid vom Finanzamt u. v. m.

interne Belege (Eigenbelege) entstehen innerhalb des Unternehmens:
- Kopien der Ausgangsrechnungen
- Durchschriften der Gutschriften an Kunden
- Schecks
- Kassenzettel
- Registrierkassenstreifen
- Gehaltsabrechnungen
- Belege über Privatentnahmen

Künstliche Belege

müssen eigens für die Buchführung angefertigt werden:
- Rückbuchungen
- Belege über Abschlussbuchungen
- Notbelege (Ersatzbelege), weil kein natürlicher Beleg vorhanden ist oder dieser abhandengekommen ist

Belege sind ein wichtiges Beweismittel für die Richtigkeit der Aufzeichnungen.

Behandlung der Belege

Grundsatz: **Keine Buchung ohne Beleg!**

1. Arbeitsstufe

Vorbereitung
- Eingangsstempel anbringen
- Überprüfung auf rechnerische und sachliche Richtigkeit
- Sortierung nach Belegarten (z. B. Kassenbelege; Bankbelege; Gutschriften von Lieferern u. v. m. – Alle Eingangsrechnungen werden in einem Ordner abgeheftet und nach dem Datum ihrer Erstellung sortiert.)
- fortlaufende Nummerierung der Belege innerhalb jeder Belegart
- Vorkontierung mithilfe des Kontierungsstempels

Konto	Soll	Haben
Kasse	*129,92*	
Umsatzerlöse für Waren		*109,18*
Umsatzsteuer		*20,74*
Gebucht: *28.09.20.. J 154*[1] *Krombach*		

2. Arbeitsstufe

Buchung im Grund- und Hauptbuch

Zu einer ordnungsgemäßen Belegorganisation gehört, dass bei jeder Buchung die Belegart und die Belegnummer angegeben werden:

BEISPIELE

Ausgangsrechnung	= AR 3498	Eingangsrechnung	= ER 873
Bankauszug	= BA 37	Postbankauszug	= PA 129
Kassenbeleg	= KB 3871	Sonstige Belege	= SB 176

1 J 154 = Hinweis auf die Journalseite 154

3. Arbeitsstufe

Ablage nach Belegarten und Aufbewahrung (§§ 257 HGB, 147 AO)

- Pflicht zur geordneten Aufbewahrung aller Belege:
  Sämtliche erfassten Belege können in Ordnern oder auch auf einem Bildträger oder anderen Datenträgern (z. B. Festplatte) gespeichert werden.
  1. **Papierrechnungen:** Werden Originalpapierrechnungen gescannt, können diese vernichtet werden, wenn die Originale auf digitalen Datenträgern archiviert werden und dem Scanvorgang eine genaue Organisationsanweisung zugrunde liegt. Daneben muss hard- und softwaremäßig sichergestellt sein, dass das Scan-Ergebnis unveränderbar ist.
  2. **Elektronische Rechnungen:** Die Archivierung von elektronischen Rechnungen muss in dem Originalformat erfolgen, in dem die Rechnungen ausgestellt und empfangen wurden. Demnach ist der Ausdruck auf Papier und dessen Archivierung nicht zulässig.
- Aufbewahrungsfrist für Papier- und elektronische Rechnungen: 10 Jahre
  Die Aufbewahrungsfrist beginnt mit dem Schluss des Kalenderjahres, in dem der Beleg angefallen ist.

Bußgeld- und Ordnungswidrigkeitenvorschriften

- Wird eine Rechnung vorsätzlich oder leichtfertig nicht oder nicht rechtzeitig ausgestellt, kann diese Ordnungswidrigkeit mit einer Geldbuße bis zu 5.000,00 € belegt werden.
- Die Verletzung der Aufbewahrungspflicht kann ebenfalls mit einer Geldbuße in Höhe von bis zu 5.000,00 € geahndet werden.

Belege als Bindeglied zwischen Geschäftsfällen und Buchungen

Indem die Belege mit dem Kontierungsstempel versehen werden, wird die Verbindung zwischen Geschäftsfall und der Buchung, die die Belegart und Belegnummer enthält (z. B. ER 717), hergestellt. Mit diesen Belegvermerken ist im Bedarfsfall, z. B. bei Betriebsprüfungen, der dazugehörige Beleg jederzeit und schnell aufzufinden.

Umgekehrt findet man auf dem Kontierungsstempel (siehe Beispiel rechts) die Journalseite (z. B. J 368) und den Namen des Bearbeiters.

BEISPIEL

Eingangsrechnung mit Kontierungs- und Eingangsstempel sowie Belegart und Belegnummer

TRATEX GMBH
FASHION & MORE

Tratex GmbH • Rosentitzer Str. 183 • 01217 Dresden

Ambiente
Warenhaus AG
Groner Straße 22–24
34567 Schönstadt

Konto	Soll	Haben

Gebucht: J 368 Gesh.

EINGEGANGEN
9. Aug. 20..
Erl. ....

Rosentitzer Str. 183 • 01217 Dresden
Telefon: 0351 1233-69
Telefax: 0351 1233-75
E-Mail: tratex@wvd.de
Internet: tratex-wvd.de

Bankverbindung:
Norisbank Dresden
Konto: 225 002 003 • BLZ: 760 260 00
BIC: NORSDE71
IBAN: DE27 7602 6000 0225 0020 00

USt-IdNr.: DE 698 567 263
Geschäftsführerin: Inka Trabur

Ihr Zeichen, Ihre Bestellung vom: Gli 28.07.20..
Unser Zeichen: Ma/Bo
Datum: 07.08.20..

Rechnung ER 717

Bei Zahlung bitte stets angeben! Rechnung-Nr.: B 3882 Kunden-Nr.: 238-32

Pos.	Menge	Gegenstand	Einzelpreis in €	Betrag in €
1	80	Jerseykleid 017B7 schwarz, 96 % Viskose, 4 % Elasthan, Gr. 34–46	56,30	4.504,00
2	200	Jeansblazer 021C3 2-Wege-Zipper, Länge ca. 58 cm, 98 % Baumwolle, 2 % Elasthan, Gr. 34–46	59,90	11.980,00
3	170	Multicolor-Pullover 053R9 tailliert, Länge ca. 56 cm, 47 % Polyacryl, 33 % Polyamid, 14 % Wolle, 6 % metallisiertes Garn, Gr. 34–38	49,20	8.364,00
		Warenwert		24.848,00
		+ 19 % USt		4.721,12
		Rechnungsbetrag		29.569,12
		Zahlungsziel: 30 Tage.		

22227042

Der Buchungsgang führt vom Beleg über das Grundbuch zu den Konten.

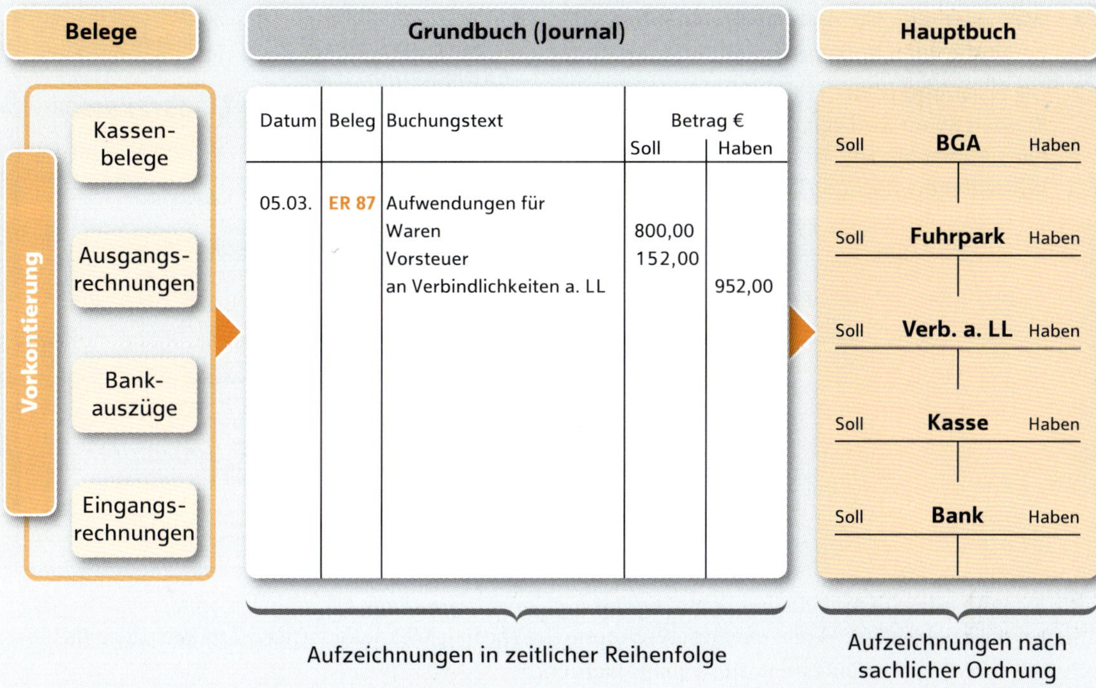

Bestandteile der Belege

Belege müssen rechnerisch richtig sein und den Geschäftsfall hinreichend und unmissverständlich darlegen. Für die Ausstellung einer Rechnung gelten besondere Vorschriften.

Das Umsatzsteuergesetz (UStG) schreibt bestimmte Pflichtangaben für Rechnungen vor. Rechnungen **über** 250,00 € müssen enthalten:

- den vollständigen Namen und die vollständige Anschrift des leistenden Unternehmens und des Leistungsempfängers
- das Ausstellungsdatum
- eine fortlaufende und einmalige Rechnungsnummer zur Identifizierung
- das Leistungsentgelt
- Preisminderungen bzw. Rückerstattungen, sofern sie noch nicht im Leistungsentgelt berücksichtigt sind
- den Steuerbetrag

  Bei Rechnungen an Privatpersonen muss die Umsatzsteuer nicht gesondert ausgewiesen werden. Rechnungen von Unternehmer an Unternehmer müssen bei einem Wert über 150,00 € den Umsatzsteuerbetrag allerdings getrennt nennen.
- den anzuwendenden Steuersatz
- die Steuernummer

  Anstelle der Steuernummer ist auch die Umsatzsteuer-Identifikationsnummer zulässig.
- die Art und den Umfang der Leistung
- den Zeitpunkt der Leistung

Eine Rechnung bis zu einem Gesamtbetrag (Entgelt und Umsatzsteuer) von 250,00 € (**= Kleinbetragsrechnung**) muss lediglich enthalten:

- den vollständigen Namen und die vollständige Adresse des Ausstellers
- das Ausstellungsdatum
- die Menge und Bezeichnung der gelieferten Ware oder Art und Umfang der Dienstleistung
- den Bruttobetrag

  Die Umsatzsteuer muss nicht getrennt ausgewiesen werden, lediglich der entsprechende Umsatzsteuersatz muss genannt werden. Die Angaben des Empfängernamens, der Rechnungs- und Steuernummer sind bei Kleinbetragsrechnungen nicht erforderlich.

Die Kleinbetragsregelung findet bei Rechnungen u.a. im Versandhandel keine Anwendung.

Rechnungen sind **10 Jahre** lang aufzubewahren.

AUFGABEN

1. Was verstehen Sie im Rahmen der Belegvorbereitung unter Vorkontierung?
2. Die Eillieferung eines Flachbildschirms an den Kunden Böhm wird von der Ambiente Warenhaus AG bar bezahlt.
   Wie lautet die Buchung?

Schönstädter Expressdienst GmbH

laufende Nr. 3326002

05121 99909

EINGEGANGEN 28. Mai 20.. Erl. ....

Ambiente Warenhaus AG, Schönstadt
von

Fam. Böhm, 34560 Fritzlar
nach

34
einfache Wegstrecke (km)

Konto	Soll	Haben

Gebucht:

Summe (€) 43,00

19 % USt (€) 8,17

Gesamt (€) 51,17

Betrag bar erhalten:

Datum: 28.05.20..

H. Reingruber
Unterschrift des Fahrers

Die unterzeichnende Firma erteilt hiermit vorstehenden Transportauftrag laut Vertragsbedingungen der Firma **Schönstädter Expressdienst GmbH**. Wir arbeiten ausschließlich nach den Allg. Beförderungsbedingungen für den gewerblichen Güternahverkehr (AGNB).

3. a) Kontieren Sie die Eingangsrechnung der Ambiente Warenhaus AG.
   b) Bis zu welchem Termin muss die Rechnung der Hartlen Technology OHG nach den gesetzlichen Vorschriften mindestens aufbewahrt werden?

Hartlen Technology OHG
Zwönitzstraße 28 • 09125 Chemnitz

Hartlen OHG, Zwönitzstr. 28, 09125 Chemnitz

Konto	Soll	Haben

Gebucht:

Ambiente
Warenhaus AG
Groner Straße 22–24
34567 Schönstadt

Ihr Zeichen, Ihre Bestellung vom: 231/hr 22.02.20..
Unser Zeichen: Vo/di3
EINGEGANGEN 14. März 20.. Erl. ....
Datum: 11.03.20..

Rechnung

Rechnungs-Nr.: **88-3-784**

Kunden-Nr.: 34BHT33

ER 1872

Pos.	Menge	Gegenstand	Preis/Einheit €	Betrag €
1	30	Laptop-Schaltnetzgerät SPS 2210 für alle gängigen Notebooks	38,79	1.163,70
2	40	Speicherstick ScanDisk Zercu 1 GB	42,67	1.706,80
3	15	„Pronsa" Festplatte 80 GB 3,5" inkl. deutsche Kurzanleitung	32,33	484,95
4	20	„Ketpai", digitaler Camcorder Pocket DV 4890 (3 Mio. Pixel im Fotomodus, 640 x 480 Pixel bei Videos, SD-/MMC-Card Slot)	76,94	1.538,80
		Warenwert		4.894,25
		+ 19 % Umsatzsteuer		929,91
		Gesamtsumme		5.824,16

Zahlungsbedingungen: 14 Tage mit 2 % Skonto oder 30 Tage netto.

22227044

4. Wie lauten die Buchungen für die nachfolgenden beiden Belege?

Beleg 1

Miehe GmbH
Glas-, Gebäudereinigung und Teppichpflege

Braunstraße 17
34567 Schönstadt

Telefon: 05121 6999-0
Telefax: 05121 6999-20
E-Mail: miehe@wvd.de

Steuernummer: 55 638 54197
Geschäftsführerin: Sabine Lange

Bankverbindung:
Commerzbank Schönstadt
Konto: 120 889 001 • BLZ: 226 400 10
BIC: COBADEST
IBAN : DE43 2264 0010 0120 8890 01

Miehe GmbH • Braunstraße 17 • 34567 Schönstadt

Ambiente
Warenhaus AG
Groner Straße 22–24
34567 Schönstadt

EINGEGANGEN
5. April 20..
Erl. ....

Datum
02.04.20..

Rechnung Nr. 329/32

Gem. Angebot vom 27.02. d. J. berechnen wir Ihnen für die im März durchgeführten Reinigungsarbeiten:

geleistete Arbeitszeit	1.230,00 €
Material gem. anl. Aufstellung	276,00 €
Summe	1.506,00 €
Umsatzsteuer 19 %	286,14 €
Gesamtbetrag	1.792,14 €

Konto	Soll	Haben

Gebucht:

Beleg 2

Quittung

Nr.

Netto	€ 59	ct 90
+ 19 % USt	€ 11	ct 38
Gesamt	€ 71	ct 28

Gesamtbetrag € in Worten einundsiebzig — Cent wie oben

(Im Gesamtbetrag 19 % Umsatzsteuer enthalten)

sind von Ambiente Warenhaus AG, Schönstadt

für Mahnvordrucke und Tafelschreiber

richtig erhalten zu haben, bestätigt

Ort Schönstadt Datum 18.11.20..

Konto	Soll	Haben

Gebucht:

Buchungsvermerke

Stempel/Unterschrift des Empfängers Koch

Bürotechnik
Koch OHG
Schönstadt

5. In der Eingangspost befindet sich eine Rechnung über die Reparatur der Telefonanlage:

Reparaturkosten	730,00 €
+ Umsatzsteuer 19 %	138,70 €
= Rechnungsbetrag	868,70 €

Buchen Sie die Eingangsrechnung.

6. Im Rahmen der Belegbearbeitung müssen die Belege buchungsfertig aufbereitet werden.

Nennen Sie die Arbeiten im Rahmen der Belegvorbereitung.

7. Warum werden im Rahmen der Belegvorbereitung eine sachliche und eine rechnerische Prüfung durchgeführt?

8. Die Inhaberin eines Einzelhandelsunternehmens kauft in einem Fachgeschäft für Bürobedarf diverse Kleinartikel im Gesamtwert von 107,30 €. Die Einzelhändlerin bezahlt bar und bittet um die Ausstellung einer Quittung. Die Verkäuferin des Fachgeschäfts tut ihr den Gefallen, aber ohne die Umsatzsteuer gesondert auszuweisen.

Welche Aussage ist richtig?

a) Die Kundin kann unabhängig von der Summe darauf bestehen, dass die Umsatzsteuer gesondert ausgewiesen wird.

b) Bei der Kaufsumme von 107,30 € muss der Kundin keine Quittung mit dem ausgewiesenen Umsatzsteueranteil ausgestellt werden, da der Betrag unter 110,00 € liegt.

c) Das Fachgeschäft für Bürobedarf ist laut BGB nur verpflichtet, die Kaufsumme brutto anzugeben.

d) Der Einzelhändler für Bürobedarf ist nur deshalb verpflichtet, die Umsatzsteuer gesondert auszuweisen, weil die Kundin eine sogenannte Wiederverkäuferin ist.

e) Bei Käufen, die einen Wert von 100,00 € und mehr ausmachen, kann der Kunde verlangen, dass die Umsatzsteuer gesondert ausgewiesen wird.

9. Erklären Sie die Bedeutung des Grundsatzes der Buchführung: „Keine Buchung ohne Beleg!“

10. a) Wer ist Aussteller und wer ist Empfänger des folgenden Belegs?

b) Um welche Belegart handelt es sich?

c) Beschreiben Sie den Inhalt des Belegs und formulieren Sie den Geschäftsfall.

d) Kontieren Sie die abgebildete Rechnung.

Schönstädter Rundschau

Schönstädter Rundschau • Rembrandtstr. 16 • 34586 Schönstadt

Ambiente
Warenhaus AG
Groner Str. 22–24
34567 Schönstadt

EINGEGANGEN
7. Juni 20..
Erl. ....

ER 2493

Anzeigenrechnung Nr.: 254-GW 13
Rechnungsdatum: 6. Juni 20..

Preis Ihrer Werbeanzeige	640,00 €
19 % Umsatzsteuer	121,60 €
Gesamt	**761,60 €**

Konto	Soll	Haben

Gebucht:

11. Buchen Sie die folgenden Geschäftsfälle im Grundbuch:

	€
1. ER 3429 wird an die Winter OHG per Postbank beglichen	6.264,00
2. PA 271 über Zinsen (Gutschrift).	270,00
3. ER 3471 über Couchtische, netto ... wird unter Abzug von 20 % Sofortrabatt per Bank bezahlt	12.000,00
4. AR 8324 an Kunde Kai Fröhlich, Rechnungsbetrag brutto	2.494,00
5. KB 471 (Kartenzahlung Electronic Cash), Betrag	165,88

12. Erklären Sie die Funktion von Belegen als Bindeglied zwischen Geschäftsfällen und Buchungen.

AKTIONEN

1. Sie sind Mitarbeiter der Ambiente Warenhaus AG. Gegenwärtig sind Sie im Bereich Rechnungswesen tätig. Für die Abwicklung des Zahlungsverkehrs bestehen die folgenden Bankverbindungen:

   Grün&Gut Bank, Konto-Nr. 0007 166 707
   BLZ: 588 900 01 BIC: GUGBDE2H
   IBAN: DE76 5889 0001 0007 1667 07

   Bankhaus Delfs Schönstadt, Konto-Nr. 0006 343 682
   BLZ: 599 432 00 BIC: BADEDEFF
   IBAN: DE43 5594 3200 0006 3436 82

   - Kontieren Sie die abgebildeten Belege aus dem Monat Juni unter Angabe von Belegart und Belegnummer.
   - Entwerfen Sie hierzu mithilfe von Excel oder einer Word-Tabelle einen entsprechenden Kontierungsstempel und vervielfältigen Sie ihn entsprechend der Anzahl der vorliegenden Belege.
   - Tragen Sie die notwendige Information im Rahmen der Vorkontierung in den zum entsprechenden Beleg gehörenden Kontierungsstempel ein.

Beleg 1

MEWAX GmbH
Damenbekleidung

Mewax GmbH • Goethestraße 137 • 31135 Hildesheim

Konto	Soll	Haben

Gebucht:

Ambiente
Warenhaus AG
Groner Straße 22–24
34567 Schönstadt

EINGEGANGEN
18. Juni 20..
Erl. ....

Goethestraße 137
31135 Hildesheim
Tel.: 05121 47118
Fax: 05121 47110

Kunden-Nr.: 2119
Rechnungs-Nr.: 40 109
bitte stets angeben!

Hildesheim, 16. Juni 20..

Rechnung

ER 3195

Artikel-Nr.	Menge	Artikelbezeichnung	Einzelpreis/€	Gesamtpreis/€
505-T	400	Leggins, schwarz, Gr. 42/44	10,90	4.360,00
510-Gi	600	BH-Garnitur, oliv bedruckt, Cup A	16,50	9.900,00
416-Pt	250	Damenpullover, Länge 70 cm, Gr. 46, 48	35,10	8.775,00
426-St	350	Strickjacke, apricot, Gr. 50, 52, 54	59,30	20.755,00
518-Sg	500	Stringbody, silber, Gr. 75, 80, 85, 90	20,10	10.050,00
				53.840,00
		+ 19 % Umsatzsteuer		10.229,60
		Gesamt		64.069,60

Zahlungsziel: 10 Tage.

Beleg 2

Bankhaus Delfs
Schönstadt

Kontoauszug BLZ: 599 432 00

Konto-Nr. 0006 343 682 **Datum** 28.06.20.. **Ausz.-Nr.** 45 **Blatt** 1

Text	Buch.-Tag	Wert	Umsatz/€
MEWAX GMBH, Hildesheim Kd.-Nr. 2119, Rg.-Nr. 40 109 vom 16.06.20..	26.06.	29.06.	64.069,60 S

Konto	Soll	Haben

Gebucht:

Alter Saldo/€ 98.534,07 H
Neuer Saldo/€ 34.464,47 H

Ambiente Warenhaus AG
Groner Straße 22-24
34567 Schönstadt

BIC: BADEDEFF
IBAN: DE43 5594 3200 0006 3436 82

Beleg 3

Ambiente Warenhaus AG
Filiale Schönstadt • Warenwelt „Gesund + Schön"

```
*** TV-Ambiente nicht vergessen! ***
2 Wochen TV & Lebensart nur 60 Cent!
Alle 14 Tage neu bei Ambiente Warenhaus AG

Dienstag, 21. Juni 20..
Verkäufer: 010                    Kasse 004

FANFAR Zahnpolish                      8,19
Mosol Mundwasser                       3,99
FANFAR Wellnessbad                     1,79
Summe EUR                            *13,97
gegeben bar EUR                       15,00
zurück                                 1,03
                          NETTO         UST
               19,00%     11,74        2,23

Nr. 0108   3 Artikel    10:37
USt-IdNr.: DE 164 882 465

Schönstadt, Groner Str. 22-24
Tel: 05121 839001
Mo.-Sa. 08:00 - 20:00 Uhr

WIR DANKEN FÜR IHREN EINKAUF!
```

```
Deutsche Post AG
30449 Hannover
81301811 02.06...

7027
Postwertzeichen ohne Zuschlag
*340,00 EUR                       A

Bruttoumsatz          *340,00 EUR
umsatzsteuerbefreit nach §4 UStG A
Nettoumsatz A         *340,00 EUR

Im Namen und für Rechnung
  1 Deutsche Post AG

Steuernummer der Deutschen Post AG:
5205/5777/1510

Vielen Dank für Ihren Besuch.
Ihre Deutsche Post AG
```

Beleg 4

Beleg 5

Kontoauszug BLZ: 599 432 00

Bankhaus Delfs
Schönstadt

Konto-Nr. 0006 343 682	Datum 15.06.20..	Ausz.-Nr. 59	Blatt 1

Text	Buch.-Tag	Wert	Umsatz/€
P. Bertram, Berlin Rg.-Nr. 42 511 vom 07.06.20..	14.06.	14.06.	6.300,00 S

(Stempel: Konto | Soll | Haben – Gebucht)

Alter Saldo/€	45.822,54 H
Neuer Saldo/€	52.122,54 H

Ambiente Warenhaus AG
Groner Straße 22-24
34567 Schönstadt

BIC: BADEDEFF
IBAN: DE43 5594 3200 0006 3436 82

Beleg 6

Quittung Nr. KB 81

Netto € ___ ct ___
+ ___ % USt € ___ ct ___
Gesamt € 350 ct 00

Gesamtbetrag € in Worten: dreihundertfünfzig — Cent wie oben

(Im Gesamtbetrag sind ___ % Umsatzsteuer enthalten)

von Ambiente Warenhaus AG, Schönstadt
- Geschäftskasse -

für Vorschuss auf Spesen für Geschäftsreise

richtig erhalten zu haben, bestätigt

Ort Schönstadt Datum 10.06.20..

Buchungsvermerke	Stempel/Unterschrift des Empfängers
	Spindler

Beleg 7

Telefon AG
53171 Bonn

DV 03 0,55

Ambiente
Warenhaus AG
Groner Straße 22-24
34567 Schönstadt

EINGEGANGEN
8. Juni 20..
Erl. ....

ER 3695

Datum	06.06.20..
Seite	1 von 3
Kundennummer	414 379 1690
Rechnungsnummer	368 012 8569
Buchungskonto	211 100 882 424
Haben Sie noch Fragen zu Ihrer Rechnung?	www.telefonag-wd.de/ rechnungshilfe
Telefon	0800 00 00000

Konto | Soll | Haben
Gebucht:

Ihre Rechnung für Juni 20..

Die Leistungen im Überblick (Summen)		**Beträge (Euro)**
Monatliche Beträge		96,07
Nutzungsabhängige Beträge		427,35
Summe der oben angeführten Beträge		**523,42**
Umsatzsteuer 19 % auf ...	523,42 Euro	99,45
Rechnungsbetrag		622,87

Der Rechnungsbetrag wird nicht vor dem 7. Tag nach Zugang der Rechnung von Ihrem

Kontoauszug zu Beleg 7

Grün&Gut Bank
Schönstadt

Kontonummer	erstellt am	Auszug	Blatt
0007 166 707	17.06.20..	36	1/1

BLZ 588 900 01

Bu.-Tag	Wert	Vorgang	alter Kontostand	Kontoauszug
				28.100,00 +
17.06.	17.06.	Lastschrift Deutsche Telekom AG RECH.NR. 3680128569 06.06... VERTRAGSKONTO 211100882424		622,87 -
			neuer Kontostand vom 17.06.20..	27.477,13 +

Konto | Soll | Haben
Gebucht:

Ambiente
Warenhaus AG
Groner Straße 22-24
34567 Schönstadt

IBAN: DE76 5889 0001 0007 1667 07 BIC: GUGBDE2H

Beleg 8

Georg Schwarzer GmbH
BÜROEINRICHTUNGEN

Georg Schwarzer GmbH • Ahornweg 4 • 31139 Hildesheim

Ahornweg 4 • 31139 Hildesheim
Tel.: 05121 6529-0
Fax: 05121 6529-30

Commerzbank Schönstadt
Konto 82 053 397 • BLZ 226 400 10
BIC COBADEST
IBAN DE43 2264 0010 0082 0533 97

Nord/LB Hannover
Konto 234 323 278 • BLZ 250 500 00
BIC NOLADE2H
IBAN DE92 2505 0000 0234 3232 78

Geschäftsführer: Georg Schwarzer

Registergericht Hannover 90 215

USt-IdNr.: DH 502 845 671
Steuernr.: 34 199 29035

Ambiente
Warenhaus AG
Groner Straße 22-24
34567 Schönstadt

Konto | Soll | Haben
Gebucht:

EINGEGANGEN
25. Juni 20..
Erl. ....

ER 4713

Ihr Auftrag vom	**Kunden-Nr.**	**Rechnung-Nr.**	**Datum**
10.06.20..	KV 7 3/11	412-V	23.06.20..

Lieferdatum: 20.06.20..

Wir lieferten für Ihre Rechnung und auf Ihre Gefahr

4 PC-Tische „Novoplex" KMR 116	à 390,00 €	1.560,00 €
19 % USt		296,40 €
Rechnungsbetrag		**1.856,40 €**

Beleg 9

€uro-Überweisung GUGBDE2H

Grün&Gut Bank
Schönstadt

Für Überweisungen in Deutschland und in andere EU-/EWR-Staaten in Euro.
Bitte Meldepflicht gemäß Außenwirtschaftsverordnung beachten!

Angaben zum Zahlungsempfänger: Name, Vorname/Firma (max. 27 Stellen, bei maschineller Beschriftung max. 35 Stellen)
Manfred Nagel OHG, München

IBAN
DE24 2501 0030 2833 3371 00

BIC des Kreditinstituts/Zahlungsdienstleisters (8 oder 11 Stellen)
PBNKDEFF250

Betrag: Euro, Cent
40.240,00

Kunden-Referenznummer - Verwendungszweck, ggf. Name und Anschrift des Zahlers - (nur für Zahlungsempfänger)
RE 73A-14 vom 05.06.20..

noch Verwendungszweck (insgesamt max. 2 Zeilen à 27 Stellen, bei maschineller Beschriftung max. 2 Zeilen à 35 Stellen)

Angaben zum Kontoinhaber: Name, Vorname/Firma, Ort (max. 27 Stellen, keine Straßen- oder Postfachangaben)
Ambiente Warenhaus AG Schönstadt

IBAN
DE 76 5889 0001 0007 1667 07 16

SEPA

Datum
22.06.20..

Unterschrift(en)
Grunert

Kontoauszug zu Beleg 9

Grün&Gut Bank
Schönstadt

Kontonummer	erstellt am	Auszug	Blatt
0007 166 707	27.06.20..	46	1/1

BLZ 588 900 01

Bu.-Tag	Wert	Vorgang	alter Kontostand	Kontoauszug
				60.482,24 +
25.06.	25.06.	Überweisung Manfred Magel OHG, München RE 73-A-14 vom 05.06.20..		40.240,00 –
			neuer Kontostand vom 27.06.20..	**20.242,24 +**

Konto | Soll | Haben
Gebucht:

Ambiente
Warenhaus AG
Groner Straße 22-24
34567 Schönstadt

IBAN: DE76 5889 0001 0007 1667 07 BIC: GUGBDE2H

Beleg 10

Bankhaus Delfs
Schönstadt

Kontoauszug BLZ: 599 432 00

Konto-Nr. 0006 343 682	Datum 15.06.20..	Ausz.-Nr. 59	Blatt 1

Text	Buch.-Tag	Wert	Umsatz/€
Zinsgutschrift	24.06.	24.06.	618,75 H

Konto | Soll | Haben
Gebucht:

Alter Saldo/€	81.592,00 H
Neuer Saldo/€	82.210,75 H

Ambiente Warenhaus AG
Groner Straße 22-24
34567 Schönstadt

BIC: BADEDEFF
IBAN: DE43 5594 3200 0006 3436 82

22227050

Beleg 11

Scheck-Einlieferung 599 432 **00**

Bankhaus Delfs
Schönstadt

18.06.20.. Jonas
Datum — Unterschrift für nachstehenden Auftrag

Ziehen Sie zu Gunsten des unten angegebenen Kontos die beigefügten Schecks ein. Die Gutschrift erfolgt Eingang vorbehalten.

	Scheck-Nummer	Konto-Nummer des Ausstellers	Bankleitzahl bezogenes Institut	Betrag: Euro, Cent
1	922711	154 032	Deutsche Bank	6.340,00
2	6279435	268 613 407	Noris Bank	12.870,00
3				
4				
5				

Bitte alle Schecks mit dem Vermerk >Nur zur Verrechnung< versehen.

Stückzahl: 2 — EUR — Gesamtbetrag: Euro, Cent: 19.210,00

Kontoinhaber: Name, Vorname/Firma (max. 27 Stellen): AMBIENTE WARENHAUS AG

Konto-Nr. des Kontoinhabers: 6343682 — 80

22640010⑈80H

Bitte dieses Feld nicht beschriften und nicht bestempeln

Kontoauszug zu Beleg 11

Kontoauszug — BLZ: 599 432 00 — **Bankhaus Delfs** Schönstadt

Konto-Nr. 0006 343 682 — **Datum** 21.06.20.. — **Ausz.-Nr.** 68 — **Blatt** 1

Text	Buch.-Tag	Wert	Umsatz/€
Scheckeinlieferung	21.06.	21.06.	19.210,00 H

Konto | Soll | Haben
Gebucht:

Alter Saldo/€ 68.733,05 H
Neuer Saldo/€ 87.943,05 H

Ambiente Warenhaus AG
Groner Straße 22-24
34567 Schönstadt

BIC: BADEDEFF
IBAN: DE43 5594 3200 0006 3436 82

Beleg 12

€uro-Überweisung — GUGBDE2H

Grün&Gut Bank Schönstadt

Für Überweisungen in Deutschland und in andere EU-/EWR-Staaten in Euro.
Bitte Meldepflicht gemäß Außenwirtschaftsverordnung beachten!

Angaben zum Zahlungsempfänger: Name, Vorname/Firma (max. 27 Stellen, bei maschineller Beschriftung max. 35 Stellen)
HUK Coburg AG

IBAN
DE37 2504 0066 0008 9659 01

BIC des Kreditinstituts/Zahlungsdienstleisters (8 oder 11 Stellen)
COBADEFF250

Betrag: Euro, Cent
3.600,00

Kunden-Referenznummer - Verwendungszweck, ggf. Name und Anschrift des Zahlers - (nur für Zahlungsempfänger)
Versicherung Pkw SD-AB 262

noch Verwendungszweck (insgesamt max. 2 Zeilen à 27 Stellen, bei maschineller Beschriftung max. 2 Zeilen à 35 Stellen)
Jahresprämie Juni bis Mai

Angaben zum Kontoinhaber: Name, Vorname/Firma, Ort (max. 27 Stellen, keine Straßen- oder Postfachangaben)
Ambiente Warenhaus AG Schönstadt

IBAN
DE 76 5889 0001 0007 1667 07 — 16

SEPA

Datum: 04.06.20.. — Unterschrift(en): Grunert

Beleg 13

Ambiente Warenhaus AG

Ambiente Warenhaus AG · Groner Straße 22–24 · 34567 Schönstadt

Herrn
Tobias Liebermann
Rubensstraße 35
34532 Schönstadt

Unternehmenszentrale

Groner Straße 22–24
34567 Schönstadt
Tel.: 05121 839001
Fax: 05121 839002

E-Mail: zentrale@ambiente-warenhaus-wvd.de
Internet: www.ambiente-warenhaus-wvd.de

Durchschrift

Rechnung Nr. 47-KR-247
Ihr Auftrag vom:

Kundennummer: 791-P
Datum: 22. Juni 20..

Art.-Nr.	Artikelbezeichnung	Menge	Einzelpreis €	Gesamtpreis €
	Thermo-Skianzug 209 TSR silbergrau, Gr. XL	1	345,00	345,00
	+ 19 % Umsatzsteuer			65,55
	Rechnungsbetrag			410,55

Zahlbar sofort netto Kasse.

Beleg 14

Kontoauszug BLZ: 599 432 00

Bankhaus Delfs
Schönstadt

Konto-Nr. 0006 343 682 **Datum** 30.06.20.. **Ausz.-Nr.** 86 **Blatt** 1

Text	Buch.-Tag	Wert	Umsatz/€
Kreditzinsen für Juni	30.06.	30.06.	2.400,00 S

Konto	Soll	Haben

Gebucht:

Alter Saldo/€ 75.503,00 H
Neuer Saldo/€ 74.103,00 H

Ambiente Warenhaus AG
Groner Straße 22–24
34567 Schönstadt

BIC: BADEDEFF
IBAN: DE43 5594 3200 0006 3436 82

Beleg 15

Ambiente Warenhaus AG

Zentralkasse

Kasseneinnahmen aus Barverkäufen (brutto, einschl. 19 % Umsatzsteuer) 150.410,05 €

Datum: 29. Juni 20..

22227052

2. **a)** Fertigen Sie mit Excel ein Grundbuch nach folgendem Muster an.

Grundbuch: Monat Juni 20..						Seite ..
Tag	Belegart/ Belegnummer	Buchungssatz	Soll	Haben	Vorsteuer	Umsatz- steuer

b) Tragen Sie die Geschäftsfälle aus Aufgabe 1 unter Angabe von Belegart und Belegnummer in das von Ihnen erstellte Grundbuchblatt ein. Vergessen Sie dabei nicht, die Seiten fortlaufend zu nummerieren.

c) Ermitteln Sie mithilfe des Tabellenkalkulationsprogramms die Zahllast für den Monat Juni.

d) Erstellen Sie für die Buchhaltung einen Notbeleg in Form einer Buchungsanweisung für die Verrechnung der Umsatzsteuerschuld mit der Vorsteuerforderung (= Umbuchung).

3. Ergänzen Sie die unter Aufgabe 1 durchgeführten Vorkontierungen der Belege (Kontierungsstempel) mit der dazugehörigen Information zur Grundbuchseite.

ZUSAMMENFASSUNG

Eine ordnungsmäßige Buchführung liegt vor, wenn sämtliche Geschäftsfälle richtig und fortlaufend in die Geschäftsbücher eingetragen sind. Die Eintragungen müssen in Verbindung mit ordnungsmäßigen Belegen erfolgen.

Belege
- sind Grundlagen jeder ordnungsmäßigen Buchung.
- sind Bindeglied zwischen Geschäftsfall und Buchung.
- unterliegen der gesetzlichen Aufbewahrungspflicht.
- enthalten sämtliche Angaben, die zur Buchung notwendig sind:
  → Art des Geschäftsfalls
  → Höhe des Buchungsbetrags
  → Zeitpunkt der Buchung
  → Buchungsvermerk (Vorkontierung).
- sind fortlaufend zu nummerieren.
- müssen für eine Buchung immer vorhanden sein: **Keine Buchung ohne Beleg!**
- sind ein **wichtiges Beweismittel** für die Richtigkeit der Aufzeichnungen.

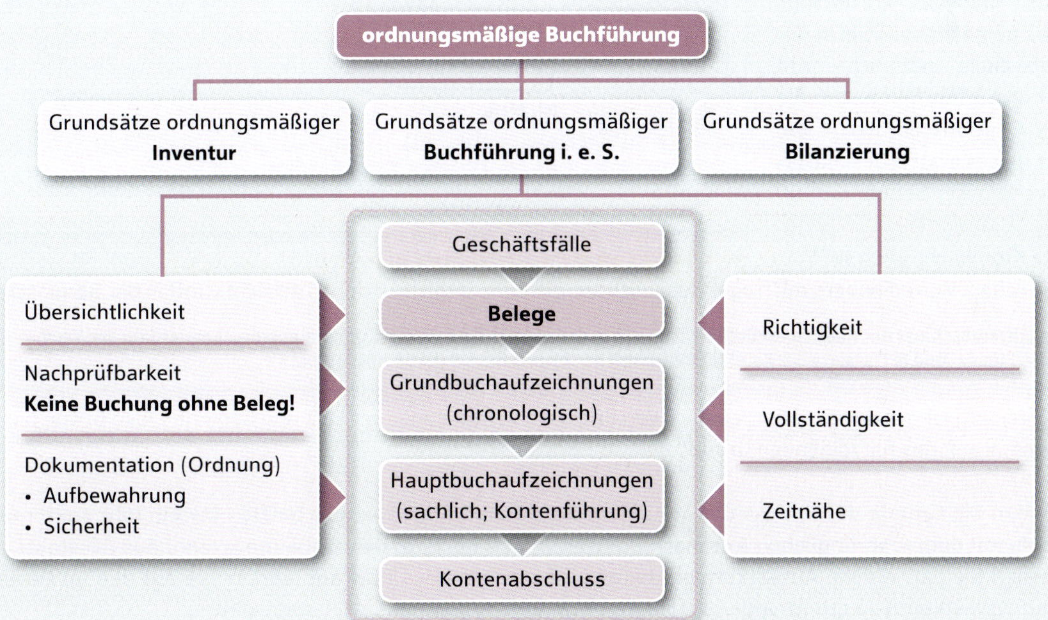

KAPITEL 4

Wir erfassen Wertminderungen des Anlagevermögens als Abschreibungen

Die Auszubildende Britta Krombach hat sich mittlerweile gut in der Rechnungswesen-Abteilung eingearbeitet. Täglich entdeckt sie neue interessante Dinge. Gerade hat sie sich das Bestandskonto „Fuhrpark“ angesehen und sich sehr über das dort Vorgefundene gewundert. Daraufhin entwickelt sich wenig später ein Gespräch mit dem Leiter des Rechnungswesens, Herrn Freiberg.

Britta Krombach: „Unser neuer Pkw für das Management in Schönstadt ist in unseren Büchern nur mit einem Gesamtwert von 40.741,67 € ausgewiesen. Ich habe aber die Eingangsrechnung vom 3. Januar letzten Jahres hier liegen und die weist einen Rechnungsbetrag von 58.179,10 € aus. Liegt da nicht ein Buchungsfehler vor?“

Herr Freiberg: „Das ist alles mit rechten Dingen geschehen, liebe Britta. Wir haben in der Ambiente Warenhaus AG allerdings etwas gemacht, was Sie in der Berufsschule natürlich nicht machen dürfen: Wir haben die neue Geschäftslimousine am Ende dieses ersten Geschäftsjahres abgeschrieben.“

Autohaus Wittek
Kraftfahrzeuge, Technik und Reparaturwerkstatt GmbH

Wittek GmbH • Kurze Straße 134 • 34534 Schönstadt

Ambiente
Warenhaus AG
Groner Straße 22–24
34567 Schönstadt

EINGEGANGEN
5. Jan. 20..
Erl. ....

Kurze Straße 134
34534 Schönstadt

Telefon: 05121 172-14
Telefax: 05121 172-15

E-Mail: info@wittek-ah-wvd.de
Internet: wittek-ah-wvd.de

Konto	Soll	Haben

Gebucht:

Rechnung/Lieferschein

Bei Zahlung bitte stets angeben!
Rechnungsnummer: 2394A23

Auftragsdatum: 25.11.20..
Rechnungsdatum: 03.01.20..
Verkäufer: Fröhlich

Pos.	Menge	Gegenstand		Betrag in EUR
		Sie erhielten heute		
		1 BMW 530 dA Fahrzeug-Ident-Nr.: WBACA32043BY38210		38.500,00
		+ Sonderzubehör	9.300,00	
		+ Überführungskosten	700,00	
		+ Zulassungskosten	390,00	10.390,00
				48.890,00
		+ 19 % Umsatzsteuer		9.289,10
		Rechnungsbetrag		**58.179,10**

Zahlbar innerhalb von 14 Tagen mit 2 % Skonto oder
innerhalb von 30 Tagen netto Kasse.

Autohaus Witteck
Kraftfahrzeuge, Technik und Reparaturwerkstatt GmbH
Schönstadt

Wittek

Geschäftsführer: Klaus Wittek
Amtsgericht Schönstadt HRB 2669 • USt-IdNr.: DE 985 663 781
Bankverbindung: Stadtsparkasse Schönstadt • Konto 10 087 302 • BLZ 226 501 20
IBAN: DE14 2265 0120 0010 0873 02 • BIC: NOLADE21STA

Britta Krombach: „Ach so?“
Britta schaut Herrn Freiberg mit fragendem Blick an und erinnert sich an den Unterrichtsstoff in der Berufsschule:

> Der Jahresabschluss der Kapitalgesellschaft hat [...] ein den tatsächlichen Verhältnissen entsprechendes Bild der Vermögens-, Finanz- und Ertragslage der Kapitalgesellschaft zu vermitteln. [...] (§ 264 Abs. 2 HGB)

Herr Freiberg nimmt den skeptischen Blick von Britta wahr, holt daher tief Luft und beginnt: „Also Britta, passen Sie einmal auf, das hat folgenden Grund: ...“

1. Finden Sie Gründe dafür, dass der am 3. Jan. des letzten Jahres angeschaffte Pkw ein Jahr später nicht mehr mit dem ursprünglichen Anschaffungswert in den Büchern der Ambiente Warenhaus AG steht.
2. Stellen Sie dar, welche Auswirkungen der gesunkene Wert des Pkw am Jahresende auf den im Gewinn- und Verlustkonto zu ermittelnden Erfolg der Ambiente Warenhaus AG haben wird.

INFORMATION

Wesen der Abschreibung

Zu den Sachanlagen eines Einzelhandelsunternehmens zählen beispielsweise bebaute Grundstücke, Ladenausstattung, Kassensysteme, Lagerausstattung, Fuhrpark, Büromaschinen und Büromöbel.

Die Tatsache, dass diese Anlagegüter dem Einzelhändler über viele Jahre zur Nutzung zur Verfügung stehen, hat zur Folge, dass sie an Wert verlieren.

Ursachen der Wertminderung

verbrauchsbedingt (technische Entwertung)

- Abnutzung durch Gebrauch
- natürlicher Verschleiß, z. B. durch Witterungs- und Temperatureinflüsse, durch Verrosten oder Zersetzen

wirtschaftlich bedingt

Wertminderung infolge

- technischen Fortschritts, wie die Entwicklung von neuen, verbesserten Anlagen
- von Nachfrageverschiebungen, wie Änderungen der Mode, des Geschmacks oder der Verbrauchergewohnheiten

Die Wertminderung der Anlagegüter, die im Laufe der Zeit eintritt, muss für jedes einzelne Geschäftsjahr erfasst und als Aufwand verrechnet werden, um den Gewinn des Unternehmens periodengerecht ermitteln zu können. Diese Wertminderung wird in der Buchführung durch die sogenannte Abschreibung berücksichtigt.

DEFINITION

- Die **Wertminderungen** abnutzbarer Gegenstände des Anlagevermögens durch Abnutzung heißen **Abschreibungen**[1].
- Abschreibungen sind **Aufwendungen** und müssen in der Buchführung erfasst werden.

Die Abschreibungen verteilen die Anschaffungskosten periodengerecht auf die Nutzungsjahre[2] des Anlagegegenstands. Als Aufwendungen schmälern sie den Gewinn des Einzelhandelsunternehmens. Da sich am Gewinn das Finanzamt mit gewinnabhängigen Steuern (Einkommensteuer, Gewerbesteuer) orientiert, mindern Abschreibungen als Aufwand den steuerpflichtigen Gewinn und dadurch die gewinnabhängigen Steuern.

1 Der steuerliche Begriff für die Abschreibung heißt „Absetzung für Abnutzung" (AfA).

2 Gemeint ist die wirtschaftliche Nutzungsdauer, das ist die Zeitspanne, in der es wirtschaftlich sinnvoll ist, ein Anlagegut zu nutzen. Die technische Nutzungsdauer (= Lebensdauer) umfasst dagegen die Zeitspanne, während der ein Anlagegut technisch einwandfrei genutzt werden kann. Die wirtschaftliche Nutzungsdauer ist in der Regel kürzer als die technische Nutzungsdauer.

Buchhalterische Behandlung der Wertminderung des Anlagevermögens

Die Wertminderung von Anlagegütern durch Abnutzung wird auf dem **Aufwandskonto** „Abschreibungen auf Sachanlagen" (kürzer: „Abschreibungen auf SA") gebucht.

Buchungssatz (bezogen auf das Einstiegsbeispiel; Abschreibungsbetrag 8.148,33 €[1]):	Soll	Haben
Abschreibungen auf Sachanlagen	8.148,33	
an Fuhrpark		8.148,33

Soll	Abschreibungen auf Sachanlagen		Haben
Fuhrpark	8.148,33		

Soll	Fuhrpark		Haben
AB	48.890,00	AfA	8.148,33

Die Buchung im Haben des Kontos „Fuhrpark" hat zur Folge, dass der Pkw auf den jeweils **gültigen Zeitwert** fortgeschrieben wird.

Da das Konto „Abschreibungen auf Sachanlagen" ein Aufwandskonto ist, wird es über das GuV-Konto abgeschlossen. Das Konto „Fuhrpark" ist ein aktives Bestandskonto und wird über das Schlussbilanzkonto abgeschlossen.

Abschluss-Buchungssätze:	Soll	Haben
Gewinn- und Verlustkonto	8.148,33	
an Abschreibungen auf SA		8.148,33
Schlussbilanzkonto	40.741,67	
an Fuhrpark		40.741,67

Soll	Abschreibungen auf SA		Haben
Fuhrpark	8.148,33	GuV	8.148,33

Soll	Fuhrpark		Haben
AB	48.890,00	AfA	8.148,33
		SBK	40.741,67
	48.890,00		48.890,00

Soll	Gewinn- und Verlustkonto		Haben
(...)		(...)	
Abschr.	8.148,33		

Soll	Schlussbilanzkonto		Haben
(...)			
Fuhrpark	**40.741,67**		

Nach Buchung der Abschreibung weist das Konto „Fuhrpark" nach dem ersten betrieblichen Nutzungsjahr einen Restwert von 40.741,67 € aus, also jenen Wert, den Britta Krombach auf dem Konto vorgefunden hatte.

Da bei der Abschreibung der Anschaffungswert eines Anlagegutes um die Abschreibungen gemindert wird, wird dieses Anlagegut auf der Aktivseite der Schlussbilanz mit einem **verminderten Buchwert** ausgewiesen (siehe Konto „SBK").

Abschreibungsmethoden

Da in der Regel kein Maßstab existiert, anhand dessen die Wertminderung der Anlagegüter objektiv und eindeutig erfasst werden kann, gibt es standardisierte Methoden. In der Praxis sind zur Berechnung des jährlichen Abschreibungsbetrags die lineare Abschreibung und die degressive Abschreibung am geläufigsten. HGB und AktG schreiben keine bestimmte Abschreibungsmethode vor. Die angewandte Methode muss lediglich den Grundsätzen ordnungsgemäßer Buchführung entsprechen.

1 Berechnung des Abschreibungsbetrags siehe unter Teilkapitel „Lineare Abschreibung".

Da aber die Abschreibungen den zu versteuernden Gewinn verringern und deshalb jedes Einzelhandelsunternehmen möglichst umgehend und viel abschreiben möchte, werden Abschreibungsrichtsätze vorgegeben.

Für eine große Zahl von Anlagegegenständen ist vom Bundesfinanzministerium eine betriebsgewöhnliche Nutzungsdauer errechnet worden[1], auf die die Anschaffungskosten in Form von Abschreibungen zu verteilen sind. Daraus ergeben sich Abschreibungsrichtsätze, von denen im Allgemeinen nur aus begründeten Anlässen, z.B. bei stärkerer Beanspruchung des Anlagegegenstands, abgewichen werden kann.

Die Anschaffungskosten sind immer netto zu betrachten.

1. Lineare Abschreibungsmethode

(Abschreibung in gleichbleibenden Jahresbeträgen)
Bei der linearen Abschreibung werden die Anschaffungskosten gleichbleibend (linear) auf die betriebsgewöhnliche Nutzungsdauer verteilt. Der jährliche Abschreibungsbetrag wird ermittelt, indem die Anschaffungskosten durch die Zahl der Nutzungsjahre dividiert werden.

BEISPIEL

Die Anschaffungskosten (= Nettorechnungspreis) des neuen Pkw der Ambiente Warenhaus AG betragen 48.890,00 €, die Nutzungsdauer wird unter Berücksichtigung der amtlichen AfA-Tabelle mit 6 Jahren festgelegt.

Jährlicher Abschreibungsbetrag:

$$\frac{\text{Anschaffungskosten (netto)}}{\text{Gesamtnutzungsdauer}}$$

$$= \frac{48.890{,}00\ €}{6\ \text{Jahre}} = \underline{\underline{8.148{,}33\ €}}$$

Der Abschreibungsbetrag kann auch als konstanter Prozentsatz der Anschaffungskosten ausgedrückt werden:

Jährlicher Abschreibungssatz:

$$\frac{100\ \%}{\text{Gesamtnutzungsdauer}}$$

$$= \frac{100\ \%}{6} = \underline{\underline{16{,}67\ \%}}$$

Es wird bei der linearen Abschreibungsmethode davon ausgegangen, dass das Anlagegut innerhalb der Nutzungsdauer gleichmäßig genutzt und daher gleichmäßig in seinem Wert Jahr für Jahr gemindert wird. Der jährliche Abschreibungsbetrag wird vom Anschaffungswert berechnet und ist daher in jedem Jahr stets gleich hoch. Darüber hinaus verteilen sich die abschreibungsbedingten Steuererleichterungen gleichmäßig auf die Jahre der Nutzung.

Ist ein Anlagegegenstand bereits abgeschrieben und wird er weiterhin betrieblich genutzt, so erscheint er mit einem „Erinnerungswert" von 1,00 € im entsprechenden Anlagekonto in der Schlussbilanz.

FORTFÜHRUNG DES BEISPIELS

Bei der linearen Abschreibungsmethode wird jedes Jahr derselbe Betrag abgeschrieben, sodass die Anschaffungskosten gleichmäßig auf die Nutzungsjahre verteilt werden. Bei dem angeschafften Pkw sieht der Abschreibungsplan wie folgt aus:

	Lineare Abschr. 16,67 % vom Anschaffungswert
Anschaffungswert am 03.01.20.. ./. **Abschreibung 1. Jahr**	48.890,00 € **8.148,33 €**
Wert am Anfang des 2. Jahres ./. **Abschreibung 2. Jahr**	40.741,67 € **8.148,33 €**
Wert am Anfang des 3. Jahres ./. **Abschreibung 3. Jahr**	32.593,34 € **8.148,33 €**
Wert am Anfang des 4. Jahres ./. **Abschreibung 4. Jahr**	24.445,01 € **8.148,33 €**
Wert am Anfang des 5. Jahres ./. **Abschreibung 5. Jahr**	16.296,68 € **8.148,33 €**
Wert am Anfang des 6. Jahres ./. **Abschreibung 6. Jahr**	8.148,35 € **8.148,35 €** (8.147,35 €)
Wert am Ende des 6. Jahres (Erinnerungswert)	**0,00 €** **(1,00 €)**

Da die Ambiente Warenhaus AG den Pkw nach dem 6. Jahr weiter nutzt, beträgt der Abschreibungsbetrag im letzten Jahr nicht 8.148,35 €, sondern lediglich 8.147,35 €.

1 In der Praxis gibt es eine AfA-Tabelle für allgemein verwendbare Anlagegüter, die der Einzelhändler bei seiner Entscheidung bei der Festlegung der betrieblichen Nutzungsdauer zu berücksichtigen hat. Die dort angegebenen Nutzungsdauern beruhen auf Erfahrungen der steuerlichen Betriebsprüfungen (Rechtsgrundlage: BMF-Schr. v. 15.12.2000 [BStBl 2000 I S. 1532]).

2. Degressive Abschreibungsmethode

(Abschreibung in fallenden Jahresbeträgen)

Die Wertminderung der einzelnen Anlagegüter im Laufe der Nutzung ist je nach ihrer technischen Beschaffenheit unterschiedlich, jedoch kann als Regel gelten, dass die Wertminderung von Anlagegütern in den ersten Jahren der Nutzungsdauer höher ist als an ihrem Ende. Darüber hinaus werden abnutzbare Anlagegüter nicht nur durch technischen Verschleiß im Laufe der Nutzungsdauer entwertet, sondern sind von Anfang an der wirtschaftlichen Entwertung ausgesetzt, wie z.B. durch technischen Fortschritt oder Modeänderungen.

Insofern erfolgt die degressive Abschreibung (auch Buchwert- oder Restwertmethode genannt) **in den ersten Jahren mit höheren Beträgen als in den folgenden.** Erreicht wird das, indem ein bestimmter Prozentsatz vom jeweiligen Restwert (= Buchwert) abgeschrieben wird.

Dabei gilt:

- Für Anlagegüter, die ab dem 01.01.2001 bis zum 31.12.2005 angeschafft wurden, darf der degressive Abschreibungssatz 20 % oder das Doppelte des linearen AfA-Satzes nicht übersteigen.
- Für Anlagegüter, die zwischen dem 01.01.2006 und dem 31.12.2007 angeschafft wurden, darf der Prozentsatz höchstens das Dreifache des linearen AfA-Satzes betragen und 30 % nicht übersteigen (§ 7 Abs. 2 EStG und § 254 HGB).
- Für Gegenstände des Anlagevermögens, die ab dem 1. Jan. 2008 bis 31.12.2008 angeschafft wurden, ist **nur noch die lineare Abschreibung** nach den amtlichen AfA-Tabellen möglich.
- Ab dem 1. Jan. 2009 angeschaffte bewegliche Wirtschaftsgüter dürfen erneut bis zum 21.12.2010 mit dem 2,5-Fachen der linearen Abschreibung, maximal aber mit 25 % degressiv abgeschrieben werden (Sonderregelung).
- Die degressive Abschreibung lief endgültig zum Ende des Jahres 2010 aus. Für Wirtschaftsgüter, die ab 2011 angeschafft oder hergestellt werden, ist nur noch die lineare Abschreibung möglich.

BEISPIELE

Anlagegegenstand	Linearer AfA-Satz	Degressiver AfA-Satz
Registrierkasse	$\frac{100\,\%}{8\text{ J.}} = 12{,}50\,\%$	$3 \cdot 12{,}5\,\% = 37{,}5\,\%$ → maximal 25,0 %
Büromöbel	$\frac{100\,\%}{13\text{ J.}} = 7{,}69\,\%$	$3 \cdot 7{,}69\,\% = 23{,}07\,\%$

Die abschreibungsbedingten **Steuererleichterungen** sind bei der degressiven Abschreibungsmethode zu Beginn der Nutzung am höchsten und werden dann von Jahr zu Jahr kleiner.

BEISPIEL (FÜR DEN AMBIENTE PKW)

Bei der degressiven Abschreibungsmethode nimmt der Buchwert von Jahr zu Jahr ab. Da die Abschreibung immer prozentual vom Buchwert berechnet wird, sinkt der Abschreibungsbetrag jährlich.

$$\text{Abschreibungsbetrag} = \frac{\text{Buchwert} \cdot \text{Abschreibungssatz}}{100\,\%}$$

	Degressive Abschr. 25 % vom Restwert (Buchwert)
Anschaffungswert am 03.01.20.. ./. **Abschreibung 1. Jahr**	48.890,00 € **12.222,50 €**
Buchwert am Anfang des 2. Jahres ./. **Abschreibung 2. Jahr**	36.667,50 € **9.166,88 €**
Buchwert am Anfang des 3. Jahres ./. **Abschreibung 3. Jahr**	27.500,62 € **6.875,16 €**
Buchwert am Anfang des 4. Jahres ./. **Abschreibung 4. Jahr**	20.625,46 € **5.156,37 €**
Buchwert am Anfang des 5. Jahres ./. **Abschreibung 5. Jahr**	15.469,09 € **3.867,27 €**
Buchwert am Anfang des 6. Jahres ./. **Abschreibung 6. Jahr**	11.601,82 € **2.900,46 €**
Buchwert am Ende des 6. Jahres	**8.701,36 €**

In der Praxis ist immer noch eine Kombination der degressiven und der linearen Methode anzutreffen, da der Nullwert bei der degressiven Abschreibungsmethode nicht erreicht werden kann (siehe vorheriges Beispiel). Allerdings erlaubt das Einkommensteuergesetz den **einmaligen Wechsel** von der **degressiven zur linearen Abschreibungsmethode;** das umgekehrte Vorgehen ist nicht gestattet.

Da der degressive Abschreibungssatz höher ist als der lineare, ist die degressive Abschreibungsmethode unter steuerlichen Gesichtspunkten in den ersten Jahren günstiger. Ein Wechsel von der degressiven zur linearen Abschreibung ist dann sinnvoll, wenn die linearen Abschreibungsbeträge die degressiven übersteigen.

22227058

Zeitanteilige Abschreibungen

Werden Anlagegüter während des Geschäftsjahres angeschafft, müssen sie **zeitanteilig** abgeschrieben werden.[1]

BEISPIEL

Die Ambiente Warenhaus AG kauft für die Warenannahme am 28. Sept. für 28.000,00 € (netto) eine neue Hebebühne. Für die durchzuführende Abschreibung am Jahresende[2] werden $^4/_{12}$ der Jahresabschreibung (= September bis Dezember) berücksichtigt.

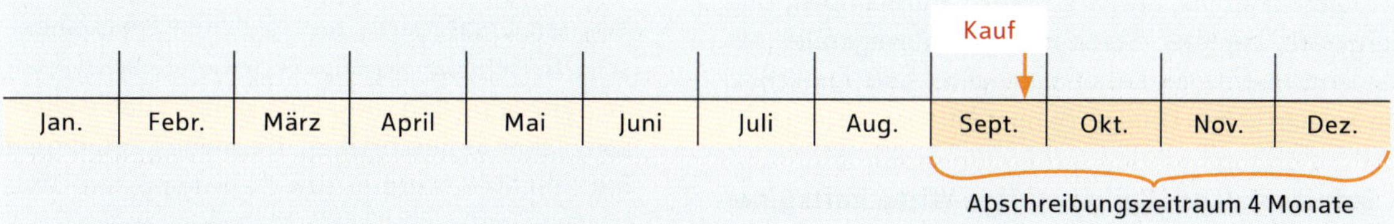

Bei einer betriebsgewöhnlichen Nutzungsdauer von 14 Jahren ergibt dies:

$$\text{Jährlicher Abschreibungsbetrag} = \frac{\text{Anschaffungskosten (netto)}}{\text{Gesamtnutzungsdauer}} \Rightarrow \frac{28.000{,}00\ €}{14\ \text{Jahre}} = \underline{\underline{2.000{,}00\ €}}\ \text{p. a.}$$

$$\text{Abschreibungsbetrag im Jahr der Anschaffung: } 2.000{,}00\ € \cdot \frac{4}{12} = \underline{\underline{666{,}67\ €}}$$

Buchungssatz:	Soll	Haben
Abschreibungen auf Sachanlagen	666,67	
an Lagerausstattung		666,67

Anlagenkartei und Anlagenverzeichnis

Wie das Beispiel der BMW-Limousine der Ambiente Warenhaus AG gezeigt hat, wird sowohl der Kauf als auch die entsprechende Abschreibung auf dem Sammelkonto „Abschreibungen auf Sachanlagen" gebucht.

In der Praxis werden die Güter des Anlagevermögens deshalb einzeln auf speziellen Anlagenkarteien erfasst, die mit folgenden Angaben versehen sind (hier: Auszug für das 1. Jahr):

Inventar-Nr.: 00382/56		Bezeichnung: BMW SB-AB 262	Kostenstelle: Fuhrpark
Anschaffungszeitpunkt: 03.01.20..		Anschaffungskosten: Wiederbeschaffungswert: Versicherungswert:	48.890,00 € 54.500,00 € 48.890,00 €
Betriebliche Nutzungsdauer: 6 Jahre		Jährlicher Abschreibungsbetrag:	8.148,33 €
Datum	**Zugang**	**Abschreibung linear**	**Buchwert (Restwert)**
03.01.20..	48.890,00 €		
31.12.20..		8.148,33 €	40.741,67 €

Wird die Buchführung mittels der EDV geführt, so erfolgt die Speicherung der Daten auf einem elektronischen Datenträger als **Anlagendatei.**

Die Anlagenkartei ist die Grundlage für die Erstellung eines **Anlagenverzeichnisses.** Dieses Verzeichnis enthält sämtliche beweglichen Gegenstände des Anlagevermögens. Nicht aufgenommen werden die geringwertigen Wirtschaftsgüter. Die Werte des Anlagenverzeichnisses können zum Inventurstichtag direkt in das Inventar übertragen werden.

1 Die zeitanteilige Abschreibung im Zusammenhang mit dem Abgang von Anlagegütern soll in diesem Lehrwerk nicht behandelt werden.
2 Geschäftsjahr = Kalenderjahr

Abschreibung geringwertiger Wirtschaftsgüter

Wesen der geringwertigen Wirtschaftsgüter (GWG)
Normalerweise können die Anschaffungskosten von Wirtschaftsgütern nur verteilt auf die Nutzungsdauer steuermindernd geltend gemacht werden. Eine Ausnahme gilt für geringwertige Wirtschaftsgüter wie Schreibtischstühle, Bücherschränke, Bürolampen, Diktiergeräte, Laptops, Software, Kartenlesegeräte, Aktenvernichter, Überwachungskameras und Ähnliches. Sie werden in drei Gruppen eingeteilt:

1. **Sofortaufwand: Geringwertige Wirtschaftsgüter bis einschließlich 250,00 € netto**
   Wirtschaftsgüter, deren Anschaffungswert 250,00 € netto (≙ 297,50 € inklusive 19 % USt.) nicht übersteigt, *können* im Jahr ihrer Anschaffung **sofort** in voller Höhe als Aufwand erfasst werden und unterliegen keinen weiteren Aufzeichnungspflichten, z. B. in einem besonderen Anlagenverzeichnis. Dieses Wahlrecht, das neben der Regelabschreibung besteht, kann für jedes einzelne Wirtschaftsgut angewendet werden.

2. **Pool-Regelung: Geringwertige Wirtschaftsgüter über 250,00 € bis einschließlich 1.000,00 € netto**
   Abnutzbare bewegliche und selbstständig nutzbare Wirtschaftsgüter des Anlagevermögens im Wert von mehr als 250,00 € bis maximal 1.000,00 € netto *können* in einem **jahrgangsbezogenen Sammelposten** zusammengefasst werden (Sammelpostenregelung, auch Poolbildung genannt).
   Jeder Pool wird **wie ein einzelnes Wirtschaftsgut** behandelt und über **5 Jahre linear** (= 20 % p. a.) abgeschrieben. Es wird keine zeitanteilige Abschreibung im Jahr der Anschaffung bzw. des Verkaufs berücksichtigt. Auch spielt die tatsächliche bzw. betriebsübliche Nutzung im Rahmen dieser pauschalen Abschreibung keine Rolle. Insofern ist es auch gleichgültig, ob sich ein bestimmtes Anlagegut noch im Unternehmen befindet, ob es bereits verkauft worden ist oder ob sich sein Wert gemindert hat. Der Wert des Sammelpostens wird hierdurch nicht beeinflusst.
   Diese Regelung gilt auch für gebraucht angeschaffte Wirtschaftsgüter. Weitere Aufzeichnungspflichten bestehen nicht.

BEISPIEL

Die Ambiente Warenhaus AG kaufte Anfang des Jahres 2016 einen neuen Laptop im Wert von 1.188,81 € brutto und schreibt diesen über 5 Jahre bis zum Ende des Jahres 2020 im Rahmen des Sammelpostens GWG 2016 ab. Im Jahr 2018 wird der Laptop beschädigt – eine Reparatur ist nicht mehr möglich. Daraufhin wird noch im gleichen Jahr ein Ersatzgerät zum gleichen Preis angeschafft. Dennoch wird das erste Gerät nach wie vor im Sammelposten GWG 2016 geführt und weitere zwei Jahre abgeschrieben. Der neue Laptop geht mit 999,00 € netto in den Sammelposten GWG 2018 ein und wird dort bis 2022 abgeschrieben.

Scheidet ein Wirtschaftsgut z. B. wegen eines Verkaufs aus dem Sammelposten aus, so bleibt auch in diesem Fall der Sammelposten unverändert. Der entsprechende Verkaufserlös ist dann als Ertrag zu buchen.

3. **800€-Regelung: Geringwertige Wirtschaftsgüter über 250,00 € bis einschließlich 800,00 € netto**
   Für abnutzbare bewegliche Wirtschaftsgüter des Anlagevermögens, deren Anschaffungskosten netto über 250,00 € und bis 800,00 € liegen[1], gilt ein **Wahlrecht je Wirtschaftsjahr:**
   Ihre Anschaffungskosten dürfen
   - weiterhin in einen Pool (Sammelposten) eingestellt oder aber
   - **im Jahr der Anschaffung in voller Höhe** als Betriebsausgaben abgesetzt werden (**Sofortabschreibung** gem. § 6 Abs. 2 EStG).

   Im Falle der Sofortabschreibung sind sie in ein Verzeichnis aufzunehmen, das neben dem Tag der Anschaffung die Höhe der Anschaffungskosten enthält, es sei denn, diese Daten sind aus der Buchführung ersichtlich. Die Sofortabschreibung von geringwertigen Wirtschaftsgütern bringt für das Unternehmen einen positiven Liquiditätseffekt, da unmittelbar Steuern gespart werden. Das schafft u.a. Freiraum für neue Investitionen.
   Außerdem ist nach wie vor bei allen geringwertigen Wirtschaftsgütern die Abschreibung über die betriebsgewöhnliche Nutzungsdauer (= Regelabschreibung) möglich.

1 Die untere Wertgrenze für Geringwertige Wirtschaftsgüter betrug bis 31.12.2017 150,00 € netto und der obere Schwellenwert 410,00 € netto.

22227060

Ob die Pool-Regelung, die 800-€-Regelung oder die Regelabschreibung günstiger ist, hängt von der aktuellen und zukünftigen Gewinnsituation des Unternehmens ab. Denn wenn für ein Wirtschaftsgut z. B. die 800-€-Regel angewandt wurde, ist für **alle weiteren angeschafften Wirtschaftsgüter** ein Wechsel innerhalb dieses Jahres z. B. zur Sammelpostenregelung nicht möglich. Für alle ist jetzt die gleiche Regel anzuwenden.

Voraussetzung für die Berücksichtigung als Aufwand im Anschaffungsjahr ist, dass ein geringwertiges Wirtschaftsgut **selbstständig** (für sich allein) **nutzungsfähig** ist.

N**icht** selbstständig nutzbare Wirtschaftsgüter, wie z. B. ein Pkw-Anhänger, werden **nicht** im Sammelposten erfasst. Sie sind aber selbstständig aktivierbar und werden daher – auch wenn der Wert unter 1.000,00 € liegt – entsprechend der amtlichen AfA-Tabelle linear abgeschrieben.

Bewegliche Wirtschaftsgüter des Anlagevermögens mit Anschaffungskosten von mehr als 1.000,00 € netto und einer Nutzungsdauer von mehr als einem Jahr werden **nicht** zu den geringwertigen Wirtschaftsgütern gezählt und sind daher über die gesamte Laufzeit abzuschreiben. Hierzu wird linear abgeschrieben gemäß den geltenden AfA-Tabellen, in denen für die verschiedenen Gegenstände des Anlagevermögens unterschiedliche Abschreibungszeiträume festgelegt sind (siehe Ausführungen auf den vorherigen Seiten).

Buchen geringwertiger Wirtschaftsgüter

1. Wirtschaftsgüter über 250,00 € bis einschließlich 1.000,00 € netto

(Buchen nach den Sammelpostenverfahren)

Für die geringwertigen Wirtschaftsgüter über 250,00 € bis einschließlich 1.000,00 € netto wird z. B. im Jahr 2018 das aktive Bestandskonto „Sammelposten GWG 2018" angelegt, auf dem diese Anschaffungskosten gebucht werden. Das Konto „Sammelposten GWG 2018" wird dann über das Gegenkonto „Abschreibungen auf Sammelposten" abgeschlossen und dieses wiederum über das Konto „Gewinn und Verlust" mit dem Ergebnis, dass die Abschreibungen den zu versteuernden Gewinn mindern.

BEISPIELE

15.01.2018 Kauf eines Regalschranks gegen Bankscheck: 370,00 € + 70,30 € USt

25.01.2018 Kauf eines Schreibtisches auf Ziel: 850,00 € + 161,50 € USt

Buchung bei der Anschaffung:	Soll	Haben
(1) Sammelposten GWG 2018	370,00	
Vorsteuer	70,30	
an Kreditinstitute		440,30
(2) Sammelposten GWG 2018	850,00	
Vorsteuer	161,50	
an Verbindlichkeiten a. LL		1.011,50
Buchung zum Jahresschluss:		
(3) Abschreibungen auf Sammelposten	244,00	
an Sammelposten GWG 2018		244,00
(4) SBK	976,00	
an Sammelposten GWG 2018		976,00

Soll	Sammelposten GWG 2018		Haben
(1)	370,00	(3)	244,00
(2)	850,00	SBK (4)	976,00
	1.220,00		1.220,00

Soll	Vorsteuer		Haben
(1)	70,30		
(2)	161,50		

Abschreibung 20 %

Soll	Abschreibungen auf Sammelposten		Haben
(3)	244,00		

Soll	Kreditinstitute		Haben
AB	27.000,00	(1)	440,30

Soll	SBK		Haben
GWG 2012 (4)	976,00		

Soll	Verb. a. LL		Haben
		AB	49.000,00
		(2)	1.011,50

Im Folgejahr 2019 wird Anfang Januar das Konto „Sammelposten GWG 2018" wie alle anderen Bestandskonten eröffnet. Am Ende des Jahres wird es, nachdem die Abschreibungen (20 % linear = 244,00 €) erfasst sind, erneut über das SBK abgeschlossen.

Geschäftsjahr 2019

Soll	Sammelposten GWG 2018		Haben
AB 01.01.13	976,00	Abschr. GWG	244,00
		SBK	732,00
	976,00		976,00

Soll	Abschreibungen auf Sammelposten		Haben
GWG 2016	244,00		

Abschreibung 20 %

Das Konto „Sammelposten GWG 2018" wird insgesamt **5 Jahre** bis zum Ende des Jahres 2022 geführt, bis die letzte Abschreibung in Höhe von 244,00 € durchgeführt wurde (5 Jahre · 244,00 € = 1.220,00 €). Am Ende des Jahres 2022 weist das Konto „Sammelposten GWG 2018" daher einen Wert von 0,00 € aus und wird im Jahresabschluss 2022 nicht mehr ausgewiesen.

Anschaffungen von Wirtschaftsgütern im Wert von mehr als 250,00 € bis einschließlich 1.000,00 € werden im Jahre 2019 bei der Poolabschreibung auf dem neuen Sammelposten GWG 2019 erfasst.

Für die geringwertigen Wirtschaftsgüter (GWG) ist deshalb jedes Jahr ein neuer Sammelposten einzurichten:
- GWG 2019
- GWG 2020
- GWG 2021 usw.

Für die Beurteilung, ob ein geringwertiges Wirtschaftsgut vorliegt, sind immer die **Netto-Anschaffungskosten** (ohne Umsatzsteuer) maßgebend. Da Skonti und Rabatte die Anschaffungskosten mindern, ist der Betrag maßgebend, der sich nach deren Abzug ergibt.

BEISPIEL

Die Ambiente Warenhaus AG kauft für die Verwaltung am 28. Sept. 20.. einen Schreibtisch für 1.025,00 € netto. Die Rechnung wird innerhalb der Skontofrist von 14 Tagen mit 2,5 % Skonto per Banküberweisung beglichen.

	Rechnungsbetrag (netto)	1.025,00 €
./.	2,5 % Skonto	25,63 €
=	Anschaffungskosten (netto)	999,37 €
+	19 % Umsatzsteuer	189,88 €
=	Überweisungsbetrag	1.189,25 €

Ergebnis: Nach Abzug von 2,5 % Skonto ergibt sich ein Rechnungsbetrag, der geringer als 1.000,00 € ist. Es handelt sich daher bei dem Schreibtischstuhl um ein Wirtschaftsgut, das auf dem Sammelposten GWG dieses Jahres zu erfassen und gleichmäßig über 5 Jahre gewinnmindernd aufzulösen ist.

22227062

Liegt beim Jahreswechsel die Anschaffung vor dem 1. Jan. und der Abzug des Skontobetrags nach dem 31. Dez., kann er im abgelaufenen Jahr nicht mehr berücksichtigt werden. Schafft der Unternehmer das Wirtschaftsgut z.B. noch im Jahr 2018 für netto 1.025,00 € an und zahlt er erst unter Abzug von Skonto nach dem 31. Dez. 2018, dann ist der Betrag von 1.025,00 € maßgebend, sodass das Wirtschaftsgut nicht auf dem Sammelposten GWG erfasst werden kann. Die Anschaffungskosten mindern sich erst im Zeitpunkt der Zahlung, d.h. im neuen Jahr. Das neue Jahr ist jedoch nicht mehr das Jahr der Anschaffung.

2. Wirtschaftsgüter über 250,00 € bis einschließlich 800,00 € netto

(Buchen gem. Wahlrecht als Voll - bzw. Sofortabschreibung)

BEISPIEL

Barkauf eines Stahl-Aktenschranks im Wert von 833,00 € brutto.

Buchung bei der Anschaffung:

Buchungssatz:	Soll	Haben
Geringwertige Wirtschaftsgüter	700,00	
Vorsteuer	133,00	
an Kasse		833,00

Buchung zum Jahresabschluss:

Buchungssatz:	Soll	Haben
Abschreibungen auf GWG	700,00	
an GWG		700,00

Der Aktenschrank wird zunächst über das Bestandskonto „GWG“ erfasst und am Ende des Geschäftsjahres voll abgeschrieben.
Es wäre gem. Wahlrecht auch möglich, den Barkauf des Aktenschranks als Poolabschreibung oder als Regelabschreibung auf dem Bestandskonto BGA zu erfassen und über die betriebsgewöhnliche Nutzungsdauer von 13 Jahren abzuschreiben. Zu beachten ist dabei immer das wirtschaftsjahrbezogene Bewertungswahlrecht.

3. Wirtschaftsgüter bis einschließlich 250,00 € netto

(Buchen als Sofortaufwand)

BEISPIEL

19. Juni 20.. Kauf eines elektrischen Bleistiftanspitzers bar: 75,00 € + 14,25 € USt

Buchungssatz:	Soll	Haben
Büromaterial	75,00	
Vorsteuer	14,25	
an Kasse		89,25

Da die Anschaffungskosten nicht mehr als 250,00 € netto betragen (= Sofortaufwand), wird der Bleistiftanspitzer sofort auf dem Aufwandskonto „Büromaterial“ gebucht.

Kauf von Anlagegütern

Gemäß Handels- und Steuerrecht dürfen Abschreibungen nur auf die Anschaffungskosten der gekauften Sachanlagen vorgenommen werden.

> Anschaffungskosten sind die Aufwendungen, die geleistet werden, um
> - einen Vermögensgegenstand zu erwerben und
> - ihn in einen betriebsbereiten Zustand zu versetzen,
> - soweit sie dem Vermögensgegenstand einzeln zugeordnet werden können.
>
> Zu den Anschaffungskosten gehören auch
> - die Nebenkosten sowie
> - die nachträglichen Anschaffungskosten.
>
> Anschaffungspreisminderungen sind abzusetzen. (§ 255 Abs. 1 HGB)

Werden Gegenstände des Anlagevermögens im eigenen Unternehmen hergestellt, so sind sie mit den Herstellungskosten anzusetzen: Material- und Fertigungseinzelkosten, Material- und Fertigungsgemeinkosten sowie Sondereinzelkosten der Fertigung.

Anschaffungskosten

Anschaffungspreis		**Anschaffungsnebenkosten**		**Anschaffungskostenminderungen**
= Nettowert des Anlagegegenstands (ohne Umsatzsteuer)	+	= Aufwendungen, die zusätzlich zum Anschaffungspreis sofort oder nachträglich anfallen, damit das Anlagegut erworben und in einen betriebsbereiten Zustand versetzt werden kann, wie z. B.: • Transportkosten • Transportversicherung • Fundamentierungs- und Montagekosten bei Maschinen • Notariatsgebühren bei Grundstücken • Grunderwerbsteuer • Überführungs- und Zulassungskosten bei Fahrzeugen • Provisionen für Vermittlung	./.	• Rabatt • Skonto • Bonus • nachträgliche Preisnachlässe (z. B. bei Mängelrügen)

Nicht zu den Anschaffungskosten gehören die **Umsatzsteuer, Lagerkosten** sowie **Geldbeschaffungskosten.** Letztere deshalb nicht, weil der Anlagegegenstand durch eine Fremdfinanzierung keinen höheren Wert annimmt, als wenn er durch eigene Mittel finanziert wird.

Der neue Geschäftswagen

Preisnachlässe mindern nachträglich
- die Anschaffungskosten des gekauften Anlagegutes,
- die Vorsteuer und
- die Verbindlichkeiten a. LL.

BEISPIEL

Die Ambiente Warenhaus AG begleicht die Eingangsrechnung für den neuen BMW (siehe Einstiegsfall) innerhalb von 14 Tagen und nimmt den Preisnachlass (Skonto) von 2 % auf den Rechnungspreis in Anspruch. Die anschließende Bezahlung erfolgt per Banküberweisung. Ermittlung der Anschaffungskosten:

22227064

	Anschaffungspreis (netto) BMW-Limousine	38.500,00 €
+	**Anschaffungsnebenkosten**	
	• Sonderzubehör 9.300,00 €	
	• Überführungskosten 700,00 €	
	• Zulassungskosten 390,00 €	10.390,00 €
./.	Anschaffungskostenminderungen	
	Skonto 2 % von 48.890,00 €	977,80 €
=	**Anschaffungskosten**	**47.912,20 €**

Die BMW-Limousine ist daher im Januar insgesamt lediglich mit 47.912,20 € auf dem Konto „Fuhrpark" zu aktivieren.

BMW-Limousine 530 dA:

	Kaufpreis (netto)	38.500,00 €				
+	Nebenkosten	10.390,00 €				
	Rechnungsbetrag (netto)	48.890,00 €	→	977,80 €	→	**47.912,20 €**
+	19 % Umsatzsteuer	9.289,10 €	→	**185,78 €**	→	9.103,32 €
=	Rechnungsbetrag (brutto)	**58.179,10 €**	→	**1.163,58 €**	→	**57.015,52 €**
		ursprüngl. Rechnung		**./. 2 % Skonto**		= Überweisungsbetrag

(1) **Buchung bei Rechnungseingang am 05.01.20..:**	Soll	Haben
Fuhrpark	48.890,00	
Vorsteuer	9.289,10	
an Verbindlichkeiten a. LL		58.179,10

(2) **Buchung bei Rechnungsausgleich am 17.01.20..:**	Soll	Haben
Verbindlichkeiten a. LL	58.179,10	
an Kreditinstitute		57.015,52
an Fuhrpark (Nettoskonto)		**977,80**
an Vorsteuer (Steuerberichtigung)		**185,78**

Soll	**Fuhrpark**		Haben
(1)	48.890,00	(2)	**977,80**

Soll	**Verbindlichkeiten a. LL**		Haben
(2)	58.179,10	(1)	58.179,10

Soll	**Vorsteuer**		Haben
(1)	9.289,10	(2)	**185,78**

Soll	**Kreditinstitute**		Haben
AB	97.000,00	(2)	57.015,52

Die Preisminderung (2 % Skonto) mindert die Anschaffungskosten des Pkw (48.890,00 €) um 977,80 €. Insofern ist diese Minderung auf der Haben-Seite des Kontos „Fuhrpark" zu buchen. Als Saldo auf dem Konto „Fuhrpark" ergeben sich nun die zuvor berechneten aktivierungspflichtigen Anschaffungskosten von 47.912,20 €. Dieser Betrag ist die Grundlage für die am Ende des Jahres vorzunehmende Abschreibung (z. B. linear 20 % von 47.912,20 € = 9.582,44 €):

Buchung am 31.12.20..	Soll	Haben
Abschreibungen auf Sachanlagen	9.582,44	
an Fuhrpark		9.582,44

Soll	Abschreibungen auf Sachanlagen		Haben
Fuhrpark	9.582,44		

Soll	Fuhrpark		Haben
AB	48.890,00	Verb. a. LL	977,80
		Abschr.	9.582,44
		SBK	38.329,76
	48.890,00		48.890,00

Soll	Schlussbilanzkonto		Haben
(...)			
Fuhrpark	38.329,76		

Liegen für die Anschaffungsnebenkosten verschiedene Eingangsrechnungen vor (z.B. die Transportkostenrechnung einer Spedition oder die Montagekostenrechnung eines Handwerkbetriebs), so werden diese Nebenkosten ebenfalls auf dem Konto des entsprechenden Anlagekontos gebucht.

Bedeutung der Abschreibungen

Die Abschreibungen auf Gegenstände des Anlagevermögens sind in die Verkaufspreise eingerechnet.

Werden die Waren verkauft, so fließen die Abschreibungsbeträge über die Verkaufspreise in das Unternehmen zurück. Dort werden sie aber zeitlich erst später benötigt, nämlich dann, wenn das Anlagegut abgeschrieben ist und durch ein neues ersetzt werden soll.

Die über die Umsatzerlöse in das Unternehmen zurückfließenden Abschreibungsgegenwerte werden sodann nicht über die gesamte Nutzungsdauer angesammelt, sondern zwischenzeitlich für neue Ersatz- oder Erweiterungsinvestitionen ausgegeben.

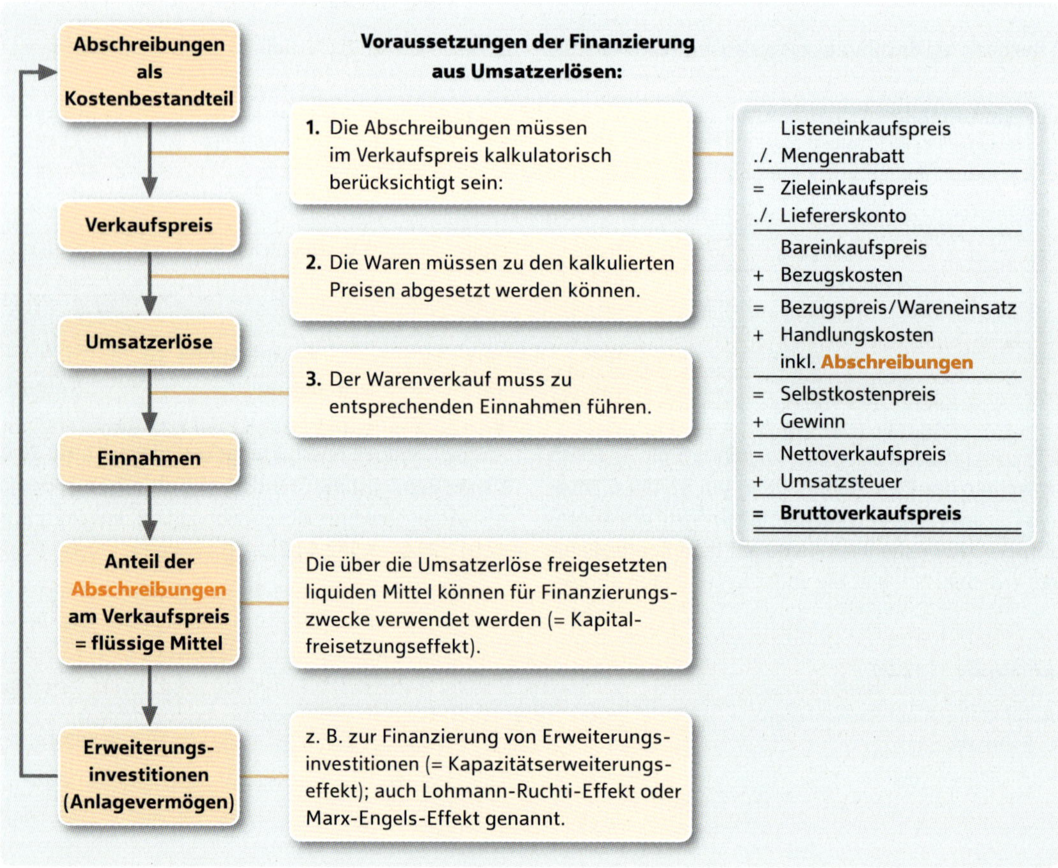

AUFGABEN

1. Von welchen Faktoren ist die Höhe des Abschreibungsbetrags abhängig?
2. Wie wird am Ende eines Geschäftsjahres der Restwert eines Anlagegutes ermittelt?
3. Ermitteln Sie die degressiven Abschreibungssätze in Prozent, wenn davon auszugehen ist, dass sämtliche Gegenstände im Januar 2007 angeschafft wurden.

Anlagegegenstand	betriebsbedingte Nutzungsdauer
Hochregallager	15 Jahre
Ladeneinbauten	10 Jahre
Personenkraftwagen	6 Jahre
Schaukästen, Vitrinen	9 Jahre
Workstation, Personal Computer	3 Jahre
Registrierkassen	8 Jahre

4. Die Ambiente Warenhaus AG hat einen im Vertrieb eingesetzten Pkw im letzten Jahr vollständig abgeschrieben. Dadurch reduzieren sich die gesamten Abschreibungen des Einzelhandelsunternehmens in diesem Jahr um 8.000,00 €.

   Wie wirkt sich das auf das Unternehmensergebnis aus, wenn sich die übrigen Aufwendungen und Erträge nicht verändern?
   a) Der Reingewinn wird höher.
   b) Der Rohgewinn wird niedriger.
   c) Die Bilanzsumme erhöht sich.
   d) Der Gesamtwert des Anlagevermögens steigt.
   e) Der Reingewinn wird niedriger.

5. Die Ambiente Warenhaus AG kauft am 10. Jan. 20.. für das Lager eine computergesteuerte Transporteinrichtung. Der Lieferer stellt in Rechnung: Nettopreis 48.000,00 €, Transportkosten 2.500,00 €, Montagekosten 2.100,00 €, Umsatzsteuer 19 %. Weitere Installationsarbeiten, durchgeführt von einem ortsansässigen Fachbetrieb, betragen 2.800,00 € zzgl. 19 % Umsatzsteuer.

   Sämtliche Rechnungen werden unter Abzug von 2 % Skonto durch Banküberweisung beglichen. Die betriebsgewöhnliche Nutzungsdauer beträgt 10 Jahre. Angewandt wird die lineare Abschreibungsmethode.
   a) Ermitteln Sie die Anschaffungskosten.
   b) Berechnen Sie den jährlichen Abschreibungsbetrag.
   c) Ermitteln Sie den Abschreibungssatz.
   d) Bilden Sie die Buchungssätze zur Erfassung der Eingangsrechnungen.
   e) Bilden Sie den Buchungssatz für den Rechnungsausgleich durch Banküberweisung.
   f) Nennen Sie den Buchungssatz für die Abschreibung.
   g) Wie lautet der Abschlussbchungssatz des Kontos „Abschreibungen auf Sachanlagen"?
   h) Wie hoch ist der Buchwert der Transporteinrichtung am Ende des 8. Jahres?

Schreiber & Weinert GmbH
Wir sorgen für Bewegung!

- Miet-, Neu- und Gebrauchtstapler
- UW-Prüfungen
- Service
- Fördertechnik
- Hydraulikanlagen

Schreiber & Weinert GmbH, Hohbruchstr. 23, 72762 Reutlingen

Ambiente
Warenhaus AG
Groner Str. 22–24
34567 Schönstadt

Konto | Soll | Haben
Gebucht:

Hohbruchstraße 23
72762 Reutlingen

Tel.: 07121 25698
Fax: 07121 25699

www.sw-gabelstapler-wvd.com

EINGEGANGEN
19. Jan. 20..
Erl. ....

Rechnung/Lieferschein Nr.: 125 669, 17. Januar 20..

Wir lieferten Ihnen heute für Ihre Rechnung und auf Ihre Gefahr

Pos.	Anzahl	Gegenstand	Betrag in €
01	1	Gabelstapler „Lifux 54", Type 0112 Tragkraft 5 400 kg, Hubhöhe: 4 685 mm lt. tech. Spezifikation d. Herstellers	27.300,00
02	1	Transportkosten	270,00
03	1	Transportversicherung	80,00
		gesamt	27.650,00
		zzgl. 19 % USt	5.253,50
		Rechnungsbetrag	32.903,50

Zahlbar innerhalb von 10 Tagen mit 2,5 % Skonto oder binnen 60 Tagen netto Kasse.

Beleg zu Aufgabe 6

6. Die Ambiente Warenhaus AG kauft am 17. Jan. 20.. für das Lager einen neuen Gabelstapler. Die Rechnung liegt vor (siehe oben rechts).
   a) Buchen Sie den Kauf des Gabelstaplers bei Rechnungseingang.
   b) Wie lautet der Buchungssatz, wenn die Liefererrechnung unter Abzug von 2,5 % Skonto per Banküberweisung bezahlt wird?
   c) Buchen Sie die Abschreibung am Jahresende, wenn die lineare Abschreibungsmethode zugrunde gelegt und eine Nutzungsdauer von 9 Jahren unterstellt wird.

7. Was wird auf der Anlagenkartei festgehalten? Nennen Sie gleichzeitig die Bedeutung der Kartei.
8. Berechnen Sie zur folgenden Ausgangssituation

Soll	Büromaschinen	Haben
21.400,00		428,00

a) den jährlichen Abschreibungsbetrag und -satz,
b) den zu berücksichtigenden Abschreibungsbetrag für das Jahr der Anschaffung.

Buchen Sie die Wertminderung
c) im Jahr der Anschaffung,
d) im letzten Jahr der Nutzung.

Das Anlagegut wurde am 6. Juni angeschafft, hat eine Nutzungsdauer von 8 Jahren und wird linear abgeschrieben.

9. Was verstehen Sie unter geringwertigen Wirtschaftsgütern und wie werden sie in der Buchführung behandelt?
10. Buchen Sie die folgenden Geschäftsfälle.
   a) Die Ambiente Warenhaus AG kauft für das neue Büro des Einkaufsleiters einen neuen Schreibtischsessel gegen Bankscheck zum Preis von 957,95 € einschließlich 19 % Umsatzsteuer.
   b) Die Treue GmbH kauft eine Konzepthalterung bar für den PC der Sekretärin in der Buchhaltung für 249,00 € netto zzgl. 19 % Umsatzsteuer.
   c) Prüfen Sie am Jahresende die vorgeschriebenen Abschreibungen für die Geschäftsfälle a) und b). Buchen Sie anschließend entsprechend.
11. Was verstehen Sie im Zusammenhang mit den GWG unter Poolbewertung?
12. Was passiert mit der Abschreibung der GWG-Position eines Jahres, wenn ein GWG-Teil während des Jahres verkauft wird?
13. In der Ambiente Warenhaus AG weisen die „Geringwertigen Wirtschaftsgüter" im Wert über 250,00 € bis 1.000,00 € am Jahresende folgenden Buchungsstand aus:

Soll	0891 Sammelposten GWG Jahr 1	Haben
900,00		
400,00		

Soll	0892 Sammelposten GWG Jahr 2	Haben
360,00		
830,00		
310,00		

Soll	0893 Sammelposten GWG Jahr 3	Haben
260,00		
570,00		

Wie lauten die Buchungssätze
a) für die durchzuführenden Abschreibungen der Jahre 1, 2 und 3 sowie
b) für den Abschluss der drei Konten?

14. Bilden Sie zu den folgenden Geschäftsfällen die Buchungssätze im Grundbuch. Soweit im Einzelnen die Voraussetzungen für das Erfassen des Wirtschaftsgutes auf dem Konto „Sammelposten GWG" (Pool-Regelung) vorliegen sollten, ist das Konto zu wählen.
   a) Anschaffung eines Notebooks für 950,00 € zzgl. 19 % Umsatzsteuer
   b) Für unseren Verkaufsraum kaufen wir einen neuen Bodenbelag für 7.500,00 € zzgl. 19 % Umsatzsteuer. Bei Zahlung innerhalb von 10 Tagen können vom Rechnungspreis 3 % Skonto abgezogen werden. Buchen Sie
      - den Rechnungseingang,
      - die Zahlung durch Banküberweisung, da der Rechnungsbetrag innerhalb des Skontozeitraums von 10 Tagen überwiesen wird.
   c) Wir kaufen eine Kuvertiermaschine im Wert von 478,38 € einschl. 19 % Umsatzsteuer.
   d) Warenverkauf auf Ziel 12.700,00 € zzgl. 2.413,00 € Umsatzsteuer
   e) Es geht vom Handwerksbetrieb Klaus Hinrichs eine Rechnung ein für die Verlegung des erhaltenen Teppichs aus Geschäftsfall b) über 340,00 € netto zzgl. Umsatzsteuer.
   f) Kauf eines Industriestaubsaugers gegen Banküberweisung zum Preis von 1.304,40 € netto zzgl. 19 % Umsatzsteuer. Der Lieferer gewährt 25 % Rabatt auf den Nettopreis.
   g) Barkauf von Büromaterial, brutto 70,21 €
   h) Kauf einer Tresoranlage auf Ziel für 18.000,00 € zzgl. 3.420,00 € Umsatzsteuer
   i) Barzahlung von zwei Rechnungen im Zusammenhang mit der gelieferten Tresoranlage (Geschäftsfall h):
      - für Fracht 125,00 € zzgl. 19 % Umsatzsteuer
      - für Montagekosten 1.011,50 € (enthaltener Umsatzsteueranteil 161,50 €)

15. Die Ambiente Warenhaus AG kauft am 7. Jan. eine Adressiermaschine für 450,00 € zzgl. 19 % Umsatzsteuer. Die Rechnung wird unter Abzug von 15 % Sonderrabatt per Bankscheck bezahlt. Die betriebsgewöhnliche Nutzungsdauer beträgt 8 Jahre. Das Unternehmen möchte in diesem Jahr seinen steuerpflichtigen Gewinn möglichst gering halten.

a) Buchen Sie den Geschäftsfall am 7. Jan.

b) Buchen Sie die Abschreibung am Jahresende.

16. Ein Einzelhandelsunternehmen kaufte im Januar 2007 eine Druckluftanlage für 220.000,00 € zzgl. 19 % USt. Die Nutzungsdauer wird mit 12 Jahren angenommen. Der degressive Abschreibungssatz beträgt 25 %.

Ermitteln Sie den Abschreibungsbetrag am Ende des 5. Nutzungsjahres mithilfe der

a) degressiven Abschreibungsmethode,

b) linearen Abschreibungsmethode.

17. Die Ambiente Warenhaus AG hatte im Januar des Geschäftsjahres 2007 zwei Investitionen getätigt: eine neue Lichtreklame für Haus I in Schönstadt und Registrierkassen für Haus II. Die Anlagegüter wurden am 31. Dez. 2007 erstmalig abgeschrieben. Die beiden entsprechenden Anlagekonten zeigen am 31. Dez. vor dem Kontenabschluss folgendes Bild:

Soll	**Ladenausstattung**	Haben
16.000,20		1.999,80

Soll	**Kassensysteme**	Haben
64.000,00		12.800,00

Die Lichtreklame (Ladenausstattung) wurde linear und die Registrierkassen (Kassensysteme) wurden degressiv abgeschrieben.

Berechnen Sie für beide Anlagegüter

a) den Anschaffungswert und

b) den Abschreibungssatz.

18. Welche Auswirkungen hätte es für den Einzelhändler, wenn er in seinem Unternehmen keine Abschreibungen berücksichtigen würde?

19. Die Sofortabschreibung bzw. die Einstellung in den Sammelposten setzt die **selbstständige Nutzbarkeit** des Wirtschaftsgutes voraus. Entscheiden Sie, welches der folgenden Güter nicht selbstständig (nicht für sich allein) nutzbar ist:

Wirtschaftsgüter	selbstständig nicht nutzbar
Bretter eines Gerüsts	
Tischrechner	
einzelne Matte einer Judoschule	
Scanner	
Schredder	
Kombigerät, bestehend aus Drucker, Faxgerät, Scanner und Kopierer	
Computerbeistelltisch	
Autoradio	

20. Die Ambiente Warenhaus AG hat während des laufenden Geschäftsjahres die folgenden geringwertigen Wirtschaftsgüter gegen Banküberweisung bezogen:

Wirtschaftsgut	Datum des Kaufs	Betrag (netto)	Umsatzsteuer	Betrag (brutto)
Kopierer	07.03.20..	870,00 €	165,30 €	1.035,30 €
Regalwand	11.07.20..	310,00 €	58,90 €	368,90 €
Schreibtischstuhl	19.10.20..	580,00 €	110,20 €	690,20 €
Pinnwand	01.12.20..	252,00 €	47,88 €	299,88 €
Summe		2.012,00 €	382,28 €	2.394,28 €

a) Buchen Sie nach dem Sammelpostenverfahren die vier Käufe zum Zeitpunkt ihrer Anschaffung sowohl im Grund- als auch im Hauptbuch. Berücksichtigen Sie dabei einen Anfangsbestand auf dem Bankkonto von 26.000,00 €.

b) Buchen Sie am Jahresende die Abschreibung.

c) Schließen Sie das Konto „Sammelposten GWG 20..“ ab.

21. Begründen Sie, ob die Ambiente Warenhaus AG den Kauf des folgenden PC einschließlich Monitor und Tastatur als geringwertiges Wirtschaftsgut behandeln kann.

(...)	
	1.025,00 €
./. 2,5 % Skonto	25,63 €
=	999,37 €
+ 19 % USt	189,88 €
= Rechnungsbetrag	1.189,25 €

22. Ein Handelsunternehmen kauft einen Multifunktionsdrucker gegen Bankscheck für 481,95 € brutto. Das Unternehmen möchte gemäß Wahlrecht die Vollabschreibung durchführen.

a) Buchen Sie den Kauf bei der Anschaffung.

b) Wie lautet die Buchung zum Jahresschluss?

23. Buchen Sie den folgenden Geschäftsgang.

I. Anfangsbestände	€
Ladenausstattung	180.000,00
Fuhrpark	16.000,00
Waren	35.000,00
Forderungen a. LL	19.000,00
Kasse	8.500,00
Kreditinstitute	25.000,00
Eigenkapital	?
Darlehensschulden	50.000,00
Verbindlichkeiten a. LL	22.000,00

Erfolgskonten: Aufwendungen für Waren, Zinsaufwendungen, Umsatzerlöse für Waren, Abschreibungen auf Sammelposten, Abschreibungen auf Sachanlagen

Abschlusskonten: Gewinn- und Verlustkonto, Schlussbilanzkonto

II. Geschäftsfälle (Angaben in €)

	23/1	23/2
1. Wareneinkauf auf Ziel,		
Nettobetrag	18.000,00	5.000,00
+ 19 % Umsatzsteuer	3.420,00	950,00
2. Rückzahlung eines Darlehens durch Banküberweisung	20.000,00	38.000,00
3. Barverkäufe	47.189,45	28.724,22
4. Kauf eines neuen Pkw für den Kundenservice		
für netto	22.000,00	17.000,00
+ 19 % Umsatzsteuer	4.180,00	3.230,00
auf Ziel		
5. Kauf eines Laptops		
gegen Banküberweisung	750,00	930,00
+ 19 % Umsatzsteuer	142,50	176,70
6. Banküberweisung für Darlehenszinsen	470,00	520,00
7. Warenverkauf auf Ziel (Rechnungsbetrag brutto)	35.700,00	29.750,00

III. Abschlussangaben

	23/1	23/2
1. Warenschlussbestand lt. Inventur	28.000,00	40.000,00

2. Abschreibungen auf
   a) Ladenausstattung: lineare Abschreibung, Nutzungsdauer 11 Jahre
   b) Fuhrpark: lineare Abschreibung 20 %
   c) Geringwertige Wirtschaftsgüter (im Wert über 250,00 € bis 1.000,00 €), AfA 20 %
3. Die Schlussbestände der übrigen Bestandskonten stimmen mit den Werten der Inventur überein.

AKTIONEN

1. Die Anschaffungskosten einer Verkaufstheke betrugen am 1. Jan. 2007 25.000,00 €. Die betriebsgewöhnliche Nutzungsdauer ist mit 10 Jahren angegeben.
Entwerfen Sie für die folgenden Aufgaben a) bis c) eine A4 große Übersicht. Benutzen Sie dafür das Tabellenkalkulationsprogramm Excel.

a) Bestimmen Sie zunächst den linearen und den höchstmöglichen degressiven Abschreibungsprozentsatz.

b) Erstellen Sie eine Abschreibungstabelle, aus der in einer Gegenüberstellung von linearer und degressiver Abschreibungsmethode der Abschreibungsverlauf vom 1. bis zum letzten Nutzungsjahr hervorgeht.

Bearbeiten Sie die folgenden Aufgaben c) und d) im Grund- und Hauptbuch.

c) Richten Sie das Konto „Ladenausstattung" ein. Aus den Kontoeintragungen soll bei linearer Abschreibungsmethode der Buchwert am Ende des 4. Nutzungsjahres hervorgehen (Anfangsbestand, Abschreibungen sowie Schlussbestand sind demzufolge zu berücksichtigen).

d) Geben Sie den Buchungssatz an für
- die Abschreibung am Ende des 4. Nutzungsjahres,
- den Abschluss des Kontos „Abschreibungen auf Sachanlagen" und des Kontos „Ladenausstattung",
- die Abschreibung am Ende des 10. Jahres, wenn die Verkaufstheke weiterhin von der Ambiente Warenhaus AG genutzt wird.

22227070

2. Buchen Sie den folgenden Geschäftsgang im Grund- und Hauptbuch. Es soll beim Wahlrecht zur Abschreibungsmethode die Poolabschreibung (Sammelpostenregelung) bevorzugt werden.

I. Anfangsbestände	€
Bebaute Grundstücke	700.000,00
Verwaltungsgebäude	1.000.000,00
Lagerausstattung	40.000,00
Kommunikationsanlagen	70.000,00
Fuhrpark	90.000,00
Waren	40.000,00
Forderungen a. LL	25.000,00
Kasse	2.000,00
Kreditinstitute (Bank)	760.000,00
Postbank	15.000,00
Eigenkapital	2.487.000,00
Darlehensschulden	100.000,00
Verbindlichkeiten a. LL	146.000,00
Umsatzsteuer	9.000,00

Erfolgskonten: Aufwendungen für Waren, Reinigung, Versicherungsbeiträge, Beiträge, Leasing, Kraftfahrzeugsteuer, Grundsteuer, Büromaterial, Abschreibungen auf Sachanlagen, Abschreibungen auf Sammelposten, Zinserträge, Umsatzerlöse für Waren

Abschlusskonten: Gewinn- und Verlustkonto, Schlussbilanzkonto

II. Geschäftsfälle		€
1. Banküberweisung für Gebäude-Feuerversicherung		370,00
2. Kauf eines Fernsehers für die Verkaufsräume gegen Bankscheck zum Listenpreis von		510,00
./. 20 % Rabatt		102,00
+ 19 % Umsatzsteuer		77,52
3. Banküberweisung der Zahllast des letzten Monats		9.000,00
4. Banküberweisung an unseren Lieferer		4.300,00
5. Wareneingang auf Ziel		18.000,00
+ 19 % Umsatzsteuer		3.420,00
6. Kauf eines Schreibtisches bar, Rechnungspreis brutto		452,20
7. Eingangsrechnung des Fensterreinigungsunternehmens, Rechnungsbetrag einschl. Umsatzsteuer		190,40
8. Kauf einer Obst- und Gemüsewaage für die Lebensmittelabteilung gegen Postbankscheck zum Listenpreis von		390,00
+ 19 % Umsatzsteuer		74,10
9. Kauf einer neuen Fernsprechnebenstellenanlage auf Ziel, netto		25.000,00
+ 19 % Umsatzsteuer		4.750,00
Die Rechnung über die Montage für die Einrichtung der Anlage wird per Banküberweisung beglichen, netto		1.200,00
+ 19 % Umsatzsteuer		228,00
10. Der fällig gewordene IHK-Beitrag wird vom Bankkonto abgebucht		300,00
11. Kauf eines Bürolochers bar		24,00
+ 19 % Umsatzsteuer		4,56
12. Warenverkauf auf Ziel, netto		44.000,00
+ 19 % Umsatzsteuer		8.360,00
13. Kauf eines Kassensystems auf Leasingbasis Die Leasinggebühr für das erste Jahr wird durch Postbanküberweisung beglichen, netto		1.400,00
+ 19 % Umsatzsteuer		266,00
14. Lastschrift der Bank für		
– Grundsteuer für das Betriebsgelände	400,00	
– Kraftfahrzeugsteuer	380,00	780,00
15. Die Barverkäufe für den Monat sind noch zu buchen		102.340,00
16. Kauf einer neuen Lagerausstattung auf Ziel, netto		100.000,00
+ 19 % Umsatzsteuer		19.000,00
17. Gutschrift der Bank für		
– Zinsen	2.700,00	
– Kundenzahlung	800,00	3.500,00
18. Kauf eines neuen Verwaltungsgebäudes		
Grundstückswert	450.000,00	
Gebäudewert	800.000,00	1.250.000,00
gegen Banküberweisung		550.000,00
gegen Aufnahme einer Hypothek		700.000,00
– Bezahlung der Maklergebühr 0,7 % gegen Bankscheck, Schecksumme einschl. 19 % Umsatzsteuer		10.412,50
– Überweisung der Gebühren für den Notar durch Postbanküberweisung, netto		12.500,00
+ 19 % Umsatzsteuer		2.375,00
– Lastschrift unserer Bank für Grunderwerbsteuer		43.750,00

19. Die Rechnung der Lagerausstattung (Geschäftsfall 16), brutto .... 119.000,00 wird innerhalb der Skontofrist unter Abzug von 2 % Skonto per Banküberweisung beglichen

III. Abschlussangaben €

1. Warenschlussbestand lt. Inventur 50.000,00
2. Abschreibungen auf Sachanlagen
   - Grundstücke.............. 23.000,00
   - Gebäude.................. 36.000,00
   - Lagerausstattung......... 14.000,00
   - Fuhrpark................. 12.000,00
   - Kommunikationsanlagen... 10.000,00
3. Abschreibungen auf Sammelposten (geringwertige Wirtschaftsgüter im Wert über 250,00 € bis 1.000,00 € netto), AfA 20 %
4. Ermittlung und Passivierung der Zahllast
5. Die Schlussbestände der übrigen Bestandskonten stimmen mit den Werten der Inventur überein.

3. Berechnen Sie die Anschaffungskosten der Anlagegüter bei den Geschäftsfällen 9, 13, 16 und 18 aus Aktion 2.

ZUSAMMENFASSUNG

- **Abschreibung** = buchhalterische Erfassung der Wertminderung von Anlagegütern.
- **Buchung von Abschreibungen**
  - Erfassung als Aufwendungen im Soll des Aufwandskontos „Abschreibungen auf Sachanlagen"
  - Die Gegenbuchung erfolgt als Bestandsminderung im Haben des entsprechenden Anlagekontos.

Soll	**Abschreibungen auf Sachanlagen**		Haben
BGA	**9.090,00**		

Soll	**BGA**		Haben
AB	100.000,00	Abschr.	**9.090,00**

Grundlage für die Abschreibungen ist immer der **Nettowert.**

- Durch die **Abschreibung** wird die richtige, d. h. periodengerechte Darstellung des betrieblichen Vermögens und die entsprechende Ermittlung des Geschäftsergebnisses erreicht,

indem

- die Anschaffungskosten der Anlagegüter auf die Nutzungsdauer verteilt werden.
- die Wertminderung des Anlagevermögens durch Abnutzung als Aufwand erfasst wird. Abschreibungen schmälern daher den steuerpflichtigen Gewinn. Der Einzelhändler spart Steuern.

22227072

- **Abschreibungsmethoden**

Lineare Abschreibung
= Abschreibung vom Anschaffungswert

- Die Abschreibungsbeträge sind **jedes Jahr gleich hoch.**
- Die Anschaffungskosten werden in gleichen Beträgen auf die einzelnen Nutzungsjahre als Aufwand verteilt.
- Die Steuererleichterungen verteilen sich in stets gleicher Höhe auf die Jahre der wirtschaftlichen Nutzungsdauer.
- Der Satz der linearen Abschreibung für ein entsprechendes Anlagegut kann den amtlichen AfA-Tabellen entnommen werden.

Degressive Abschreibung
= Abschreibung vom Restwert (Buchwert)

- Die Abschreibungsbeträge **nehmen von Jahr zu Jahr ab.**
- Eine volle Abschreibung bis zum Restbuchwert von null wird nicht erreicht.
- Die Steuererleichterungen sind für das Unternehmen zu Beginn der betrieblichen Nutzung größer und nehmen von Jahr zu Jahr ab.

Maximal zulässige degressive Abschreibung

Jahr d. Anschaffung	Relativregel	Absolutregel
bis 2000	3-mal, lineare AfA	maximal 30 %
2001 bis 2005	2-mal, lineare AfA	maximal 20 %
2006 und 2007	3-mal, lineare AfA	maximal 30 %
2008	degressive Abschreibung nicht zulässig	
2009 und 2010	2,5-mal, lineare AfA	maximal 25 %
ab 2011	degressive Abschreibung nicht zulässig	

Ein **Wechsel von der degressiven zur linearen Abschreibungsmethode ist möglich,** aber nicht umgekehrt.

- Ein Anlagegut wird mit einem Erinnerungswert von 1,00 € aktiviert, wenn es nach vollständiger Abschreibung im Unternehmen weiterhin genutzt wird.
- Werden Anlagegüter während des Geschäftsjahres angeschafft, sind sie zeitanteilig abzuschreiben.

- Die **aktivierungspflichtigen Anschaffungskosten** bilden die **Bemessungsgrundlage** fpr die Abschreibung:

	Anschaffungspreis (Rechnungspreis netto)
+	Anschaffungsnebenkosten (netto)
./.	Anschaffungsminderungen
=	**aktivierungspflichtige Anschaffungskosten**

Abschreibungen
(erfolgen immer von den Anschaffungskosten)

- **Aufwandserhöhung** bzw. **Gewinnschmälerung** in der GuV-Rechnung
- **Wertminderung** des Anlagevermögens in der Bilanz

• Bedeutung der Anschreibungen

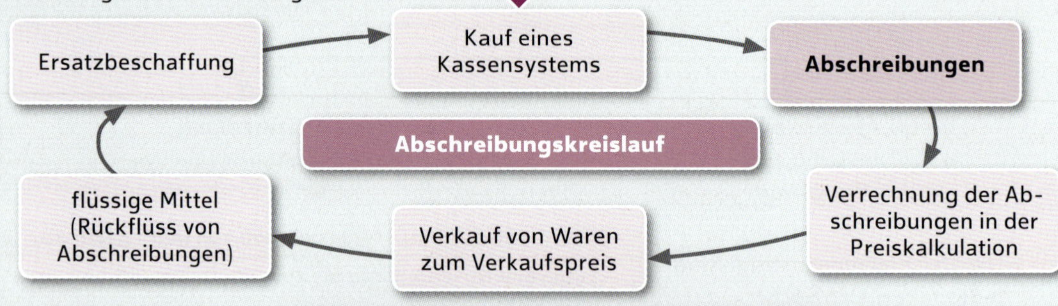

Geringwertige Wirtschaftsgüter

= Wirtschaftsgüter des Anlagevermögens
- abnutzbar
- beweglich
- selbstständig nutzbar
- mit Anschaffungskosten bis 1.000,00 € netto.

nicht erfüllt → lineare AfA über Nutzungsdauer

liegt vor:

Netto-Anschaffungswert ≤ 250,00 €

Sofortaufwand:
- GWG können **sofort** im Jahr der Anschaffung in voller Höhe als Betriebsausgabe auf dem betreffenden Aufwandskonto erfasst werden.
- Regelabschreibung ist alternativ möglich.

Netto-Anschaffungswert über 250,00 € (Untergrenze) bis 800,00 € (Obergrenze)

800-€-Regelung (Sofortabschreibung)

Sofortabschreibung: Nach der Aktivierung erfolgt die volle Abschreibung am Ende des Geschäftsjahres.

Daneben besteht je Wirtschaftsjahr zusätzlich ein alternatives Wahlrecht zwischen
- Regelabschreibung (AfA über Nutzungsdauer) und
- Sammelpostenregelung (Poolabschreibung): Einheitlich für alle GWG über 250,00 € bis 1,000,00 € des Wirtschaftsjahres.

Netto-Anschaffungswert über 250,00 € (Untergrenze) bis 1.000,00 € (Obergrenze)

Pool-Regelung (Sammelpostenverfahren)
- Die GWG
- werden jährlich auf einem (Jahres-)Sammelposten für GWG (= aktives Bestandskonto) erfasst (einheitlich für alle GWG des Wirtschaftsjahres),
- sind innerhalb von 5 Jahren linear (20 %) abzuschreiben,
- werden auf dem Sammelposten wie ein **einzelnes Wirtschaftsgut** behandelt (= Poolbewertung),
- können während eines Jahres verkauft werden oder an Wert verlieren; die pauschale Abschreibungshöhe des Sammelpostens ändert sich dadurch nicht.
- Regelabschreibung ist alternativ möglich.

22227074

KAPITEL 5

Wir verschaffen uns einen Überblick über den Aufbau der Kosten- und Leistungsrechnung

Robin Labitzke hört eines Tages ein Gespräch zweier Manager der Ambiente Warenhaus AG mit, wonach beabsichtigt wird, den dem Warenhaus gehörenden Sportshop „Activ-Point“ in Schönstadt zu verkaufen. Begründet wird dies u. a. mit den zu hohen Aufwendungen und dem zu geringen Gewinn.

Die GuV-Rechnung des Sportgeschäfts hat folgendes Aussehen:

Soll	Gewinn- und Verlustkonto		Haben
Aufwendungen für Waren	5.165.320,00	Umsatzerlöse	6.841.736,00
Warenverlust durch Brand	265.500,00	Provisionserträge	42.300,00
Löhne und Gehälter	662.400,00	Mieterträge	45.000,00
Mieten und Pachten	138.630,00	Erträge aus Beteiligungen	9.200,00
Betriebliche Steuern	23.624,00		
Aufwendungen für Kommunikation	195.650,00		
Verluste aus Wertpapiergeschäften	166.860,00		
Abschreibungen	316.750,00		
Reingewinn	3.502,00		
	6.938.236,00		6.938.236,00

Angenommen, Sie wären in verantwortlicher Stellung bei der Ambiente Warenhaus AG. Treffen Sie eine Entscheidung über den Verkauf bzw. die Fortführung des Sportshops „Activ-Point“. Begründen Sie Ihre unternehmerische Maßnahme.

INFORMATION

Abgrenzung zwischen Geschäftsbuchführung und Kosten- und Leistungsrechnung (KLR)

Um ermitteln zu können, ob das eigene Unternehmen erfolgreich war, dürfen nur die Aufwendungen und Erträge berücksichtigt werden, die im Rahmen der **eigentlichen betrieblichen Tätigkeit angefallen sind, also beim Einkauf, der Lagerung und dem Verkauf der Waren.**

Dieser zu ermittelnde **betriebliche Erfolg** unterscheidet sich vom Unternehmenserfolg aus dem Gewinn- und Verlustkonto. Der im GuV-Konto errechnete Reingewinn bzw. Reinverlust ist die Differenz von allen Aufwendungen und allen Erträgen, also auch jenen, die nicht betrieblich bedingt sind. Insofern müssen zur Ermittlung des Betriebsergebnisses die **nicht betrieblich** bedingten Aufwendungen und Erträge herausgefiltert werden.

Unterschied zwischen Geschäftsbuchführung (Finanzbuchführung) und Kosten- und Leistungsrechnung (Betriebsbuchführung)

Die **Geschäfts- bzw. Finanzbuchführung**
- ist unternehmensbezogen und schließt mit dem Gesamtergebnis ab,
- beinhaltet Bestands- und Erfolgsrechnung,
- mündet mit ihrer Erfolgsrechnung in die Gewinn- und Verlustrechnung,
- ermittelt dort das Gesamtergebnis (das Gesamtergebnis umfasst **sämtliche Aufwendungen und Erträge** einer Abrechnungsperiode),
- schließt ihre Bestandsrechnung mit der Bilanz,
- ist an gesetzliche Vorgaben gebunden und
- gibt der Öffentlichkeit Einblicke in die wirtschaftliche Situation des Unternehmens.

→ **Externes Rechnungswesen**

Die **Kosten- und Leistungsrechnung** (Betriebsbuchführung)
- ist betriebsbezogen und daher auf das innerbetriebliche Geschehen gerichtet,
- liefert Informationen zur Steuerung des Unternehmens,
- ist nicht an gesetzliche Vorschriften gebunden,
- erfasst lediglich die Größen, die mit dem eigentlichen **betrieblichen Zweck** des Einzelhändlers in Verbindung stehen: **Kosten** (= betriebliche Aufwendungen) und **Leistungen** (= betriebliche Erträge),
- ermittelt das Betriebsergebnis als Differenz zwischen Leistungen und Kosten.

Einkauf, Lagerung und Verkauf sind die Hauptaufgaben des Einzelhandelsunternehmens, in denen Kosten und Leistungen entstehen.

Aufwendungen und Erträge, die mit dem eigentlichen Betriebszweck nichts zu tun haben (z. B. betriebsfremde, periodenfremde und außerordentliche Aufwendungen und Erträge = neutrale Aufwendungen und Erträge[1]) werden von der KLR getrennt. Diese Trennung ist die Voraussetzung einer exakten Kosten- und Leistungsrechnung.

→ **Internes Rechnungswesen**

Ziele und Grundbegriffe der Kosten- und Leistungsrechnung

Die Hauptaufgabe der Kosten- und Leistungsrechnung ist die vollständige und richtige **Ermittlung der Kosten und Leistungen** innerhalb eines bestimmten Zeitraums.

- Die KLR ermittelt mit ihrer rein betriebsbezogenen Sichtweise den Erfolg aus der **betrieblichen** Tätigkeit (→ Betriebsgewinn oder Betriebsverlust). Mit dieser genauen Erfolgsermittlung und ihren Ursachen ist sie letztlich die Grundlage für die weiteren Planungen und die Entscheidungen eines Einzelhandelsunternehmens.
- Sie stellt die laufende Überwachung der Kostenentwicklung sicher (Kostenkontrolle) und liefert die Voraussetzungen für Vergleiche von Kosten und Leistungen (Zeitvergleiche und Betriebsvergleiche).
- Darüber hinaus liefert sie die Unterlagen für die Kalkulation, da die betrieblich bedingten Aufwendungen (= Kosten) über den Verkaufspreis auf die Kunden umgelegt werden.

1 Ausführungen zu den neutralen Aufwendungen und Erträgen siehe Seite 77.

22227076

Was ist unter Kosten und Leistungen zu verstehen?	
Kosten ⟵ Gegenüberstellung	⟶ **Leistungen**
sind der wertmäßige betriebsbedingte Verbrauch von Gütern und Leistungen, der zur betrieblichen Leistungserstellung erforderlich ist. Dies sind in einem Einzelhandelsunternehmen in erster Linie die Aufwendungen für Waren, Personalkosten, betriebliche Steuern und Mieten.	sind in einem Einzelhandelsunternehmen vor allem die betriebsbedingten Erträge (= Umsatzerlöse).

Aufgrund der Gegenüberstellung von Kosten und Leistungen erhält man das **Betriebsergebnis bzw. den Betriebserfolg.** Das Betriebsergebnis kommt ausschließlich durch die betrieblichen Aktivitäten – nämlich den Einkauf, die Lagerung und den Verkauf der Waren durch den Einzelhändler – zustande. Sind dabei die Leistungen größer als die Kosten, liegt ein Betriebsgewinn vor; im umgekehrten Fall spricht man von einem Betriebsverlust.

1. Aufwendungen und Kosten

Kosten sind von den Aufwendungen zu unterscheiden:

- **Aufwendungen** sind der gesamte Güter- und Dienstleistungsverzehr(-verbrauch), der in einem Einzelhandelsunternehmen (also sowohl im betrieblichen als auch im neutralen Leistungsbereich) während einer Abrechnungsperiode (z. B. Monat, Quartal, Jahr) eintritt.
- Aufwendungen werden den Erträgen im Gewinn- und Verlustkonto gegenübergestellt, um den Gesamterfolg (Reingewinn oder Reinverlust) zu ermitteln.
- Aufwendungen werden für die Kostenrechnung eingeteilt in neutrale Aufwendungen (= Nichtkosten) und **betriebliche Aufwendungen (= Kosten).**
- **Neutrale Aufwendungen** lassen sich einteilen in
  - **betriebsfremde Aufwendungen:** sie stehen in keinem Zusammenhang mit der eigentlichen betrieblichen Tätigkeit eines Einzelhandelsunternehmens,
  - **betriebliche außerordentliche Aufwendungen:** sie fallen unregelmäßig oder in außergewöhnlicher Höhe an,
  - **betriebliche periodenfremde Aufwendungen:** sie sind zwar betrieblich bedingt, betreffen aber nicht den Abrechnungszeitraum.

BEISPIELE

Nachzahlung von Löhnen und Gehältern, Kassendifferenzen, Verlust aus Wertpapierverkäufen, Verkauf von Sachanlagen unter Buchwert, Entwertung von Waren, Pachtzahlungen für nicht betrieblich genutzte Grundstücke, Brandschaden, Währungsverluste, Geldgeschäfte, Nachzahlung von Gewerbesteuer[1]

- **Kosten** (= **betriebliche** Aufwendungen) stehen in einem unmittelbaren Zusammenhang mit dem eigentlichen Betriebszweck. Der Betriebszweck eines Einzelhandelsunternehmens ist die Erzielung von Gewinn durch den Einkauf, die Lagerung und den Verkauf von Waren.

2. Erträge und Leistungen

Erträge und Leistungen unterscheiden sich:

- **Erträge** sind der gesamte erfolgswirksame Zufluss an Werten innerhalb einer Abrechnungsperiode.
- Erträge werden in der KLR eingeteilt in neutrale Erträge und betriebliche Erträge (= Leistungen).
- **Neutrale Erträge** haben mit dem eigentlichen Betriebszweck nichts zu tun. Zu ihnen gehören die betriebsfremden, betrieblich außerordentlichen und periodenfremde Erträge. Sie werden deshalb nicht in die KLR übernommen, um die Leistungen nicht zu verfälschen.

  BEISPIELE

  Steuerrückerstattung für das zurückliegende Geschäftsjahr, Zinserträge, Steuererlass, Mieterträge, Gewinn aus dem Verkauf von Sachanlagen, Erträge aus Wertpapierverkäufen, Erträge aus Lizenzen und Beteiligungen

- **Betriebliche Erträge** entstehen in einem Einzelhandelsunternehmen in erster Linie beim Verkauf der Waren (= Umsatzerlöse). In der KLR sind sie **Leistungen.**

1 Spenden sind bei Einzelunternehmen und Personengesellschaften Privatentnahmen.

BEISPIEL

Soll		Gewinn- und Verlustkonto	Haben
Aufwendungen für Waren	4.384.942,00	Umsatzerlöse	6.584.657,00
Löhne und Gehälter	529.000,00	Zinserträge	**17.000,00**
Mieten, Pachten	101.630,00	Mieterträge	**50.000,00**
Zinsaufwendungen	11.000,00		
Betriebliche Steuern	18.902,00		
Aufwendungen für Kommunikation	217.391,00		
Abschreibungen	382.205,00		
Verluste aus Schadensfällen	**180.000,00**		
Reingewinn (Saldo)	**826.587,00**		
	6.651.657,00		6.651.657,00

Neutrale Aufwendungen	Neutrale Erträge	Kosten	Leistungen
Verluste aus Schadensfällen **180.000,00 €**	Zinserträge **17.000,00 €** Mieterträge **50.000,00 €**	Summe der Aufwendungen ./. neutrale Aufwendungen (= Nichtkosten) 5.825.070,00 € ./. 180.000,00 € = **5.645.070,00 €**	Summe der Erträge ./. neutrale Erträge 6.651.657,00 € ./. 67.000,00 € = **6.584.657,00 €**
Neutrales Ergebnis **Verlust: 113.000,00 €**		**Betriebsergebnis** **Gewinn: 939.587,00 €**	
Gesamtergebnis (Ergebnis des GuV-Kontos) Reingewinn: 826.587,00 €			

3. Gesamterfolg, Betriebserfolg und neutraler Erfolg

Leistungen (Zweckerträge)	./.	Kosten (Zweckaufwendungen)	=	Betriebserfolg (Betriebsergebnis)
+		+		+
Neutrale Erträge	./.	Neutrale Aufwendungen	=	Neutraler Erfolg (Neutrales Ergebnis)
=		=		=
Gesamtertrag	./.	Gesamtaufwand	=	Gesamterfolg (Unternehmensergebnis) (≙ Ergebnis des GuV-Kontos)

- Auf dem GuV-Konto ergibt sich als Saldo der Gesamterfolg. Er wurde durch die Gesamtheit aller Aktivitäten des Einzelhändlers erwirtschaftet.
- Neutrale Aufwendungen und Erträge haben mit der eigentlichen betrieblichen Tätigkeit des Einzelhandelsunternehmens nichts zu tun und müssen daher ausgesondert werden.
- Betrieblich bedingte Aufwendungen und Erträge sind dem eigentlichen Handelsgeschäft zuzurechnen, fallen regelmäßig an und sind periodengerecht. Sie werden Kosten und Leistungen genannt.
- Die getrennte Ermittlung von Betriebserfolg und neutralem Erfolg ist erforderlich, weil nur so die Erfolgsquellen des Einzelhandelsunternehmens eindeutig erkennbar werden.

22227078

Kostenarten[1]

Mithilfe der Kostenartenrechnung können durchgeführt werden

- innerbetriebliche Kostenvergleiche: **Zeitvergleiche** über mehrere Jahre ermöglichen die Feststellung von Abweichungen sowohl in der Höhe als auch in der Zusammensetzung,
- außerbetriebliche Kostenvergleiche: **Betriebsvergleiche** ermöglichen den Vergleich mit entsprechenden Unternehmen der eigenen Branche,
- Entwicklungsvergleiche von Kostenarten im Verhältnis zu anderen Kostenarten.

Versucht man die Kostenarten den Kostenträgern (Waren) zuzurechnen, so findet man Kosten, die den Kostenträgern einzeln zugerechnet werden können **(Einzelkosten),** und andere, bei denen das nicht oder nur mit großem Aufwand möglich ist **(Gemeinkosten).**

Unterscheidung zwischen Einzelkosten und Gemeinkosten

Einzelkosten (direkte Kosten)

sind für den einzelnen Kostenträger (eine bestimmte Ware oder eine Warengruppe) direkt erfassbar und können ihm daher direkt zugerechnet werden.

BEISPIELE

- Wareneinsatz (Aufwendungen für Waren)
- Bezugskosten
- einer einzelnen Ware zugehörige Verkaufsverpackung
- Reparaturkosten
- Verkaufsprovision
- Absatzwerbung für ein Produkt
- Stromkosten (bei Installation von entsprechenden Zählern)

Gemeinkosten (indirekte Kosten)

werden nicht unmittelbar durch einen betrieblichen Kostenträger verursacht. Gemeinkosten fallen für alle Waren, Warengruppen oder für das Unternehmen insgesamt an und können daher nicht direkt auf betriebliche Kostenträger (einzelne Ware oder Warengruppe) zugerechnet werden.

Gemeinkosten werden anteilsmäßig – indirekt über Verteilungsschlüssel – auf die Kostenstellen im Unternehmen verteilt, auf denen sie angefallen sind (Verursachungsprinzip).

BEISPIELE

- Mieten und Pachten
- Löhne und Gehälter
- Versicherungskosten
- Energiekosten
- Aufwendungen für Kommunikation
- Zinsen
- Grundsteuern und Abgaben
- Abschreibungen auf das betrieblich genutzte Gebäude oder auf die Ladenausstattung

1 Die Kostenarten sollen im Rahmen dieser Ausführungen nur nach ihrer kalkulatorischen Verrechenbarkeit betrachtet werden.

Kostenstellen

Eine Kostenstelle ist der Ort in einem Einzelhandelsunternehmen, an dem die Kosten entstanden sind. Nur wenn dem Einzelhändler Ort und Ursachen der entstandenen Kosten bekannt sind, können Maßnahmen zu ihrer Beeinflussung in die Wege geleitet werden.

Kostenstellen sind **abgegrenzte Betriebsabteilungen**[1] des Einzelhandelsunternehmens, denen die Gemeinkosten verursachungsgerecht zugerechnet werden.

In Einzelhandelsunternehmen werden zweckmäßigerweise Kostenstellen aufgrund von folgenden einheitlichen Tätigkeiten (Verantwortungsbereiche) gebildet, die wiederum untergliedert werden können:

Einkauf	z. B.: • Bedarfsermittlung • Bestellwesen
Lager	z. B.: • Wareneingangsprüfung • Lagerbuchhaltung
Verwaltung	z. B.: • kaufmännische Verwaltung • Kalkulation • Buchhaltung • Personalabteilung
Vertrieb und Kundendienst	z. B.: • Verkaufsabteilung • Versandabteilung • Werbung • Außendienst

Eine weitere Möglichkeit der Bildung von Kostenstellen ist die nach Warengruppen oder Warenbereichen (Warenwelten).

BEISPIELE FÜR KOSTENSTELLEN

Damen, Herren, Kinder, Dessous, Schöner schlafen, Papierwaren, Parfüm/Kosmetik, Fotografie, Lesen, Handarbeit und Basteln, Gesünder leben, Lebensmittel, Unterhaltungselektronik, Moderne Küche, Sport, Hobby, Schöner wohnen, Pflanzen- und Blumencenter, Computer, Schöner schenken.

Die **Kostenstellenrechnung** hat die Aufgabe,

- die Gemeinkosten (Kostenarten) nach dem Verursacherprinzip auf die betrieblichen Abteilungen (Kostenstellen), in denen sie entstanden sind, zu verrechnen,
- die Handlungskostenzuschlagssätze für die Kalkulation zu ermitteln,
- die Kostenentwicklung in den einzelnen Kostenstellen (Betriebsabteilungen) zu überwachen und
- die Wirtschaftlichkeit des Betriebsprozesses zu kontrollieren.

BEISPIEL

Umlage von **Gemeinkosten auf Kostenstellen** (Angaben in €)

Kostenarten	Zahlen der KLR	Verteilungsgrundlage	Kostenstellen			
			Einkauf	Lager	Verwaltung	Vertrieb
Löhne und Gehälter	662.400,00	Lohn- und Gehaltslisten	115.920,00	49.680,00	397.440,00	99.360,00
Mietaufwendungen	138.630,00	Raumgröße	9.242,00	23.105,00	92.420,00	13.863,00
Betriebliche Steuern	23.624,00	Steuerarten	1.969,00	–	5.630,00	16.025,00
Aufwendungen für Kommunikation	195.650,00	Belege	39.130,00	26.087,00	78.260,00	52.173,00
Abschreibungen	316.750,00	Anlagenkartei	17.597,00	52.792,00	221.725,00	24.636,00
	1.337.054,00		183.858,00	151.664,00	795.475,00	206.057,00

1 Auf die Aufgliederung der Kostenstellen in Haupt-, Neben- und Hilfskostenstellen soll an dieser Stelle verzichtet werden.

22227080

AUFGABEN

1. Erklären Sie, wodurch sich die Geschäfts- bzw. Finanzbuchführung von der Kosten- und Leistungsrechnung unterscheidet.
2. Welche Bedeutung hat die Kostenrechnung für ein Einzelhandelsunternehmen?
3. Worin besteht der Unterschied zwischen
   a) Aufwendungen und Kosten (= betriebliche Aufwendungen),
   b) neutralen Erträgen und betrieblichen Erträgen (= Leistungen)?
4. Wie wird das Betriebsergebnis eines Einzelhandelsunternehmens rechnerisch ermittelt?
5. Teilen Sie die folgenden Aufwendungen und Erträge a) bis y) ein in neutrale Aufwendungen, neutrale Erträge, betriebliche Aufwendungen (Kosten), betriebliche Erträge (Leistungen). Fügen Sie eine Spalte hinzu für die Möglichkeit, dass keine der vorgegebenen Antworten zutrifft.

   Fertigen Sie eine Tabelle nach folgendem Muster an und kennzeichnen Sie Ihre Lösungen mit einem Kreuz in der entsprechenden Spalte. Die vorgegebene Reihenfolge der Beispiele soll beibehalten werden.

Beispiele	Neutrale Aufwendungen	Neutrale Erträge	Kosten	Leistungen	Keine der Möglichkeiten trifft zu
a) Abschreibungen auf Sachanlagen			X		
b) ...					

a) Abschreibungen auf Sachanlagen
b) Zinszahlung von 3.700,00 € für den betrieblichen Kontokorrentkredit
c) Das Finanzamt erstattet zu viel entrichtete Betriebsteuern für die beiden letzten Geschäftsjahre von insgesamt 12.000,00 €.
d) Überweisung der Kfz-Steuer für einen Lkw des Unternehmens
e) Erträge von 29.000,00 € aus dem Verkauf von Wertpapieren
f) Begleichung der betrieblichen Gebäudeversicherungsprämie von 3.500,00 € für das laufende Geschäftsjahr
g) Provisionsertrag aus einem Gelegenheitsgeschäft: 1.700,00 €
h) Halbjährliche Mietzahlung für ein gemietetes Lagergebäude von 1.200,00 €
i) Ein Mitarbeiter aus dem Lager streicht am Wochenende das Gartenhaus des Abteilungsleiters Fröhlich für 830,00 €.
j) Aufgrund einer Betriebsprüfung müssen Betriebsteuern für die letzten drei Geschäftsjahre nachgezahlt werden: Gesamthöhe 47.000,00 €
k) Kauf eines privaten Pkw für den Geschäftsführer von 52.000,00 €
l) Aufwendungen für Instandsetzungsarbeiten für zwei der Service-Fahrzeuge: 940,00 €
m) Zinsgutschrift der Bank für das 1. Halbjahr von 3.750,00 €
n) Überweisung der Gewerbesteuer von 14.750,00 €
o) Ertrag aus dem Abgang eines Vermögensgegenstands: 26.450,00 €
p) Kauf von Waren für 58.000 €, die im gleichen Geschäftsjahr noch verkauft werden
q) Erträge für von uns an ein Import-/Export-Unternehmen vermietete Büroräume
r) Brandschaden im Warenlager: Es entsteht ein Sachschaden von insgesamt 12.500,00 €.
s) Verlust von 3.400,00 € aus dem Verkauf einer nicht mehr benötigten Maschine
t) Abschreibung auf ein vermietetes Lagergebäude von 3.000,00 €
u) Spende für das Rote Kreuz von 250,00 €
v) Umsatzerlöse für Waren: 87.000,00 €
w) Zahlung einer Verkaufsprovision von 3.700,00 € an den Handelsvertreter Klemm
x) Kursverluste bei Wertpapieren des Anlagevermögens von 26.000,00 €
y) Zahlung von 87.000,00 € für Löhne und Gehälter in der Verwaltung

6. Die fehlenden Zahlen (mit „?“ gekennzeichnet) sind von Ihnen zu berechnen (Tabelle siehe nächste Seite).

Gesamtergebnis (Unternehmensergebnis)	Reingewinn 265.000,00 €	Reingewinn 78.000,00 €	?
Neutrales Ergebnis	?	Neutraler Gewinn 5.500,00 €	Neutraler Verlust 28.000,00 €
Betriebsergebnis	Betriebsgewinn 110.000,00 €	?	Betriebsgewinn 331.000,00 €

7. Worin besteht der Unterschied zwischen Einzel- und Gemeinkosten?
8. Die folgenden Kostenarten sind den Einzel- bzw. Gemeinkosten zuzuordnen.
   a) Transportversicherung für den Bezug einer neuen Telefonanlage
   b) Kosten für die Entsorgung von Verpackungsmaterial
   c) Warenbezugskosten für eine Sendung Kühlschränke
   d) Kosten für die Leihverpackung eingekaufter Waren
   e) Reisekosten des Handelsreisenden Grüttner
   f) Feuerversicherung für das Warenlager
   g) Heizkosten für das Verwaltungsgebäude
   h) Stromkosten für die Beleuchtung der Verkaufsräume
9. Die Mietaufwendungen sollen auf drei unterschiedlich große Räume aufgeteilt werden. Die Höhe der einzelnen Aufwendungen richtet sich nach der Zahl der Quadratmeter.
   Raum A = 45 m^2
   Raum B = 98 m^2
   Raum C = 75 m^2
   Wie hoch sind die Aufwendungen, die auf Raum B entfallen?
10. Verteilen Sie die folgenden Gemeinkosten mithilfe der vorgegebenen Verteilungsschlüssel auf die Kostenstellen Einkauf, Vertrieb, Lager und Verwaltung.

Kostenarten	Betrag in €	Verteilungsschlüssel (Kostenstellen)
Abfallentsorgung	51.300,00	3 : 1 : 24 : 2
Aufwendungen für Energie	289.968,00	7 : 5 : 21 : 15
Personalkosten	720.000,00	9 : 8 : 5 : 18
Aufwendungen für Reinigungsmaterial	33.982,00	3 : 4 : 14 : 5
Mieten, Pachten	80.000,00	3 : 4 : 10 : 3
Werbung, Dekoration/Reisekosten	168.000,00	0 : 9 : 0 : 1
Betriebliche Steuern/Versicherungsbeiträge	97.300,00	2 : 3 : 1 : 8

11. Ermitteln Sie für die „Aufwendungen für Kommunikation" die prozentuale Verteilung der Gemeinkosten auf die Kostenstellen Einkauf, Lager, Verwaltung und Vertrieb. Der Berechnung soll die Tabelle auf Seite 80 zugrunde gelegt werden.

AKTIONEN

1. Folgende Salden sind auf den Erfolgskonten in der Finanzbuchführung eines Einzelhandelsunternehmens vorzufinden:

	€
Umsatzerlöse für Waren	950.000,00
Mieterträge	45.000,00
Zinserträge	20.000,00
Aufwendungen für Waren	420.000,00
Periodenfremde Aufwendungen	6.000,00
Reparaturen	9.000,00
Abschreibungen auf Finanzanlagen	15.000,00
Löhne	150.000,00
Gehälter	100.000,00
Verluste aus dem Verkauf von gebrauchten Vermögensgegenständen	13.000,00
Gewerbesteuer	25.000,00
Aufwendungen für Energie	80.000,00
Erträge aus Beteiligungen	15.000,00
Reisekosten	46.000,00

22227082

Zinsaufwendungen	10.000,00
Außerordentliche Aufwendungen	60.000,00
Fremdinstandsetzung	12.000,00
Verlust aus Schadensfällen	28.000,00
Nebenerlöse aus Vermietung und Verpachtung	18.500,00
Aufwendungen für Werbung	39.000,00
Periodenfremde Erträge	7.000,00
Büromaterial	11.000,00

Lösen Sie die nachstehenden Aufgaben a) und c) entsprechend der Übersicht im Beispiel auf Seite 80. Verwenden Sie zur Lösung das Tabellenkalkulationsprogramm Excel.

a) Erstellen Sie das GuV-Konto mit den entsprechenden Zahlen dieser Aufgabe und ermitteln Sie das Unternehmensergebnis (Gesamtergebnis) des Einzelhandelsunternehmens.

b) Beurteilen Sie vor dem Hintergrund Ihres Ergebnisses aus Aufgabe a) die wirtschaftliche Situation des Unternehmens.

c) Berechnen Sie
- die Kosten und Leistungen,
- das Betriebsergebnis,
- die neutralen Aufwendungen und die neutralen Erträge,
- das neutrale Ergebnis.

d) Beurteilen Sie erneut die wirtschaftliche Situation des Einzelhandelsunternehmens auf der Grundlage der differenzierten Ergebnisse aus Aufgabe c).

e) Begründen Sie, warum sich (möglicherweise) Ihre Einschätzung über das Unternehmen nach Vorliegen der Ergebnisse aus Aufgabe c) geändert hat.

2. Die GuV-Rechnung eines Einzelhändlers aus der Möbelbranche zeigt für die letzten drei Geschäftsjahre folgendes Bild:

Zahlen gem. GuV-Rechnung (Angaben in €)	**Abrechnungsperioden**		
	1	**2**	**3**
Aufwendungen für Waren (Wareneinsatz)	1.736.400,00	1.370.400,00	1.846.300,00
Löhne und Gehälter	141.860,00	144.300,00	142.600,00
Mieten, Pachten, Leasing	25.950,00	26.360,00	22.750,00
Betriebliche Steuern	31.140,00	38.430,00	26.400,00
Zinsaufwendungen	34.600,00	23.500,00	26.160,00
Verluste aus Schadensfällen	47.000,00	2.000,00	58.000,00
Aufwendungen für Kommunikation	34.650,00	32.300,00	29.400,00
Abschreibungen	43.250,00	41.370,00	35.200,00
Umsatzerlöse	2.226.850,00	2.398.300,00	2.167.910,00
Zinserträge	18.700,00	15.000,00	7.200,00
Erträge aus Wertpapieren	22.500,00	14.300,00	3.100,00

a) Ermitteln Sie Kosten und Leistungen des Händlers für die 3 Jahre.

b) Wie hat sich der Warenrohgewinn (in € und %) im Zeitablauf verändert?

c) Wie hoch ist der prozentuale Anteil der Personalkosten verglichen mit den Gesamtaufwendungen?

d) Stellen Sie die Entwicklung des Wareneinsatzes und der Umsatzerlöse in einem gemeinsamen Kurven- oder Liniendiagramm dar.

e) Wie hoch sind im jeweiligen Jahr das Betriebs- und das Gesamtergebnis des Unternehmens?

f) Auf welche Ursachen führen Sie die unterschiedliche Entwicklung von Betriebs- und Gesamtergebnis zurück?

g) In welchen Bereichen sehen Sie Handlungsbedarf für korrigierende Maßnahmen durch die Unternehmensleitung?

h) Welche wirtschaftlichen Auswirkungen könnten sich aufgrund der von Ihnen vorgeschlagenen Maßnahmen in Zukunft für den Einzelhändler und für die Gesamtwirtschaft insgesamt ergeben?

ZUSAMMENFASSUNG

- Die **Kosten- und Leistungsrechnung** hat
  - die Kosten der Kostenträger zu ermitteln und aufzugliedern (Kostenartenrechnung),
  - in bestimmten Zeitabschnitten die Kosten der einzelnen Kostenstellen des Unternehmens (z. B. Abteilungen; Warenbereiche) zu kontrollieren (Kostenstellenrechnung),
  - Unterlagen für die Ermittlung des festzustellenden Betriebserfolgs zu liefern,
  - die Kosten verursachungsgerecht auf die einzelnen Waren (Kostenträger) aufzuteilen, um den Verkaufspreis der einzelnen Warenarten berechnen zu können (Kostenträgerrechnung).

Gliederung der Kostenrechnung

Welche Kosten sind entstanden? (z. B. Abschreibungen, Mieten, Personalkosten)	Wo sind die Kosten entstanden? (z. B. Einkauf, Lager, Verwaltung, Vertrieb)	Wer hat die Kosten zu tragen? (abhängig vom Sortimentsaufbau)
Kostenartenrechnung	**Kostenstellenrechnung** (= Ort, an dem die Kosten entstehen)	**Kostenträgerrechnung** (z. B. einzelne Ware oder Warengruppe)

Betriebsergebnis

Betriebsbezogene Aufwendungen = Kosten	**Betriebsbezogene Erträge = Leistungen**
Sie stehen in unmittelbarem Zusammenhang mit dem eigentlichen Betriebszweck: Einkauf – Lagerung – Verkauf, z. B. Wareneinsatz, Gehälter.	Sie sind das Ergebnis der betrieblichen Leistungserstellung und -verwertung, z. B. Umsatzerlöse.

Leistungen > Kosten = Betriebsgewinn
Leistungen < Kosten = Betriebsverlust

Neutrales Ergebnis

Unternehmensbezogene Aufwendungen = neutrale Aufwendungen	**Unternehmensbezogene Erträge = neutrale Erträge**
• betriebsfremde Aufwendungen • betriebliche außerordentliche Aufwendungen (unregelmäßig, außergewöhnlich hoch) • betriebliche periodenfremde Aufwendungen	• betriebsfremde Erträge (z. B. Miet- und Zinserträge) • betriebliche außerordentliche Erträge (unregelmäßig, außergewöhnlich hoch) • betriebliche periodenfremde Erträge (z. B. Steuerrückerstattung)

Gewinn- und Verlustrechnung

Aufwendungen	Erträge
Unternehmensgewinn (Gesamtergebnis)	

22227084

Durch die Abgrenzung der neutralen von den betrieblichen Vorgängen ist das Gesamtergebnis der Buchführung in zwei Teilergebnisse zerlegt worden. Die Art der Ergebnisspaltung führt zu der Ergebnisgleichung:

	Betriebsergebnis	(Ergebnis aus dem eigentlichen Handelsgeschäft)
+	**Neutrales Ergebnis**	(Ergebnis aller anderen Geschäfte)
=	**Gesamtergebnis**	

Kostenarten

Einzelkosten	Gemeinkosten
sind Kosten, die einer bestimmten Ware oder Warengruppe direkt zugeordnet werden können.	sind Kosten, die für alle Waren des Unternehmens insgesamt anfallen und daher einer einzelnen Ware oder Warengruppe (Kostenträger) nicht direkt zugerechnet werden können.

KAPITEL 6
Wir suchen mithilfe von Kennzahlen nach Maßnahmen zur Verbesserung des Unternehmenserfolgs

Martin Freiberg, Leiter des Rechnungswesens der Ambiente Warenhaus AG, lässt Anfang Januar auf Wunsch der Geschäftsführung für das gerade abgelaufene Geschäftsjahr die folgenden Zahlen für die Filiale in Berlin ausdrucken:

Umsatzerlöse	28.816.700,00 €
Wareneinsatz	21.667.150,00 €
Übrige Aufwendungen darin enthalten: – Zinsaufwendungen – Abschreibungen	4.844.950,00 € 1.436.488,00 € 1.300.029,00 €
Fremdkapital	17.956.100,00 €
Eigenkapital	7.052.950,00 €
Anzahl der Mitarbeiter	199

Der Vorstand der Ambiente Warenhaus AG bittet Herrn Freiberg, für dieses Jahr die folgenden **Kennzahlen** errechnen zu lassen:

- Wirtschaftlichkeit
- Rentabilität des Eigenkapitals
- Rentabilität des Gesamtkapitals
- Umsatzrentabilität
- Cashflow
- Arbeitsproduktivität
- Intensität des Wareneinsatzes

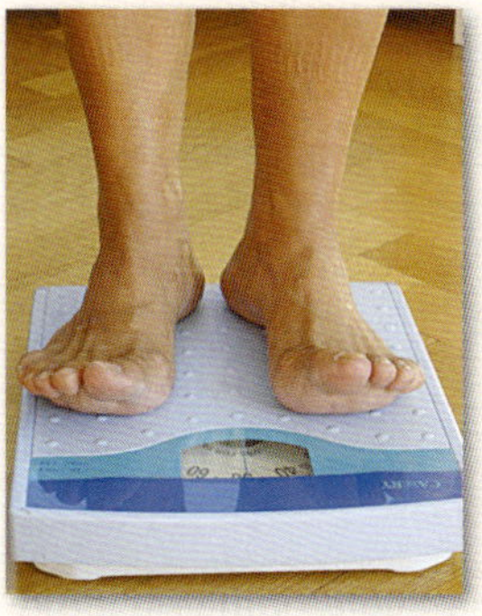

Verwenden Sie Kennzahlen. Dann sind Sie vor bösen Überraschungen sicher!

1. Ermitteln Sie stellvertretend für die Abteilung Rechnungswesen die vom Vorstand angeforderten Zahlen.
2. Führen Sie aus, welche Bedeutung hinsichtlich der Verbesserung des Unternehmenserfolgs die von Ihnen ermittelten Kennzahlen für den Vorstand der Ambiente Warenhaus AG haben.

INFORMATION

Beurteilung der Ertragslage des Unternehmens durch Kennzahlen

Betriebliche Kennzahlen sind Verhältniszahlen, mit denen die **betriebliche Leistung kontrolliert** wird und mit denen man **Betriebsvergleiche durchführt.** Kennzeichnend ist, dass wirtschaftliche Tatbestände zu einer bestimmten Größe in Beziehung oder ins Verhältnis gesetzt werden. Sie können als absolute Zahlen (Euro-Beträge, Mengenangaben) auftreten wie beispielsweise Umsatz pro Mitarbeiter oder als relative Zahlen wie beispielsweise Personalkosten in Prozent vom Umsatz.

Kennzahlen machen betriebliche Zusammenhänge und Abhängigkeiten deutlich. Als **Planungs- und Kontrollinstrument** müssen sie regelmäßig ermittelt und genutzt werden. Ebenso ist eine zeitnahe Ermittlung wichtig. Kennzahlen haben als Kontrollmittel aber nur eine Signalfunktion. Sie zeigen Entwicklungen auf, geben aber keine direkten Hinweise auf die Ursachen der Entwicklung. Sie sind daher stets auch Aufforderung, den Ursachen nachzugehen.

Mit Kennzahlen kann der Einzelhändler sein Unternehmen bewerten, Ergebnisse des Jahresabschlusses mit dem Vorjahr vergleichen (= innerbetriebliche Zeitvergleiche) oder sich an anderen Unternehmen messen (= außerbetriebliche Vergleiche)[1]. Grundlage für die Bildung von Kennzahlen sind Ist-Werte.

Wichtige betriebliche Kennzahlen des Einzelhandelsunternehmens

- **Rentabilität**
- **Cashflow**
- **Wirtschaftlichkeit**
- **Produktivität**

Rentabilitätskennzahlen

Neben den Wirtschaftlichkeits- und Produktivitätskennzahlen sind insbesondere die Kennzahlen der Rentabilität für das Unternehmen von Bedeutung. Bei ihnen werden Größen der Gewinn- und Verlustrechnung (GuV-Rechnung) in die Unternehmensbeurteilung einbezogen.

1. Eigenkapitalrentabilität

Situation:

Sie erhalten aus der Buchhaltung die folgenden Zahlen für das Berichtsjahr: Eigenkapital (AB) 825.000,00 €[2]; Reingewinn 80.000,00 €.

$$EK_R = \frac{80.000,00}{825.000,00} \cdot 100\ \% = \underline{\underline{9,7\ \%}}$$

Auf je 100,00 € eingesetztes Kapital entfallen 9,70 € Gewinn.

Vergleich zum Vorjahr:

$$EK_R = \frac{95.000,00}{1.300.000,00} \cdot 100\ \% = \underline{\underline{7,3\ \%}}$$

Auf je 100,00 € eingesetztes Kapital entfallen 7,30 € Gewinn.

Trotz der Gewinnverringerung um 15.000,00 € im Berichtsjahr (von 95.000,00 € auf 80.000,00 €) konnte die Rentabilität des Eigenkapitals gesteigert werden. Das war nur möglich, da sich das eingesetzte Eigenkapital im Berichtsjahr ebenfalls verringert hat.

Vergleicht man nun die Eigenkapitalrentabilitäten mit dem landesüblichen Zinssatz für langfristig angelegtes Kapital (z. B. 7 %), so ist der Überschuss von 2,7 % (9,7 % ./. 7 %) bzw. von 0,3 % (7,3 % ./. 7 %) die Prämie für das Unternehmerrisiko. Im Berichtsjahr wurde also neben der landesüblichen Verzinsung eine Risikoprämie von 2,7 % erwirtschaftet.

1 Ausführungen zu den „Vergleichszahlen" siehe Kap. 11.7.

2 Wird auch als Durchschnitt aus $\frac{\text{Anfangsbestand + Endbestand}}{2}$ eingesetzt.

Rentabilitätskennzahlen

Eigenkapitalrentabilität

Die Eigenkapitalrentabilität (Unternehmerrentabilität) wird ermittelt, indem man das Ergebnis der Geschäftstätigkeit (Erfolg) in Beziehung zum Eigenkapital setzt.

$$EK_R = \frac{\text{Reingewinn}^{1}}{\text{Eigenkapital}} \cdot 100\,\%$$

- Die Kennzahl gibt Auskunft darüber, wie das eingesetzte Eigenkapital im Einzelhandelsunternehmen „gearbeitet" hat (wie es sich verzinst hat).
- Die Rendite sollte über dem Zins für langfristig angelegtes Kapital liegen.

Gesamtkapitalrentabilität

Bei der Gesamtkapitalrentabilität (Unternehmensrentabilität) wird zusätzlich zum Eigenkapital das Fremdkapital, das dem Einzelhändler zur Verfügung steht, berücksichtigt.

$$GK_R = \frac{(\text{Reingewinn} + \text{Zinsaufwand})}{\text{Gesamtkapital } (= EK + FK)} \cdot 100\,\%$$

- Die Gesamtkapitalrentabilität zeigt, ob sich der Einsatz von Fremdkapital gelohnt hat.
- Es wird erwartet, dass zusätzlich mindestens die für das Fremdkapital aufgebrachten Zinsen erwirtschaftet werden.
- Der Fremdkapitaleinsatz ist dann rentabel, wenn die GKR größer ist als der Zinssatz für Fremdkapital.

Umsatzrentabilität

Setzt man den Reingewinn ins Verhältnis zum Jahresumsatz, so erhält man die Umsatzrentabilität (Gewinnquote oder profit margin).

$$U_R = \frac{\text{Reingewinn}^{1}}{\text{Nettoumsatz}} \cdot 100\,\%$$

- Die Umsatzrentabilität gibt an, wie viel Prozent der Umsatzerlöse dem Unternehmen als Gewinn zugeflossen sind.
- Je günstiger das Verhältnis ausfällt, desto größer war der betriebliche Erfolg.

Unter Rentabilität versteht man die tatsächliche Verzinsung des eingesetzten Kapitals.

2. Gesamtkapitalrentabilität

Situation 1:

Folgende Zahlen liegen Ihnen vor: Eigenkapital 370.000,00 €, Fremdkapital 178.000,00 €, Zinsaufwendungen 11.000,00 €, Reingewinn 40.700,00 €.

Vorüberlegung:

Da der Gewinn durch die Zinsen für das Fremdkapital (= Aufwendungen) zuvor im Rahmen der Gewinnermittlung gemindert wurde, müssen sie dem Unternehmergewinn wieder hinzugerechnet werden.

Das ist insofern zwingend notwendig, als bei unterschiedlichen Fremdkapitalanteilen Rentabilitätsvergleiche aufgrund von dann differierenden Zinsaufwendungen verfälscht würden.

Da das Fremdkapital daher ebenso wie das Eigenkapital als kostenneutral zu betrachten ist, dürfen bei Rentabilitätsberechnungen die Zinsen für das Fremdkapital nicht als Aufwendungen berücksichtigt werden. Sie müssen daher dem Gewinn hinzugeschlagen werden. Erst jetzt ist es möglich, die Größen „Gewinn" und „Gesamtkapital" miteinander zu vergleichen.

Rechnung:

$$GK_R = \frac{40.700{,}00 + 11.000{,}00}{370.000{,}00 + 178.000{,}00} \cdot 100\,\% = \underline{\underline{9{,}4\,\%}}$$

Ergebnisinterpretation:

- Das Ergebnis bedeutet: Mit je 100,00 € eingesetztem Gesamtkapital erzielt der Unternehmer 9,40 € Gewinn.

1 Bei Personengesellschaften und Einzelunternehmen muss der Gewinn noch um einen Unternehmerlohn für den mitarbeitenden Inhaber gemindert werden. Erst dann ist der Vergleich mit einer Kapitalgesellschaft der gleichen Branche möglich.

- Liegt der Zinssatz für Fremdkapital beispielsweise bei 7 %, dann hat der Einzelhändler am Einsatz von Fremdkapital verdient.
  Das heißt gleichzeitig: Es ist für den Einzelhändler betriebswirtschaftlich durchaus sinnvoll, bei Bedarf zu diesem Zinssatz noch Fremdkapital aufzunehmen, denn er verdient am Einsatz des Fremdkapitals.

Ist die Rentabilität des Gesamtkapitals höher als der Zinssatz für das Fremdkapital, dann hat sich die Aufnahme von Fremdkapital gelohnt.

Situation 2:

(Angaben in T€)	Berichtsjahr	Vorjahr
Eigenkapital	2.480	1.900
Gesamtkapital	4.773	4.248
Reingewinn	266	149
Zinsaufwendungen	122	98
Eigenkapitalrentabilität	$\frac{266 \cdot 100}{2.480} = \underline{\underline{10,7\ \%}}$	$\frac{149 \cdot 100\ \%}{1.900} = \underline{\underline{7,8\ \%}}$
Gesamtkapitalrentabilität	$\frac{(266 + 122) \cdot 100\ \%}{4.773} = \underline{\underline{8,1\ \%}}$	$\frac{(149 + 98) \cdot 100\ \%}{4.248} = \underline{\underline{5,8\ \%}}$

In beiden Jahren liegt die Rentabilität des Eigenkapitals über der des Gesamtkapitals. Darüber hinaus haben sich im Berichtsjahr die Rentabilitätsergebnisse deutlich verbessert. Da die Gesamtkapitalrentabilität die Verzinsung des gesamten im Unternehmen investierten Kapitals angibt, ist sie aussagefähiger als die Eigenkapitalrentabilität. Die Zielvorgabe im Einzelhandel liegt hier bei 10 % bis 12 %.

3. Umsatzrentabilität (Umsatzgewinnrate)

Situation:

Es liegen die folgenden Zahlen aus der Buchhaltung vor: Reingewinn im abgelaufenen Geschäftsjahr 36.000,00 €, Umsatzerlöse für Waren 910.000,00 €.

$$\text{Umsatz}_R = \frac{36.000,00}{910.000,00} \cdot 100\ \% = \underline{\underline{3,95\ \%}}$$

Mit je 100,00 € Umsatz hat der Einzelhändler 3,95 € verdient bzw. 3,95 % der Umsatzerlöse sind dem Einzelhändler als Gewinn zugeflossen.

Angenommen, die Umsatzrentabilität wäre im Vorjahr mit 4,53 % berechnet worden, dann würde dieser Rückgang eine Abnahme der Ertragskraft des Unternehmens bedeuten.

Die Aufgabe der Unternehmensleitung ist es nun, nach den Ursachen dieser Verschlechterung – insbesondere bei den Aufwendungen und den Umsatzerlösen – zu suchen.

Mögliche Ursachen für

gestiegene Aufwendungen

- Mieterhöhung für die betrieblich genutzten Geschäftsräume
- höhere Beschaffungskosten aufgrund gestiegener Einkaufspreise
- höhere Prämien für die Versicherung der Lagerbestände
- gestiegene Löhne und Gehälter des Personals
- zu hohe Aufwendungen für Instandhaltungsmaßnahmen
- gestiegene Aufwendungen für Kommunikation usw.

gesunkene Umsatzerlöse

- fehlende Absatzforschung (Auskunft über die eigene Stellung am Markt)
- mangelhafte Bedarfsforschung (Erforschung von Marktgröße und Aufnahmefähigkeit des Marktes, Kaufkraft und Kaufkraftveränderungen, Zusammensetzung der Nachfrager sowie Käufergewohnheiten, Kaufmotive und Käuferreaktionen)
- falsche Sortimentspolitik
- unzureichende Preispolitik (keine Preisdifferenzierungen)
- keine Sortimentskontrolle
- zu dürftige Kundendienstleistungen
- nur mäßige Absatzwerbung
- keine Verkaufsförderungsmaßnahmen usw.

22227088

Cashflow

Der Cashflow (= Kassenzufluss; selbst erwirtschaftete Mittel) gibt Auskunft über die **Selbstfinanzierungskraft** und die Kreditwürdigkeit (Verschuldensfähigkeit) eines Einzelhandelsunternehmens.

Er gibt an, welche durch die Umsatzerlöse selbst erwirtschafteten Mittel frei zur Verfügung stehen, um damit möglicherweise

- Ersatz- und Erweiterungsinvestitionen zu finanzieren,
- Schulden zu tilgen,
- Gewinne auszuschütten und/oder
- die eigenen liquiden Mittel aufzustocken.

Berechnung des Cashflows in vereinfachter Form:

	Jahresüberschuss[1]
+	Abschreibungen auf Anlagen
=	**Cashflow**

Für Finanzierungszwecke stehen dem Einzelhandelsunternehmen aus dem Cashflow die einbehaltenen Gewinne und die Abschreibungen zur Verfügung.

Der Cashflow gibt Auskunft über die innere Finanzkraft, die das Unternehmen stark macht. Je höher der Cashflow ist, desto höher ist auch die Kreditwürdigkeit und damit die Möglichkeit für das Unternehmen, zusätzliche Kredite am Kapitalmarkt zu erhalten. Allerdings darf der Cashflow nicht als Gewinn an sich interpretiert werden, weil in ihm Aufwandspositionen wie Abschreibungen enthalten sind.

BEISPIEL

Der Jahresüberschuss der Firma Timo Fröhlich e. Kfm. beträgt 266.000,00 €, die Abschreibungen auf Anlagen 271.000,00 €.

	Berichtsjahr	Vorjahr
Jahresüberschuss gem. GuV	266.000,00 €	149.000,00 €
+ Abschreibung auf Anlagen	271.000,00 €	211.000,00 €
= Cashflow	537.000,00 €	360.000,00 €
Umsatzerlöse gem. GuV	8.246.000,00 €	6.850.000,00 €
Cashflow-Umsatzrate[2] $= \frac{\text{Cashflow} \cdot 100}{\text{Umsatzerlöse}}$	$\frac{537.000,00 \cdot 100\ \%}{8.246.000,00} = 6,5\ \%$	$\frac{360.000,00 \cdot 100\ \%}{6.850.000,00} = 5,3\ \%$

- Der Cashflow zeigt, dass das Unternehmen im Berichtsjahr mit 537.000,00 € eine stärkere Finanz- und Ertragskraft sowie Kreditwürdigkeit aufweist als im Vorjahr.
- Im Berichtsjahr fließen dem Unternehmen von jeweils 100,00 € Umsatzerlösen 6,50 € flüssige Mittel zurück, die jetzt zur freien Verfügung stehen.
- In Relation zum Umsatz gesetzt zeigt der Vergleich, dass im Berichtsjahr dem Unternehmen 6,5 % der Umsatzerlöse frei zur Verfügung stehen für geplante Investitionsanlässe, für die Schuldentilgung und/oder für die Gewinnausschüttung. Das ist ein Mehr von 1,2 % im Vergleich zum Vorjahr, was begründet werden kann mit dem gestiegenen Gewinn und den höheren Abschreibungen.

Je höher die Cashflow-Umsatzrate ist, desto stärker ist die eigene Stellung auf dem Absatzmarkt, da ja der Cashflow über den Markt verdient werden muss. Zeitvergleiche und Vergleiche mit anderen Unternehmen führen in diesem Zusammenhang zu wichtigen Erkenntnissen über die eigene Marktposition.

Bei einer Unternehmensanalyse sollte beachtet werden, dass der Cashflow niedriger ist, wenn beispielsweise das Geschäftsgebäude oder der Geschäftswagen geleast wird. In diesen Fällen entfallen nämlich die Abschreibungen.

1 Der Jahresüberschuss wird bei Einzelunternehmen und Personengesellschaften um den Unternehmerlohn gekürzt.
2 Der Cashflow kann z. B. auch zu den Investitionen oder zum Eigen- und Gesamtkapital in Beziehung gesetzt werden.

Wirtschaftlichkeit

Wirtschaftlichkeit ist das Ziel eines jeden Einzelhandelsunternehmens. Sie ist der Ausdruck des ökonomischen Prinzips, nach dem ein bestimmter Erfolg/bestimmtes Ziel mit möglichst wenig Einsatz an Mitteln oder bei gegebenem Mitteleinsatz ein möglichst hoher Erfolg erreicht wird. Wirtschaftlichkeit ist das Verhältnis aus Ist-Ertrag und Ist-Aufwand oder Ist-Leistung und Ist-Kosten. Messungen der Wirtschaftlichkeit erfolgen für Zeitabschnitte und Leistungseinheiten.

Wirtschaftlichkeit (in %)

$$= \frac{\text{Ertrag}}{\text{Aufwand}} (\cdot 100\ \%) \text{ oder}$$

$$= \frac{\text{Leistungen (Nettoumsatz)}}{\text{Kosten}} \cdot (100\ \%)$$

Ist die Wirtschaftlichkeit größer als 1 (100 %), übersteigt der Ertrag den Aufwand bzw. übersteigen die Leistungen die Kosten. Das Einzelhandelsunternehmen hat in diesem Fall mit den von ihm verkauften Waren einen betrieblichen Gewinn erzielt.

BEISPIEL

Bezogen auf die GuV-Rechnung in Kap. 11.5 (Seite 78) errechnet sich die Wirtschaftlichkeit wie folgt:

$$\text{Wirtschaftlichkeit} = \frac{6.584.657{,}00\ €}{5.645.070{,}00\ €} = \underline{\underline{1{,}17}} \ (= \underline{\underline{117\ \%}})$$

Das Ergebnis 1,17 sagt aus, dass das Einzelhandelsunternehmen für je 1,00 € Kosten Leistungen von 1,17 € geschaffen hat bzw. dass die Leistungen um das 1,17-Fache größer sind als die entsprechenden Kosten.

Die Wirtschaftlichkeit sinkt, wenn bei gleichen Kosten (Aufwendungen) die Leistung (der Ertrag) gesunken ist. Sie steigt, wenn die gleichen Leistungen erzielt werden, aber mit geringeren Kosten.

Die Wirtschaftlichkeit macht demzufolge Aussagen über die Wirksamkeit der vom Einzelhandelsunternehmen eingesetzten Produktionsfaktoren.

Ob sie aus Sicht des Einzelhändlers insgesamt als gut oder weniger gut angesehen werden kann, kann aus dem absoluten Ergebnis nicht unbedingt abgeleitet werden. Dazu bedarf es weiterer interner und/oder externer Zahlen zum Vergleich.

Produktivität[1]

Produktivität ist das Ergebnis aus dem Verhältnis von Ausbringungsmenge zu der entsprechenden Einsatzmenge. Dabei kann sich die Größe „Einsatz“ z. B. beziehen auf das Kapital, die Raumgröße, die Beschäftigtenzahl oder die Anzahl der Kunden.

Produktivität

$$= \frac{\text{Ausbringungsmenge (Absatz/Umsatz)}}{\text{Einsatzmenge eines Produktionsfaktors (z. B. Personal, Kapital)}}$$

BEISPIELE

Der Inhaber eines Textileinzelhandelsgeschäfts stellt von der Verkaufsform Bedienung auf Vorwahl um. Bei der Verkaufsform der Bedienung benötigte er in der Vergangenheit 12 Angestellte und erzielte einen Umsatz von 270.000,00 €. Nach der Umstellung auf Vorwahl hat er noch einen Personalbestand von 8 Verkäuferinnen und Verkäufern, die den gleichen Umsatz erzielen.

Bedienung

$$\text{Arbeitsproduktivität} = \frac{270.000{,}00\ €}{12} = \underline{\underline{22.500{,}00\ €}}$$

Vorwahl

$$\text{Arbeitsproduktivität} = \frac{270.000{,}00\ €}{8} = \underline{\underline{33.750{,}00\ €}}$$

Der Vergleich der Arbeitsproduktivität zwischen Bedienung und Vorwahl lässt erkennen, dass die Arbeitsproduktivität (= der Umsatz des einzelnen Mitarbeiters) deutlich gestiegen ist.

Zusammenhänge der Erfolgszahlen

Die Ergebnisse der einzelnen Kennziffern müssen stets miteinander verglichen und im Zusammenhang gesehen werden:

1 Weitere Ausführungen zur Produktivität (Personal-, Raum- und Kundenproduktivität) siehe „Handeln im Handel – 2. Ausbildungsjahr“, Kap. 8.10.

- Eine hohe Produktivität muss nicht eine günstige Wirtschaftlichkeit zur Folge haben. Das gilt z. B. dann, wenn für die Ausbringung keine entsprechende wirtschaftliche Verwendung vorhanden ist.
- Die Rentabilität kann sinken, während andererseits die Produktivität durchaus ansteigen kann. Das gilt z. B. dann, wenn aufgrund von Stellenabbau und Rationalisierungen die Umsatzerlöse steigen, die Verkaufspreise für die Waren aufgrund der Nachfrageschwäche aber gesunken sind (siehe Einstiegsbeispiel: gestiegene Produktivität → gesunkene EK-Rentabilität).
- Es kann eine hohe Rentabilität vorliegen, während das Unternehmen insgesamt aber unwirtschaftlich arbeitet. Das gilt z. B. dann, wenn einerseits die Erträge (Leistungen) gering sind und die Aufwendungen (Kosten) hoch, aber das Unternehmen aufgrund seiner Marktstellung hohe Verkaufspreise bei seinen Abnehmern durchsetzen kann.

Analyse der Gewinn- und Verlustrechnung

Mit der Gewinnanalyse versucht die Unternehmensleitung, einen zuverlässigen Einblick in die Ertragskraft des Unternehmens zu erhalten. Der Gewinn wird in der Gewinn- und Verlustrechnung ermittelt und ergibt sich aus der Differenz zwischen den Erträgen und den Aufwendungen. Um die Ursachen für die Gewinnerzielung erkennen zu können, muss die GuV sorgfältig analysiert werden. Untersucht werden Größen, die den Gewinn in der GuV positiv oder negativ beeinflussen können.

Eine genauere analytische Betrachtung der Gewinn- und Verlustrechnung[1] verfolgt die folgenden Ziele:

Bei der Analyse der Gewinn- und Verlustrechnung stehen die Aufwands- und Ertragspositionen im Mittelpunkt des Interesses.	Aufgrund der Analyse der Aufwands- und Ertragsstruktur mittels Kennzahlen können innerbetriebliche Entwicklungen aufgezeigt und Branchenvergleiche durchgeführt werden.	Nach Ermittlung der Ursachen für positive oder negative Entwicklungen können die negativen Einflussgrößen abgeschwächt oder beseitigt und die positiven nachhaltig unterstützt werden.
Fragen: • Wie hat das Unternehmen gewirtschaftet (Gewinn oder Verlust)? • Wo und in welcher Höhe sind Aufwendungen und Erträge angefallen?	Frage: • Wie stellt sich die Entwicklung des Unternehmens dar (steigende Gewinne, einmaliger Verlust, stetige Verluste usw.)?	Frage: • Welche unternehmerischen Konsequenzen sind zu ziehen?

1. Kostenkontrolle und Kostenstruktur-Analyse

Das nachstehende Gewinn- und Verlustkonto soll ausgewertet werden. Dazu ist zu berechnen

- die Intensität des Wareneinsatzes,
- der Personalkostenanteil und
- die Abschreibungsintensität.

1 – Bei der Erfolgsanalyse und bei Branchenvergleichen sollte der Gewinn/Verlust nach Steuern verwendet werden.
– Bei Analysen von Einzel- und Personengesellschaften ist zu berücksichtigen, dass für die mitarbeitenden Gesellschafter in der GuV kein Unternehmerlohn enthalten ist. Deshalb muss auch kalkulatorischer Unternehmerlohn von dem ausgewiesenen Gewinn abgezogen werden.
– Kapitalgesellschaften weisen den Bilanzgewinn/Bilanzverlust in der GuV immer nach Steuern aus.

Soll	Gewinn- und Verlustkonto		Haben
Aufwendungen für Waren (Wareneinsatz)	4.878.358,00	Umsatzerlöse	6.446.960,00
Löhne und Gehälter	625.600,00	Provisionserträge	47.350,00
Mieten, Pachten, Leasing	130.930,00	Mieterträge	51.230,00
Betriebliche Steuern	22.311,00		
Aufwendungen für Kommunikation	184.782,00		
Abschreibungen	388.366,00		
Reingewinn (Saldo)	315.193,00		
	6.545.540,00		6.545.540,00

$$\textbf{Intensität des Wareneinsatzes} = \frac{\text{Wareneinsatz} \cdot 100\,\%}{\text{Gesamtaufwendungen}} = \frac{4.878.358,00 \cdot 100\,\%}{6.230.347,00} = 78,30\,\%$$

$$\textbf{Intensität der Personalkosten} = \frac{\text{Personalkosten} \cdot 100\,\%}{\text{Gesamtaufwendungen}} = \frac{625.600,00 \cdot 100\,\%}{6.230.347,00} = 10,04\,\%$$

$$\textbf{Intensität der Abschreibungen} = \frac{\text{Abschreibungen} \cdot 100\,\%}{\text{Gesamtaufwendungen}} = \frac{388.366,00 \cdot 100\,\%}{6.230.347,00} = 6,23\,\%$$

DEFINITION

Kostenkennzahlen geben den prozentualen Anteil einzelner Aufwands- bzw. Ertragsarten an den gesamten Aufwendungen bzw. Erträgen an.

Um auf dem Markt wettbewerbsfähig zu sein und zu bleiben, muss der Einzelhändler stets die Kosten und ihre Entwicklung im Auge behalten. Je geringer seine Kosten sind, desto günstiger kann er seine Verkaufspreise kalkulieren und desto größer ist sein Wettbewerbsvorteil gegenüber der Konkurrenz.

Einzelwirtschaftliche Maßnahmen zur Kostensenkung können erfolgen im Bereich

Beschaffung – durch
- sorgfältige Bezugsquellenermittlung (Liefererauswahl)
- Ausnutzung von Rabatten und Skonti
- umsichtige Mengenplanungen, um Beschaffungs- und Lagerkosten optimal zu bestimmen
- Limitrechnung
- Bestimmung des richtigen Bestellzeitpunktes

Lager – durch
- Reduzierung der Raumkosten sowie der Kosten für Instandhaltung, Strom und Heizung
- Erhöhung der Umschlagshäufigkeit
- Just-in-time-Belieferungen
- wirtschaftliche Planungen im Lager, um den optimalen Lagerbestand zu erreichen
- regelmäßige Bestandskontrollen

Verkauf – durch
- Überprüfung von Verkaufsprovisionen
- Kontrolle der Rabattgewährung
- Einsatz von qualifiziertem Personal
- Sortimentsveränderung

Verwaltung – durch
- Anmietung von Geschäftsräumen mit niedrigeren Mieten
- effektive Personalplanung (Personalbedarfsplanung, Personalbeschaffung, Personaleinstellung und Personaleinsatz)
- preiswerteren Einkauf von Büromaterialien
- Outsourcing von bestimmten Verwaltungstätigkeiten (z. B. die Buchhaltung)

2. Umsatzanalyse

Der Umsatz ist der einzige Wert, über den das Nachfrageverhalten der Kunden abgelesen werden kann. Er besagt, ob die Ware ankommt oder nicht.

Die Umsatzanalyse[1] ist ein Teilgebiet des Betriebsvergleichs[2]. Mit ihrer Hilfe werden der Stand und die Entwicklung der Wirtschaftlichkeit und Rentabilität des Umsatzes untersucht. Dazu werden Umsatzkennziffern gebildet und mit früheren innerbetrieblichen oder außerbetrieblichen Zahlen verglichen.

Die Umsatzanalyse betrachtet den Umsatz also nach verschiedenen Gesichtspunkten. Entweder wird der Umsatz für sich untersucht oder er wird mit anderen betrieblichen Größen in Verbindung gebracht, um seine Wirtschaftlichkeit zu beurteilen.

Zum ersten Bereich der Umsatzanalyse gehören die **Umsatzstatistiken,** in denen verschiedene Perioden oder verschiedene Abteilungen miteinander verglichen werden.

Zum zweiten Bereich der Umsatzanalyse werden die Kennzahlen gezählt, bei denen Kosten, Rohertrag, Gewinn oder verschiedene andere Messgrößen wie beispielsweise Umschlagsgeschwindigkeit zum Umsatz in Beziehung gesetzt werden.

Mit weitergehenden Analysen können dann Erfolge oder Misserfolge aufgedeckt werden in den
- Warengruppen,
- Artikelgruppen,
- Preislagen usw.

Neben der Beurteilung der Entwicklung der einzelnen Warengruppen kann auch deren Verteilung für den Einkauf aufschlussreich sein. Maßstab für die Beurteilung von Entwicklung und Verteilung können sein:
- die eigenen Werte aus der Vergangenheit und/oder
- Planzahlen oder Gegenwartswerte von vergleichbaren Einzelhandelsunternehmen.

Umsatz nach Wochentagen 2017
Anteile am Jahresumsatz in %

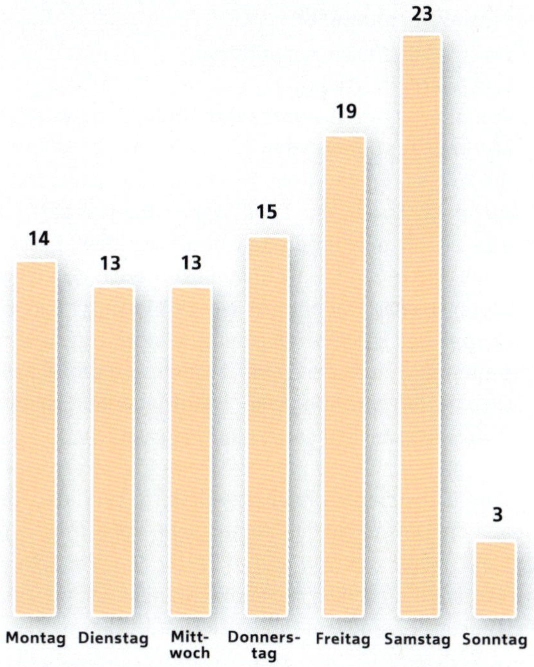

Quelle: HDE Handelsverband Deutschland: Konjunkturumfrage 2017. In: www.einzelhandel.de. 17.07.2018. https://www.einzelhandel.de/presse/zahlenfaktengrafiken/1022-konjunktur/11390-umsatz-nach-wochentagen [23.10.2018]. (verändert)

BEISPIEL

Warengruppe	eigenes Unternehmen		Vergleichszahlen	
	Umsatzanteil	Entwicklung zum Vorjahr*	Umsatzanteil	Entwicklung zum Vorjahr*
Herrenoberbekleidung	18,7 %	+ 2,2 %	15,0 %	– 1,9 %
Computerspiele	11,9 %	– 3,8 %	13,1 %	+ 1,3 %
Damenkosmetik	22,5 %	+ 8,6 %	20,9 %	+ 3,1 %
Wellnessprodukte	7,3 %	+ 1,1 %	9,2 %	– 4,2 %
[...]				
* z. B. eigene Vorjahreszahlen, Betriebsvergleich o. Ä.				

1 Siehe auch Ausführungen in Kap. 11.8.

2 Siehe auch Ausführungen in Kap. 11.7. Aus grundsätzlichen Erwägungen wird die Umsatzanalyse in diesem Kapitel unter Analyse der Gewinn- und Verlustrechnung behandelt.

Neben der Feststellung der reinen Ist-Situation sollte immer die Frage nach den **Ursachen der Abweichungen** bei den Umsatzanteilen und den Entwicklungen von den Vergleichswerten gestellt werden, wie z. B. im vorliegenden Fall:

- Warum sind die Warengruppen Herrenoberbekleidung und Damenkosmetik so erfolgreich?
- Warum sind die Umsätze bei den Wellnessprodukten weggebrochen?
- Womit lässt sich die Entwicklung bei den Wellnessprodukten noch steigern? usw.

Die **Gründe für unterschiedliche Entwicklungen,** verbunden mit Veränderungen bei Warengruppenanteilen, die vom Maßstab abweichen, können vielschichtig sein. Mögliche Gründe:

- verändertes Angebot,
- veränderte Warenpräsentation,
- veränderte Werbung,
- veränderte Wettbewerbsverhältnisse bzw. Konkurrenzsituationen oder
- die zugenommene Unzufriedenheit der Kunden: Wenn ein Kunde zur Konkurrenz abgewandert ist, weil er mit den Produkten und/oder dem Service eines Unternehmens nicht mehr zufrieden war, ist es schon zu spät. Daher muss ein am Markt erfolgreich handelndes Einzelhandelsunternehmen regelmäßig prüfen, wie zufrieden seine Kunden sind und wo die Gründe für eine mögliche Unzufriedenheit liegen. Dafür sind weiche Kennzahlen[1] erforderlich.

Die bedeutendsten Umsatzkennziffern sind die, bei denen der Umsatz zu den Kosten, zum Rohertrag, zum Gewinn (Umsatzrendite) und zu Beständen (Kapitalumschlag, Lagerumschlag) ins Verhältnis gesetzt und diese Relation in Prozent vom Umsatz ausgedrückt wird.

Zu den **wichtigsten Umsatzkennziffern** gehören (neben der Umsatzrentabilität):

- Bruttogewinnsatz = Bruttogewinn zum Umsatz
- Kostenbelastung = Kosten einzeln und insgesamt zum Umsatz
- Eigenkapitalumschlag = Umsatz zu Eigenkapital
- Gesamtkapitalumschlag = Umsatz zu Gesamtkapital
- Intensität des Umsatzes = Umsatz zu Gesamterträgen

BEISPIEL

Exemplarische Beispiele bezogen auf die Gewinn- und Verlustrechnung von Seite 92:

Intensität des Umsatzes =

$$\frac{6.446.960{,}00 \cdot 100\,\%}{6.545.540{,}00} = \underline{\underline{98{,}49\,\%}}$$

Kostenbelastung$_{\text{Personal}}$ =

$$\frac{625.600{,}00 \cdot 100\,\%}{6.446.960{,}00} = \underline{\underline{9{,}7\,\%}}$$

Bedeutung von Kennzahlen

1 Mithilfe von Umfragen beispielsweise kann versucht werden, das Kundenverhalten in der Zukunft vorauszusagen und Probleme aufzudecken (siehe hierzu Lernfeld 12 sowie die Ausführungen zur Balanced Scorecard auf den nachfolgenden Seiten).

Wichtige Informationen liefern Kennzahlen auch für Kunden und Lieferer eines Unternehmens. Insbesondere haben bei großen Unternehmen Gesellschafter, Aktionäre und/oder die Öffentlichkeit ein Interesse an bestimmten Entwicklungen, die durch Kennzahlen transparent gemacht werden können.

Balanced Scorecard

Balanced Scorecard (BSC) ist eine ganzheitlich orientierte, kennzahlenbasierte Managementmethode, die sowohl die **Vision und Strategie** eines Unternehmens als auch wichtige externe und interne Aspekte sowie deren Wechselwirkungen betrachtet.

Die in diesem Kapitel behandelten betrieblichen Kennzahlen gewinnen ihre Grunddaten aus der Gewinn- und Verlustrechnung sowie aus der Bilanz; sie sind daher **vergangenheitsorientierte Kennzahlen.**

Das Konzept der Balanced Scorecard (übersetzt: ausgewogenes Kennzahlensystem) erweitert diese traditionell finanziell orientierten Kennzahlen zur Unternehmenssteuerung um weitere Perspektiven. In der Regel werden vier Perspektiven mit je rund vier bis fünf Kennzahlen verwendet. Wichtig hierbei ist, dass dieses System, anders als fast alle anderen Kennzahlensysteme, frei ist in der Festlegung der Dimensionen. Häufig werden zwar die nachfolgend abgebildeten vier Dimensionen verwendet; die Stärke der BSC liegt jedoch darin, dass z. B. Umweltfaktoren oder eine Ökobilanz ebenso berücksichtigt werden können wie z. B. Stakeholder-Betrachtungen oder branchenspezifische Faktoren.

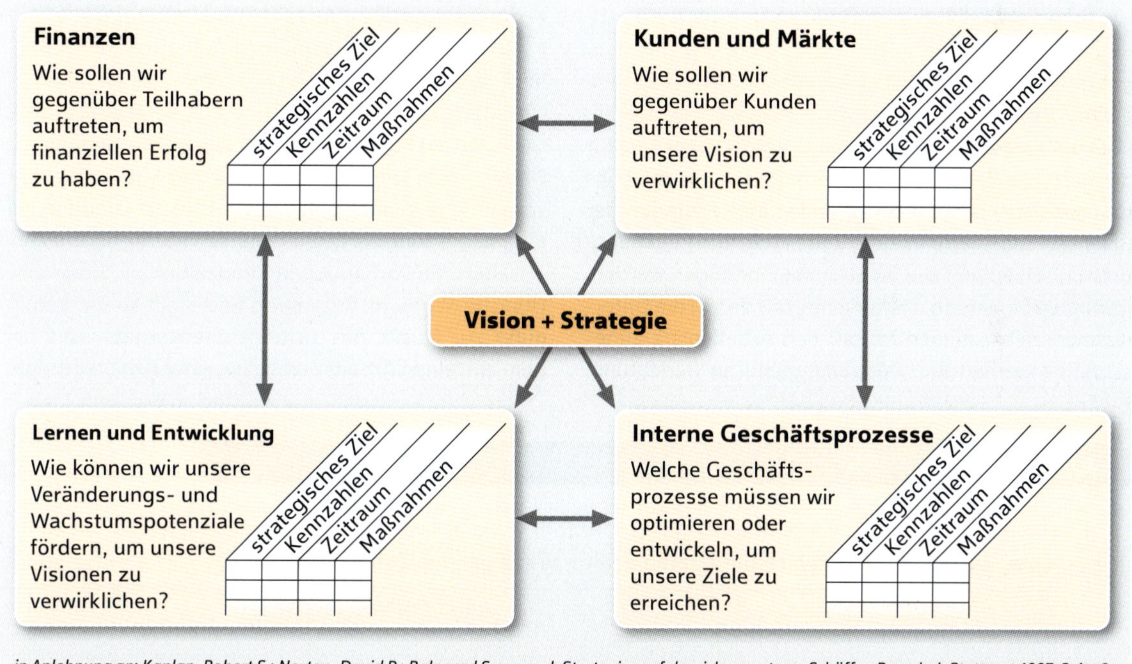

in Anlehnung an: Kaplan, Robert S.; Norton, David P.: Balanced Scorecard: Strategien erfolgreich umsetzen. Schäffer-Poeschel, Stuttgart 1997, Seite 9.

An die Stelle von Ergebniskennzahlen treten also **zukunftsorientierte Ziele** und Bestimmungsgrößen, die sich an der Vision und/oder Strategie des Unternehmens ausrichten. Bei der Strategieformulierung ermöglicht die Balanced Scorecard eine direkte Rückkopplung zwischen Maßnahmen, Ergebnissen und der Unternehmensstrategie.

Die Einführung der Balanced Scorecard hilft deshalb dabei, Mitarbeiter mit mehr Verantwortung auszustatten, damit sie ihre Arbeitsprozesse selbst steuern und ständig nach Verbesserungen streben können. Diese systematisch in den Arbeitsprozess eingebundene Suche nach Verbesserungen fördert den Entwicklungsprozess von Mitarbeitern und Teams: Die Belegschaft wird aus dem Streben nach ständiger Verbesserung angehalten, Fehler aufzuspüren, zum Thema zu machen und zu beseitigen. Im Idealfall entsteht daraus ein unternehmensweiter Lernprozess, ein erster Schritt hin zum „Lernenden Unternehmen".

BEISPIEL

In einem Unternehmen soll als wesentliches Teilziel die Kundenorientierung verbessert werden. Die Perspektive ist hier also die des Kunden. Als kritische Faktoren werden dabei eine sehr gute Termintreue, wenige Beanstandungen und schneller Service bzw. kurze Reparaturdauern gesehen. Gleichzeitig dürfen die Kosten nicht wesentlich erhöht werden.

Damit können die folgenden Kennzahlen eingesetzt werden:

- Prozentsatz nicht eingehaltener Terminzusagen
- Prozentsatz beanstandeter Produkte nach Auslieferung
- durchschnittliche Verweildauer bei Kundendienst und Reparatur
- Kosten pro Produkt

Ermittelt werden daraufhin im Rahmen einer Untersuchung:

- annähernd 20 % nicht eingehaltene Termine
- 10 %–12 % Beanstandungen
- 4,5 Wochen Verweildauer

Im nächsten Jahr sollen dann

- nur noch weniger als 10 % der Termine nicht eingehalten werden,
- die Anzahl der Beanstandungen soll auf 7 % verringert werden und
- die Verweildauer im Schnitt nur noch 3 Wochen betragen.

Als Maßnahmen kommen in Betracht:

- Verbesserung der Terminplanung (Termintreue)
- Verbesserung des Qualitätsmanagements
- Vergrößerung der Anzahl der Mitarbeiter in der Service- und Reparaturabteilung (Verweildauer)

Da die letzte Maßnahme die Kosten wesentlich erhöhen würde, soll zusätzlich versucht werden, die Effizienz der Abteilung zu verbessern. Ein hoher Krankenstand spricht für eine geringe Mitarbeiterzufriedenheit. Auch Schulungsmaßnahmen sind in den letzten Jahren nicht durchgeführt worden. Als weitere Kennzahlen werden deshalb

- durchschnittliche Anzahl Krankheitstage
- durchschnittliche Schulungstage pro Mitarbeiter

herangezogen.

Die transparente Darstellung der Unternehmensziele für die gesamte Belegschaft – und nicht nur für die Führungsebene – ist eine der obersten Zielsetzungen der Balanced Scorecard. In einer Zeit, in der die Reaktions- und Entscheidungszeiträume immer geringer werden, gewinnen Steuerungsinstrumente, mit denen die Unternehmenszielsetzungen bis auf den Arbeitsplatz zugeschnitten werden können, zunehmend an Bedeutung.

Die Balanced Scoredcard erfüllt diese Anforderungen. Dabei löst die Balanced Scorecard keinesfalls vorhandene Kennzahlen wie die Umsatz- und Liquiditätsentwicklung als Leitkennzahlen ab. Sie ergänzt und erweitert die vorhandenen Kennzahlen im Sinne einer Ursache-Wirkung-Beziehung und stellt so die Verbindung zur Quelle des Unternehmensergebnisses her: dem einzelnen Arbeitsplatz bzw. einer Arbeitsgruppe.

AUFGABEN

1. Die Buchhaltung des Einrichtungshauses Dregger & Co. KG weist für die Kostenstelle „Einbauküchen“ im zeitlichen Vergleich der letzten 3 Jahre die folgenden Zahlen aus:

	Abrechnungsperioden		
	1	2	3
Umsatzerlöse	2.720.000,00 €	1.960.000,00 €	3.540.000,00 €
Aufwendungen für Waren	1.849.600,00 €	1.401.200,00 €	2.301.000,00 €
Werbekosten	136.780,00 €	85.000,00 €	424.800,00 €
Personalkosten	250.000,00 €	210.000,00 €	198.000,00 €
Mietaufwendungen	114.000,00 €	82.000,00 €	95.000,00 €
Reisekosten	98.000,00 €	58.000,00 €	103.000,00 €
Büromaterial	64.000,00 €	35.000,00 €	42.000,00 €
Bewirtung und Präsentation	43.220,00 €	12.500,00 €	58.900,00 €
Abschreibungen	110.000,00 €	70.000,00 €	92.700,00 €

22227096

a) Ermitteln Sie die Wirtschaftlichkeit für die Abrechnungsperioden 1 bis 3.
b) Wie stellt sich im Zeitablauf die
- Intensität des Wareneinsatzes,
- Intensität der Personalkosten,
- Handelsspanne

dar?
c) Vergleichen Sie die Entwicklung der einzelnen Kostenarten über die drei Perioden hinweg. Berechnen Sie dazu die jährlichen Differenzen in Euro und Prozent.
d) Welche Rückschlüsse ziehen Sie aus allen Ihren Ergebnissen der Aufgaben a) bis c) für das Einrichtungshaus Dregger & Co. KG?
e) Auf welche Ursachen könnten die Entwicklungen der Kosten zurückzuführen sein?
f) Machen Sie Vorschläge zur Kostenreduzierung.
g) Welche wirtschaftlichen Auswirkungen könnten die von Ihnen vorgeschlagenen Kostensenkungsmaßnahmen für das Einrichtungshaus haben?
h) Worauf könnte es zurückzuführen sein, dass die Umsatzerlöse in der dritten Periode fast um das Doppelte des Wertes der zweiten Periode angestiegen sind?

2. Erklären Sie, was Sie unter der Gesamtkapitalrentabilität verstehen und warum die Zinsen für das Fremdkapital (Zinsaufwand) dem Gewinn hinzugerechnet werden müssen.

3. Aus der Buchhaltung der Ambiente Warenhaus AG sind für das zweite Halbjahr die folgenden Kosten und Umsatzerlöse für die Warengruppe „Büromaterial“ entnommen worden:

Monat	Wareneinsätze in €	übrige Kosten in €	Netto-Umsatzerlöse in €
Juli	105.000,00	30.000,00	225.000,00
Aug.	100.000,00	50.000,00	240.000,00
Sept.	114.000,00	21.000,00	210.000,00
Okt.	109.000,00	46.000,00	223.000,00
Nov.	102.000,00	48.000,00	265.000,00
Dez.	101.500,00	43.500,00	233.000,00

a) Stellen Sie den Wareneinsatz und die Umsatzerlöse in einem gemeinsamen Balkendiagramm dar.
b) Erläutern Sie die Kurvenverläufe.
c) Berechnen Sie die prozentualen Veränderungen der Wareneinsätze und der Umsatzerlöse.
d) Stellen Sie die unter c) ermittelten beiden Zahlenreihen in getrennten Liniendiagrammen dar.
e) Berechnen Sie
- die Wirtschaftlichkeit des speziellen Warengeschäfts,
- die Umsatzrentabilität bei einem von Juli bis Dez. erzielten Reingewinn von 170.000,00 €.

4. Der Absatz der Espressomaschine „Enzo Galvani“ (EAN 4021002125016) hatte in der Ambiente Warenhaus AG bisher die folgende Absatzentwicklung:

Monat	Stückzahl
März	83
April	110
Mai	400
Juni	420
Juli	350
Aug.	200
Sept.	130

a) Berechnen Sie den Gesamtumsatz von März bis Sept., wenn der Verkaufspreis (netto) 65,00 € pro Stück beträgt.
b) Wie lautet der Buchungssatz für den Abschluss des Kontos „Umsatzerlöse für Waren“, wenn im September ein vorläufiges Zwischenergebnis ermittelt werden soll? (Hinweis: Es wird angenommen werden, dass die Summe der Verkaufserlöse auf dem Konto UfW aus dem unter a) errechneten Gesamtumsatz besteht.)
c) Wie hoch ist der Rohgewinn, der mit der Espressomaschine in diesem Zeitraum erzielt wurde? (Der Einkaufspreis für den Kaffeeautomaten beträgt 36,00 €.)
d) Berechnen Sie die Wirtschaftlichkeit dieses Warengeschäfts mit der Espressomaschine. Berücksichtigen Sie dabei weitere auf die Espressomaschine entfallende Kosten von 33.014,00 €.
e) Stellen Sie die Entwicklung des Absatzes in einem Liniendiagramm dar.
f) Worauf führen Sie die Absatzschwankungen bei der Espressomaschine zurück?
g) Die Konkurrenz der Ambiente Warenhaus AG hat die gleiche Maschine im Sortiment. Aufgrund einer in Auftrag gegebenen Marktforschung hat

ein Vergleich mit der Konkurrenz ergeben, dass diese den Artikel insbesondere in den ersten 14 Tagen im Oktober preisgünstiger anbietet.
Welche betrieblichen Maßnahmen würden Sie der Ambiente-Warenhaus-AG-Geschäftsführung empfehlen, um den Absatz dieses Küchengeräts wieder anzukurbeln? Nennen Sie zu Ihren Vorschlägen auch die möglichen wirtschaftlichen Konsequenzen für die Ambiente Warenhaus AG.

5. Betrachten Sie das GuV-Konto des Einzelhandelsunternehmens Jessica Ahrens e. Kffr. für das abgelaufene Geschäftsjahr.

Soll		Gewinn- und Verlustkonto	Haben
Aufwendungen für Waren	1.780.000,00	Umsatzerlöse	2.230.000,00
Personalkosten	210.000,00		
Mieten, Pachten	17.000,00		
Abschreibungen	27.000,00		
Betriebliche Steuern	30.000,00		
Aufwendungen für Kommunikation	11.000,00		
Zinsaufwendungen	25.000,00		
Reingewinn	130.000,00		
	2.230.000,00		2.230.000,00

a) Ermitteln Sie (jeweils zwei Stellen hinter dem Komma)
- die Eigenkapitalrentabilität (das Eigenkapital am Anfang des Geschäftsjahres beträgt 750.000,00 €)
- die Gesamtkapitalrentabilität (das Gesamtkapital zu Beginn des Geschäftsjahres beträgt 1.078.000,00 €)
- die Umsatzrentabilität
- den Cashflow

b) Beurteilen Sie die Situation zum Vorjahr, wenn aus diesem Geschäftsjahr die folgenden Daten vorliegen:

Reingewinn	155.000,00 €
Eigenkapital	700.000,00 €
Fremdkapital	240.000,00 €
Umsatzerlöse	1.950.000,00 €
Zinsaufwendungen	22.500,00 €
Abschreibungen	31.700,00 €

c) Vergleichen Sie die Rentabilitätsergebnisse der beiden Geschäftsjahre miteinander und nehmen Sie zur wirtschaftlichen Entwicklung Stellung.

6. Berechnen Sie den Gewinn des Einzelhandelsunternehmens Rex GmbH:
Eigenkapitalrentabilität (Unternehmerrentabilität) 5,0 %
Eigenkapital 800.000,00 €.

7. Was verstehen Sie unter Rentabilität?

8. Erläutern Sie die verschiedenen Rentabilitätsberechnungen.

9. Aus der GuV-Rechnung sind u. a. zu entnehmen:

Zinsaufwendungen	54.500,00 €
Gewinn	97.000,00 €
Verkaufserlöse	3.156.700,00 €

a) Ermitteln Sie die Eigenkapitalrentabilität (Unternehmerrentabilität) und die Gesamtrentabilität des Einzelhandelsunternehmens, wenn zu berücksichtigen sind: Eigenkapital 903.000,00 € und Fremdkapital 784.000,00 €.

b) Wie hoch ist die Umsatzrentabilität?

10. Ein Einzelhandelsunternehmen weist für das 1. Quartal des Geschäftsjahres die folgenden Zahlen aus:

Summe der Erträge	340.000,00 €
Summe der Aufwendungen	292.000,00 €
Umsatz	320.000,00 €
Beschäftigte	16 Personen
Verkaufsfläche	190 m^2
Kundenzahl	2400

Ermitteln Sie die Arbeits-, Kunden- und Raumproduktivität.

11. Die Wirtschaftlichkeit eines Einzelhandelsunternehmens beträgt im Berichtsjahr 1,14, während für das Vorjahr 1,12 ausgewiesen wurde.

a) Was besagt die Veränderung?

b) Welche Ursachen könnte die Veränderung haben?

12. In einem Einzelhandelsgeschäft für junge Mode hat der Inhaber ermittelt, dass für je 1,00 € Kosten Leistungen von 1,30 € geschaffen wurden. Die Kosten betrugen insgesamt 300.000,00 €.

a) Wie hoch waren seine Umsatzerlöse in der vorliegenden Abrechnungsperiode?

b) Wie hoch hätten die Umsatzerlöse sein müssen, wenn – bei gleichen Kosten – die Wirtschaftlichkeit im Branchendurchschnitt 1,37 beträgt?

c) Schlagen Sie Maßnahmen vor, um die Wirtschaftlichkeit in diesem Einzelhandelsgeschäft zu erhöhen.

13. Ihnen liegen die folgenden Zahlen eines Einzelhandelsunternehmens vor (Angaben in €):

	Warengruppe I	Warengruppe II
Aufw. für Waren	3.240.000,00	2.000.000,00
Handlungskosten	1.387.200,00	1.020.000,00
Umsatzerlöse	5.078.700,00	2.945.600,00

Die Anzahl der Mitarbeiter beträgt 58.

Ermitteln Sie (getrennt für die beiden Warengruppen) die

a) Handlungskostenzuschlagssätze,

b) Gewinnzuschlagssätze (Kostenrentabilität) getrennt für die beiden Warengruppen,

c) Umsatzrentabilität,

d) Wirtschaftlichkeit,

e) Kennzahlen a) bis d) für die beiden Warengruppen gemeinsam.

14. Ihnen liegen die folgenden Zahlen eines Einzelhandelsunternehmens vor:

Aufwendungen für Waren	195.600,00 €
Umsatzerlöse brutto	402.100,00 €
Eigenkapital	508.670,00 €
Fremdkaptal	280.850,00 €
Reingewinn	52.400,00 €
Zinsaufwendungen	33.700,00 €
Abschreibungen	10.690,00 €

Berechnen Sie

a) die Gesamtkapitalrentabilität und

b) den Cashflow.

AKTIONEN

1. Der Vorstandsvorsitzende Herr Rischmüller möchte über bestimmte Größen der Filiale in Rostock eine Aufstellung haben. Die Rostocker Ambiente-Warenhaus-AG-Filiale weist innerhalb der letzten 4 Jahre die folgenden Zahlen auf:

1. Jahr:

Umsatzerlöse	13.400.000,00 €
Gewinn	1.072.000,00 €
Fremdkapital	8.350.000,00 €
Eigenkapital	3.280.000,00 €

2. Jahr:

Eigenkapital	5.280.000,00 €
Umsatzerlöse	11.926.000,00 €
Fremdkapital	6.200.000,00 €
Gewinn	1.230.400,00 €

3. Jahr:

Gewinn	1.100.340,00 €
Eigenkapital	3.580.000,00 €
Umsatzerlöse	11.508.600,00 €
Fremdkapital	7.850.000,00 €

4. Jahr:

Eigenkapital	4.450.000,00 €
Fremdkapital	6.800.000,00 €
Gewinn	755.000,00 €
Umsatzerlöse	8.056.000,00 €

Die Unternehmensleitung beauftragt Sie, eine Informationsmappe zu erstellen, die ihr als zusätzliche Grundlage für wichtige anstehende Entscheidungen auf der nächsten Vorstandssitzung dienen soll.

Gleichzeitig bittet man Sie, für die 4 Geschäftsjahre jeweils die Rentabilitätskennzahlen zu ermitteln für

- das Eigenkapital einschließlich der Risikoprämie (zu berücksichtigen ist ein landesüblicher Zinssatz von 7,5 %),
- das Gesamtkapital,
- den Umsatz

und diese Ergebnisse den übrigen Unterlagen beizufügen.

Die Rentabilität ist Maßstab für den Erfolg eines Einzelhandelsunternehmens und daher für das Management besonders wichtig (Zinssatz für das Fremdkapital = 8,2 %).

a) Bereiten Sie das Zahlenmaterial der 4 Jahre übersichtlich geordnet in einer Tabelle auf.

b) Stellen Sie die Umsatzentwicklung in einem optisch aussagekräftigen Kurvendiagramm dar.

c) Ermitteln Sie die drei Rentabilitätskennziffern.

d) Worauf führen Sie die Schwankungen des Umsatzes bzw. der Umsatzrentabilität zurück?

e) Welche Gefahren sehen Sie in einer immer niedriger werdenden Umsatzrentabilität?

f) Was könnte die Unternehmensleitung zur Erhöhung und Stabilisierung der Umsatzrentabilität unternehmen?

g) Nehmen Sie Stellung zu Ihren errechneten Werten der Eigenkapitalrentabilität. Wird die Unternehmensleitung mit diesen Ergebnissen zufrieden sein? (Hinweis: Der Zins für langfristig angelegtes Kapital beträgt 7,5 %.)

2. In der Ambiente-Warenhaus-AG-Zentrale in Schönstadt hat man eine Umfrage über den gewünschten Fortbildungsbedarf an Computerschulungen in vier betrieblichen Abteilungen ausgewertet (siehe Abb. unten). Für eine erste Erhebung wurden die Filialen Regensburg, München und Freiburg ausgewählt.

Die Maßnahme wurde eingeleitet, weil man sich seitens des Vorstands dadurch eine erhebliche Verbesserung des gesamten und des betrieblichen Ergebnisses verspricht.

a) Berechnen Sie – bezogen auf die einzelne Abteilung – den prozentualen Anteil der nicht interessierten Mitarbeiter gemessen an der gesamten Mitarbeiteranzahl.

b) Welche Informationen können Sie der Abbildung sowie Ihrer Ergebnisse aus Aufgabe a) entnehmen?

c) Unterbreiten Sie der Unternehmensleitung Vorschläge, um das Interesse bei den Mitarbeitern an den Schulungen zu erhöhen.

d) Inwiefern verspricht sich die Leitung der Ambiente Warenhaus AG durch die verstärkte Teilnahme ihrer Mitarbeiter an diesen Fortbildungskursen die Förderung ihrer erfolgsorientierten Unternehmensführung?

Datenauswertung über das Fortbildungsinteresse an Computer-Schulungen in den Ambiente-Warenhaus-AG-Filialen Regensburg, München und Freiburg

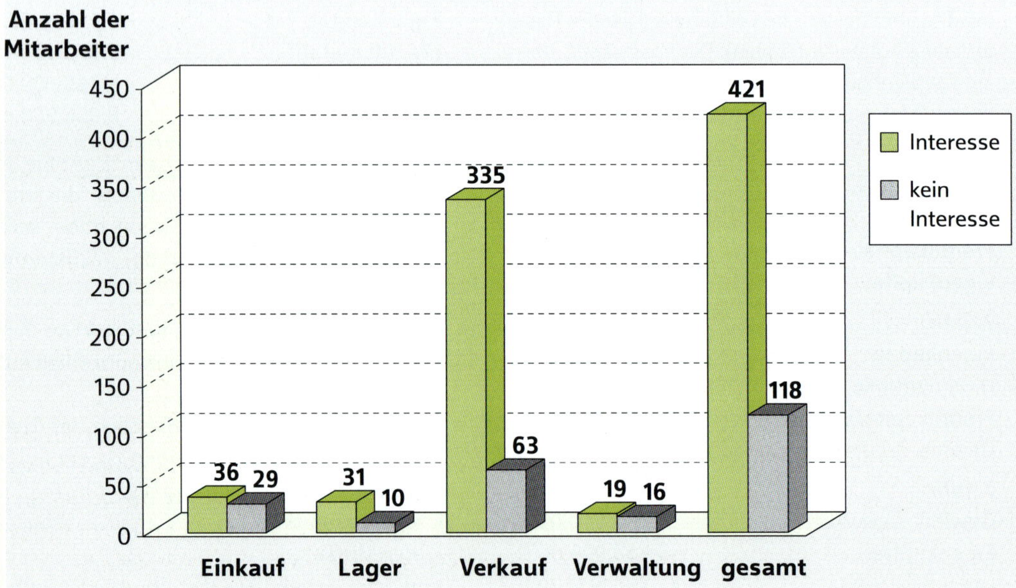

222270100

ZUSAMMENFASSUNG

Betriebliche Kennzahlen[1]

Eigenkapitalrentabilität (Unternehmerrentabilität)

$$EK_R = \frac{\text{Reingewinn}}{\text{Eigenkapital}} \cdot 100\,\%$$

Es wird festgestellt, welche Rendite das eingesetzte Eigenkapital insgesamt erbracht hat.

Gesamtkapitalrentabilität (Unternehmensrentabilität)

$$GK_R = \frac{\text{Reingewinn} + \text{Zinsaufwand}}{\text{Gesamtkapital}} \cdot 100\,\%$$

- Sie zeigt, ob sich der Einsatz von Fremdkapital gelohnt hat.
- Lohnenswert ist der Fremdkapitaleinsatz, wenn die Rentabilität für das Gesamtkapital über dem Zinssatz für Fremdkapital liegt.

Umsatzrentabilität (Umsatzgewinnrate)

$$U_R = \frac{\text{Reingewinn}}{\text{Nettoumsatz}} \cdot 100\,\%$$

Kennziffer, bei der man den Jahresgewinn auf den Umsatz bezieht

Cashflow-Umsatzrate

$$\text{Cashflow}_U = \frac{\text{Cashflow}}{\text{Umsatzerlöse}} \cdot 100\,\%$$

- Die Cashflow-Umsatzrate gibt an, wie viel Prozent der Umsatzerlöse für Investitionen, Schuldentilgung und Gewinnausschüttungen zur Verfügung stehen.
- Da der Cashflow über den Markt verdient werden muss, gibt die Cashflow-Umsatzrate Auskunft über die eigene Stärke auf dem Absatzmarkt.

Wirtschaftlichkeit (in %)

$$W = \frac{\text{Leistungen (Nettoumsatz)}}{\text{Kosten}} \cdot 100\,\%$$

- gibt an, in welchem Verhältnis die Leistungen zu den Kosten stehen
- sagt aus, ob der Einzelhändler mit den verkauften Waren einen Gewinn erzielt hat
- weist auf einen betrieblichen Gewinn hin, wenn das Ergebnis > 1 ist

Produktivität

$$P = \frac{\text{Ausbringungsmenge (Absatz/Umsatz)}}{\text{Einsatzmenge eines Produktionsfaktors (z. B. Personal, Kapital)}}$$

Die Produktivität ist ein Maß für die Leistungsfähigkeit der Produktionsfaktoren Arbeit und Kapital. In allgemeiner Form gibt die Produktivität das Verhältnis von Produktionsmenge und Faktoreinsatzmenge wieder. Je nachdem, welcher Produktionsfaktor betrachtet wird, erhält man entweder die Kapitalproduktivität, die Arbeitsproduktivität, die Raumproduktivität oder die Kundenproduktivität.

1 Siehe auch „Handeln im Handel – 1. Ausbildungsjahr“, Kap. 1.4.

KAPITEL 7

Wir steuern Geschäftsprozesse erfolgsorientiert mithilfe von innerbetrieblichen und zwischenbetrieblichen Vergleichen

Dem Vorstand der Ambiente Warenhaus AG liegen seit einigen Tagen die Wirtschaftszahlen seiner Filialen aus dem letzten Geschäftsjahr vor. Vorstandsvorsitzender Rischmüller vergleicht dabei insbesondere die Ergebnisse der beiden Filialen Rostock und Berlin miteinander, die ihm folgendes Bild bieten:

(Angaben in €)	**Filiale Rostock**	**Filiale Berlin**
Umsatzerlöse	15.065.000,00	33.698.370,00
Wareneinsatz	10.609.000,00	24.917.223,00
Übrige Aufwendungen darin enthalten: – Zinsaufwendungen – Abschreibungen	1.821.800,00 400.796,00 582.976,00	5.474.794,00 2.027.300,00 1.495.033,00
Fremdkapital	12.716.000,00	21.340.000,00
Eigenkapital	8.321.500,00	10.357.550,00
Anzahl der Mitarbeiter	94	184

Herr Rischmüller möchte im Rahmen des durchzuführenden Filialvergleichs eine erste grundsätzliche wirtschaftliche Einschätzung seiner beiden Warenhäuser erhalten.

Darüber hinaus möchte er aus den Rostocker und Berliner Zahlen wichtige Informationen über vergangene Entwicklungen und zukünftige Tendenzen in allen Unternehmensbereichen gewinnen, um gemeinsam mit den übrigen Vorstandsmitgliedern ggf. Maßnahmen zu ihrer Beseitigung oder Förderung einleiten zu können.

Herr Rischmüller bei der Zahlenanalyse

1. Begründen Sie, warum die vorliegenden Zahlen in ihrer ausgewiesenen absoluten Höhe für einen betriebswirtschaftlichen Vergleich zwischen den beiden Filialen wenig aussagekräftig sind.
2. Machen Sie konkrete Vorschläge für die Lösung des Problems.
3. Setzen Sie Ihre Vorschläge in die Tat um und präsentieren Sie auf der Grundlage mathematischer Ergebnisermittlungen eine Vergleichsanalyse.
4. Mit einigen Ergebnissen der in Ihrem Vergleich besser abgeschnittenen Filiale ist der Vorstand der Ambiente Warenhaus AG dennoch nicht zufrieden. Begründen Sie, woran das trotz der besseren Resultate liegen könnte.
5. Warum kann Herr Rischmüller mit dem ihm vorliegenden Zahlenwerk einschließlich der inzwischen ermittelten Ergebnisse aus Aufgabe 3 nicht sämtliche von ihm verfolgten Ziele erreichen?

INFORMATION

Das betriebliche Rechnungswesen hat eine unternehmensinterne Informationsaufgabe, die zur Unternehmensplanung und -kontrolle genutzt wird. Sowohl die Kosten- und Leistungsrechnung als auch die Buchhaltung als Teil des betrieblichen Rechnungswesens zeigen mit ihren jederzeit abrufbaren Informationen, wie sich die Vermögens-, Finanz- und Ertragslage eines Einzelhandelsunternehmens im Vergleich verändert hat (= Kontrolle des Betriebsgeschehens).

222270102

Betriebliche Vergleiche können durchgeführt werden als

innerbetrieblicher Vergleich	zwischenbetrieblicher Vergleich (Betriebsvergleich)
Zeitvergleich: Es werden Ist-Zahlen aus verschiedenen Zeiträumen bzw. Zeiträumen aus dem eigenen Unternehmen im Zeitablauf miteinander verglichen. **Soll-Ist-Vergleich:** Werte, die für die Zukunft geplant wurden (= Soll-Werte), werden verglichen mit den jetzt tatsächlich vorliegenden Ist-Zahlen.	**Zeitvergleich:** Vergleich von Ist-Zahlen verschiedener Unternehmen aus unterschiedlichen Zeiträumen bzw. Zeitpunkten. **Soll-Ist-Vergleich:** Vergleich von Ist-Zahlen eines Unternehmens mit entsprechenden Soll-Werten von in der Regel gleich strukturierten Betrieben bzw. Branchendurchschnittswerten.
Bei dem innerbetrieblichen Kennzahlenvergleich werden bestimmte betriebswirtschaftliche Kennzahlen eines Betriebs miteinander verglichen. Dabei ist unter einem Betrieb, in dem ein solcher innerbetrieblicher Vergleich durchgeführt wird, z.B. auch die einzelne Filiale in einem Filialunternehmen zu verstehen.	Der zwischenbetriebliche Kennzahlenvergleich zeigt auf, ob das eigene Unternehmen im Vergleich mit entsprechenden Unternehmen der Branche Abweichungen aufweist (sinnvoll ist es, wenn die Zahlen des Hauptkonkurrenten zum Betriebsvergleich herangezogen werden).

Verglichen werden können u.a. die Kapitalausstattung, der Vermögensaufbau, das Verhältnis von Eigenkapital zu Anlagevermögen, einzelne Kostenarten bzw. Leistungsarten, Kosten und Leistungen einzelner Abteilungen, Betriebsergebnisse, die gesamten Kosten und Leistungen und/oder Handlungskostenzuschläge.

Soll-Ist-Vergleiche

Um Geschäftsprozesse erfolgsorientiert steuern zu können, muss die Geschäftsführung diese Prozesse sorgfältig planen und kontrollieren.

1. Schrittweises Vorgehen

- **Festlegung von Zielen (Soll-Werten)**
  Jedes Einzelhandelsunternehmen sollte eine Unternehmensplanung aufbauen, um seine Existenz langfristig zu sichern. Dabei werden Zielvorgaben ermittelt und in Plänen für das kommende Jahr und für die kommenden 5 Jahre berücksichtigt.
- **Erfassen der tatsächlichen Ergebnisse**
  (Ermittlung der **Ist-Werte**)
- **Feststellung von Abweichungen**
  (Vergleich von Soll- mit Ist-Werten)
  Beim Soll-Ist-Vergleich steht die Kosten- und Leistungsrechnung im Mittelpunkt der Betrachtung. Die geplanten Kosten, die bei wirtschaftlicher Leistungserstellung erreicht werden können (= Soll-Kosten; Kosten, die für die Zukunft erwartet werden), werden den tatsächlich angefallenen Kosten (= Ist-Kosten) einer Rechnungsperiode gegenübergestellt. Abweichungen lassen erkennen, inwieweit die Zielsetzungen der Unternehmensleitung erreicht wurden oder nicht.
- **Abweichungsanalyse**
  Mithilfe der Abweichungsanalyse können die wesentlichen Ursachen für die Abweichungen herausgefunden werden. Aufgrund der Abweichungsanalyse kann das bisherige Ziel immer noch erreicht werden, sodass eine Zieländerung nicht zwangsläufig wird.

- **Eventuell Einleitung korrigierender Maßnahmen (Nachsteuerung)**
  Zeigt es sich, dass die Ziele der Unternehmensleitung nicht erreicht wurden, müssen unter Umständen korrigierende Maßnahmen eingeleitet werden. Es erfolgt eine systematische Gegensteuerung, z.B. Kostensenkung durch Rationalisierung oder Leistungssteigerung durch einen optimalen Marketingmix.

Die **Kontrollaufgabe des betrieblichen Rechnungswesens** als Teilaufgabe der unternehmensinternen Informationsaufgabe zeigt in vereinfachter Form das folgende Schaubild:

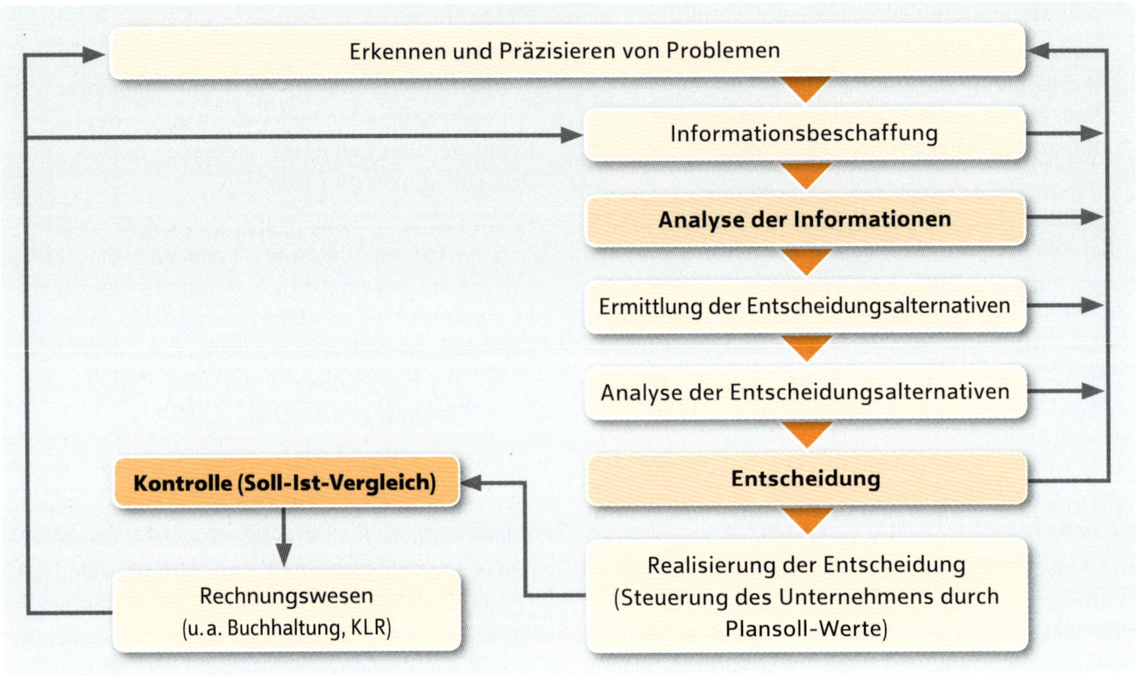

2. Innerbetrieblicher Soll-Ist-Vergleich

BEISPIEL EINES INNERBETRIEBLICHEN SOLL-IST-VERGLEICHS

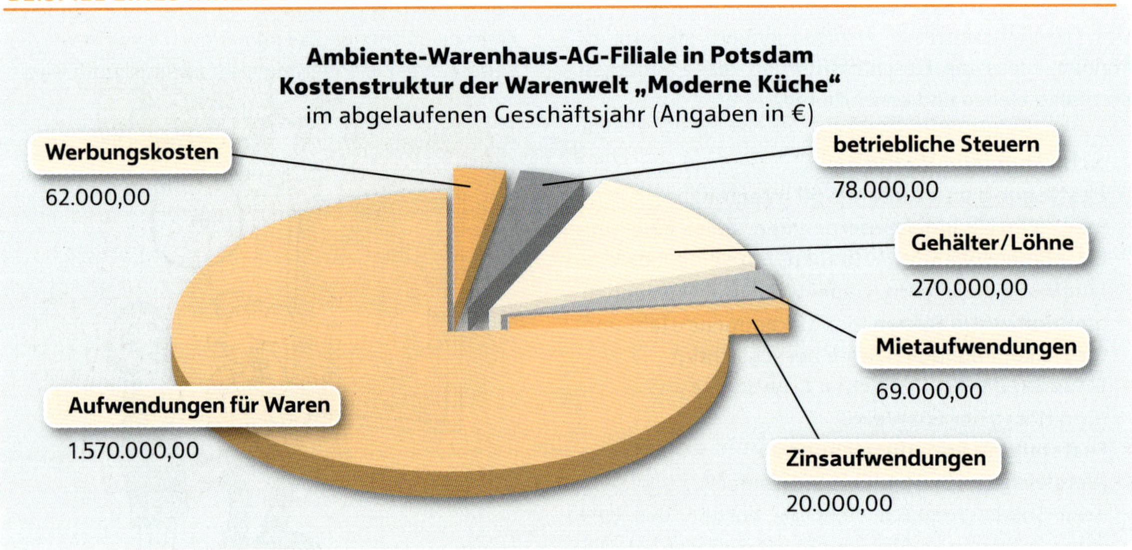

222270104

Einige der in der Filiale in Potsdam ermittelten Ist-Werte weichen von den vom Vorstand der Ambiente Warenhaus AG erwarteten Zahlen (Soll-Werte) für dieses Geschäftsjahr ab:

Soll-Werte					
Aufwendungen für Waren	Werbungskosten	Betriebliche Steuern	Löhne und Gehälter	Mietaufwendungen	Zinsaufwendungen
1.210.000,00 €	62.500,00 €	77.000,00 €	215.000,00 €	72.000,00 €	23.000,00 €

Bei den Umsatzerlösen gibt es keine nennenswerten Abweichungen zwischen Soll- und Ist-Werten; ihre Gesamthöhe beträgt 2.240.325,00 €.

Bei diesem durchgeführten innerbetrieblichen Soll-Ist-Vergleich ergeben sich Abweichungen, die erkennen lassen, inwieweit die Zielsetzungen des Vorstands erreicht wurden oder nicht. Mithilfe der Abweichungsanalyse kann der Ambiente-Warenhaus-AG-Vorstand die wesentlichen Ursachen für die Abweichungen herausfinden. Anschließend wird eine systematische Gegensteuerung erfolgen, damit in Zukunft die vereinbarten Ziele von der Filiale in Potsdam besser, schneller und genauer erreicht werden.

3. Nachkalkulation

Bei der Kalkulation des Verkaufspreises ist es notwendig, die Selbstkosten auf der Grundlage der Durchschnittskosten abgelaufener Rechnungsperioden zu berechnen, da zu diesem Zeitpunkt die tatsächlich anfallenden Kosten für die laufende Periode noch nicht genau bekannt sind.

Wenn der Einzelhändler später die genauen Kosten der aktuellen Rechnungsperiode ermittelt hat, kann er mit einer Nachkalkulation kontrollieren, ob mit den kalkulierten Verkaufspreisen alle Kosten gedeckt sind. Dabei werden die bei der Kalkulation des Verkaufspreises zugrunde gelegten Handlungsgemeinkosten (Soll-Gemeinkosten) mit den tatsächlich entstandenen Handlungsgemeinkosten (Ist-Gemeinkosten) verglichen.

Die Nachkalkulation rechnet mit den Ist-Gemeinkosten. Aufgrund von höherem Materialverbrauch, höheren Energiekosten, längeren Arbeitszeiten u. a. weichen die Normalgemeinkosten oft von den Soll-Gemeinkosten ab. Durch die Gegenüberstellung von Soll- und Ist-Gemeinkosten ermittelt der Einzelhändler die Kostenüberdeckung oder Kostenunterdeckung. Überdeckung liegt vor, wenn die Normalgemeinkosten höher als die Ist-Gemeinkosten sind. Unterdeckung liegt vor, wenn die Normalgemeinkosten niedriger als die Ist-Gemeinkosten sind.

Wenn Vor- und Nachkalkulation erheblich differieren, muss der Einzelhändler detaillierte Ursachenforschung betreiben. Wesentliche Kostenüberschreitungen reduzieren nämlich den Gewinn.

4. Zwischenbetrieblicher Soll-Ist-Vergleich

Im Rahmen von zwischenbetrieblichen Vergleichen werden die Zahlen des eigenen Unternehmens mit denen vergleichbarer Unternehmen und/oder mit den Durchschnittszahlen der Unternehmen der eigenen Branche verglichen. Der Vergleich mit der Konkurrenz lässt Stärken und Schwächen des eigenen Unternehmens erkennen.

BEISPIEL

Bestimmte **Kostenarten** werden mit den Durchschnittswerten der Branche verglichen:

		in % der Gesamtaufwendungen	
Handlungskosten	**€**	**untersuchtes Einzelhandelsunternehmen**	**Durchschnittswerte der Branche**
Betriebliche Steuern	18.965,00	1,63	1,36
Löhne und Gehälter	531.760,00	45,78	42,39
Mieten, Pachten, Leasing	111.290,00	9,58	15,36
Aufwendungen für Kommunikation	157.065,00	13,52	17,41
Zinsaufwendungen	12.350,00	1,06	1,44
Abschreibungen	330.100,00	28,43	22,04
Σ	1.161.530,00	100,00	100,00

Eine andere Form der zwischenbetrieblichen Vergleichsrechnung ist der Vergleich von betriebsinternen Kennzahlen mit den Branchenkennzahlen. **Umsatzrentabilität**[1] und **Handelsspanne** (Rohgewinnsatz) sind wichtige Vergleichskennziffern.

BEISPIELE

Situation 1: Vergleich von ausgewählten betriebsinternen Kennzahlen mit Branchenwerten

	DOB		HAKA	
	€	%	€	%
Umsatzerlöse	396.000,00	100,00	420.000,00	100,00
Wareneinsatz	184.800,00	46,67	210.000,00	50,00
Rohgewinn	211.200,00		210.000,00	
Handlungskosten	201.520,00	109,07	195.248,00	92,98
Reingewinn	9.680,00		14.752,00	

Kennziffern	Abteilung DOB	Abteilung HAKA	Branchenwert
Umsatzrentabilität $= \frac{\text{Reingewinn} \cdot 100\,\%}{\text{Nettoumsatz}}$	$= \frac{9.680,00 \cdot 100\,\%}{369.000,00} = 2,44\,\%$	3,51 %	DOB = 2,71 % HAKA = 3,20 %
Handelsspanne $= \frac{\text{Rohgewinn} \cdot 100\,\%}{\text{Nettoumsatz}}$	$= \frac{211.200,00 \cdot 100\,\%}{396.000,00} = 53,33\,\%$	50,00 %	DOB = 51,3 % HAKA = 52,7 %

1 Siehe Ausführungen zur Umsatzanalyse auch im Kap. 11.6.

222270106

Situation 2: Vergleich von betriebsinternen Kennzahlen mit vergleichbaren Unternehmen und Branchenwerten

	Lebensmitteleinzelhandel Frank Adler e. K.	vergleichbares Unternehmen E. Braun e. Kffr.	Durchschnittswerte in der Lebensmittelbranche
Umsatzerlöse	745.340,00 €	915.020,00 €	945.000,00 €
Handlungskosten in % des Umsatzes	29,4 %	24,1 %	27,6 %
Personalaufwendungen in % der Gesamtaufwendungen	28,5 %	26,8 %	31,6 %
Intensität des Wareneinsatzes	71,3 %	68,2 %	67,5 %
Beschäftigte	6	5	8,3
Personalproduktivität	124.223,33 €	183.004,00 €	113.855,42 €
Geschäftsfläche in m²	388	401	432
Raumproduktivität	1.920,98 €	2.281,85 €	2.187,50 €

Frank Adler muss nun eine Abweichungsanalyse durchführen und anschließend – soweit er das für wirtschaftlich notwendig hält – korrigierende Maßnahmen einleiten.

Erst wenn die Ursachen der Abweichungen feststehen, können entsprechende Maßnahmen zur Leistungssteigerung und/oder Kostensenkung eingeleitet werden, wie z. B. Erhöhung der Lagerumschlagshäufigkeit, Reduzierung der Personalaufwendungen oder der Energiekosten.

Zeitvergleiche

Mithilfe von Zeitvergleichen können Entwicklungen untersucht werden. Wenn sich ein Einzelhändler ein fundiertes Urteil über sein Unternehmen bilden möchte, sollte er

- die Jahresabschlüsse von mindestens drei aufeinanderfolgenden Jahren miteinander vergleichen,
- die Preissteigerungen berücksichtigen.

BEISPIEL FÜR EINEN INNERBETRIEBLICHEN ZEITVERGLEICH

Die Bestimmung der Kostenarten und die Zurechnung auf z. B. Warenbereiche (Kostenstellen) erlaubt eine Überprüfung der Wirtschaftlichkeit für die Warenbereiche bzw. den einzelnen Kostenträger über einen längeren Zeitraum.

	DOB Berichtsjahr		DOB Vorjahr		Abweichungen	
	€	%	€	%	€	%
Wareneinsatz	189.000,00	100,00	180.000,00	100,00	+ 9.000,00	+ 5,00
Handlungskosten	206.145,00	109,07	167.355,00	92,98	+ 38.790,00	+ 23,18
Selbstkosten	395.145,00		347.355,00		+ 47.790,00	+ 13,76
Gewinn	9.855,00	2,49	12.645,00	3,64	– 2.790,00	– 22,06
Umsatzerlöse	405.000,00		360.000,00		+ 45.000,00	+ 12,50

Die Auswertung der Zahlenwerte ergibt folgende Auffälligkeiten:

- Wareneinsatz und Handlungskosten sind im Berichtsjahr moderat (5 %) bzw. stark (23,18 %) angestiegen.
- Die Umsatzerlöse haben im Berichtsjahr um 12,5 % zugelegt.
- Insgesamt gesehen sind die Kosten unverhältnismäßig stärker gestiegen (insgesamt um 47.790,00 €) als die Umsatzerlöse (insgesamt 45.000,00 €), sodass es zu einem Gewinneinbruch von 2.790,00 € (= 22,06 %) gekommen ist.

Abweichungen können die folgenden **Ursachen** haben:

Änderungen im wirtschaftlichen Umfeld:

- Preiserhöhungen bei den Lieferern
- Lohnerhöhungen
- Anstieg der Energiekosten usw.
- konjunkturell bedingte Absatzschwankungen

Unzulängliche Unternehmenspolitik:

- falsche Sortimentspolitik
- inhaltlich und zeitlich verfehlte Werbeaktionen
- Fehlentscheidungen im Bereich Preis- und Distributionspolitik usw.

Wichtig ist stets zu bedenken, dass ein Zeitvergleich nicht unbedingt Aussagen über die Qualität der vorliegenden Zahlen machen kann. Es kann ja durchaus in den Perioden, die dem Vergleich zugrunde lagen (hier: Berichts- und Vorjahr), bereits unwirtschaftlich gearbeitet worden sein. In einem solchen Fall wird unzulängliche Unternehmenspolitik des einen Jahres mit unzulänglicher Führung des anderen Jahres verglichen.

Kostenkontrolle

Kostenkontrolle kann durch einen innerbetrieblichen Vergleich (Kostenstatistik) oder durch einen außerbetrieblichen Vergleich mit Erfa-Gruppen oder mit den Betriebsvergleichen der Handelsinstitute erfolgen.

Zur Kostenkontrolle können miteinander verglichen werden:

- Soll- mit Ist-Kosten,
- eigene Ist-Kosten mit denen von Vergleichsbetrieben,
- eigene Kennzahlen mit Benchmark[1]-Kennzahlen.

Erfa-Gruppe ist eine Abkürzung für Erfahrungsaustauschgruppe. Unternehmer aus zumeist der gleichen Branche treffen sich regelmäßig, um betriebliche Probleme und Erfahrungen des täglichen Geschäftslebens, aber auch um die künftigen Marktentwicklungen zu besprechen. Damit wird der Zweck verfolgt, von den Erfahrungen und Problemlösungen der anderen zu profitieren. Vielfach werden Erfa-Gruppen von erfahrenen Unternehmensberatern geleitet, die einen Betriebsvergleich für die teilnehmenden Einzelhandelsunternehmen erstellen. Die Unternehmer können sich aber auch nur zeitbefristet treffen, um ein bestimmtes gemeinsames Problem zu erarbeiten und zu lösen.

An das Vergleichen schließt sich eine Abweichungsanalyse an, die Hinweise dafür gibt, ob und ggf. wo im Kostenbereich Handlungsbedarf besteht.

BEISPIEL

Ein Einzelhandelsunternehmen aus der Unterhaltungsbranche weist in der GuV für das Berichtsjahr einen Gewinn von 75.000,00 € aus; im Vorjahr betrug der Gewinn noch 96.000,00 €.

Der Unternehmer hat demzufolge einen Gewinneinbruch von 21.000,00 € (= 21,88 %) erlitten.

Um die Ursachen für den Gewinnrückgang finden zu können, müssen sämtliche wichtige Positionen der GuV[2] genauer untersucht werden, wie beispielsweise die Umsatzerlöse, der Wareneinsatz, Löhne und Gehälter, Abschreibungen, Zinsen und die betrieblichen Steuern.

1 Benchmarking ist eine Optimierungsstrategie, mit der systematisch bessere Lösungen gesucht werden. Zwar wird Benchmarking vielfach mit Betriebsvergleich gleichgesetzt, jedoch werden dabei Kennzahlen nicht nur verglichen, sondern vor allen Dingen auch daraufhin analysiert, warum andere Unternehmen besser abschneiden. Es geht nicht nur um den quantifizierten Leistungsunterschied, sondern auch um die Lösung, mit der die besseren Unternehmen das bessere Ergebnis erzielt haben. Daher können durchaus auch Teilbereiche von anderen Branchen oder gar anderen Wirtschaftsbereichen beobachtet und analysiert werden.

2 Siehe auch Ausführungen in Kap. 11.6 „Analyse der Gewinn- und Verlustrechnung“.

222270108

AUFGABEN

1. a) Erstellen Sie eine Tabelle nach folgendem Muster und übertragen Sie anschließend die Ist- und Soll-Zahlen der Ambiente-Warenhaus-AG-Filiale in Potsdam (siehe Seite 104/105) in diese Übersicht.

Kostenarten	Soll-Werte in €	Ist-Werte in €	Abweichung in €
[...]			
Summe der Handlungskosten			
Handlungskostenzuschlag (HKZ)			
Wirtschaftlichkeit			

b) Ermitteln Sie die Abweichungen in Euro.

c) Nennen Sie mögliche Gründe für die Abweichungen.

d) Berechnen Sie die prozentuale Abweichung der Ist-Handlungskosten gegenüber den Soll-Handlungskosten.

e) Wie hoch wäre der HKZ, wenn es dem Unternehmen gelingen würde, den Wareneinsatz auf den Soll-Wert zu reduzieren?

f) Erstellen Sie ein Säulendiagramm mit den Soll- und Ist-Zahlen der Handlungskosten.

g) Berechnen Sie für die Soll- und Ist-Werte
- die Wirtschaftlichkeit
- den Rohgewinn
- den Wareneinsatz in Prozent vom Umsatz.

Die Umsatzerlöse betragen 2.240.325,00 € (keine Soll-Ist-Abweichung festgestellt).

h) Was könnte die Unternehmensleitung unternehmen, um die Wirtschaftlichkeit bzw. den Rohgewinn zu erhöhen?

2. Welche Aufgabe hat der Soll-Ist-Vergleich?

3. Welchen Sinn kann ein zwischenbetrieblicher Kostenvergleich haben?

4. Wie wird der Zeitvergleich durchgeführt?

5. Ihnen liegen die folgenden Zahlen der letzten beiden Geschäftsjahre für die Ambiente-Warenhaus-AG-Filiale in Berlin vor:

(Angaben in €)	Jahr 1	Jahr 2
Umsatzerlöse	28.816.700,00	33.698.370,00
Wareneinsatz	21.667.150,00	24.917.223,00
Übrige Aufwendungen darin enthalten: – Zinsaufwendungen – Abschreibungen	4.844.950,00 1.436.488,00 1.300.029,00	5.474.794,00 2.027.300,00 1.495.033,00
Fremdkapital	17.956.100,00	21.340.000,00
Eigenkapital	7.052.950,00	10.357.550,00
Anzahl der Mitarbeiter	199	184

Der Vorstand der Ambiente Warenhaus AG bittet Sie, für diese 2 Jahre die folgenden Kennzahlen errechnen zu lassen:
- Wirtschaftlichkeit
- Cashflow
- Rentabilität des Eigenkapitals
- Arbeitsproduktivität
- Rentabilität des Gesamtkapitals
- Intensität des Wareneinsatzes
- Umsatzrentabilität

a) Ermitteln Sie stellvertretend für die Abteilung Rechnungswesen die vom Vorstand angeforderten Zahlen (die Kennzahlen für das Jahr 1 wurden bereits im Rahmen des Einstiegsbeispiels zum Kap. 11.6 ermittelt).

b) Nennen Sie Einflussgrößen, die zur Veränderung der Wirtschaftlichkeit beigetragen haben könnten.

c) Begründen Sie, worauf die Veränderung der Rentabilität des Eigenkapitals möglicherweise zurückzuführen ist.

d) Beschreiben Sie im vorliegenden Fall den Zusammenhang von Wirtschaftlichkeit und Rentabilität des Eigenkapitals.

e) Lässt die gesunkene Eigenkapitalrentabilität Rückschlüsse auf die geringere Ertragskraft der Filiale zu? Begründen Sie Ihre Stellungnahme.

6. Ihnen liegt die folgende Kostenstatistik vor:

Kostenarten	August letztes Jahr		August dieses Jahr	
	€	**% v. Umsatz**	**€**	**% v. Umsatz**
Aufwendunge für Waren	640.000,00		600.000,00	
Gehälter/Löhne	50.000,00		39.600,00	
Betriebliche Steuern	12.000,00		9.000,00	
Mietaufwendungen	20.000,00		14.000,00	
Werbungskosten	15.000,00		18.000,00	
Zinsaufwendungen	6.000,00		7.500,00	
Gesamtkosten				
Umsatzerlöse	1.100.000,00		900.000,00	

a) Ermitteln Sie die fehlenden Prozentsätze.

b) Stellen Sie die Kostenarten der beiden August-Monate unter Zugrundelegung der ermittelten Prozentsätze in einem Kreisdiagramm dar.

c) Berechnen Sie den jeweils erzielten Reingewinn in den beiden vorliegenden Monaten.

d) Wie hoch ist die prozentuale Veränderung des Reingewinns?

e) Ermitteln Sie die Wirtschaftlichkeit in beiden Fällen.

f) Worauf führen Sie die vorliegende Veränderung der Wirtschaftlichkeit zurück?

g) Machen Sie Vorschläge, wie das Unternehmen die Wirtschaftlichkeit in Zukunft erhöhen könnte.

7. In der nachfolgenden Tabelle finden Sie Wirtschaftszahlen der Lebensmitteleinzelhändler Grohe OHG und Kastner KG.

	Grohe OHG	**Kastner KG**
Eigenkapital	1.700.000,00 €	3.870.000,00 €
Fremdkapital	6.800.000,00 €	4.730.000,00 €
Beschäftigte	77	86
Geschäftsfläche (m^2)	3100	4300
Umsatzerlöse	12.750.000,00 €	17.200.000,00 €
Kosten davon Zinsaufwendungen	12.240.000,00 € 272.000,00 €	16.942.000,00 € 283.800,00 €
Reingewinn	?	?

a) Ermitteln Sie für die beiden Handelsunternehmen
- die Eigenkapitalrentabilität (Unternehmerrentabilität),
- die Gesamtrentabilität (Unternehmensrentabilität),
- die Umsatzrentabilität,
- die Wirtschaftlichkeit,
- die Arbeitsproduktivität und
- die Flächenproduktivität.

b) Vergleichen Sie die ermittelten Kennzahlen der beiden Unternehmen und suchen Sie nach den Ursachen für die Unterschiede.

222270110

AKTIONEN

1. Führen Sie einen zwischenbetrieblichen Vergleich (Branchenvergleich) durch.
   Besorgen Sie sich die entsprechenden Daten Ihrer Branche. Die Daten sollen für einen aussagekräftigen wirtschaftlichen Vergleich zwischen eigenem Unternehmen und Branchenwerten bedeutsam sein.
   Quellen sind beispielsweise: Großbanken, Sparkassen und Volksbanken, die Deutsche Bundesbank, das Statistische Bundesamt oder Wirtschaftsverbände.
2. Erstellen Sie nach Sichtung Ihrer Informationsunterlagen mit dem Tabellenkalkulationsprogramm Excel eine Übersicht. In der Übersicht sollen sich die Unternehmensdaten Ihres Ausbildungsunternehmens und die entsprechenden Branchendaten gegenüberstehen. Eine dritte Spalte soll die Abweichungen in Euro und Prozent ausweisen.
3. a) Analysieren Sie die Abweichungen, indem Sie – soweit vorhanden – die schwachen Stellen des eigenen Unternehmens gegenüber den einzelnen Werten der Branche herausstellen.
   b) Leiten Sie unter Umständen korrigierende Maßnahmen ein (Nachsteuerung). Geben Sie dazu, soweit von Ihnen als notwendig erachtet, Hinweise auf organisatorische und leistungssteigernde Verbesserungsmöglichkeiten.
   c) Stellen Sie abschließend Ihre Ergebnisse der Aufgaben 1–3 mithilfe von Folien dem Plenum vor.

ZUSAMMENFASSUNG

Betriebsvergleiche können durchgeführt werden als

Innerbetriebliche Vergleiche

- Zeitvergleich: Vergleich von Ist-Zahlen eines Betriebs aus verschiedenen Zeitpunkten/Zeiträumen
- Soll-Ist-Vergleich: Vergleich von Ist-Zahlen eines Betriebs mit betrieblichen Soll-Zahlen

Zwischenbetriebliche Vergleiche (Betriebsvergleiche)

- Zeitvergleich: Vergleich von Ist-Zahlen verschiedener Betriebe aus unterschiedlichen Zeitpunkten/Zeiträumen
- Soll-Ist-Vergleich: Vergleich von Ist-Zahlen eines Betriebs mit entsprechenden Soll-Zahlen von gleich strukturierten Betrieben bzw. Durchschnittswerten der Branche

um betriebliche und außerbetriebliche Ursachen und wirtschaftliche Zusammenhänge besser erkennen und Maßnahmen zu ihrer Beseitigung oder Unterstützung einleiten zu können

- Betriebswirtschaftliche Vergleichskennzahlen werden verwendet für:
  - Analyse des Unternehmens (Vermögens- und Kapitalaufbau)
  - Steuerung des Betriebsablaufs im Bereich Beschaffung, Lagerung, Absatz und Verwaltung
  - Planungsrechnung: Vorausbestimmung künftiger Ziele und der dazu einzusetzenden Mittel
  - Betriebsergebniskontrolle (u. a. Wirtschaftlichkeit und Rentabilität)

KAPITEL 8

Wir werten Geschäftsprozesse mithilfe EDV-gestützter Warenwirtschaftssysteme aus

Britta Krombach schaut sich zusammen mit ihrem Abteilungsleiter verschiedene Ausdrucke des EDV-gestützten Warenwirtschaftssystems an. Momentan haben sie einen Auszug aus einer Pennerliste in der Hand:

Art.-Nr. Bezeichnung	verkaufte Menge	Umsatz (netto) €	Rohgewinn €	Spanne %	letzter Verkauf seit ... Tagen
4333099242284 Personal Computer	5	1.592,00	1.034,80	65	62
4006381771603 Drucker	6	780,00	273,00	35	34
4007817122082 Druckerpatrone	2	45,00	31,50	70	52

1. Stellen Sie fest, welche(n) Geschäftsprozess(e) diese Liste auswerten hilft.
2. Geben Sie an, was diese Liste aussagt.

INFORMATION

Aufgaben EDV-gestützter WWS

EDV-gestützte Warenwirtschaftssysteme sorgen für eine Verbesserung der Informationsbasis im Einzelhandelsunternehmen.

Für die Auswertung von Geschäftsprozessen liefert nicht nur die Finanzbuchhaltung wichtige Informationen. Auch EDV-gestützte Warenwirtschaftssysteme stellen für das Einzelhandelsunternehmen wichtige Kennzahlen zur Verfügung.

Jedes EDV-gestützte Warenwirtschaftssystem hat grundsätzlich zwei Aufgaben zu erfüllen:

Es soll den Warenfluss in einem Handelsbetrieb abbilden, steuern und regeln. Durch den Einsatz der computergestützten Warenwirtschaftssysteme werden – im Vergleich zu früher – nahezu sämtliche Funktionsabläufe, die im Zusammenhang mit Warenbewegungen und der mit ihnen verbundenen Tätigkeiten stehen, rationalisiert. Der Warendurchlauf über verschiedene Stufen hinweg wird eindeutig verbessert.

Ursprünglich richtete sich das Interesse der Praxis bei der Einführung von Warenwirtschaftssystemen also auf die sogenannten **Hardsavings.**

DEFINITION

Unter **Hardsavings** (frei übersetzt: harte Ersparnisse) versteht man genau messbare, zuverlässig nachweisbare Einsparungen und Vorteile.

In diesem Zusammenhang sorgen EDV-gestützte Warenwirtschaftssysteme in der Regel für die rationellere Gestaltung von Funktionsabläufen in Einzelhandelsunternehmen.

Es soll Informationen aus dem Bereich der Warenwirtschaft – z. B. in Form von betriebswirtschaftlichen Kennzahlen – bereitstellen, um die Qualität der Entscheidungen im Handelsbetrieb zu verbessern. Je mehr und je genauere Informationen zur Verfügung stehen, desto besser wird die Qualität der Entscheidungen im Betrieb sein.

Neuerdings treten also über die Hardsavings hinaus die strategischen Vorteile der sogenannten **Softsavings** in den Vordergrund:

DEFINITION

Bei den **Softsavings** (etwa: weiche Ersparnisse) geht es um den Nutzen, den aktuellere und ausführlichere Informationen aus der Warenwirtschaft für die Kontrolle und Steuerung der betrieblichen Entscheidungsprozesse bringen.

Die Vorteile der wertmäßig nicht genau bestimmbaren Softsavings werden von der Praxis mittlerweile eindeutig als wichtiger angesehen als die der Hardsavings.

222270112

Verschiedene Untersuchungen zeigen, dass der Nutzen durch computergestützte Warenwirtschaftssysteme den erforderlichen Aufwand für Datenkassen, EDV-Anlagen und Programme spürbar übersteigt. Danach steht einem Bruttonutzen von etwa 1,75 % vom Umsatz ein Aufwand von ca. 0,75 % vom Umsatz (für Computer, Programme und Wartung) gegenüber. Es ergibt sich ein zusätzlicher Gewinn in Höhe von 1 % des Umsatzes. Bedenkt man, dass der gesamte Einzelhandel pro Jahr etwa 358 Milliarden Euro umsetzt, ergeben sich hier für die Unternehmen interessante Aussichten auf zusätzliche Erträge. Durch den Preisverfall im EDV-Bereich einerseits und durch konsequenteres Ausnutzen der Möglichkeiten computergestützter Warenwirtschaftssysteme wird der zusätzliche Gewinn für die Betriebe in Zukunft eher noch weiter steigen.

EDV-gestützte Warenwirtschaftssysteme liefern aktuelle, vollständige sowie genau`e Informationen über den Einsatz der Ware im Einzelhandelsunternehmen. Damit lassen sich Entscheidungen begründen, die weit über die bloße Steuerung des Betriebsfaktors Ware hinausgehen.

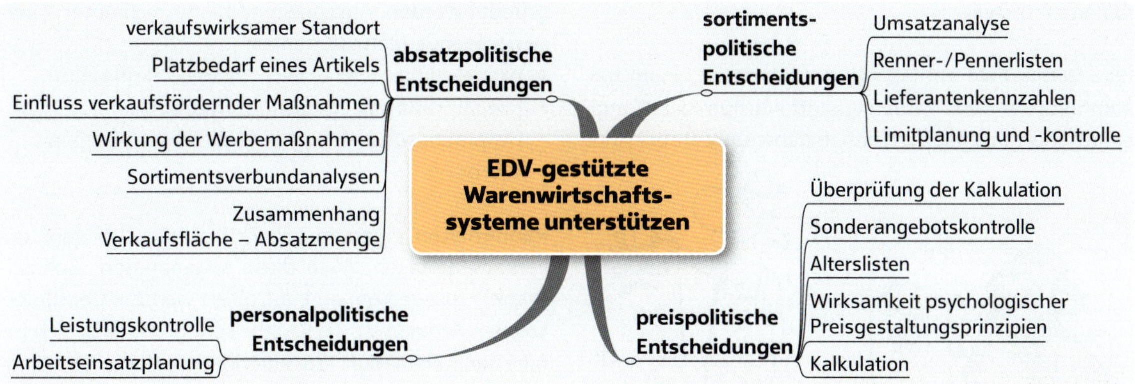

Informationen für sortimentspolitische Entscheidungen

Die Sortimentszusammenstellung ist eine der grundlegenden Leistungen eines Handelsbetriebs. Das Unternehmen versucht durch eine geeignete Auswahl des Warenangebots größtmögliche Anziehungskraft auf die Käufer auszuüben. Im Rahmen der Sortimentspolitik muss dabei aber immer der Zielkonflikt zwischen Lieferservice und Lagerreduktion gelöst werden. Einerseits strebt der Einzelhändler eine hohe Lieferbereitschaft an (große Auswahl, ständiges Angebot), damit ihm kein möglicher Gewinn entgeht. Andererseits versucht er, sein Sortiment bzw. seine Lagerbestände so klein wie möglich zu halten, da jeder Artikel Lagerkosten verursacht, benötigtes Kapital bindet und eventuell wertvolle Verkaufsfläche besetzt. Den richtigen Weg zwischen den beiden konkurrierenden Zielen kann ein EDV-gestütztes Warenwirtschaftssystem zeigen.

Informationen für absatzpolitische Entscheidungen

Mit der gezielten Überwachung des Verkaufs einzelner Artikel durch computergestützte Warenwirtschaftssysteme ergeben sich zahlreiche Informationen zur Beurteilung absatzpolitischer Maßnahmen im Einzelhandelsbetrieb:

- Mithilfe eines Warenwirtschaftssystems kann der Zusammenhang zwischen Verkaufsflächen und Absatzmenge untersucht werden.
- Das Warenwirtschaftssystem gibt aber auch Auskunft über den Platzbedarf eines Artikels im Verkaufsraum.
- Durch Warenwirtschaftssysteme kann zudem der Einfluss verkaufsfördernder Maßnahmen wie Display und Videovorführungen auf die Absatzmenge sowie die Verkaufswirksamkeit unterschiedlicher Werbekonzepte (hinsichtlich Werbebotschaft, Anzeigengröße und Platzierung) festgestellt werden.
- Im Idealfall ist das computergestützte Warenwirtschaftssystem in der Lage, die gesamte Präsentationspolitik selbstständig vorzunehmen, indem für jeden einzelnen Artikel Platzierungsmenge und Standort vorgeschlagen werden.
- Außerdem unterbreitet das Warenwirtschaftssystem dem Einzelhändler regelmäßig Vorschläge für Sonderangebote. Dabei werden dann natürlich neben dem Artikel gleichzeitig auch die empfohlene Preisreduktion und das geeignete Werbemedium vorgeschlagen.

Die Auswertung der Geschäftsprozesse durch das EDV-gestützte Warenwirtschaftssystem geschieht überwiegend mit den Instrumenten
- Umsatzanalyse (Renner-/Pennerlisten),
- Leitungsinformationen,
- kurzfristige Erfolgsrechnung.

Umsatzanalysen[1]

Das Warenwirtschaftssystem kann aus den Ergebnissen der Umsatzanalyse sogenannte „Renner- und Pennerlisten" erstellen:

Eine **Pennerliste** enthält alle Artikel, die in einem bestimmten Zeitraum kaum verkauft wurden (die „Langsamdreher"), die für den Betrieb daher unrentabel sind.

Ein Langsamdreher bindet Kapital (obwohl das investierte Geld wahrscheinlich für andere Zwecke im Einzelhandelsbetrieb eher gebraucht würde).

Darüber hinaus verursacht ein Penner auch hohe Lagerkosten, u. a.
- Raumkosten: Er nimmt Regalplatz weg.
- Personalkosten: vermehrte Artikelpflege
- Zinsverlust: Das in die Artikel investierte Kapital hätte auch zinsbringend angelegt werden können.

Nach Erkennen der Penner müssen die Ursachen ergründet werden. Anschließend bieten sich unter anderem folgende Maßnahmen an:
- Artikel nicht mehr ordern: Produktelimination
- Preisherabsetzung: Sonderangebote
- Umplatzierung an verkaufsgünstigere Stellen
- Werbung

Rennerlisten erfassen alle Artikel, die sich sehr gut verkaufen lassen. Auch diese sogenannten „Schnelldreher" müssen genau kontrolliert werden. Gerade bei solchen Artikeln ist die Gefahr sehr groß, dass sich bei falscher Kalkulation (zu niedrig kalkulierte Verkaufspreise, die keinen Gewinn erbringen) die Fehler multiplizieren und zu erheblichen Verlusten führen. Eine artikelgenaue Überwachung der Renner lässt Fehlkalkulationen oder mögliche Ausverkäufe rasch erkennen und rechtzeitig Maßnahmen ergreifen.

BEISPIEL

In der Lebensmittelabteilung der Ambiente Warenhaus AG lässt man über das EDV-gestützte Warenwirtschaftssystem die Artikel ausdrucken, die sehr oft bzw. sehr wenig verkauft wurden. Hier ein Auszug dieser Renner-/Pennerliste:

	Artikel	mit VK-St.	größer 100		
GTIN	**Artikel**		**VK-St.**	**VK-Preis**	**Umsatz**
4011600001270	Milch, 1 l		583	1,05 €	612,15 €
4006272232121	Spaghetti		327	1,25 €	408,75 €

	Artikel	mit VK-St.	kleiner 5		
GTIN	**Artikel**		**VK-St.**	**VK-Preis**	**Umsatz**
5000111001539	Schokoriegel		4	0,99 €	3,96 €
4013330000293	Schwarztee		2	8,97 €	17,94 €

1 Zur Umsatzanalyse siehe auch Ausführungen in Kap. 11.6.

222270114

Leitungsinformationen

Die Vielzahl von Kennzahlen (z. B. über die Personal- oder Raumleistung) lässt – vor allem wenn Vergleichszahlen vorliegen – ein Urteil über die Leistungsfähigkeit und Wettbewerbskraft des Gesamtunternehmens oder von Abteilungen zu.[1]

BEISPIEL

Der Leiter einer Filiale der Ambiente Warenhaus AG lässt sich durch das Warenwirtschaftssystem eine Liste verschiedener Kennzahlen für den Monat April ausdrucken.

Anzahl Verkaufstage	22
Umsatz je Verkaufstag in €	15.132,00
Anzahl Kunden	2862
Umsatz je Kunde in €	116,00
Anzahl Kunden pro Verkaufstag	130
Anzahl Verkaufskräfte	20
Umsatz je Verkaufskraft in €	16.645,00
Kunde je Verkaufskraft pro Tag	7
Größe der Geschäftsfläche in m^2	1 196
Umsatz je m^2 Geschäftsfläche in €	278,00
Rohertrag in % vom Umsatz	31,0
Rohertrag je m^2 Verkaufsfläche in €	86,00
Rohertrag je Verkaufskraft in €	5.160,00

Die Vielzahl von Kennzahlen über Personal- und Raumleistung z. B. lassen ein Urteil über die Leistungsfähigkeit und Wettbewerbskraft des Gesamtunternehmens, der Filialen (z. B. Haus 01) oder Abteilungen zu.
Möglich sind beispielsweise:

- Vergleiche von Filialen bzw. Abteilungen untereinander
- Vergleiche von Filialen bzw. Abteilungen im Jahresablauf usw.

Eine bedeutende Zielgröße für das Einzelhandelsunternehmen ist der Umsatz, da von seiner Höhe der wirtschaftliche Erfolg im Wesentlichen abhängt. Umsatzkontrollen können unter verschiedenen Gesichtspunkten durchgeführt werden:

- Umsatz je Filiale, Abteilung, Warengruppe
- Umsatz je Verkäufer und Kunde
- Umsatz je m^2 Geschäftsfläche bzw. Verkaufsfläche

Ein Vergleich mit den Umsatzzahlen der Vorjahre oder der Branche zeigt positive oder negative Entwicklungen auf, die entsprechende Reaktionen der Unternehmensleitung ermöglichen.[2]

Kurzfristige Erfolgsrechnung

Grundsätzlich spiegelt ein computergestütztes Warenwirtschaftssystem das Sortiment artikelgenau in Form von betriebswirtschaftlichen Kennzahlen wider. So informiert das Warenwirtschaftssystem im Rahmen einer Umsatzanalyse – in der Einzelhandelspraxis kurzfristige Erfolgsrechnung (KER) genannt – ständig warengruppen- und artikelgenau u. a. über folgende Größen:

- Umsatzentwicklung
- Wareneingang
- Lagerbestände
- Lagerumschlagsgeschwindigkeit
- Preisänderungen
- erzielte Handelsspanne
- Rohertrag

Diese Größen, die dem Einzelhändler negative Tatbestände und Entwicklungstendenzen andeuten und die Quellen der Rentabilität aufdecken können, werden vom Warenwirtschaftssystem auf statistischem Weg – außerhalb der Buchführung – ermittelt. Die KER macht die innerbetriebliche Lage aufgrund einer ständigen, kurzfristigen Rentabilitätskontrolle auf Abteilungs-, Warengruppen- oder Artikelebene genau und in allen erforderlichen Einzelheiten bekannt. Damit wird eine Reihe von Anhaltspunkten für die Sortimentspflege und -kontrolle geliefert.

Die KER liefert der Betriebsführung des Einzelhandelsunternehmens Entscheidungsunterlagen, die von der GuV-Rechnung der Buchführung aus zwei Gründen nicht zur Verfügung gestellt werden können:

- Der Jahresabschluss kommt zu spät, da er in der Regel erst einige Zeit nach Abschluss des Wirtschaftsjahres zur Verfügung steht: Es wäre unsinnig, z. B. die Disposition für die folgende Wirtschaftsperiode erst dann zu ändern, wenn das durch die GuV-Rechnung ermittelte Betriebsergebnis nicht den Erwartungen entspricht.
  Damit der Einzelhandelsbetrieb unmittelbar auf Preisänderungen, Konjunkturbewegungen, modische Neuerungen und Konkurrenzmaßnahmen reagieren kann, muss das Betriebsergebnis in verhältnismäßig kurzen Zeitabständen überschaubar sein.

1 Siehe hierzu auch Ausführungen in Kap. 8.10 des 2. Ausbildungsjahres von „Handeln im Handel".
2 Weitere Informationen in Kap. 11.7.

- Da das Ergebnis der GuV-Rechnung ein Gesamtbetriebsergebnis ist, macht es den Anteil einzelner Abteilungen, Warengruppen oder Artikel am Rohertrag oder an der Rentabilität nicht transparent.

Das EDV-gestützte Warenwirtschaftssystem ermittelt im Rahmen der kurzfristigen Erfolgsrechnung u. a. folgende Faktoren:

- Umsatz zu Verkaufspreisen (Spalte 2 des folgenden Beispiels)
- Prozentanteil des Umsatzes einer Warengruppe am Gesamtumsatz (Spalte 3)
- durchschnittlicher Warenbestand zu Einstandswerten (Spalte 4)
- Prozentanteil des Warenbestands einer Warengruppe am Warenbestand (Spalte 5)
- „Erreichte Kalkulation": Rohertrag inkl. Umsatzsteuer (= Umsatz inkl. USt – Wareneinsatz)
  - in € (Spalte 6)
  - Prozentanteil der „Erreichten Kalkulation" einer Warengruppe an der „Erreichten Kalkulation" des Gesamtbetriebs (Spalte 7)
  - Prozentualer Unterschied zwischen Umsatz und Wareneinsatz, auf den Umsatz bezogen (Spalte 8): $\frac{(\text{Umsatz} - \text{Wareneinsatz}) \cdot 100}{\text{Umsatz}}$
- „Erreichter Aufschlag": Prozentualer Unterschied zwischen Umsatz und Wareneinsatz, auf den Wareneinsatz bezogen (Spalte 9)
- Lagerumschlag (Spalte 10)
- Rentabilitätszahl (Spalte 11)

BEISPIEL

Die KER der Raumausstattungsabteilung der Ambiente-Warenhaus-AG-Filiale in Düsseldorf :

1	2	3	4	5	6	7	8	9	10	11
Warengruppe	Umsatz		Ø WB zu EW		Erreichte Kalkulation			Erreicht.	LU	RZ
	in T€	%-Anteil	€	%-Anteil	T€	%-Anteil	% vom Umsatz	Aufschlag	X	
1 Bodenbelag	4.223,0	61,5	399.430,00	42,4	1.347,1	54,4	31,9	46,8	7,20	337
2 Teppiche	1.363,0	19,8	323.320,00	34,3	554,7	22,4	40,7	68,6	2,50	172
3 Gardinen	1.099,0	16,0	191.097,00	20,3	506,6	20,4	46,1	85,5	3,10	265
4 Tapeten	185,2	2,7	28.850,00	3,0	69,8	2,8	37,1	60,5	4,00	242
Gesamt	**6.870,2**	**100,0**	**942.697,00**	**100,0**	**2.478,2**	**100,0**	**36,1**	**56,4**	**4,66**	**263**

AUFGABEN

1. Was sind „Renner- und Pennerlisten"?
2. Warum ist es wichtig, die „Penner" im Sortiment zu erkennen?
3. Welche Maßnahmen sollten im Zusammenhang mit Langsamdrehern ergriffen werden?
4. Warum kann eine Renner-/Pennerliste, die durch ein Warenwirtschaftssystem zur Verfügung gestellt wird, einen höheren Informationswert für den Einzelhändler besitzen als Aussagen der Beschäftigten über die „Schnell-" und „Langsamdreher"?
5. Wozu kann der Ausdruck von Kennzahlen durch das EDV-gestützte Warenwirtschaftssystem im Rahmen der Leitungsinformationen dienen?
6. Welche Informationen erhält man über den Artikel „Milch, 1 l" in der Renner-/Pennerliste auf der Seite 114?
7. Wie kann die KER im Rahmen eines Warenwirtschaftssystems Aufschluss über die richtige Raumverwendung geben?
   Gehen Sie z. B. davon aus, dass die Warengruppe „Teppiche" in der KER im Beispiel oben 37 % der Verkaufsfläche einnimmt.
8. Ein Filialleiter vergleicht die Kennzahlen seiner Filiale (Seite 115) mit den Ergebnissen anderer Filialen. Als Durchschnitt wurden für diese ermittelt:
   - Umsatz je Verkaufskraft 21.453,00 €,
   - Umsatz je m² Geschäftsfläche 242,00 €.

   Welche Maßnahmen wird der Filialleiter wahrscheinlich ergreifen?

222270116

AKTIONEN

1. Herr Rischmüller, Vorstandsvorsitzender der Ambiente Warenhaus AG, lässt sich durch das Warenwirtschaftssystem für die Filiale in Hamburg eine Liste verschiedener Kennzahlen ausdrucken:

Anzahl Verkaufstage	23
Umsatz je Verkaufstag in €	4.320,00
Anzahl Kunden	954
Umsatz je Kunde in €	104,00
Anzahl Kunden pro Verkaufstag	41
Anzahl beschäftigte Personen	6,7
Umsatz je beschäftigte Person in €	14.830,00
Anzahl Verkaufskräfte	5
Umsatz je Verkaufskraft in €	19.873,00
Kunden je Verkaufskraft pro Tag	8
Größe der Geschäftsfläche in m^2	195,00
Umsatz je m^2 Geschäftsfläche in €	510,00
Größe der Verkaufsfläche in m^2	174,00
Umsatz je m^2 Verkaufsfläche in €	571,00
Erreichte Kalkulation in % vom Umsatz	49,80
Rohertrag in % vom Umsatz	37,50
Rohertrag je m^2 Verkaufsfläche in €	214,00
Rohertrag je beschäftigte Person in €	5.557,00
Rohertrag je Verkaufskraft in €	7.447,00
Rohertrag je T€ Lagerbestand in €	400,00

a) Geben Sie an, was die Kennzahlen
- Umsatz je beschäftigte Person
- Umsatz je m^2 Geschäftsfläche

im Einzelnen bedeuten.

b) Der Vorstandsvorsitzende erfährt durch das Warenwirtschaftssystem, dass die Durchschnittsergebnisse aller Filialen für
- Umsatz je beschäftigte Person: 18.950,00 €,
- Umsatz je m^2 Geschäftsfläche: 490,00 €

betragen.
Schlagen Sie der Unternehmensleitung Maßnahmen zur Situationsverbesserung in der Hamburger Filiale vor.

2. Führen Sie eine Umsatzanalyse mithilfe des WWS „Handeln im Handel" durch. Stellen Sie die jeweils best- bzw. schlecht gehenden Artikel hinsichtlich
- Lagerumschlagsgeschwindigkeit,
- Absatz,
- Rohertrag
- und Umsatz

fest.

3. a) Ermitteln Sie im Rahmen der Leitungsinformationen die Kennzahlen
- Umsatz je beschäftigte Person
- Rohertrag je beschäftigte Person
- Umsatz je Kunde

b) Geben Sie an, wie sich die Kennzahlen ändern, wenn der Umsatz auf 1.000.000,00 € steigt.

4. a) Stellen Sie fest, welche Artikel die höchste Rentabilitätszahl haben.

b) Zeigen Sie am Beispiel dieser beiden Artikel die Bedeutung der Rentabilitätskennzahl.

ZUSAMMENFASSUNG

EDV-gestützte Warenwirtschaftssysteme

- liefern neben dem Rechnungswesen Informationen zur Auswertung von Geschäftsprozessen
- verbessern für die Entscheidungsträger auf allen Unternehmensebenen die Informationsbasis
- steigern die Qualität der Entscheidungen im Unternehmen

KAPITEL 9

Wir treffen absatzpolitische Entscheidungen auf der Grundlage der Deckungsbeitragsrechnung

Die Ambiente Warenhaus AG führt in der Artikelgruppe Damenmäntel die Artikel Betty Jordan, Deco International, KTM und Steiger. Das Warenwirtschaftssystem liefert für diese Artikel folgende Daten:

	Betty Jordan	Deco Int.	KTM	Steiger
Absatzmenge in Stück	5	2	5	4
Nettoverkaufspreis in € je Stück	369,00	214,00	256,60	179,00
Bezugspreis in € je Stück	187,40	212,50	126,10	181,20
Kosten der Warenabgabe in € je Stück	2,00	2,00	2,00	2,00

Prüfen Sie, welche Entscheidungen die Leiterin der Warenwelt „Damen" auf der Grundlage dieser Daten treffen sollte.

INFORMATION

Deckungsbeitragsrechnung als Mittel der Sortimentskontrolle

Durch die ständige Kontrolle des Sortiments sollen Informationen über Sortimentslücken und nicht oder nur schwer verkäufliche Warenarten, Artikel und Sorten gewonnen werden. Dazu können insbesondere folgende Methoden angewendet werden:

- **Fehl- und Nichtverkaufskontrolle**

Von Fehlverkäufen wird gesprochen, wenn eine Ware, die grundsätzlich im Sortiment geführt wird, zum Zeitpunkt der Nachfrage durch den Kunden nicht auf Lager war.

Von Nichtverkäufen spricht man, wenn Kunden eine Ware nachfragen, die im bestehenden Sortiment nicht geführt wird.

- **Sortimentskontrolle durch die kurzfristige Erfolgsrechnung**

Die Auswertung der kurzfristigen Erfolgsrechnung hilft wirtschaftliche und unwirtschaftliche Artikel im Sortiment aufzuspüren.
Für die Sortimentskontrolle eignet sich als Instrument der kurzfristigen Erfolgskontrolle besonders gut die Deckungsbeitragsrechnung.

DEFINITION

Mit der **Deckungsbeitragsrechnung** werden die Beträge ermittelt, mit denen die einzelnen Artikel, Warenarten und Warengruppen eines Sortiments zur Deckung der umsatzunabhängigen Kosten (fixen Kosten) des Handelsbetriebs beitragen.

Voraussetzung für die Deckungsbeitragsrechnung ist, dass alle Kosten des Einzelhandelsbetriebs in fixe und variable Kosten getrennt werden.

Die **fixen Kosten** eines Einzelhandelsbetriebs sind seine Kosten der Betriebsbereitschaft. Sie entstehen **unabhängig vom Umsatz,** also selbst dann, wenn überhaupt keine Waren verkauft wurden.

BEISPIELE FÜR FIXE KOSTEN

Personalkosten, Mieten, Abschreibungen auf Sachanlagen, Abgaben und Pflichtbeiträge

Die **variablen Kosten** eines Einzelhandelsbetriebs **verändern sich mit dem Umsatz.** Sie steigen mit zunehmendem Umsatz und sinken bei einem Umsatzrückgang.

222270118

BEISPIELE FÜR VARIABLE KOSTEN

- Kosten des Wareneinsatzes (= Bezugspreis der verkauften Ware)
- die variablen Handlungskosten, z. B.
  - Kosten der Warenabgabe und Warenzustellung (Aufwendungen für Verpackungsmaterial, Frachten)
  - Vertriebsprovisionen

Diese Kosten lassen sich den einzelnen Artikeln, Warenarten und Warengruppen direkt zuordnen.

BEISPIELE

	Kleid von Deco	Kleid von KTM
Wareneinsatzkosten	89,89 €	84,90 €
+ 10 % Provision	8,99 €	8,49 €
= variable Kosten	98,88 €	93,39 €

Um die Deckungsbeiträge für die einzelnen Artikel, Warenarten und Warengruppen zu ermitteln, werden von den Verkaufserlösen der Artikel die jeweils durch sie verursachten variablen Kosten abgezogen.

Die Deckungsbeiträge können je Stück oder für eine Periode ermittelt werden.

Ermittlung des Deckungsbeitrags je Stück

	Nettoverkaufspreis
./.	Bezugspreis
=	Rohgewinn je Stück
./.	variable Handlungskosten je Stück
=	Deckungsbeitrag je Stück

BEISPIEL MANTEL VON KTM

	Nettoverkaufspreis	256,60 €
./.	Bezugspreis	126,10 €
=	Rohgewinn	130,50 €
./.	variable Handlungskosten je Stück	2,00 €
=	Deckungsbeitrag je Stück	128,50 €

Der Verkauf eines Mantels von KTM trägt also mit 128,50 € zur Deckung der fixen Kosten der Ambiente Warenhaus AG bei.

Ermittlung des Deckungsbeitrags für eine Periode

	Umsatzerlöse (= Nettoverkaufspreis · verkaufte Menge)
./.	Wareneinsatz
=	Rohgewinn für die Periode
./.	variable Handlungskosten für die Periode
=	Deckungsbeitrag für die Periode

BEISPIEL MANTEL VON KTM

	Umsatzerlöse	1.283,00 €
./.	Wareneinsatz	630,50 €
=	Rohgewinn für die Periode	652,50 €
./.	variable Handlungskosten für die Periode	10,00 €
=	Deckungsbeitrag für die Periode	642,50 €

Der Verkauf der Mäntel von KTM trug demnach in dieser Periode mit insgesamt 642,50 € zur Deckung der fixen Kosten der Ambiente Warenhaus AG bei.

Artikel mit positivem Deckungsbeitrag müssen anvisiert werden.

Sortimentspolitische Entscheidungen auf der Grundlage der Deckungsbeitragsrechnung

Jeder Artikel, dessen Umsatzerlöse über den durch ihn verursachten variablen Kosten liegen, erbringt einen positiven Beitrag zur Deckung der fixen Kosten eines Betriebs und leistet damit einen positiven Beitrag zum Betriebserfolg.

Wenn ein Einzelhandelsunternehmen über genügend freie Kapazitäten verfügt, ist es daher immer sinnvoll, alle Artikel mit positiven Deckungsbeiträgen im Sortiment zu belassen.

Ein Artikel, dessen Umsatzerlöse niedriger sind als die durch ihn verursachten variablen Kosten, erbringt einen negativen Beitrag zur Deckung der fixen Kosten und schmälert damit den Betriebserfolg. Durch die Herausnahme dieses Artikels aus dem Sortiment kann das Einzelhandelsunternehmen seinen Betriebserfolg verbessern.

BEISPIEL

Die Ambiente Warenhaus AG führt in der Artikelgruppe „Badetücher" die Artikel MEWA, GOSSA, FRIWA und JOFA. Das Warenwirtschaftssystem der Ambiente Warenhaus AG liefert für diese Artikel folgende Daten:

	Umsatzerlöse	Wareneinsatz	variable Handlungskosten
MEWA	50.000,00 €	36.500,00 €	15.150,00 €
GOSSA	80.000,00 €	44.200,00 €	18.200,00 €
FRIWA	120.000,00 €	72.000,00 €	22.160,00 €
JOFA	74.000,00 €	41.500,00 €	17.300,00 €

Für die einzelnen Artikel ergeben sich folgende Deckungsbeiträge:

Artikel	MEWA	GOSSA	FRIWA	JOFA
Umsatzerlöse	50.000,00 €	80.000,00 €	120.000,00 €	74.000,00 €
./. Wareneinsatz	36.500,00 €	44.200,00 €	72.000,00 €	41.500,00 €
= Rohgewinn	13.500,00 €	35.800,00 €	48.000,00 €	32.500,00 €
./. variable Handlungskosten	15.150,00 €	18.200,00 €	22.160,00 €	17.300,00 €
= Deckungsbeitrag	**– 1.650,00 €**	17.600,00 €	25.840,00 €	15.200,00 €
Summe der Deckungsbeiträge	56.990,00 €			

Der Artikel MEWA weist einen negativen Deckungsbeitrag auf. Wenn dieser Artikel aus dem Sortiment herausgenommen wird, fallen die durch ihn verursachten variablen Kosten nicht mehr an. Durch die Herausnahme dieses Artikels aus dem Sortiment verbessert sich die Summe der Deckungsbeiträge um 1.650,00 € auf 58.640,00 €.

Möglichkeiten der Sortimentsveränderung

Wenn durch Sortimentskontrollen Lücken im Sortiment oder nicht bzw. schwer verkäufliche Artikel festgestellt werden, sind Sortimentsveränderungen erforderlich. Durch Bereinigung und Erweiterung versuchen Einzelhandelsunternehmen, ihr Sortiment an das veränderte Nachfrageverhalten der Kunden anzupassen. Dadurch soll die Leistungsfähigkeit des Einzelhandelsbetriebs erhöht werden.

Bei einer **Sortimentsbereinigung** werden bestimmte Artikel und Sorten aus dem Sortiment gestrichen. Dadurch wird der Sortimentsumfang verringert.

Bei einer **Sortimentserweiterung** werden zusätzliche Artikel und Sorten in das Sortiment aufgenommen. Die Aufnahme zusätzlicher Artikel und Sorten in schon bestehende Warenarten und Warengruppen führt zu einer Vertiefung des Sortiments. Die Aufnahme zusätzlicher Warengruppen führt zu einer Sortimentsverbreiterung. Eine besondere Form der Sortimentserweiterung ist die **Diversifikation.**

DEFINITION

Diversifikation bedeutet die Aufnahme bedarfsverwandter oder sonstiger Waren und Leistungen, die in keinem direkten Zusammenhang mit dem bisherigen Betätigungsfeld des Unternehmens stehen.

Dabei kann zwischen horizontaler, vertikaler und lateraler Diversifikation unterschieden werden.

222270120

- Bei der **horizontalen Diversifikation** dehnt das Unternehmen seine Aktivitäten auf Bereiche aus, die auf derselben Wirtschaftsstufe liegen. Mit den neu aufgenommenen Waren und Leistungen wendet sich das Unternehmen in der Regel an bereits vorhandene Kunden oder an Abnehmer, die sich auf derselben Wirtschaftsstufe wie diese befinden.

BEISPIELE

- Ein Lebensmittelgeschäft nimmt Blumen in sein Sortiment auf.
- Das Textilkaufhaus Wehrmann nimmt Schuhe in sein Sortiment auf.

- Bei der **vertikalen Diversifikation** werden Produkte der vor- oder nachgelagerten Wirtschaftsstufen in das Sortiment aufgenommen.

BEISPIELE

- Ein Textilkaufhaus kauft eine Wäschefabrik.
- Eine Haushaltswarengroßhandlung eröffnet ein Haushaltswarenfachgeschäft und verkauft Waren auch direkt an Endverbraucher.

- Bei der **lateralen Diversifikation** werden Produkte in das Sortiment aufgenommen, die in überhaupt keinem Zusammenhang zum bisherigen Sortiment stehen.

BEISPIELE

- Das Textilkaufhaus Wehrmann kauft ein Softwareunternehmen.
- Ein Unterhaltungselektronikfachmarkt eröffnet ein Sportartikelfachgeschäft.

Ermittlung der Preisuntergrenze mithilfe der Deckungsbeitragsrechnung

Ein Einzelhandelsunternehmen kann langfristig nur bestehen, wenn seine Gesamtkosten (fixe und variable Kosten) über den Verkaufspreis abgedeckt werden. Zahlreiche Situationen verlangen von den Unternehmen jedoch für einzelne Artikel oder Artikelgruppen eine Preisstellung, bei der vorübergehend oder ganz auf die Deckung von Teilen der Kosten verzichtet wird (Verkaufspreis < Selbstkostenpreis).

BEISPIELE

- Einführungspreise für neue Produkte
- Preissenkungen aufgrund niedrigerer Konkurrenzpreise
- Preise im Rahmen von Verkaufsförderungsaktionen

In solchen Situationen muss die Preisuntergrenze ermittelt werden, bis zu der eine Preissenkung für das Einzelhandelsunternehmen möglich und wirtschaftlich sinnvoll ist. Diese **kurzfristige Preisuntergrenze** für einen Artikel liegt dort, wo der Verkaufspreis sämtliche durch diesen Artikel direkt verursachten Kosten deckt.

Die kurzfristige Preisuntergrenze lässt sich mithilfe der Deckungsbeitragsrechnung bestimmen.

Bei der Ermittlung der Preisuntergrenze mithilfe der Deckungsbeitragsrechnung wird auf die Deckung der fixen Handlungskosten verzichtet und nur die Deckung der variablen Kosten des Artikels angestrebt. Der Verzicht auf die Deckung der fixen Kosten lässt sich damit begründen, dass diese Kosten dem Einzelhandelsbetrieb auch entstanden wären, wenn er den betreffenden Artikel nicht führen würde beziehungsweise der Kundenauftrag abgelehnt worden wäre.

BEISPIEL

Kunden der Ambiente Warenhaus AG sind bereit, für Tischdecken der Marke „Exclusiv" höchstens 23,00 € je Tischdecke zu zahlen.

Die Ambiente Warenhaus AG kann diese Tischdecken zu einem Bareinkaufspreis je Stück von 20,00 € beziehen. Die Bezugskosten je Stück betragen 2,00 €, die variablen Handlungskosten (Manipulationskosten des Artikels) 0,50 € je Tischdecke.

Ermittlung der Preisuntergrenze:

	Bareinkaufspreis	20,00 €
+	Bezugskosten	2,00 €
=	Bezugspreis (Einstandspreis)	22,00 €
+	variable Handlungskosten	0,50 €
=	Preisuntergrenze	22,50 €

Die Preisuntergrenze für die Tischdecke der Marke „Exclusiv" beträgt 22,50 €. Ein der Preisuntergrenze entsprechender Verkaufspreis deckt sämtliche durch diesen Artikel entstandenen variablen Kosten ab.

Der Verkauf der Tischdecken lohnt sich für die Ambiente Warenhaus AG, da der Verkaufspreis von 23,00 € über der ermittelten Preisuntergrenze von 22,50 € liegt. Er deckt nicht nur die variablen Kosten des Artikels, sondern leistet darüber hinaus einen positiven Deckungsbeitrag von 0,50 € je verkauftes Stück zur Deckung der fixen Kosten der Ambiente Warenhaus AG.

Mischkalkulation

Wenn Einzelhandelsbetriebe aus Wettbewerbsgründen einzelne Artikel zu Verkaufspreisen anbieten müssen, die nicht zur Deckung der Handlungskosten und zur Erwirtschaftung eines angemessenen Gewinns ausreichen, müssen sie andere Artikel ihres Sortiments zum Ausgleich mit einer überdurchschnittlichen Handelsspanne kalkulieren (Misch- oder Ausgleichskalkulation[1]).

AUFGABEN

1. Die Ambiente Warenhaus AG will Jeans „Benzol 201“ und Jeans „Petrol 102“ als Sonderangebote im Rahmen einer Verkaufsförderungsaktion anbieten. Die Ambiente Warenhaus AG kalkuliert mit folgenden Daten:

	Benzol 201	Petrol 102
Listeneinkaufspreis	120,00 €	110,00 €
Liefererrabatt	40 %	50 %
Liefererskonto	3 %	2 %
Bezugskosten	2,00 €	2,00 €
variable Handlungskosten	5,00 €	4,00 €

Ermitteln Sie die Preisuntergrenzen für die Jeans „Benzol 201“ und die Jeans „Petrol 102“.

2. Ein Einzelhandelsunternehmen führt folgende Artikel:

Artikel	1	2	3	4
Absatz (Stück)	4000	2000	8000	5000
Nettoverkaufspreis (€)	100,00	120,00	70,00	80,00
variable Handlungskosten je Stück (€)	40,00	100,00	30,00	50,00

Das Einzelhandelsunternehmen gewährt seinen Kunden auf alle Erzeugnisse 3 % Skonto und 5 % Rabatt.

a) Ermitteln Sie die Deckungsbeiträge je Artikel und die Summe der Deckungsbeiträge.

b) Zur Verbesserung des Betriebsergebnisses will der Einzelhändler das Sortiment verändern. Welche Sortimentsveränderung empfehlen Sie?

3. Die Sanitärhandlung Becker OHG führt in ihrem Sortiment drei verschiedene Waschtischarmaturen:

Waschtischarmatur	WA 123	WA 264	WA 186
Umsatzerlöse (€)	70.000,00	80.000,00	90.000,00
Variable Kosten (€)	63.000,00	59.000,00	92.000,00

Welche Sortimentsveränderung sollte die Sanitärhandlung Becker OHG durchführen, um das Betriebsergebnis zu verbessern?

4. Welche Hilfe bietet die kurzfristige Erfolgsrechnung bei der Sortimentskontrolle?

5. Welches Ziel verfolgt ein Einzelhandelsbetrieb mit einer Sortimentsbereinigung?

6. Warum führen Einzelhandelsbetriebe Sortimentserweiterungen durch?

7. Welche Sortimentserweiterung wird als Diversifikation bezeichnet?

1 Siehe dazu auch Kap. 9.2 des 2. Ausbildungsjahres von „Handeln im Handel“.

222270122

AKTIONEN

1. Der Artikelbericht der Artikelgruppen „Lebensmittel" und „Molkereiprodukte" dient dem Marktleiter des Supermarkts Freese GmbH als Unterlage für die Kontrolle seines Sortiments.

Artikelbericht (Auszug)

ART.-BERICHT VON 6. FEBRUAR BIS 12. FEBRUAR 20.. FILIALE: 001

WARENGRUPPE 1 ***** LEBENSMITTEL *****

ARTIKEL-NR.	BEZEICHNUNG	VK-PREIS	VK-ST.	BESTAND VK	UMSATZ	KALK. %	ABV.
INTERNE NR.		EK-PREIS	BESTAND	BESTAND EK	GEWINN	ERZ. %	
4020514	SENF 100 ML	1,390	23	93,94	31,97	26,32	12
10001		0,899	77	69,22	9,86	30,85	
400011510051	PFEFFER	1,990	19	54,25	37,81	29,77	19
10004		1,229	31	38,10	12,83	33,92	
400052821203	QUARKFEIN	1,040	8	83,72	8,32	28,02	4
20001		0,655	92	60,26	2,70	32,48	
401330002939	LOTUS TEA	3,490	5	58,14	17,45	23,04	8
10002		2,355	19	44,75	4,84	27,76	

WARENGRUPPE 2 ***** MOLKEREIPROD. *****

ARTIKEL-NR.	BEZEICHNUNG	VK-PREIS	VK-ST.	BESTAND VK	UMSATZ	KALK. %	ABV.
INTERNE NR.		EK-PREIS	BESTAND	BESTAND EK	GEWINN	ERZ. %	
40363707	MAGERQUARK	1,390	22	49,40	30,58	24,23	18
30001		0,985	38	37,43	7,41	24,23	
570466113328	FRISCHKÄSE	0,890	1	46,02	0,89	23,71	1
30003		0,595	59	35,11	0,25	28,32	

Aus dem Artikelbericht kann der Marktleiter für jeden Artikel den Verkaufspreis (VK-Preis) und Bezugspreis (EK-Preis) pro Stück, die in der Zeit vom 6. Febr. bis 12. Febr. verkauften Stück (VK-Stück), den Lagerbestand in Stück (Bestand), den Lagerbestand bewertet zu Verkaufspreisen (Bestand VK) und zu Einkaufspreisen (Bestand EK), den Umsatz in der Zeit vom 6. Febr. bis 12. Febr., den Rohertrag in Euro (Gewinn) und in Prozent (ERZ %) sowie den Abverkauf in Prozent (ABV %) entnehmen.

Versetzen Sie sich in die Situation des Marktleiters. Werten Sie den Artikelbericht aus und schlagen Sie Maßnahmen vor, die der Supermarkt Freese GmbH zur Verbesserung seiner wirtschaftlichen Situation durchführen sollte.

2. Entwickeln Sie ein Excel-Arbeitsblatt zur Ermittlung der Deckungsbeiträge der Artikel einer Artikelgruppe, die Ihr Ausbildungsbetrieb in seinem Sortiment führt.

ZUSAMMENFASSUNG

Absatzpolitische Entscheidung mithilfe der Deckungsbeitragsrechnung

Sortimentspolitische Entscheidungen

Sortimentsbereinigung: Herausnahme von Artikeln mit negativen Deckungsbeiträgen

Preispolitische Entscheidungen

Ermittlung der **Preisuntergrenze,** bis zu der eine Preissenkung für den Einzelhandelsbetrieb möglich und wirtschaftlich sinnvoll ist

12 MIT MARKETINGKONZEPTEN KUNDEN GEWINNEN UND BINDEN

Mit Marketingkonzepten Kunden gewinnen und binden

Lernsituation

Die Verantwortlichen der Ambiente Warenhaus AG sind mit der Absatzentwicklung von einigen Produkten ihrer Warenwelt „Sport“ unzufrieden. Bei näherer Betrachtung stellt sich die Situation dieser „Sorgenkinder“, wie sie Herr Rischmüller auch zu nennen pflegt, wie folgt dar:

Warengruppe	Umsatzanteil aktuell	Entwicklung des Unternehmens in den Vorjahren			
		(1)	(2)	(3)	(4)
Heimtrainer-Systeme	8,7 %	+ 3,2 %	+ 1,7 %	+ 0,5 %	– 3,9 %
Mountain- und Trekkingfahrräder	12,8 %	+ 7,6 %	+ 5,6 %	+ 1,8 %	+ 0,4 %
Sport- und Freizeitschuhe	23,4 %	+ 12,3 %	+ 3,7 %	+ 5,3 %	– 1,6 %

Herr Rischmüller ist hierüber einigermaßen verstimmt, hat doch bei aller sonst zu beklagenden Absatzentwicklung im Einzelhandel gerade der Sportartikelbereich in der jüngsten Vergangenheit in der Ambiente Warenhaus AG für einigermaßen stabile bzw. sogar moderat steigende Absatzzahlen gesorgt.

Da neben der Feststellung der aktuellen (Ist-)Situation und der Entwicklungstendenzen immer die Frage nach den **Ursachen der Abweichungen** bei den Umsatzanteilen bzw. Entwicklungen gestellt werden muss, beruft Herr Rischmüller eine außerordentliche Abteilungsleiterkonferenz ein.

In dieser ersten Krisensitzung führt der Vorstandsvorsitzende aus:

„... ist der Umsatz der einzige Wert, über den das Nachfrageverhalten der Kunden abgelesen werden kann. Er besagt, ob unsere Produkte bei unseren Kunden ankommen oder nicht. Insofern sind auch die folgenden Fragen und deren Beantwortung für uns äußerst wichtig:

- Was ist der eigentliche Grund für den auffälligen Umsatzrückgang bei den Warengruppen „Heimtrainer-Systeme“ und „Sportschuhe“?
- Warum konnten wir unsere Kunden in diesen Bereichen nicht halten; warum konnten wir sie offensichtlich nicht von unseren Produkten überzeugen?
- Warum waren die Warengruppen „Mountain- und Trekkingfahrräder“ sowie „Sport- und Freizeitschuhe“ in der Vergangenheit überaus erfolgreich und warum sind sie es jetzt nicht mehr in diesem Maße?
- Warum sind insbesondere bei den Sport- und Freizeitschuhen und unseren Heimtrainern die Umsätze so zurückgegangen?
- Wie können wir die Entwicklung wieder umkehren?

Diese Fragen und weitere mehr gilt es zu untersuchen und zu beantworten – und ich will Antworten, und zwar recht schnell. Bitte denken Sie intensiv darüber nach, wie wir mit einer durchdringenden und überzeugenden marketingpolitischen Strategie unsere Kunden in diesem Sportsegment wieder erreichen können. Setzen Sie das gesamte absatzpolitische Instrumentarium ein, um die flaue Nachfrage nach diesen für uns wichtigen Umsatzträgern in kurzer Zeit vergessen zu machen.

Ein etabliertes Unternehmen wie das unsrige, meine Damen und Herren, hat an die Bindung von bestehenden Kunden zu denken. Das Kundenverhalten ist ein wichtiges Zeichen dafür, ob ein Unternehmen ‚rund‘ läuft oder aber womöglich Probleme hat.“

Herr Rischmüller greift zu seinem noch halb gefüllten Glas Wasser, leert es mit einem Zug und fährt dann mit seinen Ausführungen fort:

„Wir erwirtschaften in der Warenwelt ‚Sport‘ mittlerweile 80 % unseres Umsatzes mit 20 % unserer Kunden. Diese **Kern-Kunden** müssen wir ermitteln; sie müssen bei allen unseren Bemühungen im Vordergrund stehen.

Insofern möchte ich, dass unverzüglich und zunächst auf einen Zeithorizont von 3 Monaten bezogen verstärkt Aktionen anlaufen, die

- bisherige Kunden weiterhin im Unternehmen halten, aber auch
- aus unseren Laufkunden gebundene Kunden machen und
- ehemalige Kunden zu unserem Unternehmen zurückbringen.

Und eines, meine Damen und Herren, möchte ich an dieser Stelle mit Nachdruck nochmals unterstreichen: Die Schlüsselgröße ist und bleibt ein **zufriedener Kunde**.

In diesem Zusammenhang gestatten Sie mir einige Bemerkungen zu unseren E-Commerce Aktivitäten. Mehr als jemals zuvor nutzen Kunden heutzutage das Internet bzw. mobile Endgeräte z. B. für Kommunikation und Recherche, aber auch für den Einkauf von Waren und Dienstleistungen. Das Stichwort ist ‚Couch Commerce', die neue Art des mobilen Einkaufens: bequem von der Couch, mit einfachen Fingergesten über ein mobiles Endgerät, online einkaufen.

Schon seit Jahren stark wachsende Umsätze im Onlinehandel und weiter zunehmende Internet-Nutzerzahlen machen ein attraktives Internetangebot für uns absolut wichtig. Heute erwarten unsere Kunden einen ausgereiften Internetauftritt, der ausführliche und aktuelle Informationen über unser Unternehmen und seine Produkte und Dienstleistungen bereithält. Ebenso ist es selbstverständlich, dass unser Warenangebot gleich online bestellt und je nach Produkt bestenfalls gleich genutzt werden kann. Unsere Cross-channel-Strategie muss daher gleichzeitig hinsichtlich ihrer Benutzerfreundlichkeit genau auf die neuen Bedienkonzepte ausgerichtet werden.

Es ist abzusehen, dass der Verkauf über das Internet auch in Zukunft weiter an Fahrt gewinnt und uns interessante Chancen zur Gewinnung neuer Zielgruppen bzw. zur Bindung von Bestandskunden eröffnet.

Ich erwarte daher, dass unsere bereits bestehenden Absatzkanäle weiter optimiert, d. h. miteinander verzahnt und ergänzt werden. Meine genauen zeitlichen Vorstellungen für diesen Nachholbedarf werde ich Ihnen in den nächsten zwei Tagen vorlegen."

Nach einer kurzen Diskussion über die **Bedeutung der Kundenzufriedenheit und das Internet** für die Ambiente Warenhaus AG beendet Herr Rischmüller diesen Tagesordnungspunkt mit zwei abschließenden Sätzen:

„Wenn ein Kunde zur Konkurrenz abgewandert ist, weil er mit unseren Produkten, dem Service und/oder *unserer Onlinepräsenz* nicht zufrieden war, ist es schon zu spät. Daher müssen wir als ein am Markt erfolgreich handelndes Einzelhandelsunternehmen regelmäßig prüfen, wie zufrieden unsere Kunden sind und wo die Gründe für eine mögliche Unzufriedenheit liegen.

Kommen wir nun zu weiteren Ergebnissen der aktuellen Marktbeobachtung im Sportsektor, zu der Frau Bode einige spezielle Ausführungen machen wird."

Frau Bode:

- „Wir haben – auch im Zusammenhang mit der in der letzten Woche stattgefundenen Sportartikelmesse Ispo – nochmals die Bestätigung erhalten, dass mittlerweile der Fußballschuh auch ein Modeschuh geworden ist. Vor allem in der sportlichen Damenwelt sind solche Modelle gefragt. Trendige Schuhe mit ‚Multinockensohle', die man optisch primär mit einem Fußballplatz in Verbindung bringt, werden derzeit zu 90 % in der Freizeit getragen. Derartige Lifestyle-Impulse sind wichtig, denn der Fußball als Vereinssport hat in Deutschland schon bessere Zeiten gesehen. Was für diesen speziellen Fall gilt, ist auch – wie wir alle wissen – auf fast den gesamten Sportschuhbereich übertragbar.

- Des Weiteren ‚in' ist in Deutschland das sportliche Wandern mit Stöcken in Form von ‚Nordic Walking' und diversen Varianten. Dieser derzeit bedeutendste Trend, dem mit steigender Tendenz schon zwei Millionen Bundesbürger frönen, hat dem Handel neue Absatzhorizonte erschlossen. Die Ambiente Warenhaus AG hat in diesem Segment zu wenig getan, ja vielleicht sogar die Zeichen der Zeit aus welchen Gründen auch immer verschlafen (ein strenger Blick geht hinüber zum Leiter der Warenwelt ‚Sport', Herrn Friedrichs).

  Auch hier spielt selbstverständlich eine entsprechende Outdoor-Mode eine wichtige Rolle. Kunden wollen sich von anderen Menschen absetzen, auch wenn sie nur mit atmungsaktiven Schuhen und einer wasserfesten Jacke zum Briefkasten gehen, so meine feste Überzeugung.

  Wir müssen deshalb in Zukunft verstärkt auf die Stabilisierung dieser Marktsegmente setzen und sie den neuen Wünschen einer Generation anpassen, die ein starkes Fitnessbedürfnis hat. Gleichzeitig müssen wir eigene Angebotssegmente für Frauen und Senioren weiter auf- und ausbauen. Sie wollen durch ein persönliches Fitnessprogramm, das regelmäßiges Laufen und alle Formen

222270126

von Nordic Walking einschließt, aktiv und jung bleiben.

- Drittens: Auch ist es in allen Schichten wieder sehr beliebt, in die Berge zu gehen. Freizeitforscher sprechen hier von einem ‚Marlboro-Feeling'. Jeder zehnte Deutsche zwischen 14 und 19 Jahren hat zuletzt seinen Urlaub draußen in der Natur verbracht und auf Komfort weitgehend verzichtet. Im Alter zwischen 50 und 65 Jahren ist es sogar jeder Dritte gewesen.

Obwohl viele Sportartikel aus Rohöl gefertigt werden – übrigens liegt der Anteil der Grundstoffe, die auf Öl basieren, z. B. bei einem Paar Ski bei 80 % – und obwohl das Öl immer teurer wird, können wir uns Preiserhöhungen in dieser schwierigen Zeit nicht leisten, worüber zwischen allen Anwesenden, glaube ich, Einigkeit besteht. Lassen Sie uns daher aus der Not eine Tugend machen und im Rahmen der zu entwickelnden Marketingkonzeption unser Preisbewusstsein in der Kommunikation mit unseren Kunden gebührend herausstellen.

Uns ist darüber hinaus ja allen bekannt, dass die Konkurrenz bereits ähnliche Angebote wie die gerade genannten bereithält und die passende Kundschaft bereits identifiziert hat. Ob sich diese Kunden nun zukünftig für unser Angebot oder ein anderes entscheiden, hängt vom sogenannten USP (‚unique selling proposition' = einzigartiger Vorteil) ab. Dieser kann z. B. im besonderen Produktnutzen, in der räumlichen Nähe unseres Unternehmens zum Kunden, einem besonderen Service oder wie gesagt im Preis liegen. An dieser Stelle möchte ich Sie, Frau Hauck, bitten, mit den Ausführungen aus der Sicht des Verkaufs fortzufahren."

Frau Hauck:
„Traditionell setzen wir in unseren Häusern nach wie vor auf unsere persönliche Beratung. Nur dadurch schaffen wir beim Umsatz für uns den nötigen Mehrwert. Wir werden daher in Zukunft wesentlich energischer gegen den immer stärker werdenden ‚Beratungsdiebstahl' in unserer Branche vorgehen müssen. Nach meiner persönlichen Einschätzung hat er enorm zugenommen.

Viele Kunden kommen in unsere Filialen, lassen sich dort ausführlich von unserem Fachpersonal beraten und nutzen dann diese Kenntnisse, um Rabatte herauszuholen oder im Internet oder in Großbetriebsformen unserer Branche einzukaufen. Unser Unternehmen wird also von immer mehr Kunden ausgenutzt und indirekt vom Verbraucher dafür bestraft, dass es eine große Anzahl von gut ausgebildeten Mitarbeitern beschäftigt.

Als gut positioniertes Warenhaus müssen wir uns daher fragen, ob Verbraucher denn bereit wären, für diese Beratung, die bisher immer im Preis inbegriffen war, auch im Sinne eines fairen Angebots extra zu bezahlen. Die Antwort wissen wir noch nicht. Was wir aber wissen, ist, dass hier in Zukunft von beiden Seiten umgedacht werden muss, beim Handel und beim Verbraucher. An dieser Stelle greifen dann auch weitere Überlegungen hinsichtlich des verstärkten **Ausbaus unseres Angebots über das Internet**, das insgesamt und gemessen an den Aktivitäten der Konkurrenz – wie bereits ausgeführt – noch starkes Ausbaupotenzial hat.

Was erwarten wir nun als Ambiente Warenhaus AG insgesamt von der weiteren Entwicklung? In erster Linie neue Marken, neue Produkte, neue Ideen. Dabei ist die Nachfrage nach Qualitätsprodukten nicht nur in unseren einzelnen Filialen gestiegen. Wir hoffen, so wie bei ‚Inlineskating' oder ‚Nordic Walking' wieder echte neue Trendprodukte zu finden, vor allem für unsere jugendlichen Käufer – Trends, die dann zu Dauerbrennern werden. Wie beispielsweise der neue Volkssport ‚Nordic Walking'.

Beim Nachdenken über eine Neupositionierung in der Warenwelt ‚Sport' werden wir sicher mit großer Aufmerksamkeit das komplette Outdoor-Angebot für Frauen unter die Lupe nehmen müssen. Selbstverständlich sollten wir auch alles das einbeziehen, was mit Running – mittlerweile eine Ganzjahresaktivität –, Fitness, Outdoor und wie gesagt mit Nordic Walking zu tun hat. Das schließt auch die neuen Entwicklungen im Langlauf ein, die von der Nordic-Walking-Begeisterung angestoßen worden sind.

Ganz wichtig für uns ist auch das Suchen und Finden von **sinnvollen Marketing- und Promotion-Kooperati-onen** zwischen unseren Industriepartnern und uns."

Nach weiteren interessanten und kontroversen Redebeiträgen ging die Sitzung erst zu später Stunde zu Ende.

Das Ergebnis unter den Beteiligten war einstimmig:

Es soll umgehend ein offensives, aggressives Marketingkonzept erarbeitet werden, um verloren gegangene Marktanteile in der „Warenwelt Sport" zurückzugewinnen. *„Marketing bedeutet Aufbruch statt Zurückhaltung!"*, lautet die ausgegebene Devise von Herrn Rischmüller, womit er auch gleichzeitig die Abteilungsleiter in die Pflicht nahm, im Rahmen der Sortimentspolitik über entsprechende Veränderungen nachzudenken. Nichts sollte mehr tabuisiert werden.

Darüber hinaus soll die Ambiente Warenhaus AG in Zukunft verstärkt insbesondere in den Markt Wandern/Urlaub in der Natur eingreifen und ihn aktiv beeinflussen und mitgestalten.

Außerdem hatte Herr Rischmüller betont, dass die aktuelle Absatzproblematik auch zum Anlass genommen werden solle, die **Crosschannel-Strategie** für das Unternehmen weiter auszubauen und dabei natürlich überzeugend zu verbessern.

Sie sind in dieser Situation aufgefordert, bei der Entwicklung einer entsprechenden *Marketingkonzeption* mitzuhelfen und die folgenden in der Abteilungsleitersitzung festgelegten Beschlüsse umzusetzen.

1. Die Gründe für unterschiedliche Entwicklungen, verbunden mit Veränderungen bei Warengruppenanteilen, die von den Erwartungen abweichen, können vielschichtig sein.
   Ermitteln Sie mithilfe der Methode des Brainstormings, welche Gründe dies sein könnten.

2. Da es bei der Entwicklung der Marketingkonzeption keinerlei zu beachtende Vorgaben seitens der Geschäftsleitung gibt, bedeutet das konkret für Ihre Arbeit, dass Sie im Rahmen der Sortimentspolitik, der Preis- und Konditionenpolitik, der Distributionspolitik, der Kundendienstpolitik und der Kommunikationspolitik frei sind in der Festlegung Ihrer absatzpolitischen Entscheidungen.
   a) – Informieren Sie sich mithilfe des Lehrbuches über das Wesen des Marketings (Bearbeitung mithilfe der SQ3R-Methode).
      – Erstellen Sie eine Mindmap, die alle wichtigen Informationen zum Marketing enthält.
   b) Diskutieren Sie anschließend im Plenum die entscheidenden Fragen einer möglichen Sortimentsveränderung.
   c) Formulieren Sie gemeinsam ein oder mehrere realistische Marketingziele (Was will die Ambiente Warenhaus AG in diesem Jahr erreichen?).
   d) – Führen Sie mit den Ihnen zur Verfügung stehenden Mitteln eine Marktforschung bzw. eine Markterkundung durch.
      Erstellen Sie für diese Zwecke u. a. einen Fragebogen und führen Sie die Befragung durch.
      – Setzen Sie auch informationstechnische Systeme zur Sammlung und Auswertung von Marktinformationen und Kundendaten ein.
      – Denken Sie daran: „Kunden gewinnen" ist planbar. Grundlage jeder Planung ist dabei die möglichst detaillierte und aktuelle Kenntnis des Marktes (Markt-Unternehmensanalyse).
      – Werten Sie die Ergebnisse Ihrer Forschungen gemeinsam aus und leiten Sie daraus eine Marktprognose ab.

3. a) Jede Warengruppe sollte ihren eigenen Marketingmix haben.
   Bilden Sie daher arbeitsteilige Teams, in deren Verantwortungsbereich je eine ausgewählte Warengruppe liegt, auf die Sie sich zuvor im Plenum im Rahmen der Festlegung des Gesamtkonzepts festgelegt haben. Je nach Bedarf können Untergruppen gebildet werden, die für einzelne absatzpolitische Instrumente zuständig sind.
   b) Jedes Team erstellt anschließend ein schlüssiges Konzept mithilfe der absatzpolitischen Instrumente des Marketingmix.
      – Analysieren Sie hierzu zunächst die absatzpolitischen Instrumente mithilfe der Lehrbücher und der weiteren Ihnen zur Verfügung stehenden Hilfsmittel.
      – Stellen Sie anschließend deren Besonderheiten in einer Matrix übersichtlich zusammen.
      – Machen Sie Vorschläge, wie die verschiedenen absatzpolitischen Instrumente die Umsatzsituation der einzelnen Warengruppen verbessern können.
   c) Entwickeln Sie für Ihr Marketingkonzept in einem nächsten Arbeitsschritt einen Zeit- und Arbeitsplan und legen Sie innerhalb des Teams die Verantwortlichkeiten fest.
   d) Berücksichtigen Sie bei der konzeptionellen Umsetzung Ihrer Ideen auch die neuesten Veröffentlichungen über den Umsatz im Internet und seine Verbreitung.

222270128

4. Warengruppenübergreifend soll sich ein weiteres Team von IT-Spezialisten mit der Umsetzung bzw. dem weiteren Ausbau der Crosschannel-Strategie beschäftigen und hierzu unter Einbeziehung der aktuellen Entwicklung des mobilen Onlineshopping entsprechende Vorschläge machen.

5. Sammeln Sie in der Phase der Ideenfindung mögliche Vorschläge für das Gesamtkonzept. Tragen Sie die Ideen in einen Sammelbogen ein. Verwenden Sie dafür die Kreativitätstechnik des Brainwritings (6-3-5-Methode).

6. Stimmen Sie die Auswahl der absatzpolitischen Maßnahmen i. S. d. Marketingmix auf das Gesamtkonzept ab. Beachten Sie, dass das Marketingkonzept Ehrlichkeit, Glaubwürdigkeit, Verständnis, Einfühlungsvermögen und Zuverlässigkeit vermitteln soll.

7. Stellen Sie abschließend Ihr Marketingkonzept für die von Ihnen übernommene Warengruppe unter Zugrundelegung von geeigneten Präsentationsmethoden und unter Berücksichtigung der Präsentationsregeln vor. Bereiten Sie Ihre Präsentation gut vor, sodass Sie die Vorstandsebene der Ambiente Warenhaus AG überzeugen. Begründen Sie die getroffenen Einzelentscheidungen.

KAPITEL 1
Wir erschließen Marketing als eine zentrale Aufgabe zur Sicherung bzw. Steigerung des Absatzerfolgs

Die beiden Funktionsbereichsleiter der Ambiente Warenhaus AG Herr Otte (Beschaffung) und Frau Hauck (Verkauf/Absatz) stellen es als Erste mit einiger Besorgnis fest: den schleppenden Absatz in den letzten 3 Monaten.
Erfasst hat es so gut wie sämtliche Warenbereiche des Warenhauses, ganz besonders aber alle „Textil“-Warenwelten.

Beide denken gemeinsam mit der stellvertretenden Vorstandsvorsitzenden Frau Bode über geeignete Maßnahmen zur Verbesserung der Erfolgssituation nach.

In dieser durchaus angespannten Situation liest Frau Hauck in einer Fachzeitschrift das folgende äußerst interessante Untersuchungsergebnis:

Ergebnisse einer Untersuchung bei 300 Besuchern vor Fachgeschäften – je zur Hälfte Männer und Frauen

Anteil der Frauen bzw. Männer, die mit „trifft zu/trifft voll und ganz zu“ geantwortet haben.

Aussage	Frauen (%)	Männer (%)
Qualität ist nicht nur Strapazierfähigkeit, hier spielt auch das edle Aussehen (eines Kleidungsstücks) eine große Rolle.	77	76
Ich wäre enttäuscht, wenn man, nur um den Preis zu halten, die Stoffqualität und Verarbeitungsqualität senkt.	86	83
Lieber etwas mehr Geld ausgeben und dafür ein gutes Kleidungsstück bekommen.	83	80
In unserer schnelllebigen Zeit ist die Qualität eines Kleidungsstücks nicht mehr so wichtig, wie das früher der Fall war.	25	24
Für mich ist wichtig, dass das Kleidungsstück in Passform und Farbe gefällt, das Material spielt nur eine untergeordnete Rolle.	35	32
In Kleidung aus reiner Schurwolle ist man immer gut angezogen.	62	69
Das Material (eines Kleidungsstücks) hat für mich keine große Bedeutung, wichtiger ist, dass man es in der Waschmaschine waschen kann.	24	21
Das Material, aus dem ein Kleidungsstück hergestellt ist, ist für mich wichtiger als die Marke des Herstellers.	86	81

1. Erläutern Sie, welche Bedeutung die Ergebnisse der Untersuchung für die Ambiente Warenhaus AG haben können.

2. Denken Sie über mögliche absatzpolitische Fehler des Ambiente-Warenhaus-AG-Managements nach und machen Sie der Geschäftsführung Vorschläge zu ihrer Beseitigung.

INFORMATION

Ohne die Ausrichtung seiner unternehmerischen Aktivitäten an den Bedürfnissen des Kunden kann heutzutage kein Einzelhandelsunternehmen mehr erfolgreich am Markt bestehen.

Darüber hinaus ist es wichtig

- zu beobachten, was die Konkurrenz macht,
- die eigenen Stärken und Schwächen richtig einschätzen zu können,
- die richtigen Kundengruppen anzusprechen,
- neue Entwicklungen zu erkennen und
- Marktnischen zu nutzen.

Einzelhandelsunternehmen müssen sich in ihren Entscheidungen daher **am Markt orientieren.** Eine derartige Marktorientierung umzusetzen in entsprechende unternehmerische Maßnahmen ist die Aufgabe des Marketings.

DEFINITION

Marketing (engl. = auf den Markt bringen)
= Sämtliche unternehmerischen Maßnahmen, die darauf abzielen, einen **Absatzmarkt** für die eigenen Produkte zu erobern und zu sichern.
Alle Entscheidungen sind daher konsequent auf die Kunden, d. h. auf die Märkte ausgerichtet.

Warum Marketing? – Ursachen und Bedeutung des Marketings

Drei wichtige Aspekte machen heutzutage das Marketing so bedeutsam:

1. Käufermärkte

Seit Beginn der 70er-Jahre ist der Warenabsatz durch den Wandel von Verkäufermärkten zu Käufermärkten zunehmend schwieriger geworden.

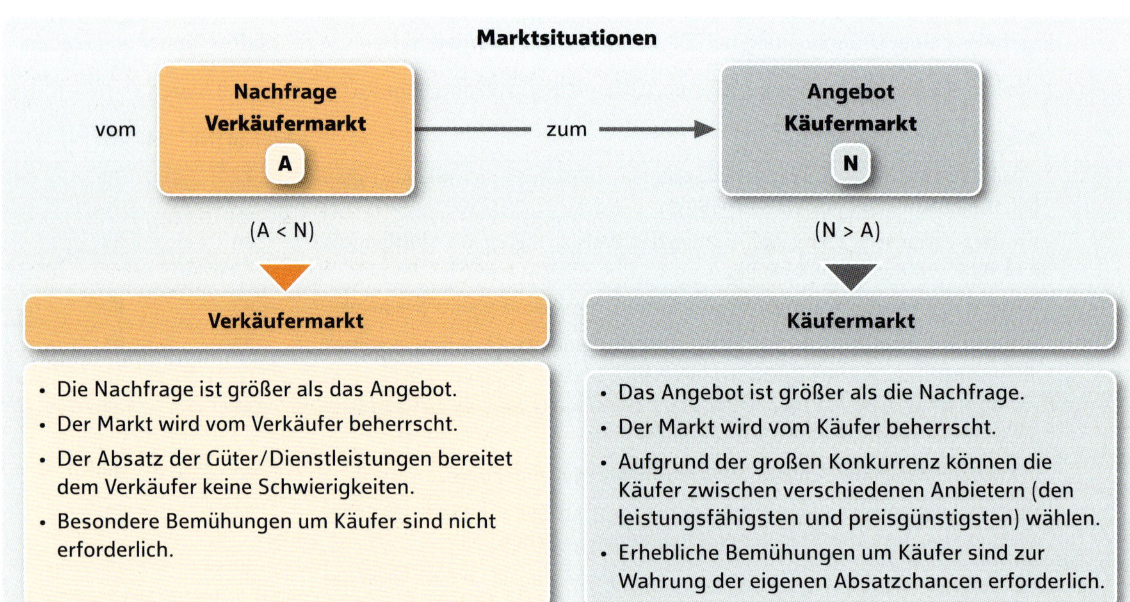

1 Zum Wandel vom Verkäufer- zum Käufermarkt siehe auch die Ausführungen in „Handeln im Handel – 1. Ausbildungsjahr", Kap. 1.5.

222270130

In Situationen, in denen die Nachfrage wesentlich größer ist als das Angebot, spricht man von einem Verkäufermarkt. Auf einem **Verkäufermarkt** herrscht Mangel an bestimmten Gütern und Dienstleistungen.

Käufermärkte[1] hingegen, bei denen das Güterangebot größer ist als die Güternachfrage, konnten entstehen durch

- ein größeres Güterangebot aufgrund des schnellen technologischen Fortschritts,
- gesättigte Märkte,
- kritischeres, wählerischeres und preisbewussteres Konsumentenverhalten und
- stärkeren Wettbewerb.

In der Situation eines Käufermarktes (die Märkte der Gegenwart sind in der Regel Käufermärkte), in der es nicht mehr ausreicht, (passiv) darauf zu warten, ob die Käufer die eigenen Güter nachfragen, kommt dem Unternehmensbereich Absatz eine besondere Bedeutung zu.

2. Veränderungen im Verhalten und der Struktur der Konsumenten

2.1 Komplexer Konsument

Die **Bildung von Zielgruppen** ist heutzutage ungleich schwerer, da Verhaltensweisen und Einstellungen der Kunden weniger als früher von demografischen Merkmalen (Alter, Geschlecht, Familienstand, Beruf, Einkommen, Haushaltsgröße usw.) abhängen.

Der Repräsentant einer Käufergruppe, der sich früher eindeutig durch Prestigebewusstsein auszeichnete, zeigt heute ein sehr gegensätzliches Verhalten. Auf der einen Seite kauft er z. B. Konserven und Waschmittel bei einem Billiganbieter und andererseits steht er bereits eine Stunde später beim exklusiven Herrenausstatter, um dort eine Markenjacke für 400,00 € zu erwerben.

Dieser Konsument vereinigt den Sparkauf mit dem prestigeorientierten Markenkauf.

Die Verhaltensweisen des neuen Konsumenten lassen sich insofern nicht exakt definieren. Der gleiche Kunde kann sich gleichzeitig situationsbedingt prestigeorientiert, erlebnisorientiert und umweltbewusst zeigen, je nach Einstellungen und Lebensstil.

Die Lebensstilforschung der GfK nennt in diesem Zusammenhang verschiedene Lebensstilgruppen[1].

2.2 Wertewandel[2]

Kunden richten ihr Augenmerk nicht mehr nur auf die Ware selbst oder die Sortimentsqualitäten, sondern zunehmend auch auf Aspekte wie Umwelt- und Tierschutz oder Kinderarbeit in den Entwicklungsländern.

So ist beispielsweise das **Umweltmarketing** zum Schutz von Umwelt und Verbraucher nicht nur eine Aufgabe für die Marketingabteilung. Vielmehr ist Umweltmarketing eine Aufgabe, der sich das gesamte Unternehmen in allen Funktionsbereichen zu stellen hat. Beim Einzelhandel spielen diese Zusammenhänge größtenteils bei der Sortimentsgestaltung, der Verpackung und der Entsorgung eine wichtige Rolle.

Eine negative Berichterstattung in einem dieser Bereiche kann das Image des Einzelhändlers empfindlich schädigen und einen (fast) irreparablen Schaden zur Folge haben.

2.3 Trends

Trends werden immer kurzlebiger und widersprüchlicher; die Zeit der klaren Trends ist für immer vorbei.

Verwundbarer Riese

Handy-Marktführer Nokia unterliefen schwere Fehler – die Konkurrenten witterten Morgenluft:

„[...] Nokia hat einen entscheidenden Trend verschlafen. Klapphandys sind inzwischen auch in Europa beliebt – und so verlieren die Finnen an Boden, was zu werten ist als Folge schwerer Fehlentscheidungen:

1. Nokia achtete bei neuen Geräten zuletzt stärker auf die Kosten als auf das Design.
2. Der Handy-Gigant hat die Konkurrenten unterschätzt. [...]"

1 Siehe hierzu „Handeln im Handel – 2. Ausbildungsjahr", Kap. 10.1.
2 Änderungen im Verhalten heutiger und künftiger Konsumenten werden, vereinfacht formuliert, als „Wertewandel" bezeichnet.

Produkte, die heute noch „in“ sind, können nach kurzer Zeit bereits „out“ sein.

Der Markt verlangt vom Einzelhändler eine ständige Veränderung und Verbesserung seines Angebots, damit Kunden nicht zur Konkurrenz abwandern. Insofern kommen Produktveränderungen in immer geringeren Zeitabständen auf den Markt. Diese Dynamik erfordert vom Einzelhändler Flexibilität und ein hohes Maß an Sensibilität für neue Kundenwünsche.

2.4 Bevölkerungsstruktur

Der Anteil der über 60-Jährigen wächst ständig. Schon bald wird ein Drittel der Gesamtbevölkerung älter als 60 Jahre sein. Damit bekommt der Seniorenmarkt eine neue Dimension – nicht nur wegen der Anzahl der Senioren, sondern auch aufgrund eines veränderten Altersbewusstseins. Schon heute spricht man von den „jugendlichen Sechzigern“ und auch den „aktiven Siebzigern“.

Dies alles sind Herausforderungen, die im Rahmen von neuen Marketingkonzepten auch vom Einzelhandel zu lösen sind.

3. Veränderte Marktbedingungen auf der Angebotsseite

3.1

Im Einzelhandel wird die Trennung in die unterschiedlichen Betriebs- und Vertriebsformen mehr und mehr verwischt. Ob Fachgeschäfte, Waren- und Kaufhäuser oder Discountgeschäfte und SB-Warenhäuser: Alle versuchen sich in neuen Vertriebswegen, um den Konsumenten bestmöglich zu erreichen.

3.2

Neue Wettbewerber, die bisher noch nicht an den Endverbraucher verkauft haben, treten als Konkurrenten des Einzelhändlers auf.

Der Produzent produziert, der Großhandel mischt das Sortiment, der Einzelhandel verkauft – diese klassische Teilung existiert nicht mehr. Jetzt verkaufen Produzenten plötzlich selbst und stecken die Handelsspanne in die eigene Tasche. Händler greifen ihrerseits den Trend zur Vertikalisierung auf und bringen eigene Marken ins Spiel. Hinzu kommen der aufstrebende Online- und der Versandhandel. Sogar

Geschäft mit Köttbullar und Co.: Wie Ikea sich vom Möbelverkäufer zur Restaurant-Kette mausert

Ursprünglich waren die Ikea-Restaurants nur ein Hebel, um mehr Möbel zu verkaufen. Doch mittlerweile werden Köttbullar und Co. selbst zum Umsatzbringer. Nun denkt Ikea sogar über eine eigene Restaurantkette nach.

Ikea ist die erfolgreichste Möbelkette der Welt. Seit Jahrzehnten begeistern die Schweden ihre Kunden mit Billy, Ivar und anderen Kreationen zum selber Zusammenbauen. Auf der Suche nach neuen Umsatztreibern nimmt Ikea nun allerdings ein Feld in den Blick, was mit Einrichtung eigentlich gar nichts zu tun hat: die Ikea-Restaurants.

Der Grund ist einfach: Für viele Fans ist das Essen im Restaurant mittlerweile das eigentliche Highlight des Ikea-Besuchs. Fast jeder dritte Gast des Ikea-Restaurants kommt sogar ausschließlich zum Essen in das Möbelhaus, berichtet das US-Magazin „Fast Company“. Das Geschäft soll daher mit Hochdruck ausgebaut werden. Sogar eine eigene Restaurantkette – losgelöst von den Möbelhäusern – sei denkbar, sagte Michael La Cour, Managing Director bei Ikea Food, zu „Fast Company“.

Vom Sofa-Seller zum Gewinnbringer

Dabei dienten Köttbullar und Co. ursprünglich nur dazu, die Kunden länger im Laden zu halten, damit sie mehr Möbel kaufen. „Wir haben die Fleischbällchen immer unseren besten ‚Sofa-Seller‘ genannt“, sagt Gerd Diewald, Ikea-Food-Chef in den USA, zu „Fast Company“. „Weil es schwer ist, mit hungrigen Kunden Geschäfte zu machen. Wenn du sie beköstigst, bleiben sie länger, sie können über ihre Einkäufe sprechen, und die Entscheidung treffen, bevor sie den Laden verlassen. Das war der Gedanke von Anfang an.“

Doch nun sollen sich die Restaurants vom eigentlichen Möbelgeschäft emanzipieren und zum eigenen Umsatztreiber werden. Das Geschäft mit den Lebensmitteln habe lange nicht im Fokus gestanden, weil es mit Blick auf den Gesamtumsatz nur ein Randgeschäft sei, berichtet Ikea-Manager Michael La Cour. „Aber als ich die Zahlen mit anderen Lebensmittelkonzernen verglichen habe, habe ich bemerkt, dass sie gar nicht so klein sind.“

[...]

Quelle: Bakir, Daniel: Wie Ikea sich vom Möbelverkäufer zur Restaurant-Kette mausert. In: www.stern.de. 18.4.2017. https://www.stern.de/wirtschaft/news/ikea-wird-vom-moebelverkaeufer-zum-restaurant-riesen-7416822.html [24.10.2018].

222270132

Tankstellen machen plötzlich dem Bäcker Konkurrenz. Jeder will Umsatz machen, egal wie. Und diese Tendenz wird sich in Zukunft noch verstärken.

Tankstellen-Bistro – Konkurrenz für den Einzelhandel

Wesen des Marketings

Will insbesondere das mittelständische Einzelhandelsunternehmen seine Selbstständigkeit nicht aufgeben, dann hilft nur die Suche nach einer Erfolg versprechenden Angebotsstruktur in seinem Kundenumfeld (= **planmäßige Absatzvorbereitungen).**

Nur so kann es gelingen,
- einen Markt zu finden, auf dem es seine Güter absetzen kann, bzw.
- bereits bestehende Märkte auszubauen und zu sichern.

Marketing, das den Markt in den Mittelpunkt aller Überlegungen stellt, bezieht sich daher auf **alle Maßnahmen zur Marktbildung und Marktbeeinflussung.**

Der Begriff Markt kann sich dabei sowohl auf den Beschaffungs- als auch auf den Absatzmarkt beziehen. Im Folgenden soll unter Marketing die Ausrichtung der unternehmerischen Aktivitäten am Absatzmarkt verstanden werden.
Insofern orientiert sich ein marketingbewusster Einzelhändler mit all seinen Aktivitäten zielbewusst, planmäßig und organisatorisch an den Problemen, Wünschen und Bedürfnissen ausgewählter Kundengruppen.

Nicht die Ware steht im Mittelpunkt. Vielmehr wird das Unternehmen vom Absatzmarkt her geführt, sodass sämtliche unternehmerischen Maßnahmen durch das „Denken vom Markt her" geprägt sind. Dabei werden sowohl Kundenwünsche dauerhaft erfüllt als auch der eigene Unternehmenszweck, d. h. die Gewinnerzielung, erreicht.[1]

Um sämtliche **marktorientierte Maßnahmen** an den potenziellen Käufern ausrichten zu können, müssen die Entscheidungsträger im Unternehmen

- ihren Markt kennen (Käuferwünsche; Konkurrenzverhalten) und

- die richtigen Maßnahmen (= absatzpolitische Instrumente) auswählen und gezielt einsetzen.

Zum Marketing im Einzelhandel gehören deshalb u. a.

- **Markterkundung** und **Marktforschung** (= Marktuntersuchung) mit ihren Teilbereichen Marktanalyse und Marktbeobachtung,

- die **Marktprognose** sowie

- die **absatzpolitischen Instrumente**
  - Sortimentspolitik,
  - Preis- und Konditionenpolitik,
  - Distributionspolitik,
  - Kundendienstpolitik und
  - Kommunikationspolitik.

BEISPIEL

Bei der Planung zur Aufnahme neuer Schokoriegel in das Warensortiment eines Fachgeschäfts mit Vorwahl werden Marktdaten erhoben, Verbraucher befragt, aktuelle Trends und Entwicklungen verfolgt. Auf dieser Grundlage werden die Schokoriegel ausgewählt, die in das Sortiment aufgenommen werden sollen, der Preis ausgerichtet und die Kommunikationsmaßnahmen geplant.

Letztlich beeinflusst Marketing sämtliche Unternehmensbereiche, angefangen vom Einkauf über die Beschaffungsorganisation und Lagerhaltung bis hin zur Personalabteilung[2].

1 u. 2: Siehe auch Schaubild in Kapitel 12.5, Seite 200.

Marketingkreislauf

Der Marketingkreislauf verläuft in sechs Phasen:

Einzelhändler | **Markt** | **Käufer**

macht Marktuntersuchungen notwending

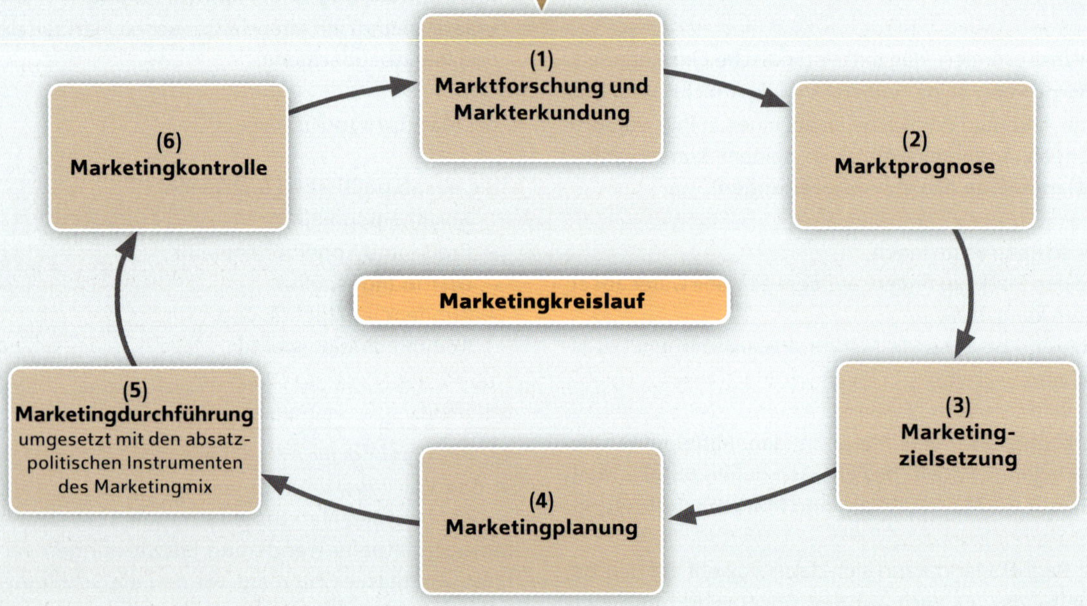

Phase (1) **Marktforschung und Markterkundung**	Marktforschung (Marketingresearch) bedeutet das systematische Sammeln von Informationen zur Einschätzung und Beeinflussung des Absatzmarktes. Marktforschung soll den Markt transparent machen. Von Markterkundung spricht man, wenn Informationen als Ergebnis einer unsystematischen, gelegentlichen Informationsbeschaffung eingeholt werden.
Phase (2) **Marktprognose**	Die Ergebnisse der Marktforschung werden zur Voraussage der Marktentwicklung verarbeitet. Die Marktprognose ist die Grundlage für die absatzpolitischen Entscheidungen des Einzelhändlers.
Phase (3) **Marketingzielsetzung**	Die Ergebnisse der Marktforschung und -prognose bilden die Grundlage für die Zielsetzung des Marketings. Zur Erreichung der Ziele werden die absatzpolitischen Instrumente eingesetzt.

222270134

Phase (4) **Marketingplanung**	Die Detailplanung beschäftigt sich mit der Aufgabe, welche Marketinginstrumente in welcher Kombination eingesetzt werden sollen (Marketingmix[1]). Die Planungen müssen laufend überprüft werden, da die sich ständig verändernden Märkte Korrekturen erfordern. Die Kombination der unterschiedlichen, aufeinander abgestimmten absatzpolitischen Marketinginstrumente ist abhängig von der entsprechenden Marktsituation und den Marketingzielen.
Phase (5) **Marketingdurchführung**	Zur konkreten Durchführung der Marketingstrategien steht im Marketing ein umfangreiches Instrumentarium zur Verfügung. Es werden fünf große absatzpolitische Instrumentenbereiche unterschieden: Kundendienst-, Sortiments-, Distributions-, Kommunikations- sowie Preis- und Konditionenpolitik (= Kontrahierungspolitik). Eingebunden ist dabei in allen Bereichen stets das Onlinemarketing.
Phase (6) **Marketingkontrolle**	Nach der Durchführung der Marketingmaßnahmen erfolgt die Kontrolle über die erzielten Wirkungen, z. B. durch Kundenbefragungen oder die Überprüfung der Absatzzahlen. Je langfristiger Marketingstrategien geplant werden, desto rechtzeitiger sind begleitende Kontrollen während der Durchführung des Marketingmix notwendig, damit aufgetretene Fehlentwicklungen frühzeitig behoben werden können.

Ob eine Marketingkonzeption mit Erfolg durchgesetzt werden kann, ist – wie erwähnt – von verschiedenen Voraussetzungen abhängig.

Der Schlüssel zum Erfolg liegt letztlich bei jedem Unternehmen in der Fähigkeit, rechtzeitig und angemessen Änderungen des Marktes zu berücksichtigen. Die Marktforschung liefert dazu das Basismaterial (vgl. Kap. 12.2), während die absatzpolitischen Instrumente dem Unternehmen dazu dienen, aktiv Einfluss auf den Absatzmarkt zu nehmen.

Ziele des Absatzmarketings

Die Ziele des Einzelhandelsunternehmens auf den verschiedenen Ebenen (Unternehmen, Marketing, Kommunikation und Werbung) müssen untereinander abgestimmt und aufeinander bezogen sein. Damit werden „Zielkonflikte", die zu Verlusten führen können, vermieden.

1. Unternehmensziele

Die ursprünglichen Unternehmensziele, z. B. Gewinn, Rentabilität, Wirtschaftlichkeit, werden durch das Marketing immer mehr am Markt orientiert.

BEISPIELE FÜR MARKTBEZOGENE UNTERNEHMENSZIELE

- Festlegung der Märkte, auf denen das Unternehmen aktiv wird
- Erreichen eines hohen Marktanteils bzw. der Marktführerschaft
- Unabhängigkeit, z. B. von anderen Unternehmen
- Steigerung des Jahresumsatzes auf 4,5 Mrd. €

2. Marketingziele

Die Marketingziele werden aus den Unternehmenszielen abgeleitet. Sie wirken sich auf die Gestaltung aller absatzpolitischen Instrumente aus (Sortiment, Kundendienst, Preise und Konditionen, Kommunikation und Distribution).

BEISPIELE

- Erhöhung des Marktanteils eines Produkts der Unterhaltungselektronik um 10 % innerhalb der nächsten 3 Jahre
- Steigerung des Reingewinns auf 2,1 Mio. € in der Warenwelt „Damen"
- Gewinnung eines neuen Marktes, z. B. im Ausland
- Erreichen eines bestimmten Deckungsbeitrags[2] zur Deckung der fixen Kosten

3. Absatzpolitische Unterziele – Instrumentalziele

Zur Erreichung der Marketingziele müssen aus ihnen instrumentelle Ziele abgeleitet werden, d. h., es ist zu überlegen, welche Zielsetzung in den einzelnen absatzpolitischen Bereichen geeignet ist, um das Gesamtziel zu erreichen.

BEISPIELE

Ziel im Rahmen der Sortimentspolitik:
Reduzierung der Fehlverkäufe bei Damenjeans der Größe XS bis Juni des übernächsten Jahres auf maximal 10 %

Ziel im Rahmen der Kundendienstpolitik:
Bereitstellung eines Ersatzgeräts im Fall der Reparatur oder Wartung von Büromaschinen ab einem Gerätewert (Neuwert) von 700,00 € soll ausnahmslos allen Kunden gewährt werden.

1 Siehe hierzu „Handeln im Handel – 2. Ausbildungsjahr", Kap. 10.3
2 Ausführungen zur Deckungsbeitragsrechnung siehe Kap. 11.9.

Ziel im Rahmen der Preispolitik:
Erhöhung der Handelsspanne von derzeitig 49,09 % auf 53,1 % in der Warenwelt „Spielparadies"

Ziele im Rahmen der Kommunikationspolitik:
- Erhöhung des Bekanntheitsgrades eines Produkts oder des Sortiments um 15 %
- Verbesserung des Unternehmensimages innerhalb der nächsten 12 Monate
- fünfmaliger Kontakt mit einem Werbespot innerhalb der nächsten 6 Monate in Deutschland bei den 24- bis 49-jährigen Hausfrauen
- Bekanntmachung einer Sonderaktion

Ziele im Rahmen der Distributionspolitik:
- Einrichtung von 15 weiteren Niederlassungen im Freistaat Bayern innerhalb der nächsten 2,5 Jahre
- Senkung der firmenfremden Zustellkosten um 12 % bis spätestens in 1,5 Jahren

4. Werbeziele
Die Werbeziele werden aus den Kommunikationszielen abgeleitet und beziehen sich auf alle möglichen Werbemaßnahmen.

BEISPIELE
- Vorstellung eines neuen Produkts und seines Nutzens bei der infrage kommenden Zielgruppe
- Beeinflussung von Kundinnen und Kunden als vorbereitende Einstimmung für das Verkaufsgespräch
- Stärkung des Vertrauens in ein Produkt zur Erhaltung von Markentreue

Werden diese Zielsetzungen des Unternehmens nach ökonomischen und psychografischen Gesichtspunkten eingeteilt, so sind zu nennen:

Marketingziele	
ökonomische (wirtschaftliche)	**psychografische**[1] (sollen das Kaufverhalten beeinflussen bzw. ändern)
• Umsatz • Wachstum • Gewinn • Marktanteil • Marktführerschaft • Deckungsbeitrag	• Image • Bekanntheitsgrad • Arbeitsplatzsicherung • Einschätzung der Qualität • Corporate Identity[2] • Vertrauen • Käufertreue

Marktsegmentierung[3]

Die Idealvorstellung, jedem einzelnen Kunden genau auf seine individuellen Bedürfnisse abgestimmte Angebote zu machen, ist nicht möglich und auch wirtschaftlich nicht sinnvoll. Daher versuchen Unternehmen mit dem Mittel der **Marktsegmentierung**, eine Gruppe von Kunden herauszufiltern, die gleichartige Bedürfnisse hat. Diese Zielgruppe sollte sich dann aber von anderen Kundengruppen, die nicht angesprochen werden sollen, klar unterscheiden.

DEFINITION

Marktsegmentierung = Aufteilung eines Gesamtmarktes auf bestimmte, möglichst gleichartige Zielgruppen (= Teilmärkte; Marktsegment) mit dem Ziel, die eigene Marketingpolitik (Marktforschung und absatzpolitische Maßnahmen) auf deren Bedarf auszurichten.

In den Wohlstandsgesellschaften, in denen sich der Kauf von Ge- und Verbrauchsgütern zum Ausdruck von Mode und Persönlichkeit entwickelt, und in einer weltweit wachsenden Wirtschaft mit ständig enger werdenden Handelsverflechtungen ist es für die Führung eines Einzelhandelsunternehmens wichtig, die Entwicklung des Absatzmarktes ausreichend zu berücksichtigen.

Das kann dann gelingen, wenn sich das Unternehmen
- den Veränderungen des Marktes mit flexiblen Konzepten anpasst und
- den potenziellen Gesamtmarkt in möglichst gleichartige Abnehmergruppen aufteilt.

Damit der Einsatz besonderer absatzpolitischer Aktivitäten auch lohnenswert ist, sollten die Marktsegmente (Zielgruppen)
- ausreichend groß,
- von Dauer,
- messbar und
- erreichbar sein.[4]

1 Psychografie (aus dem Griechischen) = Seelenkunde
2 Allgemeine unternehmerische Vorstellung über das innere und äußere Gesamtbild eines Unternehmens. CI versucht ein einheitliches und unverwechselbares Unternehmensbild anzustreben (siehe Kap. 12.3).
3 Segment (lat.) = Ausschnitt; Teil eines Ganzen
4 Die Zielgruppe (Kundenkreis) ist in sich gleichartig, aber gegenüber anderen Käufersegmenten unterschiedlich. Eine derartige Marktsegmentierung erlaubt es dem Handelsmanagement, jede Zielgruppe mit dem jeweils optimalen Marketingmix zu bearbeiten (siehe Kap. 12.3).

222270136

BEISPIEL

Ein Textileinzelhandelsunternehmen hat sich mit seinem Sortiment spezialisiert auf Herren-, Damen- und Haushaltswäsche, Fashion, Damenober-, Sport- und Freizeitbekleidung. Damit ist aus dem gesamten Textilmarkt ein Teilmarkt ausgewählt (selektiert) worden.

Sieht das Unternehmen den zukünftigen Wachstumsmarkt beispielsweise bei den in den letzten Jahren ständig modebewusster gewordenen Männern und hierbei wiederum bei den Kunden mit gehobenen Ansprüchen an die Qualität der Ware, der Umweltverträglichkeit und den äußeren Chick (vgl. Einstiegsbeispiel), wird es sein Sortiment im Bereich Herrenwäsche dem Bedarf dieser Schicht anpassen.

Indem der Einzelhändler den Markt für Herrenwäsche aufteilt und Teilmärkte bildet, die in sich möglichst homogen und untereinander möglichst trennscharf sind, kann er diese Teilmärkte mit differenzierten Marketingstrategien bearbeiten:

Er kann sein Angebot an Herrenwäsche ganz speziell gestalten und über eine eng gezielte Streuung den potenziellen Kunden (seien es nun Prestigetypen, Neuheitentypen, Sicherheitstypen, Traditionstypen usw.) der jeweiligen Zielgruppe nahebringen.

Bestünde eine derartige Marktsegmentierung nicht, müsste die Geschäftsführung undifferenziert, d. h. in Bezug auf alle potenziellen Nachfrager einheitlich, vorgehen und könnte dabei die besonderen Bedarfsstrukturen der verschiedenen Käufersegmente (Zielgruppen) nicht berücksichtigen.

Bei der Bildung von Marktsegmenten können u. a. folgende Merkmale eine Rolle spielen:

demografische		Kaufverhalten (Verhaltensmerkmale)	psychografische
sozioökonomische	**geografische**		
Alter, Geschlecht, Nominaleinkommen, Kaufkraft, Ausbildung, Ausbildungsabschluss, Berufstätigkeit, Berufsgruppe, Konfession, Religion, Nationalität, Rolle im Haushalt, Familiengröße, **Familienlebenszyklus**	Staat, Region, Land, PLZ-Gebiet, Stadt, Stadtviertel, Gemeinde	Kaufanlass, Kaufhäufigkeit, Markentreue, Händlertreue, Verwendungsmotiv, Verwendungshäufigkeit, Einstellung zum Produkt, Einstellung zum Hersteller/Händler, Reaktion auf Marketingmaßnahmen	Soziale Schichtzugehörigkeit, Lebensstil, Persönlichkeitsmerkmale

„Familienlebenszyklus und Kaufverhalten"

Abgrenzbare Konsummuster lassen sich – wie erwähnt – u. a. nach dem Alter der Konsumenten unterscheiden. Bedeutsam ist hier jedoch, dass nicht das Alter in Lebensjahren die entscheidende Größe ist, sondern das **Lebensstadium.**

Das **Lebensstadiumkonzept** geht dabei davon aus, dass jeder Mensch im Lauf seines Lebens bestimmte Abschnitte durchmacht, die zwar nicht immer mit dem gleichen Alter, aber stets in der gleichen Reihenfolge auftreten. Dabei können bestimmte Phasen auch ausgelassen werden, was insbesondere für die Deutschen gilt, die aufgrund der sozialen und wirtschaftlichen Lage immer weniger Kinder bekommen, sodass die diesbezüglichen Lebensstadien oft fehlen.

Lebensstadium:	Kauf- und Verhaltensmuster:
1. Junggesellenstadium Junge, alleinstehende Menschen, die nicht mehr bei ihren Eltern wohnen.	Wenige finanzielle Verpflichtungen; Meinungsführer in Bezug auf Modetrends; freizeitorientiert. Gekauft werden: Küchengrundausstattungen, Grundmobiliar, Autos, Kleidung, Urlaubsreisen, Stereoanlagen.
2. Frisch verheiratet Jung und noch ohne Kinder	Finanziell relativ gut gestellt; relativ höchste Erwerbsrate bei Gebrauchsgütern, die dem Einrichten der Wohnung dienen; relativ hohe Mietausgaben.

Lebensstadium:	Kauf- und Verhaltensmuster:
3. „Volles Nest I" Das jüngste Kind ist unter sechs.	Flüssige Mittel knapp; Unzufriedenheit mit Lebensstandard im Vergleich zu Familien ohne Kinder; Tendenz zu demonstrativem Konsum; stark umworbene Produkte werden bevorzugt gekauft: Kindermöbel, Tiefkühltruhen, Geschirrspüler, Kinderspielzeug, Grillgeräte.
4. „Volles Nest II" Das jüngste Kind ist sechs oder älter.	Finanziell wieder besser gestellt; ein Teil der Ehefrauen ist berufstätig; Beeinflussung durch die Werbung ist weniger stark. Gekauft werden: Lebensmittel, Fahrräder, Musikinstrumente.
5. „Volles Nest III" Ältere Ehepaare mit abhängigen Kindern	Finanziell noch besser gestellt; noch mehr Ehefrauen berufstätig; Kinder beginnen z. T. zu arbeiten; schwer beeinflussbar durch Werbung. Gekauft werden: Ersatzbeschaffungen und Erweiterung der Wohnungseinrichtung; persönlicher Bedarf der Eltern wieder im Vordergrund.
6. „Leeres Nest I" Ältere Ehepaare, Kinder aus dem Haus, Familienoberhaupt noch berufstätig	Hohes Einkommen, hochwertiger Konsum; kein Interesse an neuen Produkten. Gekauft werden: organisierte Urlaubsreisen, Bücher, Gesundheitsprodukte. Viel geringere Außensteuerung als in früheren Stadien und damit schlechtere Beeinflussbarkeit durch Marktkommunikation.
7. „Leeres Nest II" Ältere Ehepaare, Kinder aus dem Haus, Familienoberhaupt im Ruhestand	Spürbarer Einkommensrückgang; Sicherung des Eigenheimes, Rückzug ins Private. Gekauft werden: medizinische Vorrichtungen und gesundheits-, verdauungs- und schlaffördernde Mittel.
8. Alleinstehend, im Ruhestand	Gleicher oder höherer Bedarf an medizinischer Versorgung und gleiche Produktansprüche wie die anderen Gruppen im Ruhestand; starker Einkommensrückgang; besonderes Aufmerksamkeits-, Zuneigungs- und Sicherheitsbedürfnis.

Quelle: Wells, William D.; Gubar, George: Life-Cycle Concepts in Marketing Research, in: Journal of Marketing Research, November 1966, Seite 362.

Die differenzierte Nachfragestruktur und das unterschiedliche Kundenverhalten eines Einzelhandelsunternehmens erfordern eine differenzierte Marketingstrategie. Dabei ist es - wie ausgeführt – hilfreich, den Markt in sämtliche in Betracht kommenden Segmente aufzuteilen und entsprechend zu bearbeiten.

Die Konzentration auf eine bestimmte Zielgruppe darf aber nicht als gezielte Ausgrenzung anderer Kundengruppen interpretiert werden. Dies würde dann in der Konsequenz bedeuten, dass Kunden, die nicht zur Zielgruppe gehören, nicht beachtet werden. Das wäre nicht im Sinne der Schaffung von Teilmärkten. Häufig werden durch die aktive Ansprache von bestimmten Kundengruppen Mitnahmeeffekte bei anderen Kundengruppen erzielt.

Durch die **Bildung von Marktsegmenten** verspricht sich der Einzelhändler u. a.

- die Steigerung der Kundenzufriedenheit,
- die bessere Beurteilung der eigenen Marktposition im Wettbewerb mit der Konkurrenz,
- das Erreichen von Wettbewerbsvorteilen,
- den gezielteren und wirtschaftlicheren Einsatz seiner absatzpolitischen Marketinginstrumente,
- gesicherte Vorhersagen über die segmentspezifische Marktentwicklung,
- flexibler auf Marktveränderungen reagieren zu können.

Zielgruppenorientierte Marketingstrategien erfordern den Einsatz EDV-gesteuerter Kundendateien bzw. Zielgruppendateien.

222270138

AUFGABEN

1. Will ein Einzelhandelsunternehmen neue Märkte erschließen, Märkte vergrößern und sichern, so muss es ein durchdachtes Marketingkonzept haben.
   a) Was verstehen Sie unter Marketing?
   b) Worin liegt der Unterschied zwischen Werbung und Marketing?
2. Aufgrund welcher wirtschaftlichen Entwicklung kommt dem Unternehmensbereich Absatz und damit dem Marketing eine besondere Bedeutung zu? Nehmen Sie ausführlich Stellung.
3. Begründen Sie, warum es auf einem Verkäufermarkt nicht notwendig ist, Absatzmarketing zu betreiben.
4. Welcher Zusammenhang besteht zwischen Unternehmenszielen und Marketingzielen?
5. Wie unterscheiden sich ökonomische und psychografische Marketingziele?
6. Was ist allgemein unter Marktsegmentierung zu verstehen?
7. Warum ist es für ein Einzelhandelsunternehmen sinnvoll, Marktsegmente zu bilden?
8. Bestimmen Sie möglichst ausführlich unter Zugrundelegung der Merkmale der Marktsegmentierung die Zielgruppe (= Marktsegment) für die folgenden Güter:
   a) Backmischungen
   b) Füllhalter
   c) Seife
   d) höherpreisige, sportliche Freizeithemden
   e) Schmuck
   f) Seidenbettwäsche
   Die Güter können Ihren Vorstellungen entsprechend noch spezifiziert werden.
9. Der Marketingkreislauf vollzieht sich in sechs Phasen. Beschreiben Sie diese Phasen im Einzelnen unter Berücksichtigung der chronologischen Abfolge.
10. Welche Aussage(n) zum Bereich Marketing ist/sind richtig?
   a) Marketing stellt sämtliche Maßnahmen zur Förderung des Absatzes in den Mittelpunkt.
   b) Auf einem Käufermarkt herrscht Mangel an bestimmten Gütern und Dienstleistungen.
   c) Auch durch Änderungen im Verhalten heutiger und künftiger Konsumenten kommt dem Unternehmensbereich Absatz eine besondere Bedeutung zu.
   d) Die Bewältigung der Marketingaufgaben verläuft in idealtypischen sechs Abschnitten.
   e) Werbeziele werden aus den Unternehmenszielen abgeleitet.
   f) Veränderte Marktbedingungen auf der Angebotsseite erleichtern dem Einzelhandel seinen Warenabsatz.
   g) Zum Marketing im Einzelhandel gehört die Finanzierungspolitik.
   h) Marktsegmentierung bedeutet die Aufteilung eines Gesamtmarkts in gleichartige Teilmärkte.
11. Künftig werden an das Marketing neue Aufgaben gestellt.
   Beschreiben Sie, wie dies in Ihrem eigenen Ausbildungsunternehmen im Hinblick auf den Umweltschutz, den gegebenen Wertewandel und die Bevölkerungsentwicklung aussieht.
12. a) Vergleichen Sie anhand der unten stehenden Grafik die Umsatzentwicklung der Elektroeinzelhandlung Thomas Drautz e. Kfm. mit der Umsatzentwicklung der Branche.
   b) Nennen Sie vier mögliche Gründe für die abweichende Umsatzentwicklung in dem Einzelhandelsunternehmen gegenüber der Branche in den Jahren 2 und 3.

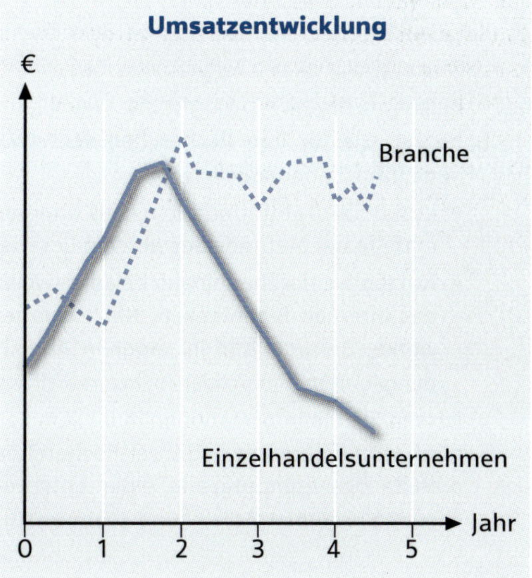

13. a) Erörtern Sie die Rangfolge der Investitionsschwerpunkte 2017 im Handel.

b) Ermitteln Sie die prozentuale Veränderung im Bereich „Marketing/Kundenbindung" durch den Vergleich des Jahres 2014 mit dem Jahr 2015. Formulieren Sie Ihr Ergebnis in einem vollständigen Satz.

c) Um wie viel Prozent liegt im Jahr 2016 der Investitionsschwerpunkt „Warenwirtschaftssysteme" unter dem von „Geschäftsausstattung"?

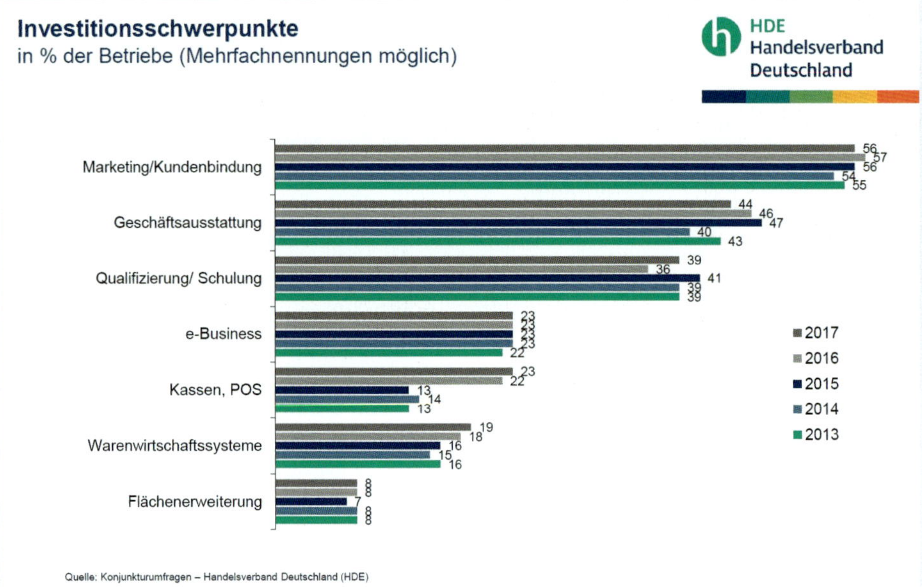

AKTIONEN

1. Schaffen Sie sich eine Übersicht zu dem Thema „Notwendigkeit, Ziele und Aufgaben des Marketings".
   a) Bilden Sie hierzu arbeitsgleiche Teams.
   b) Nutzen Sie für Ihre Recherchen verschiedene Informationsquellen:
      - Lesen Sie die Information dieses Kapitels mithilfe der Methode des aktiven Lesens.
      - Nutzen Sie darüber hinaus beispielsweise das Internet, Bibliotheken, Nachschlagewerke, Befragungen im eigenen Ausbildungsunternehmen oder Fachzeitschriften.
   c) Fassen Sie die Informationen in diesem Kapitel des Lehrbuches und Ihrer Recherchen mithilfe des Computers in einer entsprechenden visuellen Darstellung zusammen.

2. Erstellen Sie mithilfe des Programms „Mind-Manager" eine Mindmap zur Notwendigkeit, Zielen und Aufgaben des Marketings.

3. a) Formulieren Sie in Gruppenarbeit für die Ambiente Warenhaus AG ein oder mehrere Marketingziele für ein selbst von der jeweiligen Gruppe zu bestimmendes Sortiment aus der Warenwelt „Unterhaltungselektronik".
   b) Bereiten Sie anschließend Ihre Ergebnisse für die Präsentation übersichtlich und leicht verständlich auf, z. B. mithilfe eines Diagramms.
   c) Stellen Sie die so strukturierten Ergebnisse den anderen Gruppenmitgliedern vor. Eine zusammenfassende Würdigung Ihrer Arbeit sollte am Schluss nicht vergessen werden.

222270140

ZUSAMMENFASSUNG

Käufermärkte + Veränderungen auf der Konsumentenseite

erfordern die unternehmerische Einstellung auf die

Probleme | **Wünsche** | **Bedürfnisse**

kurze Lieferzeiten – pünktliche Lieferung – gute Qualität – angemessener Preis – guter Kundenservice – Sortimentserweiterung – überzeugendes Beschwerdemanagement

der potenziellen Kunden

Konsequenz: **Führen des Unternehmens vom Absatzmarkt her**
→ zielbewusste, planmäßige und organisatorische Einflussnahmen auf den Absatzmarkt mittels

Absatzmarketing

Wesen

Sämtliche Maßnahmen, die auf die gegenwärtigen und zukünftigen Markterfordernisse ausgerichtet sind, um

- einen Markt zu schaffen,
- ihn zu vergrößern und
- zu erhalten.

Ziele

zur Verringerung des Absatzrisikos

ökonomische (quantitative): ausgerichtet auf einen bestimmten wirtschaftlichen Erfolg, z. B. Wachstumssteigerung oder Gewinnerhöhung

psychografische (qualitative): ausgerichtet auf z. B. das Vertrauen, das Image, die Corporate Identity, die ökonomischen Produktstandards

absatzpolitische Instrumente

zur aktiven Einflussnahme auf den Absatzmärkten

- Sortimentspolitik
- Preis- und Konditionenpolitik
- Distributionspolitik[2]
- Kommunikationspolitik[2]
- Kundendienstpolitik

} Gesamtabstimmung durch Marketingmix (vgl. Kap. 12.5); Ziel: Sicherung und Ausweitung des Absatzmarktes.

Unternehmensziele

Marketingziele
= definierte Ziele der Marketingmaßnahmen in Bezug auf Gewinn, Marktanteile, Umsatz, Marktentwicklung und Marktdurchdringung[1]

absatzpolitische Unterziele
im Bereich
– Kommunikation – Distribution – Preis und Konditionen – Sortiment – Kundendienst

zunehmende Feinabstimmung ↓

---

1 Grad der Verbreitung eines Produkts innerhalb eines Marktes

2 Einschl. Multi- bzw. Crosschannel-Management bzw. Onlinekommunikation. Siehe hierzu auch Ausführungen im Kapitel 12.4 sowie in Handeln im Handel, 1. Ausbildungsjahr, Kap. 1.6 „Strukturwandel“.

Marktsegmentierung

Wesen	Ziel	Voraussetzungen	Merkmalsklassen	Vorteile
Aufteilung eines Gesamtmarktes in gleichartige Teilmärkte (Marktsegmente)	Ausrichtung der Marketingpolitik auf den Bedarf der Marktsegmente (Zielgruppen)	• nachfragerelevante Unterschiede zwischen den einzelnen Marktsegmenten • ausreichender Umfang • Wachstumschancen	• sozioökonomisch • geografisch • Kaufverhalten • psychografisch	• zielgerichtetere Ansprache der ausgewählten Zielgruppe (Sortimentsanpassung an Kundenkreis) • schnelleres Erkennen von Marktveränderungen • flexibleres Reagieren auf Marktveränderungen • gezielterer und wirtschaftlicher Einsatz der Marketinginstrumente

KAPITEL 2

Wir beschaffen uns die für unsere marketingpolitischen Entscheidungen notwendigen Informationen

Die Verantwortlichen in der Ambiente Warenhaus AG stellen in der Warenwelt „Schöner schlafen" aufgrund von Kundenanfragen ein zunehmendes Interesse an Bettwäsche aus Seide fest. Um die Wettbewerbsfähigkeit nicht zu verlieren, beschließt man, das Sortiment entsprechend zu erweitern.

Warenwelt „Schöner schlafen"

Eine Marktanalyse soll letztlich darüber Auskunft geben, ob durch diese Sortimentsvertiefung langfristig neue Kunden gewonnen werden können. Sie soll darüber hinaus über die Gründe und die Nachhaltigkeit (künftiges Verhalten) des Verbraucherinteresses informieren.

Weiterhin erwartet das Ambiente-Warenhaus-AG-Management von den Analyseergebnissen Hinweise zu bekommen über
- Einstellungen,
- Erwartungen,
- die farblichen und sonstigen Prioritäten und
- auf Aktionen, mit denen für diese Ware geworben werden muss.

Gleichzeitig sollen Informationen über die Konkurrenz und deren Verhalten gewonnen werden:
- über Zahl und Marktanteile,
- über Sortimentsschwerpunkte,
- Absatzgebiete,
- Marketingaktivitäten und
- Angebotspreise.

Denn je besser die Informationen über den Markt insgesamt sind, so die Meinung von Verkaufsleiterin Hauck, desto besser werden die Entscheidungen über Einsatz und Wirkung der marketingpolitischen Instrumente sein.

Die Marktanalyse soll für die Ambiente Warenhaus AG letztlich die Grundlage dafür sein,
- den zukünftigen Nachfrageumfang nach Seidenbettwäsche vorherzusagen und
- die notwendigen werblichen Maßnahmen zu ermitteln.

1. Machen Sie Vorschläge, wie sich Frau Hauck und ihr Verkaufsteam die notwendigen Informationen über das Verbraucherverhalten und die Konkurrenz beschaffen können.
2. Erläutern Sie, worin Sie die Notwendigkeit der regelmäßigen Informationsbeschaffung sehen.

INFORMATION

Marktuntersuchung als Instrument des Marketings

Ein Einzelhandelsunternehmen, das erfolgreich sein will, muss seinen Markt genau kennen. Dazu gehört nicht nur, dass es ein attraktives Sortiment anbietet und weiß, wo man es möglichst günstig einkaufen kann. Es muss auch die **Wünsche der Verbraucher** kennen und außerdem wissen, ob die Kunden mit seinem Geschäft und den angebotenen Leistungen zufrieden sind.

Genauso wichtig ist es, möglichst umfassend über die absatzfördernden **Maßnahmen der Konkurrenten** Bescheid zu wissen. Das Ziel eines Einzelhandelsunternehmens sollte es sein, sich von seinen Konkurrenten möglichst abzuheben und auf ihre Stärke Rücksicht zu nehmen oder ihre Schwäche auszunutzen.

Damit die verschiedenen Marktinformationen beschafft und verarbeitet werden können, muss das Unternehmen den Markt zuvor untersuchen.

DEFINITION

Marktuntersuchung ist die Beschaffung notwendiger Informationen über die abhängigen Märkte des Unternehmens. Hierunter fallen alle Aktivitäten zur Sammlung und Analyse von Informationen für Marketingentscheidungen. Bezogen auf den Absatzmarkt sind dies insbesondere Informationen über:

- Verhaltensweisen und Einstellungen der Nachfrager und
- Produkte und Marktstrukturen (Marktteilnehmer).

BEISPIEL „TREND-SCOUT"

Markenfirmen bezahlen Trend-Scouts in allen großen Städten. Diese teilen ihre Beobachtungen aus der Szene der Zentrale mit. Auf dieser Grundlage werden neue Schuhtypen erzeugt und in einigen firmeneigenen Schuhgeschäften probeweise zum Kauf angeboten. Die Registrierkassen in den Filialen sind vernetzt. Im Zentralcomputer wird daher rasch erkennbar, wie die Szene auf das Bild reagiert, das sich die Firma von ihr gemacht hat. Steigen die Verkaufszahlen eines Typs, geht er groß in Produktion. Selbst wenn die Firma sich geirrt hat, entsteht damit eine neue Wahrheit.

In Sekundenschnelle findet die Bauanleitung ihren Weg durchs Internet nach Asien, wenige Wochen später ist der Schuh in Europa lieferbar. Konkurrenten wittern einen Trend und beginnen mit dem Kopieren. Ist die erste Kopie auf dem Markt, ist das Original schon ein Stück originaler geworden.

Der Ursprung einer neuen Form ist kreisförmig.

Eine Kettenreaktion von Nachahmungen beginnt, in die sich Abweichungen einschleichen. Überlagerungen, Kombinationen, Zufälle und Missverständnisse spielen die gleiche Rolle wie die mitspielenden Akteure. So wie ein Raver den anderen nachahmt, kopiert eine Schuhfirma die andere und alle gemeinsam kopieren sie die Szene, die nichts anderes ist als die Gesamtheit dieser Kopiervorgänge.

Wird die Marktuntersuchung gelegentlich, d. h. unsystematisch, durchgeführt, so spricht man von **Markterkundung.**

Insbesondere der mittelständische Einzelhändler ist aus Kostengründen auf die eigene, unsystematische Markterkundung angewiesen. Diese sollte aber durchaus ausreichend sein, da sein Absatzmarkt in der Regel nicht so umfangreich und deshalb überschaubar ist.
Mögliche Informationsquellen sind:

- sporadische Gespräche mit Kunden
- Berichte des Verkaufspersonals, besonders von Reisenden und Vertretern
- Marktberichte in Fachzeitschriften
- Messebericht
- Konjunkturdaten und -prognosen
- wirtschaftspolitische Maßnahmen der Regierung und der Zentralbank

Geschieht das Sammeln von Informationen dagegen systematisch, so liegt **Marktforschung** vor.

Die **systematische Absatzmarktforschung** stellt im Einzelnen Informationen bereit über:

Forschungsgebiete	die eigene Stellung am Markt • **Absatzforschung**	Erforschung der eigenen Marktstellung und der Wirkung der absatzpolitischen Maßnahmen – Planung und Kontrolle des Einsatzes der marketingpolitischen Instrumente wie z. B. Werbung, Preispolitik oder Sortimentspolitik – Analyse von Kundenbewertungen u. a. in Preisvergleichsportalen, elektronischen Handelsplattformen und im Onlineshop.
	die Konkurrenz und die Entwicklung der Branche • **Konkurrenz- bzw. Wettbewerbs-forschung**	• Beobachtung und Analyse der auf einem bestimmten Markt anwesenden Mitbewerber • Ziel: – Wettbewerbsverhalten der Konkurrenten soll transparent gemacht werden. – Voraussichtliche Reaktionen der Konkurrenz auf die eigenen geplanten Entscheidungen sollen im Voraus erkannt werden → Erfolg der eigenen Marketingstrategie soll gewährleistet werden. • liefert Informationen über die Konkurrenten, insbesondere über – grundsätzliche Aspekte, wie Zahl, Rechtsform, Betriebsform, Standort, Betriebsgröße, Erscheinungsbild – die Produkte der Mitbewerber (Sortimentsstruktur) – Preisniveau – die Marktanteile – deren Marketingkonzeptionen – die eingesetzten absatzpolitischen Instrumente, insbesondere über die Preis-, Werbe- und Sortimentspolitik – Entwicklungstendenzen (Muss mit neuen Konkurrenten gerechnet werden? Sind Veränderungen der Marktanteile zu erwarten? Wie könnte das Verhalten von neuen Mitbewerbern aussehen und welche Absatzstrategien könnten sie verfolgen?) • Durchführung: Händlerbefragungen im Rahmen eines direkten Interviews • Auswertung: – u. U. durch betriebliche Stabsstelle – mit EDV-Unterstützung
	die Stärke des eigenen Standorts[1] • **Standortforschung** DEFINITION Der **betriebliche Standort** ist der Ort, an dem sich Einzelhändler mit ihren Betrieben niederlassen.	Analyse eines Standorts bezüglich seiner Brauchbarkeit i. S. d. handelsbetrieblichen Ziele Ein günstiger Standort kann nach Prüfung u. a. der folgenden **Standortfaktoren** gefunden werden: – Kaufkraft/Löhne und Gehälter – Kundendichte – Konkurrenzsituation – Verkehrsanbindung – Straßenlage – Parkplatzsituation – Mieten und Grundstückspreise – behördliche Auflagen (z. B. Umweltschutzbedingungen) – kommunale Fördermaßnahmen – Abgaben und Steuern – qualifiziertes Fachpersonal DEFINITION Der **optimale Standort** ist der Ort, an dem der größtmögliche Gewinn erzielt wird.  *Auffinden eines günstigen Standortes*
	das Image • **Imageforschung**	• Das Image eines Handelsunternehmens – ist das Gesamtbild, das sich Menschen über das Unternehmen machen; – gibt dem Unternehmen sein Gesicht und macht es unterscheidbar; – hat zentrale Bedeutung für die Kaufentscheidung. • imagebildende Faktoren: – Erwartungen und Vorstellungen der Kunden – das absatzpolitische Instrumentarium, insbesondere die Preis- und Sortimentspolitik sowie die Werbung – Verkaufspersonal – Außenfront- und innere Gestaltung der Geschäftsräume

1 Standort und sein Einfluss auf die Preisgestaltung siehe Kapitel 12.5.

Forschungsgebiete

- **Profilanalyse**

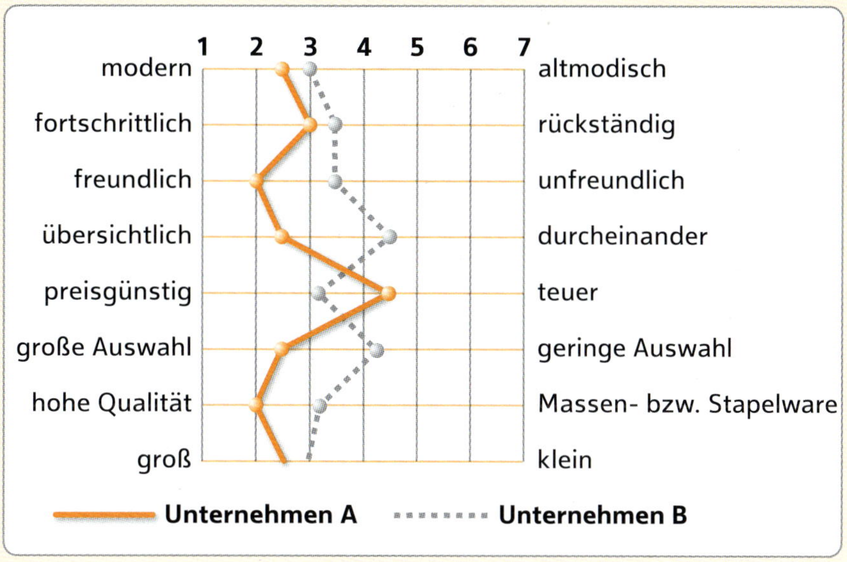

Um der Neigung vieler Befragter entgegenzuwirken, zur Mitte der 7er-Skala zu tendieren, sollten die 7 Punkte der Skala verbal umschrieben werden: z. B. 1 = sehr zutreffend, 2 = zutreffend, 3 = weniger zutreffend, 4 = weder noch, 5 = weniger zutreffend, 6 = zutreffend, 7 = sehr zutreffend

- **allgemeine wirtschaftliche Verhältnisse**

Informationen über die volkswirtschaftliche Entwicklung (Kaufkraft, Preise, Lohnniveau usw.) und den Einfluss der allgemeinen Wirtschaftspolitik und der Konjunkturbewegungen

- Wie wird sich die Bevölkerung und ihr Einkommen entwickeln?
- Wie kann sich das Konsumverhalten in Abhängigkeit vom Einkommen entwickeln?
- Welches Kaufverhalten herrscht in der Branche vor?

die tatsächlichen und möglichen Nachfrager (Kundenstrukturanalyse)

- **Bedarfsforschung**

kann eingeteilt werden in

Tatsachenforschung
(Was tut der Verbraucher?)

liefert objektive Daten über den Markt:

- Kaufkraft und Kaufkraftveränderungen
- Zusammensetzung der Nachfrager (Alter, Geschlecht, Wohnort, Familienstand, Ausbildungsniveau usw.)
- Käufergewohnheiten: Mode, Markentreue
- Marktgröße und Aufnahmefähigkeit des Marktes

Meinungs- und Motivforschung
(Was meint der Verbraucher? Aus welchen Motiven tut oder meint der Verbraucher etwas?)

gibt Auskunft über:

- Gründe für die Kaufentscheidung (Nutzerwartungen)
- Käuferreaktionen auf Änderung der Qualität, Preise, Produktgestaltung, Verpackung sowie des Kundendiensts
- Meinung des Kunden über Produkte und Konkurrenzprodukte

BEISPIEL

Um die nötigen Informationen über Käufer und Mitbewerber zu erhalten (vgl. Einführungsbeispiel), müssen von der Ambiente Warenhaus AG schwerpunktmäßig die folgenden Fragenkomplexe berücksichtigt werden:

- Welche Einstellungen haben die Kunden zu Seidenbettwäsche?
- Welche Personen bzw. welche Haushalte kaufen Seidenbettwäsche?
- Welche Ware (Marken, Hersteller) wird in welchem Umfang, zu welchen Zeitpunkten, in welchen Einzelhandelsgeschäften nachgefragt?
- Welche Motive sind für den Kauf entscheidend?
- Welche Kaufanregungen gehen von der qualitativen, farblichen und designmäßigen Aufmachung und anderen Marketingaktivitäten aus?
- Erkennt der Einzelhandel in zunehmendem Maße Kaufinteresse?
- Lassen sich bei der Konkurrenz Absichten zu einer Ausweitung bei diesem Artikel erkennen?

Bereiche der Marktforschung

DEFINITION

Marktforschung ist die systematische Beschaffung, Auswertung und Interpretation von Informationen über

- jetzige und zukünftige Marktsituationen und -entscheidungen eines Unternehmens (z. B. über Konkurrenten, allgemeine Marktdaten [Kaufkraft, Preise, Lohnniveau]) oder darüber,
- wie die Waren beim Kunden ankommen und
- wie der zukünftige Bedarf aussehen wird.

Die Marktforschung lässt sich unterteilen in die Bereiche:

- Marktanalyse
- Marktbeobachtung
- Marktprognose

1. Marktanalyse

Die Marktanalyse ist die **einmalige Untersuchung** des Marktes zu einem **bestimmten Zeitpunkt,** beispielsweise die Feststellung des tatsächlichen Absatzes einer neu auf den Markt gebrachten Kollektion von Herrenunterwäsche für den Mann zwischen 18 und 38 (= **Zeitpunktuntersuchung**).

Werden die Größen des Marktes mengen- und wertmäßig erfasst und seine Entwicklung in der Zukunft prognostiziert, so spricht man von der quantitativen Marktanalyse. Hierbei sind drei Marktgrößen zu unterscheiden:

- das Marktpotenzial,
- das Marktvolumen und
- der Marktanteil.

Ergebnis einer quantitativen Marktanalyse:

- Als **Marktpotenzial** wird die maximale Aufnahmefähigkeit eines Marktes für eine Sachleistung oder eine Dienstleistung bezeichnet.
- Unter **Marktvolumen** versteht man die von allen Anbietern tatsächlich abgesetzte Menge an bestimmten Gütern oder Dienstleistungen auf dem gesamten Markt.
- **Marktanteil** ist der tatsächliche Absatz bzw. realisierte Umsatz eines Anbieters, ausgedrückt als Prozentsatz des Marktvolumens.

$$\text{Marktanteil in \%} = \frac{\text{tatsächlicher Absatz (Umsatz)}}{\text{Marktvolumen} \cdot 100\,\%}$$

2. Marktbeobachtung

Die Marktbeobachtung ist eine laufende Beobachtung des Marktes **über einen längeren Zeitraum hinweg** (= Kette von Marktanalysen), z. B. die Beobachtung der Absatzentwicklung von neu gestalteten Freizeitsportschuhen im Zeitablauf (= **Zeitraumuntersuchung**).

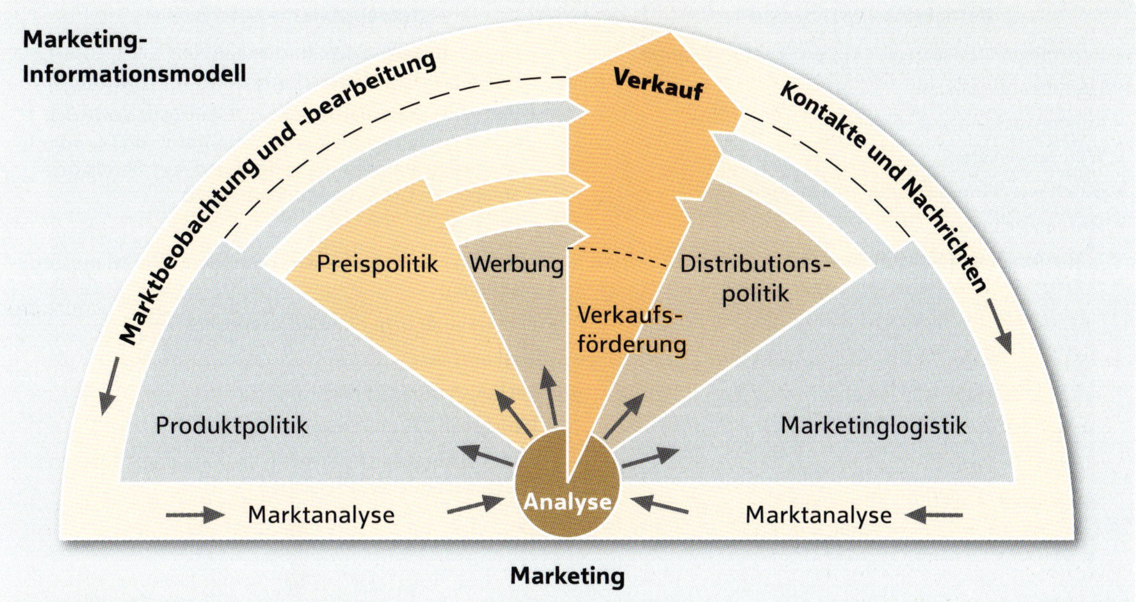

nach: Ahlefeld, Hans-Ulrich: Den Außendienst optimieren, in „Plus", 3. Jg. 1971, S. 33

3. Marktprognose

Die Ergebnisse der Marktbeobachtung bzw. der Marktanalyse werden zur Marktprognose (= Voraussage der Marktentwicklung) verarbeitet. Mit ihr wird versucht, die zukünftige Marktentwicklung abzuschätzen und vorauszuberechnen. Die Marktprognose ist die Grundlage für die absatzpolitischen Entscheidungen der Unternehmer.

Erhebungsarten und -methoden der Marktforschung

Nach der Art (dem Verfahren) der Datenerhebung unterscheidet man zwischen Sekundär- und Primärerhebungen (-forschungen).

1. Sekundärerhebungen

DEFINITION

Um **Sekundärerhebungen** (Sekundärforschungen/Deskresearch) handelt es sich, wenn bereits vorhandenes Zahlenmaterial ausgewertet wird.

Die Sekundärforschung ist
- sehr kostengünstig, da die Daten bereits erhoben wurden,
- weniger zeitaufwendig als die Primärforschung,
- nicht exklusiv, da die Daten auch anderen Marktforschern zur Verfügung stehen,
- unzureichend, da die vorhandenen Daten nicht ausreichen.

Für Sekundärerhebungen kann das Datenmaterial innerbetrieblichen als auch außerbetrieblichen Quellen entnommen werden:

Betriebsinterne Datenquellen	**Betriebsexterne** Datenquellen
• Statistiken über Anfragen und Angebote • Auftragseingänge • Absatzstatistiken • Daten der Kosten- und Leistungsrechnung (KLR), z. B. der Deckungsbeitragsrechnung[1] • Reklamationslisten und -berichte	• Veröffentlichungen – staatlicher Stellen, wie z. B. Deutsche Bundesbank, Pressestellen der Ministerien, statistische Ämter – von den Industrie- und Handelskammern (IHK) – supranationaler Behörden, wie z. B. EU, UNO, OECD, WHO, Weltbank

1 Zum Deckungsbeitrag (DB) siehe erklärende Hinweise in Kap. 11.9. Der DB dient den Sekundärerhebungen, indem er Informationen liefert über Absatzsegmente (z. B. einzelne Artikel, Artikelgruppen, Aufträge, Absatzgebiete) und deren Beitrag zur Deckung der fixen Kosten des gesamten Unternehmens und zum Gewinn. Die DB-Rechnung dient daher der Vergleichbarkeit und gibt damit aufschlussreiche Anhaltspunkte für einen möglichst effektiven Einsatz der absatzpolitischen Marketinginstrumente.

Betriebsinterne Datenquellen	**Betriebsexterne** Datenquellen
• Berichte und Umsätze der Außendienstmitarbeiter • Lagerbestandslisten • Kundenkarteien und -dateien • Warenpreislisten • Daten aus früheren Primärerhebungen • Messeberichte • Statistiken über Marketingkosten	– wirtschaftswissenschaftlicher Institute, z. B. IFO-Institut, Institut für Handelsforschung an der Universität Köln – von Wirtschaftsverbänden, z. B. Jahresberichte der Bundesarbeitsgemeinschaft der Mittel- und Großbetriebe des Einzelhandels, des Bundesverbands des Deutschen Groß- und Außenhandels • Jahrbücher • elektronische Datenbanken und Datenvermittlungsorganisationen • Firmenhandbücher und Adressbücher • Auskunfteien • Fachbücher und Zeitschriften • Berichte in Zeitungen und Magazinen • Publikationen von Unternehmen: Kataloge, Prospekte, Geschäftsberichte, Preislisten

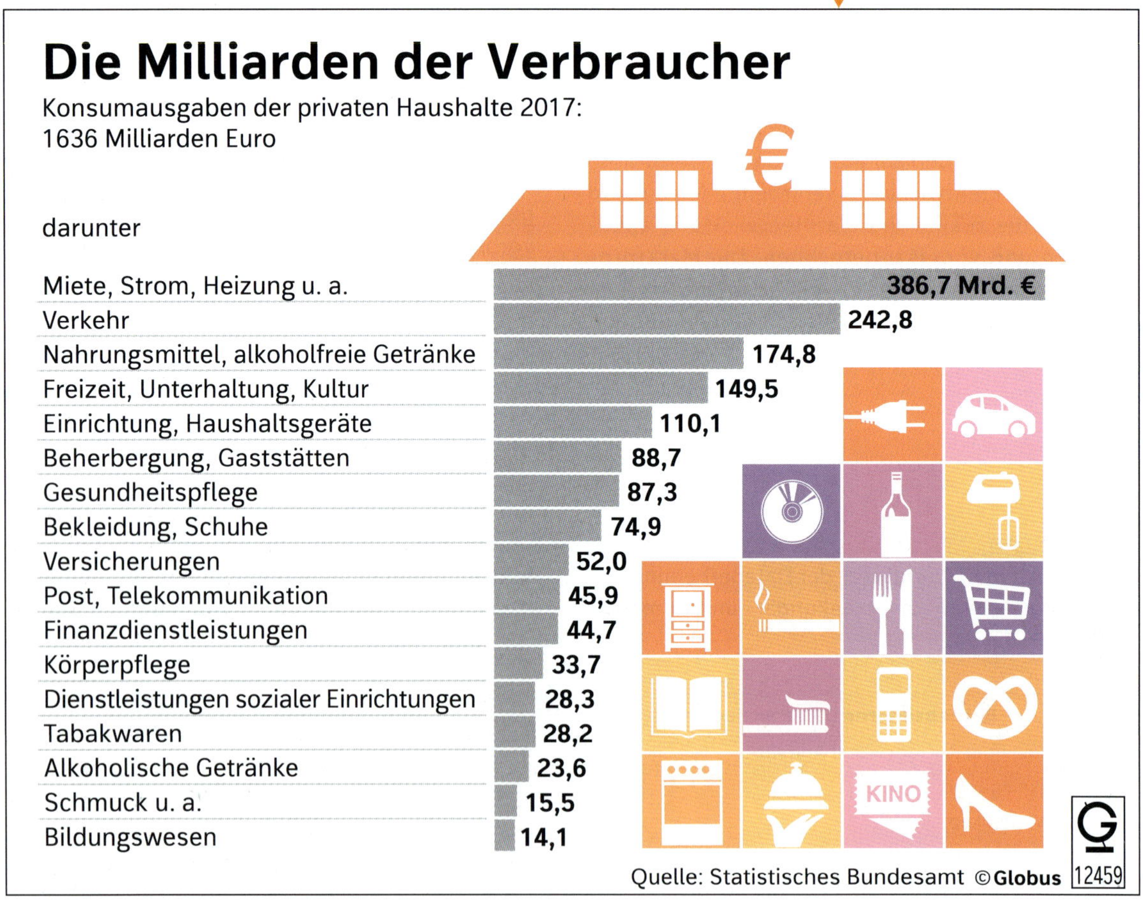

2. Sekundärstatistische Daten aus dem Warenwirtschaftssystem

EDV-gestützte Warenwirtschaftssysteme stellen eine der bedeutendsten Quellen für die Datenbeschaffung innerhalb der sekundärstatistischen Marketingforschung dar. Aufgrund der gespeicherten Artikelbewegungen liefern sie eine Vielzahl von Informationen über:

Ausgewählte Informationsbereiche		
Angebots-verarbeitung Fakturierung Scanner/ Abbuchung Kassenabwicklung Lagerabgang bei • Verkauf • Bestellung Abfragen nach • Artikelbestand • Lagermenge • Bestellbestand • bestellte Menge • Preis • Bestandswert Substitutions-artikel Kreditlimit-prüfungen Vergleich der Umsätze	Preisfestlegung nach • Aufträgen • Kunden Rabattvergabe nach • Auftragsmenge • Kunden • Artikel Lieferschein • standard • individuell Transport • Verwaltung • Auswertungen • Optimierung Gewinn-entwicklung Kosten-entwicklung	Außendienst • Provisionen • Bewertung • mobile Daten-erfassung Außenhandel • Zollpapiere • Umsatzsteuer • Fremd-währungen Optimierung • Regalplanung • Sortimente Stücklisten • Vertrieb (Sets) • Ersatzteile Auswertung von Umsätzen • des Tages • des Monats • des Jahres

Derartige Daten, die von EDV-gestützten Warenwirtschaftssystemen zur Verfügung gestellt werden, stellen die Grundlage vieler marketingpolitischer Entscheidungen dar.

Darüber hinaus sollte aber nicht vergessen werden, dass Gespräche mit Kunden und Konkurrenten sowie Kontakte mit Lieferern ebenfalls zu wertvollen Informationen führen können.

Bei jedem Problem der Marktforschung sollten zu Beginn grundsätzlich vorhandene sekundäre Quellen gesichtet und analysiert werden, denn sie können dazu beitragen, Entscheidungen des Handelsmanagements bis zu einem gewissen Grad abzusichern.

3. Primärerhebungen[1]

Primärerhebungen sind immer dann notwendig, wenn die Informationen, die aus den Sekundärerhebungen gewonnen wurden, zur Lösung des speziellen absatzpolitischen Problems nicht ausreichen.

DEFINITION

Primärerhebungen (Primärforschungen/Fieldresearch) liegen vor, wenn

- neue, bisher noch nicht erhobene Marktdaten ermittelt und
- hierzu eigene Erhebungen durchgeführt werden (oder z. B. durch beauftragte Marktforschungsinstitute),
- die in erster Linie (primär) für eine bestimmte Marktuntersuchung benötigt werden.

BEISPIEL

Auskunft über das Preisbewusstsein und bestimmte Bevorzugungen der Kunden beim Kauf von Seidenbettwäsche kann nicht von der Sekundärforschung erwartet werden. In diesem Fall müssen eigens für diesen Zweck z. B. Umfragen gemacht werden.

Vorteile	Nachteile
• Erhebung noch nicht existierender Informationen • Datenerfassung kann zielgerichtet erfolgen und ist relativ lückenlos	• kosten- und zeitintensive Datenerfassung und Informationsbeschaffung • spezielles Know-how erforderlich • Mitarbeiter sind u. U. nicht objektiv (Verfälschungen möglich)

Das Informationsmaterial bei einer Primärerhebung kann grundsätzlich mithilfe der folgenden vier Methoden gewonnen werden:

- Befragung
- Beobachtung
- Experiment
- Markttest

3.1 Befragung

Die Befragungsmethode ist die wichtigste und daher auch die am häufigsten angewandte Erhebungsmethode zur Beschaffung von Informationen.

Wird der gesamte infrage kommende Personenkreis in die Befragung einbezogen, so liegt eine **Vollerhebung** vor. Beschränkt man sich hingegen auf einen Teil (z. B. einen bestimmten Prozentsatz) der Auskunftspersonen, so spricht man von **Teilerhebung.**

Aus Zeit- und Kostengründen wird es einem Einzelhandelsunternehmen im Allgemeinen nicht möglich sein, sämtliche infrage kommenden Personen zu berücksichtigen. In diesem Falle hilft das Modell des repräsentativen Querschnitts:

- Die ausgewählte Teilmasse soll möglichst genau den gesamten Abnehmerkreis widerspiegeln. Weist sie die gleichen Wesensmerkmale wie die Gesamtheit in Bezug auf ihre Zusammensetzung auf, so ist die Befragung als repräsentativ anzusehen.

1 primus (lat.) = Erster; Primärerhebungen verwenden Material „aus erster Hand" (= unmittelbare Erhebung der Daten).

BEISPIEL

Die Zielgruppe bei der Nachfrage nach Seidenbettwäsche setzt sich aus Personen verschiedenen Geschlechts, Alters, Berufs, Einkommens, verschiedener Kinderzahl, Religionszugehörigkeit, Schulbildung usw. zusammen. Würde sich die Befragung der Ambiente Warenhaus AG nun lediglich auf ledige Männer und Frauen im Alter zwischen 25 und 35 Jahren beschränken, so ergäbe das wegen der geringen Repräsentativität verfälschte Ergebnisse.

Bei anderen Artikeln muss auch die Zusammensetzung der repräsentativen Gruppe eine andere sein; z. B. wäre es bei einer Befragung nach qualitativ hochwertigen Damenblusen sicherlich verfehlt, lediglich Angestellte der gehobenen Einkommensklasse und ältere Singles einzubeziehen.

- Damit hat die geringere Größe der Stichprobe keinen entscheidenden Einfluss auf die Güte des Ergebnisses.

Die Befragung kann schriftlich, mündlich (durch persönliches Interview) oder telefonisch durchgeführt werden. Befragt werden können generell Hersteller, Handelsunternehmen und Endverbraucher.

Schriftliche Befragungen können durchgeführt werden mittels Fragebogen, die entweder repräsentativ ausgewählten Personen direkt per Post zugesandt, Zeitungen beigelegt oder an Geschäftspartner im eigenen Unternehmen verteilt werden.

Bei telefonischen und bei mündlichen Befragungen (= direkten Interviews) stellt der Interviewer gezielte Fragen und trägt die Antworten in einen Fragebogen ein. Die folgende Tabelle zeigt Vor- und Nachteile der einzelnen Befragungsarten auf.

Kriterien	**Befragungsart**		
	schriftlich	**mündlich**	**telefonisch**
Rücklaufquote	unterschiedlich	hoch	hoch
Beeinflussung durch Dritte	möglich	kaum möglich	nicht möglich
Umfang der Befragung	mittelgroß	groß	klein
Interviewereinfluss	nicht möglich	groß	relativ groß
Genauigkeit	gering	hoch	unterschiedlich
Zuverlässigkeit	unterschiedlich	hoch	relativ hoch
Geschwindigkeit der Durchführung	relativ gering	niedrig	hoch
Kosten	niedrig	hoch	relativ niedrig
Repräsentativität	relativ niedrig	relativ hoch	gering
Erklärung der Fragen	nicht möglich	möglich	möglich

Eine weitere, besondere Form der Befragung ist das Panel.

DEFINITION

Von einem **Panel** spricht man, wenn ein in einer repräsentativen Stichprobe erfasster **gleichbleibender Personenkreis** über einen längeren Zeitraum hinweg entweder
- immer zum selben Thema oder
- über jeweils verschiedene Themen oder
- in einem gemischten Themenkatalog über gleichbleibende und wechselnde Themen befragt wird.

Panelerhebungen sind dynamische Erhebungen. Indem die Ergebnisse der abgelaufenen Periode (z. B. Monat, Halbjahr, Jahr) mit vorangegangenen Perioden verglichen werden, ermöglichen sie Aussagen über die neuen Marktströmungen und -entwicklungen.

Panels findet man bei allen größeren Marktforschungsinstituten. Sie können dort angefordert oder auch in Auftrag gegeben werden. Grundsätzlich ist zu unterscheiden zwischen Haushalts- und Unternehmerpanels.

222270150

BEISPIELE AUS DER PRAXIS

- **Haushaltspanels:**
  Bestimmte Haushalte führen über die durchgeführten Einkäufe (Zahl der gekauften Waren, Markennamen, Hersteller usw.) Buch und übermitteln die Daten in regelmäßigen Abständen einem Institut.
  - ZFD-Pkw-Besitzerpanel
  - BBF-Haushaltsreport
  - ZFD-Allensbach-Hausfrauenpanel
- **Einzelhandelspanels:**
  Bestimmte Einzelhandelsunternehmen geben Informationen über die Verkäufe.
  - GfK[1]-Cash-und-carry-Panel
  - AC Nielsen[1]-Gebrauchsgüterindex
  - GfK-Sport-Panel
  - GfK-Foto-Panel

Problem des Panels:

- Die befragten Personen ändern ihr Verhalten (= Paneleffekt).
- Durch das Ausscheiden und Altern von Panelteilnehmern ist der ausgesuchte und befragte Personenkreis nicht mehr repräsentativ (= Panelsterblichkeit).

3.2 Beobachtung

Die Vorteile der Beobachtung liegen darin, dass

- sie im Gegensatz zur Befragung ohne das Wissen der Zielgruppe durchgeführt und
- das tatsächliche Verhalten frei von verhaltenswirksamen Einflüssen zwischen Erhebungsperson und Informationsgeber beobachtet und analysiert werden kann.

Die häufigsten Anwendungsgebiete dieser Methode sind im Einzelhandel

- Verkaufsgespräche,
- Kaufverhalten,
- Zählen und Beobachten von Personen,
- Blickregistrierung zur Analyse von Aufmerksamkeitswirkungen.

Für die Beobachtung können Beobachter und/ oder technische Geräte (z.B. Spiegel, Lichtschranken, Blickregistrierungsgeräte, Kameras) eingesetzt werden.

BEISPIEL

Impuls TV ermöglicht erstmals die maßgeschneiderte Steuerung von TV-Werbeimpulsen am Verkaufsort:

Bei Impuls TV erhält der Kunde auf seinem Weg durch den Supermarkt gezielt Werbebotschaften. Der Impuls für die Präsentation geht von einem patentierten Sensor im Griff des Einkaufswagens aus, der den Start des Spots auf einem Plasmabildschirm auslöst. Dabei sind Streuverluste minimal und der werbetreibende Auftraggeber zahlt nur für die tatsächlichen Kontakte. Da alle Vorgänge gespeichert werden, lässt sich später mühelos feststellen, welcher Kunde mit welchem Wagen wo und wann die Werbung gesehen hat. Durch Verknüpfung mit den Bon-Daten lässt sich zudem direkt ableiten, welche Wirkung die Werbung auf den Warenverkauf hatte. Der Kunde bleibt dabei anonym.

3.3 Experiment

DEFINITION

Unter einem **Experiment** kann die Erprobung einer neuen Maßnahme vor ihrer Einführung verstanden werden.

Damit hat das Experiment die Aufgabe, die Wirkungen erst zu schaffender Tatbestände zu erforschen.

1 Die GfK (Gesellschaft für Konsumforschung) und AC Nielsen sind die weltweit größten Marktforschungsunternehmen und liefern Daten aus mehr als 100 Ländern.

3

Experimente lassen sich unterscheiden nach

den Bedingungen, unter denen das Experiment durchgeführt wird	**der Art der Ermittlung** der Ergebnisse
• **Feldexperimente** finden unter normalen Alltagsbedingungen auf einem Testmarkt statt, wie z. B. der Stadt Hildesheim. • **Laborexperimente** werden unter speziellen für den Test geschaffenen (künstlichen) Bedingungen außerhalb des Marktes durchgeführt. Sie können deshalb nicht als repräsentativ angesehen werden.	• **Befragungsexperimente** • **Beobachtungsexperimente**

4

3.4 Markttest

Um über eine flächendeckende Neueinführung eines Produkts oder auch einer Marketingmaßnahme zu entscheiden, kann der Einzelhändler einen Markttest durchführen. Die Ware wird auf einem regional begrenzten Teilmarkt (Testmarkt) angeboten und der Verkauf getestet.

Ziel ist es hierbei, die Kundenreaktionen auf einem räumlich begrenzten Markt zu beobachten, um aufgrund der gewonnenen Daten Rückschlüsse auf die Gesamtkundschaft ziehen zu können.

Der Testmarkt muss repräsentativ sein, d. h. die gleiche sozioökonomische Struktur aufweisen wie der Gesamtmarkt. Bekannte Testmärkte sind z. B. das Saarland und Berlin.

BEISPIELE

Produkttest: Der Hersteller von Seidenbettwäsche will sein Angebot um fünf neuartige Farbkompositionen erweitern. Um zu ermitteln, wie diese Ausführungen vom Markt aufgenommen werden, wird die Bettwäsche zunächst auf dem Testmarkt der Stadt Köln getestet (= Minimarkttest).

Preistest: Die Ambiente Warenhaus AG will auf dem relativ kleinen Testmarkt „Region Schönstadt" feststellen, wie sich die geplante Preiserhöhung für Trainingsanzüge aus Goretex® um durchschnittlich 8,2 % auf den zukünftigen Absatz auswirkt.

AUFGABEN

1. Worin besteht der Unterschied zwischen Marketing und Marktforschung?
2. Nennen Sie das Ziel der Marktforschung.
3. Die Ambiente Warenhaus AG will ihr Angebot an spezieller Ausrüstung für Hochgebirgswanderer ausweiten. Um ganz sicherzugehen, dass die Ware auch ihre Abnehmer finden wird, wollen die Verantwortlichen den Markt untersuchen lassen. Auf welche Informationen werden sie dabei besonderen Wert legen?
4. Wie kann die Primärforschung durchgeführt werden und welchem Zweck soll sie dienen?
5. Unterscheiden Sie zwischen Marktanalyse, Marktbeobachtung und Marktprognose.
6. Welche wirtschaftlichen Vorteile kann ein Unternehmer gegenüber seinen Konkurrenten aufgrund einer richtig erstellten Marktprognose haben?
7. Welche drei Aussagen können den folgenden Begriffen zugeordnet werden?
   - Marktprognose
   - Marktanalyse
   - Marktbeobachtung

   a) Sie versucht durch den Vergleich von betrieblichen Kennziffern den Absatz zu beeinflussen.
   b) Sie untersucht die Struktur von Angebot und Nachfrage zu einem bestimmten Zeitpunkt.

c) Sie sind die in Abständen von einigen Jahren immer regelmäßig wiederkehrenden Wellenbewegungen der Wirtschaft.

d) Sie ist bemüht, die zukünftige Marktentwicklung richtig abzuschätzen und vorauszubestimmen.

e) Sie verfolgt laufend die Marktentwicklung.

f) Sie sind langfristige Veränderungen der Wirtschaftsentwicklung.

8. a) Erklären Sie die Erhebungstechniken Primär- und Sekundärerhebung.

b) Welche Nachteile sehen Sie bei einer Sekundärerhebung im Vergleich zur Primärerhebung?

9. Warum kann Marktforschung dazu beitragen, das Marktrisiko zu reduzieren?

10. Sie sind in einer Textileinzelhandlung tätig. Ihr Abteilungsleiter beauftragt Sie eines Tages, die wichtigsten Daten über die Sortimente der Konkurrenz zusammenzustellen.
Auf welche sekundärstatistischen Quellen würden Sie zur Erledigung dieses Auftrags zurückgreifen?

11. Worin liegen die Vorteile des Panels gegenüber den sonstigen Befragungsarten?

12. Das Unternehmen Bruns & Co. KG möchte seine neue Rasierermarke „AC 2000" mit revolutionierender Technologie auf den Markt bringen. Um herauszufinden, wie die Verbraucher auf das neue Angebot reagieren, wird der Markt systematisch untersucht.

a) Wie kann das Unternehmen Bruns & Co. KG im Rahmen der Primärerhebung zu den gewünschten Informationen kommen?

b) Warum spielt in diesem Fall die Sekundärerhebung eine untergeordnete Rolle?

c) Warum muss der Schwerpunkt zur Gewinnung der Marktinformationen im Bereich der Marktanalyse liegen? Grenzen Sie bei Ihrer Begründung Marktanalyse von Marktbeobachtung ab.

d) Bestimmen Sie ein Marktsegment für den Rasierer „AC 2000" und beschreiben Sie vor diesem Hintergrund notwendige Produkteigenschaften des neuen Geräts.

13. Erklären Sie folgende Methoden der Marktforschung:

a) Befragung/Interview b) Panel
c) Beobachtung d) Testmarktverfahren

14. Eine Handelskette hat ein Marktforschungsinstitut mit einer Kundenbefragung zu einem bestimmten Artikel beauftragt. Das Ergebnis ist nachstehend auszugsweise angegeben.

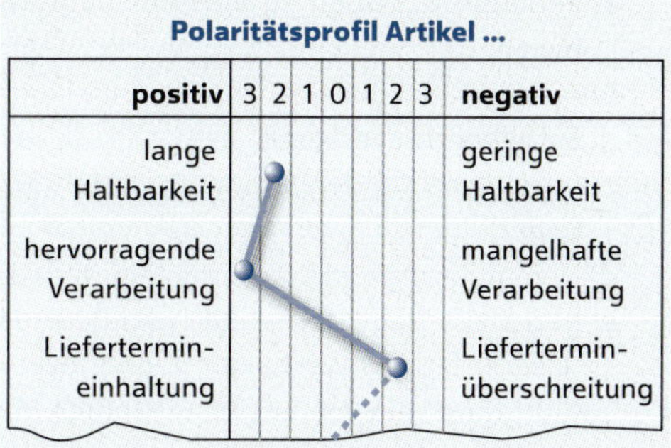

a) Nennen Sie zwei Gründe, die für die Beauftragung eines auf Marktforschung spezialisierten Unternehmens sprechen.

b) Welche Erkenntnisse kann die Handelskette aus diesem Profil gewinnen?

15. Ein Hersteller von Kameras beabsichtigt, eine batterieunabhängig zu betreibende Kamera, die zudem die Kombination von Spiegelreflex- und Digitalkamera in sich vereint, zu entwickeln. Nachteile, die z.B. durch das nicht immer zeitgerechte Film-wechseln-Müssen entstehen, entfallen damit. Die Kamera ist umweltfreundlich (keine Batterien) und soll in ihrer Form und Handhabung den besonderen Ansprüchen von Ästheten und Hobbyfotografen gerecht werden. Der Marktpreis soll knapp unter 650,00 € liegen.

a) Die Geschäftsleitung möchte zur Absicherung ihrer endgültigen Entscheidung eine Marktanalyse durchführen lassen. Um zu absatzpolitisch relevanten Ergebnissen zu gelangen, werden Sie gebeten, Argumente zu suchen, die gegen die Entwicklung einer derartigen Kamera sprechen.

b) Die Befragung im Rahmen einer durchzuführenden Primärerhebung sieht vor, eine bestimmte Zielgruppe auszuwählen.
Welche Merkmale sollte dieser Personenkreis aufweisen?

c) Begründen Sie, warum die Befragung schriftlich, mündlich oder telefonisch durchgeführt werden sollte.

16. Welche Informationen liefert die Marktforschung im Rahmen der

a) Kunden-, b) Konkurrenz-,
c) Imageforschung?

17. In der Marktforschung unterscheidet man nach der Art der Datenerhebung zwischen Sekundär- und Primärerhebungen. Welche der folgenden Erhebungen ist der Sekundärerhebung zuzuordnen?
- **a)** Panelbefragungen zu Verbrauchsgewohnheiten
- **b)** Auswertung der Branchenkennzahlen des Einzelhandelsverbands
- **c)** schriftliche Kundenbefragung mittels Fragebogen
- **d)** Durchführung von Konsumenteninterviews
- **e)** gezielte Befragung bezüglich der Beurteilung unserer letzten Werbekampagne, durchgeführt durch ein von uns beauftragtes Marktforschungsinstitut

18. Welche wirtschaftliche Bedeutung hat die Standortplanung für den Einzelhändler?

19. Nennen Sie die Standortfaktoren, die bei der Gründung eines absatzorientierten Einzelhandelsunternehmens zu berücksichtigen sind.

20. Im letzten Jahr ist der Umsatz in der Warenwelt „Gesünder Leben" der Ambiente AG im Vergleich zum Einzelhandel rückläufig. Daraufhin wird von der Geschäftsführung beschlossen, entsprechende umsatzsteigernde Maßnahmen durchzuführen. Hierzu sollen durch die Marktforschung Informationen zur Konkurrenz- und Nachfragesituation bereitgestellt werden.

Nennen Sie verschiedene Informationen, die
- **a)** die Konkurrenzbeobachtung über die Wettbewerber und
- **b)** die Nachfrageanalyse über die aktuelle Nachfragesituation

liefern können.

21. Begründen Sie, warum Kundenbewertungen in Preisvergleichsportalen, elektronischen Handelsplattformen und Onlineshops für den Einzelhändler wichtig sind.

AKTIONEN

1. „Immer weniger Ausgaben für klassische Einzelhandelsgüter" liest Herr Rischmüller in einer Ergebnisstudie des Bundesverbands der deutschen Volksbanken und Raiffeisenbanken. Nach Aussage der Autoren der Studie[1] findet nur noch knapp jeder dritte Euro, den die privaten Haushalte für den Konsum ausgeben, den Weg in die Kassen des Einzelhandels. Die Studie, die der Ambiente-Vorstand ausführlich analysierte und dabei leider auch viele Parallelen zum eigenen Unternehmen feststellen musste, ist im Folgenden auszugsweise wiedergegeben:

Ausgewählte Konsumausgaben der privaten Haushalte im Inland nach Verwendungszwecken in jeweiligen Preisen (in Mrd. €)

Jahr, Vierteljahr		Insgesamt	Nahrungsmittel, Getränke, Tabakwaren	Wohnung, Wasser, Strom, Gas u. a. Brennstoffe	Verkehr, Nachrichtenübermittlung	Freizeit, Unterhaltung und Kultur
2013	1. Vj	353,827	45,702	94,671	58,115	31,208
	2. Vj	369,005	49,642	90,110	66,383	32,444
	3. Vj	369,637	50,036	88,930	65,505	32,754
	4. Vj	379,967	52,030	92,767	61,629	35,575
2014	1. Vj	360,993	46,973	93,029	61,429	31,481
	2. Vj	375,666	52,525	89,407	67,813	32,483
	3. Vj	376,779	51,183	90,464	67,379	32,614
	4. Vj	389,310	53,629	93,727	63,965	35,865
2015	1. Vj	369,289	49,163	94,711	61,368	33,169
	2. Vj	384,889	54,312	90,794	69,028	33,934
	3. Vj	386,285	54,126	91,016	68,465	34,157
	4. Vj	398,728	56,784	94,331	64,935	37,607

1 typisch, stellvertretend für die Gesamtheit

222270154

Ausgewählte Konsumausgaben der privaten Haushalte im Inland nach Verwendungszwecken in jeweiligen Preisen (in Mrd. €)						
Jahr, Vierteljahr		Insgesamt	Nahrungsmittel, Getränke, Tabakwaren	Wohnung, Wasser, Strom, Gas u. a. Brennstoffe	Verkehr, Nachrichtenübermittlung	Freizeit, Unterhaltung und Kultur
2016	1. Vj	378,234	50,903	95,709	63,226	34,195
	2. Vj	396,754	55,259	92,465	72,266	35,376
	3. Vj	392,993	54,823	91,392	70,182	35,195
	4. Vj	409,789	57,389	97,030	67,267	38,984
2017	1. Vj	394,287	52,328	97,690	68,983	35,818
	2. Vj	410,710	57,540	95,366	75,132	36,888
	3. Vj	408,130	56,596	94,570	73,280	36,727
	4. Vj	420,853	59,031	98,920	70,503	39,909

Quelle: Statistisches Bundesamt, VGR – Private Konsumausgaben, 1. Vj. 2018

a) Vergleichen Sie die Entwicklung der Konsumausgaben der privaten Haushalte sowohl im Zeitablauf als auch vor dem Hintergrund einer Verschiebung der Ausgabenstruktur innerhalb der Verwendungszwecke.
- Welche Entwicklungen lassen sich hinsichtlich der Ausgabenverwendung feststellen?
- Welche Gründe könnten hierfür ausschlaggebend sein?

b) Bereiten Sie das gesamte Zahlenmaterial neu auf. Stellen Sie die Entwicklungen mithilfe eines Stabdiagramms dar. Verwenden Sie dazu das Programm Excel.

2. In einer Abteilungsleiterkonferenz der Ambiente Warenhaus AG unter Vorsitz von Frau Bode wurden Anfang Februar die folgenden Beschlüsse gefasst:
- Herr Otte soll das Marktforschungsinstitut Franke & Co. KG beauftragen, das Verhalten der Kunden systematisch zu untersuchen hinsichtlich ihres aktiven Urlaubs- und Freizeitverhaltens.
- Frau Hauck soll anhand der Daten aus den Warenwelten „Sport" und „Hobby", zusammengestellt aus sämtlichen Ambiente-Warenhaus-AG-Filialen, eine Vorlage für die nächste Abteilungsleiterkonferenz in 3 Monaten erstellen. Die Vorlage soll Auskunft geben über Verkaufsschwerpunkte und mögliche Trends.

a) Warum hat die stellvertretende Vorstandsvorsitzende im vorliegenden Fall nicht eine Markterkundung von Herrn Otte gefordert?

b) Worin liegt der Unterschied in der Datenbeschaffung zwischen Herrn Otte und Frau Hauck?

c) Auf welche betriebsinternen Datenquellen wird Frau Hauck zur Erarbeitung der Tischvorlage für die nächste Abteilungsleiterkonferenz zurückgreifen können?

d) Suchen Sie im Internet nach entsprechenden Quellen zum Ausgabenverhalten der privaten Haushalte. Stellen Sie dabei mögliche Entwicklungen und Trends heraus.

e) Welche weiteren Informationen – neben der Bedarfsforschung – benötigt die Ambiente Warenhaus AG im Rahmen einer systematisch durchzuführenden Absatzmarktforschung?

f) Sichern Sie Ihre Ergebnisse für ein Kurzreferat vor dem Plenum.

3. a) Erarbeiten Sie arbeitsteilig einen für eine Kundenbefragung zu verwendenden Fragebogen rund um das Thema „Urlaub und sportliche Feizeitgestaltung".
- Beachten Sie die Regeln für den Grundaufbau eines Fragebogens.
- Überlegen Sie sich bei der Aufstellung der Fragen, welche Informationen Sie mit diesen Fragen erhalten wollen.

b) Präsentieren Sie die Ergebnisse Ihrer Gruppenarbeit.

c) Fassen Sie die einzelnen Gruppenergebnisse für die Erstellung der endgültigen Fassung des Fragebogens zusammen.

d) Bringen Sie den Fragebogen mithilfe des Computers in eine ansprechende Form.

4. Führen Sie die Befragung zum Thema „Urlaubsverhalten und sportliche Aktivitäten in der Freizeit" in Ihrer Stadt durch. Die Befragung, durchgeführt mit dem Quotenverfahren, sollte möglichst repräsentativ[1] sein.

   a) Werten Sie die Antworten Ihrer Befragungsaktion arbeitsteilig mithilfe der Clusteranalyse aus. Prüfen Sie dabei, ob sich aufgrund Ihrer Resultate bestimmte Verbrauchergruppen unterscheiden lassen.

   b) Stellen Sie Ihre Ergebnisse in Form von Diagrammen grafisch dar. Verwenden Sie hierfür das Tabellenkalkulationsprogramm Excel.

   c) Formulieren Sie die aus der aufbereiteten Befragung gewonnenen Schlussfolgerungen. Sie sollten einem Einzelhandelsunternehmen wie der Ambiente Warenhaus AG Hinweise darüber geben, was es bei seinen weiteren marketingpolitischen Maßnahmen bezüglich des Urlaubs- und Freizeitverhaltens seiner Kunden berücksichtigen sollte.

   d) Präsentieren Sie die von Ihnen formulierten Schlussfolgerungen in geeigneter Form.

5. In der Ambiente AG hat man einen bemerkenswerten Trendwandel festgestellt: weg vom Tennis und hin zum Golf. Daher soll nun im Haus 2 in der Warenwelt „Sport" eine neue Warengruppe „Alles rund ums Golfspielen" etabliert werden einschließlich differenzierter Angebote (u.a. auch für Paare) von (Schnupper-)Golfkursen für den Anfänger bis hin zum Fortgeschrittenen. Im Einzugsgebiet gibt es weitere Anbieter von Golfausrüstungen. Die Ambiente AG muss sich mit diesem neuen Angebot von der Konkurrenz abheben, um Kunden zu gewinnen und bestehende Kunden weiter an sich zu binden.

   Es ist Ihre Aufgabe, in Teamarbeit für diese geplante Sortimentserweiterung mithilfe der **Konkurrenzbeobachtung** herauszufinden, wo die Ambiente AG im Vergleich zur Konkurrenz Verbesserungspotenzial hat bzw. welche Stärken ausbaufähig sind. Dabei konzentrieren Sie sich ausschließlich auf die Warenwelt „Sport".

   a) Klären Sie mithilfe der Kopfstandmethode, warum die Konkurrenzanalyse/Konkurrenzbeobachtung für einen Einzelhändler wichtig ist. Stellen Sie dementsprechend die Problemfrage auf den Kopf, um im Anschluss in Gruppenarbeit mithilfe des Brainstormings Leitfragen für die Durchführung der Analyse zu entwickeln.

   b) Nutzen Sie für die Informationsgewinnung u.a. das Internet, mögliche Ergebnisse der Stiftung Warentest, den Bundesanzeiger und das Unternehmensregister, die Gelben Seiten, das Örtliche sowie die Direkte Konkurrenzanalyse, indem Sie sich über die potenziellen Wettbewerber direkt vor Ort erkundigen.

   c) Werten Sie die gesammelten Informationen aus und ordnen Sie sie nach selbst gewählten Gesichtspunkten. Halten Sie die Ergebnisse in einem sog. Konkurrenzpapier schriftlich fest.

   d) Leiten Sie marketingpolitische Maßnahmen, soweit sie erforderlich sein sollten, ab.

   e) Bereiten Sie anschließend das Material für die Präsentation übersichtlich und leicht verständlich auf.

   f) Stellen Sie die so strukturierten Ergebnisse dem Plenum vor. Eine zusammenfassende Würdigung Ihrer Beobachtungen sollte am Schluss nicht fehlen.

222270156

ZUSAMMENFASSUNG

Absatzmarktforschung

Wesen

- liefert sämtliche Daten, die über die Möglichkeiten und Probleme des Marktes, über Absatzchancen, über Notwendigkeit von Marketingaktivitäten und deren mögliche Wirkung informieren
- verhilft zu Markttransparenz
- ist die notwendige Voraussetzung des Marketingmix
- konzentriert sich auf den Absatzmarkt

Bereiche

- Marktanalyse: Zeitpunktbetrachtung
- Marktbeobachtung: Zeitraumbetrachtung

Einsatzgebiete

beschafft Informationen über:

- den Standort
- die Kundenstruktur
- die Konkurrenz
- das Image des Handelsunternehmens

Marktuntersuchung

Markterkundung

Unsystematisches, gelegentliches Sammeln von Informationen durch das Unternehmen selbst

Marktforschung

Systematisches Sammeln von Informationen zur Einschätzung und Beeinflussung des potenziellen Absatzmarktes, mit wissenschaftlichen Methoden vorbereitet und vom Unternehmen selbst oder von Marktforschungsinstituten durchgeführt. Die Marktforschung soll den Markt transparent machen.

Dies kann erzielt werden entweder

fortlaufend durch → **Marktbeobachtung** → zeitraumbezogene Marktuntersuchung

und/oder

einmalig durch → **Marktanalyse** → zeitpunktbezogene Marktuntersuchung

Markterkundung: ergänzend → Marktbeobachtung

Absatzforschung

Analyse und Beobachtung der Nachfrage **(Bedarfsforschung)**

Analyse und Beobachtung der Mitbewerber **(Konkurrenz- bzw. Wettbewerbsforschung)**

Ergebnis: **Marktprognose** → Erstellung einer Marketingstrategie → Umsetzung des Marketingkonzepts (Marketingmix) → mit Zielsetzung →

Absatzmarkt

- Erschließung (Marktlücken finden)
- Sicherung
- Erweiterung

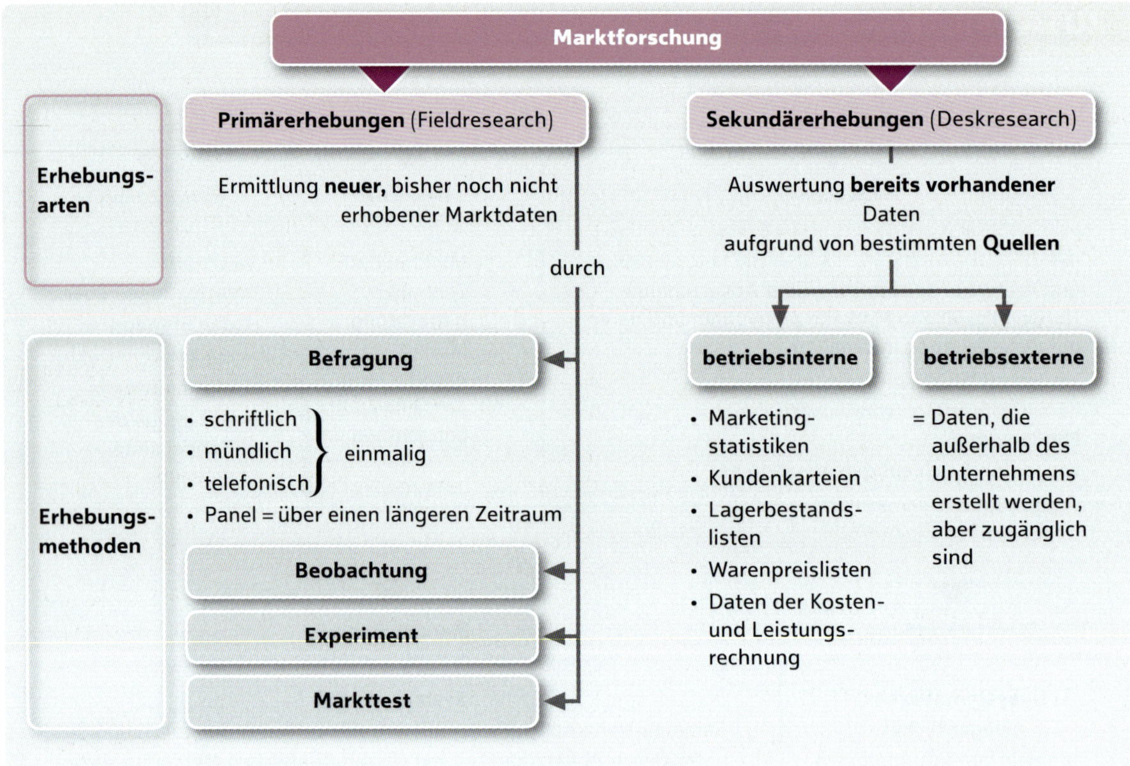
Marktforschung
Erhebungsarten
Primärerhebungen (Fieldresearch)
Ermittlung neuer, bisher noch nicht erhobener Marktdaten
Sekundärerhebungen (Deskresearch)
Auswertung bereits vorhandener Daten aufgrund von bestimmten Quellen
durch
Erhebungsmethoden
Befragung
• schriftlich
• mündlich
• telefonisch
einmalig
• Panel = über einen längeren Zeitraum
Beobachtung
Experiment
Markttest
betriebsinterne
• Marketingstatistiken
• Kundenkarteien
• Lagerbestandslisten
• Warenpreislisten
• Daten der Kosten- und Leistungsrechnung
betriebsexterne
= Daten, die außerhalb des Unternehmens erstellt werden, aber zugänglich sind

222270158

KAPITEL 3
Wir wenden verschiedene Instrumente des Kundenbeziehungsmanagements an

Nachdem sie einige Zeit in verkaufsferneren Bereichen ausgebildet wurde, ist Anja Maibaum heute wieder einmal an der Kasse ihrer Abteilung eingesetzt. Dort liegen zwei Flyer der Ambiente Warenhaus AG für die Kunden aus:

Ambiente Warenhaus AG

Alle Vorteile der
Ambiente-Warenhaus-AG-Haushaltskarte
auf einen Blick:

1. Ambiente-Warenhaus-AG-**Gewinnspiel**

wöchentliches Gewinnspiel:
10.000,00 € in bar bei 5 Treffern
1.000,00-€-Einkaufsgutschein bei 4 Treffern
25,00-€-Einkaufsgutschein bei 3 Treffern

monatliches Superspiel:
100.000,00 € in bar, wenn Ihre Kartennummer gezogen wird!

2. Ambiente-Warenhaus-AG-**Partner-Rabatte**

Rabatte erhalten Sie gegen Vorlage der **Ambiente-Warenhaus-AG-Haushaltskarte** bei den Ambiente-Warenhaus-AG-Partnern.

3. Ambiente-Warenhaus-AG-**Partner-Sonderangebote**

Ausgewählte **Sonderangebote** erhalten Sie gegen Vorlage der **Ambiente-Warenhaus-AG-Haushaltskarte** in bestimmten Zeiträumen bei allen Ambiente-Warenhaus-AG-Partnern.

Und so einfach kommen Sie an Ihre neuen BERNDIES Küchenhelfer:

- Den ersten Treuepunkt im Wert von 5,00 € bekommen Sie von Ihrem **Ambiente-Warenhaus-AG**-Markt geschenkt.
- Bei jedem Einkauf in Ihrem **Ambiente-Warenhaus-AG**-Markt erhalten Sie für je 5,00 € einen weiteren Treuepunkt.
- Schon für 15 Treuepunkte gibt´s einen der praktischen Küchenhelfer zu einem stark ermäßigten Treuepreis.
- Die Treuepunkte für die hochwertigen BERNDIES Küchenhelfer gibt es bis zum 8. Januar des nächsten Jahres in Ihrem **Ambiente-Warenhaus-AG**-Markt.
- Sie können Ihre vollen Sammelkarten bis zum 22. Januar des neuen Jahres einlösen.
- Neue Sammelkarten erhalten Sie ebenfalls in Ihrer **Ambiente-Warenhaus-AG**-Filiale.

1. Stellen Sie fest, welche Absichten die Ambiente Warenhaus AG mit diesen Maßnahmen verfolgt.
2. Nennen Sie Vorteile der beiden Maßnahmen aus Sicht der
   a) Kunden
   b) Ambiente Warenhaus AG.

INFORMATION

Customer-Relationship-Management (CRM)

Lange Zeit stand die Werbung im Sinne einer möglichst breiten Streuung der Werbebotschaft an potenzielle Konsumenten im Mittelpunkt der Kommunikationspolitik der Unternehmen. Deren vornehmliches Ziel war es, neue Kunden zu gewinnen. Die Reichweite der Werbemaßnahmen und die Anzahl der Kundenkontakte waren Ausdruck erfolgreich durchgeführter Marketingaktionen. Dieser offensiven Gewinnung neuer Kunden wird nun bewusst die defensive Marketingstrategie der Bindung bestehender Kunden an das Unternehmen gegenübergestellt. Der Verlust von Kunden stellt für ein Unternehmen durch den Verlust von Umsätzen einen enormen wirtschaftlichen Schaden dar. Einen neuen Kunden zu gewinnen kostet bis zu fünfmal mehr, als bestehende Kunden im Kundenstamm zu halten. Daher muss es das Ziel der Unternehmen sein, eine hohe Kundenbindung zu erreichen. Eine solche Bindung kann durch ein starkes Beziehungsmarketing (Customer-Relationship-Management) erreicht werden, bei dem die Kundenwünsche erfasst und zur Zufriedenheit des Kunden erfüllt werden.

DEFINITION

Customer-Relationship-Management bedeutet den positiven Ausbau der geschäftlichen Beziehungen zu Kunden, um eine anhaltende und stabile Partnerschaft zu gewährleisten.

Um dieser anspruchsvollen Aufgabe gerecht zu werden, müssen Unternehmen ihre Prozesse entsprechend kundenorientiert ausrichten und bedürfnisgerechte Servicedienstleistungen anbieten. Zentrale Zielgröße ist dabei die Kundenzufriedenheit, die einen Indikator für die Kundenbindung und somit auch einen wesentlichen Einflussfaktor auf den langfristigen Unternehmenserfolg darstellt.

Eine hohe Kundenbindung ist der Erfolgsgarant für anhaltendes Wachstum. Je länger eine Kundenbeziehung dauert, desto höher steigt der Gewinn je Kunde und Jahr für das Unternehmen.

One-to-one-Marketing

Entscheidend für eine erfolgreiche Kundenbindung ist der ständige Dialog zwischen Einzelhändler und Kunden, damit die Kundenbindung weiter wächst. Der Kunde wird direkt vom Unternehmen angesprochen (One-to-one-Marketing). Dies kann beispielsweise geschehen über
- Briefe,
- Postwurfsendungen,
- E-Mails oder auch
- SMS.

Dieser Dialog darf nicht abbrechen oder ins Stocken geraten. Dabei geht es darum, den Kunden mit Informationen zu ihn interessierenden Produkten zu versorgen. Ziel soll dabei aber immer der Gang in die Filiale und dort der Dialog mit den Mitarbeitern sein.

BEISPIEL

Es dauert 3–6 Jahre, bis ein Kunde der Elektroabteilung der Ambiente Warenhaus AG wieder einen neuen Fernseher braucht. Diese Zeit kann mit One-to-one-Maßnahmen genutzt werden. Im Vergleich zur klassischen Werbung ist dieser Weg billiger und wirksamer. Neben dem Wiederkauf des nächsten TV-Geräts steht die Verwirklichung von sogenannten Cross-Selling-Potenzialen im Vordergrund. Das heißt, dass man dem Kunden zu seinem Fernseher einen „perfekt abgestimmten DVD- oder Blu-Ray-Player" anbietet. Die Schreiben sind möglichst persönlich gehalten, indem das Anschreiben vom Geschäftsführer der jeweiligen Filiale unterschrieben und eher als Einladung formuliert ist.

Um den Kunden direkt ansprechen zu können, ist die Ermittlung der Kundendaten notwendig. Daten wie
- Name,
- Kontaktmöglichkeiten,
- Kaufverhalten (Was mag der Kunde?)
- und Nichtkaufverhalten (Was mag der Kunde nicht?),
- Kontaktgründe,
- Kontaktversuche und die Reaktion darauf

müssen in einer Kundendatenbank festgehalten werden. Schnell werden verlorene Kunden in einer gut gepflegten Datenbank aufgedeckt und können durch Rückgewinnungsmaßnahmen wieder reaktiviert werden.

Zur Bewältigung der Datenflut in Einzelhandelsunternehmen und zur strukturierten Informationsgewinnung werden häufig **Data-Warehouse-**Lösungen diskutiert.

Data Warehouses sind analytische Informationssysteme im Handel. Sie ermöglichen sehr große Datenbestände, die am Point of Sale anfallen, zentral zu speichern und einer intelligenten Datenanalyse zuzuführen. Die aufzubauenden Informationssysteme müssen einen hohen Grad an Integration aufweisen, um eine automatisierte Informationsbereitstellung für das Management zu bewerkstelligen.

Data Warehouses unterstützen strategische Entscheidungen. Ziehen wir zur Veranschaulichung ein Kaufhaus heran, dann besteht die grundlegende Idee eines Data Warehouse darin,
- jedem Interessenten in irgendeiner Abteilung (Benutzer = „Kunde")
- die gewünschten Waren (Daten)
- in einer sinnvoll gewählten Abteilung (um eine gute Sortierung und Auffindbarkeit zu gewährleisten)
- mit einer passenden Verpackungsgröße (Format)
- zum Kauf (Verfügbarkeit und Berechtigung) anzubieten.

222270160

BEISPIEL

Die Ambiente Warenhaus AG hat sehr viele Filialen und ein riesiges Sortiment mit zahlreichen Produkten. Das Data-Warehouse-System verwaltet neben den Artikeldaten Verkaufs-, Kunden-, Liefer-, Lager- und Marktforschungsinformationen. Motive für die Einrichtung eines Data Warehouse können die Integration der verschiedenen Datenquellen in einer Datenbank (Warenwirtschaft, Finanzbuchführung, Marktforschungsdaten usw.) und der Einsatz von Analysetools zum Zweck gezielterer und besser fundierter Entscheidungen sein.

One-to-one Marketing basiert auf der einfachen Idee: „Behandle unterschiedliche Kunden auf unterschiedliche Weise!“ Das Kaufverhalten einzelner Kunden wird sehr genau beobachtet und der Dialog mit den Kunden gesucht, um von ihnen selbst zu erfahren, was sie wirklich wollen. Das Ziel einer One-to-one-Beziehung mit dem Kunden: Es geht nicht darum, möglichst viele Kunden für ein Produkt zu finden, sondern möglichst viele Produkte für einen Kunden. Dabei soll sich jeder Kunde so fühlen, als ob er von dem Unternehmen mit einem direkt auf ihn zugeschnittenen persönlichen Angebot beliefert wird.

BEISPIEL

- Die Ambiente Warenhaus AG fordert bei technischen Elektrogeräten die Kunden auf, Garantiekarten einzusenden. Dadurch erhält man auch Kundendaten.
- Während der Garantiefrist fragt die Ambiente Warenhaus AG nach der Zufriedenheit der Kunden.
- Vor Ablauf der Garantiefrist bittet die Ambiente Warenhaus AG die Kunden um eine Prüfung der Geräte und um evtl. Reklamation bei technischen Mängeln.
- Nach Ablauf der Garantiefrist informiert die Ambiente Warenhaus AG über aktuelle Geräte und bietet den Ankauf des Altgeräts bei Neukauf an.

Kundenkarten

Kundenkarten sind ein bekanntes Instrument, mit dem die Kunden an ein Unternehmen gebunden werden sollen.

Es gibt verschiedene Varianten:

- Karten, die von einem Unternehmen allein herausgegeben werden
- gemeinsame Kundenkartenprogramme als Zusammenschluss mehrerer Unternehmen

BEISPIELE

- Payback-Karte
- Happy-Digits-Karte

Das Unternehmen, das die Payback-Karte ausstellt, ist auch auf der Karte abgebildet und kann die Karte nach eigenen Vorstellungen gestalten. Der Hinweis auf die anderen Unternehmen besteht nur durch z. B. das Payback-Logo. Die Abwicklung des Programms und die Verwaltung der Kundenkonten liegen aber komplett bei Payback.

- Kundenkarten, die im Rahmen von Stadtmarketingprogrammen ausgestellt werden: Hier stehen nicht bestimmte Unternehmen, sondern eine Stadt im Vordergrund, die als Einkaufsziel attraktiv gemacht werden soll. Gerade für kleine Händler ist ein solches System vorteilhaft, da für sie alleine die Durchführung zu aufwendig wäre.

Die Kundenkarten bringen den Kunden verschiedene Vorteile. Einerseits kann mit den Umsätzen, die mit der Karte gesammelt werden, Rabatt oder Bonus erzielt werden. Um diesen Bonus, z. B. bestimmte Produktgeschenke wie Radio oder Küchenmaschine, zu erreichen, kauft der Kunde bei den Anbietern, die auf der Karte genannt sind, ohne die Preise von anderen Anbietern zu erfragen. Er ist also durch die in Aussicht gestellte Prämie an die oder das Unternehmen gebunden.

Kundenklubs

Durch spezielle Angebote soll eine gefühlsmäßige Bindung der Kunden an das Unternehmen erfolgen. Solche besonderen Angebote werden oft als Kundenklub organisiert.

Durch Kundenklubs bemühen sich Einzelhandelsunternehmen, ihren Kunden – entsprechend ihres Wertes für das Unternehmen – das Bewusstsein zu vermitteln, ganz besonders vorteilhaft behandelt zu werden. Ein Kundenklub ist eine durch ein – manchmal auch durch mehrere – Unternehmen organisierte Vereinigung von tatsächlichen oder potenziellen Kunden.

Das jeweilige Unternehmen bietet ein umfangreiches Informations- und Veranstaltungsprogramm für die Kunden. Darüber hinaus bekommen Klubmitglieder beim Kauf von Produkten besondere finanzielle Vorteile. Durch die Angebote des Klubs soll ein ganz eigenes Unternehmensimage geschaffen werden. Ein Kundenklub ermöglicht also eine dauerhafte, intensive Kommunikation zwischen Unternehmen und den Klubmitgliedern. Es ist ein integratives Kundenbindungsinstrument eines Unternehmens, das seinen Mitgliedern eine Auswahl exklusiver Leistungen zur Verfügung stellt. Der entscheidende Vorteil eines Kundenklubs ist der Aufbau eines persönlichen Verhältnisses zum Kunden. Somit wird dem Klubmitglied durch die Zugehörigkeit einer ausgewählten Gruppe das Gefühl gegeben, etwas Besonderes zu sein.

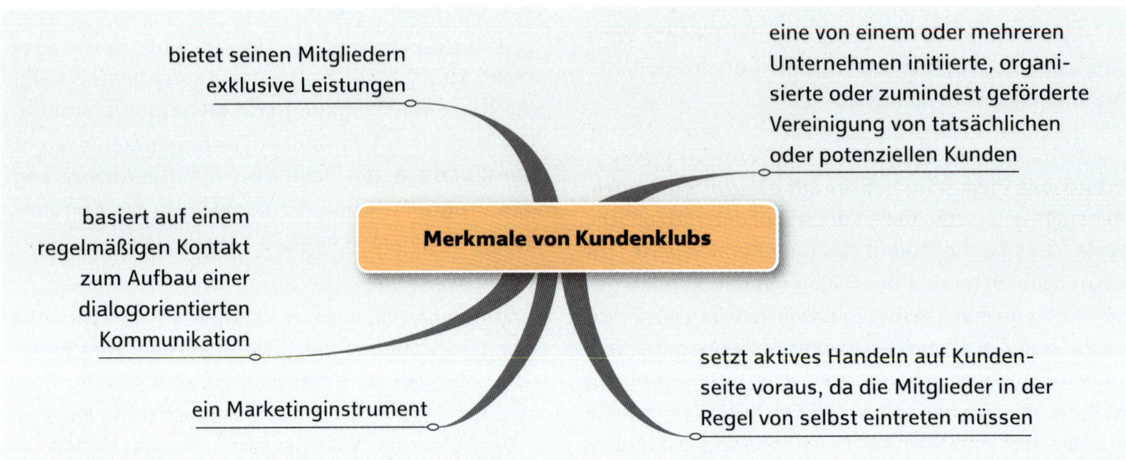

Kundenzeitschriften

Kundenzeitschriften erfreuen sich immer größerer Beliebtheit. Das **Marketinginstrument Kundenmagazin** schafft Vertrauen, gibt Einblick in das Unternehmen und fördert die Kundenbindung.

BEISPIEL

Norbert Schäfer, verantwortlicher Redakteur der Kundenzeitschrift der Ambiente Warenhaus AG:

„Die Ambiente-Warenhaus-AG-Rundschau flattert unseren Kundinnen und Kunden vierteljährlich ins Haus und versorgt sie mit den wichtigsten, interessantesten und kuriosesten Neuigkeiten rund um die Ambiente Warenhaus AG. Sie soll keine plumpe Aufforderung zum Kauf von Ambiente-Warenhaus-AG-Produkten sein, sondern konzentriert sich auf für den Leser interessante und wichtige Hintergrundinformationen. Dabei geht es natürlich auch um den Verkauf, die Sicherung von Marktanteilen und die Umsetzung von Unternehmenszielen. Die Ambiente Warenhaus AG selbst steht bei Texten und Illustrationen nur bedingt im Mittelpunkt. Für uns sind die Kundenzeitschriften ein Serviceangebot, das wir ganz gezielt an den Bedürfnissen unserer Kunden ausrichten. [...]"

Umfang, Form und Erscheinungsweise von Kundenzeitschriften variieren stark. Die Spanne reicht von acht Seiten im Tageszeitungsformat bis zu über 80 Seiten als vierfarbiges Hochglanzmagazin. Immer häufiger ist auch die Kombination von Printmedium mit ergänzendem Onlinemagazin oder Onlinenewsletter.

So unterschiedlich Kundenzeitschriften sein können, einige grundsätzliche Dinge haben sie gemeinsam:

- Sie richten sich an eine klar definierte Zielgruppe.
- Sie tragen einen einprägsamen Titel, der nicht zu offensichtlich auf den Herausgeber verweist.
- Sie bieten professionell geschriebene Texte mit ansprechendem, ebenso professionell gestaltetem Layout.
- Sie stellen das Unternehmen, die Unternehmensstrategie im Kontext der anderen Inhalte dar und nicht als „Selbstzweck".
- Sie vermitteln Inhalte, die Lesevergnügen mit Service und Nutzen verbinden.
- Sie bieten sich als Verteilungsmedien für Coupons, Produktmuster oder Teilnahmekarten an.
- Sie enthalten eine Vielzahl von Möglichkeiten, um Antworten (wichtig für die Gewinnung von Kundendaten!)

222270162

zu erhalten: Kreuzworträtsel, Gewinnspiele/Preisausschreiben, Hotlines, Internetadressen, Anmeldungen zu Veranstaltungen, Wettbewerbe, Angebotsscheckhefte, Bestellmöglichkeiten für Publikationen u. v. m.

Events[1]

Zur Kundenbindung dient ebenfalls das Eventmarketing. Als Marketingstrategie auf dem gesättigten Käufermarkt wird dabei die Erlebnisvermittlung als Strategie eingesetzt.

Gutes Eventmarketing sollte immer etwas Emotionales und Einzigartiges sein. Gute Events sind unterhaltsam, aber auch informativ und marketingwirksam.

Events können
- institutionalisiert sein, wie beispielsweise Legoland;
- regelmäßig geplant werden: Immer in der ersten Juliwoche findet in der Hamburger Filiale der Ambiente Warenhaus AG die Harley-Davidson-Woche statt;
- sporadisch stattfinden, wie beispielsweise Jubiläen oder Produkteinführungen.

Events sind eine nicht zu unterschätzende organisatorische Herausforderung. Sie machen vor allem dann Sinn, wenn sie als Highlight in ein strategisches Kommunikationskonzept des Unternehmens eingebunden sind.

Weitere Möglichkeiten, den Kontakt zu den Kunden zu intensivieren und persönlicher zu machen, sind **Kundenabende** und **Filialfeste.**

Couponing

Auch das Couponing ist ein gutes Kundenbindungsinstrument. Ein Coupon stellt einen Gutschein bzw. eine Bezugsberechtigung dar.

BEISPIEL

Die Ambiente Warenhaus AG gibt bei jedem Einkauf Treuepunkte heraus. Hat der Kunde genug Punkte gesammelt, bekommt er eine Belohnung für seine Treue. Dies hat die Kundenbindung nachhaltig gesteigert.

Coupons können über Zeitungen bzw. Zeitschriften, per Direktwerbung oder im Verkaufsraum an die Kunden verteilt werden.

Es gibt verschiedene Arten von Coupons:
- **Rabatt-Coupon** (Cash-Coupon)
  Dies sind Gutscheine, die einen Preisnachlass auf ein Produkt gewähren.
- **Warengutscheine** (Free-Offer-Coupons)
  Diese Gutscheine beinhalten eine Zugabe als Anreiz für den Kunden. Darunter fallen auch Produktbündelungen.

BEISPIEL

„Buy One – Get One Free“: Zwei Produkte zum Preis von einem.

Auch Sampling-Coupons, die zum Bezug einer Warenprobe oder Testpackung berechtigen, sind als Warengutscheine einzuordnen.

- **Einkaufsgutscheine** (Shopping-Coupons)
  Diese Art von Coupons ist produktunabhängig, da dem Verbraucher beim nächsten Einkauf ein pauschaler Betrag von der Gesamteinkaufssumme abgezogen wird.

- **Treuecoupons**
  Diese Art der Gutscheine kann auf zweierlei Weise funktionieren. Entweder ist auf dem Coupon ein Betrag in einer echten (Euro) oder virtuellen (Bonuspunkte, Meilen) Währung aufgedruckt, der nach Einlösung auf einem individuellen Kundenkonto gutgeschrieben wird. Alternativ können die einzelnen Coupons zunächst vom Verbraucher gesammelt und dann auf einen Schlag zusammen gegen eine Rückvergütung eingelöst werden.

1 Siehe auch Kap. 5.1 im Lehrbuch „Handeln im Handel – 1. Ausbildungsjahr“ sowie Kap. 12.5.

AUFGABEN

1. Was versteht man unter Customer-Relationship-Management?
2. Wodurch unterscheidet sich das Customer-Relationship-Management von der klassischen Werbung?
3. Was ist das One-to-one-Marketing?
4. Führen Sie einige Maßnahmen des One-to-one-Marketings auf.
5. Was sind Kundenkarten?
6. Welche Arten von Kundenkarten gibt es?
7. Erläutern Sie den Begriff Couponing.
8. Welche Arten des Couponings gibt es?
9. Erläutern Sie die Funktion von Kundenklubs.
10. Welche Vorteile haben Kundenzeitschriften?

AKTIONEN

1. In dieser Aktion sollen die wichtigsten Inhalte zur Kundenbindung im Rahmen eines Gruppenpuzzles erarbeitet werden.

   a) Bilden Sie vier oder acht Gruppen.

   b) Der Text des folgenden Kapitels enthält u. a. Abschnitte über
   - CRM
   - Couponing
   - Kundenkarten
   - direkte Kundenansprache

   Teilen Sie das Kapitel innerhalb Ihrer Gruppe (Stammgruppe) auf. Die für einen Abschnitt zuständigen Bearbeiter kommen dann in Expertengruppen zusammen.

   c) Lesen Sie sich dort den Ihnen zugeteilten Abschnitt des Kapitels sorgfältig durch. Besprechen Sie den Textabschnitt mit den anderen Experten so, dass Sie alles verstehen. (Zeit: 15 Minuten)

   d) Erstellen Sie in Ihrer Expertengruppe eine gemeinsame Wandzeitung.

   e) Bereiten Sie sich darauf vor, Ihre Ergebnisse Ihrer Stammgruppe zu präsentieren.

   f) Gehen Sie in Ihre Stammgruppe und informieren Sie Ihre Mitschüler über Ihr Thema.

2. Durch den Einsatz von Identkartengeräten für Euroscheck-, Kunden- oder Kreditkarten kann ein EDV-gestütztes Warenwirtschaftssystem auch kundenbezogene Verkaufsanalysen ermöglichen.

   Die Kölner Filiale der Ambiente Warenhaus AG hat kundenbezogene Daten (Name, Vorname, Alter, Geburtsdatum, Anschrift usw.) bei der Ausstellung der Kunden- bzw. Kundenkreditkarte erfasst. Das EDV-gestützte Warenwirtschaftssystem ordnet automatisch jeden verkauften Artikel unmittelbar dem Käufer zu, sofern dieser bekannt ist. In regelmäßigen Abständen lässt sich der Einzelhändler dann eine Kundenumsatzstatistik ausdrucken:

Kunden-nummer	Name, Ort, Straße	Vorname	letzter Einkauf	Umsatz in €		% Vorjahr
				Quartal	Jahr	
0 107	Wiechert, Bonn, Olsenweg 5	Gabi	30. Mai	Lfd. 312,80 Vorj. 528,12	840,92 740,00	113,6
2 014	Senyk, Bonn, Clubgasse 14	Iris	24. April	Lfd. 412,97 Vorj. 123,80	536,77 1.457,89	36,8
1 277	Opitz, Köln, Littistr. 4	Horst	12. Mai	Lfd. 112,20 Vorj. –	112,20 –	

   a) Geben Sie an, welche Informationen aus der Umsatzstatistik gezogen werden können.

   b) Schlagen Sie Entscheidungen vor, die die Kölner Filiale der Ambiente Warenhaus AG treffen kann.

222270164

3. Beschaffen Sie sich in verschiedenen Einzelhandelsunternehmen Antragsformulare für Kundenkarten. Vergleichen Sie sie und erstellen Sie in Gruppenarbeit eine Tabelle, die die folgenden Fragen beantwortet:
   a) Welche Angaben enthält die Kundenkarte?
   b) Welche Daten werden auf dem Antragsformular erfasst?
   c) Kann mit der Kundenkarte nur in dem entsprechenden Geschäft eingekauft werden?
   d) Was passiert, wenn eine solche Karte verloren geht?
   e) Hat die Kundenkarte eine Kreditfunktion?
   f) Sind Kundenkarten übertragbar?
   g) Kann jeder eine solche Karte erhalten?

4. Beschaffen Sie sich in verschiedenen Einzelhandelsunternehmen Kundenzeitschriften. Vergleichen Sie sie und untersuchen Sie
   a) das Verhältnis von Informationsteil zur Werbung,
   b) aus welchen inhaltlichen Sparten sich der Informationsteil zusammensetzt.

ZUSAMMENFASSUNG

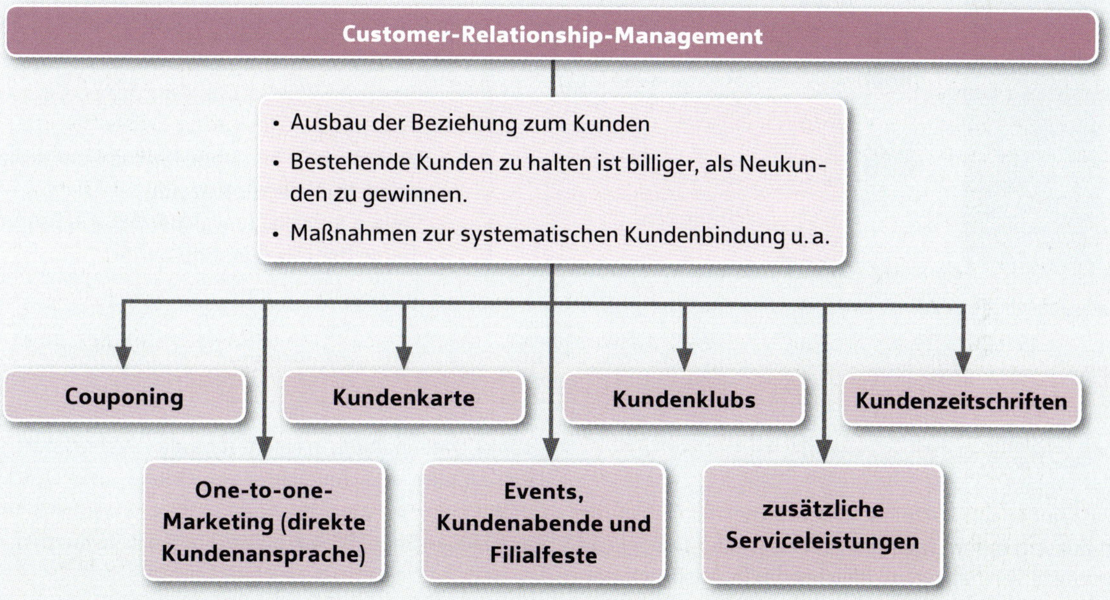

KAPITEL 4

Wir nutzen das Internet als Handelsplattform und beachten dabei gesetzliche Bestimmungen

Lars Panning besucht die Homepage der Ambiente Warenhaus AG.

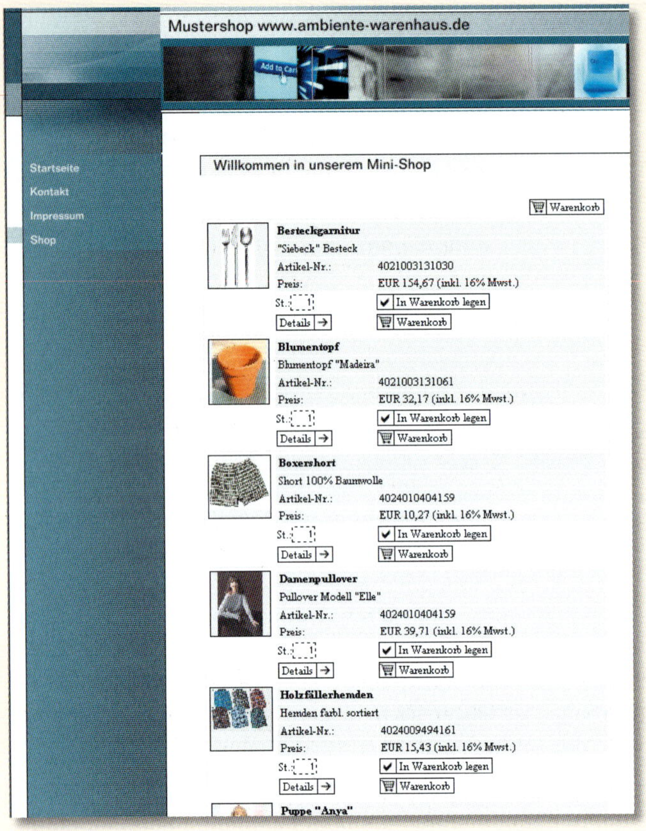

Einkaufen ohne Stress im Onlineshop

1. Untersuchen Sie, über welche Funktionen dieser Internetshop verfügt.
2. Stellen Sie fest, zu welcher Art von E-Commerce der Internetshop gehört.

INFORMATION

Die Multichannel-Strategie im Einzelhandel

Die Kunden des Einzelhandels werden beim Einkaufen in Zukunft immer häufiger (bewusst oder unbewusst) mehrere Vertriebswege gleichzeitig in Anspruch nehmen. Einzelhandelsunternehmen können darauf reagieren, indem sie distributionspolitisch eine neue Strategie anwenden: Sie arbeiten mit mehreren Vertriebswegen. Marketingexperten sprechen in diesem Zusammenhang von Kanälen oder Channels.

Bei der sogenannten Multichannel-Strategie verkauft ein Einzelhandelsunternehmen seine Ware über mehrere, voneinander klar getrennte Vertriebswege. In der stärksten Ausprägung hat der Käufer Zugriff auf die gesamte Angebotspalette, unabhängig davon, auf welchem Kanal er sich befindet. Technisch gesehen findet die gesamte Datenhaltung in einem zentralen System statt. Es erfolgt eine Verschmelzung von Online- und Offline-Welten hin zu einem durchgängigen, grenzenlosen und einmaligen Shoppingerlebnis für potenzielle Kunden.

BEISPIELE

Multichannel kann von Unternehmen in unterschiedlichem Ausmaß betrieben werden:

- Die Ambiente Warenhaus AG verkauft ihre Waren über mehrere Kanäle direkt an ihre Kunden. Sportschuhe sind erhältlich
  - in den Ladengeschäften,
  - im herkömmlichen Versandhandel der Ambiente Warenhaus AG und
  - in deren Webshop.

222270166

Die einzelnen Vertriebswege haben dabei nichts miteinander zu tun.

- Der Kunde Björn Walczyk informiert sich kanalübergreifend im Ladengeschäft und bestellt über den Webshop des Geschäfts.
- Benjamin Pyritz wendet Click & Collect an: Er bestellt im Internet und holt die Ware dann im Ladengeschäft ab.
- Angelika und Bernd Böttcher erwarten auf allen Kanälen von dem Einzelhandelsunternehmen umfassende Informationen, eine schnelle Lieferung und ein personalisiertes Kauferlebnis. Sie nutzen die unterschiedlichen Möglichkeiten für ihre Kaufentscheidung parallel: Sie wollen alle Channels – Ladengeschäfte, Kataloge/Versandhandel, Callcenter, Internet oder Mobiltelefon – gleichzeitig nutzen.

Die Kunden denken nicht in Vertriebskanälen: Weder beim Einholen von Produktinformationen noch beim Kauf entscheiden sich die potenziellen Käufer bewusst für einen bestimmten Vertriebskanal. Sie bewegen sich kanalungebunden, informieren sich über die Wege, die ihnen gerade am besten passen. Anschließend entscheiden sie situationsabhängig, an welchen Touchpoints (Berührungspunkten) ihr Einkauf beginnen und enden soll. Vor diesem Hintergrund gibt es zwei gegenläufige Tendenzen:

- Kunden nutzen Angebote des stationären Einzelhandels. Sie schauen in den Verkaufsräumen, lassen sich beraten und probieren aus. Anschließend wird im Internet gekauft. Dieses Problem wird auch „Showrooming" oder „Beratungsklau" genannt.
- Kunden informieren sich online im Internet über ein Produkt, kaufen das Produkt aber offline im Laden. Dieses Phänomen nennt man „ROPO-Effekt" (research online – purchase offline): Besonders oft nutzen Konsumenten Kundenbewertungen im Onlinehandel für ihre späteren Käufe im stationären Einzelhandel.

Nutzung des Internets durch den stationären Einzelhandel

Die Kunden recherchieren immer häufiger im Internet, um ihre stationären Käufe vorzubereiten. Auch in den Verkaufsräumen möchten sie verstärkt kaufrelevante Informationen abrufen. Vor diesem Hintergrund kann man kaum noch vom reinen stationären Einzelhandel oder von reinen internetgestützten Einzelhandelsformen sprechen. Beide Erscheinungsformen des Einzelhandels verschmelzen zu hybriden Handelsformen. Hier ist häufig nicht mehr auszumachen, ob der Kauf online oder offline zustande kam. Die damit zusammenhängenden technologischen Innovationen bieten enorme Chancen für den stationären Einzelhandel: Kommen die Unternehmen den von den Kunden geforderten digitalen Nutzungsmöglichkeiten nach, schaffen sie eine völlig neue Form der Kundenorientierung.

„Ein guter Händler geht dahin, wo seine Ware gehandelt wird."
Thalia-Chef Michael Busch

Zwei wichtige Services, die ein stationärer Einzelhandel seinen Kunden anbieten kann, sind:

- **Click & Collect**
  Diese Strategie vereint die Stärken des stationären Handels mit denen von Internetshops. Der Kunde sucht bequem und in aller Ruhe Waren im Internetshop des stationären Einzelhandelsbetriebes aus und zahlt diese auch online. Die zusammengestellten Waren werden dann nicht per Paketdienst nach Hause gebracht, sondern der Kunde holt sie sich im Ladengeschäft ab.
  Vorteile dieser Strategie:
  - Der Kunde kann entspannt ohne Wartezeiten zu Hause einkaufen.
  - Die Ware ist noch am selben Tag für den Kunden im Geschäft verfügbar.
  - Es werden Versandkosten eingespart.
  - Reklamationen und Retouren können sofort abgewickelt werden.
  - Für das Unternehmen bietet Click & Collect die große Chance, dass dadurch Kunden doch noch in den Verkaufsräumen auftauchen.

- **Online-Verfügbarkeitsanzeigen** von stationären Produkten
  Die Verfügbarkeit einzelner Produkte oder Lieferzeiten lässt sich im Geschäft online einsehen.

BEISPIEL

Bei der Ambiente Warenhaus AG können die Kunden bei jedem Artikel nachsehen, wie oft und in welcher Filiale er verfügbar ist. Nach Postleitzahlen gegliedert wird die nächstgelegene Filiale angezeigt. Die gewünschten Produkte können sofort reserviert werden.

Um Kunden ein durchgehendes Einkaufserlebnis und optimalen Service zu gewährleisten, müssen alle Online- und Offline-Aktivitäten eines Einzelhändlers aufeinander abgestimmt sein. Crosschannel bringt den Kunden mehr Service und stellt Informationen rund um die Uhr zur Verfügung

Electronic Commerce

Electronic Commerce verändert die Geschäftswelt immer schneller und nachhaltiger. Durch Electronic Commerce werden traditionelle Geschäftstätigkeiten völlig neu gestaltet. Dies gilt auch für den Einzelhandel. Die Teilnahme am globalen Wettbewerb wird für Unternehmen erleichtert und die Bedeutung der geografischen Lage eines Unternehmens reduziert.

Unter Electronic Commerce wird die elektronische Geschäftsabwicklung über das Internet verstanden: Dazu zählen also alle Formen des Einkaufs und Verkaufs von Waren und auch Dienstleistungen auf der Basis von Rechnernetzen.

Es gibt zwei Arten des Electronic Commerce:

- Business-to-Business (B2B)
  Darunter fallen alle elektronisch durchgeführten Geschäftstransaktionen zwischen Betrieben.
- Business-to-Consumer (B2C)
  Dies ist der elektronische Versandhandel mit Endkunden.

Business-to-Business (B2B)

Der weitaus größere Teil (über 90 %!) von E-Commerce ist der Teilbereich Business-to-Business. Darunter versteht man alle Formen des elektronischen Handels zwischen Unternehmen. Man rechnet damit, dass in den nächsten Jahren bis zu 50 % der Geschäftsprozesse zwischen Unternehmen über das Internet abgewickelt werden.

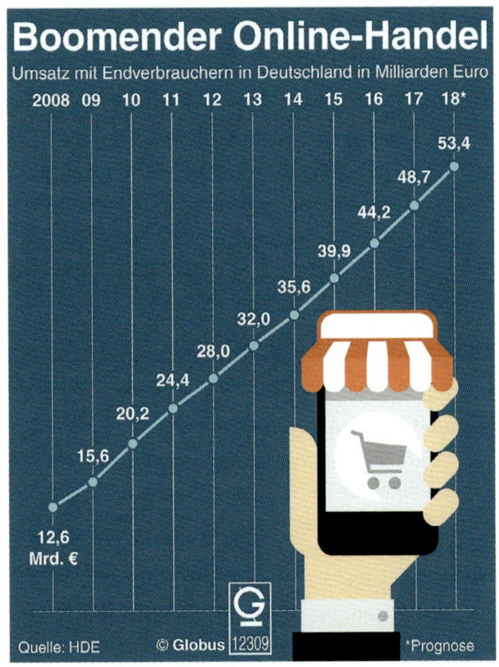

Immer mehr Verbraucher schätzen den bequemen Einkaufsbummel im Internet. Nach Angaben des Handelsverbands Deutschland (HDE) betrug der Online-Umsatz mit Endverbrauchern im vergangenen Jahr 48,7 Milliarden Euro. Im laufenden Jahr könnte er sogar auf über 53 Milliarden Euro klettern. Das wäre ein Plus von rund zehn Prozent. Damit ist der Online-Handel der Wachstumstreiber im Handelsgeschäft. Gekauft werden vor allem Bekleidung und Elektronikartikel, aber auch Bücher, Konzerttickets und Reisen landen in den virtuellen Warenkörben der Verbraucher. Besonderes Augenmerk gilt seit Kurzem dem Handel mit Lebensmitteln über das Web – vor allem seitdem ein großer Internethändler in Deutschland ins Geschäft eingestiegen ist. Nach Angaben des HDE wurden 2017 nur 1,2 Prozent der Lebensmittel online gekauft, doch verzeichnete dieser Bereich im Jahr 2017 mit 21 Prozent ein beachtliches Wachstum (2016: plus 21 Prozent, 2015: plus 15 Prozent).

222270168

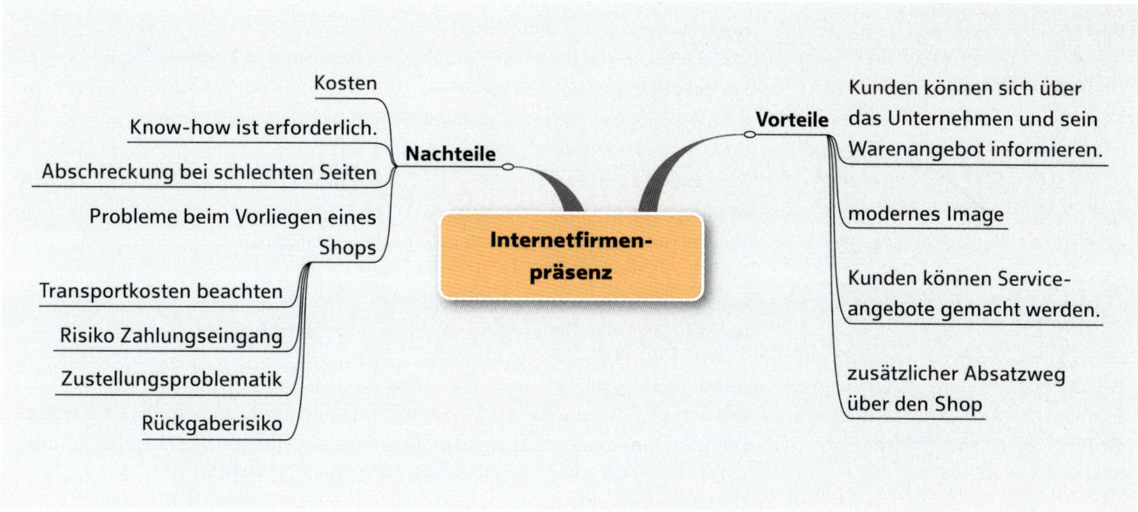

Business-to-Business kann in verschiedenen Erscheinungsformen auftreten:

- **WWW-Informationssysteme.** Ein Unternehmen informiert lediglich im Internet über Unternehmensdaten und Warenangebot.
- **B2B-Shop.** Ein Unternehmen bietet anderen Firmen Waren im Internet an. Bestellungen und Statusmeldungen beim Einkaufsprozess erfolgen über E-Mail oder über einen eigenen, nur dem Kunden zugänglichen Bereich im Internetshop.
- **EDI.** EDI (Electronic Data Interchange) ist die rechnergestützte Zusammenarbeit von Geschäftspartnern, die sich immer mehr von anderen Formen der Datenübertragung ins Internet verlagert. Hier findet ein elektronischer Dokumentenaustausch über Geschäftstransaktionen zwischen Betrieben statt. Daten wie z. B.
  - Bestellungen,
  - Rechnungen,
  - Überweisungen,
  - Warenerklärungen usw.

  werden in Form von strukturierten, nach vereinbarten Regeln formatierten (z. B. Edifact- oder Branchen-Normen) Nachrichten übertragen. Der Empfänger kann die Daten dann direkt – ohne eigene Erfassungsarbeiten – sofort in seinen Anwendungsprogrammen weiterverarbeiten.

Vorteile von EDI:

- viele manuelle Tätigkeiten (mehrfaches Erfassen, Nachfragen, Klären) entfallen
- automatisches Sammeln, Verteilen, Archivieren von Dokumenten
- unternehmensinterne Laufzeiten bei Kunden und Händler entfallen
- Postweg entfällt
- Erreichbarkeit der anderen Person nicht notwendig
- Missverständnisse und Sprachbarrieren entfallen
- keine wiederholten Erfassungsfehler (Flüchtigkeitsfehler).

Business-to-Consumer (B2C)

Hierunter versteht man die elektronischen Handelsbeziehungen zu Endkunden. Erscheinungsformen sind:

- **WWW-Informationssysteme** für internetgestützte Marketingmaßnahmen, wo Konsumenten z. B. über neue Produkte informiert werden.
- **Webshops:** Onlineangebot von Produkten an Endverbraucher, die über das Internet Waren bestellen können.
- Online-Marktplätze (Handelsplattformen)

Vorteile von Electronic Commerce im Bereich Business-to-Consumer **für den Kunden:**	• Bestellung „vom Lehnstuhl aus" • stets aktuelle elektronische Kataloge, eventuell in multimedialer Form • variable Präsentationsformen • Sonderwünsche: einfache Artikulation und rasche Beantwortung • einfachere Angebotsvergleiche • Transparenz und Preis • ständige Verfügbarkeit der Waren • Kaufen rund um die Uhr (keine Ladenschlusszeiten) • kein Gedränge und Warten an den Kassen • kein Stau und keine Parkplatzprobleme • bei Waren immaterieller Natur: Auslieferung elektronisch
Durch den Einstieg in Electronic Commerce bieten sich **für Unternehmen** zahlreiche **Vorteile:**	• Es ist eine Möglichkeit, neue Märkte zu erschließen. • Die wichtige Zielgruppe der Internetnutzer kann direkt angesprochen werden. • Die vielfältigen multimedialen Möglichkeiten des Internets können zur optimalen Information und Angebotspräsentation genutzt werden. • Durch die Interaktivität ergibt sich eine optimale Kundenorientierung. • Die Vertriebsprozesse werden verkürzt und weitgehend automatisiert. • Kundenprofile und Vertriebsdaten lassen sich kontinuierlich und automatisch sammeln und stehen aufbereitet jederzeit aktuell zur Verfügung. • Die erhöhte Markttransparenz führt aber auch zu einer Erhöhung des Wettbewerbs.
Die **Nachteile** von Electronic Commerce im Bereich Business-to-Consumer entsprechen jenen des Versandhandels:	• Produkte können nicht real betrachtet und physisch geprüft werden. • Einkaufsspaß geht verloren. • Impulskäufe werden provoziert. • unzureichende Schutzmaßnahmen gegen Irreführung und Missbrauch

Onlineshop

Der Handel von Waren und Dienstleistungen über das Internet erfordert eine dem realen Geschäft vergleichbare Verkaufsstelle, die „Onlineshop" genannt wird. Damit der Kunde – egal ob Endverbraucher oder Firma – eine solche Verkaufsstelle annimmt und dort Waren oder Dienstleistungen bestellt, sollte ein möglichst umfassendes Sortiment angeboten werden. Auch die angebotene Zahlungsweise sollte kundenfreundlich sein und auf möglichst bekannten Verfahren basieren.

Im Gegensatz zu einer realen Verkaufsstelle ist ein Onlineshop nur über das Internet zu erreichen, sodass sein Standort für den Kunden nicht transparent ist. Dies wirkt sich insbesondere bei Lieferproblemen und sonstigen Reklamationen aus. Werden die Onlineshops von den Betreibern als Ergänzungen zu realen Verkaufsstellen und als zusätzlicher Verkaufskanal eingesetzt, so entsteht kein zusätzliches Problem. Ein Onlineshop ist eine virtuelle Verkaufsstelle, die sich vom Angebot und vom Kundenservice her möglichst nicht von einem realen Geschäft unterscheiden sollte.

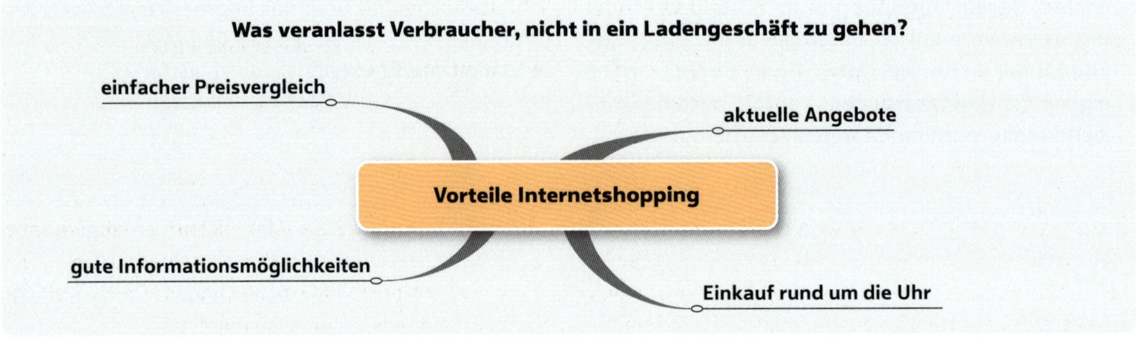

Information über Bestellprozess

Informieren Sie Ihre Kunden direkt per E-Mail oder über einen Link zu Ihrem Shop über den aktuellen Stand seiner Bestellung, damit er immer genau weiß, wo seine Ware sich gerade befindet.

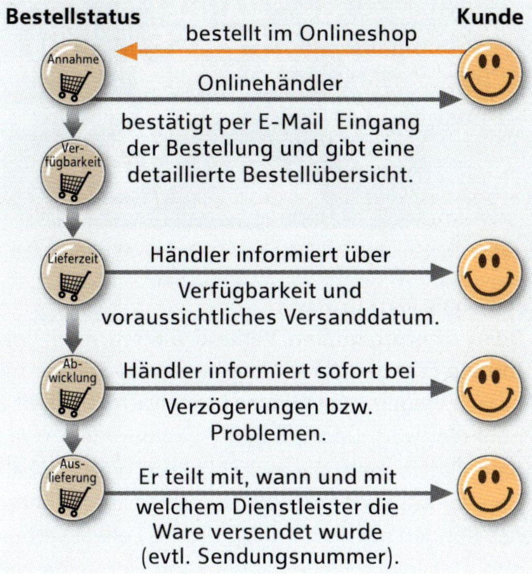

Ein Onlineshop besteht aus einer Software, die auf einem Server installiert ist. Die für einen Onlineshop benötigte Software kann eine modulare und anpassbare Standardsoftware oder eine speziell für das Unternehmen erstellte sein. Sie unterstützt die Präsentation der angebotenen Waren/Dienstleistungen, die Bestellung der ausgewählten Angebote und gegebenenfalls auch die Zahlungsabwicklung.

Gerade bei dem Bestellvorgang unterscheiden sich die Systeme in starkem Maß. Um den Kunden einen möglichst großen Komfort anzubieten, sollte ein Warenkorbsystem integriert sein. Ein solches System präsentiert einerseits das angebotene Sortiment und erlaubt andererseits eine komfortable Zusammenstellung der bestellten Waren, sodass nach Plausibilitätskontrollen und sonstigen Überprüfungen ein Gesamtbestellvorgang vom Kunden ausgelöst wird.

Der nach außen sichtbare Teil („front end") eines Onlineshops beinhaltet dann ein großes Rationalisierungspotenzial für das Unternehmen, wenn er in das im Unternehmen installierte Warenwirtschafts-, Lagerhaltungs- oder Fakturierungssystem („back end") integriert ist.

Ein idealer Shop umfasst folgende Aufgaben:

- Begrüßung
- News
- Firmenpräsentation
- Sonderangebote
- Feststellung und Prüfung der Kundenidentität
- Produktkatalog mit weitgehenden Informationen wie z. B. Testberichte, Produktverfügbarkeit usw.
- Warenkorb und Preisberechnung
- Bestellung
- Bestellbestätigung
- Zahlungsabwicklung
- AGB

Was kann Kunden veranlassen, unseren Webshop zu verlassen?

Beteiligung an Online-Marktplätzen

Viele stationäre Einzelhändler sehen Chancen in der Beteiligung an Online-Marktplätzen. Ein Online-Marktplatz ist eine elektronische Einkaufsplattform im Internet, auf der unterschiedliche Einzelhandelsunternehmen (aber auch Hersteller und Dienstleistungsunternehmen) ihre Produkte anbieten. Potenzielle Kunden können sich dort diese Produkte ansehen und erwerben.

Die Online-Marktplätze bieten den dort vertretenen Einzelhändlern folgende Leistungen:

- Die Reichweite und der Bekanntheitsgrad der Einzelhandelsunternehmen werden durch einen weiteren Weg zu Kunden gesteigert.
- Die Plattformen stellen Software für die Abwicklung von Bestellungen und Versand zur Verfügung.

BEISPIEL

Die Einzelhändler einer Stadt schließen sich zusammen und bauen eine gemeinsame Internetplattform auf. Bei einem solchen lokalen Online-Marktplatz wird versucht, beide Welten zu verbinden – den Einkauf im Internet und in der Stadt.

Anbieter, Kunden und Funktionen von Online-Marktplätzen

Der größte Vorteil bei Online-Marktplätzen ist für Händler sicherlich, dass sie über diesen weiteren Kanal für ihre Produkte ohne größeren Aufwand eine größere Zielgruppe erreichen. Die Kunden haben den Vorteil, dass sie über einen Internetzugang vergleichsweise unkompliziert einkaufen können. Ein weiterer Vorteil von Online-Marktplätzen liegt darin, dass sie Einzelhändlern, die sich keine eigene Shopsoftware kaufen oder programmieren wollen, verschiedene Shopsysteme zum einfachen Füllen mit Inhalten zur Verfügung stellen.

Es gibt zwei Arten von Online-Marktplätzen:

- Große überregionale Plattformen
  Viele Einzelhändler versuchen über große überregionale Plattformen wie Amazon oder eBay Kunden zu gewinnen. Für einige Händler ist dieser Schritt durchaus lukrativ, etliche finden sich jedoch in einem aussichtslosen Wettbewerb wieder. Da auf diesen großen Plattformen nur Produkt und Preis zählen, empfiehlt sich dieser Weg nur, wenn der stationäre Einzelhändler mit den auf das Onlinegeschäft spezialisierten Konkurrenten mithalten kann.
- Regionale Marktplätze
  Beim überregionalen Verkauf über große Plattformen fällt der Vorteil, mit besserem Service und kurzen Wegen beim Kunden in der Nachbarschaft zu punkten, weg. Deshalb gibt es immer mehr regionale Plattformen, die ausschließlich Waren lokaler Händler anbieten. Hier wird die Nähe zum Wohnort des Kunden mit dem Prinzip Click & Collect verbunden: Der lokale Einzelhandel kann hier seine volle Stärke ausspielen und die Waren noch am selben Tag liefern oder zur Abholung bereitstellen.

Die Online-Marktplätze können auch dahingehend unterschieden werden, ob

- sie ein Vollsortiment bieten
- oder sich auf eine Kategorie spezialisiert haben.

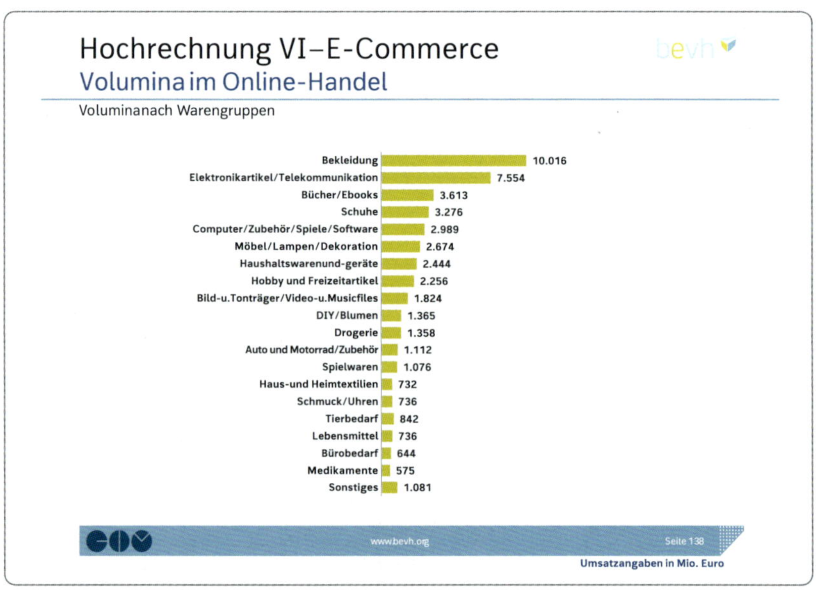

222270172

Zahlungsverkehr beim Onlinekauf

Zahlungsmittel und -methoden im Internet

Die Probleme bei Zahlungen im Internet sind: Wie kann sich ein Käufer gegenüber dem Verkäufer ausweisen und wie bezahlt er die bestellte Ware? Als Zahlungsalternativen stehen zur Auswahl:

- **Zahlung mit Kreditkarten**
  Ihr größter Vorteil ist, dass sie weltweit verbreitet sind und sich deshalb auch für die Onlineabrechnung anbieten. Vor allem aber das unverschlüsselte Versenden von Kreditkartennummern und Kontoangaben über das Internet gilt vielen Nutzern als zu unsicher, was E-Commerce nicht unwesentlich einschränkt.

- **3-D-Secure-Verfahren zur Verbesserung der Sicherheit bei der Zahlung mit Kreditkarte**
  Betrugsrisiken im E-Commerce-Bereich lassen sich durch den Einsatz der 3-D-Secure-Verfahren bei Kreditkartenzahlungen wirksam minimieren. Dieses Verfahren stellt sicher, dass der rechtmäßige Kreditkartenbesitzer und der rechtmäßige Onlinehändler an einer Zahlungstransaktion teilnehmen. Voraussetzung dafür ist allerdings, dass der Händler das System unterstützt. Es gibt hier keinen einheitlichen Standard: Bei MasterCard heißt diese Lösung „MasterCard Secure Code“, bei Visa „Verified by Visa“.

BEISPIEL

Burkhard Bodenstein hat sich über eine der Registrierungsmethoden am 3-D-Secure-Verfahren seiner Kreditkartenfirma angemeldet. Nun kauft er in einem Onlineshop ein. Während des Bezahlvorgangs wird ihm dort eine Eingabeseite seines Kreditkartenunternehmens angezeigt, auf der er sein Passwort eingibt. Nur mit dem korrekten Passwort, das ausschließlich ihm und seinem Kreditkartenunternehmen bekannt ist, wird die Zahlung durchgeführt.

Verified by VISA

- **Zahlung per Bankeinzug**
  Die Bezahlung im Internet per Bankeinzug oder Lastschrift (elektronisches Lastschriftverfahren): ist für den Käufer ziemlich bequem: Der Kunde muss sich nicht weiter um die Begleichung der Rechnung kümmern, der Rechnungsbetrag wird direkt (üblicherweise erst beim Versand der Ware) von seinem Bankkonto abgebucht. Allerdings werden bei der Zahlung per Bankeinzug die Bankdaten des Kunden an den Verkäufer übermittelt. Gibt es Probleme mit der Lieferung, kann der Käufer die Abbuchung innerhalb von **sechs Wochen** rückgängig machen. Der Verkäufer weiß jedoch weder, ob das Konto existiert, noch, ob es mit dem Kunden in Zusammenhang steht. <Von unten> Sollte der Verkäufer eine **unberechtigte Abbuchung** durchführen, kann der Kunde bei seiner Bank innerhalb von **acht Wochen** ohne Angabe von Gründen Widerspruch einlegen und sein Geld ganz einfach zurückbuchen lassen.

- **Zahlung per Nachnahme**
  Die Zahlungsmöglichkeit per Nachnahme bieten in Deutschland zurzeit verschiedene Logistik-Dienstleister, z. B. DHL, UPS, GLS und DPD an: Die Ware wird erst bei gegen Auslieferung der Ware bar an den Zusteller bezahlt. Diese Variante ist oft umständlich, da der Käufer anwesend sein muss, wenn die Ware geliefert wird. Zudem fallen i. d. R. hohe Nachnahmegebühren an.

- **Zahlung auf Rechnung**
  Eine Lieferung auf Rechnung birgt ein größeres Risiko für den Verkäufer als für den Käufer die Zahlung per Bankeinzug: Es kann zu Zahlungsverzögerungen oder gar -ausfällen kommen, wenn Rechnungen von Kunden zu spät oder gar nicht beglichen werden. Manche Kunden schicken auf Rechnung bestellte Ware benutzt oder beschädigt zurück. All dies führt zu zusätzlichen Kosten für den Händler, z. B. für Mahnverfahren und unbezahlte Produkte. Deshalb bieten viele Händler den Rechnungskauf gar nicht oder nur einem bekannten Stammkundenkreis an. Bei Kunden ist der Kauf auf Rechnung jedoch beliebt; sie können die Bestellung in Ruhe zu Hause prüfen und zahlen nur, was sie wirklich behalten wollen.

- **Zahlung auf Vorkasse**
  Einige Onlinehändler gewähren für diese Zahlungsart Preisnachlässe. Diese Variante ist jedoch gefährlich für den Käufer (vor allem, wenn der Lieferant nicht bekannt ist), da die bestellte Ware erst versendet

wird, wenn der Rechnungsbetrag überwiesen wurde. Der Kunde geht damit das Risiko ein, dass die bereits bezahlte Ware fehlerhaft ist oder überhaupt nicht bei ihm ankommt. Für den Händler ist dieser Zahlungsart der sicherste; hier kann es nicht zu Zahlungsausfällen kommen.

Elektronische Bezahlsysteme (E-Payment)

Zahlungsform der Zukunft werden die verschiedenen Methoden des digitalen Geldes werden. Da sich viele dieser elektronischen Zahlungssysteme aber noch in der Test- und Entwicklungsphase befinden, hat sich ein allgemeiner Standard noch nicht durchsetzen können. Ein weiterer Nachteil: Elektronische Zahlungen dieser Art sind nur zwischen Mitgliedern des gleichen Verfahrens möglich.

Elektronische Bezahlsystem ermöglichen finanzielle Transaktionen zwischen Käufern und Verkäufern. Sie sorgen für die Ausführung von Zahlungen über elektronische Medien wie das Internet. Für Kunden ist eine transparente und vertrauenswürdige Bezahlung eines der wichtigsten Merkmale im Onlineshopping.

Die richtige Auswahl eines solchen Bezahlsystems ist für Unternehmen also erfolgsrelevant. Einige dieser Bezahlsysteme sind im Zusammenhang mit der mobilen Zahlung auch im stationären Einzelhandel von Bedeutung.

Es gibt momentan eine Vielzahl von konkurrierenden Verfahren des elektronischen Zahlungsverkehrs (E-Payment). Zum gegenwärtigen Zeitpunkt hat sich (vielleicht mit Ausnahme von PayPal) noch kein System im gesamten E-Commerce-Bereich durchgesetzt. Diese können sich z. T. erheblich unterscheiden im Hinblick auf die anfallenden Kosten für Käufer und/oder Verkäufer sowie dem Käuferschutz.

Eine vergleichsweise große Verbreitung haben momentan die folgenden E-Payment-Verfahren:

- **PayPal**

  PayPal ist ein Internet gestütztes Bezahlsystem, das bis Mitte 2015 eBay gehörte. Heute ist PayPal ein eigenes börsennotiertes Unternehmen. Mit PayPal können sowohl kleinere als auch größere finanzielle Transaktionen durchgeführt werden. Für den Käufer ist PayPal ein sicherer Weg, um Waren zu bezahlen, ohne sich Gedanken darüber machen zu müssen, den Händlern seine Kreditkartendaten zu geben.

  Beim PayPal-Bezahlungssystem haben sowohl der Käufer als auch der Händler ein Konto bei PayPal. PayPal ruft vom Kundenkonto die durch die Warenkäufe fällig gewordenen Beträge ab und überweist diese auf das Konto des Händlers. Die notwendigen Geldbeträge kommen entsprechend dem Wunsch des Kunden entweder durch Lastschrifteinzug vom Girokonto des Käufers oder durch Belastung von dessen Kreditkarte. Der Geldtransfer vom PayPal-Konto des Händlers auf dessen Girokonto erfolgt wiederum durch Überweisung.

  Kauft ein Kunde in einem Onlineshop eine Ware, wird beim Bezahlvorgang ein Fenster geöffnet, in das die PayPal-Login- bzw. Kontodaten des Kunden eingegeben werden. Dem Kunden wird dann durch PayPal die Zahlung bestätigt, gleichzeitig wird dem Händler eine Rückmeldung gegeben. Der Händler kann nun die Warenauslieferung vornehmen

- **Amazon Payments**

  Der große Internetanbieter Amazon hat ein eigenes Bezahlsystem, das im Prinzip wie PayPal funktioniert. Das bei Amazon hinterlegte Konto und die Lieferadresse können auch für die Zahlung auf anderen Webseiten verwendet werden, sofern diese den Zahldienst akzeptieren.

- **Sofortüberweisung**

  Der Kunde gibt beim Bezahlvorgang seine Kontodaten einschließlich PIN und TAN in die Eingabemaske des

Sofortüberweisung-Dienstes ein. Das Geld wird dann vom Konto nach Prüfung des Kontostands von sofortüberweisung.de direkt an den Händler überwiesen. Bei Internethändlern ist dieses Verfahren deshalb sehr beliebt, sie kommen schnell an ihr Geld: Der Verkäufer bekommt sofort bestätigt, dass das Geld auf dem Weg zu ihm ist. Es gibt aber einen sehr gravierenden Nachteil für den Kunden: Er gibt seine PIN- und TAN-Nummern aus der Hand und gewährt sofortüberweisung.de einen umfangreichen Blick in seine Konten.

- **paydirekt**
  Seit Ende 2015 gibt es paydirekt. Hinter paydirekt stehen die privaten Banken, die Volksbanken und die Sparkassen Bei diesem Bezahlsystem gibt es keinen Drittanbieter. Für die Registrierung bei paydirekt benötigen die Kunden ein Girokonto bei einer teilnehmenden Bank oder Sparkasse, einen Onlinebanking-Zugang sowie eine E-Mail-Adresse. Die Kunden bezahlen, indem sie einen Benutzernamen und ein Passwort eingeben. Die fälligen Beträge werden dann von dem hinterlegten Girokonto abgebucht. Ein Vorteil liegt auch im Datenschutz: paydirekt verkauft die Transaktionsdaten im Gegensatz zu anderen Online-Bezahldiensten nicht weiter.

Bitcoin

Einige Onlineshops bieten auch die Zahlung mit der virtuellen Währung Bitcoin an, die für den Handel mit Waren und zur Bezahlung von Dienstleistungen verwendet wird.

Bei normalen Währungen geben Staaten und deren Zentralbanken Geldscheine und Münzen aus. Bitcoins jedoch werden im Internet künstlich, also „virtuell" erzeugt. Sie basieren auf extrem sicheren Verschlüsselungssystemen. Dadurch werden die einzelnen Einheiten fälschungssicher, jeder Betrag kann nur einmal ausgegeben werden. Seinen Besitz an Bitcoins verwaltet der Kunde in einer Art elektronischen Geldbörse (Wallet), die über eine Signatur geschützt ist. Der Wert, den die Einheit Bitcoin jeweils hat, hängt von der Akzeptanz ab.

BEISPIELE

Anja Maibaum möchte Bitcoins zum Bezahlen nutzen, Dazu registriert sie sich bei einem Anbieter, lädt eine entsprechende Software herunter und kauft anschließend bei einer Internetbörse Bitcoins gegen Euro. Beim Einkaufen mit Bitcoins tippt sie ihren persönlichen Code ins Smartphone oder in ein Bitcoin-Terminal.

Gegenüber Diensten wie PayPal bietet Bitcoin
- keine Zensur-, Sperr-, oder Kontrollmöglichkeit,
- gebührenfreie weltweite Transaktionen,
- vollständige Anonymität (wie Bargeld).

Bitcoins verbinden also – vor allem wegen der sehr niedrigen Transaktionsgebühren – die Vorteile von Bargeld und Überweisungen.

Der Verbreitung der Bitcoins wird jedoch durch starke Kursschwankungen sowie eine Anfälligkeit für Manipulationen Grenzen gesetzt. Aufgrund ihrer Anonymität stehen sie auch in dem Ruf, für illegale Geschäfte verwendet zu werden.

Mobile Payment

Bei diesen elektronischen Zahlungsformen werden die mobilen Endgeräte der Kunden verwendet: Das Mobile Payment erlangt eine immer größere Bedeutung im Zahlungsverkehr mit Kunden im stationären Einzelhandel. Einige der Verfahren haben jedoch auch im Internethandel Bedeutung.

Mobiltelefone und Smartphones sind weiter verbreitet und werden von den Kunden – der Zielgruppe des stationären Einzelhandels – länger genutzt als jedes andere Medium. Daher eignet sich das Handy besonders auch für die Abwicklung von Zahlungen.

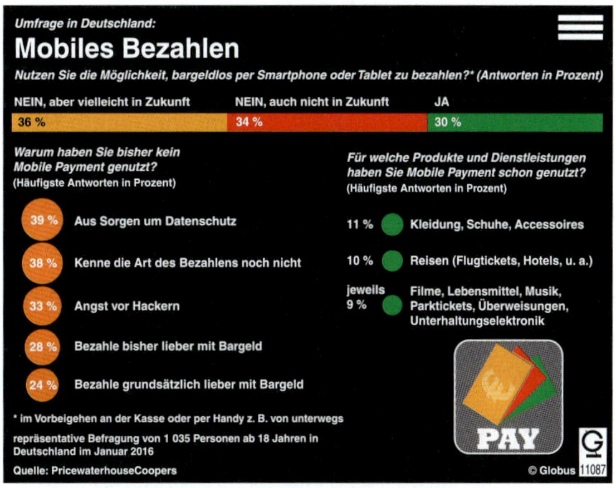

Die Akzeptanz des Mobile Payment

Nahfeldkommunikation

Die Techniken der Nahfeldkommunikation (**NFC** = Near Field Communication) unterstützen den kontaktlosen Austausch von Daten über kurze Strecken. NFC ist ein internationaler Standard für den kontaktlosen Datenaustausch.

Die Bezahlung mit der Nahfeldkommunikation kann erfolgen

- mit Smartphones,
- mit Kreditkarten,

die mit NFC-Tags ausgestattet sind. Ein NFC-Tag besteht aus einem mit einer Antenne gekoppelten Speicherchip. Dieser kann von dem Lesegerät in einigen Zentimetern Abstand bis hin zu wenigen Metern erkannt werden.

Smartphones und Kreditkarten brauchen zur Zahlung nur in die Nähe des Lesegerätes gehalten zu werden. Dabei ist keine Eingabe von Kontennummern oder einer PIN notwendig. Der NFC-Tag ist irgendwann vor dem Zahlungstermin mit einem Geldbetrag aufgeladen worden.

Bezahlsysteme mit NFC und Smartphone

- **Google Wallet**
  Dies ist das Bezahlsystem der Suchmaschine Google. Bevor der Kunde mit seinem mit einem NFC-Chip ausgestatteten Mobiltelefon in einem Laden bezahlen kann, muss er sich bei Google anmelden und dort seine Kreditkartendaten hinterlegen.

- **Apple Pay**
  Apple Pay funktioniert ähnlich wie Google Wallet – allerdings nur auf hauseigenen mobilen Geräten.

Bezahlsysteme mit NFC und Kreditkarte
Es gibt auch Bezahlsysteme für kontaktloses Zahlen: Mit **Mastercard®**, **Maestro®** und **Paywave** bieten die Kreditkartenunternehmen Mastercard und Visa kontaktloses Zahlen an – per Karte oder Smartphone (digitalisierte Karten werden in Apps hinterlegt). Das Bezahlen mit den mit NFC-Technik ausgestatteten Karten (bzw. Smartphones) ist schnell, einfach, bequem und sicher. Die Karte wird vor das Lesegerät gehalten, sie muss nicht mehr aus der Hand gegeben oder in ein Gerät gesteckt werden. Nach einem optischen und akustischen Signal zur Bestätigung der Zahlung ist der Zahlungsvorgang beendet.

Ähnlich funktioniert die Zahlung mit einer entsprechend ausgestatteten Bankkarte im Rahmen von girogo der Sparkassen.

QR-basierte Systeme

Mit der kostenlosen **Yapital-App** kann ein Kunde an einer Vielzahl von Kassen im Einzelhandel einkaufen und bezahlen. An der Kasse erscheint an einem speziellen Display ein QR-Code mit dem Betrag.

Mit einem QR-Code können Zahlen – wie z. B. Preise oder Rechnungsbeträge –, Texte, Hyperlinks oder andere Informationen mithilfe einer zweidimensionalen Grafik dargestellt werden. Diese können dann sehr schnell eingelesen werden.

Der Kunde muss nun die Yapital-App auf seinem Handy öffnen, eine PIN eingeben und schließlich den QR-Code mit seinem Handy einscannen.

Der Payment-Anbieter Yapital setzt zukünftig zusätzlich zum QR-Code auf die neue Beacon-Technologie. Mobiles Bezahlen an den Einzelhandelskassen soll so nicht nur einfacher, sondern besser verfügbar werden.

Bezahlsysteme mit Beacon-Technik

Bei allen NFC- oder QR-basierten Bezahlsystemen kann man zwar kontaktlos zahlen, muss jedoch zur Datenübertragung sehr nah an der Kasse sein. Deshalb wird im Zusammenhang mit Zahlungen der zukünftige Einsatz der Beacon-Technik diskutiert, die sowieso eine große Rolle im Bereich der Kundenführung und Werbung in den Verkaufsräumen spielen wird.

Beacons

Beacons sind kleine, auf dem Bluetooth-Standard basierende Funksender, die in Ladenräumen über eine Distanz bis zu 30 m Verbindung zum Handy des Kunden aufnehmen können. Hat der Kunde eine entsprechende App auf seinem Handy kann er genau verortet und direkt zu den gewünschten Artikeln geführt werden. Dabei kann auf Sonderangebote oder Rabattaktionen hingewiesen werden. Da die Handys über eine Anbindung an das Internet verfügen, können die Waren vor allem aber auch direkt (über größere Entfernung) elektronisch bezahlt werden. Langes Schlangestehen und Warten an der Kasse kann damit entfallen.

Absicherung der Händler beim Zahlungsverkehr

E-Commerce-Händler können verschiedene Strategien verfolgen, um ihre Zahlungsrisiken zu minimieren:

- **Registrierung des Kunden**
  Der beste Weg, sich abzusichern, besteht darin, seine Kunden kennenzulernen. So ist in vielen Internetshops Voraussetzung für die Benutzung des Bankeinzugs (Lastschrifteinzug), dass sich der Kunde beim ersten Einkauf registrieren lässt und zunächst einmal mit einer für den Händler relativ sicheren Zahlungsform bezahlt. Wer beim ersten Kauf korrekt bezahlt hat, genießt zukünftig einen gewissen Zuverlässigkeitsbonus.

- **Sicherung der Datenübertragung**
  Kunden und Verkäufer können auch das Protokoll SSL (Secure Socket Layer) zur sicheren Datenübertragung verwenden. Sensible Informationen wie Personen- oder Kreditkarteninformationen sind so vor Hackern geschützt. SSL – momentan zu Transport Layer Security (TLS) weiterentwickelt – bietet die Möglichkeit, Übertragungen über das Internet, unabhängig vom verwendeten Protokoll, gegen fremden Zugriff zu sichern. So können z. B. Daten sicher abgerufen werden und vertrauliche Daten über ein Formular gesichert an den Server übermittelt werden. Doch nicht nur die Verbindung ist gesichert, sondern auch die Echtheit des kontaktierten Servers und die Verbindung zu ihm werden durch ein Zertifikat garantiert. Die Übertragung erfolgt verschlüsselt und vor Dritten nicht sichtbar. Die Verbindung und die Daten werden ständig überprüft. Weitere sehr hochwertige Varianten des sicheren Zahlens im Internet wie z. B. SET (Secure Electronic Transactions) haben bisher nur geringe Verbreitung gefunden.

- **Digitale Signatur**
  Seit 2001 ist die digitale Signatur rechtsgültig. Sie erlaubt das digitale Unterschreiben beim Onlineeinkaufen, sodass dem Händler eine echte Zahlungsgarantie

geboten wird. Voraussetzung hierfür ist, dass genügend Nutzer über Kartenleser und Signaturkarte verfügen.

In der Detailbetrachtung zeigt sich, dass der Gesamtablauf der Geschäftsprozesse konventionell wesentlich anders aussieht als im E-Commerce. Auch im Bereich Marketing müssen neue Produkt-, Preis-, Distributions- und Kommunikationskonzepte gefunden werden.

Momentan liegt der weitaus größere Teil von Electronic Commerce noch im Business-to-Business-Bereich. Nach Ansicht aller Experten wird sich jedoch immer mehr Business-to-Consumer als neuartige Form des Einkaufens als eine echte Alternative zum herkömmlichen Einkaufen etablieren: Der heutige Kunde möchte

- seine Wünsche schneller als bisher erfüllt haben,
- die Produkte billiger einkaufen,
- bessere Qualität für Waren und Dienstleistungen bekommen.

Durch die Möglichkeit, diese Forderung zu erfüllen, werden Electronic Commerce und das Internet populär. Auf den Einzelhandel hat dies mit Sicherheit große Auswirkungen.

Die Abwicklung von Geschäften über das Internet wird also sicherlich schneller vorankommen, als gegenwärtig prognostiziert wird. Gleichwohl ist festzuhalten, dass einige Fragen noch ungeklärt sind. Dies sind vor allem Themengebiete, die die Versteuerung von Internetumsätzen, die Sicherheit von Daten, Standards des elektronischen Zahlungsverkehrs sowie die Eigentumsrechte von Onlineinhalten betreffen.

Onlinemarketing

Onlinemarketing umfasst alle Marketingmaßnahmen im Internet. Onlinemarketing ist für viele Unternehmen ein mittlerweile nicht mehr wegzudenkendes Werkzeug, um den Vertrieb der Produkte zu steigern bzw. zu ermöglichen. Das Internet bietet dazu viele Möglichkeiten.

Website des Unternehmens

Von zentraler Bedeutung für das Onlinemarketing eines Unternehmens ist zunächst einmal die gelungene Gestaltung der Unternehmenswebsite. Auch der thematische Aufbau muss stimmig sein, wenn man neue Kunden gewinnen bzw. bestehende Kunden fester an das Unternehmen binden möchte.

E-Mail-Marketing

Um Neukunden zu gewinnen oder Bestandskunden für neue Entwicklungen zu sensibilisieren, werden durch direkte E-Mails gezielt Kunden angeschrieben. Beispielsweise können Kunden über **Newsletter** (elektronische Rundschreiben, die oft die Funktion von Kundenzeitschriften haben) über neue Angebote informiert werden. Wegen der geringen Versandkosten, der hohen Versandgeschwindigkeit und der unterschiedlichsten Gestaltungsmöglichkeiten nimmt E-Mail-Marketing eine wichtige Rolle innerhalb des Onlinemarketings ein. Allerdings besteht die Gefahr, dass die E-Mails von den Spamfiltern der Adressaten ausgesondert und evtl. gelöscht werden. Zudem unterliegt die Versendung von E-Mails zu Werbe- und Informationszwecken besonderen gesetzlichen Beschränkungen: Unerwünschte Werbe-E-Mails sind nach dem Gesetz gegen den unlauteren Wettbewerb (UWG-Gesetz) als „unzumutbare Belästigung" grundsätzlich wettbewerbswidrig. Eine unzumutbare Belästigung ist immer dann gegeben, wenn

- die Einwilligung des Adressaten für das Versenden der E-Mail fehlt,
- der Absender seine Identität verschleiert oder verheimlicht und
- die E-Mail keine gültige Adresse enthält, unter der der Empfänger das künftige Zusenden von Mails untersagen beziehungsweise sich austragen kann (Unsubscribe).

Display-Marketing (Bannerwerbung)

Ein Werbebanner ist eine Grafik- oder Animationsdatei mit Werbetext, die in eine Website eingebunden ist und dort als Hyperlink auf die Internetseite des Anbieters verweist. Diese kann man mittels Klick dann direkt erreichen. In sehr vielen Fällen verdienen die Betreiber der Internetseite einen bestimmten Geldbetrag, wenn das Werbebanner eingeblendet wird. Manchmal fließt erst Geld, wenn Besucher das Werbebanner anklicken oder eine bestimmte Aktion ausgelöst wird (z. B. eine Bestellung).

Online-Videoadvertising

Häufige Anwendung findet auch das Online-Videoadvertising: Ähnlich wie bei klassischen Werbebannern werden hier werbliche Videoclips auf Internetseiten platziert.

Affiliate-Marketing

Eine Sonderform ist das Affiliate-Marketing: Betreiber von Websites empfehlen die Website eines Anbieters. Sie platzieren Produktempfehlungen auf ihren Websites, ver-

222270178

linken diese zu dem entsprechenden Anbieter und werden nach Vertragsabschluss erfolgsbasiert für ihre Empfehlung vergütet. Der Vorteil für den Anbieter liegt darin, dass er nur im Erfolgsfall zahlt. Häufig finden sich die Anbieter von Produkten und Dienstleistungen und die Webseitenbetreiber in Affiliate-Netzwerken zusammen. Der Anbieter hat dort eine Vielzahl von Partnern (engl. affiliates), um seine Dienstleistung oder sein Produkt zu vermarkten.

Suchmaschinenmarketing

Beim Suchmaschinenmarketing wird dafür gesorgt, dass kommerzielle Anzeigen in den Suchergebnislisten von Suchmaschinen platziert werden. Ziel ist die Steigerung der Sichtbarkeit der Unternehmenswebsite zur Umsatz- und Absatzsteigerung.

Suchmaschinenoptimierung

Mit der Suchmaschinenoptimierung wird versucht, das Ranking einer Website in der organischen Trefferliste nachhaltig zu verbessern. Bei der Eingabe relevanter Keywords (Suchbegriffe) bei einer Suchmaschine soll das Unternehmen so weit vorne wie möglich – vorzugsweise unter den „Top Ten" – erscheinen.

Mobiles Marketing

Mobiles Marketing gilt als einer der Trends im Onlinemarketing, da die mobile Nutzung des Internets steigt: Handys, Smartphones oder andere tragbare Geräte werden als Überbringer von Werbung eingesetzt.

Social-Media-Marketing

Immer bedeutender wird in der letzten Zeit das Social- Media-Marketing. Dabei geht es um die Nutzung sozialer Netzwerke zu Marketingzwecken.

Social-Media-Marketing im Web 2.0

Im traditionellen World Wide Web hatten normale Internetnutzer lediglich die Rolle eines nur lesenden und Informationen konsumierenden Individuums inne. Das Einstellen von Inhalten in das Netz war nur mit (relativ) großen Fachkenntnissen möglich. Seit einiger Zeit gibt es durch die Weiterentwicklung von technischen Möglichkeiten eine neue Internetentwicklungsstufe: Man spricht vom *Web 2.0*. Nun benötigen Internetnutzer durch Anwendung einfachster Werkzeuge keine (großen) Kenntnisse mehr, um multimediale Inhalte im Internet veröffentlichen zu können. Die Nutzer im Web 2.0 konsumieren Inhalte also nicht nur, sie können diese auch ohne großen Aufwand produzieren und im Netz verbreiten. Zudem haben die Nutzer nun durch interaktive Anwendungen die Möglichkeit, sich untereinander zu vernetzen. Damit kann die kollektive Intelligenz der Internetgemeinschaft genutzt werden. Die sich daraus ergebenden Möglichkeiten werden im Rahmen des Social-Media-Marketings für Marketingzwecke benutzt.

DEFINITION

Unter **Social-Media-Marketing** versteht man den Einsatz von sozialen Netzwerken und Netzgemeinschaften im Internet zu Umsatz- und Absatzsteigerungen.

Bei dieser Marketingart stehen also Internetplattformen im Vordergrund, die dem gegenseitigen Austausch von Meinungen, Erfahrungen und Eindrücken dienen. Aus Marketingsicht interessant sind u. a. folgende Möglichkeiten:

- Durch kompetentes Auftreten in sozialen Netzen können die Bekanntheit der Produkte bzw. Dienstleistungen sowie das Image des Unternehmens gestärkt werden.
- Da die in sozialen Netzwerken ausgewiesenen Profile oft sehr detailliert sind, können Unternehmen dort sehr viel über ihre Zielgruppen erfahren.
- Der neueste Trend im Social-Media-Marketing ist das **virale Marketing.** Darunter versteht man das gezielte Auslösen und Kontrollieren von Mundpropaganda im Internet zum Zwecke der Vermarktung von Unternehmen bzw. deren Leistungen und Produkte. Durch verschiedene Maßnahmen sollen potenzielle Kunden animiert werden, Informationen und positive Meinungen über Produkte und Dienstleistungen aus eigenen Stücken weiterzuverbreiten. Wie ein Virus sollen Informationen über ein Produkt oder eine Dienstleistung innerhalb kürzester Zeit in den sozialen Netzwerken des Internets von Mensch zu Mensch weitergegeben werden.

Social-Media-Marketing im Web 2.0

Ziele

- die Verbesserung des Unternehms- oder Marken-Images (Online-Reputation)
- die Steigerung der Bekanntheit des Unternehmens oder der Marke (Social Branding)
- die Akquise von Kunden und somit die Umsatzsteigerung (Social Sales)
- die Steigerung der Besucherzahlen auf der Webseite
- die Verbesserung der Suchmaschinenergebnisse
- die Verbesserung der Qualität von Service und Support
- die Weiter- und Neuentwicklung von Produkten unter Einbeziehung einer Onlinecommunity (Crowdsourcing oder Co-Creation)

Soziale Netzwerke im Internet bieten den Nutzern häufig u.a. folgende Möglichkeiten:

- Erstellung eines Profils, das Auskunft darüber gibt, wer man ist und was man macht.
- Verschiedene weitere kommunikative Möglichkeiten (Meinungsaustausch, Veranstaltung von Wettbewerben usw.)
- Man kann Gleichgesinnte finden, neue Bekanntschaften schließen und mit Freunden in Kontakt bleiben.
- Anderen Nutzern können sowohl private als auch öffentliche Nachrichten hinterlassen werden

Beim Einstieg in das Social-Media-Marketing muss das Unternehmen klären:

- Wie steige ich ein in die Social Media?
- Wie kann ich meine Kunden besser verstehen und ihnen Hilfe/Service anbieten?
- Welche Anforderungen stelle ich an die Mitarbeiter, die für Social Media verantwortlich sind?
- Wie werden meine Produkte in den Social Media besprochen?
- Welche Bedeutung soll Social Media in meinem Unternehmen erhalten?
- Wie nutzen meine Wettbewerber Social Media?

Auswahlkriterien für die Wahl der passenden Social-Media-Plattform

- Welcher für die Zielgruppe interessante Content (= Inhalt), der einen sinnvollen Bezug zum eigenen Produkt oder zur eigenen Dienstleistung hat, existiert bereits im Unternehmen?
- Passen unterschiedliche Nutzerstrukturen und technische Möglichkeiten zu den Inhalten?
- Welche Themen können aktiv besetzt werden und über eine Auseinandersetzung mit diesen Themen der Dialog mit den (potenziellen) Kunden gefördert werden?
- Auf welche Weise können welche Inhalte generiert werden, die für die Social-Media-Nutzer eine so hohe Relevanz haben, dass durch sie ein Dialog zwischen Kunden und Unternehmen entsteht?

Probleme

- Datenschutz: Jeder sollte prüfen, was er bereit ist im Internet persönlich preiszugeben
- Digitale Haltbarkeit: „Das Netz vergisst nichts!“
- In kommerziellen Sozialen Netzwerken bestimmen die dahinterstehenden Unternehmen, welche Inhalte zu welchen Konditionen veröffentlicht werden können.
- Bei kommerziellen Sozialen Netzwerken, die kostenlos sind, ist der Nutzer selber das Produkt. Es geht um die Sammlung und Auswertung seiner persönlichen Daten.

222270180

Einige Social-Media-Plattformen[1]		
Plattform	**Erläuterung**	**BEISPIELE für Marketingmöglichkeiten**
Foren	Foren sind die älteste Form der sozialen Medien. Es gibt eine Vielzahl von Foren für unterschiedlichste Zielgruppen und zu den unterschiedlichsten Themenbereichen. Als Nutzer hat man die Möglichkeit, ein Thema zu beginnen oder sich an bereits bestehenden Diskussionen zu beteiligen.	• Beobachtung von Diskussionen, um wichtige Informationen über eigene Produkte und Dienstleistungen zu bekommen • Beantwortung von Fragen zu eigenen Leistungen
eigene Blogs	Blogs sind von Einzelpersonen, Gruppen oder Unternehmen betriebene Websites, die mithilfe einfach zu verstehender Programme schnell und ohne großen Aufwand erstellt und im Netz veröffentlicht werden. Der Blogger (der Besitzer der Website) kann über verschiedenste Themen schreiben. Leser können darauf mit Kommentaren reagieren.	• gezielte Vermarktung von Produkten und Dienstleistungen: Blogs ermöglichen gut platziert eine direkte Zielgruppenansprache. • Aufgrund ihrer guten Auffindbarkeit bei Google werden Blogs regelmäßig von Millionen von Menschen gelesen. • Unternehmen stellen ihre Kompetenz zu einem bestimmten Thema heraus. • Blogs können ein weiterer Weg sein, um aus Produkten Marken werden zu lassen. • Blogs ersetzen die *Frequently Asked Questions* als Kundenbindungsinstrument für eine serviceorientierte Kommunikation.
Facebook	Facebook ist das beliebteste und am schnellsten wachsende soziale Netzwerk. Es hat weltweit ca. 1,5 Millionen Nutzer und bietet viele Zusatzfunktionen wie Chat, Fotoupload usw.	• Das Unternehmen erstellt eine eigene Facebook-Website (facebookpage). • Aufbau einer Fangemeinschaft z. B. durch den Like-Button. • In Facebook können auch Werbeanzeigen gebucht werden (facebook ads).
Google+	Google+ versteht sich als Konkurrenzprodukt zu Facebook, hat jedoch eine geringere Nutzerzahl.	• positive Auswirkung auf das Ranking bei der Google-Suche • effektive Integration anderer Google-Angebote
Twitter	Die Mitglieder (Follower) von Twitter folgen bestimmten Personen, für deren Informationen, Meinungen bzw. Aktivitäten sie sich interessieren. Von den Autoren bekommt man „Tweets“ (kurze Nachrichten mit maximal 140 Zeichen). Auf diese kann man antworten.	• Information der Follower über die aktuelle Entwicklung eines neuen Produkts • Bekanntgabe von Terminen, z. B. Events im Rahmen des Eventmarketings oder freie Termine bei Dienstleistungsunternehmen • Suche, ob Kunden in Tweets Beschwerden geschrieben haben • Reaktion auf Tweets von Kunden

E-Business-Trends in der Wirtschaft

Durch die zunehmende Digitalisierung verändert sich die Wirtschaft grundlegend; sie nutzt immer mehr das Internet. Daten sind der Rohstoff des E-Business. Auch die bisherigen Arbeitsabläufe verändern sich entscheidend. In diesem Zusammenhang sind verschiedene Trends zu beobachten:

Crowdsourcing

Mit Crowdsourcing kann ein Unternehmen mithilfe des Internets jeden mit seinen Ideen an der Lösung eines Problems beteiligen. So kann ein Unternehmen Kunden, Kreative oder schlicht jedermann bei der Produktentwicklung mitarbeiten lassen.

1 Ergänzende Ausführungen siehe Handeln im Handel, 1. Ausbildungsjahr, Kap. 5.1.

Crowdfunding

Mit dieser alternativen Art der Geldbeschaffung lassen sich über das Internet Projekte, Produkte oder die Umsetzung von Geschäftsideen mit Fremdkapital versorgen. Die Kapitalgeber sind eine Vielzahl von Personen, bestehend aus Internetnutzern, die zum Crowdfunding im World Wide Web aufgerufen werden. Mit dem Crowdfunding können also relativ kleine Beiträge von vielen Internetnutzern zu einer großen Summe für den Start eines Unternehmens oder Unternehmensprojekts gesammelt werden.

Cloudworking

Cloudworking ist eine Weiterentwicklung der Telearbeit: Ein Cloudworker geht mithilfe des Internets und der Datencloud unabhängig von Zeit und Ort seiner Arbeit nach. Digitale Arbeiten, die in Unternehmen anfallen, werden in kleinere Arbeitspakete unterteilt, die von vielen Leuten (häufig Selbstständige, die sich darum bewerben) parallel bearbeitet werden.

Einzelhandel und Internet

Der Einzelhandel macht momentan einen teilweise dramatischen Wandlungsprozess durch. Der Grund ist die zunehmende Digitalisierung vieler ökonomischer und gesellschaftlicher Vorgänge. Der traditionelle stationäre Einzelhandel wird in diesem Zusammenhang angegriffen vom Onlinehandel, der immer mehr Umsätze erzielt.

Der Onlinehandel bietet dem Kunden verschiedene Vorteile:

- Er ist bequem.
- Er passt in die zunehmende Elektronisierung aller Lebensbereiche.
- Er hat ein fast grenzenloses Angebot.
- Er bietet weitgehende Preistransparenz.

Der stationäre Handel ist dem Onlinehandel aber dennoch nicht hilflos ausgeliefert. Vor allem, wenn er sich auf seine Stärken besinnt, kann er sich weiterhin am Markt halten:

- Eine der größten Stärken des stationären Einzelhandels ist das Anbieten von Einkaufserlebnissen. Gute Chancen hat der stationäre Einzelhandel also, wenn er den Eventcharakter des Einkaufens stärkt. Kunden geht es vor diesem Hintergrund mehr um das höherwertige Erlebnis „Shopping“ statt ums „Einkaufen“.
- Eine weitere große Stärke des stationären Handels ist die persönliche, zielgerichtete Beratung der Kunden.
- Nur der stationäre Einzelhandel kann den Kunden eine haptische Beurteilung der Ware bieten: Die Ware kann im Geschäft ausprobiert und angefasst werden.
- Eine weitere Reaktion des stationären Handels liegt in der Erweiterung der Serviceangebote: Ladengeschäfte können mit Dienstleistungsnageboten bei den Kunden punkten, die es im Internet nicht gibt.
- Denkbar ist auch eine Verlängerung der Ladenöffnungszeiten.

Innovative Händler versuchen daher, dem anhaltenden Strukturwandel mit neuartigen Konzepten zu begegnen. Sie versuchen, den stationären Handel mit den Vorteilen der Onlinewelt zu verknüpfen durch zahlreiche Serviceleistungen, z. B. mittels

- Click and Collect (In-Store Pick-up): Eine Onlinebestellung wird in einem stationären Einzelhandelsgeschäft abgeholt.
- Click to Chat (Click-to-Call): Kommunikation in Echtzeit mit dem Kunden.
- Onlineverfügbarkeit und Reservierung (Click and Reserve): Online kann vom Kunden geprüft werden, ob die gewünschte Ware im Laden verfügbar ist; ggf. kann sie reserviert werden (z. B. bei Apple oder Peek & Cloppenburg).
- Personal Shopping: Kunden wird die Möglichkeit gegeben, unter Angabe eines bestimmten Interessenfeldes online einen exklusiven Beratungstermin im Geschäft zu vereinbaren. Dort erfolgt dann die Beratung durch den Kundenberater.
- Instore-Order: Über QR-Codes am Produkt oder an Screens im Verkaufsraum können Kunden im Geschäft Onlinebestellungen aufgeben.
- Same-Day Lieferung: Lieferung am Tag der Bestellung
- Abholung bestellter, vorkommissionierter Waren: Auf der Website des Händlers stellen die Kunden ihren Einkauf zusammen und geben den Wunschtermin für die Abholung an. Per E-Mail erhalten sie eine Auftragsnummer, mit der sie den Einkauf abholen können (z. B. bei „real.-Drive“).

Diese digitalen Angebote des stationären Handels stellen eine wichtige Brücke zwischen den beiden Kanälen „Stationärer Handel“ und „Onlinehandel“ dar und bieten den Kunden einen echten Mehrwert, wie die folgenden Ergebnisse einer Umfrage zeigen.

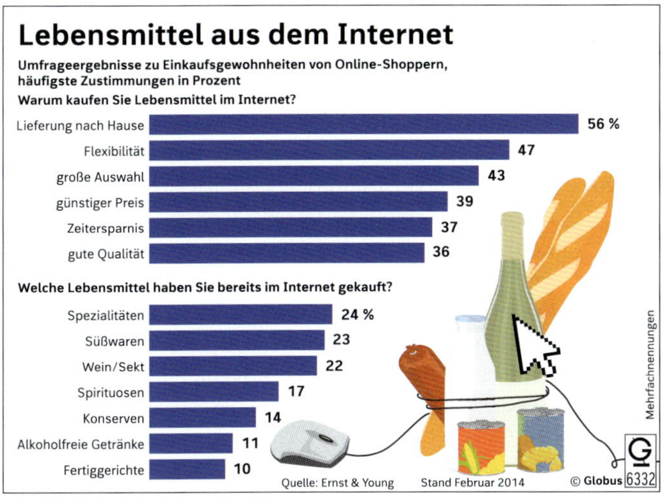

Inzwischen nutzen Unternehmen wie Media-Saturn, die Rewe-Group oder Conrad Electronic das Internet über eigene Onlineshops oder Partnerschaften mit Online-Marktplätzen aktiv als zusätzlichen Vertriebskanal.

Multichannel-Handel[1]

Multichannel bedeutet „Mehr- oder Multikanal(vertrieb)": Einzelhändler bieten ihren Kunden die Produkte über mehrere Kanäle direkt an, die diese je nach Bedarf nutzen können. Diese Absatzkanäle können neben dem Ladengeschäft z. B. der Versandhandel, das Internet (Onlineshop), ein Katalog und/oder auch das Fernsehen sein.

Voraussetzung einer Multichannel-Strategie eines B2C-Unternehmens ist, dass neben dem stationären Handel mindestens ein weiterer Online-Absatzkanal vorhanden ist. Dabei bleiben die einzelnen **Vertriebswege** aber **getrennt** voneinander. Der Kaufprozess findet durchgehend in einem Absatzkanal statt, das heißt, dass ein Wechsel von Kanälen bei ein und demselben Geschäft für den Kunden nicht möglich ist.

BEISPIEL

Ein Kunde hat im Internet ein Produkt gekauft und möchte dieses in einem stationären Ladengeschäft zurückgeben. Da die Vertriebskanäle im Multichannel-Handel unabhängig voneinander und für den Kunden nur separat verfügbar sind, ist die Rückgabe nicht möglich.

Entwicklung zum kanalübergreifenden Crosschannel-Handel

Inzwischen hat sich aber die Betrachtungsweise, bei der der Multichannel-Handel als getrennter, zusätzlicher Verkaufskanal gesehen wurde, geändert. Es hat sich das **Crosschannel**-Management durchgesetzt, bei dem die **Vertriebswege miteinander verknüpft** sind. Die Kunden sollen ganzheitlich über sämtliche zur Verfügung stehenden Kanäle angesprochen werden.

Crosschannel kann daher als Weiterentwicklung des Multichannel gesehen werden: Beim **Crosschannel-Handel** wird das traditionelle lokale Ladengeschäft (stationärer Handel) mit E-Commerce, sozialen Medien und Applikationen für Smartphones und Tablets verbunden. Der Kunde erhält auf unterschiedlichen Absatzkanälen das gleiche Angebot und kann dann während des Kaufprozesses je nach Bedarf zwischen den nicht mehr voneinander getrennten Vertriebskanälen beliebig kombinieren. Informationssuche, Kaufanbahnung, Kaufimpuls sowie der Kauf müssen deshalb nicht mehr unbedingt in ein und demselben Kanal stattfinden.

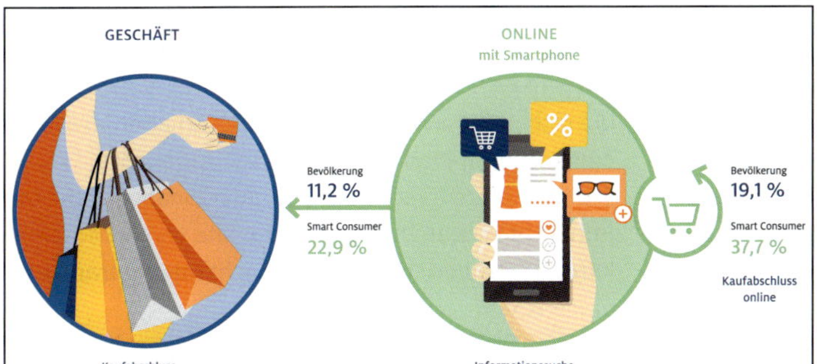

Lesebeispiel: 11,2 % der Käufe im Geschäft geht eine Onlineinformation mit dem Smartphone voraus. 19,1 % der mobilen Onlinekäufe geht eine Informationssuche mit dem Smartphone voraus.

Quelle: ECC Köln: SMART. VERNETZT. MOBIL. Ein Ausblick auf das Konsumentenverhalten der Zukunft, Köln, 2018

Während im stationären Handel die persönliche Beratung, der Service und die Möglichkeit, Produkte anzufassen, geschätzt wird, können im Internet – neben der Möglichkeit, die Preise schnell und einfach vergleichen zu können – bequem die Meinungen anderer Konsumenten gelesen werden.

1 Auf die Weiterentwicklungen wie Omnichannel-Strategie und No-Line-System soll im Rahmen dieser Ausführungen nicht weiter eingegangen werden.

Die nahtlose Verknüpfung der Online- und Offlinekanäle bietet dem Konsumenten jetzt ein flexibles und nahtloses Kauferlebnis und führt zu einem optimalen Kundenservice. Die Wechselbeziehung zwischen den Absatzkanälen unterstützt ihn während eines Kanalwechsels und/oder gibt Kaufimpulse für den Kauf in einem anderen Kanal.

BEISPIELE

Der Kunde informiert sich z.B. im Ladengeschäft über das Produkt und bestellt kanalübergreifend z.B. über den Onlineshop (vielleicht sogar über den eines anderen Anbieters). Oder andersherum: Der Kunde informiert sich im Internet, holt sich zudem Empfehlungen in den sozialen Medien, bestellt mit seinem Smartphone (über eine entsprechende App) und holt die Ware dann persönlich im Ladengeschäft ab oder probiert das Produkt im Laden aus und lässt es sich anschließend nach Hause schicken.

Hier sind es insbesondere das **Smartphone** und **mobile Endgeräte**, die als Bindeglied zwischen On- und Offlinehandel und bei der Verschmelzung der Vertriebskanäle insgesamt eine immer bedeutendere Rolle spielen. Die Informationssuche auf dem Smartphone nimmt weiterhin deutlich zu – vor allem Informationen mit Lokalbezug –, unabhängig davon, ob daraufhin der Kauf im Geschäft, am Laptop oder direkt auf dem Smartphone selbst erfolgt.

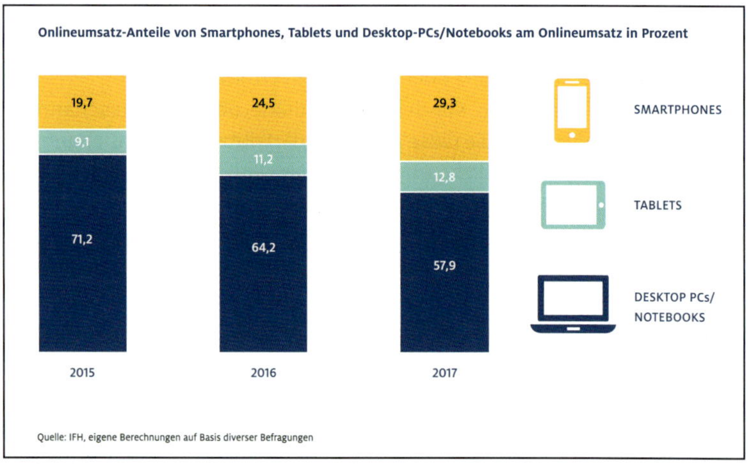

BEISPIEL BEKLEIDUNG

Mittlerweile sorgen Apps für das Smartphone dafür, dass Konsumenten den Überblick über ihre Kleidungsstücke behalten und sich für gelungene Kombinationen entscheiden. Apps helfen außerdem dabei, neue Mode zu finden. Onlineshops wie Zalando beispielsweise bieten Apps mit Bilderkennungsfunktion an: Wer ein tolles Outfit an jemandem entdeckt und ein Foto hochlädt, dem werden die entsprechenden oder ähnliche Kleidungsstücke im Onlinekatalog gezeigt. Mit derartigen Services werden Kundenwünsche schneller als jemals zuvor Wirklichkeit.

Dabei kommt es natürlich zu Umsatzverlagerungen zwischen einzelnen Vertriebskanälen, wobei allerdings kein Kanal den anderen überlegen ist. Jeder Absatzkanal hat seine speziellen Vorzüge, und erst ihre Kombination bringt Händlern und Komsumenten die erwünschten Vorteile.

Immer mehr Konsumenten führen ihre Käufe grundsätzlich in mehreren Kanälen durch. Am häufigsten werden dabei die drei Kanäle Internet, Printmedien und persönlicher Kontakt kombiniert. B2C-Händler sollten daher sicherstellen, insbesondere auch den Onlinekanal zu bedienen. Denn viele potenzielle Kunden tätigen ihre Käufe auch online. Ist ein B2C-Händler in einem der Kanäle nicht präsent, riskiert er, Kunden aufgrund der geringeren Sichtbarkeit an seine Wettbewerber zu verlieren. Wegen der im digitalen Zeitalter rasant steigenden Kundenanforderungen muss der stationäre Handel daher im mobilen Internet präsent sein, um aus Kundensicht noch wahrgenommen zu werden.

Momentan zeichnen sich im Einzelhandel die folgenden Trends ab:

- Channel-Shopping ist in einigen Warengruppen wie bei Bekleidung & Mode, Spielwaren oder Elektrogroßgeräten inzwischen alltäglich. Eine Tatsache, die für den stationären Handel und reine Onlinehändler immer wichtiger wird.
- Statistiken zeigen, dass die Umsätze von Kunden, die sich im Internet informieren, dann aber im Laden einkaufen, 11-mal höher sind als umgekehrt.
- Am gesamten Einzelhandel hat der Onlinehandel mit Endverbrauchern mit einem Umsatz von ca. 450 Milliarden € trotz der großen Zuwachsraten gerade erst einen Anteil von etwa 7 %.
- Untersuchungen haben gezeigt, dass vor allem teure Produkte nach wie vor lieber im Geschäft gekauft werden.
- Ein Problem für den stationären Einzelhandel, über den dieser oft klagt, ist der Beratungsdiebstahl: Kunden lassen sich zwar im Geschäft ausführlich und kompetent beraten, kaufen dann aber im Internet.

222270184

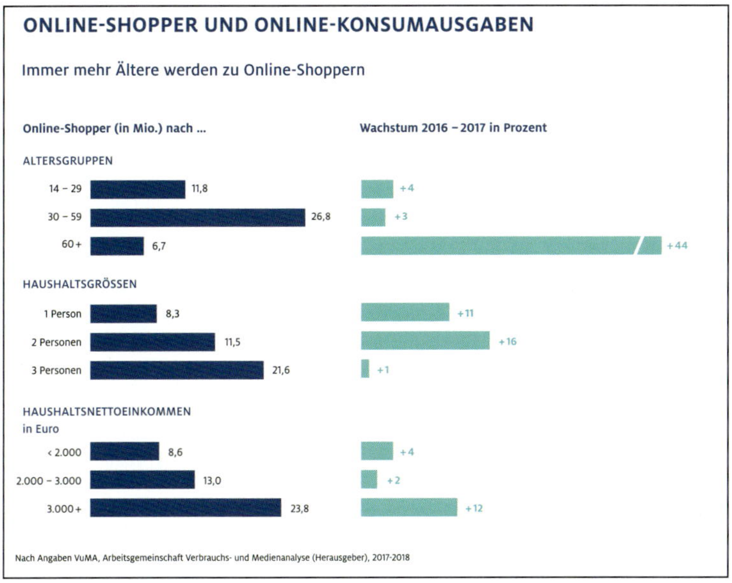

Eine Konsumforscherin sagt, womit Geschäfte des stationären Einzelhandels sich trotz Onlinehandel behaupten können:

„Das stationäre Geschäft wird überleben, schon weil man im Netz die Ware nicht anfassen oder riechen kann. Diesen Vorteil sollten die Läden stärker ausspielen: Wer ein Buch in die Hand nimmt, das Papier fühlt, hat eine andere Beziehung dazu. Auch Verkaufsgespräche sind im Internet nicht richtig zu gestalten. Der Trend geht wieder zur persönlichen Kommunikation.

Wie muss ein Laden sein, damit heute noch die Kunden kommen? Zuallererst muss man sich dort intuitiv zurechtfinden, sonst hat der Laden schon verloren. Ein Geschäft sollte aufgeräumt sein, klar strukturiert und eine angenehme Atmosphäre ausstrahlen. Auch die Beleuchtung ist wichtig. Wer in einer Umkleidekabine mit Neonlicht angestrahlt wird, hat kein gutes Gefühl. Aber vor allem müssen Läden überraschen – durch eine erlebnisorientierte Ladengestaltung. Der stationäre Handel hat etwas, wogegen kein Webshop ankommt: den Erlebniseinkauf."

Quelle: Vollmuth, Hannes; Gröppel Klein, Andrea: Interview: Anfassen, riechen, reden. In: Süddeutsche Zeitung vom 29.11.2014, S. 69.

3. Online-Marketing-Controlling

Keine gute Marketingstrategie kommt ohne Erfolgskontrolle aus. Nachdem das Online-Marketingkonzept erstellt und ausgewählte Instrumente in das Unternehmensmarketing integriert wurden, sollte regelmäßig kontrolliert werden, wie effektiv die Umsetzung ist.

Gemessen werden können z. B. Besucher, Seitenabrufe und die Herkunft der Besucher. Auch die Stichworte, die bei den Suchmaschinen eingegeben wurden, sind erfasst. Will man die Abbildung der Unternehmensziele auf den Teilbereich der Internet-Aktivitäten erzielen, müssen aber auch Bezahl- und Bonitätssysteme, externe Datenbanken und Warenwirtschaftssysteme in die Erfolgskontrolle eingebunden werden.

Um den Erfolg zu messen, gibt es unterschiedliche Kennzahlen, die auch als „Key Performance Indikatoren" bezeichnet werden. Einige ausgewählte sind in der folgenden Übersicht dargestellt:

Anzahl der Produktkäufe	Die Anzahl der Produktkäufe wird von den einzelnen Werbemaßnahmen beeinflusst und kann mithilfe der eingehenden Produktbestellungen überprüft werden.
Neukontakte	Neukontakte werden auch mit dem Fachbegriff „Leads" bezeichnet und stellen die Summe von neu gewonnenen Kundenkontakten durch eine bestimmte Werbemaßnahme dar. Die Gewinnung von Neukontakten kann beispielsweise in den verwendeten sozialen Netzwerken leicht nachverfolgt werden, denn dort ist auf einen Blick ersichtlich, ob die Anzahl der Fans und Follower zugenommen hat.

Klickrate	Die Klickrate (Click Through Rate; CTR) stellt den prozentualen Anteil der Klicks auf ein Werbemittel – beispielsweise ein Banner – im Verhältnis zu der Anzahl der Werbemitteleinblendungen dar. Wird beispielsweise ein Banner 300-mal angezeigt und dabei sechsmal angeklickt, beträgt die Klickrate 2 %.
Hits, Visits, Page Impressions, View-Time	Als „Hits" werden die Zugriffe durch Nutzer (User) auf eine Internetseite bezeichnet. Diese Kennzahl besagt zwar, dass ein Zugriff auf diese Seite stattgefunden hat, jedoch nicht, über welchen Zeitraum hinweg. Sogenannte „Visits" liegen vor, wenn ein Benutzer die Internetseite aufruft. Jeder weitere Klick auf eine Unterseite innerhalb des Internetauftritts gilt dann als Page Impression. Page Impressions (PIs) bezeichnen also die Aufrufe einer einzelnen Webseite innerhalb eines Internetauftritts. In welchem Zeitraum ein bestimmtes dynamisches Werbemittel sichtbar ist, bezeichnet die Kennzahl „View-Time". Aufgrund dieser Dauer kann abgeleitet werden, wie lange ein Benutzer das entsprechende Werbemittel maximal gesehen hat. Die genaue Verweildauer durch den Besucher ist jedoch nicht exakt bestimmbar.
Web-Monitoring	Um den Erfolg des Social-Media-Marketings zu messen, eignet sich insbesondere das Web-Monitoring. Durch Beobachtung und Analyse in Weblogs, Foren, Communities, sozialen Netzwerken und Portalen kann herausgefunden werden, welche Meinungen Nutzer über das Unternehmen haben, ob diese über das Unternehmen berichten oder eventuell sogar Beiträge in Form von Blogs oder Twitter-Nachrichten verbreiten.
Conversions und Conversion Rate	Als Conversions wird die Menge der Besucher eines Internetauftritts bezeichnet, die eine erwünschte, vorher definierte, Aktion durchgeführt haben, wie zum Beispiel den Kauf eines Produktes oder das Abonnement eines E-Mail-Newsletters. Die Conversion Rate veranschaulicht das Verhältnis von Konversion (hier: Statusänderung) zu Besuchern. Diese Online-Marketingkennzahl gibt an, ob der Webseitenbesucher die gewünschte Aktion durchgeführt hat. Solche Aktionen können beispielsweise das Ausfüllen eines Formulars, das Abonnieren eines Newsletters oder der Kauf eines Produktes sein. In Onlineshops liegt die Conversion Rate häufig bei ca. 3 %.
Bounce Rate	Die Bounce Rate oder Absprungrate informiert über das Besucherverhalten auf der Webseite. Mithilfe dieser Onlinekennzahl wird der Anteil der Websitebesucher mit nur einem einzelnen Seitenaufruf erfasst. Sie gibt daher Aufschluss über die Attraktivität der Webpräsenz. Ist die Bounce Rate recht hoch, sollte schnellstmöglich etwas unternommen werden, um die Attraktivität der Website zu steigern.
Rate der wiederkehrenden Besucher	Die Attraktivität einer Internetpräsenz spiegelt sich nicht nur in der absoluten Anzahl der Besucher wider. Wichtig sind, neben den neuen Besuchern, die wiederkehrenden. Ist ihre Zahl hoch, spricht das für interessante und informative Inhalte. Messen lassen sich die Zahlen mit Cookies (Datensatz, der von einem Server auf der Festplatte des Nutzers hinterlegt wird). Anhand dieser Werte lassen sich Marketingstrategien erarbeiten, um die Zielgruppe direkt anzusprechen.
Unique Visits	Der Unique Visit (engl. „einzelner Besuch") ist eine Kennzahl für die Zugriffshäufigkeit auf die Homepage. Hierbei werden die einzelnen IPs in einem festgelegten Zeitraum nur einmal gezählt – egal wie häufig von einem bestimmten Rechner auf die Seite zugegriffen wird. Durch dieses Verfahren erhält man die Nettomenge der gesamten Besucher in einem definierten Zeitabschnitt auf der eigenen Homepage.
Aufenthaltszeit	Die Verweildauer eines Besuchers auf der Website ist eine weitere wichtige Kennzahl. Eine hohe Verweildauer spricht für eine hohe Qualität der Internetseite. Die User finden den Seiteninhalt ansprechend und werden zu entsprechenden Aktionen verleitet – wie beispielsweise weiterführende Links anklicken oder Newsletter abonnieren.
Anzahl der Feed- und Newsletter-Abonnenten	Sie zeigt an, wie viele Personen regelmäßig mithilfe des E-Mail-Marketing erreicht werden. Hier ist die Delivery Rate (Zustellrate) wichtig. Sie gibt die Gesamtmenge der versendeten Mails an. Auf deren Basis lässt sich die Öffnungsrate ermitteln. Die Öffnungsrate ist der Anteil der geöffneten Mails im Verhältnis zu den versendeten. Nach dem Öffnen der Mail entscheidet die Click Through Rate (Klickrate) über Erfolg oder Misserfolg der Werbekampagne. Diese Rate gibt die Anzahl von Klicks auf Banner oder Links im Verhältnis zu versendeten Mails an. Gründe für eine niedrige Klickrate können evtl. ein unpassender Zeitpunkt für den Versand oder ein nicht zielgruppenorientiertes Design sein. Werden die Nutzer nicht angesprochen, führt dies zu einer hohen Abmelderate. Mit immer neuen Inhalten und überarbeiteten Strategien kann dieser Entwicklung entgegengewirkt werden.

222270186

Bestimmungen für Fernabsatzverträge

1. Geltungsbereich

Die neue EU-Verbraucherrichtlinie, umgesetzt in deutsches Recht, regelt u. a. die besonderen Anforderungen des Verbraucherrechts im **Fernabsatz** sowie bei **Verträgen, die außerhalb von Geschäftsräumen** (vorm. Haustürgeschäfte) **geschlossen werden**. Gleichgestellt sind Verträge, die nach persönlicher Ansprache außerhalb der Geschäftsräume in den Geschäftsräumen des Unternehmens und auf sog. Kaffeefahrten zustande gekommen sind. Mit diesen Regelungen soll im EU-Raum ein einheitlicher Verbraucherschutz sichergestellt werden. Grundsätzliche Zielrichtung ist die Stärkung der Verbraucherrechte.

Die nachfolgenden Ausführungen zu den Vorschriften beschränken sich auf die Anforderungen im Fernabsatz (§§ 312 ff. BGB).

DEFINITION

Als **Fernabsatz** gilt der Handel mit Waren und Dienstleistungen, bei dem sich Verbraucher und Unternehmen nicht unmittelbar gegenüberstehen. Der Vertragsschluss erfolgt daher unter ausschließlicher Verwendung von Fernkommunikationsmitteln.

BEISPIELE

Internet, E-Mails, Telefonanrufe, SMS, Briefe, Kataloge sowie Rundfunk, Tele- und Mediendienste (Voicemail-System, Teleshopping, Telefax usw. – § 312c BGB).

2. Informationspflichten (§ 312d Abs. 2 BGB i. V. m. Art. 246a EGBGB)

Kern der Bestimmungen des BGB zu Fernabsatzverträgen ist eine umfangreiche Informationspflicht des Anbieters. Zum Schutz des Verbrauchers (Fernkunden) vor irreführenden und aggressiven Verkaufsmethoden im Fernabsatz muss der Anbieter dem Kunden bestimmte Informationen zur Verfügung stellen. Die genauen vorvertraglichen Informationspflichten sind in Art. 246a EGBGB geregelt.

Der Unternehmer muss hiernach den Verbraucher rechtzeitig **vor Vertragsschluss bzw. Lieferung** klar und verständlich u. a. informieren über:

- seine Identität und Kontaktdaten, also Adresse, Telefonnummer, E-Mail-Adresse und ggf. Faxnummer;
- die wesentlichen Merkmale der angebotenen Waren oder Dienstleistungen (Produktbeschreibung);
- das Bestehen des gesetzlichen Mängelhaftungsrechts für die Waren (Art. 246a § 1 Abs. 1 Nr. 8 EGBGB; z. B. *„Bei allen Waren aus unserem Shop bestehen gesetzliche Gewährleistungsrechte."* Dieser Hinweis kann auch produktbezogen auf der Produktdetailseite erscheinen.) sowie ggf. über die Bedingungen und das Bestehen von Garantien[1], Kundendienst und Kundendienstleistungen (Art. 246a § 1 Abs. 1 Nr. 9 EGBGB);
- die Laufzeit des Vertrags oder die Bedingung der Kündigung unbefristeter Verträge oder sich automatisch verlängernder Verträge;
- ggf. die Mindestdauer der Verpflichtungen, die der Verbraucher mit dem Vertrag eingeht;
- das 14-tägige Widerrufsrecht und die Widerrufsbedingungen, insbesondere auch darüber, wer die Kosten der Rücksendung trägt; ggf. das Nichtbestehen eines Widerrufsrechts;
- die Zahlungs- und Lieferbedingungen, den Liefertermin (i. S. v. Lieferzeitraum: *„Lieferzeit 5 bis 7 Tage"* ist zulässig; unzulässig wäre *„Versandbereit in 2 Tagen"*) sowie ggf. das Verfahren zum Umgang mit Beschwerden;
- den Gesamtpreis der Waren und Dienstleistungen einschließlich aller Preisbestandteile wie anfallende Steuern und Abgaben sowie anfallende Liefer- und Versandkosten;
- ggf. zusätzlich anfallende Liefer- und Versandkosten;
- die Kosten, die dem Kunden durch die Nutzung der Fernkommunikationsmittel entstehen, sofern Kosten berechnet werden, die über die üblichen Grundtarife hinausgehen.

Bei Telefongesprächen müssen Identität und Geschäftszweck zu Beginn des Gesprächs ausdrücklich offengelegt werden.

Diese pflichtgemäß zu machenden Angaben werden automatisch Vertragsbestandteil. Kommt ein Unternehmer seiner Informationspflicht nicht nach, so kann er zum Beispiel zusätzliche Fracht-, Liefer-, Versandkosten oder Kosten für die Rücksendung der Ware nicht geltend machen.

1 Informationen zu „Garantien" sind nachzulesen in Handeln im Handel, 2. Ausbildungsjahr, LF 10, Kap. 6.

3. Widerrufsbelehrung und Widerrufsfrist

Bei im Fernabsatz geschlossenen Verträgen gelten besondere Regelungen für das Widerrufsrecht. Hierauf muss das Unternehmen den Verbraucher vor Vertragsschluss in Textform[1] hinweisen.

- Das Unternehmen muss dem Verbraucher mitteilen, dass er jeden erteilten Auftrag – bei korrekter Belehrung – innerhalb von 14 Tagen ohne Angabe von Gründen wiederrufen kann (Widerrufsbelehrung gem. § 355 Abs. 1 BGB). Die Informationspflichten über den Widerruf können mit der Mustererklärung erfüllt werden.[2]
- Sodann beginnt die Widerrufsfrist
  - bei Dienstleistungen **mit Vertragsschluss** bzw.
  - bei Waren **nach deren Erhalt** (Eingang beim Empfänger).

BEISPIEL

Gibt der Postbote bestellte Ware beim Nachbarn ab, beginnt die 14-tägige Widerrufsfrist erst, wenn der Käufer sie dort abholt. Solange die Ware beim Nachbarn liegt, gilt sie als nicht zugegangen. Der Empfänger kann sie nicht prüfen. Es kommt dabei auch nicht darauf an, ob ein Nachbar von sich aus das Paket annimmt oder ob der Käufer jemanden gebeten hat, seine Pakete anzunehmen.

- Bei der wiederkehrenden Lieferung gleichartiger Waren beginnt die Widerrufsfrist, sobald der Verbraucher die erste Lieferung erhalten hat. Wenn die Ware in mehreren Teilsendungen geliefert wird, beginnt die Widerrufsfrist, sobald der Verbraucher die letzte Teilsendung erhalten hat.
  Die Widerrufsfrist beginnt nicht, bevor der Unternehmer den Verbraucher über sein Widerrufsrecht unterrichtet hat.
- Bei fehlender oder fehlerhafter Widerrufsbelehrung verlängert sich die Widerrufsfrist auf maximal 12 Monate nach Ablauf der eigentlichen Widerrufsfrist. Das **Widerrufsrecht erlischt** danach **spätestens nach 12 Monaten und 14 Tagen** nach Eingang der Ware beim Verbraucher oder nach dem Vertragsschluss.
- Läuft die Frist und ist ihr letzter Tag ein Samstag, Sonntag oder Feiertag, gilt sie bis zum nächsten Werktag.

Wer Waren zwar online bestellt, aber die Ware im Ladengeschäft abholt, kann dennoch das 14-tägige Widerrufsrecht nach dem Fernabsatzrecht in Anspruch nehmen (Amtsgericht Charlottenburg, Az. 211 C 213/15).

4. Erklärung des Widerrufs

- Maßgebend für die Fristwahrung ist, dass der **Widerruf ausdrücklich erklärt** und **vor Ablauf der Widerrufsfrist** abgeschickt wird (§ 355 Abs. 1 BGB). Aus der Widerrufserklärung muss der Entschluss des Verbrauchers zum Widerruf **eindeutig** hervorgehen, wobei das Wort „Widerruf" in der Erklärung nicht verwendet werden muss.
  Das bloße kommentarlose Zurücksenden der Ware reicht zur wirksamen Ausübung des Widerrufsrechts genauso wenig aus wie die Annahmeverweigerung beim Paketzusteller.
- Online geschlossene Verträge können grundlos widerrufen, der Kaufpreis muss dann erstattet werden. Das Motiv spielt daher für den Widerruf keine Rolle. Es ist dem freien Willen der Kunden überlassen, ob und warum sie ihr Widerrufsrecht nutzen. D. h. innerhalb der zweiwöchigen Frist dürfen sie ihre Bestellung stets widerrufen. Zuvor dürfen sie allerdings die Eigenschaften und Funktionsweise der bestellten Sachen zu Hause mit der gebührenden Sorgfalt ausprobieren. Das soll ausgleichen, dass man Waren nicht wie im Geschäft anfassen kann.

BEISPIELE für das Widerrufsrecht im Fernabsatz

- Herr Kiehn hat nach dem Kauf von zwei Matratzen bei einem Onlineshop einige Tage später die gleichen Produkte bei einem anderen Anbieter preisgünstiger gesehen. Daraufhin hat er den Kauf mit Bezug auf den niedrigeren Konkurrenzpreis beim Onlinehändler fristgerecht widerrufen.
- Frau Schramm hat auf einer im Onlineshop gekauften Matratze zwei Nächte Probe geschlafen und sie anschließend wegen Nichtgefallen wieder zurückgegeben. Die Zahlung eines Wertverlustes kann der Onlinehändler nicht fordern, selbst wenn die Matratze völlig ihren Wert verliert.

- Für den Widerruf ist keine verbindliche Form vorgeschrieben. Der Verbraucher kann seinen Widerruf telefonisch oder schriftlich erklären, z. B. mittels eines mit der Post versandten Briefes, per Telefax oder E-Mail. Der Kunde sollte aber in jedem Fall einen Beweis haben. Deshalb ist ein Widerruf wenigstens per Fax mit Sendeprotokoll oder per Einschreiben ratsam.

1 **Textform** bedeutet eine lesbare Erklärung auf einem dauerhaften Datenträger unter Nennung des erklärenden Unternehmers. Der dauerhafte Datenträger muss absichern, dass der Empfänger die Erklärung so aufbewahren und speichern kann, dass er jederzeit auf sie zugreifen kann, und zwar in unveränderter Form. Dies muss für einen dem Zweck angemessenen Zeitraum gewährleistet sein, was i. d. R. die Dauer der Vertragslaufzeit sein dürfte. Das heißt, lesbare Erklärungen des erkennbaren Unternehmers, die per E-Mail, Computerfax oder SMS abgegeben werden, genügen der Textform, Erklärungen auf einer Internetseite hingegen nicht.

2 Muster für die Widerrufsbelehrung siehe Anlage 1 zu Artikel 246a § 1 Abs. 2 Satz 2 EGBGB.

222270188

- Ein in der gesamten EU geltendes gesetzliches Musterformular für das Widerrufsrecht *(Musterwiderrufsbelehrung)* wird im Einführungsgesetz zum BGB zur Verfügung gestellt[1]. Das Muster-Widerrufsformular kann, muss aber nicht benutzt werden. Der Unternehmer muss den Verbraucher allerdings über dieses Formular vor Abgabe der Bestellung informieren. Dies kann zum Beispiel in unmittelbarem Zusammenhang mit der Belehrung über das Widerrufsrecht, etwa auf der gleichen Internetseite, geschehen.
- Der Unternehmer kann dem Verbraucher auch ermöglichen, eine eindeutige Widerrufserklärung auf der Website des Unternehmers (online) auszufüllen und abzuschicken. In diesem Fall muss dem Verbraucher der Zugang des Widerrufs unverzüglich auf einem dauerhaften Datenträger (z. B. per E-Mail) bestätigt werden, damit dem Verbraucher der Beweis des fristgerechten Zugangs seiner Widerrufserklärung ermöglicht wird.

5. Rechtsfolgen des Widerrufs (§ 357 BGB)

Rechtsfolge des Widerrufs ist, dass die empfangenen Leistungen zurückzugewähren sind, d. h., dass u. a. der Kunde die Ware zum Unternehmen ohne unnötige Verzögerung zurückschicken muss. Erst nachdem der Widerruf erklärt wurde, kann der Kunde die Ware zurückschicken.

- Die Frist für die Rücksendung der Ware beträgt – nach Abgabe des Widerrufs – 14 Tage. Die Gefahr der Rücksendung der Waren bei Widerruf trägt der Unternehmer.
- Im Gegenzug muss der Unternehmer die Zahlung des Verbrauchers spätestens nach 14 Tagen erstatten. Für die Rückzahlung hat der Unternehmer grundsätzlich das Zahlungsmittel zu verwenden, das der Verbraucher bei seiner Zahlung verwendet hat. Allerdings kann der Unternehmer mit dem Verbraucher ausdrücklich andere Vereinbarungen treffen. Der Unternehmer kann die Rückzahlung des Kaufpreises und ggf. der Versandkosten verweigern, bis er die Ware zurückerhalten oder der Verbraucher den Nachweis erbracht hat, dass er die Ware abgesandt hat (= **Zurückbehaltungsrecht** gem. § 357 Abs. 4 BGB).
- Der Verbraucher hat an das Unternehmen **Wertersatz** zu leisten. Voraussetzung: Der Wertverlust der Ware ist auf einen Umgang mit der Ware zurückzuführen, der zur Prüfung der Beschaffenheit, der Eigenschaften und der Funktionsweise der Waren nicht notwendig war, wie z. B. im Falle von Missbrauch oder unsachgemäßer Beschädigung.

BEISPIELE

Erlaubt ist dem Verbraucher im Internethandel z. B.,

- Packungen aufzureißen,
- Hardware am Computer anzuschließen oder
- gelieferte Möbel zusammenzubauen.

Dies gilt auch dann, wenn die Ware durch das Prüfen und Testen für das Unternehmen unbrauchbar wird, weil es die Ware in diesem Zustand nicht mehr weiterverkaufen kann.

Wer allerdings im Internet bestellte Ware ausführlicher testet, als das im Geschäft möglich gewesen wäre, und sie dabei beschädigt, bekommt nicht den vollen Kaufpreis erstattet. Bei Verträgen über die Online-Bereitstellung digitaler Inhalte ist Wertersatz ausgeschlossen, z. B. bei versiegelten Datenträgern, wenn die Versiegelung nach der Lieferung entfernt wurde.

- Wenn die Ware schon gebraucht wurde, darf das Unternehmen die Rücknahme nicht generell ausschließen. Für die Nutzung bzw. die bestimmungsgemäße Ingebrauchnahme der Ware (Prüfung der Eigenschaften und der Funktionsweise, wie es im Ladengeschäft möglich und üblich ist) bis zum Widerruf bzw. zur Rückgabe hat der Unternehmer **keinen Anspruch auf Wertersatz.**

BEISPIELE

- Ein online gekauftes Kleidungsstück kann der Verpackung entnommen und anprobiert werden. Es besteht kein Anspruch auf Wertersatz.
- Die online bestellten Kleidungsstücke werden einen Abend lang auf einer Party getragen. In diesem Fall kann der Verkäufer Wertersatz verlangen.
- Ein Kunde probiert online bestellte Schuhe und zerkratzt dabei die Ledersohle. Ein Wertersatz ist vom Kunden nicht zu leisten.

6. Hinsendekosten / Kosten der Rücksendung

- **Kosten der Lieferung (Hinsendekosten)**
  Der Unternehmer trägt im Falle des Widerrufs die Kosten der Lieferung **(Hinsendung)**. Entscheidet sich der Verbraucher hingegen für eine andere Art

1 § 312d Abs. 1 S. 1 BGB i. V. m. Anlage 2 zu Artikel 246a § 1 Abs. 2 Satz 1 Nummer 1 EGBGB.

der Lieferung als die vom Unternehmer angebotene günstigste Standardlieferung (z.B. Express- oder Premiumversand), so müssen diese extra angefallenen Transportkosten vom Unternehmen nicht erstattet werden. Bietet es aber nur die teure Expresszustellung, müssen die Kosten dafür erstattet werden. Sind mehrere Artikel in einer Paketsendung, muss der Händler

- beim Widerruf z.B. nur eines Artikels die Hinsendekosten anteilig erstatten, wenn das Porto vom Gewicht der Ware abhängig war,
- die Versandkosten nicht erstatten, wenn sie beim Widerruf nur eines Teils der Warensendung nicht vom Gewicht abhängig war.

BEISPIELE

Eine Kundin bestellt zwei Sommerkleider für 136,00 € und eine Bluse für 16,30 €. Das Porto für die gesamte Sendung beträgt 4,99 €. Die Kundin sendet eines der Kleider zurück. Beim Widerruf muss der Onlinehändler nur den Kaufpreis des zurückgesandten Kleides erstatten, nicht aber die Versandkosten. Sie wären bei dieser Paketsendung (bis 2 kg) in gleicher Höhe angefallen, hätte die Kundin nur ein Kleid und die Bluse bestellt.

- **Kosten der Rücksendung**
  Nach dem erfolgten Widerruf muss die Kosten der **Rücksendung** der Ware – vorbehaltlich einer anderen vertraglichen Zusage des Unternehmens – immer der Verbraucher tragen, unabhängig vom Wert der zurückgeschickten Ware. Dies gilt aber nur dann, wenn der Unternehmer den Verbraucher vor Vertragsschluss hierüber informiert hat.
  Andernfalls muss der Onlinehändler das Rücksendeporto übernehmen.
  Unternehmen können die Rücksendekosten freiwillig übernehmen, z.B. zu werblichen Zwecken. In diesem Fall muss der Unternehmer folgenden Passus in die Widerrufsbelehrung aufnehmen: *„Wir tragen die Kosten der Rücksendung der Waren."*
  Der Verbraucher hat die Pflicht, sämtliche Waren an das Unternehmen zurückzuschicken, d.h. auch solche, die nicht per Paket verschickt werden können.
  Kann die Ware aufgrund ihrer Beschaffenheit nicht normal mit der Post zurückgesandt werden, d.h. muss die Rücksendung beispielsweise per Spedition erfolgen, so muss der Verbraucher bereits in der Widerrufsbelehrung über die Höhe der Rücksendekosten informiert würde.

BEISPIELE

Bestellt ein Verbraucher sperrige Ware wie z. B. eine Geschirrspülmaschine, kann die Rücksendung relativ teuer sein. Der Einzelhändler muss in diesem Fall noch vor der Bestellung darüber informieren, wie hoch die Kosten für den Rücktransport nach einem Widerruf sind. Kann der Händler keine exakte Kostenangabe machen, ist die Schätzung der maximalen Kosten ausreichend.

7. Ausschluss des Widerrufsrechts

Vertragstypen, bei denen gesetzlich kein Widerrufsrecht besteht, sind im § 312g Abs. 2 BGB aufgeführt. Das Widerrufsrecht ist ausgeschlossen bei (keine vollständige Auflistung):

- Verträgen zur Lieferung von Waren, die nach individuellen Kundenbedürfnissen angefertigt wurden, z.B. ein nach Maß gefertigtes Kleid oder Vorhänge. Aber nicht jede individuelle Leistung schließt den Widerruf aus.

BEISPIELE

Ein Kunde hat sich online einen Computer aus verschiedenen Komponenten zusammengestellt. Der Widerruf wäre in diesem Fall möglich, wenn der Händler die Anfertigung leicht wieder rückgängig machen könnte oder der Baukasten-PC schnell einen anderen Käufer finden würde.

- Verträgen zur Lieferung von Waren, wenn diese nach der Lieferung aufgrund ihrer Beschaffenheit untrennbar mit anderen Gütern vermischt wurden, z.B. bei Werkmaterialien und Baustoffen;
- Verträgen zur Lieferung von Waren, die schnell verderben können oder deren Verfallsdatum schnell überschritten würde, z.B. Obst, Gemüse, Milch, Käse oder Fleisch. Verdorbene, zerquetschte oder ausgelaufene Ware muss der Kunde trotzdem nicht akzeptieren. Der Händler haftet für offensichtliche Mängel und muss den Kaufpreis erstatten oder das bestellte Produkt ohne Mängel nachliefern.
- Verträgen zur Lieferung von Zeitungen, Zeitschriften oder Illustrierten mit Ausnahme von Abonnement-Verträgen;
- Verträgen zur Lieferung von Ton- und Videoaufnahmen oder Computersoftware, sofern sie nach der Lieferung entsiegelt wurden;
- Verträgen zur Lieferung versiegelter Waren, die aus Gründen des Gesundheitsschutzes oder der Hygiene

222270190

nicht zur Rückgabe geeignet sind, wenn ihre Versiegelung nach der Lieferung entfernt wurde;
- digitalen Gütern und Downloads. Das Widerrufsrecht erlischt – sofern der Verbraucher hierauf vorab hingewiesen worden ist – mit dem Beginn des Downloads.

8. Weitere allgemeine verbraucherschützende Regelungen

- **Button-Lösung** (gegen Abo-Fallen): Bei kostenpflichtigen Onlineangeboten müssen Unternehmer Preis, Lieferkosten, Mindestlaufzeiten sowie wesentliche Merkmale der Ware oder Dienstleistung unmittelbar vor der Bestellung klar und verständlich anzeigen. Ein Vertrag mit einem Verbraucher im elektronischen Geschäftsverkehr kommt demnach nur zustande, wenn er mit der Bestellung ausdrücklich bestätigt, dass er sich zu einer Zahlung verpflichtet. Diese ausdrückliche Bestätigung erfolgt mit einem Klick auf eine Bestellschaltfläche, die gut lesbar ist und mit den Wörtern „zahlungspflichtig oder kostenpflichtig bestellen“ oder einer anderen eindeutigen Formulierung beschriftet ist. Diese Regelung gilt für alle Bestellungen von Waren oder Dienstleistungen auf Onlineplattformen im Internet – sei es über den heimischen Computer, das Smartphone oder einen Tablet-PC. Ein Verstoß bedeutet, dass kein Vertrag zustande kommt; der Kunde muss nicht zahlen.
- **Verbot von Voreinstellungen:** Bei optional angebotenen und kostenpflichtigen Zusatzleistungen (wie z. B. Garantieverlängerungen oder Reiserücktrittsversicherungen) muss der Verbraucher aktiv seine ausdrückliche Zustimmung geben. Die automatische Voreinstellung, d. h. im Vorhinein gesetzte Häkchen oder Kreuze, die der Verbraucher aktiv entfernen muss, wenn die Zusatzleistung nicht gewünscht wird, ist unzulässig.
- **Information über Lieferbeschränkungen und Zahlungsarten:** Im elektronischen Geschäftsverkehr müssen Unternehmer **spätestens bei Beginn des Bestellvorgangs** klar und deutlich angeben,
  - ob Lieferbeschränkungen bestehen, damit für den Verbraucher erkennbar ist, ob er überhaupt bestellen kann, z. B. *„Wir liefern nach Deutschland und Frankreich (nur Festland)“*,
  - welche Zahlungsmittel akzeptiert werden (nach dem Gesetz ist die Angabe der angebotenen Zahlungsmittel ausreichend) und
  - wie die Zahlungsbedingungen lauten. Dem Verbraucher muss eine gängige und zumutbare Zahlungsmöglichkeit kostenlos zur Verfügung gestellt werden. Werden darüber hinaus gebührenpflichtige Zahlungsmöglichkeiten angeboten (z. B. Kreditkartenzahlung), dürfen nur die dafür tatsächlich anfallenden Kosten des Unternehmens in Rechnung gestellt werden. **Beispiel:** Ein Unternehmen muss an PayPal 0,60 € Transaktionskosten zahlen, berechnet dem Kunden jedoch einen Aufschlag von 1,05 € für die PayPal-Zahlung.
- **Telefongebühren:** Es ist dem Unternehmen untersagt, zusätzliche Gebühren für eine Service-Hotline zu erheben, die es bereitstellt, damit sich der Kunde darüber mit Fragen oder Erklärungen zu einem abgeschlossenen Vertrag an das Unternehmen wenden kann. Die Kosten, die dem Verbraucher für einen solchen Anruf entstehen, dürfen die nach dem Grundtarif tatsächlich anfallenden Gebühren nicht übersteigen. Unternehmen müssen daher entweder entgeltfreie Rufnummern oder ortsgebundene Rufnummern anbieten.

Elektrogesetz[1]: Rücknahmeverpflichtungen für Onlinehändler

Der Onlinehandel mit einer Versand- und/oder Lagerfläche (Regalfläche) von **mindestens** 400 m² ist verpflichtet, bestimmte Elektro- und Elektronik-Altgeräte (EAG) zurückzunehmen, getrennt zu sammeln und umweltfreundlich zu entsorgen.[2]

Onlinehändler müssen auf ihrer Webseite darauf hinweisen, dass sie Elektrogeräte entgegennehmen, und müssen Rücknahmestellen *in zumutbarer Entfernung* des jeweiligen Endnutzers schaffen und auch hierüber den Kunden informieren:

1 Neuordnung Elektro- und Elektronikgerätegesetz – ElektroG2 vom 24.10.2015 (Ablauf der Übergangsfrist am 24.07.2016).
2 Ausführliche Informationen zum ElektroG sind zu finden in Handeln im Handel, 1. Ausbildungsjahr, Kapitel 5.8.

Informations- und Rücknahmepflichten gem. Elektrogesetz (ElektroG)

Gemäß dem Elektro- und Elektronikgerätegesetz (ElektroG) sind wir als Online-Händler und Vertreiber von Elektro- und Elektronikgeräten verpflichtet, (...)

- bei der Abgabe eines neuen Elektro- oder Elektonikgerätes an einen Endnutzer ein Altgerät des Endnutzers der gleichen Geäteart (...) unentgeltlich zurückzunehmen und
- Altgeräte, die in keiner äußeren Abmessung größer als 25cm sind, (...) untentgeltlich zurückzunehmen, wobei die Rücknahme nicht an den Kauf eines Gerätes geknüpft ist.

Ihre Altgeräte können Sie kostenlos bei unseren stationären TCL-Elektromarkt- und vatro-Betriebsstätten in Ihrer Nähe während der Öffnungszeiten abgeben. Ebenso ist eine Rückgabe bei einer Sammelstelle über das Netzwerk take-e-way möglich. Die passende Sammelstelle finden Sie unter der *URL http://www.take-e-way.de/ Verbraucher-Sammelstellen-finden*. Sie können diese Artikel jedoch auch unentgeltlich an folgende Adresse zurücksenden. Fordern Sie dazu ein kostenloses Versandetikett bei uns an. Ebenso ist eine Rückgabe der genannten Artikel direkt bei unserem Versandlager möglich: TCL-Elektromarkt GmbH, Ritterstrasse 20, 30177 Hannover

Sollten Sie die Elektro- und Elektronikgeräten an vorbenannte Annahmestelle senden, beachten Sie bitte, dass Sie die besonderen Transportbedingungen für die jeweiligen Artikel berücksichtigen müssen.

Symbol auf Elektro- und Elektronikgeräten

Das Symbol der durchgestrichenen Mülltonne besagt, dass dieses Elektro- bzw. Elektronikgerät am Ende seiner Lebensdauer nicht im Hausmüll entsorgt werden darf. Durch die separate Sammlung von Elektro- und Elektronikaltgeräten sollen die Wiederverwendung, die stoffliche Verwertung bzw. andere Formen der Verwertung von Altgeräten ermöglicht sowie negative Folgen bei der Entsorgung der in den Geräten möglicherweise enthaltenen gefährlichen Stoffe auf die Umwelt und die menschliche Gesundheit vermieden werden. Weitere Informationen finden Sie auf *www.elektrogesetz.de*.

Sie müssen die Altgeräte an einer Erfassungsstelle abgeben. Vor der Abgabe haben Sie Altbatterien und Altakkumulatoren, die nicht vom Altgerät umschlossen sind, von diesem zu trennen.

Information eines Onlinehändlers, der seinen Informationspflichten gem. § 18 Abs. 2 ElektroG nachkommt

Verpackungsgesetz im Onlinehandel

Für den Onlinehändler, der Verpackungen in den Verkehr bringt, ist das Verpackungsgesetz (VerpackG) bindend: Er ist dazu verpflichtet, für die Rücknahme und ordnungsgemäße Verwertung seiner Verpackungen und Umverpackungen zu sorgen. Dies gilt auch für diejenigen, die Verkaufsplattformen wie z. B. eBay oder Amazon nutzen.

Zu den Verpackungen zählen **Verkaufsverpackungen**, die typischerweise bei privaten Haushalten und vergleichbaren Anfallstellen wie z. B. Gaststätten, Hotels, Kantinen, Krankenhäusern, Sportstadien oder Kinos anfallen. Darüber hinaus werden auch **Versandverpackungen** erfasst, die den Versand an den Verbraucher ermöglichen oder unterstützen sowie **Umverpackungen**. Hierbei handelt es sich um Verpackungen, die dem privaten Endverbraucher zusammen mit der Ware angeboten werden und bei diesem als Abfall anfallen.[1]

Das Verpackungsgesetz gilt für alle Hersteller und/oder Händler, die mit Ware befüllte und beim Endverbraucher anfallende Verpackungen (inkl. Füllmaterial) – unabhängig, ob groß oder klein – im stationären Handelsgeschäft direkt am Ladentisch an den Kunden oder online gewerbsmäßig in Verkehr bringen oder importieren. Online können Hersteller i. S. d. Gesetzes sein, da sie Verpackungen wie Kartonagen, Luftpolsterfolie, Klebeband u.v.m. verwenden und diese Verpackung bei einem Endkunden als Müll anfallen.

1 Der Gesetzgeber hat bestimmte Verpackungen ausgenommen und dies in Anlage 1 des Gesetzes aufgeführt. Daneben entscheidet die Zentrale Stelle, was als Verpackung einzustufen ist.

Registrierungspflichten

1. Registrierung bei der Zentralen Stelle Verpackungsregister

Onlinehändler dürfen Verpackungen an private Endverbraucher nur abgeben, wenn sie

- bereits z.B. durch einen Verpackungshersteller registrierte Verpackungen verwenden oder
- vor der erstmaligen Verwendung (Erstinverkehrbringung) sich mit diesen Verpackungen **im Verpackungsregister** der Stiftung Zentrale Verpackungsregister Stelle (ZSVR) **registriert** haben. Mit einer vergebenen Registrierungsnummer können sie sich anschließend an einem oder mehreren dualen Systemen lizenzieren. Die Registrierung bei der Zentralen Stelle ist kostenlos und auf der Internetseite für alle Nutzer einsehbar. Damit soll die Transparenz gesteigert und das Unterlassen an der Beteiligung des Dualen Systems verhindert werden.

2. Beteiligung am Dualen System (Lizenzierung)

Da man sich als Versandhändler aber nicht um die einzelnen Verpackungen kümmern kann, gibt es die im Gesetz genannten Dualen Systeme. Onlinehändler müssen sich gebührenpflichtig einem dieser Systeme anschließen, also über einen Anbieter des dualen Systems lizenzieren lassen, sollte die Verpackung bei einem privaten Endverbraucher anfallen. Das Duale System kümmert sich dann um die Rücknahme und das Recycling. Die Weitergabe von Verpackungen an private Endverbraucher ohne Lizenz ist verboten.

Der Vertrag, den der Händler mit dem System abschließen muss, nennt sich „Systembeteiligungvertrag". Die Registrierung bzw. Anmeldung an einem Dualen System ist nur mit der Registrierungsnummer der Zentralen Stelle Verpackungsregister möglich.

Shopbetreiber und Verkäufer über Verkaufsplattformen haben im Rahmen des Verpackungsgesetzes weiterhin zu beachten:

- Ist die Verkaufsverpackung lizenziert, der Onlinehändler verpackt diese aber für den Versand zusätzlich um bzw. neu, so ist er auch für das Verpackungsmaterial verantwortlich, d.h. Versandverpackung und Füllmaterialien müssen lizenziert sein.
- Wird gebrauchte oder bereits lizenzierte Verpackung erworben, so ist eine erneute Lizenzierung durch den Onlinehändler nicht erforderlich. Nicht lizenziert werden müssen daher sogenannte Serviceverpackungen (Brötchenpapier, Coffe-to-go u.a.), die vom Hersteller in den Verkehr gebracht wurden. Onlinehändler, die beispielsweise originalverpackte Ware verkaufen, müssen diese Produktverpackungen nicht lizenzieren, da hier der Hersteller verantwortlich ist. Der Onlinehändler muss aber im Zweifel beweisen, dass die Verpackungen auch ordnungsgemäß lizenziert (registriert) wurden.
- Bei importierten Waren werden die Verpackungen in der Regel nicht lizenziert sein. Hier muss der Onlinehändler sich um die Lizenzierung der Verpackung selbst kümmern. Auch zusätzliche Versandverpackungen müssen lizenziert werden.

Die Größe oder der Umsatz des Onlineshops spielen für die Lizenzierung keine Rolle. Die Verpflichtung, nur registrierte Verpackungen zu verwenden, trifft alle gleichermaßen. Verwenden Onlinehändler wie auch der stationäre Handel daher Verpackungen und Füllmaterialien, die nicht registriert sind, begehen sie einen Rechtsverstoß, der durch Wettbewerber kostenpflichtig abgemahnt werden kann. Zudem stellt der Versand von Verpackungsmaterial, das nicht lizenziert ist, eine Ordnungswidrigkeit dar.

Onlineshopbetreibern, die sich nicht registrieren, drohen Bußgelder bis zu 100.000,00 Euro und sogar gesetzliche Maßnahmen, die den Versand an Endverbraucher verbieten. Außerdem ist eine Nachlizenzierung notwendig, die wiederum mit erhöhten Kosten verbunden ist.

AUFGABEN

1. Was versteht man unter der Multichannel-Strategie?
2. Erläutern Sie
   a) das Showrooming,
   b) den Ropo-Effekt.
3. Welche Vorteile hat das Click&Collect-Verfahren?
4. Was versteht man unter Electronic Commerce?
5. Wodurch unterscheiden sich die Electronic-Commerce-Varianten Business-to-Business und Business-to-Consumer?
6. In welchen Erscheinungsformen kann Business-to-Business auftreten?
7. Erläutern Sie Begriff und Vorteile von EDI.
8. Welche Vorteile hat die Einführung von Electronic Commerce im Bereich Business-to-Consumer
   a) für den Kunden,
   b) für ein Unternehmen?
9. Erläutern Sie Begriff und Funktionen eines Onlineshops.
10. Erläutern Sie den Begriff „elektronische Handelsplattform“.
11. Welche Zahlungsalternativen stehen dem Käufer bei Electronic-Commerce-Geschäften zur Auswahl?
12. Welche Probleme treten bei Zahlungen im Internet auf?
13. Erläutern Sie den Begriff Web **2.0.**
14. Führen Sie Teilbereiche des Onlinemarketings auf.
15. Was versteht man unter dem Social-Media-Marketing?
16. Erläutern Sie das virale Marketing.
17. Nennen Sie fünf Plattformen für Social-Media-Marketing.
18. Was kann einem E-Commerce-Unternehmer passieren, wenn er die Informationspflichten des Fernabsatzhandels nicht beachtet?
19. Welche Fristen und weiteren Regelungen müssen Verbraucher gemäß den gesetzlichen Bestimmungen zum Fernabsatz beachten?
20. Für welche Geschäfte gelten die Bestimmungen über Fernabsatzverträge?
21. Was passiert mit einem E-Commerce-Vertrag (B2C), wenn der Vertrag vom Verbraucher widerrufen wird?
22. Wie lauten die gesetzlichen Bestimmungen über den Widerruf im Fernabsatzhandel?
23. Welche Rechte hat der Verbraucher im Rahmen der Bestimmungen über den Fernabsatz?
24. Der stationäre Handel befindet sich im Umbruch, nicht zuletzt ausgelöst durch die zunehmende Digitalisierung im Handel. Einzelhändler wie die Ambiente Warenhaus AG müssen auf die technologischen, kundengetriebenen, ökonomischen und rechtlichen Entwicklungen reagieren.
    Machen Sie Vorschläge für die Umsetzung einer eigenen Multi- bzw. Crosschannel-Strategie (Onlinehandel; Angebot mehrerer Absatzkanäle, die der Kunde je nach Bedarf nutzen kann), um den stationären Verkauf (Offlinehandel) zu stärken und so neben dem Onlinebereich bestehen zu können.
25. Welche Elektro- und Elektronikaltgeräte zählt das Elektrogesetz zu den vom Handel zurückzunehmenden Geräten?
26. Wer ist als Onlinehändler von der Rücknahmeverpflichtung von Elektroaltgeräten betroffen?
27. Welche der folgenden Aussagen sind richtig?
    a) Das Elektrogesetz verfolgt u. a. das Ziel, Abfälle zu verringern und Rohstoffe und Energie zu sparen.
    b) Kühlschränke und Waschmaschinen können nur beim Hersteller zurückgegeben werden.
    c) Ein Elektro-Onlinehändler besitzt eine 55 m^2 große Lagerhalle mit 4 Regalen. Er unterliegt damit den Bestimmungen des Elektrogesetzes.
    d) Internetshop-Betreiber müssen nicht auf ihrer Webseite darauf hinweisen, dass sie Elektrogeräte entgegennehmen.
    e) Onlinehändler müssen Rücknahmestellen in zumutbarer Entfernung des Endnutzers schaffen.
    f) Onlinehändler müssen kleine Altgeräte mit maximalen Abmessungen von 28 cm Länge ohne Ausnahme zurücknehmen.

222270194

g) Bei der Rückgabe von Elektroaltgeräten muss ein Kaufbeleg vorgelegt werden.

h) Große Altgeräte muss der Onlineshop nur annehmen, wenn der Kunde gleichzeitig ein Neugerät kauft.

28. Nennen Sie die Vorschriften der Verpackungsgesetzes, die von Onlineshop-Betreibern und Anbietern über Verkaufsplattformen zu beachten sind.

AKTIONEN

1. Wie allgemein im Marketing treten sowohl kommerzielle (profit) als auch nicht kommerzielle (non-profit) Anbieter und Nachfrager auf. Der Ort, wo sich Anbieter und Nachfrager treffen, wird als Markt bezeichnet und stellt hier im Grunde das elektronische Medium dar.

   In Anlehnung an die klassischen Markttypen lassen sich die folgenden Gruppen von Marktteilnehmern unterscheiden, wobei sich im E-Commerce die angelsächsischen Bezeichnungen durchgesetzt haben:

   - öffentliche Marktteilnehmer: öffentliche Verwaltung im weitesten Sinn, aber auch öffentliche Betriebe (Administration ... A)
   - kommerzielle Marktteilnehmer: Unternehmen, Gewerbetreibende, Freiberufler (Business ... B)
   - private sowie kleinere, nicht kommerzielle Gruppen von Marktteilnehmern: Privatpersonen, Vereine u. a. (Consumer ... C)

   Diese drei Gruppen, jeweils als Anbieter und Nachfrager, werden oft in einer Interaktionsmatrix dargestellt:

Nachfrager: / Anbieter:	Administration	Business	Consumer
Administration	A2A	A2B	A2C
Business	B2A	B2B	B2C
Consumer	C2A	C2B	C2C

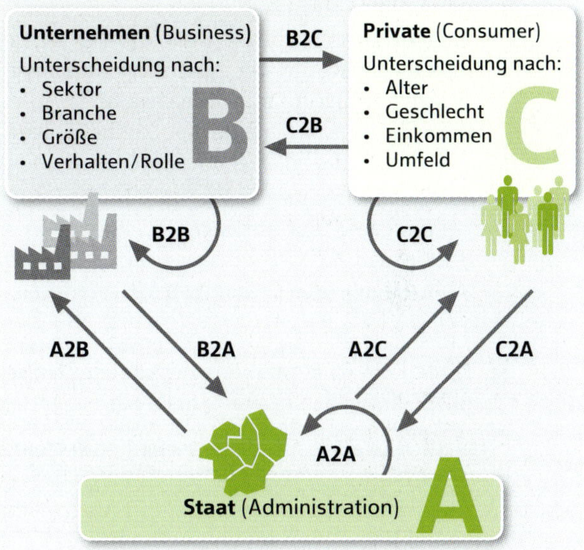

Neben **A** (= Administration), **B** (= Business) und **C** (= Consumer) wird heute häufig noch die Abkürzung **E** (= Employee = Mitarbeiter des Unternehmens) verwendet.

Arbeitsauftrag:

a) Erläutern Sie die Interaktionsmatrix des E-Commerce und geben Sie für jeden Beitrag jeweils ein Beispiel an.

b) Erläutern Sie, welche Beziehungen sich beim „B2E" ergeben können.

Hilfen im Internet können Sie finden unter:

- www.ecin.de/abc/
- www.www-kurs.de/e-business.htm (Links verfolgen!)

2. Um sich über die Abläufe und Geschäftsprozesse im E-Commerce (Business-to-Consumer) zu informieren, besuchen Sie den für Sie eingerichteten Shop unter der Adresse: www.hans.jecht.net/exclusiva/ im Internet.

   (Sie können dort jede Art geschäftlicher Transaktion vornehmen, ohne Furcht, für einen Artikel zahlen zu müssen.)

   a) Kaufen Sie drei Artikel Ihrer Wahl.

   b) Vergleichen Sie die AGB mit normal üblichen AGB. Gibt es Unterschiede?

   c) Unter welchen möglichen Zahlungsalternativen kann der Kunde dort auswählen? Erläutern Sie jeweils Vor- und Nachteile für Kunde und Unternehmen.

   d) Erkunden Sie, welche Chancen und Risiken sich für Kunden beim Einkauf im Internet ergeben.

3. Besuchen Sie die unter www.hans.jecht.net/buch/linkec.htm angegebenen Beispiele für verschiedene Electronic-Commerce-Ausprägungen.

   a) Bereiten Sie sich darauf vor, Ihrer Klasse einen Electronic-Commerce-Anbieter vorzustellen.

   b) Arbeiten Sie dabei heraus,
      - wodurch sich die B2C-Angebote von den B2B-Angeboten unterscheiden,
      - welche Webshops Ihnen benutzerfreundlich erscheinen.

4. Führen Sie eine Pro-und-Kontra-Diskussion zum Thema E-Commerce durch. Bereiten Sie für die Rollenspieler die Rollenkarten vor:
   - Silke Hartschwager, Geschäftsführerin eines Versandhandelsunternehmens: Pro
   - Mete Özcan, Kunde: Pro
   - Nicole Wagner, Kundin: Kontra
   - Jörg Sönckens, Inhaber eines Textilfachgeschäfts: Kontra

   Statten Sie die Rollenspieler mit den entsprechenden Pro- und Kontra-Argumenten aus.

5. Führen Sie eine Internetrecherche zu den beiden Social-Media-Plattformen *Facebook* und *Twitter* durch. Erstellen Sie eine Tabelle mit folgendem Aufbau:

Social-Media-Plattform	Anzahl der Nutzer	Gründungsjahr	Leistungen des Anbieters	Marketingmöglichkeiten für Unternehmen

222270196

ZUSAMMENFASSUNG

Electronic Commerce

- **Einkauf und Verkauf von Waren über das Internet**
- **bewirkt Neugestaltung traditioneller Geschäftsprozesse**

Business-to-Business
elektronischer Handel zwischen Unternehmen

Business-to-Consumer
elektronischer Versandhandel mit Endkunden

Onlinehandel

- **Onlineshopping**
- **Mobile Shopping**

MULTI-Channel

- Vertrieb über mindestens zwei Kanäle
- Ein Absatzkanal repräsentiert den stationären Handel und mind. ein weiterer den Online-kanal
- Vertriebswege sind voneinander getrennt
- Kunde kann nicht kanalübergreifend agieren

CROSS-Channel

- Vertriebswege sind miteinander verknüpft
- Kunde kann zwischen den Vertriebskanälen jederzeit wechseln (kanalübergreifender Kaufprozess)
- Gleiches Angebot auf allen Vertriebskanälen

Geschäfte im Fernabsatzhandel[1]

Verträge über Warenlieferungen oder Dienstleistungen, abgeschlossen z. B. per Brief, Katalog, Fax, Telefonanruf, E-Mail, SMS oder online

Geltungsbereich

Verträge über
- die Lieferung von Waren oder Erbringung von Dienstleistungen
- zwischen einem Unternehmer und einem Verbraucher
- unter ausschließlicher Verwendung von Fernkommunikationsmitteln

Rechte/Pflichten des Unternehmers

- Vor Vertragsabschluss u. a. informieren über
  - seine Identität und Kontaktdaten,
  - wesentliche Merkmale der Ware oder Dienstleistung,
  - Bestehen und Bedingungen des Widerrufsrechts,
  - Gesamtpreis, einschl. aller Bestandteile wie Steuern und Liefer- und Versandkosten,
  - Zahlungs- und Lieferungsbedingungen, Liefertermin,
  - Mindestlaufzeit des Vertrags bei wiederkehrenden Leistungen,
  - Lieferbeschränkungen.

Die Informationen sind dem Verbraucher vor Abschluss des Vertrags klar und verständlich zu übermitteln.
- Versand einer Widerrufsbelehrung in Textform
- Übernahme der **Hinsendekosten** im Falle des Widerrufsrechts.

Rechte/Pflichten des Verbrauchers

- 2 Wochen Widerrufsrecht ohne Angabe von Gründen
  - Beginn: nach Erhalt der Ware
  - Ende: spätestens 12 Monate und 14 Tage nach Eingang der Ware beim Empfänger bzw. nach Vertragsabschluss bei Dienstleistungen
- 2 Wochen Rückgaberecht nach Abgabe des Widerrufs;
- Schriftliche Widerrufsbelehrung muss nicht unterschrieben werden.
- **Kosten der Rücksendung** trägt der Verbraucher.
- Widerruf muss ausdrücklich erklärt werden und kann telefonisch oder schriftlich erfolgen.
- Das Widerrufsrecht gilt nicht bei bestimmten Verträgen.

Rechte des Verbrauchers

Die Verbraucher
- sind geringeren Risiken insbesondere beim Onlinekauf ausgesetzt,
- werden umfassend informiert,
- haben die Möglichkeit zum Kauf auf Probe.

1 Eine Zusammenfassung zum Elektrogesetz und zur Verpackungsverordnung für den Onlinehandel ist zu finden in Handeln im Handel, 1. Ausbildungsjahr, Kap. 1.6.

222270198

KAPITEL 5

Mit dem optimalen Marketingmix wollen wir ein bestimmtes Marketingziel bestmöglich erreichen

Die Ergebnisse der Marktanalyse und einer nachfolgenden Marktprognose über die Nachfrage nach Seidenbettwäsche sowie zeitgleich nach Sport- und Freizeitkleidung waren für Vorstand und Funktionsbereichsleiter eindeutig: Die Informationen über das veränderte Kauf- und Freizeitverhalten konnten bestätigt werden. Prognosen über die zukünftige Absatzentwicklung waren mehr als positiv ausgefallen. Zunehmende Nachfrage insbesondere nach Seidenbettwäsche verzeichnet der Einzelhandel vor allen Dingen von anspruchsvollen Alleinlebenden beiderlei Geschlechts in der Altersgruppe zwischen 21 und 35 Jahren mit einem mittleren bis höheren Einkommen. Interessanterweise ist es die gleiche Käuferschicht, die den Nachfrageschwerpunkt bei modischer und qualitativ hochwertiger Freizeit- und Sportgarderobe bildet.

Der Trend zum Einpersonenhaushalt wird auch in Zukunft anhalten, sodass die Gruppe der Singles für die Ambiente Warenhaus AG zu einer zusehends wichtigeren Zielgruppe wird. Hinzu kommt, dass die neue Single-Generation eine ausgeprägte Konsumneigung entwickelt. Die Kaufkraft dieser Personengruppe wird durch Erbschaften weiter erhöht werden.

Den Marktuntersuchungsergebnissen zufolge werden sich die Ausgaben zukünftig auf vier Bereiche konzentrieren: Kleidung, Sportgarderobe und Freizeitartikel, Einrichtungsgegenstände und Reisen.

Darüber hinaus erhält das Management der Ambiente Warenhaus AG aus der Verbandszeitschrift die Information, dass im Bereich Sportkleidung in Westdeutschland rund 3,4 Milliarden € ausgegeben werden, was gut jedem fünften ausgegebenen Euro oder 63,00 € je Einwohner entspricht.

Die Gruppe der jungen, gut verdienenden, qualitäts- und gesundheitsbewussten 21- bis 35-Jährigen ist also ein lohnendes Segment, und zwar in den Warenbereichen Freizeit- und Sportkleidung sowie Qualitätsseidenbettwäsche.

Die Marktanalyse ergab ferner, dass bereits zwei der vier lokalen Mitbewerber der Ambiente Warenhaus AG diese Zeittrends erkannt, Sortimentsschwerpunkte bezüglich dieser Zielgruppe gebildet hatten und dadurch bedeutende Marktanteile gewinnen konnten. Mit zu diesem Markterfolg hatte deren Strategie zur Förderung eines positiven Unternehmensimages beigetragen – ein Bereich der Absatzforschung, der bis zum gegenwärtigen Zeitpunkt von den Verantwortlichen der Ambiente Warenhaus AG sträflich vernachlässigt wurde.

Die Verantwortlichen der Ambiente Warenhaus AG wollen daher versuchen, durch den aufeinander abgestimmten Einsatz von Marketinginstrumenten die Absatzchancen für Seidenbettwäsche sowie für Freizeit- und Sportkleidung zu nutzen, Marktanteile zu gewinnen und dadurch die Umsatzsituation wesentlich zu verbessern.

Unterbreiten Sie dem Vorstand der Ambiente Warenhaus AG eine schlüssige, marktdurchgreifende Marketingkonzeption.

INFORMATION

Konzeption des Absatzmarketings

Am Anfang der unternehmerischen Tätigkeit muss Marketing stehen, das sämtliche weiteren Entscheidungen des Einzelhändlers beeinflusst.

Bei der Entwicklung eines fortschrittlichen **Marketingkonzepts** wiederum muss an erster Stelle die **Erforschung der Kundenwünsche** stehen.

Wünsche der Konsumenten → Markterkundung und Marktforschung → absatzpolitische Instrumente → Befriedigung der Konsumentenwünsche zwecks Gewinnerzielung

Eine erfolgreiche Absatzmarketingkonzeption basiert auf drei Säulen

Kundenorientierung

Das Warenangebot, aus dem der Kunde seine Wahl treffen kann, wird zunehmend größer. Das bedeutet aber auch, dass der Einzelhändler sich stärker am **Bedarf der Nachfrage** orientieren muss.

Integriertes Absatzmarketing

Das Absatzmarketing beeinflusst nicht nur den Absatzbereich, sondern wirkt sich auf sämtliche Funktionsbereiche bzw. Abteilungen des Einzelhandelsunternehmens aus (= integriertes Absatzmarketing).
Das **integrierte Marketing** ist darauf ausgerichtet, dass die einzelnen unternehmerischen Aufgaben gegenseitig abgestimmt werden und so dann auf den Absatzmarkt treffen.

Kundenzufriedenheit

Es ist letztlich die **Zufriedenheit der Kunden** mit den Produkten, dem Preis, dem Service u. v. m. des Einzelhändlers, die den Bestand des Unternehmens langfristig sichert:
Fünf Faktoren tragen maßgeblich zur Kundenzufriedenheit bei:
Verlässlichkeit:
Zuverlässigkeit, Sorgfalt und die Kontinuität in der Leistungserbringung
Entgegenkommen:
Servicebereitschaft, Schnelligkeit, Flexibilität und Erreichbarkeit
Souveränität:
Kompetenz, Respekt und Ehrlichkeit
Einfühlungsvermögen:
Verständnis und Kommunikationsvermögen
Materielles Umfeld:
Gebäude, Räume, Ausstattung und Anbindung
Doch ein zufriedener Kunde ist noch kein gebundener Kunde. Wer seine Kunden langfristig binden will, muss einen Zusatznutzen bieten, wozu ein professionelles Beschwerdemanagement gehört.

Unternehmensleitung

Beschaffung | **Lagerhaltung** | **Marketing** | **Finanzen** | **Personal**

Absatzmarkt

Die **Konzeption eines Absatzmarketings** bedeutet, dass
- sich das Einzelhandelsunternehmen am Kunden orientieren muss,
- um unter Zuhilfenahme des integrierten Marketings
- die Kundenwünsche erfüllen zu können.

Hierzu müssen die absatzpolitischen Instrumente berücksichtigt werden, die sich gegenseitig bedingen oder ergänzen.

Die absatzpolitischen Instrumente des Einzelhandels im Überblick

1. Sortimentspolitik

Die bewusste und planmäßige Gestaltung des Sortiments bezeichnet man als Sortimentspolitik. Sie wird angewandt, um den Umsatz bzw. den Gewinn des Unternehmens zu steigern (siehe Kap. 11.9).

2. Preis- und Konditionenpolitik[1]

(Kontrahierungspolitik)

DEFINITION

Die Preis- und Konditionenpolitik (Kontrahierungspolitk) umfasst alle Entscheidungen, die sich mit der Festsetzung der Preise und der Lieferungs- und Zahlungsbedingungen für die angebotenen Leistungen beschäftigen.

Der Preis eines Produkts ist einerseits das Entgelt für die Leistung des anbietenden Unternehmens. Andererseits ist er ein Maßstab für die Kaufentscheidung der möglichen Käuferinnen und Käufer. Deshalb muss der Preis sowohl Erträge ermöglichen als auch konkurrenzfähig sein. Außerdem sind bei der Preiskalkulation auch preispsychologische Erfahrungen zu berücksichtigen (siehe Kap. 9.2 in „Handeln im Handel – 2. Ausbildungsjahr").

Entscheidungen über die Preishöhe sind beispielsweise zu treffen, wenn
- sich die Nachfrage nach dem Produkt verändert,
- die Kosten steigen,
- die Konkurrenz ein Unternehmen zu Preisänderungen zwingt.
- ein **neuer Artikel** ins Sortiment aufgenommen wird (Markteinführung). In diesem Fall sind bei der Preisgestaltung außerbetriebliche und betriebliche Aspekte zu berücksichtigen wie:
  - Preise der Mitbewerber,
  - eigener Standort: Kundenstruktur, Konkurrenzsituation, Kaufkraft der Kunden,
  - konjunkturelle Entwicklung und damit zusammenhängend die Nachfrageentwicklung,
  - Trends,
  - Umsatzsteuer,
  - eigenes Preisniveau,
  - Bezugspreis,
  - Handlungskosten,
  - Gewinnspanne.

Zwar besteht das vorrangige Ziel der Preispolitik darin, die Gewinne eines Unternehmens zu maximieren. Aber als alleiniger unternehmerischer Grundsatz wäre dies nur eine grobe Zielgröße, die deshalb zu differenzieren ist. Es lassen sich z. B. hierbei mehr betriebs- oder mehr marktorientierte Ziele unterscheiden.

Sind die Ziele mehr **betriebsorientiert,** dann werden die Kosten eher in den Blick genommen. Hierbei könnte es u. a. darum gehen, die Lagerhaltung stärker an eine z. B. abnehmende Kundennachfrage anzupassen, die Beschäftigung sicherzustellen oder Kosten überall dort zu reduzieren, wo es sinnvoll und möglich ist, beispielsweise im Energie- oder Kommunikationsbereich oder im Bereich des Personals.

Wird eher **marktorientiert** gedacht, dann ginge es darum, wie der Absatz zu maximieren ist oder die Konkurrenz ausgeschaltet werden kann und wie sich die Marktanteile für eine Ware aus dem Sortiment erhöhen lassen.

Betriebs- und marktgerichtete Ziele bei der Preis- und Konditionenpolitik sind allerdings keine Gegensätze, sondern immer aufeinander zu beziehen.

3. Distributionspolitik

DEFINITION

Die **Distributionspolitik** befasst sich mit der Frage, auf welche Art und Weise sowie auf welchen Wegen die Waren zu den Endverbrauchern gelangen.

Zwei wesentliche Gebiete sind hierbei zu unterscheiden:
- Wahl der Absatzwege und -formen
- Marketinglogisitik

1 Eine weitere absatzpolitische Maßnahme zur Preisgestaltung ist die Rabattpolitik; siehe hierzu Bd. 2, Kapitel 9.2.

3.1 Absatzwege und -formen (= akquisitorische[1] Distribution)

Es muss sichergestellt werden, dass aufgrund der Kundennachfrage

- die richtige Ware oder Dienstleistung
- zur richtigen Zeit
- am richtigen Ort
- in der erforderlichen Menge
- und im richtigen Zustand

dem Konsumenten zur Verfügung gestellt wird.

Dabei muss der Einzelhändler im Einzelnen Entscheidungen treffen über

- die Betriebs- und Vertriebsform,
- mögliche Kooperationen,
- die Bedienungsform,
- die Geschäftsgröße und -ausstattung,
- die Öffnungszeiten sowie
- die Präsentation über ausgewählte Online-Vertriebskanäle (= Electronic Commerce; siehe Kap. 12.4).

3.2 Marketinglogistik (= physische Distribution)

Hinzu kommen im Rahmen der Marketing-Logistik Entscheidungen über

- den Standort (Lage, Lieferservice),
- Eigen- oder Fremdlager,
- Eigen- oder Fremdtransport.

DEFINITION

Marketing-Logistik (= physische Distribution) = sämtliche Transport- und Lagertätigkeiten im Zusammenhang mit der Auslieferung der Waren an die Kunden.

4. Kundendienstpolitik

Kundendienstleistungen sind Nebenleistungen eines Einzelhandelsunternehmens, die es zusätzlich zu seiner Hauptleistung, dem Verkauf von Waren, erbringt.[2] Dazu gehören Leistungen, die in unmittelbarem Zusammenhang mit der Ware stehen, und warenunabhängige Leistungen, die der Bequemlichkeit des Kunden beim Einkauf dienen.

Die zunehmende Bedeutung des Kundendiensts hat seine Ursachen in:

- dem steigenden Wettbewerb auf immer mehr gesättigten Märkten,
- der Schaffung von Wettbewerbsvorteilen,
- den ständig komplizierter werdenden Produkten,
- dem wachsenden Wunsch der Kunden nach Problemlösungen, die sehr häufig Produkt und Dienstleistung einschließen,
- dem steigenden Wettbewerb zwischen gleichartigen Massengütern und dem sich daraus ergebenden Wunsch der Einzelhändler, sich von der Konkurrenz abzuheben,
- dem rasanten Wachstum und Bedeutungsgewinn des Onlinehandels.

5. Kommunikationspolitik

DEFINITION

Kommunikationspolitik ist die Verständigung des Unternehmens

- mit möglichen Kundinnen und Kunden,
- mit der Öffentlichkeit und
- mit Unternehmensangehörigen.

Ziel dieser Informationsprozesse ist die Beeinflussung der Ansprechpartner, um die eigenen Ziele zu erreichen. Der abgestimmte Einsatz aller Maßnahmen wird **„Kommunikationsmix"** genannt.

Die Kommunikationspolitik[3] setzt sich im Einzelnen aus den folgenden Bereichen zusammen:

- **Absatzwerbung**
  Absatzwerbung umfasst alle Kommunikationsmaßnahmen, die darauf ausgerichtet sind, den Absatz der Produkte zu fördern. Sie wendet sich an die möglichen Abnehmer der Produkte. Werbung kann Kenntnisse und Wissen vermitteln (Information), anregen (Motivation) und beeinflussen (Manipulation).

- **Öffentlichkeitsarbeit (Public Relations)**
  Der Begriff „Public Relations" bezeichnet eine Öffentlichkeitsarbeit, die das Image (den Ruf) des Unternehmens aufbaut, pflegt und korrigiert. Es wird um Vertrauen, um Goodwill, um Verständnis für die eigenen Anliegen geworben.

1 acquirere (lat.) = erwerben, anschaffen; akquisitorisch = die Kundenwerbung betreffend – Als Akquisition bzw. Akquise werden alle Maßnahmen der Kundengewinnung durch persönliche Verkaufsgespräche im Rahmen des Direktverkaufs bezeichnet.

2 Siehe auch Ausführungen im Kap. 5.3 des 1. Ausbildungsjahres von „Handeln im Handel".

3 Detaillierte Ausführungen zur Kommunikationspolitik siehe Lernfeld 5 im 1. Ausbildungsjahr von „Handeln im Handel".

222270202

- **Verkaufsförderung (Salespromotion)**
  Als Verkaufsförderung werden alle Maßnahmen angesehen, die die Erlebnisqualität beim Einkauf steigern, also am Ort des Verkaufs bzw. Kaufs (Point of Sale) eingesetzt werden.

- **Human Relations**
  Als Human Relations ist die Kommunikation innerhalb des Unternehmens zu verstehen.

- **Persönlicher Verkauf**
  Verkäufer informieren, beraten, überzeugen den Kunden aufgrund persönlicher Kontakte über die Ware. Dies gilt vor allem für Waren, die sehr erklärungsbedürftig sind.

- **Messen und Ausstellungen**
  Eine Messe ist eine zeitlich begrenzte, wiederkehrende Veranstaltung, die es dem Einzelhändler ermöglicht, sein Sortiment zur Schau zu stellen, zu erläutern und zu verkaufen. Wendet sich die Veranstaltung vornehmlich an das allgemeine Publikum, handelt es sich um eine Ausstellung.

- **Sponsoring**
  Unter Sponsoring versteht man die Unterstützung einer Person, Gruppe oder Organisation der Öffentlichkeit durch Geld- oder Sachmittel, um damit bestimmte Marketingziele zu erreichen.

- **Product-Placement**
  Product-Placement bedeutet die Integration des Namens, des Produkts, der Verpackung, der Dienstleistung oder des Logos eines Markenartikels oder eines Unternehmens in den Massenmedien.

- **Eventmarketing**
  Unter Eventmarketing (auch Live-Kommunikation bzw. Live-Marketing) wird die zielgerichtete und systematische Planung von Veranstaltungen des Unternehmens verstanden.

- **Direktmarketing**
  Beim Direktmarketing wird über eine persönliche Ansprache der direkte Kontakt zum möglichen Kunden gesucht, z. B. mittels Direct Mailing, Telefonmarketing

- **Kommunikationskanäle im Internet**[1]

Marketingmix

Das Zusammenwirken der absatzpolitischen Instrumente wird als Marketingmix bezeichnet.

DEFINITION

Marketingmix ist die zu einem bestimmten Zeitpunkt eingesetzte optimale Kombination der Marketinginstrumente, mit der ein Einzelhandelsunternehmen versucht, ein bestimmtes Marketingziel zu erreichen.

Die relative Bedeutung der einzelnen absatzpolitischen Instrumente ist in erster Linie abhängig vom Produkt und vom Verhalten der Kunden.

BEISPIELE

Bei Alltagsgütern spielt der **Preis** eine wesentliche Rolle, während er bei Luxusgütern weniger wichtiger ist.

Bei einigen Produkten ist der **Kundendienst** oftmals ausschlaggebend für den Kauf, wie bei Computern oder Automobilen. Bei anderen hingegen, wie bei Zahnpasta, Waschmittel oder Zucker, spielt er keine Rolle.

Die **Sortimentspolitik** ist immer dann von wesentlicher Bedeutung, wenn die verschiedenen Produkte sich stark voneinander unterscheiden, z. B. bei DVD-Rekordern oder bei Speiseölen. Weniger wichtig ist sie bei standardisierten oder gleichartigen Produkten.

Die **Absatzwerbung** wiederum ist in ihrer wirtschaftlichen Bedeutung sehr viel stärker abhängig vom jeweiligen Produkt, z. B. Stahlnägel – TV-Flachbildschirme.

1 Ausführungen siehe unter Kapitel 12.4.

Die absatzpolitischen Instrumente im Überblick

Kundendienstpolitik	Sortimentspolitik	Distributionspolitik	Kommunikationspolitik	Preis- und Konditionenpolitik
• Reparaturservice • Wartungsservice • Aufstellen von Geräten • Kinderhort • Parkplatz u. v. m.	• Sortimentserweiterung • Sortimentsbereinigung • Diversifikation	• Betriebs- und Vertriebsform • Standort • Eigen- oder Fremdtransport • Bedienungsform • Eigen- oder Fremdlager • Geschäftsgröße und -ausstattung • Öffnungszeiten • Multi- bzw. Crosschannel-Management	• Absatzwerbung • Öffentlichkeitsarbeit • Sponsoring • Product-Placement • Verkaufsförderung • persönlicher Verkauf • Human Relations • Eventmarketing • Messen und Ausstellungen • Direktkommunikation • Kommunikationskanäle im Internet	• Preisstellung • Mischkalkulation • Sonderangebote • Preisdifferenzierung • Rabattgewährung • Konditionengewährung

so kombiniert, dass ein
- bestimmtes Ziel
- bestmöglich erreicht wird

→ **optimaler Marketingmix**

Die relative Bedeutung der einzelnen absatzpolitischen Instrumente ist in erster Linie abhängig von der **Ware** und vom **Verhalten der Kunden**.

BEISPIELE

- Bei Alltagsgütern spielt der **Preis** eine wesentliche Rolle, während er bei Luxusgütern weniger wichtiger ist.
- Bei einigen Produkten ist der **Kundendienst** oftmals ausschlaggebend für den Kauf, wie bei Computern oder Automobilen. Bei anderen hingegen, wie bei Zahnpasta, Waschmittel oder Zucker, spielt er keine Rolle.
- Die **Sortimentspolitik** ist immer dann von wesentlicher Bedeutung, wenn die verschiedenen Produkte sich stark voneinander unterscheiden, z. B. bei WLAN-Netzwerkspielern oder bei Speiseölen. Weniger wichtig ist sie bei standardisierten oder gleichartigen Produkten.
- Die **Absatzwerbung** wiederum ist in ihrer wirtschaftlichen Bedeutung sehr viel stärker abhängig vom jeweiligen Produkt, z. B. Stahlnägel, TV-Flachbildschirme.

Die folgende Übersicht zeigt anhand ausgewählter absatzpolitischer Instrumente deren unterschiedliche Bedeutung für einzelne Produkte/Dienstleistungen (1 = geringe Bedeutung; 5 = hohe Bedeutung):

222270204

BEISPIEL

Der optimale Marketingmix, der dem Unternehmen den größmöglichen Gewinn ermöglicht, muss selbstverständlich immer auch vor dem Hintergrund der jeweiligen Ware gesehen werden. Da jede Ware ihr eigenes Bedeutungsprofil besitzt, gewinnen auch die einzelnen absatzpolitischen Instrumente unterschiedliche Bedeutung:

Dienstleistungen / Waren — Instrumente	private Unfallversicherung	Tageszeitung	Reis	Shampoo	Abendkleid
Absatzwerbung	3	3	1	5	3
persönlicher Verkauf	5	1	2	1	4
Distributionspolitik	4	4	5	4	3
Kundendienst	3	2	–	–	2
Preispolitik	2	3	4	3	3

Online-Marketingmix

Aus der Unternehmensstrategie und den -zielen (mehr Umsatz, höhere Bekanntheit oder Verbesserung des Unternehmensimages) wird mithilfe der Online-Marketingkanäle (Maßnahmen) der **Online-Marketingmix** abgeleitet. Onlinemarketing umfasst zahlreiche Maßnahmen zur Kundengewinnung. Ob Affiliate-Marketing, Google Adwords, Social-Media-Marketing oder E-Mail-Marketing – jedes Instrument hat unterschiedliche Vorteile und eignet sich für andere Online-Marketingziele. Der größte Erfolg in der Kundengewinnung wird daher erzielt, wenn mehrere Maßnahmen im Online-Marketingmix strategisch miteinander verknüpft werden.
Wenn sich der Preis mit der Vorstellung des Verbrauchers deckt, der Vertriebskanal gut organisiert ist

Online- Marketingmix

Sortiment
(Sortimentspolitik)
z. B. unterschiedliche Auswahl und unterschiedlicher Sortimentsumfang auf den präsenten Absatzkanälen

Preis
(Preispolitische Maßnahmen)
z. B. Preisgestaltung und -aktionen auf verschiedenen Vertriebskanälen

Werbeaktion
(Kommunikationspolitik)
Kunden sollen mittels unterschiedlicher Maßnahmen im Internt auf das Sortiment / die Ware aufmerksam gemacht werden

Platzierung
(Distributionspolitik)
- Online-Shop
- Elektronische Marktplätze, z. B. ebay

und genügend Informationen über den Umfang und die Art der Ware oder der Dienstleistung kommuniziert wurden, so bestehen berechtigte Chancen, dass der Kunde sich für diese Ware entscheidet.
Bei Einzelhändlern, die ihre Ware nicht nur ausschließlich über das Internet anbieten, wird heutzutage das traditionelle lokale Ladengeschäft (stationärer Handel; Offlinehandel) mit E-Commerce, sozialen Medien und Applikationen für Smartphones und Tablets verbunden sein (Onlinehandel; **Crosschannel-Handel**).

BEISPIELE für Crosschannel-Marketingkampagnen

- Die Kampagne beginnt mit der Ausstrahlung eines **TV-Spots**, mit dem das Unternehmen eine hohe Reichweite erzielen möchte. Um den Dialog mit möglichst vielen Personen aus der Zielgruppe führen zu können, werden sie nicht direkt in den Verkaufsprozess geführt. Stattdessen wird im TV-Spot auf eine kostenlose Aktion auf der eigenen **Facebook-Seite** aufmerksam gemacht. Hier finden dann weitere Maßnahmen statt, um potenzielle Kunden gezielt in den Verkaufsprozess einzubinden.
- Bei einer anderen Kampagne werden potenzielle Kunden über **Suchmaschinenwerbung** auf die Website eines Unternehmens geleitet, um sie von einem bestimmten Angebot zu überzeugen. Sollten sie von hier aus nicht direkt den Onlineshop aufrufen, werden ihnen in den darauffolgenden Tagen mittels Re-Targeting[1] **Werbebanner** auf anderen Websites angezeigt. Diese sollen den potenziellen Kunden noch einmal die Vorzüge des eigenen Angebots aufzeigen und auf passende Waren im Onlineshop aufmerksam machen.

Eine allgemeine Formel, wie die einzelnen Instrumente sowohl im Onlinehandel als auch in der Kombination von Online- und Offlinehandel dosiert werden sollen, gibt es nicht. Dies hängt damit zusammen, dass das menschliche Verhalten bezüglich der Wirkung von Marketingkonzepten keinen bekannten und langfristig gültigen Gesetzmäßigkeiten folgt. Im Marketingbereich aber kommt dem menschlichen Verhalten eine zentrale Stellung zu.

Die Bedeutung verschiedener Marketinginstrumente aus der Sicht des Einzelhandels zeigt folgende Rangskala:

4 – Werbung
4 – Verkaufsförderung 3 – Sortimentspolitik
2 – Kundendienst
2 – Verpackung
2 – Preispolitik
1 – Produktgestaltung

(4 = außerordentlich bedeutend; 3 = sehr bedeutend; 2 = bedeutend, 1 = weniger bedeutend)

Neben den Kunden und Produkten sind es weitere Kräfte, die der Einzelhändler zu berücksichtigen hat, wenn er in einer bestimmten Marktsituation zu entscheiden hat, in welcher Kombination und wie lange marketingpolitische Instrumente eingesetzt werden sollen, um einen optimalen Marketingmix zu erreichen.

Billiardspiel: Die Stoßrichtung muss beim Marketingmix stimmen.

Letztlich kommt es darauf an, die einzelnen absatzpolitischen Instrumente der jeweiligen Marktsituation entsprechend einzusetzen und zu kombinieren (= Marketingmix), um den Zielmarkt bzw. die Zielgruppe erreichen zu können.

Dabei kann insbesondere die Beantwortung gezielter Fragen (siehe Seite 205) sehr hilfreich sein.

Ein Marketingkonzept ist dann erfolgreich gewesen, wenn die Erwartungen der Kunden an die Ware bzw. Dienstleistung, die sie vor dem Kauf hatten, nach ihrem Kauf erfüllt worden sind.

1 Targeting = Werbung mit gezielter Kundenansprache.

Marktkräfte, die auf den Marketingmix einwirken

Kaufverhalten der Kunden	Verhalten der Händler	Stellung und Verhalten der Konkurrenten	Verhalten des Staates
z. B. bestimmt durch: • Kaufgepflogenheiten • soziale Umwelt • Lebensgewohnheiten • Kaufkraft • Image • verändertes ökologisches Bewusstsein	z. B. bestimmt durch: • ihre Motivierungen • ihre Gepflogenheiten, Struktur und Einstellungen • ihr Potenzial	z. B. beeinflusst durch: • Branchenstruktur • Verhältnis von Angebot und Nachfrage • technologische und soziale Trends • Ausmaß des Preis- und Qualitätswettbewerbs	z. B.: Sicherheits- und Umweltschutzauflagen, Vorschriften über Preise, Werbung, Absatzweg (z. B. von Pharmazeutika)

Marketingmix

Einsatz der absatzpolitischen Instrumente

Angebot

Wie kann ich mein Angebot (besser noch als bisher) an den Bedürfnissen meiner Kunden ausrichten?

- Wie werde ich mein Angebot entwickeln, damit meine Kunden einen bestimmten Nutzen davon haben (z. B. Erleichterung bestimmter Alltagsaufgaben)?
- Wie muss ich mein Angebot entwickeln, damit es sich von dem meiner Konkurrenten unterscheidet (z. B. nachweisbare Qualitätsmerkmale)?
- Welche Art von Verpackung sollte mein Produkt erhalten (z. B. besondere Imagewirkung, hohe Transportsicherheit)?
- Welche Art von Service muss ich anbieten, um meine Kunden zufriedenzustellen und mich von der Konkurrenz abzuheben (z. B. Lieferservice, Ersatzteilservice)?

2. Preise

Welchen Preis akzeptieren meine Kunden?

- Werden meine Kunden auf einen besonderen Einführungspreis reagieren (Preis sinkt oder steigt im Laufe der Zeit)?
- Werden meine Kunden auf einen besonderen Einführungspreis reagieren (Preis sinkt oder steigt im Laufe der Zeit)?
- Sollte ich meinen Preis an dem der Konkurrenz orientieren (z. B. Niedrigpreise, Orientierung am Preisführer)?
- Welcher psychologische Preis ist für meine Kundengruppe geeignet (z. B. Preisschwellen: „0,99-Preise“, Veblen1-Preise: hohe Preise für Kunden, die auffallen möchten, Snob-Preise: hohe Preise für Angebote, die sich nur einkommensstarke Kundengruppen leisten können)?
- Inwiefern sollte ich meine Preise differenzieren (z. B. je nach Nachfrage, Region, Kundengruppe)?
- Zu welchen Konditionen biete ich meine Produkte an (z. B. Skonto, Rabatte, Lieferung inklusive)?

3. Distribution

Welche Entscheidung über die Auswahl des Distributionssystems und die Gestaltung, Steuerung und Überwachung aller Transport- und Lagervorgänge ist richtig?

- Sind die gewählten Absatzwege und sonstigen verkaufsbedingten Rahmenbedingungen kundengerecht?
- Entspricht mein Lagersystem den heutigen modernen und flexiblen Anforderungen, die der Absatzmarkt fordert?
- Sind meine gewählten Transportmittel zuverlässig, kostengünstig, umweltverträglich und schnell genug?

4. Kommunikation

Was sollte ich meinen Kunden über mich und mein Angebot sagen? Auf welchem Weg?

- Stimmen Firmenlogo und Briefpapier mit dem Image meines Unternehmens überein?
- Welche Kunden möchte ich ansprechen (z. B. Kommunikation bei Neukunden: breit streuende Mittel; Kundenbindung: gezielte persönliche Ansprache)?
- Welche Werbemedien sprechen meine Kunden an (z. B. Anzeigen, Plakate, Kataloge, Spots, mobile Websites bzw. Apps)?
- Welche Öffentlichkeitsarbeit ist geeignet (z. B. Informationsveranstaltungen, Sponsoring, Presseeinladungen, Newsletter)?

aus: GründerZeiten Nr. 20, Ausgabe 05/2004, hrsg. vom Bundesministerium für Wirtschaft und Arbeit; eigene Ergänzungen

1 nach Thorstein Veblen (1857–1929)

AUFGABEN

1. Erklären Sie Ihren Mitschülern den Begriff „Marketingkonzeption".

2. Welche Marketingziele könnten bei der Durchführung der Marketingkonzeption mithilfe des Marketingmix und der Marktsegmentierung möglicherweise im Mittelpunkt stehen?

3. Nennen Sie Marktaspekte, die eine erfolgreiche Marketingkonzeption in jedem Fall berücksichtigen muss.

4. Was verstehen Sie unter
a) Marketingmix?
b) einem optimalen Marketingmix?

5. Welche Marktkräfte wirken auf den Marketingmix?

6. Nennen Sie die absatzpolitischen Instrumente, die im Rahmen des Marketingmix für ein Einzelhandelsunternehmen von besonderer Bedeutung sein können.

7. Warum ist es für ein Einzelhandelsunternehmen von großer Wichtigkeit, auch den Standort bei der Preisgestaltung zu berücksichtigen?

8. Welche Maßnahmen beinhaltet die Kommunikationspolitik?

9. Nennen Sie drei mögliche Werbeziele des Einzelhandelsunternehmens.

10. Ein Elektroeinzelhandelsuntemehmen hatte in den letzten 3 Jahren im Sortimentsbereich „Handwerkersägen" rückläufige Umsätze zu verzeichnen. Die Unternehmensleitung will diese Entwicklung bremsen. Ihr Ziel für die nächsten 12 Monate ist die kontinuierliche Umsatzsteigerung durch nachhaltige Belebung der Nachfrage. Sie plant daher für ihr Standardmodell, die Universalsäge SL 300, einen optimalen Einsatz der marketingpolitischen Instrumente.
a) Formulieren Sie die festzulegenden Marketingziele.
b) Zeigen Sie mögliche absatzpolitische Maßnahmen des Marketingmix auf.
c) Begründen Sie die Marketingkonzeption einschließlich der ausgewählten marketingpolitischen Maßnahmen.

11. a) Welche absatzpolitischen Instrumente gehören zum Marketing?
b) Welches dieser Instrumente halten Sie für ein Handelsunternehmen am wichtigsten? Begründen Sie Ihre Antwort.

12. Erläutern Sie das absatzpolitische Marketinginstrument „Kommunikationspolitik".

13. Welche Aussage(n) trifft/treffen auf den Marketingmix nicht zu?
a) Grundsätzlich sind Produktmanager für die Kombination absatzpolitischer Instrumente zuständig.
b) Marktsegmentierung ist die Grundvoraussetzung für den optimalen Marketingmix.
c) Der Bereich der Mitarbeiterschulungen gehört nicht zum Marketingmix.
d) Unbedingter Teil des Marketingmix ist die Lagerhaltung.

222270208

e) Unter Marketingmix versteht man das koordinierte Vorgehen im Absatzbereich.

14. Welche Aussage(n) ist/sind richtig?

a) Die Präsentation über virtuelle Verkaufsstellen (= E-Commerce) ist Teil der Öffentlichkeitsarbeit.

b) Am Anfang der unternehmerischen Tätigkeit muss Marketing stehen.

c) Zum Marketing im Einzelhandel gehören u. a. die Kommunikations- und die Produktpolitik.

d) Alle Maßnahmen, die am Point of Sale eingesetzt werden, fördern das Image des Unternehmens.

e) Für den langfristigen Bestand eines Einzelhandelsunternehmens ist die Kundenzufriedenheit weniger entscheidend, das Image des Unternehmens dafür aber umso mehr.

f) Kommunikationspolitik ist das kostenlose bzw. kostenpflichtige Angebot von Nebenleistungen.

g) Eventmarketing hat u. a. die erlebnisorientierte Kommunikation zum Ziel.

h) Unter Sponsoring versteht man die Unterstützung z. B. einer Organisation der Öffentlichkeit durch Geldmittel.

15. Nennen Sie vier Segmentierungsmerkmale Ihrer Wahl und beurteilen Sie diese in Bezug auf die absatzpolitischen Maßnahmen eines Unternehmens.

16. Der Onlinehandel war 2017 die werbestärkste Branche und stand damit auf Platz eins der Werbeinvestitionen (s. Grafik unten).

a) Die Investitionen sollen für das Jahr 2018 um 7,5 % erhöht werden. Auf wie viel Mio. € würden dann die Investitionen in Deutschland ansteigen?

b) Ermitteln Sie die durchschnittlichen Ausgaben für Werbeinvestitionen in Mio. € aller in der Grafik dargestellten Branchen.

c) Um wie viel Millionen – in Euro und Prozent – liegen die Werbeinvestitionen der TV-Sender unter denen, die in der Branche Publikumszeitschriften für Werbemaßnahmen ausgegeben werden?

d) Wie viel Prozent beträgt der durchschnittliche Ausgabenanteil der werbeschwächsten zehn Branchen gemessen an den Werbeinvestitionen, die in der Branche „Pkw“ für Werbung ausgegeben werden?

17. Wodurch unterscheidet sich das konventionelle Marketing vom Onlinemarketing?

18. Welche der folgenden Aussagen ist falsch?

a) Conversion-Optimierung bedeutet, eine verbesserte Platzierung der eigenen Website in den Ergebnissen einer Suchmaschine zu erhalten.

b) Affiliate-Marketing ist TV-Werbung mithilfe verschiedener Partner.

c) Der Versand von Newslettern ist Teil des E-Mail-Marketing.

d) Suchmaschinenoptimierung soll helfen, hohe Streuverluste zu vermeiden.

e) Die Verbesserung der Benutzerfreundlichkeit des Internetauftritts fasst man unter Usability-Optimierung zusammen.

f) Crosschannel-Handel zeichnet sich dadurch aus, dass die Vertriebswege miteinander verknüpft sind.

g) Zu den Online-Marketingkanälen zählen u. a. Social Media, Homepage und Bannerwerbung.

h) Bannerwerbung ist eine Form der Internetwerbung im WWW, wobei die Werbung als Grafik- oder Animationsdatei in die Webseite eingebunden ist.

AKTIONEN

1. Konsumausgaben in Deutschland lassen sich nicht nur danach betrachten, wozu die Verbraucher sie verwenden, sie werden zusätzlich danach aufgeschlüsselt, welche Branchen die nachgefragten Güter und Dienstleistungen liefern. Hier hat der Einzelhandel immer noch den größten Anteil.

Konsumausgaben der privaten Haushalte im Inland nach Lieferbereichen und nach Anteil der Lieferbereiche an den Konsumausgaben der privaten Haushalte im Inland

Gegenstand der Nachweisung	2012	2013	2014	2015	2016	2017
	in jeweiligen Preisen Mrd. EUR					
Land- und Forstwirtschaft, Fischerei	7,446	7,649	7,836	8,063	8,390	8,798
Bergbau, Verarbeitendes Gewerbe und Baugewerbe	40,906	40,155	40,383	41,257	42,161	43,292
Energieversorgung	56,212	60,055	55,238	56,203	57,563	58,952
Kraftfahrzeughandel, Instandhaltung und Reparatur von Kraftfahrzeugen	88,615	88,323	94,715	99,253	107,110	114,321
Großhandel (ohne Handel mit Kraftfahrzeugen)	31,451	32,950	31,978	33,156	32,474	33,669
Einzelhandel (ohne Handel mit Kraftfahrzeugen)	499,727	504,342	508,484	516,021	525,032	547,264
Verkehr und Lagerei	53,237	54,109	56,823	58,765	62,049	64,283
Gastgewerbe	68,634	70,249	73,607	76,680	79,649	83,326
Information und Kommunikation	55,433	48,664	50,835	52,325	52,999	53,716
Finanz- und Versicherungsdienstleister	90,966	92,233	92,737	95,753	95,801	96,672
Grundstücks- u. Wohnungswesen, Öffentliche Dienstleister, Erziehung, Gesundheit, sonstige Dienstleister	462,628	473,707	490,112	501,715	514,542	529,672
= Konsumausgaben der privaten Haushalte im Inland	1455,255	1472,436	1502,748	1539,191	1577,770	1633,980

Zahlen entnommen aus: Statistisches Bundesamt, VGR – Private Konsumausgaben, 1. Vj. 2018

222270210

a) Bilden Sie in Ihrer Klasse fünf Gruppen und führen Sie eine Pro-und-Kontra-Diskussion als Rollenspiel durch.
- Jeweils ein Mitglied von vier Gruppen wird die Rolle eines Vertreters eines Marktforschungsinstituts in der Abteilungsleiterkonferenz der Ambiente Warenhaus AG übernehmen.
- Ein Mitglied der fünften Gruppe wird die Rolle des Vorstandsvorsitzenden Herrn Rischmüller (= Moderator) übernehmen.
- Auf der Agenda der Konferenz steht nur ein Tagesordnungspunkt, der lautet: „Soll die Ambiente Warenhaus AG in die Tourismusbranche mit eigenen Reiseangeboten auf In- und Auslandsmärkten einsteigen?“

b) Weisen Sie einzelnen Gruppenmitgliedern eine bestimmte Rolle in der Diskussion zu und bereiten Sie für die Rollenspieler die Rollenkarten vor.

c) Besorgen Sie sich wichtige Sachinformationen, um die Rollenspieler mit den entsprechenden Pro- und Kontra-Argumenten – einschließlich der Auswertung der o. a. statistischen Daten – auszustatten.
- Beachten Sie bei dieser Arbeit die „Methoden zur selbstständigen Informationsgewinnung“.
- Denken Sie sich in Ihre Rolle ein.

d) Der Moderator führt in das Thema ein und steuert die Diskussion.

e) Die anderen Schüler verfolgen die Diskussion der Rollenspieler, bilden sich eine eigene Meinung und notieren Beobachtungen (ggf. auf einem Beobachtungsbogen).

f) Diskutieren Sie anschließend in der Klasse über die beobachteten Argumente der Rollenspieler.

g) Der Moderator fasst die Ergebnisse der Diskussion an der Tafel zusammen.

2. Aufgrund der Auswertung der Primär- und Sekundärforschungen (siehe Kap. 12.2) und der Diskussionsergebnisse im Rahmen der Abteilungsleiterkonferenz wird vom Vorstand der Ambiente Warenhaus AG beschlossen, in den Markt für in- und ausländische Reiseveranstaltungen einzusteigen.

a) Unterbreiten Sie als ein von der Ambiente Warenhaus AG beauftragtes Marketingunternehmen ein schlüssiges Marketingkonzept.
- Ziel: Der erfolgreiche Soforteintritt der Ambiente Warenhaus AG in die Reisebranche und dessen Sicherung. Formulieren Sie hierzu das entsprechende Marketingziel.

b) Setzen Sie bei der Konzepterarbeitung sämtliche absatzpolitischen Instrumente des konventionellen und des Onlinemarketings ein und stimmen Sie sie im Sinne eines optimalen Marketingmix und auf der Grundlage der Crosschannel Strategie aufeinander ab.
- Erarbeiten Sie die Konzeption in arbeitsteiligen Teams und unter Anwendung des Brainstormings.
- Vergessen Sie bei Ihren konzeptionellen Überlegungen nicht die zu berücksichtigende(n) Zielgruppe(n).

c) Stellen Sie Ihre Ergebnisse dem Plenum vor. Wählen Sie hierfür geeignete Medien (Pinnwand, Flipchart, Overheadprojektor, Computer, Tafel, Papier/Pappen/Karten).

3. a) Bilden Sie Arbeitsgruppen und informieren Sie sich über das vorliegende Teilkapitel „Distributionspolitik“. Arbeiten Sie die Bedeutung aller Online- und Offline-Absatzkanäle in Bezug auf die Stellung des Einzelhandelsunternehmens am Markt heraus. Bearbeiten Sie dazu das Kapitel unter Anwendung der „SQ3R-Methode“.

   b) Fassen Sie Ihre Informationen schriftlich zusammen.

   c) Zur Vertiefung und Gesamtwiederholung sollen Sie Ihr Ergebnis mit den anderen Gruppen austauschen. Gehen Sie dabei nach der „Fishbowl-Methode“ vor:
   - Bilden Sie einen Innenkreis und einen oder mehrere Außenkreise.
   - Im Innenkreis befinden sich jeweils ein Gruppensprecher sowie der Moderator; ein oder zwei Stühle bleiben frei.
   - Im Außenkreis sitzen die restlichen Teilnehmer.
   - Der Moderator erläutert das Thema, im Innenkreis diskutieren die Anwesenden das bearbeitete Themengebiet.
   - Möchte ein Teilnehmer des Außenkreises sich an dem Gedankenaustausch beteiligen, kann er auf einen der freien Stühle des Innenkreises wechseln. Er erhält dann als Nächster das Wort. Danach setzt er sich wieder in den Außenkreis zurück.

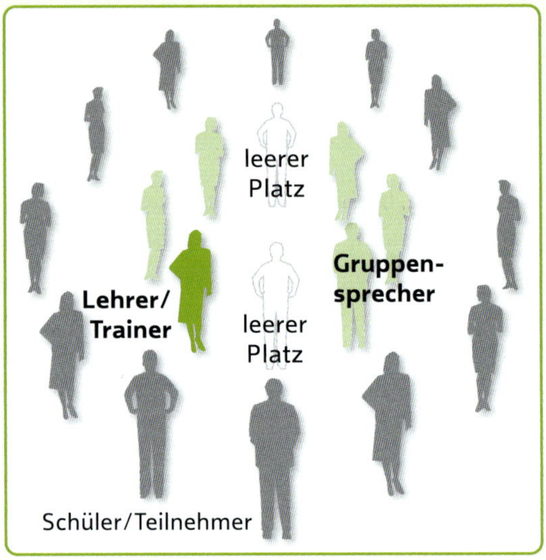

222270212

ZUSAMMENFASSUNG

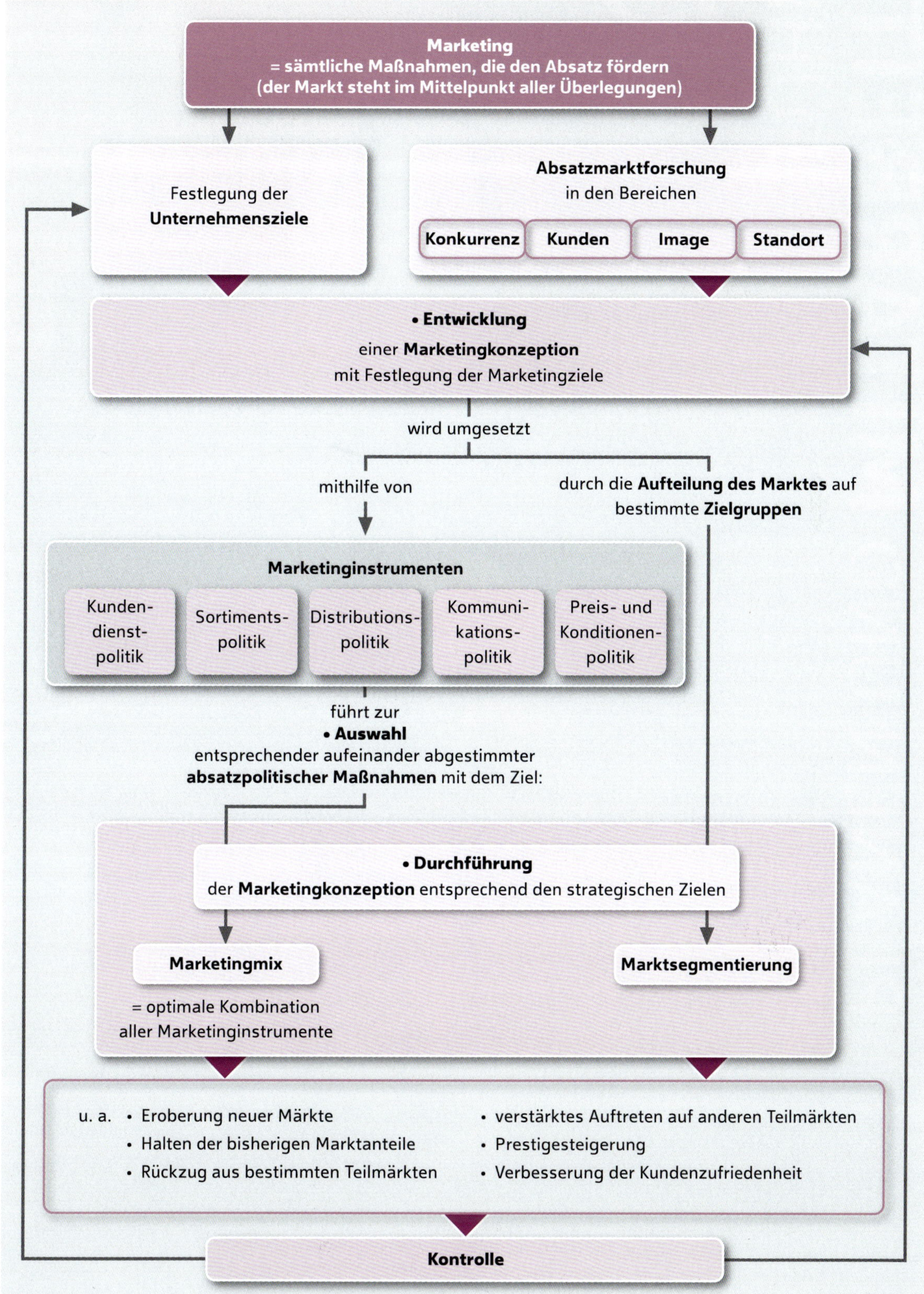

DEN PERSONALEINSATZ PLANEN UND MITARBEITER FÜHREN 13

Den Personaleinsatz planen und Mitarbeiter führen

Lernsituation 1

Die Auszubildende Britta Krombach lernt zurzeit den Funktionsbereich Personal der Ambiente Warenhaus AG kennen.

Die Ausbildungsleiterin der Ambiente Warenhaus AG, Frau Rosendahl, bittet Britta Krombach, eine Übersicht über alle anfallenden Tätigkeiten im Rahmen der Personalverwaltung zusammenzustellen.

1. Versetzen Sie sich in die Rolle von Britta Krombach und erstellen Sie die Übersicht in Form einer Mindmap.

Lernsituation 2

Die Ambiente Warenhaus AG benötigt eine neue Verkäuferin oder einen neuen Verkäufer in der Warenwelt „Parfüm/Kosmetik" der Filiale Schönstadt.
Auf die folgende Stellenanzeige haben sich acht Personen beworben.

Wir haben ehrgeizige Ziele und sind an aktiven Mitarbeitern interessiert.

Wir suchen heute

eine Kosmetikverkäuferin/einen Kosmetikverkäufer

für unser Warenhaus in **Schönstadt.**

Wir erwarten von unseren neuen Mitarbeitern
- überdurchschnittliche Einsatzbereitschaft
- die Fähigkeit, vorhandene Fachkenntnisse in verkäuferische Argumente umzusetzen
- weitgehend selbstständiges, kreatives Arbeiten
- sicheres Auftreten, Durchsetzungsvermögen

Wir bieten Ihnen teamorientiertes Arbeiten, leistungsgerechte Bezahlung und interessante Sozialleistungen.

Bewerbungen mit Lebenslauf und Zeugnissen richten Sie bitte an:

Ambiente Warenhaus AG

Frau Kraibaum · Groner Straße 22–24 · 34567 Schönstadt

Die Leiterin des Funktionsbereichs Personal, Frau Kraibaum, bittet Britta Krombach und Lars Panning, sie bei der Auswahl und Einstellung der neuen Verkäuferin oder des neuen Verkäufers zu unterstützen. Ihre Aufgabe ist es,

- die eingegangenen Bewerbungsunterlagen auf Vollständigkeit zu überprüfen,
- eine Vorauswahl für ein Vorstellungsgespräch vorzunehmen,
- geeignete Bewerberinnen und Bewerber einzuladen,
- die Vorstellungsgespräche vorzubereiten und
- einen Arbeitsvertragsentwurf zu erstellen.

Versetzen Sie sich in die Rolle von Britta Krombach oder Lars Panning.

1. Stellen Sie fest, welche Unterlagen bei einer schriftlichen Bewerbung eingereicht werden müssen.
2. Stellen Sie Kriterien für die Bewertung der Bewerbungsunterlagen in einer Übersicht zusammen.
3. Planen Sie den Ablauf eines Vorstellungsgesprächs und präsentieren Sie den Ablaufplan eines Vorstellungsgesprächs in Ihrer Klasse. Nutzen Sie zur Visualisierung ein Plakat.
4. Erstellen Sie eine Übersicht zu den wesentlichen Inhalten eines Arbeitsvertrags.

KAPITEL 1

Wir führen personalwirtschaftliche Aufgaben durch

Die Auszubildende Britta Krombach durchläuft während ihrer Ausbildung alle Abteilungen der Ambiente Warenhaus AG. Am ersten Tag in der Personalabteilung wird sie der Personalsachbearbeiterin Frau Steiner zugeordnet:

Frau Steiner:
„Ja, Frau Krombach, Sie waren bisher in den Abteilungen Einkauf, Lager und Verkauf eingesetzt, wie ich Ihrer Personalakte entnommen habe. Von Ihren Abteilungsleitern wurden Sie dort sehr gut beurteilt. Das wird sich natürlich in Ihrem Arbeitszeugnis niederschlagen. Haben Sie sich schon überlegt, ob Sie nach der Ausbildung bei uns weitermachen wollen? Herr Dehn geht in absehbarer Zeit in Ruhestand und hofft, dass Sie sich dann bewerben. Sie wissen auch, dass wir uns in unseren Arbeitsverträgen zu übertariflichen Zahlungen verpflichten ...
Hiermit habe ich Ihnen aber auch schon einen kurzen Überblick über die Aufgaben im Personalbereich der Ambiente Warenhaus AG – den Sie ja in den nächsten Wochen kennenlernen werden – gegeben ..."

Die Sachbearbeiterin Frau Steiner in der Personalabteilung

1. In welchen Fällen sind Sie schon mit der Personalabteilung Ihres Ausbildungsbetriebs in Kontakt gekommen?
2. Stellen Sie fest, welche Aufgaben typischerweise in einer Personalabteilung durchgeführt werden.

INFORMATION

Personalwesen

DEFINITION

Aufgabe des **Personalwesens** (andere Begriffe: Personalmanagement, Personalwirtschaft) ist die Betreuung der Mitarbeiter. In diesem Bereich werden alle Entscheidungen und Maßnahmen getroffen, die mit Anwerbung und Auswahl, Einsatz und Führung, Vergütung und Motivation sowie ggf. der Entlassung von Mitarbeitern zusammenhängen.

Das Personalwesen umfasst die nachfolgenden – nicht immer trennscharfen – Aufgaben:
- Personalplanung
- Personalbeschaffung
- Personalverwaltung
- Personalentwicklung
- Personalbeurteilung
- Personalentlohnung

Das Personalwesen ist ein funktionsübergreifendes Teilsystem eines Einzelhandelsunternehmens, das für alle Funktionsbereiche Bedeutung hat. Dennoch wird meistens eine Personalabteilung eingerichtet, an die Verwaltungs- und Entscheidungskompetenzen übertragen werden.

Personalplanung

Die Personalplanung gewinnt immer mehr an Bedeutung, da der Produktionsfaktor „Arbeit" im Einzelhandel einer der größten Kostenfaktoren ist.

DEFINITION

Mit der **Personalplanung** werden die zukünftigen Erfordernisse im Personalbereich des Unternehmens ermittelt und die daraus resultierenden Maßnahmen für die Zukunft festgelegt.

Ziel der Personalplanung ist es,
- die richtigen Mitarbeiter
- zur richtigen Zeit
- am richtigen Platz

im Unternehmen einsetzen zu können.

222270216

Die Personalplanung gibt also Antworten auf die Fragen:
- Wie viele Mitarbeiter?
- mit welchen Qualifikationen?
- werden wo?
- und wann?
- für welche Aufgabenbereiche im Einzelhandelsunternehmen benötigt?

Bei der Personalplanung sind zwei Bereiche zu unterscheiden:
- Bei der **qualitativen** Personalplanung wird mithilfe von Arbeitsanalysen und Arbeitsbeschreibungen ermittelt, welche Anforderungen an mögliche Stelleninhaber gerichtet werden müssen. Es geht also um die Fähigkeiten, die ein zukünftiger Stelleninhaber aufweisen sollte.

BEISPIEL

Aufgrund des gestiegenen Volumens an ein- und ausgehender Post möchte die Ambiente Warenhaus AG eine Stelle für die Postbearbeitung einrichten.

Es wird zunächst ermittelt, welche Aufgaben an diesem Arbeitsplatz zu erledigen sind. Der jeweilige Stelleninhaber benötigt bestimmte Qualifikationen, um diese Aufgaben bewältigen zu können. Deshalb fasst man alle für diese Stelle erforderlichen Qualifikationen in einem Anforderungsprofil zusammen.

- Bei der **quantitativen** Personalplanung wird das Arbeitsvolumen ermittelt und die Anzahl der dafür benötigten Mitarbeiter bestimmt. Ausgehend vom momentanen Mitarbeiterbestand wird der voraussichtliche Personalbedarf prognostiziert, sodass rechtzeitig Beschaffungsmaßnahmen eingeleitet werden können.

BEISPIEL

Die Filialen der Ambiente Warenhaus AG sind in regionale Bezirke zusammengefasst.

Herr Klockmann lässt sich von Herrn Schlossmacher die quantitative Personalplanung des Bezirks Südniedersachsen zeigen:

Personalbedarf laut Stellenplan ./. aktueller Personalstand		900 Mitarbeiter 830 Mitarbeiter
= Personalunterdeckung		70 Mitarbeiter
+ zu ersetzende Abgänge		
a) sichere Abgänge:		
• Wehrdienst	10	
• Mutterschutz	8	
• Ruhestand	10	
b) erfahrungsgemäße Fluktuation:	14	42 Mitarbeiter
= Bruttopersonalbedarf		112 Mitarbeiter
./. feststehende Zugänge		
• Rückkehrer Wehrdienst	4	
• Rückkehrer Elternzeit	6	
• Übernahme aus Ausbildungsverhältnis	18	28 Mitarbeiter
= Nettopersonalbedarf		84 Mitarbeiter

Personaleinsatzplanung

DEFINITION

Das Ziel der **Personaleinsatzplanung** im Rahmen der Personalplanung ist die bestmögliche Eingliederung der verfügbaren Mitarbeiter in den betrieblichen Leistungsprozess.

Die Personaleinsatzplanung erfüllt verschiedene Funktionen:
- Sie strebt die optimale Zuordnung von Beschäftigten und Arbeitsplätzen (Stellen) an. Es wird versucht, das Anforderungsprofil einer Stelle mit dem Fähigkeitsprofil eines Mitarbeiters zur Deckung zu bringen.
- Die Personaleinsatzplanung dient zur schnellen und übersichtlichen zeitlichen Planung von Mitarbeitern für die Abteilungen des Unternehmens. Sie strebt an, in optimaler Weise eine Übereinstimmung zwischen dem in einem bestimmten Zeitraum gegebenen Bedarf an Personal und den für diese Zeit an bestimmten Arbeitsplätzen eingeplanten Mitarbeitern herzustellen. Dabei wird im Interesse des Personals versucht, die Arbeitszeiten flexibel zu gestalten. Um auch die Interessen des Arbeitsgebers

zu berücksichtigen, wird dies durch die Erhöhung der Betriebszeiten ermöglicht. Die Personaleinsatzplanung bereitet Daten so auf, dass für die künftige Arbeitszeitgestaltung geplant werden kann.

Die Personaleinsatzplanung wird häufig auch durch entsprechende EDV-Programme unterstützt. Diese bieten u.a. folgende Funktionen an:

- Sicherung der geplanten operativen Aktivitäten des Unternehmens durch Bereitstellung der dafür erforderlichen Mitarbeiter
- Kostenoptimierung des Mitarbeitereinsatzes
- Bereitstellung der benötigten Qualifikationen bei den eingeplanten Mitarbeitern
- Vermeidung von Über- und Unterbesetzungen
- Ausbalancieren von Zeitkonten im Rahmen flexibler Arbeitszeitmodelle
- Einhalten der gesetzlichen Rahmenbedingungen zur Arbeitszeit wie maximale Arbeitszeiten oder Mindestpausenzeiten
- Einbeziehung von tarif- und arbeitsvertraglichen Regelungen
- Berücksichtigung von Mitarbeiterwünschen an ihre persönlichen Einsatzzeiten
- Optimierung der Betriebszeiten

Personalbeschaffung

DEFINITION

Die **Personalbeschaffung** baut auf der Personalplanung auf. Dieser Teil des Personalwesens befasst sich mit der Bereitstellung der für das Einzelhandelsunternehmen erforderlichen Arbeitskräfte.

Im Rahmen der Personalbeschaffung fällt zunächst einmal die Personalanforderung an, die auf externen oder internen Beschaffungswegen erfolgen kann:

- Soll die Stelle innerbetrieblich besetzt werden, nutzt man **interne Beschaffungswege.**

BEISPIELE

- innerbetriebliche Stellenausschreibungen
- Versetzungen
- Mehrarbeit

Die Vorteile einer internen Personalbeschaffung liegen einerseits in der kürzeren Einarbeitungszeit, andererseits darin, dass die Leistung des eigenen Mitarbeiters bekannt ist.

Ein Nachteil kann eine eventuell auftretende „Betriebsblindheit“ sein, die vielleicht erhoffte Innovationen verhindert. In kleinen Betrieben sind die Grenzen einer internen Personalbeschaffung schnell erreicht.

- Bei Verwendung **externer Beschaffungswege** wird versucht, betriebsfremde Bewerber zu gewinnen. Externe Beschaffungswege sind auf den Teil des Arbeitsmarkts gerichtet, der außerhalb des Unternehmens liegt.

Bewerber können gewonnen werden durch:

- Einschaltung von Beschaffungsmittlern (Agenturen für Arbeit, Personalberater)
- gezielte Auswertung von Stellengesuchen z. B. in Zeitungen
- eigene Stellenanzeigen
- Internetbörsen, wie z. B. www.monster.de
- Kontakte zu Ausbildungseinrichtungen (Berufsschulen, Hochschulen)

Anschließend müssen die eingehenden Bewerbungen vom Personal suchenden Einzelhandelsunternehmen bearbeitet werden.

Das geschieht vor allem durch die inhaltliche Auswertung der Bewerbungsunterlagen, zu denen das Bewerbungsschreiben, das Bewerberfoto, der Lebenslauf und die Schul- und Arbeitszeugnisse zählen.

Aus allen Bewerbungen muss dann die für die Stelle geeignetste Persönlichkeit ausgewählt werden. Die Auswahlentscheidung nimmt eine zentrale Stellung ein. Fehler, die hier gemacht werden, belasten ein Einzelhandelsunternehmen unter Umständen jahrzehntelang und können auch für die Mitarbeiter selbst dauerhafte Unzufriedenheit bedeuten. Es gibt eine Reihe von Auswahlinstrumenten, die in unterschiedlicher Kombination eingesetzt werden (siehe auch Kap. 13.2):

- Einstellungsgespräche
- Fragebogen
- Testverfahren
- Assessment-Center:
  Dies sind meistens mehrtägige Veranstaltungen, bei denen mehrere Bewerber eine Vielzahl von praxisgerechten Aufgaben zu bearbeiten haben. Die Einstellungsentscheidung trifft ein Kreis von Beobachtern.

Bewerber in Vorstellungsgesprächen sollten sich auf folgende Punkte vorbereiten:

222270218

Personalverwaltung

In der Personalverwaltung werden die routinemäßigen Daueraufgaben, die sich auf die Arbeitnehmer beziehen, zusammengefasst. Aufgabe der Personalverwaltung ist es,

- Verträge zu schließen und umzusetzen, die Mitarbeiter betreffen.
  Dabei kann es z. B. um die Gestaltung des Arbeitsvertrags, die Umsetzung von Betriebsvereinbarungen oder tarifvertraglicher Regelungen gehen.

- die Einhaltung der Verträge zu überwachen.
  Bei dieser Aufgabe des Personalwesens müssen die Interessen des Arbeitgebers gewahrt werden, ohne die Fürsorgepflicht dem Arbeitnehmer gegenüber zu verletzen. Bei Vertragsverletzungen durch Mitarbeiter gibt es ein abgestuftes Sanktionssystem, das angefangen bei mündlichen bzw. schriftlichen Verweisen – über Abmahnungen – bis hin zu Kündigungen geht. Dabei sind die Mitbestimmungsrechte des Betriebsrats zu beachten.

- die Erfüllung der Arbeitgeberpflichten sicherzustellen.
  Dazu gehören unter anderem:
  - Gehaltsabrechnung und -zahlung
  - Gewährung aller tarifvertraglichen, durch Betriebsvereinbarung geregelten und einzelvertraglich festgeschriebenen Leistungen
  - Weiterleitung von Beiträgen an die Sozialversicherungsträger
  - Beratung der Mitarbeiter in Fragen der Sozialversicherung
  - Einhaltung aller Vorschriften des Arbeitsschutzrechts
  - Angebot eines angemessenen, ergonomischen Ansprüchen genügenden Arbeitsplatzes

- die Personalakte des Arbeitnehmers zu führen.
  In der Personalakte spiegeln sich die Beziehungen zwischen Arbeitgeber und Mitarbeiter wider. Sie enthält die Bewerbungsunterlagen, sämtliche Verträge, die Beurteilungen und die gesamte Korrespondenz (z. B. Beförderungsschreiben, Abmahnungen, Gewährung von Sonderurlaub usw.) mit dem Mitarbeiter.
  Der Mitarbeiter ist berechtigt, Einsicht in seine Personalakte zu erhalten.

Die Aufgaben der Personalverwaltung werden heute in der Regel mithilfe der Datenverarbeitung (siehe Kap. 13.5) wahrgenommen.

Personalentlohnung

Dieser Bereich des Personalwesens ist für die Zahlung eines leistungsgerechten Arbeitsentgelts an die Arbeitnehmer zuständig.

Unter Lohn versteht man den Preis für geleistete unselbstständige Arbeit. Den Arbeitnehmern wird für die Überlassung ihrer Arbeitskraft an das Einzelhandelsunternehmen Arbeitsentgelt gezahlt. Der Lohn ist für sie Einkommen, für das Unternehmen dagegen bedeutet er Kosten. Wegen dieser gegensätzlichen Bedeutung werden von den Unternehmen möglichst niedrige, von den Arbeitnehmern möglichst hohe Löhne angestrebt.

Die Schwierigkeit der Ermittlung eines „richtigen Maßstabs“ für den Lohn hat zu zahlreichen Entlohnungsverfahren geführt, die sich meist unmittelbar aus der Praxis heraus entwickelt haben.

Zeitlohn

Im Einzelhandel findet überwiegend der Zeitlohn Anwendung. Beim Zeitlohn wird die Anwesenheit des Mitarbeiters im Betrieb bezahlt. Es besteht keine direkte Beziehung zur Arbeitsleistung. Beispiele für den Zeitlohn sind das Monatsgehalt von Angestellten und der Stundenlohn von Arbeitern. Bei beiden Arbeitnehmergruppen erfolgt die Entlohnung durch Zahlung eines je Zeiteinheit gleich hohen Geldbetrags ohne Rücksicht auf die während dieser Zeit erbrachte Leistung.

BEISPIEL

Zwei Angestellte mit gleichem Aufgabenbereich bekommen trotz unterschiedlicher Leistungen das gleiche Monatsgehalt.

Maßgebend für die Gehaltszahlung ist also die im Unternehmen aufgewandte Arbeitszeit und nicht die geleistete Arbeitsmenge.

Der Zeitlohn wird dort angewandt, wo

- die Qualität eine Rolle spielt:
  Dies ist z. B. bei komplizierten Arbeiten der Fall, bei denen es mehr auf Sorgfalt und Gewissenhaftigkeit als auf Schnelligkeit und Leistungsmenge ankommt.
- gefährliche Tätigkeiten vorliegen:
  Leistungsanreize könnten auf Kosten der Sicherheit erfolgen.
- eine Bemessung des Lohnes wegen der Kompliziertheit der Arbeitsleistung nicht möglich ist.

BEISPIEL

Bei Bürotätigkeiten oder Beratungsberufen ist das Arbeitsergebnis nur schwer zu messen.

Zeitlohn	
Vorteile	**Nachteile**
• geringer Berechnungsaufwand • einfache Kontrolle des Stundennachweises • Vermeidung eines Leistungsdrucks, der einerseits Qualitätsminderungen der Erzeugnisse, andererseits höhere Unfallgefahren bewirken könnte	• Leistungsanreize fehlen: Der Zeitlohn widerspricht dem Prinzip leistungsgerechter Entlohnung, weil er unabhängig von der erbrachten Leistung bezahlt wird. Der einzelne Arbeitnehmer kann durch Erhöhung seiner Leistung die Höhe seines Lohnes nicht beeinflussen. • Kontrollen sind erforderlich. • Das Unternehmen trägt das volle Risiko einer Minderleistung.

Prämienlohn

Eine Prämie ist eine zusätzlich zum Zeitlohn gezahlte Belohnung als Anerkennung besonderer betrieblicher Leistungen des Arbeitnehmers.

Gründe für eine Entlohnung durch Prämien können sein:

- Verbesserungsvorschläge
- Umsatzprämien für verkaufte Ladenhüter
- Unterschreiten zulässiger Abfallquoten
- Ersparnisse an Energie

Erfolgsbeteiligung

Das Streben nach gerechter Entlohnung und nach Erhöhung des Interesses der Arbeitnehmer am Unternehmen hat den sogenannten Beteiligungslohn – also die Erfolgsbeteiligung – entwickelt. Darunter versteht man alle auf freiwilliger Basis getroffenen Betriebsvereinbarungen, wonach die Arbeitnehmer über das garantierte Arbeitsentgelt hinaus Anteile an dem vom Unternehmen erzielten Gewinn erhalten.

Die Gewinnbeteiligung ist in drei Formen möglich:

- **Barausschüttung:**
  Die Arbeitnehmer bekommen den Gewinn ausbezahlt. Dadurch gehen dem Unternehmen jedoch liquide Mittel verloren.
- **Umwandlung in Eigenkapital:**
  Die Arbeitnehmer erhalten Eigenkapitalanteile in Höhe ihrer Gewinnanteile. Durch Ausgabe von Aktien werden sie beispielsweise somit zu echten Miteigentümern.
- **Umwandlung in Fremdkapital:**
  Die Gewinnanteile werden dem Unternehmen als verzinsliche Darlehen zur Verfügung gestellt.

Ziele der Gewinnbeteiligung sind:

- Angebot eines Leistungsanreizes
- Entwicklung eines partnerschaftlichen Verhältnisses zwischen Unternehmensführung und Arbeitnehmer
- Einschränkung der Fluktuation der Arbeitskräfte
  Dies kann insbesondere dann erreicht werden, wenn die Höhe der Gewinnbeteiligung von der Dauer der Betriebszugehörigkeit abhängig gemacht wird.

Personalbeurteilung

Grundlage jeder Personalarbeit in einem Einzelhandelsunternehmen ist eine systematische und objektive Personalbeurteilung. Dazu müssen die Fähigkeiten und die Leistung des Arbeitnehmers mit geeigneten Methoden und an einheitlichen Merkmalen bewertet werden. Die

222270220

Beurteilung sollte sich nicht nur auf vergangenheitsbezogene Aspekte beschränken, sondern auch Perspektiven, anzustrebende Verhaltensänderungen sowie Vereinbarungen darüber enthalten, was von Arbeitgeber und Arbeitnehmer innerhalb einer bestimmten Zeit zu tun ist.

Gründe für die Beurteilung von Mitarbeitern:
- Ohne eine Beurteilung sollten Mitarbeiter nicht befördert werden.
- Will das Einzelhandelsunternehmen Mitarbeiter im Rahmen der Personalentwicklung fördern, geht das nicht ohne Informationen über die Eigenschaften der betreffenden Person.
- Grundlage der Zahlung eines „gerechten" Lohnes ist eine entsprechende Leistungsbeurteilung des Arbeitnehmers.
- Verlässt ein Mitarbeiter das Unternehmen, so ist das Einzelhandelsunternehmen gesetzlich verpflichtet, ein fehlerfreies Zeugnis auszustellen, was ohne vorhergehende Leistungsbeurteilung nicht möglich ist.

Personalentwicklung

Für die anfallenden Arbeiten benötigt ein Einzelhandelsunternehmen optimal geeignete Mitarbeiter. Diese Forderung versucht die Personalentwicklung zu erfüllen. Dazu gehören alle Maßnahmen, mit denen die Qualifikation der Mitarbeiter verbessert werden kann. Die Personalentwicklung versucht also, das vorhandene Leistungspotenzial der in einem Einzelhandelsunternehmen Beschäftigten zu erfassen und optimal zu nutzen. Sie erstreckt sich auf:
- Aufstiegsentwicklung (Laufbahn, Karriere)
- Qualifikationsentwicklung (Erweiterung des Fachwissens, Spezialistenentwicklung)
- Persönlichkeitsentwicklung

AUFGABEN

1. Was versteht man unter dem Begriff „Personalwesen"?
2. Beschreiben Sie die Aufgabe der Personalplanung.
3. Unterscheiden Sie die qualitative und die quantitative Personalplanung.
4. Ermitteln Sie den Nettopersonalbedarf der Elektroeinzelhandelskette Elektronik-Sterthoff GmbH.

   Dort werden demnächst 5 Rückkehrer vom Wehrdienst und 3 aus der Elternzeit als Zugang erwartet. 24 Auszubildende werden übernommen. Als sichere Abgänge werden 8 Wehrdienstleistende und 3 in den Mutterschutz gehende Beschäftigte erwartet. 12 Ruheständler müssen ersetzt werden. Erfahrungsgemäß ist in einem Planungszeitraum mit weiteren 20 Arbeitnehmern zu rechnen, die aus bestimmten Gründen das Unternehmen verlassen. Der aktuelle Personalstand beträgt momentan 572 Mitarbeiter. Laut Stellenplan hat das Unternehmen einen Personalbedarf von 634 Mitarbeitern.
5. Beschreiben Sie, welche Aufgaben im Rahmen der Personalbeschaffung anfallen.
6. Einzelhandelsunternehmen können Personal auf internen und externen Wegen beschaffen.
   a) Wodurch unterscheiden sich interne und externe Beschaffungswege?
   b) Führen Sie Beispiele auf.
7. Erläutern Sie die Funktionen der Personalverwaltung.
8. Führen Sie den Inhalt einer Personalakte auf.
9. Welche unterschiedliche Bedeutung hat die Entlohnung für die Arbeitnehmer einerseits und den Betrieb andererseits?
10. Welche Lohnform liegt jeweils vor?
    a) Zwei Mitarbeiter erhalten den gleichen Lohn, obwohl der eine nur die halbe Leistung erbringt.
    b) Ein Mitarbeiter erhält neben seinem Grundlohn für eine besondere Leistung einen Extra-Geldbetrag.
    c) Ein Einzelhandelsunternehmen für Kfz-Ersatzteile in Hannover hat sich eine neue Abteilung aufgebaut, in der Fahrräder aus angelieferten Einzelteilen produziert werden. Ein Mitarbeiter der Produktkontrolle soll die gefertigten Teile auf Mängel und Fehler prüfen. Im Durchschnitt kontrolliert er 80 Teile pro Tag.

d) 20 % der Gewinnsteigerung werden in Form von Aktien an die Mitarbeiter verteilt.

11. Der Autoverkäufer Norbert Kunze bekommt einen garantierten Mindestlohn von 2.500,00 €. Es wird erwartet, dass er drei Pkws im Monat verkauft. Um sein Einkommen zu erhöhen, verkauft er mehr Autos.

a) Nach welchem Lohnsystem wird er entlohnt?

b) Welche Vorteile bietet dieses Lohnsystem einerseits dem Betrieb, andererseits Kunze?

12. Erläutern Sie, warum die Personalbeurteilung eine wichtige Aufgabe des Personalwesens ist.

13. Was versteht man unter Personalentwicklung?

AKTIONEN

1. Gute Methodenkompetenz allein bringt noch keinen beruflichen (oder privaten) Erfolg. Dafür entscheidend ist vor allem, dass im eigenen persönlichen Bereich verschiedene grundlegende Voraussetzungen vorhanden sind. Darauf achten die Vertreter von Personalabteilungen vor allem in Bewerbungsverfahren: Aus den Bewerbungsunterlagen, in Tests und in den Bewerbungsgesprächen versucht man beim Bewerber das Ausmaß der Selbstkompetenz herauszufinden. Man versteht darunter die persönlichen Eigenschaften, die Voraussetzung für ein erfolgreiches berufliches (und natürlich auch privates) Leben sind.

Schätzen Sie mithilfe der folgenden Mindmap den Stand Ihrer eigenen Selbstkompetenz ein:

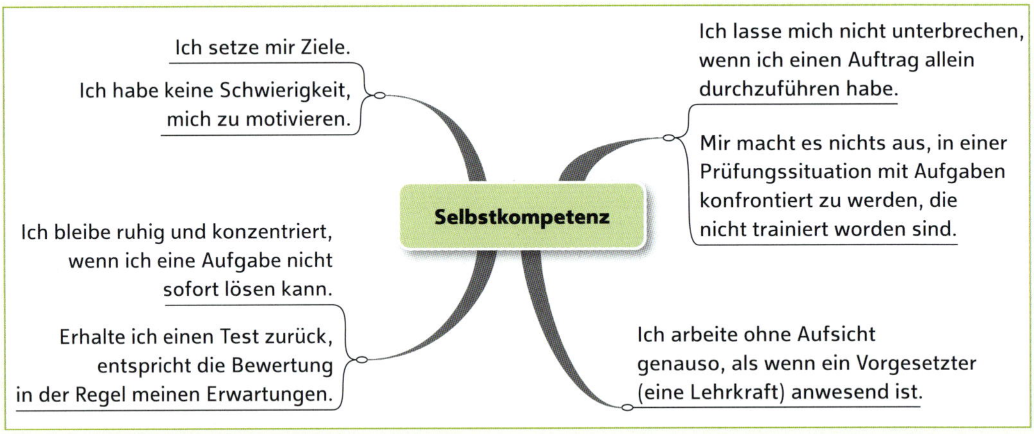

2. Wichtige Verbesserungsansätze bekommt man auch, wenn man die Selbstkompetenz von einer anderen Person einschätzen lässt.

Lassen Sie in einem persönlichen Gespräch von Ihrem Ausbilder, Ihrem Lehrer oder auch einem Mitschüler die folgenden Fragen des Fragebogens beantworten:

Fragebogen zur Einschätzung der Selbstkompetenz

1. Arbeitet der Fragesteller motiviert?
2. Ist das Auftreten des Fragestellers ruhig und sachlich?
3. Lässt sich der Fragesteller bei Problemen nicht aus dem Konzept bringen?
4. Kann der Fragesteller eigene Arbeitsergebnisse kritisch und realistisch beurteilen?
5. Kann der Fragesteller eigene Lösungswege entwickeln?
6. Kann der Fragesteller Wesentliches von Unwesentlichem unterscheiden?
7. Kann sich der Fragesteller verständlich ausdrücken?

222270222

ZUSAMMENFASSUNG

Hauptaufgaben des Personalwesens

Personalplanung

Ermittlung zukünftiger Erfordernisse im Personalwesen und Festlegung daraus resultierender Maßnahmen

- **qualitative Personalplanung**
  Ermittlung der Anforderungen, die ein künftiger Stelleninhaber erfüllen muss
- **quantitative Personalplanung**
  Bestimmung des Arbeitsvolumens und des dafür benötigten Personals

Personalbeschaffung

Bereitstellung der erforderlichen Arbeitskräfte

- Personalanforderung
- Auswertung von Bewerbungen
- Auswahlentscheidung

Personalverwaltung

Erledigung routinemäßiger Daueraufgaben, die sich auf die Arbeitnehmer beziehen

- Vertragsabschluss und -umsetzung
- Einhaltung der Verträge
- Erfüllung der Arbeitgeberpflichten
- Führen der Personalakte

Personalentlohnung

Zahlung eines leistungsgerechten Arbeitsentgelts

- Zeitlohn
- Prämienlohn
- Erfolgsbeteiligung

Personalbeurteilung

Bewertung von Fähigkeiten und Leistung des Arbeitnehmers

Personalentwicklung

Verbesserung der Qualifikationen des Mitarbeiters

KAPITEL 2

Wir wirken bei der Einstellung von neuen Mitarbeitern mit

Die Ambiente Warenhaus AG möchte in ihrer Filiale Schönstadt folgende Stellen neu besetzen:
- Kosmetik-Verkäuferin/Kosmetik-Verkäufer
- 1. Verkäuferin/1. Verkäufer im Bereich Herrenoberbekleidung
- Abteilungsleiterin/Abteilungsleiter Lebensmittel

Britta Krombach und Robin Labitzke werden von der Leiterin der Personalabteilung beauftragt, die Entwürfe für die Stellenanzeigen zu erstellen.

Anja Maibaum erhält den Auftrag, Kriterien für die Beurteilung der Bewerbungsunterlagen zusammenzustellen.

1. Welche Informationen sollten die Stellenanzeigen enthalten?
2. Nach welchen Kriterien sollten die eingehenden Bewerbungsunterlagen untersucht werden?

INFORMATION

Anforderungsprofil für die zu besetzende Stelle

Je klarer ein Anforderungsprofil für die zu besetzende Stelle festgelegt wird, umso einfacher wird die Auswahlentscheidung für eine bestimmte Bewerberin bzw. einen bestimmten Bewerber sein.

Ein Anforderungsprofil für eine Stelle enthält Angaben über:
- Hauptaufgaben der Position
- erforderliche Kenntnisse und Fähigkeiten, z. B. einschlägige Ausbildung, berufliche Fachkenntnisse, Sprachkenntnisse
- erforderliche Kompetenzen, z. B. Belastbarkeit, Durchsetzungsfähigkeit, Konfliktfähigkeit, sicheres Auftreten, Kundenorientierung
- wünschenswerte Erfahrungen, z. B. Führungserfahrung, Organisationserfahrung

Im Einzelhandel nehmen kaufmännische Angestellte unterschiedliche Aufgabenbereiche wahr. Sie sind u. a. als Verkäufer, 1. Verkäufer, Substitut und Abteilungsleiter tätig. Diese Aufgabenbereiche stellen an die Qualifikation der Angestellten unterschiedliche Anforderungen.

Von einem **Verkäufer** werden die Kenntnisse und Verhaltensweisen erwartet, die ihn befähigen, die Waren seines Unternehmens zu verkaufen. Dazu muss er über gute Warenkenntnisse verfügen. Er muss in der Lage sein, diese Fachkenntnisse in überzeugende Verkaufsargumente umzusetzen. Von ihm wird darüber hinaus Kontaktfreudigkeit gegenüber Kunden und Mitarbeitern, sicheres Auftreten, Selbstständigkeit und eine positive Einstellung zur eigenen Tätigkeit erwartet.

Angestellte, die eine Aufstiegsposition im Einzelhandel, z. B. als 1. Verkäufer, Substitut oder Abteilungsleiter, anstreben, müssen zusätzliche Anforderungen erfüllen. Sie müssen u. a. die in ihrem Aufgabenbereich notwendigen Fachkenntnisse vorweisen, über ausreichende Berufserfahrung verfügen und entsprechende Führungsqualitäten besitzen.

222270224

Der **1. Verkäufer** ist für einen abgegrenzten Warenbereich verantwortlich, z.B. für Röcke in einer Damenoberbekleidungsabteilung.

Der **Substitut** ist Stellvertreter des Abteilungsleiters. Er hilft dem Abteilungsleiter beim Einkauf und unterstützt ihn bei dessen Verwaltungsarbeit. Außerdem überwacht er die Tätigkeit der Verkäufer in seiner Abteilung.

Dem **Abteilungsleiter** untersteht eine Abteilung in einem Einzelhandelsbetrieb, z.B. die Lebensmittelabteilung oder die Sportartikelabteilung in einem Warenhaus. Er muss den reibungslosen Ablauf des Verkaufs in seiner Abteilung organisieren, das Verkaufspersonal führen und den Wareneinkauf bis zu einem von der Geschäftsleitung festgesetzten Limit selbstständig durchführen. Damit er seine Aufgaben erfolgreich durchführen kann, benötigt er sehr gute kaufmännische Fähigkeiten, ausgezeichnete Warenkenntnisse, Erfahrung im Umgang mit Menschen und das notwendige Durchsetzungsvermögen.

Stellenanzeige

Die Stellenanzeige ist das wichtigste Instrument der externen Personalbeschaffung.

In eine Stellenanzeige gehören folgende Informationen:
- Schlagzeile mit Positionsbezeichnung
- Informationen zum Unternehmen (z.B. Name, Rechtsform, Standort, Branche, Unternehmensgröße)
- Hauptaufgabe der zu besetzenden Stelle
- erforderliche Qualifikationen und Kompetenzen
- Konditionen (z.B. Arbeitszeiten, Fortbildungsmöglichkeiten, Urlaub)
- Hinweise für die Bewerbung (Adresse, Ansprechpartner mit Telefonnummer, erforderliche Unterlagen, frühestmöglicher Eintrittstermin, Bewerbungsfrist)

Für die Schaltung von Stellenanzeigen wird neben der Tagespresse und Fachzeitschriften zunehmend auch das Internet eingesetzt.

Neben Stellenanzeigen gibt es weitere Möglichkeiten der externen Stellenbeschaffung:
- die Einschaltung von Beschaffungsmittlern (Agenturen für Arbeit, Personalberater)
- die Auswertung von Stellengesuchen
- Kontakte zu Ausbildungseinrichtungen (Berufsschulen, Hochschulen)

Personalauswahl

Die Personalauswahl muss durch den Vergleich des **Anforderungsprofils** der zu besetzenden Stelle mit dem **Leistungsprofil** der Bewerberin oder des Bewerbers erfolgen, um den Bewerber zu ermitteln, der für die Stelle am besten geeignet ist.

Die Personalauswahl erfolgt u.a. anhand von:
- Stellenanforderungen
- Bewerbungsunterlagen
- Vorstellungsgesprächen
- Fragebogen
- Tests
- Assessment-Centern

Bewerbungsunterlagen

Bei den meisten Bewerbungen ist eine schriftliche Bewerbung üblich. Die Bewerbung soll Informationen enthalten, die dem Arbeitgeber bzw. dessen Personalbeauftragten eine Vorauswahl unter den Bewerbern erleichtert.

Zu den schriftlichen Bewerbungsunterlagen gehören:
- Bewerbungsschreiben
- Lebenslauf
- beglaubigte Zeugnisabschriften oder -kopien (schulische Zeugnisse, Zeugnis der Abschlussprüfung, Zeugnisse der bisherigen Arbeitgeber, Zeugnisse über zusätzlich erworbene Qualifikationen, z.B. Europäischer Computer-Führerschein oder Computer-Pass)

Bewerbungsschreiben

In seinem Bewerbungsschreiben sollte der Bewerber
- den Anlass der Bewerbung (z. B. Bezug auf Zeitungsanzeige) nennen,
- auf die besonderen Fähigkeiten, Erfahrungen, Kenntnisse und Qualifikationen, die für die neue Stelle gefordert werden, möglichst genau eingehen,
- seine bisherige Arbeitsstelle,
- den Grund der Bewerbung und
- den möglichen Arbeitsbeginn nennen,
- um Berücksichtigung der Bewerbung und persönliche Vorstellung bitten.

Gehaltsforderungen sollte er in seinem Bewerbungsschreiben nur stellen, wenn es in der Stellenanzeige ausdrücklich gewünscht wurde. Angaben zur Person sind nur dann zu machen, wenn sie im Lebenslauf nicht oder nicht ausführlich genug enthalten sind. Die dem Bewerbungsschreiben beigefügten Unterlagen werden unter „Anlagen" aufgeführt.

Das Bewerbungsschreiben sollte mit dem Computer oder (in besonderen Fällen) mit der Hand geschrieben werden.

Es sollte
- auf weißem, unliniertem A4-Papier,
- mit einem breiten Rand links und Rändern am rechten Rand, Blattanfang und Blattende,
- äußerlich klar gegliedert, in sauberer äußerer Form ohne zu radieren geschrieben sein.

Da das Bewerbungsschreiben ein erstes positives Bild von dem Bewerber zeichnen soll, ist besonders auf fehlerfreie Rechtschreibung und Zeichensetzung zu achten.

Lebenslauf

Ein Lebenslauf kann in Tabellenform oder in Aufsatzform verfasst werden, wobei sich der tabellarische Lebenslauf gegenüber dem Lebenslauf in Aufsatzform immer stärker durchsetzt.

Der Lebenslauf soll zeitlich lückenlos sein und solche Dinge hervorheben, die für die angestrebte Stelle wichtig sind. Er sollte nach folgenden Gesichtspunkten gegliedert sein:
- Name und Vorname
- Tag und Jahr der Geburt
- Geburtsort, Familienstand
- eventuell Name und Beruf der Eltern
- Schulbildung, Berufsausbildung
- Berufstätigkeit
- Besonderes (Fortbildung, besondere Fähigkeiten und Interessen)
- Ort und Datum
- eigenhändige Unterschrift (Vor- und Zuname)

Renate Langer
Düsseldorfer Straße 8
33647 Bielefeld

Bielefeld, 20. Juni ..

Modemarkt
Jürgen Flessner
Arndtstraße 4
33602 Bielefeld

Bewerbung

Sehr geehrter Herr Flessner,

aufgrund Ihrer Anzeige in der „Neuen Westfälischen" vom 18. und 19. Juni d. J. bewerbe ich mich um die Stelle als 1. Verkäuferin in Ihrer DOB-Abteilung.

Zurzeit bin ich noch bei der Firma „Modecenter" in Bielefeld, Obernstraße 18, als Verkäuferin in der Damenoberbekleidungsabteilung tätig. Hier konnte ich mir die Warenkenntnisse und Verkaufserfahrungen aneignen, die für die von Ihnen ausgeschriebene Stelle erforderlich sind.

Nähere Einzelheiten über meine Person und meinen beruflichen Werdegang können Sie meinem Lebenslauf und den beigefügten Zeugnissen entnehmen.

Meine jetzige Stelle möchte ich aufgeben, um einen Tätigkeitsbereich mit größerer Verantwortung zu übernehmen.

Ich könnte die Stelle in Ihrem Geschäft frühestens am 1. Oktober d. J. antreten.

Ich wäre Ihnen dankbar, wenn Sie meine Bewerbung berücksichtigen würden. Zu einer persönlichen Vorstellung bin ich jederzeit bereit.

Mit freundlichem Gruß

Renate Langer
Renate Langer

Anlagen
1 Lebenslauf
2 Zeugnisse (Kopien)

222270226

Renate Langer
Düsseldorfer Straße 8
33647 Bielefeld

Lebenslauf

Name:	Renate Langer
Geburtsdatum:	18. Juli 1976
Geburtsort:	Bielefeld
Familienstand:	ledig
Eltern:	Jürgen Langer, Maschinenschlosser Jutta Langer geb. Fricke, Verkäuferin
Schulbildung:	vom 1. August 1982 bis 31. Juli 1986 Grundschule Brackwede
	vom 1. August 1986 bis 31. Juli 1992 Realschule Brackwede
Berufsausbildung:	vom 1. August 1992 bis 31. Januar 1995 Ausbildung zur Einzelhandelskauffrau bei der Firma „Modecenter“, Obernstraße 18, Bielefeld
Berufstätigkeit:	seit dem 1. Februar 1995 bei der Firma „Modecenter“ als Verkäuferin in ungekündigter Stellung beschäftigt
Besonderes:	Kurs „Windows 7, Word und Excel“ an der Volkshochschule Bielefeld

Bielefeld, 20. Juni ..
Renate Langer

Renate Langer
Düsseldorfer Straße 8
33647 Bielefeld

Bielefeld, 20. Juni ..

Lebenslauf

Am 18. Juli 1976 wurde ich als Tochter des Maschinenschlossers Jürgen Langer und seiner Ehefrau Jutta Langer geb. Fricke in Bielefeld geboren.

Vom August 1982 bis Juli 1986 besuchte ich die Grundschule in Brackwede. Vom August 1986 bis Juli 1992 war ich Schülerin der Realschule Brackwede.

Am 1. August 1992 begann ich eine Ausbildung als Verkäuferin bei der Firma „Modecenter“ in Bielefeld. Nach eineinhalbjähriger Ausbildung legte ich die Verkäuferprüfung ab. Nach einem weiteren Jahr bestand ich die Prüfung als Einzelhandelskauffrau.

Seit dem 1. Februar 1995 bin ich in meinem Ausbildungsbetrieb in ungekündigter Stellung als Verkäuferin in der Damenoberbekleidungsabteilung beschäftigt.

Im letzten Jahr nahm ich am Kurs „Windows 7, Word und Excel“ der Volkshochschule Bielefeld mit Erfolg teil.

Renate Langer
Renate Langer

Beurteilung der eingegangenen Bewerbungen

Bei der Beurteilung der eingegangenen Bewerbungsunterlagen sollten

- alle Bewerbungen aussortiert werden, die bereits aufgrund ihrer äußeren Erscheinung zeigen, dass sich der Bewerber wenig Mühe gegeben hat (z. B. Rechtschreibfehler, Fettflecken, lose und schlechte Kopien),
- Vollständigkeit, sorgfältige Zusammenstellung und Strukturierung der Bewerbungsunterlagen geprüft werden,
- der Gesamteindruck der Zeugnisse berücksichtigt werden und
- die Unterlagen auf notwendige und wünschenswerte Kriterien des Anforderungsprofils hin überprüft werden.

Vorstellungsgespräch

Nach einer Vorauswahl werden die Bewerber von dem einstellenden Unternehmen zu einem Vorstellungsgespräch eingeladen. In diesem Gespräch will der zukünftige Arbeitgeber einen persönlichen Eindruck von dem Bewerber gewinnen. Er will sich davon überzeugen, inwieweit die Kenntnisse und Fähigkeiten des Bewerbers den Anforderungen der ausgeschriebenen Stelle entsprechen.

Phasen des Vorstellungsgesprächs

1. Gesprächseröffnung

- Begrüßen Sie den Bewerber.
- Stellen Sie sich vor.
- Schaffen Sie eine angenehme Atmosphäre („Eisbrecher-Fragen“).
- Bedanken Sie sich für die Bewerbung.
- Sagen Sie dem Kandidaten, warum Sie ihn eingeladen haben.

2. Information des Bewerbers

- Stellen Sie Ihr Unternehmen vor (Branche, Unternehmensgröße, Konzernstruktur, Mitarbeiterzahl, Kunden, Zielsetzung).
- Halten Sie Informationsmaterial über Ihr Unternehmen bereit.
- Sagen Sie dem Kandidaten, warum die Stelle neu zu besetzen ist.

3. Interview des Bewerbers

Bewerbungsmotive

Sie fragen z. B.

- Warum wollen Sie sich beruflich verändern?
- Was hat Ihnen an Ihrer bisherigen Tätigkeit besonders gefallen, was überhaupt nicht?

- Woher kennen Sie unser Unternehmen?
- Welche Erwartungen verbinden Sie mit einer Bewerbung bei uns?

Fachphase

- Fragen Sie nach den Qualifikationen des Bewerbers: Wo liegen seine größten Stärken und Schwächen?
- Geben Sie detaillierte Informationen zur Stelle und zur Aufgabe: direkter Vorgesetzter, Vollmachten, Entwicklungspotenzial usw.
- Nennen Sie die Anforderungen und Kompetenzen, die die Stelle verlangt.

Persönlicher Hintergrund

Achtung: Sie dürfen nur nach privaten Dingen fragen, die in direktem Zusammenhang mit der ausgeschriebenen Stelle stehen.

Sie fragen z. B.

- Wo sehen Sie sich in Ihrer beruflichen Entwicklung in 2, 3 Jahren?
- Welche außerberuflichen Interessen haben Sie (Bücher, Verein, Sport usw.)?
- Was waren bisher Ihre größten Erfolge/Misserfolge?

4. Vorstellung der Vertragsbedingungen

- Eintrittstermin
- Probezeit
- Gehalt
- Arbeitsvertrag
- Sozial- und Nebenleistungen
- Einarbeitung
- Fortbildungsmöglichkeiten

5. Gesprächsabschluss

- Beantworten Sie die Fragen des Bewerbers.
- Bedanken Sie sich für das Gespräch.
- Versprechen Sie dem Kandidaten, dass Sie ihn nach Ihrer Entscheidung umgehend benachrichtigen werden.

Quelle: Maess, Kerstin; Maess, Thomas (Hrsg.): Das Personal-Jahrbuch 2001: Ein Wegweiser vom Arbeitsrecht bis zur Personalentwicklung, Luchterhand: Neuwied, 2001, S. 178.

Beurteilungsbogen für Bewerbungsgespräche (Beispiel)

Bewerber: Alter: Datum:

Die zu besetzende Position: Tarifgruppe: ______

Funktion/Hauptaufgaben: ______

Mitarbeiter/Kontaktpersonen: ______

Entwicklungsmöglichkeit: ______

Einstufung bzw. Teilqualifikation	
	– = schlecht bzw. unzureichend ϕ = (noch) ausreichend, durchschnittlich + = gut bzw. deutlich ++ = sehr gut bzw. besonders deutlich

Persönlichkeit Einstufungen bitte nur aufgrund konkreter Beobachtungen vornehmen; ggf. keine Einstufung!

Beobachtungsfelder	–	ϕ	+	++	Beobachtungen
Leistungsmotivation, Einsatzbereitschaft					
Setzt sich selbst Erfolgsmaßstäbe					
Bemüht sich um hohe Arbeitsqualität					
Handelt aus eigenem Antrieb					
Arbeitet gerne selbstständig					
Übernimmt gerne Aufgaben, die eine Herausforderung darstellen					
Emotionale Stabilität, Belastbarkeit					
Wirkt ruhig und ausgeglichen					
Verhält sich unkompliziert					
Reagiert überlegt und gelassen					
Zeigt keine motorische Unruhe					
Bleibt in kritischen Situationen sachlich					
Sozialverhalten, Kontaktfähigkeit					
Geht auf seine Gesprächspartner ein					
Äußert sich offen					
Hält Blickkontakt					
Lässt Gesprächspartner ausreden					
Umgangsformen: verbindlich und höflich					
Kommunikationsverh., Ausdrucksvermögen					
Ausdruck: gewandt und flüssig					
Präzise Formulierungen					
Großer aktiver Wortschatz					
Kann überzeugend begründen					
Geht auf Widerspruch mit konstruktiven Argumenten ein					
Durchsetzungsvermögen, Zielorientierung					
Handelt nach konkreten Zielen					
Sucht und bewertet Informationen					
Tritt selbstbewusst auf					
Überwindet Widerstände					
Setzt sich für seinen Standpunkt ein					
Führungseinstellung					
Achtet und behandelt MA als gleichwertige Arbeitspartner					
Verhält sich fair gegenüber seinen MA					
Ist offen gegenüber konstruktiver Kritik					
Setzt seinen MA klare Arbeitsziele					
Informiert über Zusammenhänge					
Sonstige relevante Merkmale					
______					
______					
______					
______					
______					
______					
______					
______					

Fachliche Aspekte Überprüfung insbesondere anhand konkreter Aufgabenstellungen!

Beobachtungsfelder	–	ϕ	+	++	Beobachtungen
Auftreten als					
Entspricht der Bewerber unseren Vorstellungen von einem ....?					
Passt der Bewerber in die bestehende Arbeitsgruppe?					
Umsetzung des Fachwissens bei der Bearbeitung konkreter Aufgabenstellungen					
Situationsanalyse					
Vollständiges Erfassen der Aufgabenstellung					
Erkennen der wichtigsten Kern- und Angelpunkte des Problems					
Sammeln der zur Problemlösung notwendigen Informationen aus dafür relevanten Quellen					
Vorgehensweise					
Systematisches und zielorientiertes Handeln					
Zeigt Ideenreichtum und Flexibilität					
Gliedert Entscheidungsprozess in sinnvolle Schritte					
Fachkenntnisse					
Argumentations- und Vorgehensweise lassen auf umfangreiche und detaillierte Fachkenntnisse schließen					
Lösungsvorschläge versprechen Zufriedenheit beim Kunden und Ertrag für das Unternehmen					

Besondere fachliche Anforderungen der jeweiligen Zielposition	–	ϕ	+	++	Bemerkungen
______					
______					
______					
______					
______					
______					
______					
______					

Mobilität: Bevorzugter Einsatzort: ______

Mögliche Einsatzorte: ______

Anforderungen an das Unternehmen: Gehaltswunsch: ______ Titel: ______

Nebenleistungen: ______

Entscheidung:

- Voll geeignet, zur Einstellung empfohlen
- Zur Einstellung empfohlen unter folgenden Voraussetzungen (z. B. Weiterbildungsmaßnahmen): ______
- Nicht geeignet, da: ______

Interviewer:

Fragebogen

In vielen Unternehmen ist es üblich, Arbeitnehmern vor ihrer Einstellung einen Fragebogen vorzulegen. Das Fragerecht des Arbeitgebers ist jedoch beschränkt. Grundsätzlich darf er nur nach solchen Tatsachen fragen, die mit dem angebotenen Arbeitsplatz zusammenhängen.

Erlaubt sind Fragen nach
- dem beruflichen Werdegang,
- der vorherigen Gehaltshöhe,
- chronischen Krankheiten oder Berufskrankheiten.

Verboten sind Fragen nach
- Gewerkschaftszugehörigkeit,
- einer bevorstehenden Heirat,
- Krankheiten allgemeiner Art,
- Religions- und Parteizugehörigkeit,
- einer Schwangerschaft.

Erlaubte Fragen muss der Arbeitnehmer wahrheitsgemäß beantworten.

Testverfahren

Verwendung finden Leistungs-, Intelligenz- und Persönlichkeitstests. Manche Tests werden von Wissenschaftlern wegen mangelnder Aussagekraft als sehr fragwürdig angesehen.

Assessment-Center

Im Assessment-Center werden verschiedene Auswahlmethoden integriert. Mithilfe praktischer Übungen wird versucht, den Berufsalltag zu simulieren, um so aus dem Verhalten der Bewerberinnen und Bewerber einen Einblick in deren Eignung für die zu besetzende Stelle zu erhalten. Um ein möglichst großes Maß an Objektivität zu erzielen, wird das gezeigte Verhalten normalerweise von mehreren Beobachtern beurteilt. Bestandteile des Assessment-Centers sind insbesondere

- die sogenannte Postkorb-Übung zur Erfassung von Planungs- und Organisationsgeschick,
- Rollenspiele, z. B. zum Erkennen der Teamfähigkeit,
- Präsentationen, z. B. zum Erkennen von Argumentationsfähigkeit und sprachlichem Ausdruck,
- Bewerber-Interviews und
- ein Abschlussgespräch zur Erläuterung von Ergebnissen und zur Begründung von Entscheidungen

AUFGABEN

1. Welche Anforderungen werden an einen Verkäufer gestellt?
2. Welche besonderen Anforderungen muss ein/e Substitut/-in oder ein/e Abteilungsleiter/-in erfüllen?
3. Welche Unterlagen müssen einem Bewerbungsschreiben beigefügt werden?
4. Schreiben Sie Ihren Lebenslauf in tabellarischer und in Aufsatzform.
5. Welche der folgenden Fragen muss ein Bewerber in einem Fragebogen oder Einstellungsgespräch wahrheitsgemäß beantworten?
   a) Was haben Sie bisher verdient?
   b) Wo arbeitet Ihr Ehepartner?
   c) Sind Sie Gewerkschaftsmitglied?
   d) Sind Sie schwanger?
   e) Welche Kinderkrankheiten haben Sie gehabt?
   f) In welchem Betrieb haben Sie gelernt?

AKTIONEN

1. Britta Krombach und Lars Panning haben von der Leiterin der Personalabteilung den Auftrag bekommen, die Entwürfe der Stellenanzeigen für die neu zu besetzenden Stellen
   - Kosmetik-Verkäuferin/Kosmetik-Verkäufer
   - 1. Verkäuferin/1. Verkäufer im Bereich Herrenoberbekleidung
   - Abteilungsleiterin/Abteilungsleiter Lebensmittel

   zu erstellen.

Versetzen Sie sich in die Rolle von Britta Krombach und Lars Panning und erstellen Sie die Entwürfe für die Stellenanzeigen.

Präsentieren Sie die Entwürfe auf je einem Plakat.

2. Auf die Anzeige für die Stelle „Kosmetik-Verkäuferin/Kosmetik-Verkäufer" haben sich acht Bewerberinnen bzw. Bewerber gemeldet.
Führen Sie mit drei dieser Bewerberinnen/Bewerber Vorstellungsgespräche in einem Rollenspiel durch.
   a) Bilden Sie zur Vorbereitung des Rollenspiels eine Gruppe aus vier Personen, die sich auf die Rolle des Personalmitarbeiters der Ambiente Warenhaus AG vorbereiten.
   b) Bilden Sie weitere Gruppen aus je vier Personen, die sich auf die Rolle der Bewerberinnen oder Bewerber vorbereiten.
   c) Bilden Sie eine Gruppe aus vier Personen, die einen Beobachtungsbogen für das Rollenspiel entwickelt.
   d) Führen Sie drei Bewerbungsgespräche als Rollenspiele durch.
   e) Werten Sie die Rollenspiele mithilfe des vorbereiteten Beobachtungsbogens aus.

ZUSAMMENFASSUNG

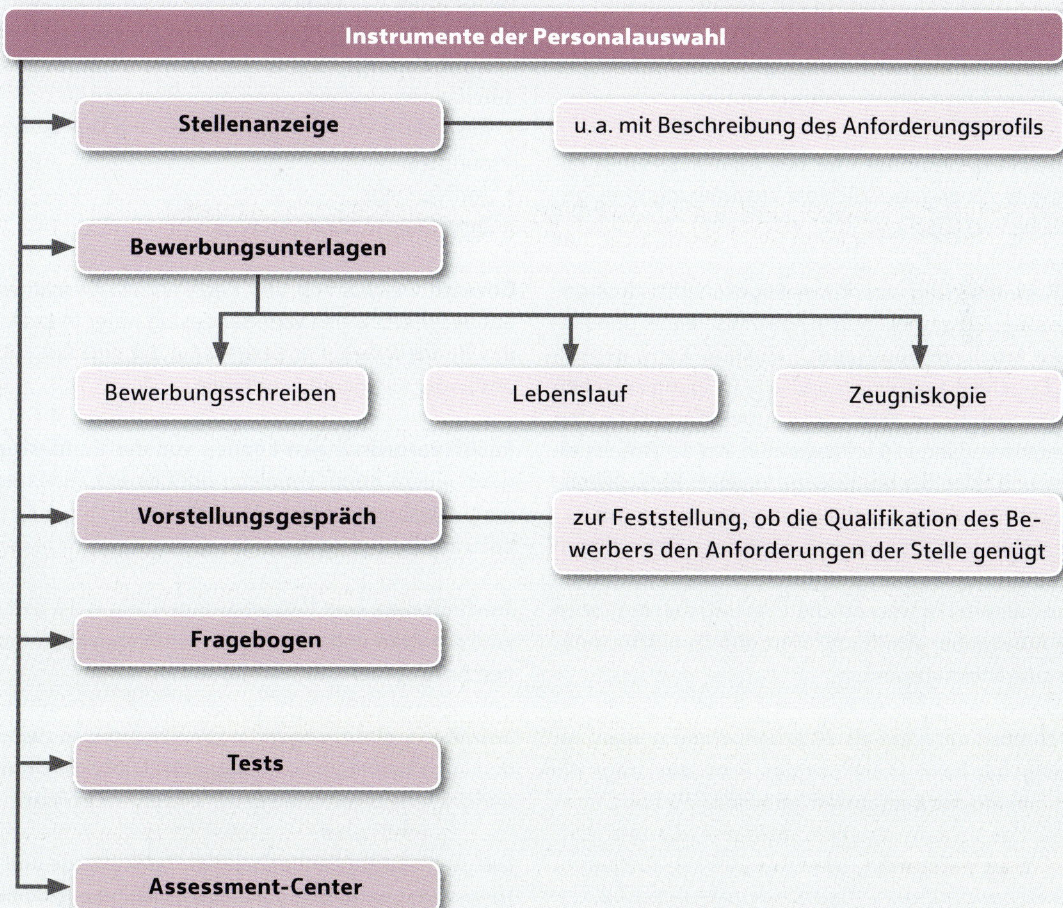

KAPITEL 3

Wir erkennen die Bedeutung von Arbeitsverträgen für das Arbeitsverhältnis

Petra Rötger hat sich bei der Ambiente Warenhaus AG als Kosmetik-Verkäuferin beworben. Während des Vorstellungsgesprächs vereinbart die Personalleiterin des Warenhauses lediglich, dass Petra ab dem 1. Oktober 20.. als Kauffrau beschäftigt werden soll.

Vorstellungsgespräch bei der Personalleiterin

Welche weiteren Punkte hätten Petra und die Personalleiterin während des Vorstellungsgesprächs unbedingt klären sollen?

INFORMATION

Abschluss des Arbeitsvertrags

Der Arbeitsvertrag wird zwischen einem Arbeitgeber und einem Arbeitnehmer abgeschlossen.

Minderjährige benötigen für den Abschluss eines Arbeitsvertrags grundsätzlich die Zustimmung ihres gesetzlichen Vertreters.

Der Arbeitsvertrag wird in der Regel schriftlich abgeschlossen. Gesetzlich ist der Abschluss eines unbefristeten Arbeitsvertrags jedoch an keine Form gebunden. Es genügt auch eine mündliche Einigung zwischen Arbeitnehmer und Arbeitgeber über die wichtigsten Arbeitsbedingungen (Eintrittstermin, Art der Arbeitsleistung und Höhe der Vergütung). In vielen Bereichen ist die Schriftform von Arbeitsverträgen jedoch durch Tarifverträge vorgeschrieben. Spätestens einen Monat nach Beginn eines mündlich geschlossenen Arbeitsvertrags müssen die wesentlichen Vertragsbedingungen vom Arbeitgeber schriftlich fixiert und dem Arbeitnehmer ausgehändigt werden.

In Betrieben mit mehr als 20 Arbeitnehmern muss der Arbeitgeber beim Abschluss des Arbeitsvertrags die Zustimmung des Betriebsrats einholen.[1]

Vertragsfreiheit

Grundsätzlich besteht beim Abschluss eines Arbeitsvertrags Abschlussfreiheit; d.h., die Beteiligten können frei darüber entscheiden, ob sie einen Arbeitsvertrag abschließen wollen. Die inhaltliche Gestaltungsfreiheit eines Arbeitsvertrags ist jedoch stark eingeschränkt durch

- gesetzliche Vorschriften (Gesetze und Rechtsverordnungen),
- Tarifverträge,
- Betriebsvereinbarungen.

Gesetze werden von den Parlamenten beschlossen: Bundesgesetze also vom Bundestag unter Mitwirkung des Bundesrates, Landesgesetze der einzelnen Bundesländer von deren Landtagen.

Rechtsverordnungen können von der Bundesregierung, einem Bundesminister oder einer Landesregierung erlassen werden, wenn diese durch ein Gesetz dazu ermächtigt sind.

Tarifverträge sind Vereinbarungen, die zwischen Gewerkschaften und Arbeitgeberverbänden oder einzelnen Arbeitgebern abgeschlossen werden.

Betriebsvereinbarungen sind Vereinbarungen zwischen dem Arbeitgeber und dem Betriebsrat über die Ordnung und die Arbeitsverhältnisse des einzelnen Betriebs.

Die gesetzlichen Bestimmungen, Tarifverträge und Betriebsvereinbarungen sollen den einzelnen Arbeitnehmer vor Benachteiligungen schützen. Ihre Inhalte stellen Mindestbedingungen dar, die durch den Arbeitsvertrag

1 Siehe auch Kap. 1.14 in „Handeln im Handel – 1. Ausbildungsjahr".

nicht unterschritten werden dürfen. Vertragsinhalte, die den Arbeitnehmer schlechter stellen, sind nichtig. Günstigere Vereinbarungen dürfen im individuellen Arbeitsvertrag jederzeit getroffen werden.

BEISPIEL

Einem Arbeitnehmer stehen laut Gesetz im Krankheitsfall 6 Wochen Entgeltfortzahlung zu (Lohn bzw. Gehalt). Eine Vereinbarung im Arbeitsvertrag über 8 Wochen Entgeltfortzahlung ist gültig, weil sie den Arbeitnehmer besser stellt als die gesetzliche Regelung. Eine vertragliche Vereinbarung von 4 Wochen Entgeltfortzahlung wäre nichtig, weil sie den Arbeitnehmer schlechter stellt als das Gesetz.

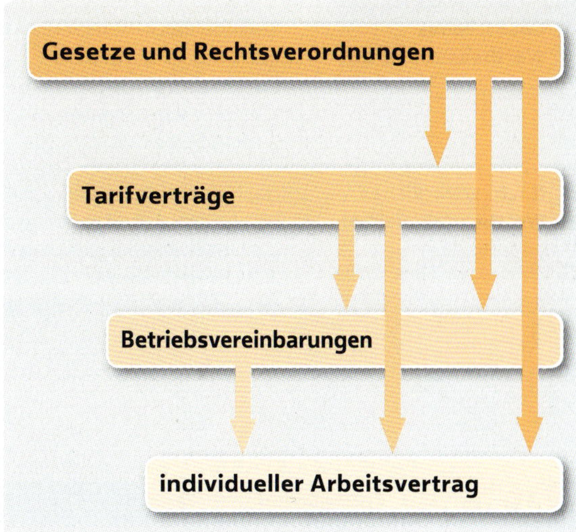

Pflichten von Arbeitgeber und Arbeitnehmer

Mit dem Abschluss des Arbeitsvertrags übernehmen der Arbeitgeber und der Arbeitnehmer eine Reihe von Pflichten.

Die Pflichten des Arbeitgebers sind:	
1. Vergütungspflicht	Der Arbeitgeber muss für die erbrachte Arbeitsleistung des Arbeitnehmers eine Vergütung bezahlen. Der Arbeitgeber muss das Gehalt an seine kaufmännischen Angestellten spätestens am letzten Werktag des Monats bezahlen. Das Gehalt muss auch bei Arbeitsunfähigkeit wegen Krankheit bis zu 6 Wochen weiterbezahlt werden.
2. Beschäftigungspflicht	Der Arbeitgeber ist verpflichtet, dem Arbeitnehmer nicht nur Gehalt zu zahlen, sondern ihn auch tatsächlich zu beschäftigen.
3. Urlaubsgewährungspflicht	Der Arbeitgeber muss dem Arbeitnehmer in jedem Kalenderjahr bezahlten Erholungsurlaub gewähren. Den Urlaub regelmäßig durch Geldzahlungen abzugelten, ist unzulässig.
4. Fürsorgepflicht	Der Arbeitgeber muss alle Arbeitsbedingungen so gestalten, dass der Arbeitnehmer gegen Gefahren für Leben und Gesundheit so weit wie möglich geschützt ist.
5. Zeugnispflicht	Der Arbeitnehmer kann von seinem Arbeitgeber bei Beendigung des Arbeitsverhältnisses ein schriftliches Zeugnis verlangen (siehe Kap. 13.7).

Die Pflichten eines kaufmännischen Angestellten (= Handlungsgehilfen) sind:	
1. Arbeitspflicht	Der Arbeitnehmer muss die im Arbeitsvertrag vereinbarte Arbeitsleistung erbringen.
2. Verschwiegenheitspflicht	Der Arbeitnehmer darf Geschäfts- und Betriebsgeheimnisse nicht an Dritte mitteilen.
3. Verbot der Annahme von „Schmiergeldern“	Der Arbeitnehmer darf keine „Schmiergelder“ annehmen. **BEISPIEL** Ein Bürobedarfsgroßhändler verspricht einem Einkäufer eines Einzelhandelsbetriebs eine größere Geldsumme, wenn der Einkäufer den Bürobedarf des Einzelhandelsbetriebs nur noch bei ihm einkauft.

4. Gesetzliches Wettbewerbsverbot	Solange das Arbeitsverhältnis besteht, darf ein kaufmännischer Angestellter ohne Einwilligung des Arbeitgebers • nicht selbstständig ein Handelsgewerbe betreiben, • in dem Handelszweig des Arbeitgebers keine Geschäfte für eigene oder fremde Rechnung betreiben.
5. Nachvertragliches Wettbewerbsverbot	Nach Beendigung des Arbeitsverhältnisses darf ein kaufmännischer Angestellter seinem bisherigen Arbeitgeber grundsätzlich Konkurrenz machen. Soll ein Wettbewerbsverbot auch nach Beendigung des Arbeitsverhältnisses bestehen, muss dies ausdrücklich vertraglich geregelt werden. Dieses Wettbewerbsverbot darf nicht länger als 2 Jahre nach Beendigung des Arbeitsverhältnisses bestehen.

AUFGABEN

1. Zwischen welchen Personen wird ein Arbeitsvertrag abgeschlossen?
2. Durch welche Regelungen wird die Gestaltungsfreiheit der Arbeitsvertragsinhalte eingeschränkt?
3. Zwischen einem Arbeitnehmer und einem Arbeitgeber wird ein vertraglicher Jahresurlaub von 30 Werktagen vereinbart. In einer Betriebsvereinbarung zwischen Betriebsrat und Arbeitgeber wurde für alle Betriebsangehörigen ein Jahresurlaub von 28 Werktagen vereinbart.
   Wie viel Tage Urlaub stehen dem Arbeitnehmer zu?
4. Welche Pflichten aus dem Arbeitsvertrag werden in folgenden Fällen verletzt?
   a) Eine Verkäuferin weigert sich, einen Kunden zu bedienen, mit dem sie schon einmal Schwierigkeiten gehabt hat.
   b) Der Aufenthaltsraum für die Verkäufer eines Fachgeschäfts wird im Winter nicht geheizt.
   c) Der Arbeitgeber zahlt das März-Gehalt erst am 15. April.
   d) Ein Angestellter teilt dem Einkäufer eines Konkurrenzbetriebs die Einkaufspreise des eigenen Betriebs mit.
   e) Ein Arbeitgeber weigert sich, einer Angestellten für 2 Wochen, in denen sie arbeitsunfähig erkrankt war, Gehalt zu zahlen.
   f) Ein Verkäufer, der in der Lebensmittelabteilung eines Warenhauses beschäftigt ist, arbeitet an seinem freien Tag in einem Lebensmittelsupermarkt.
   g) Ein Arbeitgeber weigert sich, einem Angestellten, der gekündigt hat, ein schriftliches Zeugnis auszustellen.
5. Unter welchen Voraussetzungen darf ein Angestellter auch nach Beendigung eines Arbeitsverhältnisses seinem bisherigen Arbeitgeber keine Konkurrenz machen?

AKTIONEN

1. Petra Rötger soll als neue Kosmetik-Verkäuferin der Ambiente Warenhaus AG eingestellt werden. Erstellen Sie einen Entwurf für den Arbeitsvertrag zwischen Petra Rötger und der Ambiente Warenhaus AG mithilfe eines Textverarbeitungsprogramms.
   Präsentieren Sie Ihren Entwurf in Ihrer Klasse als Folienbild oder mithilfe eines Beamers.
2. Stellen Sie die gesetzlichen und tarifvertraglichen Vorschriften, die bei der Gestaltung des Arbeitsvertrags für Petra Rötger beachtet werden müssen, in einer Mindmap zusammen.

222270234

ZUSAMMENFASSUNG

Arbeitgeber — Willenserklärung → **Arbeitsvertrag** ← Willenserklärung — **Arbeitnehmer**

Arbeitsvertrag begründet:

Pflichten des Arbeitgebers
- Vergütungspflicht
- Beschäftigungspflicht
- Pflicht zur Gewährung von Erholungsurlaub
- Fürsorgepflicht
- Zeugnispflicht

Pflichten des Arbeitnehmers
- Arbeitspflicht
- Verschwiegenheitspflicht
- Verbot der Annahme von Schmiergeldern
- Wettbewerbsverbot

Die **Vertragsfreiheit** beim Abschluss von Arbeitsverträgen ist **eingeschränkt durch**
- gesetzliche Bestimmungen,
- Tarifverträge,
- Betriebsvereinbarungen.

KAPITEL 4
Wir erstellen Entgeltabrechnungen

Britta Krombach ist zurzeit im Funktionsbereich Rechnungswesen der Ambiente Warenhaus AG tätig. Der Leiter des Funktionsbereichs Rechnungswesen, Herr Freiberg, beauftragt sie, die Gehaltsabrechnung für die Sachbearbeiterinnen und Sachbearbeiter der Personalabteilung zu erstellen:

- Herr Böhme, Bruttomonatsverdienst 2.420,00 €, verheiratet, zwei Kinder, Steuerklasse IV, evangelisch
- Herr Baumann, Bruttomonatsverdienst 2.420,00 €, ledig, keine Kinder, Steuerklasse I, keine Kirchenzugehörigkeit
- Frau Steiner, Bruttomonatsverdienst 2.760,00 €, verheiratet, keine Kinder, Steuerklasse IV, keine Kirchenzugehörigkeit
- Frau Lutze, Bruttomonatsverdienst 1.325,00 €, verheiratet, ein Kind, Steuerklasse III, katholisch.

Versetzen Sie sich in die Rolle von Britta Krombach und ermitteln Sie die Nettogehälter der Angestellten der Personalabteilung.

INFORMATION

Bruttoverdienstermittlung

Zum Bruttoverdienst gehören alle Zuwendungen, die ein Arbeitnehmer von seinem Arbeitgeber aufgrund seines Arbeitsverhältnisses erhält. Die Höhe des Bruttoverdienstes ist abhängig von

- festen Vorgaben aufgrund gesetzlicher, tariflicher, betrieblicher und einzelvertraglicher Regelungen und
- sonstigen Zulagen, z. B. Leistungszulagen, Provisionen.

BEISPIEL

Grundlage für das Gehalt von Frau Altmann, ledig, ev.-luth., ist der geltende Lohn- und Gehaltstarifvertrag des Einzelhandels für Niedersachsen. Aufgrund ihrer Ausbildung und ihrer bisherigen Tätigkeit ist sie in die Gehaltsgruppe V eingeordnet. Ihr Tarifgehalt beträgt danach 2.089,57 €. Zusätzlich zu ihrem Tarifgehalt erhält sie für den abgelaufenen Monat eine Leistungszulage von 125,00 €. Außerdem zahlt ihr Arbeitgeber einen Anteil zu ihren vermögenswirksamen Leistungen von 20,00 €. Ihr Bruttoverdienst beträgt somit:

	Gehalt gemäß Tarifvertrag	2.089,57 €
+	Leistungszulage	125,00 €
+	vermögenswirksame Leistungen (Arbeitgeberanteil)	20,00 €
=	steuer- und sozialversicherungspflichtiger Bruttoverdienst	2.234,57 €

Nettoverdienstermittlung

Zur Ermittlung des Nettoverdienstes müssen vom Bruttoverdienst die gesetzlichen Abzüge

- Lohnsteuer,
- ggf. Kirchensteuer,
- Solidaritätszuschlag und
- Sozialversicherungsbeiträge (Beiträge zur Renten-, Kranken-, Pflege- und Arbeitslosenversicherung)

abgezogen werden.

BEISPIEL

	Bruttoverdienst	2.234,57 €
./.	Lohnsteuer (StKl. I)	231,83 €
./.	Kirchensteuer (9 % der Lohnsteuer)	20,86 €
./.	Solidaritätszuschlag (5,5 % der Lohnsteuer)	12,75 €
./.	Beiträge zur Sozialversicherung (Arbeitnehmeranteil)	
	Rentenversicherung (9,3 %)	207,76 €
	Arbeitslosenversicherung (1,25 %)	27,93 €
	Krankenversicherung (7,3 % + 1,1 % Zusatzbeitrag[1])	175,37 €
	Pflegeversicherung (1,775 %)	39,65 €
=	Nettoverdienst	1.517,85 €

Lohnsteuer

Der Arbeitgeber ermittelt die Lohnsteuer des Arbeitnehmers auf der Grundlage folgender Merkmale:

- Anschrift des Arbeitnehmers,
- Familienstand,
- Geburtsdatum,
- Steuerklasse,
- Religionszugehörigkeit,
- Zahl der Kinder und
- Zahl der Kinderfreibeträge.

Das Finanzamt ist dafür zuständig, dem Arbeitgeber die notwendigen Merkmale für die Besteuerung des Arbeitnehmers zu übermitteln.

Am Jahresende erhält der Arbeitnehmer vom Arbeitgeber eine Bescheinigung über die abgeführten Steuern. Auf dieser Bescheinigung sind u. a.

- der Bruttoverdienst,
- die einbehaltene Lohn- und Kirchensteuer,
- die Sozialversicherungsbeiträge und
- etwaige vermögenswirksame Leistungen sowie
- die eTIN (elektronische Transfer-Identifikations-Nummer)

vermerkt, die der Arbeitnehmer bei seiner Einkommensteuererklärung oder seinem Antrag auf Einkommensteuerveranlagung angeben muss. Der Arbeitgeber übermittelt die Lohnsteuerbescheinigungsdaten spätestens bis zum 28. Februar des Folgejahres außerdem per ELSTER an die Finanzverwaltung. Mithilfe der eTIN wird die eindeutige Zuordnung gewährleistet.

Lohnsteuertabelle

Der Arbeitgeber ermittelt die einzubehaltende Lohnsteuer mithilfe einer Lohnsteuertabelle. Diese Tabellen gibt es als Tages-, Wochen-, Monats- und Jahrestabelle. Den Steuerbeträgen in der Lohnsteuertabelle liegt der Einkommensteuertarif zugrunde. In die Tabelle sind Freibeträge eingearbeitet. Die Lohnsteuertabelle reiht die Arbeitnehmer in sechs Steuerklassen ein.

1 Der Zusatzbeitrag wird von den einzelnen Krankenkassen festgelegt. Er kann von Krankenkasse zu Krankenkasse unterschiedlich sein. Dieser Beitrag wird ab 2019 wieder hälftig von AG und AN getragen.

2 243,99* MONAT

Abzüge an Lohnsteuer, Solidaritätszuschlag (SolZ) und Kirchensteuer (8%, 9%) in den Steuerklassen

Lohn/ Gehalt bis €*		I – VI					I, II, III, IV																		
			ohne Kinderfreibeträge					mit Zahl der Kinderfreibeträge . . . 0,5			1			1,5			2			2,5			3**		
		LSt	SolZ	8%	9%		LSt	SolZ	8%	9%	SolZ	8%	9%	SolZ	8%	9%	SolZ	8%	9%	SolZ	8%	9%	SolZ	8%	9%
2 195,99	I,IV	225,33	12,39	18,02	20,27	I	225,33	7,83	11,39	12,81	—	5,22	5,87	—	0,46	0,52	—	—	—	—	—	—	—	—	—
	II	183,16	10,07	14,65	16,48	II	183,16	4,38	8,23	9,26	—	2,60	2,92	—	—	—	—	—	—	—	—	—	—	—	—
	III	26,50	—	2,12	2,38	III	26,50	—	—	—	—	—	—	—	—	—	—	—	—	—	—	—	—	—	—
	V	473,—	26,01	37,84	42,57	IV	225,33	10,07	14,66	16,49	7,83	11,39	12,81	4,40	8,24	9,27	—	5,22	5,87	—	2,60	2,93	—	0,46	0,52
	VI	504,66	27,75	40,37	45,41																				
2 198,99	I,IV	226,—	12,43	18,08	20,34	I	226,—	7,86	11,44	12,87	—	5,26	5,91	—	0,50	0,56	—	—	—	—	—	—	—	—	—
	II	183,83	10,11	14,70	16,54	II	183,83	4,50	8,28	9,31	—	2,64	2,97	—	—	—	—	—	—	—	—	—	—	—	—
	III	26,83	—	2,14	2,41	III	26,83	—	—	—	—	—	—	—	—	—	—	—	—	—	—	—	—	—	—
	V	474,—	26,07	37,92	42,66	IV	226,—	10,11	14,71	16,55	7,86	11,44	12,87	4,51	8,28	9,32	—	5,26	5,91	—	2,64	2,97	—	0,50	0,56
	VI	505,50	27,80	40,44	45,49																				
2 201,99	I,IV	226,66	12,46	18,13	20,39	I	226,66	7,90	11,50	12,93	—	5,30	5,96	—	0,52	0,59	—	—	—	—	—	—	—	—	—
	II	184,50	10,14	14,76	16,60	II	184,50	4,63	8,33	9,37	—	2,68	3,01	—	—	—	—	—	—	—	—	—	—	—	—
	III	27,33	—	2,18	2,45	III	27,33	—	—	—	—	—	—	—	—	—	—	—	—	—	—	—	—	—	—
	V	474,83	26,11	37,98	42,73	IV	226,66	10,14	14,76	16,60	7,90	11,50	12,93	4,63	8,33	9,37	—	5,30	5,96	—	2,68	3,01	—	0,52	0,59
	VI	506,33	27,84	40,50	45,56																				
2 204,99	I,IV	227,33	12,50	18,18	20,45	I	227,33	7,93	11,54	12,98	—	5,35	6,02	—	0,56	0,63	—	—	—	—	—	—	—	—	—
	II	185,16	10,18	14,81	16,66	II	185,16	4,75	8,38	9,42	—	2,71	3,05	—	—	—	—	—	—	—	—	—	—	—	—
	III	27,83	—	2,22	2,50	III	27,83	—	—	—	—	—	—	—	—	—	—	—	—	—	—	—	—	—	—
	V	476,—	26,18	38,08	42,84	IV	227,33	10,18	14,82	16,67	7,93	11,54	12,98	4,76	8,38	9,43	—	5,35	6,02	—	2,72	3,06	—	0,56	0,63
	VI	507,50	27,91	40,60	45,67																				
2 207,99	I,IV	228,—	12,54	18,24	20,52	I	228,—	7,97	11,60	13,05	—	5,40	6,07	—	0,59	0,66	—	—	—	—	—	—	—	—	—
	II	185,83	10,22	14,86	16,72	II	185,83	4,88	8,43	9,48	—	2,75	3,09	—	—	—	—	—	—	—	—	—	—	—	—
	III	28,16	—	2,25	2,53	III	28,16	—	—	—	—	—	—	—	—	—	—	—	—	—	—	—	—	—	—
	V	476,83	26,22	38,14	42,91	IV	228,—	10,22	14,86	16,72	7,97	11,60	13,05	4,88	8,43	9,48	—	5,40	6,07	—	2,76	3,10	—	0,59	0,66
	VI	508,33	27,95	40,66	45,74																				
2 210,99	I,IV	228,75	12,58	18,30	20,58	I	228,75	8,01	11,65	13,10	—	5,44	6,12	—	0,62	0,69	—	—	—	—	—	—	—	—	—
	II	186,41	10,25	14,91	16,77	II	186,41	5,—	8,48	9,54	—	2,79	3,14	—	—	—	—	—	—	—	—	—	—	—	—
	III	28,66	—	2,29	2,57	III	28,66	—	—	—	—	—	—	—	—	—	—	—	—	—	—	—	—	—	—
	V	477,66	26,27	38,21	42,98	IV	228,75	10,25	14,92	16,78	8,01	11,65	13,10	5,01	8,48	9,54	—	5,44	6,12	—	2,79	3,14	—	0,62	0,69
	VI	509,16	28,—	40,73	45,82																				
2 213,99	I,IV	229,41	12,61	18,35	20,64	I	229,41	8,04	11,70	13,16	—	5,48	6,17	—	0,65	0,73	—	—	—	—	—	—	—	—	—
	II	187,08	10,28	14,96	16,83	II	187,08	5,11	8,52	9,59	—	2,82	3,17	—	—	—	—	—	—	—	—	—	—	—	—
	III	29,16	—	2,33	2,62	III	29,16	—	—	—	—	—	—	—	—	—	—	—	—	—	—	—	—	—	—
	V	478,50	26,31	38,28	43,06	IV	229,41	10,29	14,97	16,84	8,04	11,70	13,16	5,13	8,53	9,59	—	5,48	6,17	—	2,83	3,18	—	0,65	0,73
	VI	510,33	28,06	40,82	45,92																				
2 216,99	I,IV	230,08	12,65	18,40	20,70	I	230,08	8,08	11,75	13,22	—	5,53	6,22	—	0,68	0,76	—	—	—	—	—	—	—	—	—
	II	187,75	10,32	15,02	16,89	II	187,75	5,25	8,58	9,65	—	2,86	3,22	—	—	—	—	—	—	—	—	—	—	—	—
	III	29,66	—	2,37	2,66	III	29,66	—	—	—	—	—	—	—	—	—	—	—	—	—	—	—	—	—	—
	V	479,33	26,36	38,34	43,13	IV	230,08	10,33	15,02	16,90	8,08	11,75	13,22	5,25	8,58	9,65	—	5,53	6,22	—	2,87	3,23	—	0,68	0,76
	VI	511,16	28,11	40,89	46,—																				
2 219,99	I,IV	230,75	12,69	18,46	20,76	I	230,75	8,11	11,80	13,28	—	5,58	6,27	—	0,71	0,80	—	—	—	—	—	—	—	—	—
	II	188,41	10,36	15,07	16,95	II	188,41	5,36	8,62	9,70	—	2,90	3,26	—	—	—	—	—	—	—	—	—	—	—	—
	III	30,—	—	2,40	2,70	III	30,—	—	—	—	—	—	—	—	—	—	—	—	—	—	—	—	—	—	—
	V	480,50	26,42	38,44	43,24	IV	230,75	10,36	15,08	16,96	8,11	11,80	13,28	5,38	8,63	9,71	—	5,58	6,27	—	2,91	3,27	—	0,71	0,80
	VI	512,—	28,16	40,96	46,08																				
2 222,99	I,IV	231,41	12,72	18,51	20,82	I	231,41	8,14	11,85	13,33	—	5,62	6,32	—	0,74	0,83	—	—	—	—	—	—	—	—	—
	II	189,08	10,39	15,12	17,01	II	189,08	5,50	8,68	9,76	—	2,94	3,31	—	—	—	—	—	—	—	—	—	—	—	—
	III	30,50	—	2,44	2,74	III	30,50	—	—	—	—	—	—	—	—	—	—	—	—	—	—	—	—	—	—
	V	481,33	26,47	38,50	43,31	IV	231,41	10,40	15,13	17,02	8,14	11,85	13,33	5,50	8,68	9,76	—	5,62	6,32	—	2,94	3,31	—	0,74	0,83
	VI	513,16	28,22	41,05	46,18																				
2 225,99	I,IV	232,08	12,76	18,56	20,88	I	232,08	8,18	11,90	13,39	—	5,67	6,38	—	0,77	0,86	—	—	—	—	—	—	—	—	—
	II	189,75	10,43	15,18	17,07	II	189,75	5,61	8,72	9,81	—	2,98	3,35	—	—	—	—	—	—	—	—	—	—	—	—
	III	31,—	—	2,48	2,79	III	31,—	—	—	—	—	—	—	—	—	—	—	—	—	—	—	—	—	—	—
	V	482,16	26,51	38,57	43,39	IV	232,08	10,44	15,18	17,08	8,18	11,90	13,39	5,63	8,73	9,82	—	5,67	6,38	—	2,98	3,35	—	0,77	0,86
	VI	514,—	28,27	41,12	46,26																				
2 228,99	I,IV	232,83	12,80	18,62	20,95	I	232,83	8,22	11,96	13,45	—	5,72	6,43	—	0,80	0,90	—	—	—	—	—	—	—	—	—
	II	190,41	10,47	15,23	17,13	II	190,41	5,73	8,77	9,86	—	3,02	3,39	—	—	—	—	—	—	—	—	—	—	—	—
	III	31,33	—	2,50	2,81	III	31,33	—	—	—	—	—	—	—	—	—	—	—	—	—	—	—	—	—	—
	V	483,16	26,57	38,65	43,48	IV	232,83	10,47	15,24	17,14	8,22	11,96	13,45	5,75	8,78	9,87	—	5,72	6,43	—	3,02	3,40	—	0,80	0,90
	VI	514,83	28,31	41,18	46,33																				
2 231,99	I,IV	233,50	12,84	18,68	21,01	I	233,50	8,25	12,—	13,50	—	5,76	6,48	—	0,84	0,94	—	—	—	—	—	—	—	—	—
	II	191,08	10,50	15,28	17,19	II	191,08	5,86	8,82	9,92	—	3,06	3,44	—	—	—	—	—	—	—	—	—	—	—	—
	III	31,83	—	2,54	2,86	III	31,83	—	—	—	—	—	—	—	—	—	—	—	—	—	—	—	—	—	—
	V	484,—	26,62	38,72	43,56	IV	233,50	10,51	15,29	17,20	8,25	12,—	13,50	5,88	8,83	9,93	—	5,76	6,48	—	3,06	3,44	—	0,84	0,94
	VI	515,83	28,37	41,26	46,42																				
2 234,99	I,IV	234,16	12,87	18,73	21,07	I	234,16	8,29	12,06	13,56	—	5,81	6,53	—	0,87	0,98	—	—	—	—	—	—	—	—	—
	II	191,75	10,54	15,34	17,25	II	191,75	5,98	8,87	9,98	—	3,10	3,48	—	—	—	—	—	—	—	—	—	—	—	—
	III	32,33	—	2,58	2,90	III	32,33	—	—	—	—	—	—	—	—	—	—	—	—	—	—	—	—	—	—
	V	485,—	26,67	38,80	43,65	IV	234,16	10,55	15,34	17,26	8,29	12,06	13,56	6,—	8,88	9,99	—	5,81	6,53	—	3,10	3,49	—	0,87	0,98
	VI	516,83	28,42	41,34	46,51																				
2 237,99	I,IV	234,83	12,91	18,78	21,13	I	234,83	8,32	12,11	13,62	—	5,86	6,59	—	0,90	1,01	—	—	—	—	—	—	—	—	—
	II	192,41	10,58	15,39	17,31	II	192,41	6,11	8,92	10,04	—	3,14	3,53	—	—	—	—	—	—	—	—	—	—	—	—
	III	32,83	—	2,62	2,95	III	32,83	—	—	—	—	—	—	—	—	—	—	—	—	—	—	—	—	—	—
	V	485,83	26,72	38,86	43,72	IV	234,83	10,58	15,40	17,32	8,32	12,11	13,62	6,13	8,93	10,04	—	5,86	6,59	—	3,14	3,53	—	0,90	1,01
	VI	517,66	28,47	41,41	46,58																				
2 240,99	I,IV	235,50	12,95	18,84	21,19	I	235,50	8,36	12,16	13,68	—	5,90	6,64	—	0,93	1,04	—	—	—	—	—	—	—	—	—
	II	193,08	10,61	15,44	17,37	II	193,08	6,16	8,97	10,09	—	3,18	3,57	—	—	—	—	—	—	—	—	—	—	—	—
	III	33,33	—	2,66	2,99	III	33,33	—	—	—	—	—	—	—	—	—	—	—	—	—	—	—	—	—	—
	V	486,66	26,76	38,93	43,79	IV	235,50	10,61	15,44	17,37	8,36	12,16	13,68	6,17	8,98	10,10	—	5,90	6,64	—	3,18	3,58	—	0,93	1,04
	VI	518,66	28,52	41,49	46,67																				
2 243,99	I,IV	236,16	12,98	18,89	21,25	I	236,16	8,39	12,21	13,73	—	5,95	6,69	—	0,96	1,08	—	—	—	—	—	—	—	—	—
	II	193,75	10,65	15,50	17,43	II	193,75	6,20	9,02	10,15	—	3,22	3,62	—	—	—	—	—	—	—	—	—	—	—	—
	III	33,66	—	2,69	3,02	III	33,66	—	—	—	—	—	—	—	—	—	—	—	—	—	—	—	—	—	—
	V	487,66	26,82	39,01	43,88	IV	236,16	10,65	15,50	17,43	8,39	12,21	13,73	6,20	9,02	10,15	—	5,95	6,69	—	3,22	3,62	—	0,96	1,08
	VI	519,66	28,58	41,57	46,76																				

* Die ausgewiesenen Tabellenwerte sind amtlich. Siehe Erläuterungen auf der Umschlaginnenseite (U2).
** Bei mehr als 3 Kinderfreibeträgen ist die „Ergänzungs-Tabelle 3,5 bis 6 Kinderfreibeträge" anzuwenden.

T 31

Steuerklassen

Steuer-klasse	Personenkreis
I	• ledige und geschiedene Arbeitnehmer • verheiratete Arbeitnehmer, die von ihrem Ehegatten dauernd getrennt leben oder deren Ehegatte im Ausland lebt • verwitwete Arbeitnehmer, wenn der Ehegatte vor dem vorangegangenen Kalenderjahr gestorben ist Steuerklasse I gilt nicht für Arbeitnehmer, denen ein Entlastungsbeitrag für Alleinerziehende zusteht.
II	• ledige und geschiedene Arbeitnehmer • verheiratete Arbeitnehmer, die von ihrem Ehegatten dauernd getrennt leben oder deren Ehegatte im Ausland lebt • verwitwete Arbeitnehmer, wenn der Ehegatte vor dem vorangegangenen Kalenderjahr gestorben ist Steuerklasse II gilt für Arbeitnehmer, denen ein Entlastungsbeitrag für Alleinerziehende zusteht.
III	• verheiratete Arbeitnehmer, wenn der Ehegatte – keinen Arbeitslohn bezieht oder – auf Antrag beider Ehegatten in die Steuerklasse V eingereiht wird • verwitwete Arbeitnehmer, wenn der Ehegatte im vorangegangenen Kalenderjahr gestorben ist
IV	verheiratete Arbeitnehmer, wenn beide Ehegatten Arbeitslohn beziehen
V	verheiratete Arbeitnehmer • wenn der Ehegatte ebenfalls Arbeitslohn bezieht und • auf Antrag beider Ehegatten in die Steuerklasse III eingereiht wird
VI	Sie wird auf der zweiten und jeder weiteren Lohnsteuerkarte für Arbeitnehmer eingetragen, die aus mehreren Arbeitsverhältnissen gleichzeitig von verschiedenen Arbeitgebern Arbeitslohn beziehen.

Ehegatten, die beide Arbeitslohn beziehen, können zwischen der Steuerklassenkombination IV/IV und III/V wählen. Sie sollten die Kombination III/V nur dann wählen, wenn der Arbeitslohn des einen Ehegatten wesentlich höher ist als der des anderen. Der Ehegatte mit dem höheren Einkommen sollte sich dann in die günstigere Steuerklasse III, der mit dem niedrigeren Einkommen in die Steuerklasse V einstufen lassen.

Kirchensteuer

Wenn ein Arbeitnehmer einer erhebungsberechtigten Religionsgemeinschaft angehört, muss ihm sein Arbeitgeber neben der Lohnsteuer bei jeder Lohn- oder Gehaltsabrechnung auch Kirchensteuer abziehen und sie an das zuständige Finanzamt überweisen. Die Höhe der Kirchensteuer ist in den einzelnen Bundesländern unterschiedlich. Sie beträgt 8 % oder 9 % der Lohnsteuer.

Solidaritätszuschlag

Der Solidaritätszuschlag ist eine Ergänzungsabgabe. Er beträgt 5,5 % der Lohnsteuer.

Sozialversicherungsbeiträge

Die Beiträge zur Renten-, Kranken-, Pflege- und Arbeitslosenversicherung werden für jeden versicherungspflichtigen Arbeitnehmer prozentual nach den festgesetzten Beitragssätzen vom beitragspflichtigen Arbeitsentgelt unter Berücksichtigung der Beitragsbemessungsgrenzen[1] berechnet. Grundsätzlich werden die Beiträge zur Renten-, Kranken- und Arbeitslosenversicherung vom Arbeitnehmer und Arbeitgeber je zur Hälfte getragen. Einen von der jeweiligen Krankenkasse festgelegten Zusatzbeitrag trägt der versicherungspflichtige Arbeitnehmer jedoch allein. Bei der Pflegeversicherung beträgt der Beitrag für Arbeitnehmer mit Kindern 2,55 %, der je zur Hälfte von Arbeitnehmer und Arbeitgeber zu tragen ist. Für kinderlose Arbeitnehmer ab dem 23. Lebensjahr gilt ein Beitragszuschlag von 0,25 %, den sie allein aufwenden müssen.

Die Beitragsanteile des Arbeitnehmers werden von seinem Bruttoverdienst abgezogen.

BEISPIEL

Der steuer- und sozialversicherungspflichtige Bruttoverdienst von Frau Jonas aus Köln beträgt 3.835,00 €. Sie hat eine achtjährige Tochter. Ihre Krankenkasse erhebt einen Zusatzbeitrag von 1,1 %. Daraus ergeben sich für sie folgende Beiträge zur Sozialversicherung (Stand 2019):

- Beitrag zur Rentenversicherung: 18,6 % des Bruttoverdienstes bis zur Beitragsbemessungsgrenze von 6.700,00 €
  → 18,6 % von 3.835,00 € = 731,31 €
- Beitrag zur Arbeitslosenversicherung: 2,5 % des Bruttoverdienstes bis zur Beitragsbemessungsgrenze von 6.700,00 €
  → 2,5 % von 3.835,00 € = 95,88 €
- Beitrag zur Krankenversicherung: 14,6 % + 1,1 % Zusatzbeitrag des Bruttoverdienstes bis zur Beitragsbemessungsgrenze von 5.062,50 €
  → 15,7 % von 3.835,00 € = 602,10 €

1 Siehe auch Kap. 1.15 in „Handeln im Handel – 1. Ausbildungsjahr".

- Beitrag zur Pflegeversicherung: 3,05 % des Bruttoverdienstes bis zur Beitragsbemessungsgrenze von 5.062,50 €
  → 3,05 % von 3.835,00 € = 116,97 €

Beiträge zur Sozialversicherung insgesamt = 1.546,26 €

Arbeitgeberanteil:	1.546,26 € : 2 = 773,13 €
Arbeitnehmeranteil:	1.546,26 : 773,13 €

Anmeldung und Abführung der Lohnsteuer

Der Arbeitgeber muss spätestens am 10. Tag des auf den Lohnsteuer-Anmeldezeitraum folgenden Monats (bei monatlicher Abrechnung) dem Betriebsstättenfinanzamt eine Lohnsteuer-Anmeldung auf einem amtlich vorgeschriebenen Vordruck einreichen. In dieser Anmeldung muss der Arbeitgeber die für seine Arbeitnehmer im Anmeldungszeitraum ermittelte Steuer (Lohnsteuer und Kirchensteuer) und den Solidaritätszuschlag angeben. Die vom Lohn oder Gehalt der Arbeitnehmer einbehaltene Lohnsteuer, Kirchensteuer und der Solidaritätszuschlag müssen vom Arbeitgeber bis zum 10. Tag des auf den Lohnsteuer-Anmeldezeitraums folgenden Monats (bei monatlicher Abrechnung) in einem Betrag an die Kasse des zuständigen Betriebsstättenfinanzamts abgeführt werden. Dieses Verfahren wird zunehmend durch eine elektronische Übermittlung der Daten ersetzt.

- Bitte weiße Felder ausfüllen oder ☒ ankreuzen und Hinweise auf der Rückseite beachten -

2019

Fallart	Steuernummer	Unterfallart
11	34 6012 2184	62

Finanzamt
Schönstadt
Postfach 1 67
34567 Schönstadt

30 Eingangsstempel oder -datum

Lohnsteuer-Anmeldung 2019

Anmeldungszeitraum
bei **monatlicher** Abgabe bitte ankreuzen — bei **vierteljährlicher** Abgabe bitte ankreuzen

19 01	Jan.		19 07	Juli		19 41	I. Kalendervierteljahr	
19 02	Feb.		19 08	Aug.		19 42	II. Kalendervierteljahr	
19 03	März		19 09	Sept.	X	19 43	III. Kalendervierteljahr	
19 04	April		19 10	Okt.		19 44	IV. Kalendervierteljahr	
19 05	Mai		19 11	Nov.			**bei jährlicher Abgabe bitte ankreuzen**	
19 06	Juni		19 12	Dez.		19 19	Kalenderjahr	

Arbeitgeber - Anschrift der Betriebsstätte - Telefonnummer - E-Mail
Ambiente Warenhaus AG
Groner Straße 22-24
34567 Schönstadt

Berichtigte Anmeldung (falls ja, bitte eine „1" eintragen)	10	
Zahl der Arbeitnehmer (einschl. Aushilfs- und Teilzeitkräfte)	86	
zu Zeile 22: Zahl der Arbeitnehmer mit BAV-Förderbetrag	90	

Zeile		Kz.	EUR	Ct
18	Summe der einzubehaltenden Lohnsteuer [1) 2)]	42	22.951	60
19	Summe der pauschalen Lohnsteuer - ohne § 37b EStG - [1)]	41		
20	Summe der pauschalen Lohnsteuer nach § 37b EStG [1)]	44		
21	abzüglich Kürzungsbetrag für Besatzungsmitglieder von Handelsschiffen	33		
22	abzüglich Förderbetrag zur betrieblichen Altersversorgung nach § 100 EStG (BAV-Förderbetrag) [1)]	45		
23	Verbleiben [1)]	48		
24	Solidaritätszuschlag [1) 2)]	49	1.721	20
25	pauschale Kirchensteuer im vereinfachten Verfahren	47		
26	Evangelische Kirchensteuer - ev [1) 2)]	61	918	23
27	Römisch-Katholische Kirchensteuer - rk [1) 2)]	62	722	96
28				
29				
30				
31				
32				
33	**Gesamtbetrag** [1)]	83	26.313	99

1) Negativen Beträgen ist ein **Minuszeichen** voranzustellen
2) Nach Abzug der im Lohnsteuer-Jahresausgleich erstatteten Beträge

34 Ein Erstattungsbetrag wird auf das dem Finanzamt benannte Konto überwiesen, soweit der Betrag nicht mit Steuerschulden verrechnet wird.

35 **Verrechnung des Erstattungsbetrags erwünscht/Erstattungsbetrag ist abgetreten** (falls ja, bitte eine „1" eintragen) **29**
Geben Sie bitte die Verrechnungswünsche auf einem besonderen Blatt oder auf dem beim Finanzamt erhältlichen Vordruck „Verrechnungsantrag" an.

36 Das **SEPA-Lastschriftmandat** wird ausnahmsweise (z. B. wegen Verrechnungswünschen) für diesen Anmeldungszeitraum **widerrufen** (falls ja, bitte eine „1" eintragen) **26**
Ein ggf. verbleibender Restbetrag ist gesondert zu entrichten.

37 Über die Angaben in der Steueranmeldung hinaus sind weitere oder abweichende Angaben oder Sachverhalte zu berücksichtigen (falls ja, bitte eine „1" eintragen) **23**
Diese ergeben sich aus der beigefügten Anlage, welche mit der Überschrift „Ergänzende Angaben zur Steueranmeldung" gekennzeichnet ist.

38 6. Okt. 20.. Freiberg
Datum, Unterschrift

Datenschutzhinweis:
Die mit der Steueranmeldung angeforderten Daten werden auf Grund der §§ 149, 150 der Abgabenordnung und des § 41a des Einkommensteuergesetzes erhoben. Die Angabe der Telefonnummer und der E-Mail-Adresse ist freiwillig.
Informationen über die Verarbeitung personenbezogener Daten in der Steuerverwaltung und über Ihre Rechte nach der Datenschutz-Grundverordnung sowie über Ihre Ansprechpartner in Datenschutzfragen entnehmen Sie bitte dem allgemeinen Informationsschreiben der Finanzverwaltung. Dieses Informationsschreiben finden Sie unter www.finanzamt.de (unter der Rubrik „Datenschutz") oder erhalten Sie bei Ihrem Finanzamt.

8.18 - LStA - Lohnsteuer-Anmeldung 2019 -

Zahlung und Fälligkeit der Sozialversicherungsbeiträge

Die monatlich einbehaltenen Sozialversicherungsbeiträge muss der Arbeitgeber seit Januar 2006 bis zum drittletzten Bankarbeitstag des betreffenden Monats an die jeweilige Krankenkasse seiner Arbeitnehmer überweisen.

Die Krankenkasse behält die Krankenkassenbeiträge und Pflegeversicherungsbeiträge ein und leitet die Rentenversicherungs- und Arbeitslosenversicherungsbeiträge an die entsprechenden Versicherungsträger weiter.

Arbeitgeber	Betriebs-/Beitragskonto-Nr. des Arbeitgebers
Ambiente Warenhaus AG, 34567 Schönstadt	87 968

von: Tag* [ ] Monat [ ] Jahr [ ]

bis: Tag* [ ] Monat [ ] Jahr [ ]

* Tag nur angeben, wenn Entgeltabrechnungszeitraum vom Kalendermonat abweicht.

Dauer-Beitragsnachweis *) [ ]

bisheriger Dauer-Beitragsnachweis gilt erneut ab nächsten Monat *) [ ]

Korrektur-Beitragsnachweis für abgelaufene Kalenderjahre *) [ ]

Kurzarbeiter-/Winteraustallgeld im Entgeltabrechnungszeitraum *) [ ]

*) Zutreffendes ankreuzen

Beitragsnachweis	Beitragsgruppe		Gesamtbetrag	
	alphab.	numer.	EUR	ct
Beiträge zur Krankenversicherung – allgemeiner Beitrag –	G	100	830	50
Beiträge zur Krankenversicherung – erhöhter Beitrag –	H	200		
Beiträge zur Krankenversicherung – ermäßigter Beitrag –	F	300		
Beiträge zur sozialen Pflegeversicherung	P	006	104	58
Beiträge zur Rentenversicherung der Arbeiter	K	010		
Beiträge zur Rentenversicherung der Angestellten	L	020	1.175	00
Beiträge zur Bundesagentur für Arbeit	M	001	699	87
Beiträge zur Rentenversicherung der Arbeiter – Arbeitgeberanteil –	1/2 K	030		
Beiträge zur Rentenversicherung der Angestellten – Arbeitgeberanteil –	1/2 L	040		
Beiträge zur Bundesagentur für Arbeit – Arbeitgeberanteil –	1/2 M	002		
Umlage nach dem Lohnfortzahiungsgesetz – für Krankheitsaufwendungen – (LFZG)	U 1	000		
Umlage nach dem Lohnfortzahlungsgesetz – für Mutterschaftsaufwendungen – (LFZG)	U 2	009		
Gesamtsumme			2.809	95

Es wird bestätigt, dass die Angaben mit denen der Lohn- und Gehaltsunterlagen übereinstimmen und in diesen sämtliche Entgelte enthalten sind.

10. Okt. 20.. Freiberg

Datum, Unterschrift

Beiträge für freiwillig Kranken-versicherte *)	zur Krankenversicherung		
	zur Pflegeversicherung		
abzüglich Erstattung gem. § 10 LFZG			
zu zahlender Betrag/Guthaben			

*) freiwillige Angabe des Arbeitgebers

Der Arbeitgeber muss der zuständigen Krankenkasse die Beiträge für den Abrechnungszeitraum getrennt nach Beitragsgruppen nachweisen, aus denen erkennbar ist, ob nur der Arbeitgeberanteil gezahlt wurde (z. B. bei Altersrentenbeziehern). Für den Beitragsnachweis muss der Arbeitgeber den vorgeschriebenen amtlichen Vordruck benutzen oder die elektronische Übermittlungsmöglichkeit wählen.

Lohn- oder Gehaltskonto

Nach den Grundsätzen der ordnungsgemäßen Buchführung im Sinne des HGB, der Abgabenordnung und weiterer Gesetze müssen die Daten der Entgeltabrechnung vollständig, richtig, zeitgerecht und geordnet aufgezeichnet werden. Gemäß § 41 EStG (Einkommensteuergesetz) und § 7 LStDV (Lohnsteuerdurchführungsverordnung) muss der Arbeitgeber für jeden Arbeitnehmer und jedes Kalenderjahr am Ort der Betriebsstätte ein Lohn- oder Gehaltskonto führen.

Vermögenswirksame Leistungen

Arbeitnehmer, deren Einkommen eine bestimmte Einkommensgrenze (17.900,00 € für Alleinstehende, 35.800,00 € für Verheiratete) nicht übersteigt, erhalten vom Staat eine Arbeitnehmersparzulage, wenn sie bis zu 480,00 € jährlich in bestimmten Anlageformen vermögenswirksam sparen. Die Arbeitnehmersparzulage wird dem Arbeitnehmer auf Antrag mit dem Lohnsteuerjahresausgleich oder der Veranlagung zur Einkommensteuer jährlich nachträglich vom Finanzamt ausgezahlt. Das vermögenswirksame Sparen kann vom Arbeitgeber aufgrund von tarifvertraglichen Regelungen, Betriebsvereinbarungen oder einzelarbeitsvertraglichen Vereinbarungen bezuschusst werden. Dieser Zuschuss ist für den Arbeitnehmer ein zusätzliches steuer- und versicherungspflichtiges Entgelt. Für den Arbeitgeber gehört er zu den Personalkosten. Die vermögenswirksame Sparleistung des Arbeitnehmers wird ihm von seinem Arbeitgeber vom Bruttoverdienst abgezogen und an das Unternehmen überwiesen, bei dem der Arbeitnehmer seine vermögenswirksamen Sparleistungen angelegt hat (z. B. Sparvertrag bei Sparkassen oder Banken, Lebensversicherungsverträge bei Versicherungsunternehmen).

BEISPIEL

Gehaltsabrechnung für Frau Müller, Steuerklasse I

	Bruttogehalt	2.750,00 €
+	vermögenswirksame Leistungen des Arbeitgebers	20,00 €
=	steuer- und versicherungspflichtige Bruttobezüge	2.770,00 €
./.	Lohnsteuer, Kirchensteuer und Solidaritätszuschlag	394,65 €
./.	Arbeitnehmeranteil zur Sozialversicherung	569,93 €
./.	vermögenswirksame Sparleistung des Arbeitnehmers	40,00 €
=	Auszahlung durch Banküberweisung	1.765,42 €
	Arbeitgeberanteil zur Sozialversicherung	538,07 €

AUFGABEN

1. Wählen Sie die jeweils richtige Steuerklasse:
   a) lediger Angestellter ohne Kinder
   b) berufstätiges Ehepaar, wenn die Ehefrau 40.000,00 € und der Ehemann 24.000,00 € brutto jährlich verdient
   c) alleinstehende Frau mit einem schulpflichtigen Kind
   d) lediger Angestellter mit zwei Arbeitsverhältnissen

2. Frau Matz verdient als Kauffrau im Einzelhandel im Monat 2.200,00 €. Sie ist geschieden und hat eine zwölfjährige Tochter.
   Wie viel Euro Lohnsteuer muss ihr Arbeitgeber von ihrem Monatsgehalt abziehen?

3. Ermitteln Sie die Nettogehälter der Angestellten der Einkaufsabteilung der Ambiente Warenhaus AG:
   a) Herr Prinzke, Bruttomonatsverdienst 3.260,00 €, verheiratet, ein Kind, Steuerklasse III, evangelisch
   b) Herr Esser, Bruttomonatsverdienst 3.420,00 €, verheiratet, zwei Kinder, Steuerklasse IV, keine Kirchenzugehörigkeit

c) Frau Besten, Bruttomonatsverdienst 3.720,00 €, verheiratet, keine Kinder, Steuerklasse IV, keine Kirchenzugehörigkeit

d) Herr Dehn, Bruttomonatsverdienst 1.720,00 €, verheiratet, ein Kind, Steuerklasse III, katholisch

e) Frau Braake, Bruttomonatsverdienst 3.580.00 €, ledig, Steuerklasse I, keine Kirchenzugehörigkeit

Die Krankenkassen von Herrn Prinzke, Herrn Esser, Frau Besten, Herrn Dehn und Frau Braake erheben eine Zuzahlung von 0,9 %.

AKTIONEN

1. Stellen Sie die einzelnen Arbeitsschritte der Gehaltsabrechnung für die Mitarbeiter der Einkaufsabteilung der Ambiente Warenhaus AG (siehe 3. Aufgabe) als Ablaufschema dar. Präsentieren Sie diesen Gehaltsabrechnungsprozess auf einem Plakat.
2. Zurzeit wird überlegt, das Ehegattensplitting bei der Festsetzung der Einkommensteuerschuld abzuschaffen.

a) Informieren Sie sich im Internet über den Begriff und die Bedeutung des Ehegattensplittings.

b) Diskutieren Sie mit Ihrem Tischnachbarn Gründe, die für die Beibehaltung des Ehegattensplittings sprechen.

c) Diskutieren Sie in Ihrer Klasse Gründe, die für die Abschaffung des Ehegattensplittings sprechen.

ZUSAMMENFASSUNG

Lohn- und Gehaltsabrechnung

- **Nettoverdienstermittlung**

  Bruttoverdienst
  ./. Lohnsteuer
  ./. Kirchensteuer
  ./. Solidaritätszuschlag
  ./. Arbeitnehmeranteil zur Sozialversicherung
  = Nettoverdienst

↓

- Zusammenfassen der Lohn- und Gehaltskonten in **Lohn- und Gehaltslisten**

↓

- **Anmelden und Abführen der Lohnsteuer, Kirchensteuer und des Solidaritätszuschlags** bis zum 10. Tag des Folgemonats

↓

- **Zahlung der Sozialversicherungsbeiträge** bis zum drittletzten Werktag des betreffenden Monats

222270242

KAPITEL 5

Wir arbeiten mit Software im Personalbereich

In der Personalabteilung der Ambiente Warenhaus AG überlegt man sich, das gesamte Personalwesen durch ein neues EDV-System unterstützen zu lassen. Man interessiert sich daher besonders für das folgende Angebot, das dem Unternehmen gerade zugeschickt wurde:

Lohn- und Gehaltsabrechnung mit PESO® 2014

PESO® 2014 bietet eine umfassende Lösung für die monatliche Berechnung der Löhne, Gehälter und Versorgungsbezüge. Neben den Standardfunktionen einer modernen Personalabrechnung berücksichtigen die speziell für den öffentlichen Dienst zugeschnittenen Module die branchenspezifischen Zusatzfunktionen der Besoldungsordnungen, des BAT, BMT-G, HLT und weiterer angelehnter Tarife.

Human Resource Management mit PESO® HRMS

Mit PESO® HRMS verfügen Sie über alle Möglichkeiten, Ihre Geschäftsprozesse in der Personalarbeit zu verwalten und zu optimieren. Die zahlreichen Module von PESO® HRMS werden entsprechend Ihren Belangen und Anforderungen zusammengestellt. Von der elektronischen Personalakte bis zum Organigramm auf Knopfdruck werden Sie durch moderne Softwarewerkzeuge unterstützt.

Personalkostenplanung

PESO®ETAT ermöglicht die Kostenplanung auf Basis der Soll-Daten (Stellenplanung) oder Ist-Daten (Personalabrechnung). Die Auswirkung interner und externer Einflüsse (Einstellungen neuer Mitarbeiter, Tariferhöhungen oder die Erhöhung gesetzlicher Vorgaben) können simuliert werden. Damit erhalten Sie kompetente Antworten auf vielfältige Zukunftsszenarien (z. B. für Ihre Haushalts- bzw. Budgetbewirtschaftung).

Stellenplanung

PESO®PERS-INF unterstützt wirtschaftliches Stellenmanagement. Freie Stellen können noch effektiver beplant und besetzte Stellen noch wirtschaftlicher verwaltet werden. Soll-Ist-Vergleiche, Eingruppierungsübersichten, Stellenpläne werden auf einen Blick erkennbar.

Personalverwaltung

PESO®DOSSIER führt die elektronische Personalakte. Neben den Basisdaten bietet das Modul Informationen über weitere Mitarbeiterdaten, z. B. Sachmittel, arbeitsmedizinische Untersuchungen, Dokumentenablage (Zeugnisse usw.). Beliebige Auswertungen und eine Wiedervorlageverwaltung sind integriert.

Personalentwicklung

PESO®PROGRESS umfasst unter anderem die Eigenschaften, Fähigkeiten, beruflichen Werdegänge und Ausbildungswege Ihrer Mitarbeiter. Auf diesen Informationen lässt sich eine Personalentwicklungsplanung aufbauen. Nachfolgeplanung und Fördermaßnahmen können jederzeit verlässlich dargelegt und umgesetzt werden.

Personalbewertung

PESO®AVANCE unterstützt die Personalentscheider. Die gespeicherte Qualifikation sowie das jeweilige Stellenprofil bilden die Basis für eine umfassende Bewertung der Mitarbeiter. Die Ergebnisse von Bewertungsgesprächen werden fortgeschrieben und dienen der zukünftigen Beurteilung und Gehaltsentwicklung.

Bewerberverwaltung

PESO®KANDIDAT erfasst, sichtet und sortiert alle eingehenden Bewerbungen nach Klassen und Ranglisten. Mitteilungen an den Bewerber können über MS-Word direkt adressiert werden.

Unsere PESO®-Service-Pakete

Sie haben die Wahl: Sie können unseren Fullservice von der Fachbetreuung bis zum Datenträgeraustausch nutzen oder wählen die Ihrem Bedarf entsprechenden PESO®-Service-Pakete aus.

Stellen Sie fest, welche Aufgaben im Personalwesen von der EDV übernommen werden können.

INFORMATION

In der Einzelhandelspraxis haben personalwirtschaftliche Probleme stark an Bedeutung gewonnen. Wichtige Gründe dafür sind:

- Der Erfolg von Einzelhandelsunternehmen hängt in hohem Maße von der Qualifikation des eingesetzten Personals ab.
- Der Anteil der Personalkosten an den betrieblichen Gesamtkosten nimmt permanent zu: Das Personalwesen ist ein Ansatzpunkt betrieblicher Rationalisierungsmaßnahmen.
- Die Personalabteilungen in den Unternehmen wurden in den letzten Jahren zunehmend verpflichtet, umfangreiche Informationen an interne und externe Stellen weiterzugeben.

Um die genannten Probleme optimal bewältigen zu können, bietet sich heute für viele Einzelhandelsunternehmen der Einsatz der elektronischen Datenverarbeitung an.

Nur Computer sind in der Lage, umfassende Personaldaten wirtschaftlich zu verarbeiten und nach verschiedenen Gesichtspunkten auszuwerten. Die grundsätzliche Aufgabe von Programmen im Personalwesen liegt darin, alle für personalwirtschaftliche Aufgabenbereiche (siehe Kap. 13.1) wesentlichen Informationen zu erfassen, wirtschaftlich zu verarbeiten und zeitgerecht zur Verfügung zu stellen.

Der Computer ist gegenwärtig vor allem ein wichtiges Hilfsmittel zur Entlastung des Personalwesens von Routinearbeiten. Die Abrechnung der Löhne und Gehälter manuell vorzunehmen, ist heute für viele Kleinbetriebe nahezu undenkbar.

Ein weiteres Argument für den Computereinsatz im Personalwesen ist der hohe Aufwand an bereitzustellenden Informationen für andere Stellen. So müssen die Betriebe beispielsweise bis zu 214 Einzelangaben je Arbeitnehmer aufgrund von mehr als hundert Rechtsvorschriften führen, die den gesetzlich definierten Personaldatenstammsatz aufzeigen. Hinzu kommen weitere zu speichernde und zu verarbeitende Einzelangaben aus tarifvertraglichen, einzelvertraglichen und betrieblichen Abmachungen und Regelungen.

Typische Anwendungsbereiche für die computergestützte Personalwirtschaft sind die Problemfelder, in denen entweder Massendaten verarbeitet werden oder die in den Entscheidungsbereich der Personalabteilung gehören. Aufgabengebiete, die von EDV-Systemen im Personalwesen prinzipiell abgedeckt werden können, sind:

- Personalverwaltung
- Entgeltabrechnung
- Organisation und Planung
- Personalentwicklung
- Sozialwesen

An Software stehen für die genannten Aufgaben überwiegend Programme zur Verfügung, die nur Teilbereiche abdecken. Als Beispiel dafür sind reine Lohn- und Gehaltsabrechnungsprogramme zu nennen. Sind jedoch alle Aufgabenbereiche in einem Programmpaket integriert, liegt ein Personalinformationssystem vor.

Personalverwaltung

Programme in diesem Bereich ermöglichen die Erfassung und Überwachung der Arbeitszeiten (bzw. die Ermittlung und Bewertung der Arbeitsleistung z. B. in Industriebetrieben). Weiterhin werden statistische Aufgaben wie Belegschaftszusammensetzung, Fehlzeiten usw. abgedeckt. Die im Bereich der Personalverwaltung gewonnenen Informationen sind Grundlage der Entgeltabrechnung.

Organisation und Planung

Im Mittelpunkt stehen hier das computergestützte Personalberichtswesen sowie der große Bereich der Planungsaufgaben, die in einer Personalabteilung durchgeführt werden müssen. Konkrete Anwendungsfelder sind:

```
SEITE:   1                                            1. Okt. 20..    15:43:29
                    Z E I T K O N T O A U S Z U G
                         1.-30. Sept. 20..
------------------------------------------------------------------------------
NAME:     CLOTTEN PETER
KOST.:      211283          PERSNR.:          10921   ZEITGRUPPE:        1
ABT.:     00010202          AUSWEISNR.:         168   TAETIGK.-SCHL.:   0
------------------------------------------------------------------------------
        KOMMEN      GEHEN                             ZEITEN       MEHR-    SOLL-
 TAG  LESER ZEIT LESER ZEIT      ZEITARTEN         ERFASST ANGER. ARBEIT    ZEIT
-----I----------I----------I--------------------I-----------------------------
01 MO                      DIENSTREISE (TAGEW.)         08:00              08:00
02 DI                      DIENSTREISE (TAGEW.)         08:00              08:00
03 MI                      DIENSTREISE (TAGEW.)         08:00              08:00
04 DO                      DIENSTREISE (TAGEW.)         08:00              08:00
05 FR                      DIENSTREISE (TAGEW.)         08:00              08:00
-----I----------I----------I--------------------I-----------------------------
08 MO 1104 07:46 1104 17:52 NORMALARBEITSZEIT    10:06   09:21              08:00
09 DI 1104 07:45 1104 16:56 NORMALARBEITSZEIT    09:11   08:26              08:00
10 MI 1104 07:50 1104 18:09 NORMALARBEITSZEIT    10:19   09:34              08:00
11 DO 1104 07:58 1104 17:50 NORMALARBEITSZEIT    09:52   09:07              08:00
12 FR 1104 07:47 1104 18:45 NORMALARBEITSZEIT    00:58   00:58              08:00
12 FR                      KERNZEIT VERLETZT*W*
12 FR 1108 12:27 1104 17:44 NORMALARBEITSZEIT    05:17   04:59
12 FR                      DIENSTL.ABW.(STDW.)          03:15
-----I----------I----------I--------------------I-----------------------------
15 MO 1104 08:07 1104 17:28 NORMALARBEITSZEIT    09:21   08:36              08:00
16 DI 1104 08:01 1104 18:28 NORMALARBEITSZEIT    10:27   09:42              08:00
17 MI 1104 07:38 1104 17:42 NORMALARBEITSZEIT    10:04   09:19              08:00
18 DO 1104 07:28 1104 17:34 NORMALARBEITSZEIT    10:06   09:21              08:00
19 FR 1104 07:32 1104 14:07 NORMALARBEITSZEIT    06:35   05:50              08:00
19 FR                      KERNZEIT VERLETZT*W*
-----I----------I----------I--------------------I-----------------------------
22 MO 1104 07:43 1104 16:49 NORMALARBEITSZEIT    09:06   08:21              08:00
23 DI 1104 07:52 1104 17:48 NORMALARBEITSZEIT    09:56   09:11              08:00
24 MI 1104 07:59 1104 18:02 NORMALARBEITSZEIT    10:03   09:18              08:00
25 DO 1104 08:05 1104 13:32 NORMALARBEITSZEIT    05:27   04:42              08:00
25 DO                      KERNZEIT VERLETZT*W*
26 FR 1104 07:46 1104 19:16 NORMALARBEITSZEIT    11:30   10:45              08:00
-----I----------I----------I--------------------I-----------------------------
29 MO 1104 07:37 1104 18:28 NORMALARBEITSZEIT    10:51   10:06              08:00
30 DI 1104 07:57 1104 18:52 NORMALARBEITSZEIT    10:55   10:10              08:00
-----I----------I----------I--------------------I-----------------------------
ZEITSUMMEN FUER LAUFENDE ABRECHNUNGSPERIODE     160:04  191:01    0:00  176:00
EINGEGEBENE KORREKTUREN SEIT LETZTER ABRECHNUNG          10:00   43:43
SALDO FUER LAUFENDE ABRECHNUNGSPERIODE                   25:01   43:43
SALDOUEBERTRAG AUS DER LETZTEN ABRECHNUNG                 0:00    0:00
*W* MAXIMALER UEBERTRAG    10:00 UEBERSCHRITTEN UM       15:01
NEUER SALDO BIS EINSCHLIESSLICH   30. Sept. ..           10:00   43:43
```

Eine der wichtigsten Aufgaben von Programmen für die Personalverwaltung ist die Zeiterfassung. Die dort erfassten Daten – hier als Zeitkonto für einen Arbeitnehmer ausgedruckt – sind Grundlage für die Lohn- und Gehaltsabrechnung durch entsprechende Software.

- Beschaffungs- und Freistellungsplanung
- Erfolgskontrolle
- Einsatzplanung
- Personalpflegemaßnahmen

Personalentwicklung

Solche Programme lösen die Aufgaben der Personalbeschaffung und -entwicklung.

Sozialwesen

Software in diesem Bereich verwaltet die betriebliche Altersversorgung und sonstige soziale Leistungen.

Lohn- und Gehaltsabrechnung

Verwendet ein Einzelhandelsunternehmen Lohn- und Gehaltsprogramme, ergibt sich eine Reihe von Vorteilen, die sich in erheblichen Zeitgewinnen, Einsparungen von Kosten, einer Reduzierung von Fehlermöglichkeiten und einer ständigen Aktualität niederschlagen:

- Belegdaten müssen nur noch einmal eingegeben werden.
- Rechenarbeiten werden automatisch durchgeführt.
- Ein Nachschlagen in Abzugstabellen u. a. entfällt.
- Die Verarbeitung der Daten läuft weitgehend automatisch ab.
- Unterlagen wie Lohnlisten, Überweisungsträger, Sozialversicherungsbescheinigungen, Beitragslisten usw. werden automatisch erstellt.

Ein komfortables Lohn- und Gehaltsprogramm sollte folgende Leistungen erfüllen:

- zuverlässiger Passwortschutz (Datenschutz!)
- mandantenfähig: Vielleicht kauft bzw. gründet das Einzelhandelsunternehmen später Filialen oder Tochterunternehmen.
- Verwaltung von unterschiedlichen Lohnarten (Stundenlohn, Gehalt, Akkord, Überstunden, Geringverdiener usw.)
- variable Bestimmung des Abrechnungszeitraums und -zeitpunkts für unterschiedliche Lohnarten
- Berücksichtigung sämtlicher Besonderheiten der Bundesländer (Kammerbeiträge usw.)
- Berücksichtigung automatischer Lohnerhöhungen
- Erstellung und Druck sämtlicher Belege für Finanzamt, Sozialversicherungsträger und Banken

- automatische Monats- und Jahresabschlussarbeiten
- einfacher Änderungsdienst (z. B. für Lohnerhöhungen oder geänderte Beitragsbemessungsgrenzen)

Typische Arbeiten mit Lohn- und Gehaltsprogrammen

Bei der Arbeit mit jedem Lohn- und Gehaltsprogramm müssen immer wieder bestimmte Tätigkeiten durchgeführt werden:

- **Erfassen der Lohn- und Gehaltsstammdaten**
  Darunter versteht man die Informationen, die im EDV-System längerfristig gespeichert werden und ihrer Natur nach längerfristig gleich bleiben. Sie werden in der Regel beim Eintritt der Mitarbeiter in das Unternehmen erfasst. Im Rahmen der Entgeltabrechnung werden als Stammdaten geführt:
  - Lohnartendaten
  - Personalstammdaten für die Mitarbeiter
  - Krankenkassendaten
  - Daten über die gesetzliche Berufsgenossenschaft
  - Bankverbindungsdaten
- **Erfassung der monatlichen Bewegungsdaten**
  Überstunden, Krankheitstage, Urlaubstage müssen beispielsweise als Bewegungsdaten monatlich erfasst werden.
- **monatliche Entgeltabrechnung**
  Sind alle Stammdaten und Bewegungsdaten für die Mitarbeiter erfasst, wird die eigentliche Entgeltabrechnung maschinell durchgeführt. Zunächst wird jeweils der Bruttoverdienst ermittelt. Anschließend werden unter Abzug von Lohn- und Kirchensteuer sowie der anteiligen Beiträge zur Kranken-, Renten- und Arbeitslosenversicherung die Nettobezüge ermittelt. Auch die vermögenswirksamen Leistungen werden berücksichtigt.
- **Beitragsabrechnung für die Krankenkassen**
  Für alle Krankenkassen der Mitarbeiter sind monatlich die Beitragsabrechnungen mit dem Nachweis der Sozialversicherungsbeiträge des Arbeitgebers und des Arbeitnehmers zu erstellen.

Lohn & Gehaltsjournal   Abrechnung : Januar 20..   Abrechnungskreis: * 1   Datum 31.01.20.. Seite

(PW8350/7.00)   Druck 30.12.20../13:31/001

Personalnummer Name Vorname StKl KiFb SV-Schl.	Ges.Brutto Sons.Bezug Pausch.DV KUG / SWG	LSt.Pfl Soz.Pfl Pau.Bzg ZVK.Pfl	Frei.KV Frei.RV Pau.LSt ZV-P.LSt	Lohnsteuer Kirchenst. Pau.KiSt ZV-P.KiSt	KV-AN RV-AN AV-AN ZVK-AN	KV-AG RV-AG AV-AG ZVK-AG	AK-Abzug VWL DV-pLSt DV-pKSt	Abz.Fr.KV Son.Abzug Son.Bezug Berlinzul.	(*=AG-Abg) Aus- zahlung
000001	4.126,00	4.126,00	0,00	229,33 -	278,51 -	278,51 *	0,00 -	0,00	
Bender	0,00	4.126,00	0,00	16,13 -	365,15 -	365,15 *	52,00 -	0,00	
Bruno	0,00	0,00	0,00 *	0,00 *	129,97 -	129,97 *	0,00 *	0,00	
3 2,0 102202102	0,00	0,00	0,00 *	0,00 *	0,00 -	0,00 *	0,00 *	0,00	3.054,91
000002	2.426,00	2.426,00	0,00	303,41 -	163,76 -	163,76 *	0,00 -	0,00	
Bolle	0,00	2.426,00	0,00	27,30 -	- 214,70 -	214,70 *	52,00 -	0,00	
Berta	0,00	0,00	0,00 *	0,00 *	76,42 -	76,42 *	0,00 *	0,00	
4 0,0 102202102	0,00	0,00	0,00 *	0,00 *	0,00 -	0,00 *	0,00 *	0,00	1.588,41
000003	886,00	886,00	0,00	15,33 -	- 59,81 -	59,81 *	0,00 -	0,00	
Ortmann	0,00	886,00	0,00	0,00 -	- 78,41 -	78,41 *	52,00 -	0,00	
Ute	0,00	0,00	0,00 *	0,00 *	27,91 -	27,91 *	0,00 *	0,00	
1 0,0 103203103	0,00	0,00	0,00 *	0,00 *	0,00 -	0,00 *	0,00 *	0,00	652,54
000010	500,00	500,00	0,00	0,00 -	- 0,00 -	0,00 *	0,00 -	0,00	
Watt	0,00	0,00	0,00	0,00 —	0,00 -	0,00 *	0,00 -	0,00	
Waltraud	0,00	500,00	75,00 *	5,25 *	0,00 -	0,00 *	0,00 *	0,00	
0 0,0 001001001	0,00	0,00	0,00 *	0,00 *	0,00 -	0,00 *	0,00 *	0,00	500,00
000101	3.256,00	3.256,00	0,00	99,16 -	231,18 -	231,18 *	0,00 -	0,00	
Fleger	0,00	3.256,00	0,00	2,17 -	-288,16 -	288,16 *	52,00 -	0,00	
Fritz	0,00	0,00	0,00 *	0,00 *	102,56 -	102,56 *	0,00 *	0,00	
3 3,0 101101101	0,00	0,00	0,00 *	0,00 *	0,00 -	0,00 *	0,00 *	0,00	2.480,77
000102	3.150,00	3.150,00	0,00	492,91 -	223,65 -	223,65 *	0,00 -	0,00	
Coskun	0,00	3.150,00	0,00	0,00 -	-278,78 -	278,78 *	0,00 -	0,00	
Bülent	0,00	0,00	0,00 *	0,00 *	99,23 -	99,23 *	0,00 *	0,00	
1 0,0 101101101	0,00	0,00	0,00 *	0,00 *	0,00 -	0,00 *	0,00 *	0,00	2.055,43
000103	3.701,25	3.701,25	0,00	315,33 -	262,79 -	262,79 *	0,00 -	0,00	
Kalter	0,00	3.701,25	0,00	26,12 -	-327,56 -	327,56 *	52,00 -	0,00	
Kurt	0,00	0,00	0,00 *	0,00 *	116,59 -	116,59 *	0,00 *	0,00	
3 1,0 101101101	0,00	0,00	0,00 *	0,00 *	0,00 -	0,00 *	0,00 *	0,00	2.652,86
000104	3.491,00	3.491,00	0,00	44,33 -	247,86 -	247,86 *	0,00 -	0,00	
Jansmann	0,00	3.491,00	0,00	0,00 -	308,95 -	308,95 *	0,00 -	0,00	
Josef	0,00	0,00	0,00 *	0,00 *	109,97 -	109,97 *	0,00 *	0,00	
3 2,0 101101101	0,00	0,00	0,00 *	0,00 *	0,00 -	0,00 *	0,00 *	0,00	2.727,89
**** Gesamtsummen	21.536,25	21.536,25	0,00	1.499,80 -	1.467,56 -	1.467,56 *	0,00 -	0,00	
	0,00	21.036,25	0,00	71,72 -	1-861,71 -	1.861,71 *	260,00 -	0,00	
	0,00	500,00	75,00 *	5,25 *	662,65 -	662,65 *	0,00 *	0,00	
	0,00	0,00	0,00 *	0,00 *	0,00 -	0,00 *	0,00 *	0,00	15.712,81
								Überzahlungen :	0,00

Das Lohn- und Gehaltsprogramm der Ambiente Warenhaus AG hat als eine Abrechnungsauswertung ein Lohn- und Gehaltsjournal für den Monat Januar ausgedruckt.

222270246

- **Auswertung zur Entgeltabrechnung**
  Bei Bedarf können für die innerbetriebliche Information die Lohn- und Gehaltssummen nach verschiedenen Kriterien aufgelistet werden. Am Jahresende werden die gesetzlich vorgeschriebenen Bescheinigungen für Lohnsteuer (Lohnsteuerkartenaufkleber) und Sozialversicherung ausgedruckt.

Personalinformationssysteme

Werden für die verschiedenen Aufgaben im Personalwesen unterschiedliche Programme verwendet, die jeweils eigene Dateien aufbauen, kommt es sehr häufig zu einer Mehrfacherfassung von Daten. Weil das sehr teuer ist – und auch die Gefahr unterschiedlicher Informationsstände besteht –, kann man in Einzelhandelsunternehmen immer häufiger Personalinformationssysteme antreffen. Bei Informationssystemen werden die einzelnen Daten jeweils nur einmal – und zusammen – abgespeichert und können für unterschiedlichste Zwecke ausgewertet werden.

Personalinformationssysteme sind Systeme zur umfassenden Gewinnung, Speicherung und Verarbeitung von verschiedenartigsten Informationen über das Personal eines Unternehmens.

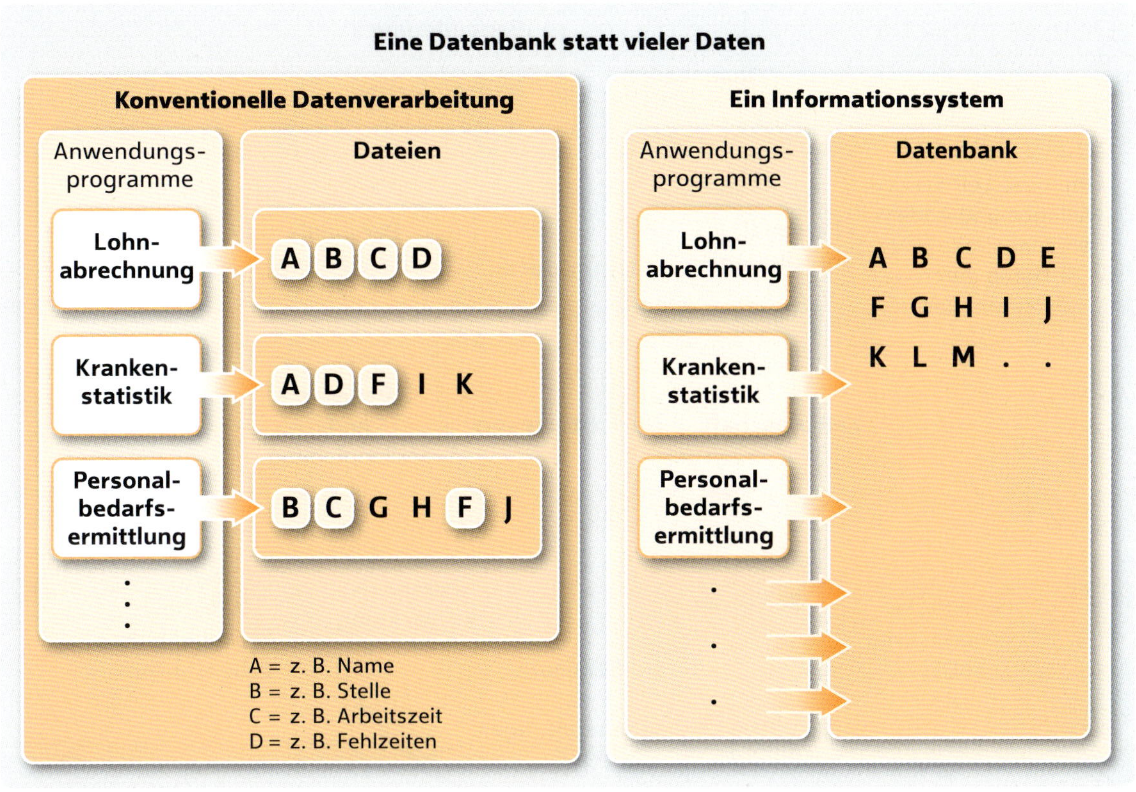

Die **Vorteile** von Personalinformationssystemen liegen in

- einer Verbesserung der Personalarbeit: Alle Aufgaben können mit einem Programm und einem Datenbestand durchgeführt werden.
- der sofortigen Bewältigung neuer Informationsanforderungen: Das Ziel der Personalinformationssysteme ist es, personalwirtschaftliche Daten zunächst nur einmal zu erfassen und danach unter dem Gesichtspunkt unterschiedlichster Anwendung und Auswertung untereinander verknüpfen zu können.

Probleme können entstehen durch

- unzutreffende Verknüpfung von Daten,
- Gefahr einer extremen Kontrolle und Überwachung.

Negative Folgen für Arbeitnehmer werden vor allem darin gesehen, dass

- die Personalselektion nach undurchschaubaren Kriterien erfolgen kann,
- Persönlichkeitsanalysen auf der Grundlage subjektiver und/oder veralteter Daten durchgeführt werden können.

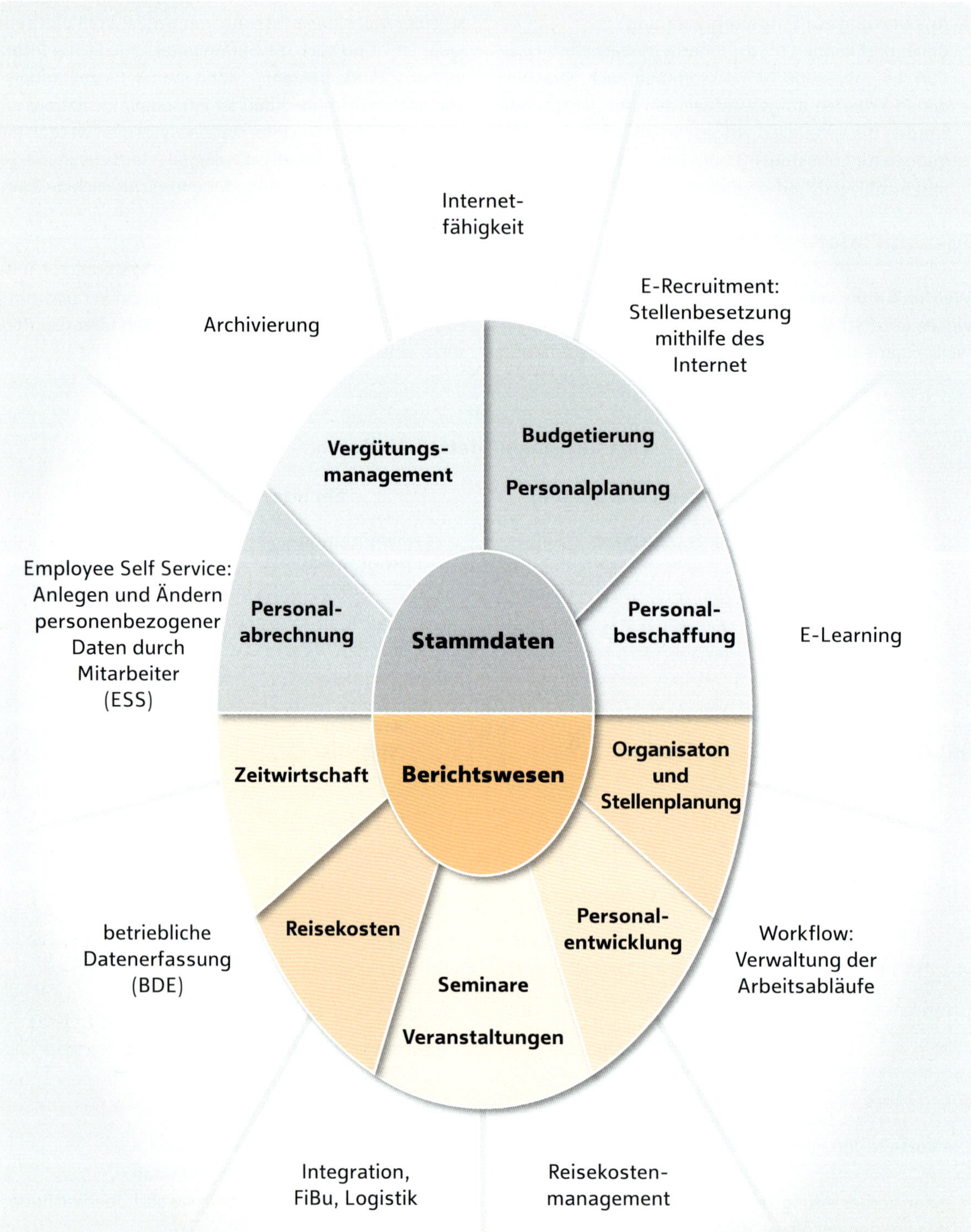
Internet-
fähigkeit
E-Recruitment:
Stellenbesetzung
mithilfe des
Internet
Archivierung
Vergütungs-
management
Budgetierung
Personalplanung
Employee Self Service:
Anlegen und Ändern
personenbezogener
Daten durch
Mitarbeiter
(ESS)
Personal-
abrechnung
Stammdaten
Personal-
beschaffung
E-Learning
Zeitwirtschaft
Berichtswesen
Organisaton
und
Stellenplanung
betriebliche
Datenerfassung
(BDE)
Reisekosten
Personal-
entwicklung
Workflow:
Verwaltung der
Arbeitsabläufe
Seminare
Veranstaltungen
Integration,
FiBu, Logistik
Reisekosten-
management

Hauptfunktionen von Personalinformationssystemen				
Personalabrechnung	**Zeitermittlung**	**Stammdatenverwaltung**	**Administration**	**Personalplanung**
• Berechnung der Löhne und Gehälter • Lohnsteuer-abrechnung • Sozialversicherung • Pfändungen • Darlehen • Telefonabrechnung • Kantinen-abrechnung	• Anwesenheitskon-trolle • Fehlzeitenstatistik • Gleitzeitermittlung • Urlaubsabrechnung • Krankenstand nach Vergütungsgruppen • Schichtpläne	Änderungsdienste für • Namen, Adressen, Familienstand usw. • Arbeitsvertragsdaten • Besteuerungsdaten • Ausbildungsdaten • Tätigkeiten • bisherige Beschäfti-gungen • Beurteilungsdaten • Eingruppierung	• Einstellungen • Entlassungen • Versetzungen • Umgruppierungen • Leistungsbewertung • Disziplinar-maßnahmen • Terminüberwachung • DEVU/DDVO	• Bedarfsplanung (Stellenplan) • Einsatzplanung • Fortbildungs-planung • Sozialprogramme • Lohn- und Gehaltspolitik

Probleme beim Einsatz der Datenverarbeitung im Personalwesen

Neben den Bestimmungen des Bundesdatenschutzgesetzes muss bei der Installation eines umfassenden Personalinformationssystems auch auf die Rechte des Betriebsrats nach dem Betriebsverfassungsgesetz geachtet werden. Häufig steht dem Betriebsrat nämlich das Recht zur Mitentscheidung darüber zu, welche Daten der Arbeitnehmer erhoben und verwendet werden dürfen.

Den anderen Problembereich bildet die Datenübertragung an externe Stellen. Für den Datenträgeraustausch bzw. die Datenübermittlung – beispielsweise an die Kreditinstitute oder die Sozialversicherungsträger – müssen die entsprechenden Formatvorschriften für Daten und Dateien eingehalten werden.

AUFGABEN

1. Für welche Bereiche des Personalwesens gibt es Software?
2. Welche Anforderungen sollte ein praxisgerechtes Lohn- und Gehaltsprogramm erfüllen?
3. Führen Sie typische Arbeiten auf, die mit Lohn- und Gehaltsprogrammen durchgeführt werden.
4. Erläutern Sie den Unterschied zwischen Stamm- und Bewegungsdaten im Personalwesen.
5. Statt einzelner Programme werden in immer mehr Betrieben Personalinformationssysteme verwendet.
   a) Was sind Personalinformationssysteme?
   b) Erläutern Sie die Vorteile von Personalinformationssystemen.
   c) Welche Gefahren sehen Arbeitnehmervertreter bei der Einführung von Personalinformationssystemen?
6. Welche Hauptprobleme gibt es beim Einsatz der Datenverarbeitung im Personalwesen?

AKTIONEN

1. Erkunden Sie
   - in Ihrer Schule,
   - in Ihrem Ausbildungsbetrieb,

   welche Aufgaben des Personalwesens von den dort verwendeten Programmen erfüllt werden können.
2. Stellen Sie mithilfe des EDV-gestützten Warenwirtschaftssystems fest, welcher Verkäufer
   a) den höchsten Umsatz,
   b) den geringsten Umsatz

   an der Kasse erzielt hat.

3. Das Warenwirtschaftssystem der Wienhaus GmbH ermittelt für eine bestimmte Abteilung, mit wie viel Prozent der einzelne Verkäufer am Umsatz beteiligt ist. Diese Auswertung dient der Ermittlung der Beschäftigten, die hinsichtlich der Anzahl der Kunden oder des Umsatzes unter dem Durchschnitt liegen.

a) Ermitteln Sie, welche Beschäftigten mit ihrer Umsatzleistung über dem Durchschnitt liegen.

b) Babette Herbst hat nur 1,8 % des Umsatzes erzielt. Deutet dieses Ergebnis in jedem Fall darauf hin, dass sie eine schlechte Verkäuferin ist? Begründen Sie Ihre Meinung.

Verkäufer/-in	**Kunden**	**Umsatz in €**	**Prozentanteil**
Hubert Eggeling	2	263,20	4,7
Bernd Schneider	5	485,10	8,6
Babette Herbst	3	99,80	1,8
Detlef Hansen	14	894,70	15,3
Renate Kreutz	8	593,65	10,5
Uli Mühlenbein	7	152,80	2,7
Gabi Rinkler	4	809,80	14,4
Eva Beck	9	405,10	7,2
Alexandra Voigt	2	262,40	4,6
Johanna Adolph	9	1.248,70	22,2
Miriam Weiberg	4	420,60	7,4
Gesamt	67	5.635,85	100,0
Durchschnitt	6	512,35	9,0

ZUSAMMENFASSUNG

EDV-Einsatz im Personalwesen

Nur noch mit der EDV können umfassende Personaldaten wirtschaftlich verarbeitet und nach verschiedenen Gesichtspunkten ausgearbeitet werden.

Es gibt einzelne Programme für die Teilbereiche des Personalwesens:

- **Personalverwaltung**
- **Organisation und Planung**
- **Personalentwicklung**
- **Entgeltabrechnung**

Werden alle Aufgaben des Personalwesens in einem Programmpaket zusammengefasst, erhält man ein:

Personalinformationssystem

Programmpaket zur umfassenden Gewinnung, Speicherung und Verarbeitung der verschiedenartigsten Informationen über das Personal

KAPITEL 6

Wir schützen Daten vor Missbrauch, Verlust oder Beschädigung

Nach seiner Ausbildung soll Lars Panning von der Ambiente Warenhaus AG übernommen werden. Da man davon ausgeht, dass er seit seiner Berufsausbildung EDV-Kenntnisse besitzt, soll er später in der EDV-Abteilung der Filiale in Nürnberg arbeiten. Zur Einarbeitung wird er in der letzten Phase seiner Ausbildung erst einmal der Zentrale in Schönstadt zugeordnet, um sich dort noch weitere Datenverarbeitungskenntnisse aneignen zu können.

In der Vergangenheit hatte die Datenverarbeitung in der Nürnberger Filiale nicht immer reibungslos funktioniert. Es gab viele Störungen und Zwischenfälle. Daher hatte sich die Geschäftsleitung der Ambiente Warenhaus AG entschieden, einen neuen Abteilungsleiter für die dortige EDV-Abteilung einzusetzen.

Heute haben sich Lars und sein späterer Abteilungsleiter Werner Geers in der Schönstädter Filiale getroffen. Da sie später sehr eng zusammenarbeiten werden, setzen sie sich jetzt schon einmal zusammen: Herr Geers teilt Lars mit, dass er demnächst zusätzlich die Aufgaben des betrieblichen Datenschutzbeauftragten für die Nürnberger Filiale übernehmen soll.

1. Lars informiert sich zunächst einmal über die Datenschutzproblematik.

   Untersuchen Sie die folgenden Sachverhalte:

   a) Überlegen und entscheiden Sie, aus welchen Informationsquellen Informationen über den Datenschutz gewonnen werden können.

   b) Werten Sie diese Informationsquellen aus (→ aktives Lesen).
   Erläutern Sie:
   - den Zweck des Datenschutzes
   - den Begriff „personenbezogene Daten“
   - die wichtigsten Formen personenbezogener Daten
   - die Rechtsquellen, die den Datenschutz regeln
   - die Hierarchie gesetzlicher Bestimmungen im Datenschutz
   - die Rolle des Bundesdatenschutzgesetzes
   - den Unterschied zwischen Daten und Dateien
   - die Phasen bei der Verarbeitung personenbezogener Daten

2. Herr Geers informiert Lars auch über die momentane Situation der Datenverarbeitung bei der Nürnberger Filiale der Ambiente Warenhaus AG:
   „... Zwischen der EDV-Abteilung der Filiale und den Abteilungen findet ein ständiger Datenaustausch statt: Die eigentliche Datenverarbeitung erfolgt in der EDV-Abteilung. Neben warenwirtschaftlichen Daten werden in dem Unternehmen vorwiegend Daten über Mitarbeiter, Kunden und Lieferern verarbeitet.
   Die EDV-Abteilung ist für alle Mitarbeiter der Verwaltung und für das Verkaufspersonal der angeschlossenen Niederlassung jederzeit erreichbar. Seit der Umstellung von der herkömmlichen (manuellen) Datenverarbeitung auf die automatisierte (elektronische) Datenverarbeitung im Jahr 1981 wurden dort von meinem Vorgänger keine besonderen zusätzlichen Veränderungen vorgenommen. Die Speichermedien werden nach Betriebsschluss in einen normalen Aktenschrank abgelegt. Anschließend schließt der Abteilungsleiter die Räume der EDV-Abteilung selbst ab. Duplikate der Datenbestände existieren nicht.
   Auf das Datengeheimnis sind ausschließlich die in der EDV-Abteilung tätigen Mitarbeiter verpflichtet worden ...“

Der neue Chef der EDV-Abteilung möchte die ordnungsgemäße Anwendung der Vorschriften zum Datenschutz bei der Nürnberger Filiale der Ambiente Warenhaus AG überprüfen.

Er beauftragt Lars Panning, sofort nach Beginn seiner Tätigkeit in der Nürnberger Filiale einen Bericht zur Datenschutzsituation abzugeben.

Untersuchen Sie anhand der Nürnberger Ambiente-Filiale die folgenden Fragen:

1. Findet das Bundesdatenschutzgesetz überhaupt Anwendung?
2. Dürfen personenbezogene Daten verarbeitet werden?
3. Ist eine Verpflichtung aller Mitarbeiter auf das Datengeheimnis erforderlich?
4. Wird die Benachrichtigungs- und die Auskunftspflicht eingehalten?
5. Welche Konsequenzen ergeben sich aus Bestellung und Aufgaben des Betrieblichen Datenschutzbeauftragten für das Unternehmen?
6. Inwieweit werden Maßnahmen gemäß § 6 BDSG und der DSGVO getroffen? Sind sie ausreichend?
7. Wenn Sie sich als Kunde der Ambiente Warenhaus AG betrachten: Welche Rechte können Sie wahrnehmen?
8. Was bedeutet der Datenschutz für die Mitarbeiter der Ambiente Warenhaus AG?

INFORMATION

Datensicherung und Datenschutz

Die moderne Computertechnologie hat sich aufgrund ihrer Vorteile in vielen Bereichen der Wirtschaft, der öffentlichen Verwaltung, aber auch des Privatlebens durchgesetzt. Die Abhängigkeit der heutigen Gesellschaft von der Datenverarbeitung birgt jedoch auch schwerwiegende Gefahren in sich:

- Hardware, Programme, vor allem aber Daten können durch Nachlässigkeit verloren gehen oder sogar mutwillig zerstört werden. Dies kann in Einzelhandelsunternehmen zu spürbaren Störungen des Geschäftsablaufs führen. In Extremfällen wird eventuell sogar die Existenz von Unternehmen gefährdet.

BEISPIEL

Ein Versandhandelsunternehmen hat alle ausstehenden Forderungen gegenüber den Kunden nur ein Mal auf einem externen Datenträger gespeichert. Aus Wut, dass sie kein Geld erbeuten, zerstören Einbrecher die EDV-Anlage. Die Daten der Schuldner sind auf dem beschädigten Datenträger nicht mehr auffindbar.

Das Anliegen der **Datensicherung** ist es, die bei der Datenverarbeitung eingesetzten Mittel und Verfahren vor solchen Gefahren abzusichern, die die Funktionsfähigkeit der EDV-Anlagen beeinträchtigen könnten. Die Datensicherung bezieht sich also auf die technischen Aspekte der Datenverarbeitung.

- Wenn die Daten sich auf bestimmte Personen beziehen, unterliegen sie besonderen gesetzlichen Schutzbestimmungen. Der **Datenschutz** soll die Bürger vor dem Missbrauch der Daten, die an irgendeiner Stelle gespeichert oder verarbeitet werden, bewahren.

BEISPIELE

- Jens Kohrs fährt mit dem Auto zufällig an einer verbotenen Demonstration vorbei. Die Polizei notiert Autokennzeichen, um Teilnehmer zu identifizieren. Es besteht die Gefahr, dass der irrtümliche Schluss gezogen wird, auch Jens wäre Teilnehmer der Demonstration.
- Moritz Marheineke litt unter einer Krankheit. Die behandelnden Ärzte diskutierten via E-Mail über die Behandlung und verschickten dabei Patientendaten. Die Kennung eines der Ärzte wurde geknackt, die Daten gelangten in die Hände unerwünschter Dritter, zufälligerweise auch an die Personalabteilung eines Unternehmens, bei dem sich Moritz gerade beworben hatte.
- Eine Firma aus Lübeck lockt Verbraucher mit einem Reisegutschein über 200,00 € zur Preisgabe ihrer Reisegewohnheiten und zum Abschluss von Zeitschriftenabos. Damit der Gutscheinbetrag überwiesen werden kann, sollen die Betroffenen auch gleich noch ihre Bankverbindung mitteilen Der Gutschein ist nur ein formaler „Lockvogel". Von dem Geld sehen die Betroffenen nichts. Vielmehr verkaufen die Initiatoren die ermittelten Konsumwünsche mit den persönlichen Daten der Befragten später hochpreisig an interessierte Unternehmen zu Werbezwecken.

222270252

Datensicherung

Für jedes die elektronische Datenverarbeitung einsetzende Einzelhandelsunternehmen stellen die Datenbestände (z.B. Gewinnspannen, Bilanzkennzahlen usw.) einen besonderen Wert dar. Aus Gründen des Betriebsgeheimnisses müssen sie deshalb mit besonderer Sorgfalt behandelt werden. Werden keine vorbeugenden Maßnahmen getroffen, bestehen für diese Daten große Sicherheitsrisiken. Datenverlust, unerlaubte Datenmanipulationen oder Diebstahl können die Folgen fehlender Sicherheitsanforderungen sein.

Gefahren der Datensicherung

höhere Gewalt	technisches Versagen	menschliches Versagen	bewusste Herbeiführung
• Wasser • Feuer • Sturm • Blitzschlag • Erdbeben • Aufruhr • Krieg • Explosion • Streik	• Ausfall von Schaltelementen • Ausfall von Schaltkreisen • fehlerhafte Beschichtungen • Stromunterbrechung • Spannungsschwankungen	• Vergesslichkeit • Interessenlosigkeit • Gedankenlosigkeit • Gleichgültigkeit • mangelhafte Aus- und Weiterbildung	• Hardwaremanipulation • Datenmanipulation • Programmmanipulation • Spionage • Sabotage • Zeitdiebstahl

▼ Daten und Dateien – Programme – Personal Computer/MDT-Anlagen

DEFINITION

Sämtliche Maßnahmen, um Daten gegen Verlust, Zerstörung oder Verfälschung zu sichern, zählen zur **Datensicherung.** Ziel der Datensicherung ist die Aufrechterhaltung einer ununterbrochenen Funktionsfähigkeit.

Datensicherung und Datenschutz überschneiden sich sehr häufig auf dem Gebiet der zu treffenden Maßnahmen.

BEISPIEL

Ein Lohnabrechnungsprogramm wird durch Passwort gesichert. Dies ist sowohl eine Maßnahme des Datenschutzes – personenbezogene Daten der Mitarbeiter sind geschützt – als auch der Datensicherung, weil Unbefugte die Datenbestände des Programms nicht manipulieren können.

Die meisten Maßnahmen der Datensicherung dienen gleichzeitig auch dem Datenschutz. Es gibt
- technische,
- personelle,
- programmtechnische und
- organisatorische

Verfahren der Datensicherung.

Gefährdungspotenzial bei PCs

Komponenten	Bedrohung	Mögliche Ursachen
Hardware	• Beschädigung • Zerstörung • Verlust	• zufällige Einwirkungen (Unkenntnis, Schlampigkeit, Verwahrlosung) • vorsätzliche Eingriffe (Sabotage, Raub)
Arbeitsmittel	• Unbrauchbarkeit • Verderblichkeit • Fehler	• wie bei Hardware
Versorgungseinrichtungen	• Störung • Unterbrechung • Ausfall	• wie bei Hardware • zusätzlich: nicht beeinflussbare Außeneinwirkungen
Software	• Verfälschung • ungewollte Löschung • ungewollte Übermittlung • Raub	• Manipulation • Ausspähung • Verrat
Menschen	• Versagen • Ausfallen • Veruntreuung	• Überforderung • Gleichgültigkeit • Böswilligkeit

Verfahren der Datensicherung

Technische Verfahren

Notstromaggregate

Größere Einzelhandelsunternehmen besitzen sehr häufig zentrale Rechenzentren. Diese sind in der Regel mit Notstromaggregaten ausgestattet, die bei Stromausfall die notwendige Energie erzeugen sollen, um den Datenverarbeitungsbetrieb aufrechtzuerhalten.

Parallelrechner

Ein Parallelrechner ist ein zusätzlicher Computer, der bei Ausfall der eigentlichen EDV-Anlage deren Aufgaben wahrnimmt. Im Notfall wird automatisch umgeschaltet, sodass Gesamtausfälle vermieden werden können.

Streamer

Ein Streamer ist eine spezielle Magnetbandeinheit für die Datensicherung, die größere Datenmengen sehr schnell aufnehmen bzw. wieder abgeben kann. Datenbestände werden deshalb sehr häufig mithilfe von einfach zu bedienenden Streamern auf Magnetbändern bzw. Magnetbandkassetten regelmäßig gesichert.

Hardware-Schreibschutz

Manche USB-Sticks besitzen einen Schreibschutzschalter. Wird er in eine bestimmte Position gebracht, ist ein versehentliches Überschreiben der Dateien nicht möglich.

Mechanische Sicherungen

Sowohl die EDV-Anlage als auch das Zubehör sollten mechanisch vor allen möglichen Gefahren gesichert werden. So muss jeder Computer mit einem Schloss versehen sein, damit die Inbetriebnahme nur Schlüsselbesitzern möglich ist. Für die zum Computereinsatz gehörenden Arbeitsmittel (z. B. CDs, Formulare, Belege, Listen, Protokolle usw.) sollte ein Safe zur Verfügung stehen, der feuer-, diebstahl-, wasser- und explosionssicher ist.

Räumliche Sicherungen

Sicherheitsschlösser, Sicherheitsverglasungen und Alarmanlagen sind geeignete Schutzmaßnahmen für die Räume, in denen sich EDV-Anlagen befinden.

Organisatorische Verfahren

Periodisches Anfertigen von Sicherheitskopien

Zur Sicherung von Datenbeständen sollten Einzelhandelsunternehmen drei Generationen von Datenträgern aufbewahren. Dieses „Großvater-Vater-Sohn-Prinzip“ gewährleistet, dass bei täglicher Verarbeitung grundsätzlich die Daten der beiden vorhergehenden Tage noch als Sicherheiten zur Verfügung stehen.

Überwachungsprotokolle des Betriebsablaufs

Zur Datensicherung besteht auch die Möglichkeit, alle Vorgänge, die in der EDV-Anlage ablaufen, in einer besonderen Datei zu speichern. Sämtliche Tätigkeiten, die mit der EDV-Anlage vorgenommen werden, können so überwacht werden.

Personelle Verfahren

Schulungen

Das Einzelhandelsunternehmen kann durch angemessene Schulungen der Mitarbeiter sicherstellen, dass sie die EDV fehlerfrei und ordnungsgemäß bedienen können.

Doppelbesetzungen

Fällt in einem bestimmten Datenverarbeitungsbereich des Unternehmens ein Mitarbeiter aus, auf den wegen seiner Spezialkenntnisse nicht verzichtet werden kann, könnte dies zur Lähmung der Betriebsabläufe führen. Damit das Unternehmen nicht von einzelnen Personen abhängig wird, empfiehlt sich die Doppelbesetzung. Es ist darauf zu achten, dass alle Aufgaben in der Datenverarbeitung von mehr als einer Person durchgeführt werden können.

Das Vier-Augen-Prinzip

Besonders kritische Vorgänge sollten Einzelhandelsunternehmen durch Einschalten einer zweiten Person zusätzlich schützen.

Aus Sicherheitsgründen wird vor der Ausführung solcher Vorgänge die Eingabe – und damit Zustimmung – einer zweiten Person (z. B. Abteilungsleiter) verlangt.

Anfordern von Führungszeugnissen

Kontrollen des Werkschutzes

Bestellung eines betrieblichen Datenschutzbeauftragten

222270254

Programmtechnische Verfahren		
Plausibilitätskontrollen In vielen Fällen sind Plausibilitätskontrollen einprogrammiert. Es wird für einen reibungslosen Ablauf der Datenverarbeitung geprüft, ob eingegebene Daten in der Wirklichkeit überhaupt vorkommen können – beispielsweise wenn als Tageszahl der 32. genannt wird. Plausibilitätskontrollen in Programmen entdecken diese Fehler und weisen den Anwender darauf hin.	**Passwortverfahren** Der Zugang zu Anwenderprogrammen oder auch zum Betriebssystem sollte durch Kennwörter gesichert werden. Dadurch wird verhindert, dass Unbefugte mit der Software arbeiten können. Kennwörter müssen verdeckt eingegeben werden können: Das eingegebene Passwort darf nicht am Bildschirm erscheinen.	**Berechtigungscodes** Die einzelnen Mitarbeiter des Einzelhandelsunternehmens werden mit unterschiedlichen Autorisationsgraden ausgestattet. Das bedeutet, dass einige Mitarbeiter mit allen Unterprogrammen arbeiten dürfen, andere haben lediglich die Erlaubnis, nur bestimmte – nicht sicherheitsgefährdende – Tätigkeiten am Computer vornehmen zu dürfen. Für jeden Mitarbeiter werden also nicht nur Passwörter gespeichert, sondern auch, wozu er im Einzelnen am Computer berechtigt ist.
Software-Schreibschutz und versteckte Dateien Bestimmte Programme ermöglichen es, Dateien zu verstecken. Diese werden nicht im Inhaltsverzeichnis ausgegeben und können daher nur von Mitarbeitern, die von der Existenz der Dateien wissen, bearbeitet werden. In vielen Fällen werden Dateien auch „read only" gestellt: Die Datei kann aus Sicherheitsgründen nur gelesen, aber nicht verändert werden.	**Verschlüsselung von Daten** Sehr wichtige Daten, die auf externen Speichern aufbewahrt werden, können mithilfe geeigneter Programme verschlüsselt werden. Dadurch wird es Unbefugten zumindest erschwert, Daten zu lesen oder zu verändern. Die Verschlüsselung ist mit einem gewissen Zeitverlust verbunden, den man deshalb bei wichtigen Informationen einkalkulieren sollte.	**Prüfziffernverfahren** Prüfziffern dienen dazu, fehlerhafte Angaben bei der Erfassung oder Übermittlung numerischer Daten zu entdecken.

Der Datenschutz

Die zunehmende Verbreitung der EDV und die dadurch mögliche Verknüpfung von unterschiedlichen Dateien machten gesetzliche Regelungen zum Schutz der Privat- und Intimsphäre der Bürger erforderlich.

BEISPIEL

In der Personalabteilung der Ambiente Warenhaus AG wird seit Kurzem ein EDV-gestütztes Personalinformationssystem verwendet. Das sind Systeme zur umfassenden Gewinnung, Speicherung und Verarbeitung von verschiedenartigsten Informationen über das Personal eines Unternehmens. Die zur Verfügung gestellten Informationen können unter Umständen – zum Nachteil des betroffenen Arbeitnehmers – unzutreffend verknüpft und ausgewertet werden. Dies zeigt der Fall von Herrn K., der in der EDV-Abteilung der Ambiente Warenhaus AG arbeitet:

Herr K. kam kurz nach halb neun in sein Unternehmen und zog am Personaleingang seinen EDV-lesbaren Firmenausweis durch die elektronische Stempeluhr. Erfasst wurden Personalnummer, Ankunftszeit und -ort. Mithilfe seines Firmenausweises, den er in einen Türautomaten stecken muss, wurden wieder seine Daten erfasst und gleichzeitig seine Zugangsberechtigung überprüft. Herr K. musste damals ein schwieriges Programm ändern, wozu er häufig an einem Terminal arbeitete. Bevor er anfing, hatte er über den Bildschirm seinen Namen anzugeben. Während er arbeitete, wurde die Anzahl der neu erstellten Programmzeilen erfasst. Wegen der schwierigen Änderungsarbeiten musste Herr K. häufiger als sonst telefonieren: Anzahl und Dauer der Gespräche und die Nummer des Angerufenen wurden gespeichert. Herr K. nahm auch direkt mit einem Kollegen Kontakt auf.

Mittags freute sich Herr K. auf seine Pause. Statt bar zu bezahlen, gibt man in der Kantine der Kassiererin nur den Firmenausweis, die ihn in die elektronische Kasse steckt und dann die Kennziffern für Speisen und Getränke eingibt. An jenem Tag hatte Herr K. Geburtstag: Er spendierte seinen Kollegen ein Bier.

Am nächsten Tag kam Herr K. nicht ins Unternehmen, er war erkältet. Tags darauf ließ ihn der Personalchef zu sich rufen. Er hielt Herrn K. die in der Kantine gekauften Flaschen Bier vor und brachte sie in Zusammenhang mit seinem Fernbleiben am nächsten Tag. Bedenklich fand der Personalchef auch die unter dem Durchschnitt liegende Produktivität von Herrn K., seine häufigen Telefongespräche und seine vielen Gänge im Unternehmen: Wenn sich das alles nicht ändern würde, dann müsste Herr K. damit rechnen, dass in Zeiten schlechterer Konjunktur sein Arbeitsplatz gefährdet sei.

Für den Datenschutz in der Bundesrepublik Deutschland sind einerseits die **EU-Datenschutzgrundverordnung** und andererseits das **Bundesdatenschutzgesetz** maßgeblich. Die EU-Datenschutzgrundverordnung vereinheitlicht das Datenschutzrecht auf europäischer Ebene. Das Bundesdatenschutzgesetz enthält darüber hinausgehende zusätzliche nationale Regelungen. Datenschutzrechtliche Regelungen haben die Aufgabe, alle personenbezogenen Daten vor Missbrauch bei ihrer Verarbeitung zu schützen und damit die Privatsphäre des Bürgers zu wahren.

DEFINITION

Das **Bundesdatenschutzgesetz** hat die Aufgabe, alle personenbezogenen Daten vor Missbrauch bei ihrer Verarbeitung zu schützen und damit die Privatsphäre des Bürgers zu wahren.

Es findet grundsätzlich immer dann Anwendung, wenn personenbezogene Daten in Dateien verarbeitet werden. Das gilt unabhängig davon, mit welchem Verfahren – automatisiert (= EDV) oder auch manuell – die Datenverarbeitung durchgeführt wird oder wer die Daten verarbeitet. Die Verantwortung für die Beachtung der Regelungen des Bundesdatenschutzgesetzes liegt grundsätzlich bei den Stellen, die personenbezogene Daten verarbeiten. Das Bundesdatenschutzgesetz gilt also sowohl für

- öffentliche Stellen wie Behörden und Ämter als auch
- nicht öffentliche Stellen wie z. B. Einzelhandelsunternehmen.

DEFINITION

Personenbezogene Daten sind alle Einzelangaben über persönliche oder sachliche Verhältnisse natürlicher Personen, also jedes Menschen.

BEISPIEL

Personenbezogene Daten sind u. a.
- Name
- Vorname
- Geburtsdatum
- Beruf
- Anschrift
- Gesundheitszustand
- Finanzlage
- Vermögenslage
- Straftaten und Ordnungswidrigkeiten
- politische und religiöse Anschauungen

BEISPIELE FÜR DEN MISSBRAUCH PERSONENBEZOGENER DATEN

Datei	Zweck	Gefahr des Missbrauchs
Einwohnermeldedatei	Registrierung der gemeldeten Einwohner, Grundlage für Entwicklungspläne, Steuerverteilung usw.	Adressenhändler/Verlage besorgen sich die Daten und belästigen den Bürger mit Werbung.
Personenstandsregister	Rechtsverhältnisse, Güterstand, Familienverhältnisse der gemeldeten Bürger	Bekanntgabe von Taufen, Geburten, Sterbefällen locken Vertreter, Händler an.
Strafregister	Erfassung von Mehrfachtätern	Belastung der betreffenden Person mit bereits verbüßten Straftaten
Verkehrssünderkartei Flensburg	Erfassung von Verkehrssündern nach einem Punktekatalog zur Kontrolle der verkehrsgefährdenden Fahrer	Belastung der Fahrer mit ihrer „Vergangenheit“, ohne die Chance, den Lernzuwachs zu berücksichtigen.
Personaldateien in Betrieben	Betriebliche Personalpolitik	Speicherung von negativen Merkmalen, die bei Stellenwechsel bekannt gemacht werden.
Dateien von Kreditschutzvereinigungen	Erfassung von Kreditbetrügern nach Merkmalen wie Mahnbescheid, Rückschecks	Eine negative Auskunft verhindert eine mögliche Kontoeröffnung und schließt den Bürger vom Zahlungsverkehr aus.

222270256

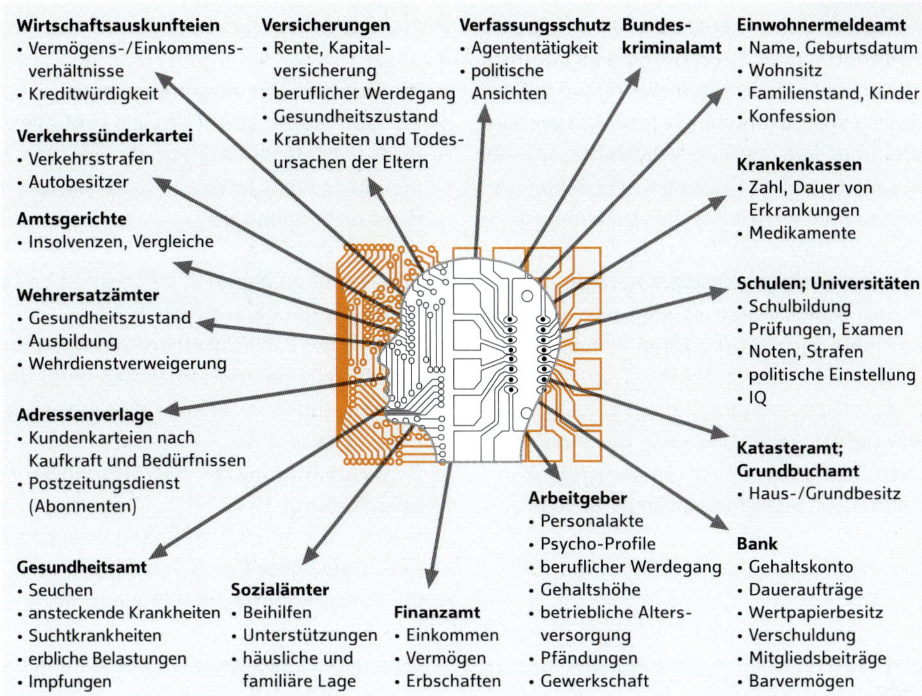

Durch Zusammenführung der an verschiedenen Stellen gespeicherten Daten über eine Person kann der „gläserne Mensch" entstehen.

Zulässigkeit der Datenverarbeitung personenbezogener Daten

Speicherung personenbezogener Daten ist nach dem Bundesdatenschutzgesetz für Unternehmen zulässig

... im Rahmen eines Vertragsverhältnisses oder eines vertragsähnlichen Vertrauensverhältnisses, ...

z. B. dürfen nach Abschluss eines Arbeitsvertrags Daten über den Ausbildungsstand und die Leistungsbeurteilung des Arbeitnehmers gespeichert werden.

Beim Abschluss eines Kreditvertrags ist es zulässig, Daten über Einkommens- und Vermögensverhältnisse des Kreditnehmers zu speichern.

... soweit berechtigte Interessen der speichernden Stelle vorliegen, ...

z. B. Kundenwerbung: Zu Werbezwecken dürfen auch die Adressen möglicher Kunden gespeichert werden.

z. B. Sicherheitserfordernisse: Um bei möglichen Schäden an verkauften Autos eine notwendige Rückrufaktion kostengünstig durchführen zu können, dürfen die Hersteller die Namen der Kunden von den Autoverkäufern übernehmen und speichern.

... soweit schutzwürdige Belange der Betroffenen nicht beeinträchtigt werden.

Ohne ausdrückliche Genehmigung des Betroffenen dürfen niemals gespeichert werden:

- Krankheitsdaten
- Daten über private Gewohnheiten
- Daten über politische und religiöse Überzeugungen oder Straftaten

soweit bei nicht automatischen Verfahren die Daten unmittelbar zugänglich sind.

Grundsätzlich erlaubt ist die manuelle Speicherung (z. B. Karteikarten, Listen) personenbezogener Daten, soweit diese aus allgemein zugänglichen Quellen (Massenmedien, Telefonbücher, Kataloge usw.) stammen.

Die Daten sogenannter juristischer Personen sind vom Bundesdatenschutzgesetz nicht betroffen. Als juristische Personen werden Personenvereinigungen (und Vermögensmassen) bezeichnet, die wie Menschen eigene Rechte und Pflichten haben können.

BEISPIEL

Nicht geschützt durch das Bundesdatenschutzgesetz sind u. a. Daten wie

- das Kapital einer Aktiengesellschaft,
- die Beschäftigtenzahl einer GmbH.

Das Bundesverfassungsgericht hat bereits vor längerer Zeit den Datenschutz eindeutig als Grundrecht des Bürgers hervorgehoben. Für jede natürliche Person gilt die „informationelle Selbstbestimmung“: Jeder Bürger darf über die Erhebung, Speicherung, Übermittlung und Verarbeitung seiner Daten entscheiden, soweit dies gesetzlich nicht anders geregelt ist. Dies bedeutet, dass personenbezogene Daten nur dann von einer interessierten Stelle verarbeitet werden können, wenn

- entweder das Bundesdatenschutzgesetz das erlaubt bzw. andere Rechtsvorschriften es zulassen

BEISPIEL

Das Grundgesetz sieht eindeutig das Briefgeheimnis vor. Dort ist aber auch genau geregelt, in welchen speziellen Ausnahmefällen es nicht gilt.

- oder die Einwilligung des Betroffenen vorliegt.

Wenn keines der eben genannten Zulässigkeitsmerkmale vorliegt, ist die Verarbeitung und Nutzung personenbezogener Daten verboten.

Rechte des Betroffenen

Die Person, über die Daten gespeichert werden, kann bestimmte Rechte geltend machen:

- **Auskunftsrecht**
  Jeder Betroffene kann bei der speichernden Stelle die zu seiner Person gespeicherten Daten erfragen. Die speichernde Stelle ist zur Auskunft verpflichtet.
- **Berichtigungsrecht**
  Die speichernde Stelle muss unrichtige Daten – unabhängig vom Grund für den Fehler – korrigieren.
- **Sperrungsrecht**
  Wenn weder die Richtigkeit noch die Unrichtigkeit personenbezogener Daten bewiesen werden kann, darf die speichernde Stelle die Daten nicht weiter verwenden, sie müssen gesperrt werden.
- **Löschungsrecht**
  Wenn die Speicherung personenbezogener Daten unzulässig ist, muss die speichernde Stelle sie von ihren Datenträgern entfernen.

Pflichten datenverarbeitender Stellen

- **Wahrung des Datengeheimnisses**
  Bei Aufnahme ihrer Tätigkeit sind alle Mitarbeiter eines Einzelhandelsunternehmens, die mit personenbezogenen Daten zu tun haben, zu verpflichten, diese nicht unbefugt
  - zu verarbeiten,
  - bekannt zu geben
  - oder zugänglich zu machen.
- **Prüfung der Zulässigkeit der Verarbeitung von Daten**
  Das Einzelhandelsunternehmen muss bei allen personenbezogenen Daten kontrollieren, ob die Verarbeitung erlaubt ist.
- **Benachrichtigung der Betroffenen bei erstmaliger Speicherung**
  Werden von einem Einzelhandelsunternehmen erstmals Daten über eine Person gespeichert, ohne dass sie davon Kenntnis haben kann, muss sie darüber informiert werden.
- **Ernennung eines Beauftragten für den Datenschutz**
  In Einzelhandelsunternehmen, in denen mindestens fünf Personen mit der Verarbeitung personenbezogener Daten beschäftigt sind, muss ein Datenschutzbeauftragter eingesetzt werden. Er stellt sicher, dass die Vorschriften des Bundesdatenschutzgesetzes beachtet werden. Weitere Aufgaben des Datenschutzbeauftragten sind:
  - Er überwacht die ordnungsgemäße Anwendung von Programmen.
  - Er macht die bei der Verarbeitung personenbezogener Daten tätigen Mitarbeiter mit den Vorschriften des Datenschutzes vertraut.
  - Er führt eine Übersicht über alle in dem Einzelhandelsunternehmen bestehenden Dateien mit personenbezogenen Daten sowie die dazu eingesetzte Hardware.

  Der Datenschutzbeauftragte darf bei der Erfüllung seiner Aufgaben weder behindert werden noch in Datenschutzangelegenheiten Anweisungen von anderer Stelle – z.B. von der Unternehmensleitung – bekommen.
- **Durchführung von Kontrollen zur Erreichung der Datensicherheit**
  Für einen angemessenen Schutz personenbezogener Daten fordert das Bundesdatenschutzgesetz, dass bestimmte technische und organisatorische Maßnahmen zu Kontrollzwecken ergriffen werden.
  Diese sich z.T. überschneidenden „10 Gebote des Datenschutzes“ sind nicht nur für den Datenschutz, sondern auch für die Datensicherung von großer Bedeutung:

222270258

1. **Zugangskontrolle**
   Das Einzelhandelsunternehmen muss Unbefugten den Zugang zu den EDV-Anlagen verwehren.
2. **Abgangskontrolle**
   Durch entsprechende Maßnahmen muss verhindert werden, dass Datenträger unbefugt entfernt werden können.
3. **Speicherkontrolle**
   Es sind Maßnahmen zu treffen, die die unbefugte Eingabe in Speicher verhindern. Auch die unbefugte Kenntnisnahme, Löschung bzw. Veränderung von Daten ist durch das Einzelhandelsunternehmen auszuschließen.
4. **Benutzerkontrolle**
   Die EDV-Anlagen dürfen nicht durch Unbefugte genutzt werden.
5. **Zugriffskontrolle**
   Das Einzelhandelsunternehmen muss sicherstellen, dass die zur Arbeit mit den EDV-Anlagen berechtigten Mitarbeiter ausschließlich auf die Daten zugreifen können, für die sie eine Zugangsberechtigung besitzen.
6. **Übermittlungskontrolle**
   Das Einzelhandelsunternehmen muss gewährleisten, dass überprüft und festgestellt werden kann, an welche Stellen Daten übermittelt werden können.
7. **Eingabekontrolle**
   Das Einzelhandelsunternehmen muss nachträglich überprüfen und feststellen können, welche Daten zu welcher Zeit von wem in die EDV-Anlagen eingegeben worden sind.
8. **Auftragskontrolle**
   Werden personenbezogene Daten im Auftrag verarbeitet, muss sichergestellt werden, dass sie nur entsprechend den Weisungen des Auftraggebers verarbeitet werden können.
9. **Transportkontrolle**
   Das Einzelhandelsunternehmen muss sicherstellen, dass Daten bei der Übermittlung sowie beim Transport entsprechender Datenträger nicht unbefugt gelesen, verändert oder gelöscht werden können.
10. **Organisationskontrolle**
    Die innerbetriebliche Organisation des Einzelhandelsunternehmens muss so gestaltet werden, dass sie den besonderen Anforderungen des Datenschutzes gerecht wird.

Die Datenschutzgrundverordnung

Die Datenschutzgrundverordnung (DSGVO) ist am 25. Mai 2018 in Kraft getreten. Sie wird angewendet in der gesamten Europäischen Union mit dem Ziel, dort ein einheitlich hohes Datenschutzniveau einzuführen. Der englische Begriff für die DSGVO lautet **General Data Protection Regulation (GDPR)**. Wichtig ist, dass diese neue Datenschutzregelung den Geltungsbereich des EU-Datenschutzrechts auf alle Unternehmen auch außerhalb der EU erweitert, sobald diese Daten von EU-Bürgern verarbeiten. Die Grundstrukturen der DSGVO ähneln sehr stark dem bisherigen Bundesdatenschutzrecht, in manchen Fällen stellen sie bestimmte Grundsätze jedoch noch stärker und deutlicher heraus:

- Die Unternehmen müssen danach noch mehr Vorsicht walten lassen, wenn sie Daten von Beschäftigten und Kunden speichern.
- Die Bürger erhalten mehr Rechte um zu erfahren, was über sie gespeichert wird.

Im Hinblick auf den Electronic-Commerce-Bereich unterscheidet die DSGVO nicht zwischen B2B und B2C: Sie gilt für beide Geschäftsfelder.

BEISPIEL

Die DSGVO dient dem Schutz natürlicher Personen statt juristischer Personen. Im B2C-Bereich ist also jeder Kunde geschützt. Die Daten von Rebecca Mathena dürfen nach einer Bestellung nicht weitergegeben werden.

Aber auch im B2B-Bereich gilt die DGSVO.

BEISPIEL

Ein Industrieunternehmen versendet Werbemittel an B2B-Partner. Adressiert sind diese in den meisten Fällen direkt an Funktionsträger der Webshops (juristische Personen). Die Funktionsträger (z. B. der Geschäftsführer der Exclusiva GmbH) sind natürliche Personen. Auch hier findet die neue EU-Datenschutzgrundverordnung Anwendung, weil konkrete Personen wie Mitarbeiter oder Leitungspersonal angesprochen werden.

Nach der DSGVO sollen die folgenden Grundsätze im Hinblick auf den Datenschutz erreicht werden:

- das Recht auf informationelle Selbstbestimmung
- das Prinzip der Datensparsamkeit
- Transparenz

Wichtige Punkte, die von der DSGVO besonders hervorgehoben werden:

- **Informationspflicht** von Unternehmen: Diese müssen erheben und dokumentieren: Was wird mit den Daten, die in irgendeiner Weise im Unternehmen verarbeitet werden, gemacht? Wer ist der Verantwortliche für die Datenverarbeitung? Wer ist der Datenschutzbeauftragte? Wie lange werden Daten gespeichert?
- Es muss ein **Verzeichnis von Verarbeitungstätigkeiten** geführt werden. Dort sollte aufgeführt werden, welche Daten wann, wie und warum im Unternehmen erhoben werden. Folgende Angaben sollten u. a. enthalten sein: Wer ist von der Datenverarbeitung betroffen? Welche Arten von Daten (zum Beispiel Name, Adresse, Telefonnummer von Kunden) fallen an? Wer ist Empfänger der Daten? Gehen Daten in ein Drittland? Welche Maßnahmen werden zum Schutz der Daten getroffen?

Angegeben werden soll durch das Unternehmen auch der Weg der Daten.

BEISPIEL

Die Exclusiva GmbH muss also ermitteln, wo und wann Daten im Unternehmen erhoben, gespeichert und genutzt werden.

Neben der eigentlichen elektronischen Datenverarbeitung gilt die DGSVO auch für die manuelle Datenverarbeitung (Aktenordner, deren Ablage zum Beispiel in einem Aktenplan erfolgt).

- Es muss im Unternehmen eine **Dokumentation aller mit der Datenverarbeitung verbundenen Prozesse**, die Relevanz für den Datenschutz besitzen, erfolgen.

BEISPIEL

Die Exclusiva GmbH untersucht ihre Geschäftsprozesse unter den folgenden Fragestellungen:

- Auf welche Art werden Geschäftspartner (zum Beispiel Kunden) über die Verarbeitung ihrer Daten informiert?
- Wie sollen Mitarbeiter vorgehen, wenn Kunden fragen, welche Daten von ihnen gespeichert wurden?
- Wie ist im Unternehmen das Prozedere, falls ein Kunde wünscht, dass seine Daten gelöscht werden?
- Wie ist bei Verstößen gegen den Datenschutz vorzugehen?
- Die DSGVO schreibt auch vor, dass Daten gelöscht werden müssen, wenn das Ziel, weswegen sie gespeichert wurden, erreicht wurde. Ist dieser Löschprozess vorgesehen und auf welche Weise soll er durchgeführt werden?
- Auf welche Art werden die Mitarbeiter im Unternehmen informiert bzw. geschult, sodass sie in allen Geschäftsprozessen die geltenden Datenschutzregeln einhalten können?

Die Ergebnisse der Untersuchung dokumentiert die Exclusiva GmbH. Dabei versucht sie, alle Prozesse zu optimieren.

- Es muss eine **Datenschutz-Folgeabschätzung** erfolgen. Vor allem, wenn die Daten einer Person nach Kriterien wie zum Beispiel Sexualität, Krankheiten, Finanzen, rassische oder ethnische Herkunft oder politischen Ansichten identifiziert oder kategorisiert werden können, besteht eine besonders hohe Gefahr für die betroffenen Personen, wenn diese Daten missbraucht werden. Um geeignete Schutzmaßnahmen für die betroffenen Personen treffen zu können, müssen datenverarbeitende Unternehmen mit einer Datenschutz-Folgeabschätzung Risiken identifizieren.

BEISPIEL

Im Rahmen ihrer Datenschutz-Folgeabschätzung beschreibt die Exclusiva GmbH zunächst einmal, welchen Zweck der jeweilige Datenverarbeitungsvorgang im Unternehmen hat und welches Interesse die Exclusiva GmbH an diesem hat. Festgehalten werden muss in diesem Zusammenhang, welche Risiken für möglicherweise betroffene Personen bestehen und was die Exclusiva GmbH technisch und organisatorisch gegen einen eventuellen Missbrauch dieser Daten tut. Auch die Vorgehensweise bei einem eventuellen Versagen der Kontrollmechanismen sollte hier dokumentiert werden.

- Bei Datenschutzverletzungen muss innerhalb von 72 Stunden eine Information der Aufsichtsbehörde (in bestimmten Fällen auch des Betroffenen) erfolgen.
- Falls Unternehmen den Datenschutz missachten, dürfen Behörden ein Bußgeld von bis zu 4 % des Jahresumsatzes verhängen. Es gilt dabei ein Höchstbetrag von 20 Millionen € (statt wie früher 300.000,00 €).

- Der Datenschutzbeauftragte muss über Fachwissen verfügen, aber nicht unbedingt zertifiziert werden. Er ist weisungsfrei. Seine Aufgaben sind die Beratung der Verantwortlichen und die Überwachung der datenschutzrechtlichen Vorschriften

Besondere Regeln des Datenschutzes nach der DSGVO	
Recht auf Vergessenwerden (Recht auf Löschung)	Die ist der Anspruch darauf, dass personenbezogene Daten gelöscht oder gesperrt werden müssen, wenn für die Verwendung der Daten keine Berechtigung mehr vorliegt. So können EU-Bürger von Suchmaschinen unter bestimmten Voraussetzungen verlangen, dass bestimmte Suchergebnisse nicht mehr gezeigt werden.
Recht auf Datenübertragbarkeit (Datenportabilität)	Das ist das Recht, seine Daten z. B. bei einem Wechsel zu anderen (sozialen) Netzwerken, zu einer anderen Bank oder zu einem anderen Arbeitgeber mitnehmen zu dürfen. Man kann von dem Datenverantwortlichen des speichernden Unternehmens verlangen, seine personenbezogenen Daten in einem üblichen Format an einen anderen Verantwortlichen weiterzugeben.
Rechenschaftspflicht	Der Datenverantwortliche eines Unternehmens muss auf Aufforderung die Einhaltung aller Datenschutzprinzipien nachweisen.
Einholung von Einwilligungen	Die Einholung von Einwilligungen ist nicht an besondere Formerfordernisse gebunden. Vorteilhaft ist die Dokumentation der Einwilligungen. Eine erteilte Einwilligung muss jederzeit mit Wirkung für die Zukunft widerrufen werden können.
One-stop-Shop	Es soll vermieden werden, dass sich Unternehmen, die eine grenzüberschreitende Datenverarbeitung in unterschiedlichen Mitgliedstaaten durchführen, mit unterschiedlichen lokalen Aufsichtsbehörden zusammenarbeiten müssen. Eine „federführende" Aufsichtsbehörde soll die Funktion eines alleinigen Ansprechpartners im Hinblick auf Datenschutz im Unternehmen erfüllen.
Informationspflichten bei Datenpannen	Wenn ein Webshop eine Datenpanne feststellt, muss er umfassende Schritte einleiten und Sicherungsmaßnahmen hinsichtlich der betroffenen Daten treffen. Die zuständige Aufsichtsbehörde ist bei jeder „Verletzung des Schutzes personenbezogener Daten" (also bei Datenpannen) unverzüglich – möglichst binnen 72 Stunden – zu benachrichtigen. Gesetzlich vorgesehen ist darüber hinaus in gewissen Fällen sogar eine Benachrichtigung durch eine halbseitige Anzeige in zwei bundesweit erscheinenden Tageszeitungen.

AUFGABEN

1. Wodurch unterscheiden sich Datensicherung und Datenschutz?
2. Warum müssen personenbezogene Daten geschützt werden?
3. Welche Aufgabe hat das Bundesdatenschutzgesetz?
4. In welchen Fällen handelt es sich um geschützte Daten nach dem Bundesdatenschutzgesetz?
   a) Gehaltshöhe von Peter Tindler
   b) Bilanzkennziffern der Ambiente Warenhaus AG
   c) Bewertung des Gesundheitszustands von Anja Maibaum
   d) Nummer des Bankkontos von Norbert Kunze
   e) politische Anschauung von Uwe Otte
   f) Preis für eine Tüte Gummibärchen
5. Wer ist für den Schutz personenbezogener Daten verantwortlich?
6. Herr Falkenroth, der Beauftragte für den Datenschutz in der Schönstädter Filiale der Ambiente Warenhaus AG, hat ein Flussdiagramm entwickelt, mit dessen Hilfe jeder Sachbearbeiter nachvollziehen kann, welche Daten von den Vorschriften des Bundesdatenschutzgesetzes betroffen sind:

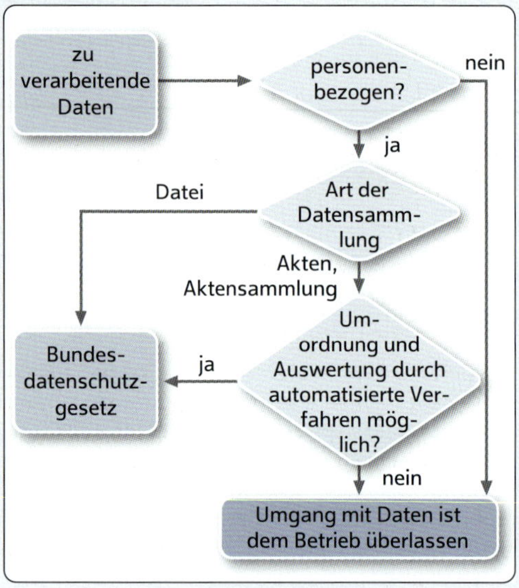

Prüfen Sie, ob die folgenden Datensammlungen unter die Vorschriften des Bundesdatenschutzgesetzes fallen:

a) Personalfragebogen

b) Telefonbuch

c) Stempelkarten

d) Anschriftenliste

e) Kfz-Datei

7. In welchen Fällen gilt das Bundesdatenschutzgesetz?

a) Daten der Kreditnehmer der Commerzbank AG auf CD-ROM

b) Mitgliedsliste der Tennisabteilung des Post SV Hildesheim

c) Aktensammlung eines Fachanwalts für Arbeitsrecht

d) Personaldatei der Staudtmeister und Wollert OHG

8. Welche Rechte können in den folgenden Fällen wahrgenommen werden?

a) Peter Tindler, der einen erweiterten Sekundar-I-Schulabschluss besitzt, erfährt, dass in der Personaldatei aufgrund eines Übertragungsfehlers unter Schulabschluss „kein Schulabschluss" für ihn eingetragen wurde.

b) Anja Maibaum vermutet, dass eine Behörde Daten über sie gespeichert hat.

c) Eine Behörde hat über Peter Tindler unzulässigerweise Daten gespeichert.

9. Welche Kontrollen sollen den Datenschutz gewährleisten?

10. Welche der „10 Gebote des Datenschutzes" sind in den folgenden Fällen angesprochen?

a) Ein Spezialprogramm protokolliert, wer mit welchen Programmen gearbeitet hat.

b) Die Überweisung der Gehälter an die Mitarbeiter kann nur mit einem bestimmten Passwort erfolgen, das nur die dazu berechtigten Mitarbeiter der Personalabteilung kennen.

c) Verlässt ein Mitarbeiter seinen Computer, sichert er ihn durch Abschließen.

d) Die Datenträger werden im Tresor aufbewahrt.

11. Welche Aufgaben hat ein Datenschutzbeauftragter?

12. Im Rahmen der Datensicherung werden

- technische,
- personelle,
- programmtechnische und
- organisatorische

Verfahren unterschieden.

Um welche Art von Verfahren handelt es sich in den folgenden Fällen?

a) Der Zugang zu den Personal Computern erfolgt nur mit Schlüsseln.

b) Die Daten werden regelmäßig nach dem „Großvater-Vater-Sohn-Prinzip" gesichert.

c) Die Datensicherung erfolgt mithilfe eines Streamers.

d) Auf alle Programme kann nur mit Passwörtern zugegriffen werden.

e) Bei der Eingabe von Daten in das Finanzbuchführungsprogramm finden Plausibilitätskontrollen statt.

f) Bei der Ambiente Warenhaus AG gilt das Vier-Augen-Prinzip.

13. Welches Datensicherungsverfahren ist in den folgenden Fällen angesprochen?

a) Bei Eingabe des Datums 30.02. erscheint auf dem Bildschirm der Warnhinweis „FALSCHE EINGABE".

b) Jeden Abend werden die Lagerbestände eines Versandunternehmens auf eines von drei Magnetbändern gesichert.

c) Cornelia Kind gibt vor der Arbeit mit der Datenkasse die Zeichenfolge „354ABD27" ein.

222270262

AKTIONEN

1. Erstellen Sie in Gruppenarbeit ein Anschreiben, um kostenlose Informationen vom Bundesbeauftragten für Datenschutz (Riemenschneider Str. 11, 53175 Bonn) zu erhalten.
2. Suchen Sie im Internet
   a) die Homepage des Bundesdatenschutzbeauftragten,
   b) das Bundesdatenschutzgesetz,
   c) das Gesetz zur Regelung der Rahmenbedingungen für Informations- und Kommunikationsdienste (IuKDG).
3. Führen Sie in Ihrer Klasse eine Kartenabfrage durch. Die Ausgangsfrage lautet: „Wo werden von mir Daten gespeichert?"
4. Bilden Sie in Ihrer Klasse fünf Gruppen und führen Sie eine Pro-und-Kontra-Diskussion als Rollenspiel durch.

   Jeweils ein Mitglied von vier Gruppen wird die Rolle eines Gasts in der Talkshow „talk for you" übernehmen. Ein Mitglied der fünften Gruppe wird die Rolle des Moderators übernehmen.
   Das Thema der Talkshow lautet: „Ist Datenschutz überflüssig?"
   Sammeln Sie Argumente in Ihren Gruppen für die Rolle, die Ihnen zugewiesen wurde:

   - Frau/Herr Steinmann ist Kriminalkommissar/-in im Bundeskriminalamt. Sie/er ist verärgert über Restriktionen des Bundesdatenschutzgesetzes und Einwände der Datenschutzbeauftragten von Bund und Ländern: Dadurch wird sie/er in ihrer/seiner Arbeit behindert.
   - Frau/Herr Weber ist eine Bürgerin/ein Bürger, die/der auf ihr/sein Recht auf informationelle Selbstbestimmung pocht. Sie/er ist zudem verärgert über die große Menge von Werbebriefen, die den Briefkasten verstopfen. Als mündige(r) Bürger(in) möchte sie/er nicht überwacht werden.
   - Frau/Herr Hagedorn ist Landesdatenschutzbeauftragte(r). Ihr/ihm geht der Datenschutz nicht weit genug. Der Staat beachtet seiner/ihrer Meinung nach die Privatsphäre seiner Bürger nicht, die dadurch Nachteile erleiden.
   - Frau/Herr Gehrke ist Abteilungsleiter(in) in einem Versandhandelsunternehmen. Personenbezogene Daten sind für das Unternehmen extrem wichtig.
   - Der Moderator/die Moderatorin führt in das Thema ein und steuert die Diskussion.

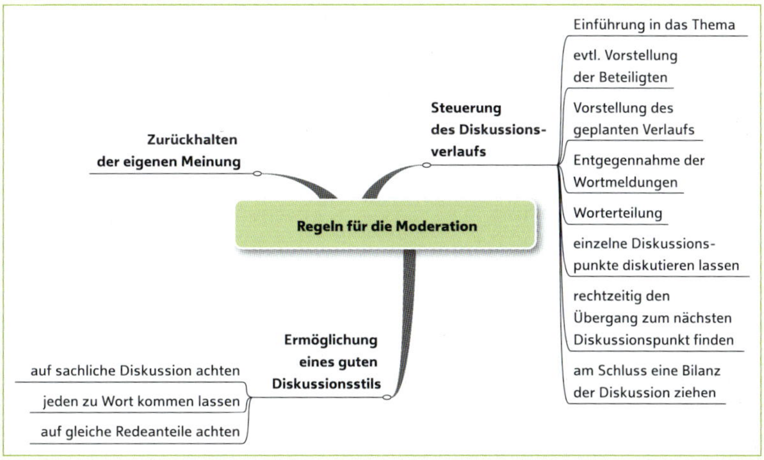

5. Erkunden Sie in Ihrem Ausbildungsbetrieb, welche Datensicherungsmaßnahmen dort angewendet werden. Tragen Sie Ihre Ergebnisse in eine Tabelle nach folgendem Muster ein:

Gefahrenbereich	Maßnahmen zur Datensicherung
Schutz vor falschen Eingaben	?
Schutz vor Missbrauch durch unbefugte Personen	?
Schutz vor Vernichtung von Programmen und Daten	?

ZUSAMMENFASSUNG

Datensicherung

Maßnahmen gegen Verlust/Zerstörung oder Verfälschung von Daten

„10 Gebote des Datenschutzes“

technische Verfahren

- Notstromaggregate
- Parallelrechner
- Streamer
- Hardware-Schreibschutz
- mechanische Sicherungen
- räumliche Sicherungen

personelle Verfahren

- Schulungen
- Doppelbesetzungen
- Vier-Augen-Prinzip

programmtechnische Verfahren

- Verschlüsselung
- Plausibilitätskontrollen
- Passwortverfahren
- Berechtigungscodes
- Software-Schreibschutz
- versteckte Dateien
- Prüfziffern
- Eingabemasken

organisatorische Verfahren

- Sicherheitskopien („Großvater-Vater-Sohn-Prinzip“)
- Überwachungsprotokolle

Datenschutz nach dem Bundesdatenschutzgesetz

Bedeutung

DiGrundrecht der „informationellen Selbstbestimmung“: Jeder Bürger darf über die Erhebung, Speicherung, Übermittlung und Verarbeitung seiner Daten selbst entscheiden, soweit es gesetzlich nicht anders geregelt ist

Aufgabe

Schutz personenbezogener Daten vor Missbrauch bei ihrer Verarbeitung

Personenbezogene Daten:
alle Einzelangaben über persönliche und sachliche Verhältnisse natürlicher Personen

Zulässigkeit der Verarbeitung personenbezogener Daten:

- durch Einwilligung des Betroffenen
- durch Erlaubnis des Bundesdatenschutzgesetzes oder einer anderen Rechtsvorschrift

Rechte der Betroffenen

- Auskunftsrecht
- Berichtigungsrecht
- Sperrungsrecht
- Löschungsrecht

Pflichten der Datenverarbeiter

- Wahrung des Datengeheimnisses
- technische und organisatorische Maßnahmen zum Ausschluss von Missbrauch
- Prüfung der Zulässigkeit der Verarbeitung von Daten
- Benachrichtigung der Betroffenen bei erstmaliger Speicherung von Daten zu ihrer Person
- Ernennung eines Beauftragten für den Datenschutz

222270264

KAPITEL 7

Wir wirken bei der Beendigung von Arbeitsverhältnissen mit

Frau Claudia Rösner, 30 Jahre alt, ist seit 10 Jahren bei der Ambiente Warenhaus AG als Sachbearbeiterin beschäftigt. Eines Tages erhält sie von der Personalabteilung des Unternehmens folgendes Schreiben:

Ambiente Warenhaus AG

Unternehmenszentrale

Groner Straße 22–24
34567 Schönstadt
Tel.: 05121 839001
Fax: 05121 839002

E-Mail: zentrale@ambiente-warenhaus-wvd.de
Internet: www.ambiente-warenhaus-wvd.de

Ambiente Warenhaus AG · Groner Straße 22–24 · 34567 Schönstadt

Frau
Claudia Rösner
Am Bache 2
34567 Schönstadt

Ihr Zeichen, Ihre Nachricht vom	Unser Zeichen, unsere Nachricht vom	Telefon, Name	Datum
	kr-ju	29, Frau Kraibaum	01.05.20..

Kündigung

Sehr geehrte Frau Rösner,

wie Sie sicher wissen, ist die Umsatzentwicklung unseres Hauses im letzten Jahr weit hinter unseren Erwartungen zurückgeblieben. Dies zwingt uns auch im Personalbereich zu Kosteneinsparungen.

Wir sind deshalb gezwungen, Ihnen fristgerecht zum nächsten Monatsende zu kündigen.

Ihre Arbeitspapiere liegen in der Personalabteilung für Sie zur Abholung bereit.

Mit freundlichem Gruß

Ambiente Warenhaus AG

Babette Kraibaum

Babette Kraibaum

Prüfen Sie, ob das Arbeitsverhältnis von Frau Rösner mit diesem Schreiben tatsächlich beendet ist.

INFORMATION

Arten der Beendigung des Arbeitsverhältnisses

Ein Arbeitsverhältnis kann durch Kündigung, Aufhebungsvertrag oder Vertragsablauf beendet werden.

DEFINITION

Die **Kündigung** ist eine einseitige, empfangsbedürftige Willenserklärung, durch die das Arbeitsverhältnis beendet wird.

Ein auf unbestimmte Zeit eingegangenes Arbeitsverhältnis kann vom Arbeitgeber, aber auch vom Arbeitnehmer gekündigt werden. Die Kündigung muss in schriftlicher Form erfolgen (gesetzlich vorgeschrieben seit dem 1. Mai 2000; § 623 BGB).

Die Schriftform gilt sowohl für die Kündigung durch den Arbeitgeber als auch für die Kündigung durch den Arbeitnehmer. Zur Rechtswirksamkeit der schriftlichen Kündigung ist gemäß § 126 BGB die eigenhändige Unterschrift notwendig. Schriftliche Kündigungen, die entweder nicht eigenhändig oder nicht von einer kündigungsberechtigten Person unterzeichnet wurden, sind nichtig. Eine zwar eigenhändig unterzeichnete, aber per Telefax übermittelte Kündigung entspricht ebenfalls nicht dem gesetzlichen Schriftformerfordernis des § 126 BGB.

In der betrieblichen Praxis wird die Kündigung in vielen Fällen durch eine Beendigung des Arbeitsverhältnisses im gegenseitigen Einvernehmen ersetzt. Diese Einigung zwischen Arbeitgeber und Arbeitnehmer wird als **Aufhebungsvertrag** bezeichnet.

In diesem Fall endet das Arbeitsverhältnis zu dem von Arbeitgeber und Arbeitnehmer vereinbarten Zeitpunkt.

Wenn ein Arbeitsvertrag nur befristet abgeschlossen wurde (max. Laufzeit 2 Jahre), endet das Arbeitsverhältnis nach Vertragsablauf, ohne dass eine Kündigung ausgesprochen wurde. Befristete Arbeitsverträge und Aufhebungsverträge müssen schriftlich abgeschlossen werden (§ 623 BGB).

Ordentliche Kündigung

Bei einer ordentlichen Kündigung müssen bestimmte Kündigungsfristen eingehalten werden, die sich aus dem Gesetz und aus den Tarif- bzw. Einzelarbeitsverträgen ergeben.

Die **gesetzlichen Kündigungsfristen** gelten, wenn zwischen Arbeitgeber und Arbeitnehmer keine Kündigungsfristen vereinbart wurden und auch keine tarifvertraglichen Vereinbarungen gelten.

Für Arbeiter und Angestellte beträgt die gesetzliche Kündigungsfrist 4 Wochen zum 15. eines Monats oder 4 Wochen zum Monatsende. Diese Frist muss bei Kündigungen durch den Arbeitgeber und auch bei Kündigungen durch den Arbeitnehmer eingehalten werden. Wird die Frist nicht eingehalten, ist die Kündigung unwirksam.

Für langjährig beschäftigte Arbeiter und Angestellte gelten bei der Kündigung durch den Arbeitgeber längere Kündigungsfristen:

Beschäftigungsdauer	Kündigungsfrist
2–4 Jahre	1 Monat zum Monatsende
5–7 Jahre	2 Monate zum Monatsende
8–9 Jahre	3 Monate zum Monatsende
10–11 Jahre	4 Monate zum Monatsende
12–14 Jahre	5 Monate zum Monatsende
15–19 Jahre	6 Monate zum Monatsende
20 Jahre und mehr	7 Monate zum Monatsende

Die Tarifparteien können Kündigungsfristen vereinbaren, die von den gesetzlichen Kündigungsfristen abweichen.

Zwischen dem einzelnen Arbeitgeber und dem einzelnen Arbeitnehmer können im Einzelarbeitsvertrag die gesetzlichen Kündigungsfristen verlängert, aber nicht verkürzt werden (Ausnahme: Bei Aushilfstätigkeiten bis zu 3 Monaten Dauer darf die Grundkündigungsfrist vertraglich verkürzt werden).

Allgemeiner Kündigungsschutz

In Betrieben, in denen **mehr als fünf Arbeitnehmer** beschäftigt sind (die Auszubildenden nicht mitgerechnet), genießen die Arbeitnehmer den Kündigungsschutz nach den Vorschriften des Kündigungsschutzgesetzes, sofern

- sie das 18. Lebensjahr vollendet haben und
- länger als 6 Monate ohne Unterbrechung in demselben Betrieb oder Unternehmen beschäftigt sind.

Arbeitnehmer, deren Arbeitsverhältnis nach dem 31. Dez. 2003 begonnen hat, genießen diesen Kündigungsschutz nur in Betrieben, die **mehr als zehn Arbeitnehmer** beschäftigen.

222270266

Tabelle der gesetzlichen Kündigungsfristen								
Betriebszugehörigkeit → [1]	**unter 2 Jahren**	**2 Jahre**	**5 Jahre**	**8 Jahre**	**10 Jahre**	**12 Jahre**	**15 Jahre**	**20 Jahre**
Kündigungsfrist →	4 Wochen zum 15. oder ME	1 Mon./ ME	2 Mon./ ME	3 Mon./ ME	4 Mon./ ME	5 Mon./ ME	6 Mon./ ME	7 Mon./ ME
Spalte eins ↓	Letzter Tag, an dem die Kündigung zugehen muss, um zu dem Termin in Spalte eins wirksam zu werden[2]							
zum	am	am	am	am	am	am	am	am
15. Jan.	18. Dez.	–[2]	–	–	–	–	–	–
31. Jan.	3. Jan.	31. Dez.[3]	30. Nov.	31. Okt.	30. Sept.	31. Aug.	31. Juli	30. Juni
15. Febr.	18. Jan.	–	–	–	–	–	–	–
28. Febr.[4]	31. Jan.[5]	31. Jan.	31. Dez.	30. Nov.	31. Okt.	30. Sept.	31. Aug.	31. Juli
15. März	15. Febr.	–	–	–	–	–	–	–
31. März	3. März	28. Febr.[6]	31. Jan.	30. Dez.	30. Nov.	31. Okt.	30. Sept.	31. Aug.
15. April	18. März	–	–	–	–	–	–	–
30. April	2. April	31. März	28. Febr.[6]	31. Jan.	31. Dez.	30. Nov.	31. Okt.	30. Sept.
15. Mai	17. April	–	–	–	–	–	–	–
31. Mai	3. Mai	30. April	31. März	28. Febr.[6]	31. Jan.	31. Dez.	30. Nov.	31. Okt.
15. Juni	18. Mai	–	–	–	–	–	–	–
30. Juni	2. Juni	31. Mai	30. April	31. März	28. Febr.[6]	31. Jan.	31. Dez.	30. Nov.
15. Juli	17. Juni	–	–	–	–	–	–	–
31. Juli	3. Juli	30. Juni	31. Mai	30. April	31. März	28. Febr.[6]	31. Jan.	31. Dez.
15. Aug.	18. Juli	–	–	–	–	–	–	–
31. Aug.	3. Aug.	31. Juli	30. Juni	31. Mai	30. April	31. März	28. Febr.[6]	31. Jan.
15. Sept.	18. Aug.	–	–	–	–	–	–	–
30. Sept.	2. Sept.	31. Aug.	31. Juli	30. Juni	31. Mai	30. April	31. März	28. Febr.[6]
15. Okt.	17. Sept.	–	–	–	–	–	–	–
31. Okt.	3. Okt.	30. Sept.	31. Aug.	31. Juli	30. Juni	31. Mai	30. April	31. März
15. Nov.	18. Okt.	–	–	–	–	–	–	–
30. Nov.	2. Nov.	31. Okt.	30. Sept.	31. Aug.	31. Juli	30. Juni	31. Mai	30. April
15. Dez.	17. Nov.	–	–	–	–	–	–	–
31. Dez.	3. Dez.	30. Nov.	31. Okt.	30. Sept.	31. Aug.	31. Juli	30. Juni	31. Mai

1 Die Kündigungsfristen werden auch verlängert, wenn der Arbeitnehmer nicht im selben Betrieb lang genug beschäftigt war, sondern in einem anderen Betrieb des Unternehmens.

2 Da ab zweijähriger Betriebszugehörigkeit eine Kündigung nur zum Monatsende zulässig ist, kommt in diesen Fällen der 15. eines Monats als Kündigungstermin nicht mehr in Betracht.

3 Eine zum Monatsende mit Monatsfrist ausgesprochene Kündigung muss spätestens bis zum Ablauf des letzten Tages des vorangehenden Monats (24:00 Uhr) zugegangen sein. Eine wenn auch nur kurz nach Mitternacht, d. h. im neuen Monat, zugegangene Kündigung wirkt erst am Schluss des folgenden Monats. Dies gilt auch, wenn ein Arbeitnehmer in Spätschicht arbeitet, die erst nach Mitternacht endet (BAG, Urteil vom 15. Juli 1969, DB 1969 S. 1851).

4 im Schaltjahr zum 29. Februar

5 im Schaltjahr am 1. Februar

6 im Schaltjahr am 29. Februar

Sie dürfen nicht entlassen werden, wenn die Kündigung **sozial ungerechtfertigt** ist. Eine Kündigung gilt als sozial ungerechtfertigt,

- wenn sie nicht in der Person oder dem Verhalten des Arbeitnehmers begründet ist oder
- wenn es für die Kündigung keine dringenden betrieblichen Erfordernisse gibt.

Gründe in der Person des Arbeitnehmers, die eine Kündigung rechtfertigen können, sind z. B. mangelnde Eignung und mangelnde Ausbildung. Eine lang andauernde oder häufig auftretende Krankheit ist dann ein Kündigungsgrund, wenn die krankheitsbedingten Fehlzeiten zu einer unzumutbaren Beeinträchtigung der betrieblichen Interessen führen.

Gründe im Verhalten des Arbeitnehmers sind z. B. wiederholte Unpünktlichkeit, mehrfaches Fehlen ohne ausreichenden Grund, Beleidigungen, Verstöße gegen die Gehorsams- und Verschwiegenheitspflicht. Eine Kündigung aus Gründen im Verhalten des Arbeitnehmers ist im Allgemeinen nur gerechtfertigt, wenn der Arbeitnehmer wiederholt seine Pflichten verletzt hat und deshalb schon verwarnt worden ist (sogenannte Abmahnung).

Dringende betriebliche Erfordernisse, die eine Kündigung rechtfertigen können, sind z. B. Absatzschwierigkeiten, Einsparen von Arbeitsplätzen durch Rationalisierungsmaßnahmen, Stilllegung des Betriebs oder einer Abteilung.

Das Vorliegen eines Kündigungsgrunds muss vom Arbeitgeber nachgewiesen werden.

Mitwirkung des Betriebsrats bei der Kündigung

Gibt es in einem Betrieb einen Betriebsrat, so muss der Arbeitgeber den Betriebsrat vor jeder beabsichtigten Kündigung anhören.[1] Zur Anhörung gehört, dass der Arbeitgeber dem Betriebsrat auch die Kündigungsgründe mitteilt. Eine Kündigung ohne vorherige Anhörung des Betriebsrats ist unwirksam. Der Betriebsrat kann einer ordentlichen Kündigung innerhalb 1 Woche, nachdem ihn der Arbeitgeber unterrichtet hat, widersprechen. Der Widerspruch verhindert die Kündigung jedoch nicht. Sie bleibt trotzdem wirksam.

Kündigungsschutzverfahren

Hält ein Arbeitnehmer die Kündigung seines Arbeitsverhältnisses für sozial ungerechtfertigt, kann er das Arbeitsgericht anrufen. Er kann innerhalb von 3 Wochen nach Zustellung der Kündigung Klage beim Arbeitsgericht erheben **(= Kündigungsschutzklage).** Lässt der Arbeitnehmer die Klagefrist verstreichen, ist die Kündigung wirksam.

Stellt das Arbeitsgericht im Klagefall fest, dass die Kündigung sozial ungerechtfertigt war, muss der Arbeitnehmer weiterbeschäftigt werden. Häufig haben sich Arbeitnehmer und Arbeitgeber durch die Führung des Arbeitsgerichtsprozesses jedoch so zerstritten, dass die Fortsetzung des Arbeitsverhältnisses für die Beteiligten nicht zumutbar ist. In solchen Fällen kommt es meistens zu einem Vergleich:

- Der Arbeitnehmer verzichtet auf die Weiterbeschäftigung.
- Der Arbeitgeber zahlt an den Arbeitnehmer eine gerichtlich festgesetzte Abfindung.

1 Siehe Kap. 1.14 in „Handeln im Handel – 1. Ausbildungsjahr“.

222270268

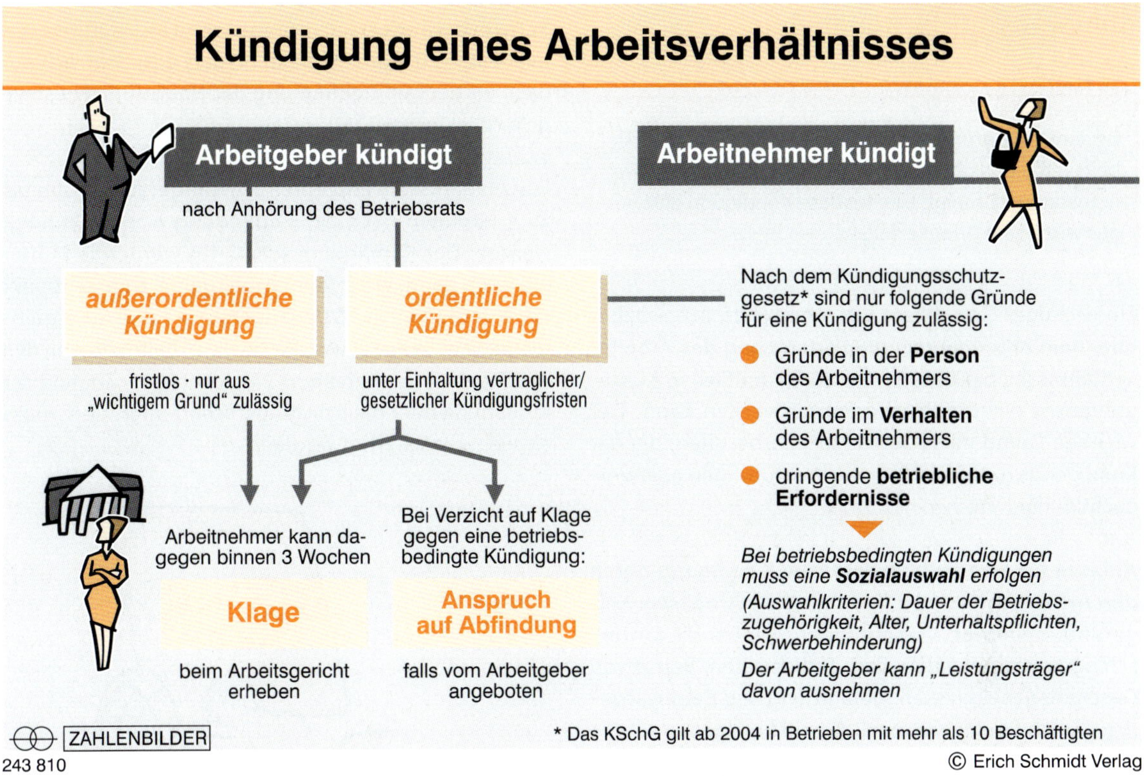
Kündigung eines Arbeitsverhältnisses
Arbeitgeber kündigt
nach Anhörung des Betriebsrats
außerordentliche Kündigung
fristlos · nur aus „wichtigem Grund" zulässig
ordentliche Kündigung
unter Einhaltung vertraglicher/gesetzlicher Kündigungsfristen
Arbeitnehmer kündigt
Nach dem Kündigungsschutzgesetz* sind nur folgende Gründe für eine Kündigung zulässig:
Gründe in der Person des Arbeitnehmers
Gründe im Verhalten des Arbeitnehmers
dringende betriebliche Erfordernisse
Bei betriebsbedingten Kündigungen muss eine Sozialauswahl erfolgen
(Auswahlkriterien: Dauer der Betriebszugehörigkeit, Alter, Unterhaltspflichten, Schwerbehinderung)
Der Arbeitgeber kann „Leistungsträger" davon ausnehmen
Arbeitnehmer kann dagegen binnen 3 Wochen
Klage
beim Arbeitsgericht erheben
Bei Verzicht auf Klage gegen eine betriebsbedingte Kündigung:
Anspruch auf Abfindung
falls vom Arbeitgeber angeboten
ZAHLENBILDER
243 810
* Das KSchG gilt ab 2004 in Betrieben mit mehr als 10 Beschäftigten
© Erich Schmidt Verlag

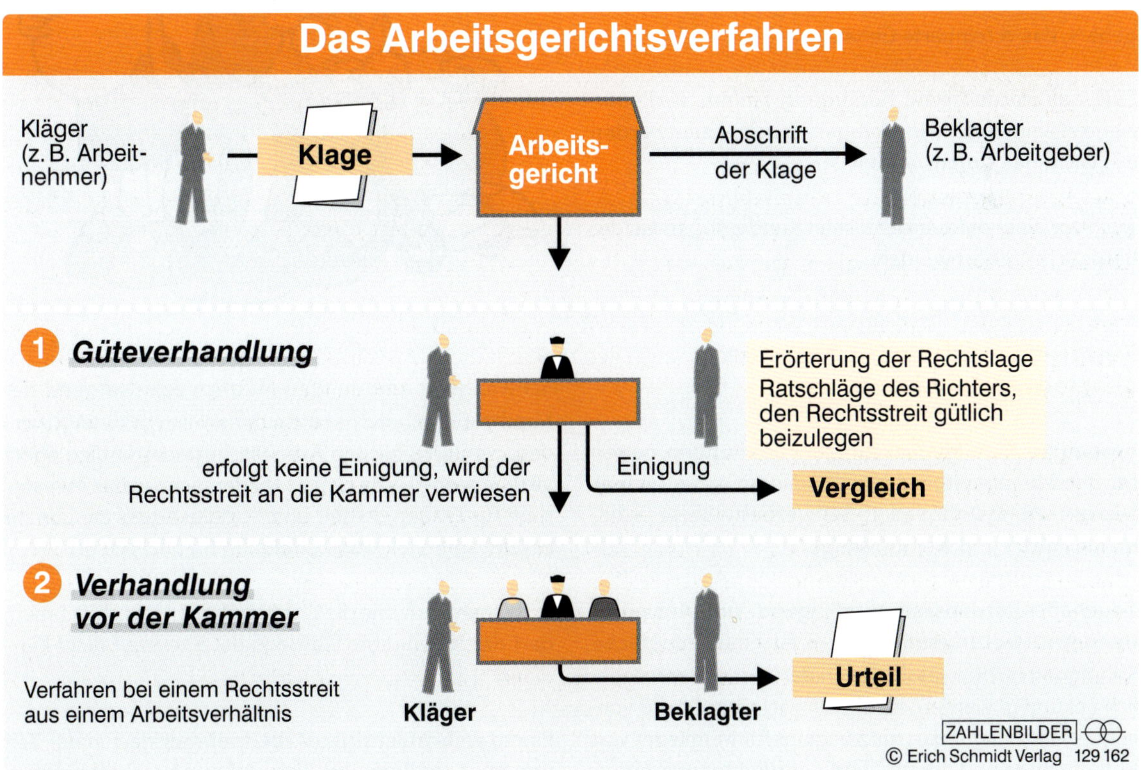
Das Arbeitsgerichtsverfahren
Kläger (z. B. Arbeitnehmer)
Klage
Arbeitsgericht
Abschrift der Klage
Beklagter (z. B. Arbeitgeber)
1 Güteverhandlung
Erörterung der Rechtslage
Ratschläge des Richters, den Rechtsstreit gütlich beizulegen
Einigung
Vergleich
erfolgt keine Einigung, wird der Rechtsstreit an die Kammer verwiesen
2 Verhandlung vor der Kammer
Verfahren bei einem Rechtsstreit aus einem Arbeitsverhältnis
Kläger
Beklagter
Urteil
ZAHLENBILDER
© Erich Schmidt Verlag 129 162

Außerordentliche Kündigung

DEFINITION

Bei einer **außerordentlichen Kündigung** wird das Arbeitsverhältnis ohne Einhaltung einer Kündigungsfrist (= fristlos) gekündigt. Eine fristlose Kündigung darf nur aus wichtigem Grund erfolgen.

Ein wichtiger Grund liegt vor, wenn dem Arbeitgeber oder dem Arbeitnehmer die Fortsetzung des Arbeitsverhältnisses bis zum Ablauf der ordentlichen Kündigungsfrist nicht mehr zugemutet werden kann. Der wichtige Grund muss auf Tatsachen beruhen, die der Kündigende nachweisen muss. Vermutungen oder Verdächtigungen reichen nicht aus.

Anlässe für eine außerordentliche Kündigung durch den Arbeitgeber sind z. B. beharrliche Arbeitsverweigerung, dauernde Verspätungen, Diebstahl, Unterschlagungen, Beleidigungen, Tätlichkeiten, Verrat von Geschäftsgeheimnissen, Gefährdung des Betriebsfriedens durch Streitigkeiten mit Arbeitskollegen.

Anlass für eine außerordentliche Kündigung durch den Arbeitnehmer ist z. B. die Weigerung des Arbeitgebers, das vereinbarte Gehalt zu zahlen.

Eine außerordentliche Kündigung ist nur wirksam, wenn sie innerhalb von 14 Tagen nach Bekanntwerden des wichtigen Grunds erfolgt ist.

Auch vor einer außerordentlichen Kündigung muss der Betriebsrat gehört werden.

Kündigungsschutz für besonders geschützte Arbeitnehmer

Besondere Kündigungsschutzbestimmungen gelten für Betriebsratsmitglieder, Jugend- und Auszubildendenvertretungsmitglieder, Schwerbehinderte, werdende Mütter und Wehrpflichtige.

Gegenüber **Betriebsrats- und Jugend- und Auszubildendenvertretungsmitgliedern** ist eine ordentliche Kündigung nicht zulässig. Ihnen darf nur außerordentlich gekündigt werden, sofern ein wichtiger Grund vorliegt. Der Kündigungsschutz beginnt für Mitglieder von Betriebsräten und Jugend- und Auszubildendenvertretungen mit dem Beginn ihrer Amtszeit und endet ein Jahr nach Beendigung der Amtszeit.

Schwerbehinderten, deren Arbeitsverhältnis seit mindestens 6 Monaten besteht, darf grundsätzlich nur nach vorheriger Zustimmung der Hauptfürsorgestelle gekündigt werden.

Frauen darf **während einer Schwangerschaft** und bis zu 4 Monaten nach der Entbindung nicht gekündigt werden. Der Kündigungsschutz für werdende Mütter gilt auch dann, wenn dem Arbeitgeber zum Zeitpunkt der Kündigung die Schwangerschaft der Arbeitnehmerin nicht bekannt war. Wenn die Arbeitnehmerin den Arbeitgeber bis spätestens 2 Wochen nach Zugang der Kündigung über die Schwangerschaft informiert, muss sie weiterbeschäftigt werden.

Schwangeren und jungen Müttern darf während der Kündigungsschutzfrist ausnahmsweise gekündigt werden, wenn die für den Arbeitsschutz zuständige oberste Landesbehörde (z. B. in Niedersachsen das Ministerium für Frauen, Arbeit und Soziales) oder die von ihr beauftragte Stelle die Kündigung für zulässig erklärt.

Arbeitnehmern, die die **Elternzeit** in Anspruch nehmen, darf der Arbeitgeber während der Elternzeit nicht kündigen.

Einem **wehrpflichtigen Arbeitnehmer** darf in der Zeit von der Zustellung des Einberufungsbescheids bis zur Beendigung des Grundwehrdienstes und während einer Wehrübung nicht ordentlich gekündigt werden.

222270270

Erteilung eines Zeugnisses

Jeder Arbeitnehmer kann bei Beendigung des Arbeitsverhältnisses von seinem Arbeitgeber ein schriftliches Zeugnis verlangen. Das Zeugnis muss genaue und zutreffende Angaben über die Art der Beschäftigung des Arbeitnehmers und über die Dauer des Arbeitsverhältnisses enthalten (= **„einfaches Zeugnis“).** Nur wenn es der Arbeitnehmer ausdrücklich verlangt, darf das Zeugnis auch Angaben über die Leistungen und die Führung des Arbeitnehmers enthalten (= **„qualifiziertes Zeugnis“).**

BEISPIELE FÜR ZEUGNISCODES

Beurteilungsmaßstäbe des RKW (Rationalisierungskuratorium der Deutschen Wirtschaft)

- stets zu unserer vollsten Zufriedenheit erledigt = sehr gut
- stets zu unserer vollen Zufriedenheit erledigt = gut
- zu unserer vollen Zufriedenheit erledigt = befriedigend
- zu unserer Zufriedenheit erledigt = ausreichend
- im Großen und Ganzen zur Zufriedenheit erledigt = mangelhaft
- hat sich bemüht, die ihm übertragenen Arbeiten zur Zufriedenheit zu erledigen = ungenügend

Herausgabe der Arbeitspapiere

Bei der Beendigung des Arbeitsverhältnisses muss der Arbeitgeber alle Arbeitspapiere (Rentenversicherungsnachweisheft usw.) an den Arbeitnehmer herausgeben.

Die Personalsachbearbeiterin gibt einer Arbeitnehmerin ihre Arbeitspapiere heraus.

AUFGABEN

1. Ein Arbeitgeber will einem Angestellten, der 2 Jahre bei ihm beschäftigt war, zum 31. März kündigen. Mit dem Angestellten wurde keine vertragliche Kündigungsfrist vereinbart.
   Wann muss er dem Angestellten die Kündigung spätestens mitteilen?
2. Eine Angestellte will am 1. Okt. die Stelle wechseln.
   Wann muss sie spätestens kündigen, wenn in ihrem Arbeitsvertrag über die Kündigung keine besondere Vereinbarung getroffen wurde?
3. Ein Angestellter arbeitet seit 10 Jahren in einem Textilfachgeschäft. Er ist 32 Jahre alt. Der Geschäftsinhaber will ihm zum 30. Sept. kündigen. Wann muss er dem Angestellten die Kündigung spätestens mitteilen?
4. Herr Gauß möchte sein Arbeitsverhältnis bei der Grote OHG am 20. Juni 20.. beenden. Bis wann muss er sein Arbeitsverhältnis spätestens kündi-gen?
5. Der Inhaber der Frühauf KG möchte seiner Mitarbeiterin Frau Junge fristgerecht zum 31. Juli 20.. kündigen. Frau Junge ist seit 7 Jahren bei der Frühauf KG beschäftigt. Bis wann muss er die Kündigung gegenüber Frau Junge spätestens aussprechen?
6. Der Geschäftsführer der Grotex GmbH kündigt dem Einkaufssachbearbeiter Metzner am 17. Mai 20... Herr Metzner ist seit 15 Jahren bei der Grotex GmbH beschäftigt. Wann ist das Arbeitsverhältnis von Herrn Metzner beendet?
7. Ein Angestellter will zum 30. Juni 20.. kündigen. Bis wann muss er seinen Arbeitgeber spätestens von der Kündigung unterrichten?
8. Ein Angestellter kündigt am 28. September 20... Zu welchem Termin kann er frühestens seinen bisherigen Betrieb verlassen?
9. Eine Angestellte hat zum 1. Dezember 20.. einen neuen Arbeitsvertrag abgeschlossen. Bis

wann muss sie bei ihrem bisherigen Arbeitgeber bei ge-setzlicher Kündigungsfrist spätestens kündigen?

10. Mit einem Angestellten wurde vertraglich keine besondere Kündigungsfrist vereinbart, und er besitzt auch keinen über die gesetzliche Kündigungsfrist hinausgehenden Kündigungsschutz. Bis wann muss der Arbeitgeber die Kündigung spätestens aussprechen, wenn der Angestellte zum 31. Dezember 20.. aus dem Betrieb ausscheiden soll?

11. In einem Textilkaufhaus soll eine Abteilung aufgelöst werden. Am 17. Juli 20.. entschließt sich die Geschäftsleitung, den Angestellten aus dieser Abteilung zu kündigen, da sie nicht mehr benötigt werden. Auch in einer anderen Abteilung ist eine Weiterbeschäftigung nicht möglich.

Die Angestellten sind:

- Frau Karstens, 22 Jahre alt, 2 Jahre im Betrieb
- Herr Weber, 39 Jahre alt, 7 Jahre im Betrieb
- Frau Müller, 25 Jahre alt, 6 Jahre im Betrieb
- Frau Schrader, 52 Jahre alt, 17 Jahre im Betrieb
- Herr Henkel, 30 Jahre alt, 7 Jahre im Betrieb
- Herr Keller, 42 Jahre alt, 5 Monate im Betrieb
- Frau Meise, 35 Jahre alt, 20 Jahre im Betrieb

a) Zu welchem Termin endet das Arbeitsverhältnis der Angestellten jeweils, wenn die Kündigung von der Geschäftsleitung sofort ausgesprochen wird?

b) Bis wann muss die Kündigung spätestens ausgesprochen werden, um zu erreichen, dass die einzelnen Angestellten das Unternehmen zum frühestmöglichen Zeitpunkt verlassen?

12. Welche Mindestfrist darf bei einzelvertraglich vereinbarten Kündigungsfristen nicht unterschritten werden?

13. Nennen Sie Gründe für eine außerordentliche Kündigung.

14. Eine Angestellte, der fristgerecht zum 31. März gekündigt wurde, ist mit der Kündigung nicht einverstanden.
Was kann sie tun?

15. In welchem Zeitraum darf Mitgliedern von Betriebsräten und Jugend- und Auszubildendenvertretungen nicht ordentlich gekündigt werden?

16. Welchen besonderen Kündigungsschutz genießen Schwerbehinderte?

17. In welchem Zeitraum darf weiblichen Angestellten nicht gekündigt werden?

18. Welche Unterschiede bestehen zwischen einem einfachen und einem qualifizierten Zeugnis?

19. Welche Arbeitspapiere muss der Arbeitgeber bei Beendigung eines Arbeitsverhältnisses an den Angestellten herausgeben?

AKTIONEN

1. Herr Jordan ist seit 12 Jahren im Lebensmittelbereich der Ambiente Warenhaus AG in Schönstadt als Verkäufer im Frischfleischbereich tätig. Seine Aufgaben erledigt er immer sorgfältig und zuverlässig. Am 14. März kündigt Herr Jordan bei der Ambiente Warenhaus AG.
Versetzen Sie sich in die Rolle eines Personalsachbearbeiters der Ambiente Warenhaus AG.

a) Stellen Sie die Entlassungsunterlagen von Herrn Jordan zusammen.

b) Erstellen Sie den Entwurf für ein qualifiziertes Arbeitszeugnis für Herrn Jordan.

2. Frau Rösner ist mit ihrer Kündigung durch die Ambiente Warenhaus AG (siehe Kündigungsschreiben Seite 261) nicht einverstanden. Sie bittet den Betriebsrat der Ambiente Warenhaus AG, ihr zu helfen. Versetzen Sie sich in die Rolle eines Betriebsratsmitglieds der Ambiente Warenhaus AG. Führen Sie in einem Rollenspiel ein Beratungsgespräch durch. Erläutern Sie dabei

a) die Einflussmöglichkeiten, die der Betriebsrat bei einer Kündigung hat.

b) Möglichkeiten von Frau Rösner, sich gegen die Kündigung zu wehren.

222270272

ZUSAMMENFASSUNG

Beendigung des Arbeitsverhältnisses

durch

- **Vertragsablauf**
- **Kündigung** = einseitige schriftliche Auflösung eines Arbeitsverhältnisses
- **Aufhebungsvertrag**

Kündigung:

- **ordentliche Kündigung** = Kündigung unter Einhaltung von Kündigungsfristen
- **außerordentliche Kündigung** = fristlose Kündigung bei Pflichtverletzungen von Arbeitnehmer oder Arbeitgeber

Kündigungsfristen

- **gesetzliche Kündigungsfrist**
  - für Arbeiter und Angestellte: 4 Wochen zum 15. eines Monats oder zum Monatsende
- **vertragliche Kündigungsfrist**
  - tarifvertraglich: Abweichungen von gesetzlichen Kündigungsfristen erlaubt.
  - einzelvertraglich: Verlängerung der gesetzlichen Kündigungsfristen erlaubt.
- **verlängerte Kündigungsfrist**
  - für langjährige Mitarbeiter bei Kündigung durch den Arbeitgeber

allgemeiner Kündigungsschutz

(= Schutz gegen sozial ungerechtfertigte Kündigung)

- Er gilt für Arbeitnehmer, deren Beschäftigungsverhältnis
  - vor dem 1. Jan. 2004 begonnen hat, in Betrieben mit mehr als fünf Arbeitnehmern;
  - nach dem 31. Dez. 2003 begonnen hat, in Betrieben mit mehr als zehn Arbeitnehmern
- Nach mindestens sechsmonatiger Betriebszugehörigkeit darf Arbeitnehmern über 18 Jahre nur gekündigt werden:
  - aus wichtigem betrieblichen Grund oder
  - wenn die Person oder das Verhalten des Arbeitnehmers dazu Anlass gibt.
- Gegen eine sozial ungerechtfertigte Kündigung kann der Arbeitnehmer innerhalb von 3 Wochen nach Eingang des Kündigungsschreibens Kündigungsschutzklage beim Arbeitsgericht erheben.

Besonders geschützte Arbeitnehmergruppen sind

- werdende Mütter und Arbeitnehmer in der Elternzeit
- Betriebsrats- und Jugend- und Auszubildendenvertretungsmitglieder
- Schwerbehinderte
- Wehrpflichtige

Studie zur Arbeitsmotivation: Das spornt die Deutschen an

- Für zwei Drittel sind der gute Draht zu Kollegen und Chefs entscheidend
- Flexible Arbeitszeiten wirken weniger motivierend als 2014

Eschborn, 12. Mai 2015 – Das gute Verhältnis zu Kollegen und zum Chef ist der Top-Motivator der Deutschen im Job. 65 Prozent der Arbeitnehmer gehen mit mehr Spaß an die Arbeit, wenn sie mit anderen Mitarbeitern und Vorgesetzten gut auskommen. Möglichkeiten zur freien Zeiteinteilung sporntnur noch jeden zweiten Mitarbeiter an, 2014 waren es noch zwei Drittel. Zu diesen Ergebnissen kommt die repräsentative Studie „Arbeitsmotivation 2015" der ManpowerGroup Deutschland. Im Frühjahr 2015 wurden dafür über 1.000 Bundesbürger ab 18 Jahren befragt.

Gegenüber dem Vorjahr sinkt die Zustimmung zu fast allen wichtigen Motivationsfaktoren. „Das passt zu unserer Studie zur Jobzufriedenheit. Diese zeigt, dass die Arbeitnehmer generell unzufriedener im Job sind als 2014", sagt Herwarth Brune, Vorsitzender der Geschäftsführung der ManpowerGroup Deutschland. Für den Arbeitsexperten ist dies ein Zeichen der anziehenden Konjunktur: „Die Mitarbeiter sind derzeit stark ausgelastet. In diesen stressigen Zeiten wirken ein ernstgemeintes und gut platziertes Lob vom Chef sowie der Zusammenhalt im Team besonders motivierend."

Die zehn wichtigsten Faktoren für die Motivation der Arbeitnehmer in Deutschland:

1. **Gutes Arbeitsverhältnis zu Kollegen und Vorgesetzten:**
   Der menschliche Faktor zählt: 65 Prozent der Befragten sind motivierter im Job, wenn sie mit Kollegen und Chefs gut klarkommen. 2014 waren es noch 77 Prozent.
2. **Flexible Arbeitszeiten:**
   Gleitzeit oder ein Arbeitszeitkonto bleiben wichtige Motivatoren, sind allerdings auf dem Rückzug. Nur jeden zweiten Arbeitnehmer (50 Prozent) sporntflexibles Kommen und Gehen an. Im Vorjahr war dies noch bei 67 Prozent der Fall.
3. **Freundschaftliches Verhältnis zu Kollegen:**
   Für 42 Prozent der Deutschen ist es wichtig, auch nach Feierabend den Kontakt zu anderen Kollegen zu pflegen und gemeinsam etwas zu unternehmen (2014: 45 Prozent).
4. **Kostenlose Getränke vom Arbeitgeber:**
   Geringer Aufwand, große Wirkung: Für jeden dritten Arbeitnehmer (33 Prozent sind kostenlose Getränke am Arbeitsplatz motivierend für den Job – ein Prozent mehr als bei der Vorjahresbefragung.
5. **Teamarbeit:**
   33 Prozent der Arbeitnehmer haben mehr Spaß im Job, wenn sie häufig in Gruppen arbeiten. „Die Arbeitnehmer schätzen zwar den Kontakt zu ihren Kollegen – doch ständige Meetings und Arbeitsgruppen empfinden zwei Drittel eher lästig als motivierend", sagt Brune.
6. **Ansprechende Raumgestaltung:**
   Die Büroatmosphäre hat auf ebenso wenig Befragte eine motivierende Wirkung. 32 Prozent arbeiten aus eigener Sicht produktiver, wenn die Optik im Büro stimmt (2014: 35 Prozent).
7. **Betriebliche Gesundheitsförderung:**
   Beratung durch den Betriebsarzt und vom Arbeitgeber bezahlte Präventionskurse sind gut für die Motivation. 31 Prozent der Mitarbeiter arbeiten befreiter, wenn sie wissen, dass ihr Unternehmen die Gesundheit der Angestellten fördert (2014: 38 Prozent).
8. **Guter Kaffee:**
   Augen auf beim Kaffeekauf: Für 28 Prozent der Mitarbeiter fördert die Qualität des Koffeingetränks die Motivation am Arbeitsplatz. Guter Kaffee rutscht damit in die Top Ten der Arbeitsmotivatoren (2014: 23 Prozent).
9. **Pflanzen im Büro:**
   Grünpflanzen heben die Stimmung und sorgen für ein besseres Raumklima. 27 Prozent der Befragten können besser arbeiten, wenn Zimmerpflanzen im Büro stehen (2014: 26 Prozent).

222270274

10. Motivation durch Büromöbel:
Mit Investitionen in moderne Bürowelten können Arbeitgeber punkten: 25 Prozent der Arbeitnehmer lassen sich durch zeitgemäßes, ergonomisches Design motivieren – vier Prozent mehr als 2014. Höhenverstellbare Tische etwa beugen Rückenleiden vor.

Kleine Zeichen der Wertschätzung des Unternehmens zählen im Vergleich zu Vorjahresbefragung nicht mehr zu den zehn wichtigsten Arbeitsmotivatoren. Für 17 Prozent der Arbeitnehmer (-7 Prozent) sind Blumen zum Geburtstag oder einer Jubiläumsüberraschung ein zusätzlicher Ansporn. Speziell in Stresszeiten rücken dafür praktische Gesten auf, die im Tagesgeschäft helfen. Ein Sechstel der Deutschen spricht beispielsweise auf die Snack-Box mit Süßigkeiten positiv an – im letzten Jahr waren das nur elf Prozent. 14 Prozent (+6 Prozent) finden es motivierend, wenn Kollegen mitdenken und beispielsweise Kuchen fürs Team mitbringen.
„Auch wenn sich die Zustimmung zu einzelnen Punkten jedes Jahr verändert, bleiben Wertschätzung, Anerkennung und ein harmonisches Miteinander die entscheidenden Faktoren für die Motivation der Mitarbeiter und damit den Unternehmenserfolg", sagt Brune.

[...]

Quelle: Manpower: Studie zur Arbeitsmotivation - Das spornt die Deutschen an. In: www.manpower.de. 12.05.2015. https://www.manpower.de/neuigkeiten/presse/weiterleitung-zu-mpg/pressemitteilungen/studie-zur-arbeitsmotivation-das-spornt-die-deutschen-an/ [22.01.2019]. (verändert)

Durch welche der in dem Artikel dargestellten Maßnahmen könnte die Geschäftsführung der Ambiente Warenhaus AG die Einsatzbereitschaft ihrer Mitarbeiterinnen und Mitarbeiter erhöhen?

INFORMATION

Mitarbeitermotivation

Zwischen dem Engagement der Mitarbeiterinnen und Mitarbeiter, der Kundenzufriedenheit und dem Unternehmensergebnis besteht ein Zusammenhang. Höher motivierte Mitarbeiterinnen und Mitarbeiter bemühen sich stärker um die Zufriedenheit der Kunden, was in der Regel bessere Unternehmensergebnisse nach sich zieht. Das wiederum führt zu mehr Anerkennung und Engagement bei den Mitarbeiterinnen und Mitarbeitern.

Immer mehr Unternehmen erkennen, dass zufriedene Mitarbeiterinnen und Mitarbeiter eine elementare Grundlage für den Markterfolg sind, und handeln dementsprechend.
Möglichkeiten der Mitarbeitermotivation sind

- **eine der Leistung angemessene Bezahlung:** Neben dem Grundgehalt fördern leistungsbezogene Zulagen (z. B. Umsatzprämien) die Leistungsbereitschaft der Mitarbeiterinnen und Mitarbeiter.
- vermögenswirksame Leistungen, betriebliche Sozialleistungen wie Betriebsrente, Berufsunfähigkeitsversicherung
- **Mitarbeiterbeteiligung**, z. B. Aktienoptionen
- **Mitarbeiterpartizipation:** Mitarbeiterinnen und Mitarbeiter, die in den für ihren Arbeitsbereich relevanten Entscheidungsprozess miteinbezogen werden, bringen normalerweise bessere Leistungen. Die Mitarbeiterinnen und Mitarbeiter fühlen sich ernst genommen. Sie können ihr Erfahrungswissen mit einbringen. Ihr Selbstwertgefühl steigt.
- **Anerkennung der Leistungen der Mitarbeiterinnen und Mitarbeiter:** Die meisten Mitarbeiterinnen und Mitarbeiter haben in ihrem Arbeitsalltag viele Aufgaben zu bewältigen. Den weitaus größten Teil davon erledigen sie fehlerfrei. Das muss honoriert werden. Schon ein kleines Dankeschön kann Wunder wirken. Nichts spornt Mitarbeiterinnen und Mitarbeiter mehr an als die Überzeugung, dass sich die Vorgesetzten wirklich für das Wohlergehen ihrer Mitarbeiterinnen und Mitarbeiter interessieren.
- **Herausfordernde Aufgaben:** Anspruchsvolle Aufgaben stimulieren die persönliche Entwicklung der Mitarbeiterinnen und Mitarbeiter und deren Lust am Job.

222270275

- **Förderung des Betriebsklimas:** Eine positive Stimmung im Unternehmen ist Grundvoraussetzung für motivierte Mitarbeiter.
- **Flexiblere Arbeitszeiten:** Jeder Mensch hat seinen eigenen Rhythmus. Wenn er ihn bei der Arbeitszeitgestaltung mehr berücksichtigen darf, werden seine Voraussetzungen, Leistungen zu erbringen, verbessert.

Arbeitszeitgestaltung und Work-Life-Balance

Work-Life-Balance (WLB) meint ein ausgewogenes Verhältnis von Arbeit und Privatleben. Eine gute WLB ist vielen Menschen mittlerweile wichtiger als Einkommen und Karriere. Sie legen Wert auf ein intaktes Familienleben, möchten nicht auf ihre Hobbys verzichten und suchen dennoch Spaß und Erfüllung bei ihren beruflichen Aufgaben. Ob das gelingt, hängt auch davon ab, wie Arbeitszeit gestaltet wird. Flexible Arbeitszeiten können hier weiterhelfen, vorausgesetzt, sie berücksichtigen auch die Interessen der Beschäftigten. So sind kürzere Arbeitszeiten wie etwa Teilzeit zwar ein guter Ansatz, müssen aber nicht unbedingt die WLB verbessern. Denn darüber entscheidet neben der Länge auch die Lage und Vorhersehbarkeit der Arbeitszeit. In dieser Hinsicht gibt es flexible Arbeitszeitmodelle, die eine bessere WLB bei guter Gestaltung möglich machen und solche, die dies von vornherein eher verhindern.

So bieten z.B. die Arbeitszeitmodelle Rufbereitschaft und kapazitätsorientierte variable Arbeitszeit (KAPOVAZ), auch „Arbeit auf Abruf" genannt, kaum Chancen auf eine gute WLB trotz oft kurzer Arbeitseinsätze. Weil hier die Arbeitszeit sehr unregelmäßig und kaum vorhersehbar anfällt, ist die Freizeit stark eingeschränkt, da ständig ein Arbeitseinsatz droht. Besser steht es um die WLB bei Gleitzeit, da dieses Modell den Beschäftigten mehr Zeitsouveränität einräumt. Gleiches gilt für solche Modelle, bei denen die Beschäftigten ihre persönliche Arbeitszeit in einem definierten Rahmen auswählen können, also z. B. Wahlarbeitszeit, Funktionszeit, Jobsharing oder auch Altersteilzeit. Solche Modelle erlauben es den Beschäftigten in einem gewissen Maße, Dauer und Lage der Arbeitszeit mit der individuellen Lebenslage und den damit verbundenen Anforderungen abzustimmen.

Ob flexible Arbeitszeiten zu einer Verbesserung der WLB beitragen, lässt sich nicht generell sagen. Was sich sagen lässt: Es gibt Modelle, die in dieser Hinsicht mehr Potenziale bieten als andere. Das Bundesministerium für Familie, Senioren, Frauen und Jugendliche (BMFSFJ, 2016) nennt solche Modelle „familienbewusste Arbeitszeiten". [...]

Quelle: Bundesanstalt für Arbeitsschutz und Arbeitsmedizin (BAuA): Flexible Arbeitszeitmodelle. In: www.baua.de. Oktober 2017. https://www.baua.de/DE/Angebote/Publikationen/Praxis/A49.pdf?__blob=publicationFile, S. 18 [24.10.2018].

Fort- und Weiterbildung

Mitarbeiterinnen und Mitarbeiter, die ihre Fachkenntnisse und beruflichen Fähigkeiten mithilfe ihres Unternehmens kontinuierlich verbessern können, arbeiten motivierter.

Die in ihrer Ausbildung zum Kaufmann bzw. zur Kauffrau im Einzelhandel erworbenen Qualifikationen (Kenntnisse, Fertigkeiten und Fähigkeiten) reichen nicht aus, um ein ganzes Berufsleben lang im Einzelhandel bestehen zu können. Veränderungen und neue Entwicklungen in der Arbeitswelt führen zu veränderten Anforderungen an die Qualifikation der Mitarbeiterinnen und Mitarbeiter im Einzelhandel.

Qualifikationsänderungen ergeben sich u.a. aus
- der Einführung neuer Techniken im Einzelhandel, z.B. EDV-gestützter Warenwirtschaftssysteme,
- steigenden Ansprüchen der Kunden, z.B. nach mehr Beratung und mehr Service,

222270276

- häufigen Veränderungen im Sortiment, z. B. durch Modeänderungen oder neue technische Entwicklungen.

Einen Teil der neuen Kenntnisse und Fertigkeiten kann sich der Arbeitnehmer im Einzelhandel am Arbeitsplatz aneignen, z. B.
- durch innerbetriebliche Schulungen,
- durch Fragen an erfahrene Arbeitskollegen und Vorgesetzte,
- durch Studium von Produkt- und Verkaufsinformationen, Prospekten und Katalogen der Hersteller.

Seine Warenkenntnisse erweitern kann er durch
- Fachbücher und Fachzeitschriften,
- Schulungsmaterial der Hersteller und
- Informationsmaterial von Fachverbänden und Gütezeichengemeinschaften.

Für Personen, die im Einzelhandel vorankommen wollen, ist die Teilnahme an Fort- und Weiterbildungsmaßnahmen unumgänglich.

Möglichkeiten der Fort- und Weiterbildung im Einzelhandel bieten u. a.
- betriebsinterne Weiterbildungsmaßnahmen der Warenhäuser und anderer Großbetriebe des Einzelhandels,
- die Industrie- und Handelskammern,
- die Bildungszentren des Einzelhandels,
- Fachschulen und
- Volkshochschulen.

Bildungszentren des Einzelhandels gibt es in vielen Städten und Regionen. Sie bieten u. a. Verkaufstrainingskurse, Lehrgänge zu Fragen der Warenbeschaffung, Gesprächstechnik, Buchführung, kaufmännischem Rechnen, Steuerrecht, Datenverarbeitung, Personalwesen und Absatzplanung an.

An verschiedenen Fachschulen kann man sich in einem bis zu zweijährigen Studium zum Betriebswirt in einer bestimmten Fachrichtung (z. B. Textilien, Eisenwaren) ausbilden lassen.

In Volkshochschulen können Arbeitnehmer im Einzelhandel nützliche Zusatzkenntnisse auf vielen Gebieten (z. B. Fremdsprachen, EDV) erwerben und eventuell vorhandene Wissenslücken (z. B. in Mathematik, Buchführung, Rechtschreibung) auffüllen.

Konfliktmanagement

> „Wenn zwei Menschen immer wieder die gleichen Ansichten haben, ist einer von ihnen überflüssig!"
> Winston Churchill

In Unternehmen treten immer wieder Konflikte auf: Solche Spannungen und Auseinandersetzungen zwischen einzelnen Mitarbeitern, Arbeitsgruppen und Abteilungen können durch wirkungsvolles Konfliktmanagement früher erkennbar, überschaubarer und leichter handhabbar werden.

Konflikte werden oftmals als Störfaktoren gesehen. Aus diesem Grund wird häufig versucht, Konflikte eher zu leugnen und unter den „Teppich zu kehren", als sie zu lösen.

Konflikte und Widerstände können jedoch auch als Motor von Dynamik und Weiterentwicklung gesehen werden: Wo keine Auseinandersetzung stattfindet, gibt es auch keine Veränderung. Das Problematische ist daher nicht der Konflikt selbst, sondern die mangelnde Fähigkeit, ihn vernünftig auszutragen. Im Team sollten die Chancen von Konflikten und Widerständen genutzt werden.

Negative Auswirkungen von Konflikten	Positive Auswirkungen von Konflikten
• Konflikt ist ein Zeitfaktor. • Konflikte vergiften das Arbeitsklima. • Konflikte nehmen die Arbeitsfreude. • Konflikte blockieren die Kreativität. • Konflikte verursachen Kosten.	• Missstände und Missverständnisse werden deutlich. • Ideen und Problemlösungen werden angestoßen. • Verbesserungen werden entwickelt und ausprobiert. • Neue Kommunikationsformen werden gefunden. • „Reinigende Gewitter" klären die Luft.

Ist ein Konflikt festgestellt worden, stehen unterschiedliche Strategien zur Konfliktbewältigung zur Verfügung:

- Um einen Konflikt richtig bewältigen zu können, ist er zunächst einmal gründlich zu analysieren. Es ist festzustellen:
  - Wer ist alles am Konflikt beteiligt?
  - Um welchen Konflikt handelt es sich?
  - Wie wichtig ist die Streitfrage?

  Je früher ein Konflikt erkannt wird, desto besser können Gestaltungs- und Steuerungsmaßnahmen ergriffen werden.
- Nachdem die Konfliktursache festgestellt worden ist, muss entschieden werden, wie man den Konflikt löst. Es gibt dabei drei grundlegende Möglichkeiten:
  - Der Konflikt kann unterdrückt werden.
  - Der Konflikt kann vermieden werden.
  - Der Konflikt kann aktiv angegangen werden.

  Es geht also darum, entweder abzuwarten, was passiert, oder den Konflikt bewusst zu bewältigen.
- Der Konflikt sollte nicht nur vom eigenen Standpunkt aus betrachtet werden. Durch einen perspektivischen Wechsel ist Verständnis sowohl für die eigene Situation als auch für die Situation des Konfliktpartners zu erreichen.

Vorgehensweise im allgemeinen Konfliktfall

Wahrnehmen
- Der Konflikt muss natürlich erst einmal erkannt werden.
- Welche direkten oder indirekten Parteien befinden sich in welcher Eskalationsstufe?
- Wer ist direkt, indirekt betroffen und wer fühlt sich betroffen?

Austragen
- Der Konflikt muss offen angegangen und darf nicht verschwiegen werden.
- Der Konflikt sollte geregelt ausgetragen werden, sonst besteht die Gefahr der späteren Konfliktsteigerung.

Lösen
- Keine der Parteien sollte mit dem Gefühl der Unterlegenheit aus dem Konflikt hervorgehen.
- Eine kooperative Problemlösung sollte angestrebt werden.

Nacharbeiten
- Eine nachträgliche Konfliktanalyse zeigt evtl. ständig bestehendes Konfliktpotenzial oder zumindest Parallelen auf.
- Die Parteien müssen sich an die Vereinbarungen halten.
- Ein Lerneffekt sollte folgen.

AUFGABEN

1. Durch welche Anreize lässt sich die Leistungsbereitschaft der Arbeitnehmer im Einzelhandel erhöhen?
2. Warum ist es notwendig, dass sich die Kauffrau und der Kaufmann im Einzelhandel auch nach Abschluss der Berufsausbildung weiterbilden?
3. Welche Möglichkeiten gibt es, neue Kenntnisse und Fertigkeiten am Arbeitsplatz zu erwerben?
4. Welche Fort- und Weiterbildungseinrichtungen kann ein Arbeitnehmer im Einzelhandel nutzen?

222270278

AKTIONEN

1. Ermitteln Sie, wodurch Ihre Mitschülerinnen und -schüler an ihrem Arbeitsplatz besonders motiviert werden können.
   a) Entwickeln Sie mit Ihren Mitschülerinnen und Mitschülern einen Fragebogen zur Erfassung der Arbeitsmotivation.
   b) Beantworten Sie den Fragebogen anonym.
   c) Werten Sie die Fragebogen aller Schülerinnen und Schüler Ihrer Klasse aus und stellen Sie das Ergebnis als tabellarische Übersicht auf einer Folie dar.
2. Erstellen Sie eine Liste von beruflichen Weiterbildungsangeboten für Kaufleute im Einzelhandel zu einem von Ihnen ausgewählten Schwerpunkt. Nutzen Sie dazu als Informationsquellen auch Angebote der Industrie- und Handelskammer und der Bundesagentur für Arbeit im Internet.

ZUSAMMENFASSUNG

Motivation

für Arbeitnehmer sind besonders

- eine ihrer Leistung angemessene Bezahlung
- Mitarbeiterpartizipation
- Anerkennung ihrer Leistungen
- herausfordernde Aufgaben
- positives Betriebsklima
- Fort- und Weiterbildung
- flexiblere Arbeitszeiten

Qualifikationsanforderungen

im Einzelhandel erforderlich

- Aneignung neuer Kenntnisse und Fertigkeiten am Arbeitsplatz (**Lernen am Arbeitsplatz**)
- Teilnahme an **Fort- und Weiterbildungsmaßnahmen**

EIN UNTERNEHMEN GRÜNDEN UND ENTWICKELN 14

Ein Unternehmen gründen und entwickeln

Lernsituation 1

Raphael Gehrmann ist seit 3 Jahren Abteilungsleiter in einem großen Warenhaus. Mit seinem Job ist der ansonsten erfolgreiche Jungmanager aber zunehmend unzufrieden, da er von der Geschäftsleitung immer wieder daran gehindert wird, seine Ideen u. a. im Bereich des Kundenservice und der Verkaufsraumgestaltung zu verwirklichen.

Raphael Gehrmann will nicht länger durch konzeptionelle Vorgaben seitens seines Arbeitgebers bei seinen beruflichen Aktivitäten eingeengt werden. Er strebt daher nach mehr Entscheidungsfreiheit und Unabhängigkeit. Schon seit einiger Zeit hat Herr Gehrmann eine neue Geschäftsidee entwickelt und es ist schon seit Längerem sein größter Traum, sie in die Realität umsetzen zu können.

Raphael Gehrmann überzeugt seinen guten und langjährigen Freund Marc Zeisler davon, sein Konzept für ein alternatives Möbelhaus am Standort Berlin zu verwirklichen.

„Unternehmensgründung" – ein weites Feld

Um mit ihrem Vorhaben beginnen zu können, müssen die beiden zuvor noch eine Fülle von Überlegungen anstellen, Informationen einholen und rechtliche Voraussetzungen beachten.

1. a) Helfen Sie Raphael Gehrmann und Marc Zeisler bei der weiteren Entwicklung ihrer Geschäftsidee.
   b) Planen Sie deren Realisierung und bewerten Sie die Chancen und Risiken ihrer unternehmerischen Selbstständigkeit.
   c) Setzen Sie zur Ideenfindung das Brainstorming ein.
   d) Präsentieren Sie Ihr Gründungskonzept in überzeugender Weise.
2. Stellen Sie fest, welche weiteren Überlegungen die beiden angehenden Unternehmer Gehrmann und Zeisler zur Gründung ihres Einzelhandelsunternehmens anstellen müssen.
3. a) Erarbeiten Sie die rechtlichen Voraussetzungen für die Gründung eines Unternehmens.
   b) Fertigen Sie über Ihr Arbeitsergebnis eine Folie an unter Beachtung der Grundregeln zur Gestaltung von Folien.
   c) Seien Sie darauf vorbereitet, Ihren Klassenkameraden Ihr Arbeitsergebnis zu erläutern und Fragen zu beantworten.
4. Machen Sie konkrete Vorschläge für die Namensgebung des Möbelhauses von Raphael Gehrmann und Marc Zeisler. Berücksichtigen Sie dabei die von Ihnen in Aufgabe 1 entwickelte Geschäftsidee und beachten Sie die Besonderheiten der verschiedenen Rechtsformen.

Lernsituation 2

Sowohl während der Gründungsvorbereitungen als auch in den Wochen der Startphase plagt die beiden Jungunternehmer immer wieder das leidige Problem der Finanzen.

Dies hört auch ein Jahr später nicht auf, als die beiden ihr gut angelaufenes Unternehmen räumlich erweitern und auch vom Stil her umgestalten möchten.

1. Gehen Sie in Arbeitsgruppen der Frage nach, welche Größen bei der Berechnung des Kapitalbedarfs ein Einzelhändler unbedingt zu berücksichtigen hat.

2. a) Wählen Sie geeignete Möglichkeiten aus, um den notwendigen Kapitalbedarf zu finanzieren.
   b) Unterscheiden Sie dabei Kreditarten und beschreiben Sie Kreditsicherheiten.
   c) Erstellen Sie eine PowerPoint-Präsentation, die Ihre Ergebnisse von Aufgabe a) und b) zum Inhalt hat. Die Gesamtdarstellung soll durch entsprechende Abbildungen visualisiert werden.

3. a) Erkunden Sie Möglichkeiten der finanziellen Förderung für Existenzgründer.
   Nutzen Sie für die Informationsbeschaffung das Internet und die direkte Ansprache von Behörden, Ministerien und Verbänden.
   b) Halten Sie über das Ergebnis Ihrer Recherchen ein Kurzreferat:
   - Erstellen Sie eine Gliederung und formulieren Sie das Referat. Beachten Sie dabei die Grundregeln zur Gestaltung schriftlicher Arbeiten.
   - Nutzen Sie die Möglichkeit der Visualisierung.
   - Seien Sie darauf vorbereitet, Ihr Referat vorzutragen.

Existenzgründer müssen sich um den Kapitalbedarf kümmern.

Lernsituation 3

Raphael Gehrmann und Marc Zeisler ermitteln wöchentlich die Zahlungsfähigkeit (Liquidität) ihres Unternehmens. Damit stellen sie fest, wie viel Kapital ihr Unternehmen zur Deckung der Kosten erwirtschaftet und wie viel Kapital sie in ihr Unternehmen ggf. zusätzlich investieren müssen.
Sie müssen mit ihrem noch jungen Unternehmen jederzeit in der Lage sein, die Löhne ihrer Mitarbeiter, die Verbindlichkeiten an Lieferer, Kredittilgungen, Zinsen, Steuern und vieles andere zu begleichen.

Insofern ist es äußerst wichtig, dass zur Sicherung ihrer Liquidität die Zahlungseingänge überwacht und geeignete Maßnahmen bei Zahlungsverzug ergriffen werden.

Denn wenn erst einmal ernsthafte Zahlungsschwierigkeiten aufgetreten sind, kann dies schnell zum Aus (Insolvenz) des eigenen Unternehmens führen.

1. a) Stellen Sie situationsgerechte Maßnahmen im Fall von nicht rechtzeitigen Kundenzahlungen dar.
   Erläutern Sie in diesem Zusammenhang gleichzeitig die Bedeutung dieser Maßnahmen für die Sicherung der Liquidität des Unternehmens.
   b) – Erkundigen Sie sich vor dem Hintergrund der Inhalte dieses Lernfelds in Ihrem Ausbildungsunternehmen nach dessen konkreten Maßnahmen bei überfälligen Zahlungseingängen.
   – Stellen Sie Ihre Informationen anhand von einem oder zwei konkreten Fällen aus der betrieblichen Praxis in einem schriftlichen Referat dar.
   – Bereiten Sie sich darauf vor, dieses Referat Ihrer Klasse zu präsentieren. Achten Sie dabei auf die Anwendung der Präsentationsregeln.

2. Erarbeiten Sie einen Vortrag über
   a) die Regelabwicklung und das Insolvenzplanverfahren des Insolvenzverfahrens,
   b) das Verbraucherinsolvenzverfahren.
   Benutzen Sie dabei das Mindmapping zum Aufschreiben Ihrer Gedanken.

3. Zur Vertiefung und zur Lernkontrolle dieses Lernfeldes soll abschließend eine Fragerunde durchgeführt werden:
   a) Bilden Sie zunächst Kleingruppen zu etwa vier bis sechs Personen.
   b) Erstellen Sie in der Gruppe mithilfe von Arbeitsunterlagen (Fachbücher, Internet usw.) mehrere Fragen zum Thema auf Karten und formulieren Sie auf der Rückseite der Karten eine Musterlösung.
   c) Im Plenum zieht jeweils ein Team eine Karte und versucht, sie zu beantworten.
   d) Die Klasse baut abschließend mit den so entstandenen Karten (Fragen mit dazugehörigen Antworten) eine Lerndatenbank auf.

222270282

KAPITEL 1

Wir stellen Überlegungen zur Gründung eines Einzelhandelsunternehmens an

Jens Lembke war seit 10 Jahren im Schönstädter Haupthaus der Ambiente Warenhaus AG als Abteilungsleiter in den beiden Warenwelten „Schöner wohnen" und „Gesünder leben" tätig. In den letzten Jahren konnte er etwas Geld zurücklegen. Als ihm von der Ambiente Warenhaus AG günstig Geschäftsräume zur Eröffnung eines Kaffeeshops angeboten werden, beschließt er, das einmalige Angebot anzunehmen und sich selbstständig zu machen.[1]

Zeigen Sie auf, welche Überlegungen Jens Lembke bei seinem Schritt in die Selbstständigkeit anstellen muss.

INFORMATION

Persönliche Voraussetzungen

Wer ein Einzelhandelsunternehmen gründen oder übernehmen will, muss voll geschäftsfähig sein, damit er Rechtsgeschäfte selbstständig abschließen kann.

Um sein Einzelhandelsunternehmen erfolgreich führen zu können, muss der zukünftige selbstständige Einzelhändler Erfahrungen im Verkauf und umfassende Warenkenntnisse in der Branche mitbringen, in der er sich selbstständig machen will. Darüber hinaus sollte er über ausreichende Kenntnisse

- des Vertragsrechts,
- der Handelsbräuche,
- des Rechnungs- und Steuerwesens,
- des Wettbewerbsrechts und
- des Arbeits- und Sozialrechts verfügen.

Ein besonderer **Sachkundenachweis** wird vom ihm verlangt, wenn er mit

- frei verkäuflichen Arzneimitteln,
- unedlen Metallen (z. B. Eisen),
- Milch,
- Hackfleisch oder
- Waffen handeln will.

Sachliche Voraussetzungen

Standort des Unternehmens

Die Wahl des Standorts ist eine Grundsatzentscheidung bei der Gründung eines Einzelhandelsunternehmens, die dessen späteren wirtschaftlichen Erfolg maßgeblich bestimmt. Der Standort beeinflusst den zukünftigen Umsatz und die Kosten des Unternehmens. Deshalb muss die Standortentscheidung unter Berücksichtigung der Standortfaktoren sorgfältig geplant werden.

Kapital

Wer sich als Einzelhändler selbstständig machen will, benötigt neben einer tragfähigen Geschäftsidee ein ausreichendes Startkapital, damit er sein Geschäft mit den notwendigen Einrichtungsgegenständen und Waren ausstatten kann.

Der Kapitalbedarf ist u. a. von folgenden Einflussgrößen abhängig:

- **Branche:** Ein Rundfunk- und Fernsehfachgeschäft benötigt mehr Kapital als ein Papierwarengeschäft.
- **Größe:** Ein Textilkaufhaus benötigt mehr Kapital als ein Textilfachgeschäft.
- **Anbietform:** Für die Geschäftsausstattung eines Selbstbedienungsgeschäfts ist normalerweise mehr Kapital erforderlich als für die Geschäftsausstattung eines Einzelhandelsbetriebs mit Vollbedienung.
- **Umschlagshäufigkeit:** Je höher die Umschlagshäufigkeit ist, desto niedriger kann normalerweise der Lagerbestand sein. Ein geringer Lagerbestand bindet nur wenig, ein hoher Lagerbestand viel Kapital.
- **Liefererkredite:** Je länger das Zahlungsziel des Lieferers ist, desto weniger Kapital benötigt der Einzelhändler zur Finanzierung seiner Warenstände.
- **Kundenkredite:** Einzelhandelsbetriebe, die ihren Kunden Ware auf Kredit verkaufen, haben einen höheren Kapitalbedarf als Betriebe, die ihre Ware nur gegen sofortige Zahlung abgeben.

1 Siehe Einstieg Kap. 8.2 von „Handeln im Handel – 2. Ausbildungsjahr".

Das für die Unternehmensgründung nötige Kapital stammt zum Teil aus dem privaten Vermögen des Unternehmers (= Eigenkapital). Das zusätzlich erforderliche Kapital (= Fremdkapital) kann von außen beschafft werden (siehe Kap. 14.6).

Businessplan

Wenn man ein Unternehmen gründen möchte, ist es sinnvoll, einen Businessplan oder Geschäftsplan aufzustellen. Denn ohne einen professionell erstellten Businessplan ist es für den Unternehmensgründer heute kaum möglich, Kapitalgeber zu gewinnen.

DEFINITION

Der **Businessplan** ist eine schriftliche Zusammenfassung der wichtigsten Punkte eines Gründungsvorhabens.

Er ermöglicht es Kapitalgebern (z. B. Banken, Investoren), sich einen schnellen und umfassenden Gesamtüberblick über das Gründungsvorhaben zu verschaffen.

Ein Businessplan enthält
- die Beschreibung der Geschäftsidee,
- Angaben zum Unternehmen, das gegründet werden soll,
- Angaben zum geplanten Waren- und Dienstleistungsangebot,
- Angaben zu den möglichen Kunden,
- Angaben zu möglichen Wettbewerbern (Konkurrenten),
- Angaben zum geplanten Standort des Unternehmens,
- Angaben zur geplanten Marketingstrategie (Preisstrategie, Vertriebskonzept, Werbeaktivitäten),
- Angaben zur Rechtsform des zu gründenden Unternehmens,
- Informationen über die Mitarbeiterinnen und Mitarbeiter (u. a. Anzahl und Qualifikation),
- Angaben zu Risiken und Chancen der Unternehmensentwicklung.

Außerdem gehören zum Businessplan
- ein Investitionsplan,
- ein Finanzierungsplan,
- ein Liquiditätsplan und
- eine Ertragsvorschau oder Rentabilitätsrechnung.

Im **Investitionsplan** wird aufgeführt, welche Anlagegüter benötigt werden, um die Geschäftsidee zu verwirklichen.

Im **Finanzierungsplan** wird der Kapitalbedarf (Eigenkapitalanteil, Fremdkapitalbedarf) für das Gründungsvorhaben zusammengestellt.

Im **Liquiditätsplan** werden die zukünftigen Einzahlungen und Auszahlungen gegenübergestellt.

In der **Ertragsvorschau** werden die zukünftigen Erträge und Aufwendungen des Unternehmens geschätzt, um Aussagen über die Wirtschaftlichkeit des zu gründenden Unternehmens treffen zu können.

Rechtliche Voraussetzungen

Die Gewerbeordnung erlaubt es jedermann, ein selbstständiges Gewerbe zu betreiben. Einzelhandelsbetriebe dürfen bis auf die Ausnahmen, in denen ein besonderer Sachkundenachweis erforderlich ist, ohne besondere Genehmigung betrieben werden.

Meldepflichten bei der Unternehmensgründung

Die Eröffnung eines Einzelhandelsbetriebs muss der zuständigen Ortsbehörde (Gewerbeaufsichtsamt) unverzüglich angezeigt werden **(= Gewerbeanzeige).**

Außerdem muss der Einzelhandelsbetrieb bei folgenden Stellen angemeldet werden:
- dem zuständigen Finanzamt,
- der zuständigen Berufsgenossenschaft,
- der zuständigen Industrie- und Handelskammer,
- der zuständigen Agentur für Arbeit, wenn für Mitarbeiter Fördermittel aus der Arbeitslosenversicherung bezogen werden können.

Kaufleute müssen sich beim Amtsgericht zur Eintragung in das Handelsregister anmelden (siehe Kap. 14.3).

Unternehmenssteuern

Unternehmerinnen oder Unternehmer müssen an das Finanzamt Steuern entrichten. Bei einem Einzelhandelsbetrieb sind dies Einkommensteuer oder Körperschaftsteuer, Gewerbesteuer und Umsatzsteuer.

Einkommensteuer

Die Einkommen von Einzelunternehmern und Gesellschaftern von Personengesellschaften unterliegen der Einkommensteuer. Das steuerpflichtige Einkommen ergibt sich aus den im § 2 Einkommensteuergesetz aufgeführten Einkunftsarten. Die Gewinne aus Handels-

222270284

betrieben sind danach als Einkünfte aus Gewerbebetrieb zu versteuern.

Die Einkommensteuer ist eine Personensteuer, bei deren Ermittlung die persönlichen Verhältnisse des Steuerpflichtigen (z. B. Familienstand, Anzahl der Kinder, Alter) und besondere Umstände, die seine wirtschaftliche Leistungsfähigkeit beeinträchtigen (z. B. Unterstützung mittelloser Angehöriger), berücksichtigt werden. Besteuert wird das zu versteuernde Einkommen eines Kalenderjahres.

Körperschaftsteuer

Juristische Personen (z. B. Aktiengesellschaften, Gesellschaften mit beschränkter Haftung, Genossenschaften) sind nicht einkommensteuerpflichtig. Ihr Einkommen unterliegt der Körperschaftsteuer.

Gewerbesteuer

Jeder inländische Gewerbebetrieb ist gewerbesteuerpflichtig.

Grundlage für die Festsetzung der Gewerbesteuer ist der Gewerbeertrag des Gewerbebetriebs.

Zur Ermittlung der Gewerbesteuerschuld eines Betriebs wird vom zuständigen Finanzamt der Steuermessbetrag nach dem Gewerbeertrag festgesetzt.

Bei Gewerbebetrieben, die von natürlichen Personen oder Personengesellschaften (z. B. OHG, KG) betrieben werden, bleibt ein Gewerbeertrag von 24.500,00 € steuerfrei. Kapitalgesellschaften (AG, GmbH) erhalten keinen Steuerfreibetrag.

Bei Gewerbebetrieben, die von natürlichen Personen oder Personengesellschaften betrieben werden, und bei Kapitalgesellschaften beträgt die Steuermesszahl unabhängig von der Höhe des Gewerbeertrags einheitlich 3,5 % des auf volle 100,00 € nach unten abgerundeten Gewerbeertrags.

Durch die Multiplikation des Steuermessbetrags mit dem von den einzelnen Gemeinden festgesetzten Hebesatz erhält man die fällige Gewerbesteuerschuld.

Der Hebesatz wird vom Stadtrat oder Gemeinderat der einzelnen Städte und Gemeinden festgesetzt. Dadurch kann jede Stadt oder Gemeinde die Höhe der Gewerbesteuer unmittelbar beeinflussen. Auf diese Weise können von Gemeinde zu Gemeinde unterschiedliche Gewerbesteuerbelastungen der Betriebe entstehen.

Die Gewerbebetriebe sind verpflichtet, vierteljährlich am 15. Februar, 15. Mai, 15. August und 15. November Gewerbesteuervorauszahlungen zu entrichten. Die in einem Erhebungszeitraum gezahlten Vorauszahlungen werden auf die Gewerbesteuerschuld des Gewerbebetriebs für den Erhebungszeitraum angerechnet.

Umsatzsteuer

Lieferungen und Leistungen, die ein Unternehmer im Inland gegen Entgelt im Rahmen seines Unternehmens ausführt, unterliegen der Umsatzsteuer. Der Unternehmer ist verpflichtet, die Umsatzsteuer an das Finanzamt zu zahlen. Er trägt sie aber nicht selbst, sondern wälzt sie über den Verkaufspreis auf seine Kunden ab.

Der Unternehmer muss innerhalb von 10 Tagen nach Ablauf eines Kalendermonats beim Finanzamt eine Umsatzsteuervoranmeldung einreichen, wenn die Umsatzsteuerschuld für das vorangegangene Kalenderjahr mehr als 7.500,00 € betrug. Sonst beträgt der Voranmeldezeitraum 3 Monate.

Die für den Voranmeldezeitraum von ihm errechnete Zahllast (siehe „Handel im Handel, 1. Ausbildungsjahr", Lernfeld 3, Kap. 11) muss er gleichzeitig als Umsatzsteuervorauszahlung leisten.

Nach Ablauf eines Kalenderjahres muss der Unternehmer eine Umsatzsteuererklärung bis zum 31. Mai des Folgejahres abgeben.

BEISPIEL FÜR DIE ERMITTLUNG DER GEWERBESTEUERSCHULD

einer Personengesellschaft		**einer Kapitalgesellschaft**	
Gewerbeertrag	50.000,00 €	Gewerbeertrag	50.000,00 €
– Freibetrag	24.500,00 €		
Verbleiben	25.500,00 €		
· Steuermesszahl	3,5 %	· Steuermesszahl	3,5 %
= Steuermessbetrag	892,50 €	= Steuermessbetrag	1.750,00 €
· Hebesatz der Gemeinde	400 %	· Hebesatz der Gemeinde	400 %
= Gewerbesteuerschuld	3.570,00 €	= Gewerbesteuerschuld	7.000,00 €

Betriebliche Versicherungen

Um gegen große Schäden gesichert zu sein, sollte ein Einzelhandelsunternehmer sicherstellen, dass er gegen

- Schäden, die ihm, seinem Personal oder seinem Betrieb zugefügt werden, und
- Schäden, die durch seinen Betrieb oder seine Angestellten verursacht werden, können,

ausreichend versichert ist.

Die **Feuerversicherung** deckt Schäden, die an Gebäuden und deren Inhalt (Einrichtungsgegenstände, Warenvorräte, Maschinen usw.) durch

- Brand,
- Blitzschlag,
- Explosion und durch
- Anprall oder Absturz eines bemannten Flugkörpers, seiner Teile oder seiner Ladung

verursacht werden.

Die Feuerversicherung ersetzt auch den Schaden, der durch die Brandbekämpfung (Löschen, Niederreißen, Ausräumen) entstanden ist.

Die **Leitungswasserversicherung** ersetzt Schäden, die an Gebäuden und deren Inhalt dadurch entstehen, dass Wasser aus Zu- oder Ableitungsrohren der Wasserversorgung, Warmwasserversorgungs-, Dampfheizungs- oder Klimaanlagen austritt. Schäden durch Regen-, Schnee-, Grund- und Hochwasser werden durch diese Versicherung nicht ersetzt.

Die **Sturmversicherung** deckt Schäden, die an Gebäuden und ihrem Inhalt durch Stürme ab Windstärke acht entstehen.

Durch die **Glasversicherung** sind Scheiben und Verglasungen aller Art versichert, z. B. Schaufenster, Wandbekleidungen, Schilder, Transparente und Leuchtröhrenanlagen.

Die **Einbruchdiebstahlversicherung** bezahlt die durch Einbruchdiebstahl entstandenen Schäden und Verluste an Vorräten, Bargeld und sonstigen Sachen.

Durch eine **Transportversicherung** kann sich ein Versender von Waren gegen Gefahren versichern, denen seine Waren auf einem Transport zu Lande, zu Wasser und in der Luft ausgesetzt sind.

Die **Haftpflichtversicherung** zahlt Schadensersatz, zu dem der Versicherte verpflichtet ist, bis zur Höhe der vertraglich vereinbarten Deckungssumme, oder leistet Rechtsschutz, um ungerechtfertigte Schadensersatzansprüche abzuwehren.

Die **Betriebshaftpflichtversicherung** tritt ein, wenn gegen

- den Inhaber eines Unternehmens,
- die gesetzlichen Vertreter eines Unternehmens (z. B. Vorstandsmitglieder einer Aktiengesellschaft, Geschäftsführer) und
- Betriebsangehörige

Schadensersatzansprüche geltend gemacht werden, die sich aus ihrer betrieblichen Tätigkeit ergeben.

Die **Rechtsschutzversicherung** zahlt u. a. die Rechtsanwaltskosten, alle Gerichtskosten und die Kosten des Prozessgegners, sofern sie erstattet werden müssen.

Die **Firmen-Rechtschutzversicherung** umfasst

- Schadensersatzrechtschutz zur Durchsetzung von Schadensersatzansprüchen,
- Strafrechtschutz für die Verteidigung in einem Straf- oder Bußgeldverfahren,
- Arbeitsrechtschutz für alle gerichtlichen und außergerichtlichen Streitigkeiten aus Arbeitsverhältnissen, z. B. Kündigungsschutzklagen,
- Sozialversicherungsrechtschutz für gerichtliche Streitigkeiten mit den Trägern der Sozialversicherung.

Die Firmen-Rechtschutzversicherung schützt auch die Arbeitnehmer des Betriebes bei rechtlichen Auseinandersetzungen, die sich aus ihrer Berufstätigkeit ergeben. Beim Arbeitsrechtsschutz ist jedoch nur der Arbeitgeber versichert.

Die **Warenkreditversicherung** zahlt, wenn ein Käufer einer auf Kredit erworbenen Ware zahlungsunfähig wird. Die Warenkreditversicherung begleicht den Schaden jedoch nicht in voller Höhe. Insofern muss der Versicherte einen Teil des Forderungsausfalls immer selbst tragen (= Selbstbeteiligung).

Die **Betriebsunterbrechungsversicherung** ersetzt die wirtschaftlichen Folgeschäden, die entstehen, wenn die betriebliche Tätigkeit eines Betriebes durch einen Sachschaden (Brand, Maschinenschaden) unterbrochen wird. Sie ersetzt den entgangenen Geschäftsgewinn und die fortlaufenden Geschäftskosten.

Die **Betriebsschließungsversicherung** ersetzt die Schäden, die entstehen, wenn ein Betrieb wegen Seuchengefahr schließen muss. Sie ist für den Lebensmitteleinzelhandel von Bedeutung.

222270286

Franchising

Franchising ist eine langfristige vertragliche Bindung zwischen selbstständig bleibenden Unternehmen. Hierbei wird einem Einzelhändler von einem Franchisegeber gegen Bezahlung das Recht eingeräumt, bestimmte Waren und Dienstleistungen unter genau festgelegten Bedingungen zu vertreiben.

Das Franchising ist für Existenzgründer besonders hilfreich, da ihr Risiko durch die Nutzung einer bekannten Marke vermindert wird.

Der Einzelhändler erhält als Franchisenehmer das Recht, den Namen, Warenzeichen, Symbole, Ausstattung und Schutzrechte des Franchisegebers sowie dessen technische und gewerbliche Erfahrung zu nutzen. Dafür ist er verpflichtet, die betreffenden Waren beim Franchisegeber zu beziehen und die vertraglich vereinbarten Absatzvorschriften, wie z. B. die Art der Warenpräsentation, zu beachten. Der Franchisegeber hat das Recht, die Einhaltung dieser Vorschriften zu überwachen.

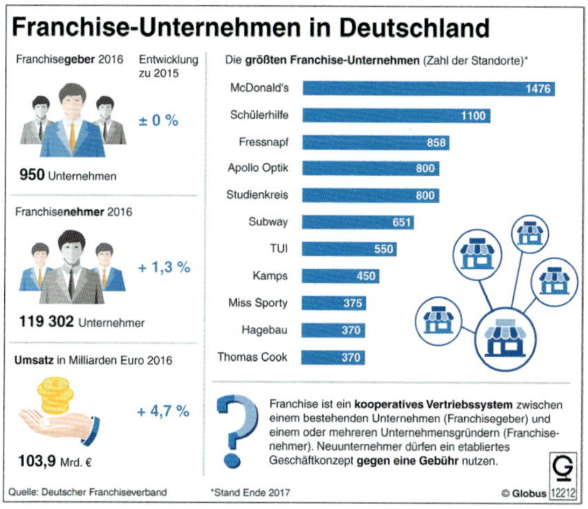

Typische Franchisegeber sind Hersteller (z. B. WMF, Salamander), Großhändler (z. B. Obi), Filialunternehmen (z. B. Ihr Platz) und Einkaufsgenossenschaften des Einzelhandels (z. B. Rewe, Edeka, McDonald's).

Vorteile der Franchisesysteme für den Einzelhändler als Franchisenehmer sind u. a.

- Teilhabe am Ruf und Wissen des Franchisesystems,
- Absatzunterstützung durch den Franchisegeber (abgerundetes Sortiment, Gemeinschaftswerbung, Verkaufsförderungsmaßnahmen, Verkaufsraumgestaltung),
- Dienstleistungen des Franchisegebers (z. B. Übernahme der Buchführung, Erstellung von Betriebsvergleichen und laufende Überprüfung der Kalkulationsunterlagen).

BEISPIELE FÜR FRANCHISESYSTEME IM EINZELHANDEL

- WMF (Haushaltswaren)
- Salamander (Schuhe)
- Benetton, Rodier (Textilien)
- Nordsee (Fisch)
- Obi-Heimwerkermärkte (Baumärkte)
- Foto-Porst (Fotoartikel)
- Edeka (Lebensmittel)
- Lekkerland (Süßwaren)
- QuickSchuh (System der Nord-West-Ring eG)

AUFGABEN

1. Welche persönlichen Voraussetzungen muss jemand erfüllen, der einen Einzelhandelsbetrieb gründen will?
2. Für welche Waren muss ein Einzelhändler einen besonderen Sachkundenachweis erbringen?
3. Wovon ist der Kapitalbedarf eines Einzelhandelsbetriebs abhängig?
4. Welcher Zusammenhang besteht zwischen Kapitalbedarf und Umschlagshäufigkeit?
5. Wo muss ein neu gegründeter Einzelhandelsbetrieb angemeldet werden?
6. Welche Vorteile hat es für einen Einzelhändler, sich an einem Franchisesystem zu beteiligen?
7. Welche Steuern muss ein Einzelhandelsunternehmen, das in der Rechtsform der GmbH geführt wird, an das Finanzamt abführen?
8. Wovon ist es abhängig, wie viel Gewerbesteuer ein Einzelhandelsunternehmen zahlen muss?

9. Welche Auswirkung hat eine Gewerbesteuererhöhung auf die wirtschaftliche Situation von Einzelhandelsbetrieben?

10. Welche Versicherungen können in folgenden Fällen in Anspruch genommen werden?
    a) Eine Ware, die an einen Kunden mit eigenem Lieferfahrzeug geliefert wird, wird auf dem Transport beschädigt.
    b) Eine Kundin zerreißt ihre Strumpfhose an einer scharfen Stuhlkante.
    c) Von Randalierern wird die Eingangstür eines Geschäftshauses eingeschlagen.
    d) Aus dem Lager einer Einzelhandlung für Unterhaltungselektronik wurden nachts drei DVD-Player entwendet.
    e) Ein Kunde, der Waren auf Kredit gekauft hat, wird zahlungsunfähig.
    f) Im Lager einer Textilgeschäfts wird eine Heizungsleitung undicht. Das austretende Wasser beschädigt einen Teil der gelagerten Waren.

AKTIONEN

1. Herr Scholz möchte in Schönstadt ein Herrenbekleidungsfachgeschäft gründen.

   Versetzen Sie sich in die Rolle von Herrn Scholz und entwickeln Sie einen Plan für die Gründung.
   a) Sammeln Sie Einflussgrößen für das Sortiment, die Standortwahl und den Kapitalbedarf des zu gründenden Herrenbekleidungsfachgeschäfts.
   b) Treffen Sie Entscheidungen über Sortiment, Standort und Kapitalbedarf.
   c) Präsentieren Sie Ihre Entscheidungen in Ihrer Klasse mit einem Präsentationsmittel Ihrer Wahl.
2. Suchen Sie im Internet Franchisesysteme, denen sich Herr Scholz anschließen könnte.
3. Nach der Beendigung Ihrer Ausbildung bietet sich Ihnen die Chance, sich selbstständig zu machen.
   a) Bilden Sie in Ihrer Klasse Gruppen zu je 3 Personen.
   b) Entwickeln Sie gemeinsam eine Geschäftsidee für die Gründung eines Unternehmens.
   c) Planen Sie die Schritte in die Selbstständigkeit mithilfe des PC-Lernprogramms „Existenzgründungsberater“, abrufbar im Internet unter https://www.existenzgruender.de/static/etraining/existenzgruendung/index.html
   d) Präsentieren Sie Ihre Planungsüberlegungen mit einem selbst gewählten Präsentationsmittel.

ZUSAMMENFASSUNG

Voraussetzungen für die Gründung eines Einzelhandelsunternehmens

persönliche Voraussetzungen	sachliche Voraussetzungen	rechtliche Voraussetzungen
• Geschäftsfähigkeit • gute Warenkenntnisse • Verkaufserfahrung • ausreichende kaufmännische Fachkenntnisse • Sachkundenachweis beim Handel mit bestimmten Waren	• günstiger Standort • Kapital – Eigenkapital – Fremdkapital	• Gewerbeanzeige • Anmeldung – beim Finanzamt – bei der Berufsgenossenschaft – bei der Industrie- und Handelskammer • Anmeldung von Kaufleuten beim Amtsgericht zur Eintragung ins Handelsregister

222270288

KAPITEL 2

Wir berücksichtigen bei der Unternehmensgründung handelsrechtliche Vorschriften

Jens Lembke, seit kurzer Zeit stolzer Inhaber eines eigenen Kaffeeshops in der Ambiente-Warenhaus-AG-Zentrale in Schönstadt, benötigt für sein neu gegründetes Unternehmen sowie für die von ihm selbst geröstete Kaffeesorte „Pikant" noch eine werbewirksame Umhüllung.

In der Hoffnung auf einen besseren Absatz wirbt er – ungeachtet des in Schönstadt bestehenden und bekannten Kaffeeröstunternehmens von Frau Janina Lembke – für seinen Kaffee auf den Packungen wie nebenstehend:

Stellen Sie mithilfe des Gesetzes fest, ob Herr Lembke mit diesem Entwurf seinen Kaffee vermarkten darf.

INFORMATION

Firma

DEFINITION

Die **Firma** ist der **Name eines Kaufmanns**[1], unter dem er
- seine Geschäfte betreibt,
- die Unterschrift abgibt,
- klagen und verklagt werden kann (§ 17 HGB).

Der Begriff „Firma" darf also nicht verwechselt werden mit dem Begriff „Unternehmen".

Die Firma muss
- von anderen Gewerbetreibenden zu unterscheiden sein,
- die Gesellschafts- und Handelsverhältnisse offenlegen und
- wahr (nicht irreführend) sein (§ 18 HGB).

1. Firmenarten

Zur Firma können **Firmenkern** (zwingend vorgeschrieben) und **Firmenzusatz** gehören. Der Firmenkern ist jeweils für die verschiedenen Unternehmensformen gesetzlich geregelt:

Kleinbetriebe (kleingewerbetreibende Personenhandelsgesellschaften), deren Unternehmen keinen kaufmännischen Geschäftsbetrieb erfordert, können ebenfalls die Rechtsform einer OHG oder KG wählen (§ 105 Abs. 2 HGB).

Der Firmenkern wird häufig um einen Firmenzusatz ergänzt. Darunter sind diejenigen Angaben der Firma zu verstehen, die über den gesetzlich vorgeschriebenen Mindestinhalt – den Firmenkern – hinausgehen.

Beim **Firmenkern** sind folgende Bezeichnungen zwingend vorgeschrieben (§ 19 HGB):

Einzelkaufleute[2]	Offene Handelsgesellschaft (OHG)	Kommanditgesellschaft (KG)	Gesellschaft mit beschränkter Haftung (GmbH)	Aktiengesellschaft (AG)	Kommanditgesellschaft auf Aktien (KGaA)
„eingetragener Kaufmann", „eingetragene Kauffrau" oder eine allgemein verständliche Abkürzung dieser Bezeichnung, insbesondere „e. K.", „e. Kfm." oder „e. Kffr." (§ 19 Abs. 1 HGB)	„offene Handelsgesellschaft" oder eine allgemein verständliche Abkürzung dieser Bezeichnung (§ 19 Abs. 1 Nr. 2 und 3 HGB)	„Kommanditgesellschaft" oder eine allgemein verständliche Abkürzung dieser Bezeichnung	„Gesellschaft mit beschränkter Haftung" oder eine allgemein verständliche Abkürzung dieser Bezeichnung	„Aktiengesellschaft" oder eine allgemein verständliche Abkürzung dieser Bezeichnung	„Kommanditgesellschaft auf Aktien" oder eine allgemein verständliche Abkürzung dieser Bezeichnung

1 Kaufmann im Sinn des HGB ist, wer ein Handelsgewerbe betreibt (§ 1 Abs. 1 HGB).

2 Durch den zwingenden Hinweis auf die Kaufmannseigenschaft in der Firma des Einzelkaufmanns wird der Kaufmann von dem nichtkaufmännischen Gewerbetreibenden, dem sogenannten Kleingewerbetreibenden i. S. von § 1 Abs. 2 HGB, abgegrenzt.

Alle Kapitalgesellschaften, Personengesellschaften und Einzelkaufleute haben ansonsten die freie Wahl einer aussagekräftigen und werbewirksamen Firma. Sie können zwischen einer Personenfirma, einer dem Unternehmensgegenstand entnommenen Sachfirma, einer gemischten Firma (Person des Kaufmanns und Unternehmensgegenstand) und einer „Fantasiefirma" wählen.

1.1 Personenfirma

Der Firmenname besteht aus einem oder mehreren bürgerlichen Namen.

BEISPIELE

- Christina Grundstedt e. Kffr.
- Grundstedt & Wichmann KG
- J. Lembke e. Kfm.

1.2 Sachfirma

Bei einer Sachfirma ist der Firmenname aus dem Gegenstand des Unternehmens abgeleitet.

BEISPIELE

- Rheinische Weinkellerei KG
- Deutsche Industriewartung GmbH
- sparda Bank Hannover e. G.
- ABC-Handels GmbH
- Transport KG

1.3 Gemischte Firma

Sie beinhaltet neben dem Personennamen den Gegenstand des Unternehmens.

BEISPIELE

- Richard Weibke, Fahrradkontor, e. Kfm.
- Fotostudio Michael Scholz OHG
- Werner Grigat – Immobilien KG
- Blumenlädchen Bärbel Stobbe e. Kffr.
- Helen Villanueva, Textileinzelhandel KG

1.4 Fantasiefirma

Sie kann aus Abkürzungen oder Firmenzeichen entstehen.

BEISPIELE

- Pelikan AG
- Getränkehandlung Kalt und Spritzig OHG
- adidas AG
- Büroreinigung Blitzblank, e. Kffr.
- Hartlen KG
- Pharos e. K.

2. Firmengrundsätze

Die Firma des einzelnen Unternehmers kann sich in der Öffentlichkeit und bei Geschäftspartnern durch z. B. besonders gute Qualitätsware, vorzüglichen Kundenservice, großzügige Kulanzregelungen, Zuverlässigkeit, Kreditwürdigkeit usw. ein besonderes Ansehen erwerben.

Aus diesem Grund unterliegt der Gebrauch der Firmenbezeichnung besonderem Schutz und besonderen Grundsätzen.

2.1 Firmenöffentlichkeit

Jeder Kaufmann ist verpflichtet, seine Firma in das Handelsregister eintragen zu lassen. Er hat seine Namensunterschrift unter Angabe der Firma bei dem Gericht, in dessen Bezirk sich seine Handelsniederlassung befindet, zu zeichnen (§ 29 HGB).

2.2 Firmenwahrheit

Bei der Unternehmensgründung muss die Firma wahr sein. Für den Unternehmer bedeutet das, dass die Firma den zwingenden Hinweis auf die Kaufmannseigenschaft enthalten muss.

Nicht zwingend vorgeschrieben, aber erlaubt sind Zusätze, die über den Geschäftszweig Auskunft geben, wie beispielsweise „Süßwarengeschäft" oder „Möbelzentrale". Auch sie müssen wahr sein.

BEISPIEL

Der Einzelunternehmer Gerhard Volker Bodenstein kann seine Firma z. B. nennen:

- Gerhard Bodenstein, eingetragener Kaufmann
- Volker Bodenstein e. K.
- GeVoBo e. Kfm.

222270290

2.3 Firmenklarheit

Die Firma muss klar sein. Sie darf den Außenstehenden nicht über wesentliche geschäftliche Verhältnisse irreführen (§ 18 Abs. 2 HGB).

BEISPIELE[1]

- „Markt": Ein kleines Schuhgeschäft darf sich nicht „Schuhmarkt" nennen, weil die Bezeichnung „Markt" auf ein Einzelhandelsgeschäft mit einer gewissen Größe und Angebotsvielfalt hinweist.
- „Kinderladen" ist für ein bloßes Kinderbekleidungsgeschäft unzulässig. Beim „Kinderladen" erwartet man ein Geschäft, das vielerlei Gegenstände des kindlichen Bedarfs, z. B. auch Spielwaren, führt.
- Gebiets- oder Stadtnamen sind nur zulässig für führende Unternehmen des Gebiets (Orts) und Geschäftszweiges, wie
  - Frankfurter Sitzmöbel oder
  - Buchvertrieb Europa.

2.4 Firmenausschließlichkeit

Nach den §§ 18 und 30 HGB muss sich jede neue Firma von allen an demselben Ort oder in derselben politischen Gemeinde bereits bestehenden und in das Handelsregister eingetragenen Firmen deutlich unterscheiden (§ 30 HGB).[2] „Sich deutlich unterscheiden" heißt, jede Verwechslungsgefahr ausschließen.

Firmenzusätze, die Wahl eines anderen oder weiteren Vornamens oder der Zusatz „jun." oder „sen." dienen zur Unterscheidung des Geschäfts.

BEISPIEL

bereits bestehende Firma:
Klaus R. Fasold e. Kfm.

neue Firma:
Richard Fasold e. Kfm.
Klaus R. Fasold e. K., Feinkostgeschäft
Klaus Fasold jun., e. K.

Gesellschafterzusätze allein, z. B. „GmbH", sind kein genügendes Unterscheidungsmerkmal. Die örtliche Begrenzung gilt nicht für Unternehmen, deren Bedeutung über den Ort hinausgeht. Sein Schutz kann sich auf das gesamte Inland beziehen, wie z. B. bei adidas, IBM oder Mercedes.

2.5 Firmenübertragbarkeit

Dieser Grundsatz besagt, dass eine Firma nur mit dem dazugehörigen Handelsgeschäft verkauft werden kann (§ 23 HGB).

2.6 Firmenbeständigkeit

Die bisherige Firma kann fortgeführt werden

- bei Änderung des in der Firma enthaltenen Namens des Geschäftsinhabers oder eines Gesellschafters, d. h. ohne eine Änderung der Person, z. B. bei Heirat oder Adoption (§ 21 HGB);
- beim Erwerb eines bestehenden Handelsgeschäfts (z. B. Kauf, Erbschaft, Schenkung), und zwar mit oder ohne einer Beifügung eines Zusatzes, der das Nachfolgeverhältnis andeutet (§ 22 HGB);
- bei Änderung des Gesellschafterbestands, auch wenn sie den Namen des bisherigen Geschäftsinhabers oder Namen von Gesellschaftern enthält (§ 24 HGB).

In den beiden letztgenannten Fällen ist die ausdrückliche Einwilligung des bisherigen Geschäftsinhabers, des Gesellschafters oder deren Erben notwendig.

1 Wegen des reduzierten Überprüfungsmaßstabes nach § 18 Abs. 2 HGB werden die in den Beispielen genannten Firmenbestandteile nicht mehr durch die Registergerichte abgelehnt werden können. Die Registergerichte müssen insoweit berücksichtigen, dass eine abstrakte, vielleicht täuschungsgeeignete Firma im Geschäftsverkehr tatsächlich nicht missverstanden wird. Sollte es dann im Rechtsverkehr zu Missverständnissen kommen, so bleibt die Klärung dem Wettbewerbsrecht vorbehalten.

2 Die Eintragung ins Handelsregister gibt in diesem Fall aber keine Garantie für die wettbewerbsrechtliche Zulässigkeit der Firma. Falls ein Unternehmen eine überregionale Tätigkeit beabsichtigt, empfiehlt es sich, auch hier eine entsprechende Recherche vorzunehmen.

BEISPIELE

- Frau Schramm hat der Schramm OHG ihren Namen gegeben. Die Firma kann diesen Namen behalten, auch wenn die Namensgeberin heiratet und nunmehr Grundmann heißt.
- Frau Elke Zimmermann erwirbt das Textilfachgeschäft Olaf Brennecke e. K. Mögliche Firmenbezeichnungen wären:
  - „Elke Zimmermann e. Kffr." mit oder ohne Zusatz „Textilfachgeschäft"
  - „Elke Zimmermann e. Kffr. vorm. Olaf Brennecke"
  - „Olaf Brennecke, e. K., Nachfolgerin Elke Zimmermann"
  - „Olaf Brennecke, e. K., Nachf."
  - „Olaf Brennecke, e. K., Inh. Elke Zimmermann"

Durch die Fortführung der Firma bleibt der Firmenwert (= Goodwill) erhalten, der durch den guten Ruf des Unternehmens entstanden ist.

Die Kunden müssen sich nicht umstellen und das Unternehmen kann weiter mit seinem bekannten und seriösen Namen werben. Nur weil geheiratet wird oder der Inhaber sein Geschäft verkauft, ist ein Umsatzrückgang nicht zu befürchten.

Bei Verstößen gegen die Firmengrundsätze kann der geschädigte Kaufmann auf Unterlassung klagen und Schadensersatz verlangen.

3. Haftung bei Firmenübernahme

3.1 Einzelunternehmen

Wer ein Handelsgeschäft erwirbt oder erbt und unter der bisherigen Firma fortführt, haftet für alle betrieblichen Verbindlichkeiten des früheren Inhabers (§§ 25, 27 HGB).

Der alte Inhaber hat für seine Verbindlichkeiten noch 5 Jahre aufzukommen (§ 26 HGB). Wer als persönlich haftender Gesellschafter oder als Kommanditist in das Geschäft eines Einzelhandelskaufmanns eintritt, übernimmt die Haftung für die Verbindlichkeiten des ehemaligen Einzelunternehmens, unabhängig davon, ob die Firma fortgeführt wird oder nicht (§ 28 HGB).

Ein Haftungsausschluss ist einem Dritten (Gläubiger bzw. Schuldner) gegenüber nur wirksam, wenn er in das Handelsregister eingetragen und bekannt gemacht oder ihm mitgeteilt wurde (§ 25 Abs. 2 HGB).

3.2 Personengesellschaft

Wer in eine bestehende Gesellschaft eintritt, haftet gleich den anderen Gesellschaftern persönlich als Gesamtschuldner für die vor seinem Eintritt begründeten Verbindlichkeiten der Gesellschaft. Die Haftung ist unabhängig davon, ob die Firma fortgeführt wird oder nicht (§ 130 HGB). Ein Haftungsausschluss ist nicht möglich (§ 130 Abs. 2 HGB).

4. Pflichtangaben auf Geschäftsbriefen

Um eine eindeutige Identifizierung des Kaufmanns zu ermöglichen, sind sämtliche kaufmännischen Unternehmen verpflichtet, handelsrechtliche Angaben auf Geschäftsbriefen und Bestellscheinen vorzunehmen. Der Umfang der Pflichtangaben unterscheidet sich je nach der Rechtsform, in der das Unternehmen geführt wird. Im Einzelnen sind folgende Angaben zu machen:

- die Firma,
- Rechtsform und (Haupt-)Sitz der Gesellschaft bzw. bei Einzelkaufleuten Rechtsformzusatz nach § 19 HGB und Ort der Handelsniederlassung (§ 37 a HGB),
- das Registergericht sowie
- die Nummer, unter der die Firma in das Handelsregister eingetragen ist (§ 37 a HGB; zur entsprechenden Verpflichtung der Personenhandelsgesellschaften vgl. § 125 a HGB).

Bei **Aktiengesellschaften** sind ferner alle Vorstandsmitglieder und der Vorsitzende des Aufsichtsrates mit dem Familiennamen und mindestens einem ausgeschriebenen Vornamen anzugeben (§ 80 AktG). Der Vorstandsvorsitzende ist als solcher zu bezeichnen.

Die gleichen Bestimmungen gelten für die **Gesellschaft mit beschränkter Haftung** bezogen auf alle Geschäftsführer und den Aufsichtsratsvorsitzenden, sofern die Gesellschaft einen Aufsichtsrat gebildet hat.

Sind die Angaben auf den Geschäftsbriefen oder Bestellscheinen nicht enthalten, so kann der Kaufmann hierzu vom Registergericht durch Festsetzung von Zwangsgeld gezwungen werden (§ 37 a Abs. 4 HGB).

Kaufmannseigenschaft

1. Kaufmannsbegriff

DEFINITION

Kaufmann ist **jeder Gewerbetreibende, der ein Handelsgewerbe betreibt** – ohne Rücksicht auf die Branche. (§ 1 Abs. 1 HGB)

222270292

Handelsgewerbe ist jeder **Gewerbebetrieb,** der nach Art und Umfang einen in kaufmännischer Weise eingerichteten Geschäftsbetrieb erfordert.

Handelsgewerbe können Dienstleistungs-, Handwerks- und Industriebetriebe sein. Typische Handelsgewerbe sind Banken, Außen-, Groß- und Einzelhandel, Kommissionäre, Transportunternehmen, Verlage und Versicherungen.

Wer in einem Handelsgewerbe als kaufmännischer Angestellter beschäftigt ist, ist laut HGB kein Kaufmann, sondern Handlungsgehilfe.

2. Arten der Kaufmannseigenschaft

2.1 Istkaufmann (Kaufmann kraft Gewerbebetrieb)

Personen, die ein Handelsgewerbe betreiben, sind auch

DEFINITION

Gewerbebetrieb ist jede selbstständige, nach außen erkennbare Tätigkeit, die auf Dauer und Gewinnerzielung angelegt und kein „freier Beruf" ist.

ohne Eintragung in das Handelsregister Kaufleute (= **Muss- oder Istkaufleute**). Sie gelten von vornherein, d.h. durch die tatsächliche Ausübung ihrer Geschäfte, als Kaufleute (= Kaufmann kraft Gewerbebetrieb gem. § 1 HGB), sofern sie nach Art und Umfang einen in kaufmännischer Weise eingerichteten Geschäftsbetrieb führen.

Die Industrie- und Handelskammern gehen davon aus, dass dies regelmäßig ab einem jährlichen Umsatz von 500.000,00 € bzw. bei einem Gewinn von 50.000,00 € der Fall ist. Ist eine dieser Grenzen erreicht, besteht die Pflicht zur Buchführung.[1] Folgerichtig wird dann davon ausgegangen, dass auch ein in kaufmännischer Weise eingerichteter Geschäftsbetrieb erforderlich ist.

Es kommt für die Beurteilung der Art und des Umfangs des Geschäftsbetriebs nicht darauf an, ob tatsächlich kaufmännische Einrichtungen vorhanden sind. Vielmehr sind neben dem Umsatzvolumen folgende Kriterien zu berücksichtigen:

- Vielfalt der hergestellten und vertriebenen Erzeugnisse oder erbrachten Leistungen
- Zusammenfassung verschiedener Unternehmensarten (Handwerk, Handel, Vertretungen)
- Art der Geschäftsabwicklung (Kredit- und Wechselverkehr, Bargeschäfte)
- Erfordernis langfristiger Dispositionen, Schwierigkeit der Kalkulation, Übernahme von Gewährleistungspflichten
- Vielfalt der Geschäftsbeziehungen (Anzahl der Lieferer und Kunden, Anzahl der Geschäftsfälle)
- die Zahl, Funktion und Qualifikation der Beschäftigten
- Anzahl der Betriebsstätten
- der Umfang der Werbung
- die Größe der Lagerhaltung
- die Höhe des Anlage- und Umlaufvermögens

Die Entscheidung, ob eine kaufmännische Organisation notwendig ist, trifft das Amtsgericht – ggf. mit Unterstützung der zuständigen Industrie- und Handelskammer oder Handwerkskammer. Ergibt eine Gesamtwürdigung dieser Kriterien, dass der Geschäftsbetrieb kaufmännische Einrichtungen erfordert, so hat der Kaufmann seine Firma in notarieller Form zur Eintragung in das Handelsregister anzumelden.

Die vorgeschriebene Eintragung der Istkaufleute in das Handelsregister hat **rechtsbezeugende** (deklaratorische) Wirkung, da die Kaufmannseigenschaft bereits vor der Eintragung besteht.

2.2 Kannkaufmann

Handelt es sich um einen Gewerbebetrieb, der **keinen** kaufmännischen Geschäftsbetrieb benötigt, wie z.B. Kioske oder Imbissstände (= **Kleingewerbe**), so liegt **kein Handelsgewerbe** vor und der Betrieb wird rechtlich wie eine Privatperson behandelt (= Nichtkaufmann). Er

Kioske benötigen keinen kaufmännischen Geschäftsbetrieb.

1 Solange keine dieser beiden Grenzen überschritten wird, sind die Unternehmen von der Buchführungspflicht befreit. Sie können die weniger aufwendige Einnahmen-Überschuss-Rechnung verwenden:

	Betriebseinnahmen
./.	Betriebsausgaben
=	Gewinn bzw. Verlust

un-terliegt somit auch nicht der Buchführungspflicht nach HGB bzw. der Strenge des Handelsrechts.

Kleingewerbetreibende, ganz gleich, welcher gewerblichen Branche sie angehören, sowie **land- und forstwirtschaftliche Betriebe** und deren Nebenbetriebe[1] (z.B. Brennereien, Molkereien, Mühlen) können aber **freiwillig** zu vollwertigen Kaufleuten werden (= Kannkaufmann; §§ 2, 3 HGB), indem sie (in notarieller Form) die Eintragung in das Handelsregister beantragen. Ab dem Zeitpunkt der Eintragung sind auch sie dann vor dem Gesetz Kaufleute mit allen damit verbundenen Rechten und Pflichten, wie z.B. Untersuchungs- und Rügepflicht, kaufmännisches Zurückbehaltungsrecht und insbesondere auch Buchführungspflicht.

Die Eintragung in das Handelsregister hat **rechtsbegründende** (konstitutive) Wirkung, d.h., erst mit der Eintragung entsteht die Kaufmannseigenschaft.

Darüber hinaus hat – im Gegensatz zu den Istkaufleuten und den Betrieben der Land- und Forstwirtschaft – der **Kleingewerbetreibende** die Möglichkeit, sich auf Antrag aus dem Handelsregister streichen zu lassen und wieder den Status eines Nichtkaufmanns zu erlangen. Allerdings nur unter der Voraussetzung, dass er zwischenzeitlich nicht als Kaufmann mit kaufmännischer Organisation anzusehen ist.

2.3 Formkaufmann

Alle Kapitalgesellschaften (z.B. die Aktiengesellschaft und die Gesellschaft mit beschränkter Haftung) sind unabhängig von der Art ihrer Tätigkeit Handelsgesellschaften, auch wenn sie kein Handelsgewerbe betreiben. Sie sind daher generell als Kaufleute zu betrachten. Die Kaufmannseigenschaft erwerben sie erst durch Eintragung in das Handelsregister (= Formkaufmann; Kaufmann kraft Rechtsform; § 6 HGB).

2.4 Nichtkaufmann

Als Nichtkaufleute gelten Land- und Forstwirte, die nicht im Handelsregister eingetragen sind. Ferner zählen **Freiberufler** dazu, wie Künstler, Architekten, Rechtsanwälte, Ärzte und Steuerberater. Sie betreiben kein Gewerbe und sind daher keine Kaufleute.

Handelsvertreter, Handelsmakler, Frachtführer, Spediteure und Lagerhalter werden als Gewerbetreibende bezeichnet und sind deshalb ebenfalls keine Kaufleute.

Keine Kaufleute im handelsrechtlichen Sinne sind auch kaufmännische Angestellte, gleichgültig, welche Position sie im Unternehmen einnehmen, sowie Vorstandsmitglieder einer AG oder Geschäftsführer einer GmbH.

Kaufleute nach HGB	Betriebe ohne Handelsregistereintragung
• müssen als Rechtsgrundlage des Handelns das HGB beachten, • führen eine Firma, • müssen ihre Firma in das Handelsregister eintragen lassen, • dürfen Prokura erteilen und selbstständige Zweigniederlassungen errichten, • haben die Pflicht, die handelsrechtlichen Buchführungs- und Bilanzvorschriften zu beachten (Buchführungspflichtgrenze: 500.000,00 € Umsatz pro Jahr), • müssen bei Mängeln beim Handelskauf unverzüglich rügen, • bürgen selbstschuldnerisch (siehe Kap. 14.8).	• müssen als Rechtsgrundlage des Handelns das BGB beachten, • dürfen keine Firma führen, • dürfen keine Prokura erteilen, • sind zur **Mindestbuchführung** nach Steuerrecht verpflichtet, • können nur eine Ausfallbürgschaft übernehmen.

AUFGABEN

1. Was verstehen Sie unter dem Begriff „Firma“?
2. Welche Vorschrift besteht für die Firma eines Einzelunternehmens?
3. Welchen Sinn hat der Grundsatz der Firmenwahrheit?
4. Welcher Firmengrundsatz wird angesprochen, wenn sich Unternehmen an demselben Ort voneinander unterscheiden müssen?
5. Frau Engelmann eröffnet unter der Firmenbezeichnung „Lieselotte Engelmann, Weinhand-

1 Nebenbetrieb ist ein Gewerbe, das organisatorisch und sachlich selbstständig neben dem Hauptbetrieb ausgeübt wird. Der bloße Hilfsbetrieb reicht dazu nicht. Trotzdem muss der Nebenbetrieb vom Hauptbetrieb abhängig sein. Das ist z.B. der Fall, wenn er den Vertrieb der Produkte des Hauptbetriebs übernimmt oder den Hauptbetrieb auf sonstige Weise fördert. Die Größenverhältnisse sind nicht entscheidend.

222270294

lung e. Kffr." ein Einzelhandelsgeschäft. Im Nachbarort befindet sich ein sehr angesehenes Weingeschäft, die Firma „Lieselotte Tengelmann, Weinhandlung e. Kffr.".

Was kann Frau Tengelmann gegen die Firmenwahl ihrer Konkurrentin unternehmen?

6. Wer kann eine Firma führen?

7. Herr Steinhoff erwirbt ein Einzelhandelsgeschäft, das er unter der bisherigen Firma weiterführt.

   Wie ist die Haftung für die alten Verbindlichkeiten geregelt?

8. Suchen Sie aus der Tageszeitung, den Gelben Seiten und weiteren Quellen je vier Personen-, Sach-, Fantasie- und gemischte Firmen.

9. Horst Frank hat ein Computerfachgeschäft übernommen, das zuvor Roland Waak gehörte und unter der Firma „Roland Waak, Computer Software e. Kfm." geführt wurde.

   Welche Firma ist rechtlich zulässig? Nennen Sie drei Möglichkeiten.

10. Warum kann aus dem Firmennamen allein nicht ohne Weiteres auf den dahinterstehenden Inhaber geschlossen werden?

11. Welche Arten von Kaufleuten unterscheidet das Handelsgesetzbuch?

12. Auf welche Weise wird die jeweilige Kaufmannseigenschaft erworben?

13. Wovon hängt es ab, wann im Einzelfall Art oder Umfang der Tätigkeit einen in kaufmännischer Weise eingerichteten Geschäftsbetrieb erfordert?

14. Wer gilt als Nichtkaufmann?

AKTIONEN

1. a) Erstellen Sie eine sechsspaltige Übersicht über die Rechtsformen (siehe Seite 289). Sammeln Sie zu jeder Rechtsform mindestens fünf Firmenbeispiele aus Ihrer Region und vermerken Sie die jeweilige Branchenzugehörigkeit.

   b) Präsentieren Sie diese Übersicht in Ihrer Klasse. Gehen Sie dabei besonders auf den Zusammenhang von Rechtsform und Branchenzugehörigkeit ein.

2. Versuchen Sie, bei der örtlichen Industrie- und Handelskammer Informationen darüber zu bekommen,

   a) wie viele eingetragene Unternehmen es in dem Kammerbezirk gibt,

   b) wie viele Neugründungen man durchschnittlich pro Jahr verzeichnet,

   c) nach welchen Kriterien man die Betriebsgröße unterscheidet,

   d) wie hoch der prozentuale Anteil der Unternehmen ist, die ausbilden,

   e) wie groß der Anteil der einzelnen Rechtsformen ist.

3. Sie sollen ein zweiseitiges Referat über das Thema „Die Firma" (alternativ „Die Kaufmannseigenschaft") halten.

   a) Zur Informationsbeschaffung nutzen Sie bitte das vorliegende Lehrbuch, das Internet und Ihre Schulbibliothek.

   b) Erstellen Sie eine Gliederung und formulieren Sie das Referat.

   c) Überlegen Sie sich, welche Möglichkeit der Visualisierung Sie nutzen werden.

   d) Seien Sie darauf vorbereitet, Ihr Referat vorzutragen.

ZUSAMMENFASSUNG

Die Firma

Begriff

Die Firma ist der Name eines Kaufmanns, unter dem er seine Handelsgeschäfte betreibt und unterschreibt. Er kann unter seiner Firma klagen und verklagt werden.

Form

Firmenkern + (ggf.) Firmenzusatz

Arten

- Personenfirma
- Sachfirma
- gemischte Firma
- Fantasiefirma

} ist unabhängig von der Rechtsform des Unternehmens

Grundsätze

- Wahrheit
- Klarheit
- Ausschließlichkeit
- Übertragbarkeit
- Öffentlichkeit
- Beständigkeit

Schutz

Die Firma wird durch das Gesetz geschützt. Bei Verstößen gegen die Grundsätze kann der geschädigte Kaufmann auf Unterlassung klagen und Schadenersatz verlangen.

Arten der Kaufmannseigenschaft

Istkaufmann (Kaufmann kraft Gesetz; § 1 HGB)

natürliche Personen, die ein Handelsgewerbe in kaufmännischer Weise betreiben

- Sie sind auch ohne Eintragung in das Handelsregister Kaufleute.
- Handelregistereintragung hat rechtsbezeugende (deklaratorische) Wirkung.

Formkaufmann (Kaufmann kraft Rechtsform; § 6 HGB)

juristische Personen, die per Gesetz die Kaufmannseigenschaft erhalten haben:

- Kapitalgesellschaften (z. B. AG und GmbH)
- Genossenschaften

- Sie sind unabhängig von der Art ihrer Tätigkeit Kaufleute.
- Handelregistereintragung hat rechtsbegründende (konstitutive) Wirkung.

Eintragung ist Pflicht („Pflichtkaufmann")

Kannkaufmann

- **natürliche Personen,** deren Handelsgewerbe keinen kaufmännischen Geschäftsbetrieb erfordert (Kleingewerbetreibende; § 2 HGB); eine Löschung der Handelsregistereintragung ist jederzeit auf Antrag möglich, es sei denn, inzwischen wurde ein kaufmännischer Geschäftsbetrieb notwendig.
- Inhaber von land- und forstwirtschaftlichen Betrieben und deren Nebenbetrieben mit kaufmännischer Einrichtung (§ 3 HGB)

- Sie sind Kaufleute, wenn sie sich in das Handelsregister (freiwillig) eintragen lassen (ohne Eintragung kein Kaufmann!).
- Handelregistereintragung hat rechtsbegründende (konstitutive) Wirkung.

Eintragung ist möglich („freiwilliger Kaufmann")

222270296

KAPITEL 3

Wir informieren uns über die Bedeutung der Eintragungen im Handelsregister

Herr Springer tritt als Teilhafter mit einer Kapitaleinlage von 20.000,00 € in die Möbelgroßhandlung Giesselmann KG ein. Der Eintritt wird ordnungsgemäß beim Handelsregister gemeldet und daraufhin im Register eingetragen.

Infolge eines Versehens des Registergerichts wird Herr Springer in der öffentlichen Bekanntmachung als persönlich haftender Gesellschafter (= Vollhafter) bezeichnet.

Die Verantwortlichen der Ambiente Warenhaus AG verlassen sich bei ihrer Einsicht in das Handelsregister auf diese Eintragung, von deren Fehlerhaftigkeit sie zu diesem Zeitpunkt noch nichts ahnen. Kurz darauf gewährt die Ambiente Warenhaus AG, vertreten durch den Finanzchef Herrn Witte, der Giesselmann KG im Vertrauen auf die ihm bekannten Vermögensverhältnisse von Herrn Springer einen Kredit in Höhe von 50.000,00 €.

Als die Ambiente Warenhaus AG wegen Zahlungsschwierigkeiten der Giesselmann KG dessen Gesellschafter Herrn Springer als persönlich haftenden Gesellschafter in Anspruch nimmt, wendet dieser ein, er sei gar nicht voll haftender Gesellschafter, sondern nur Teilhafter und hafte daher nur in Höhe seiner Kapitaleinlage.

Prüfen Sie, welche Auswirkungen diese fehlerhafte Eintragung in das Handelsregister für die Ambiente Warenhaus AG hat.

INFORMATION

Aufgabe und Inhalte des Handelsregisters

DEFINITION

Das **Handelsregister** ist ein öffentliches Verzeichnis beim regional zuständigen Amtsgericht, in das alle Kaufleute des betreffenden Amtsgerichtsbezirks einzutragen sind. Es wird von den Gerichten elektronisch geführt (§ 8 HGB).

Durch die Eintragungen im Handelsregister wird die Öffentlichkeit über wichtige Sachverhalte und Rechtsverhältnisse der Kaufleute und Handelsgesellschaften informiert.

Jeder Kaufmann ist verpflichtet, seine Firma und den Ort der Handelsniederlassung bei dem Gericht, in dessen Bezirk sich die Niederlassung befindet, zur Eintragung in das Handelsregister anzumelden. Zur Über-

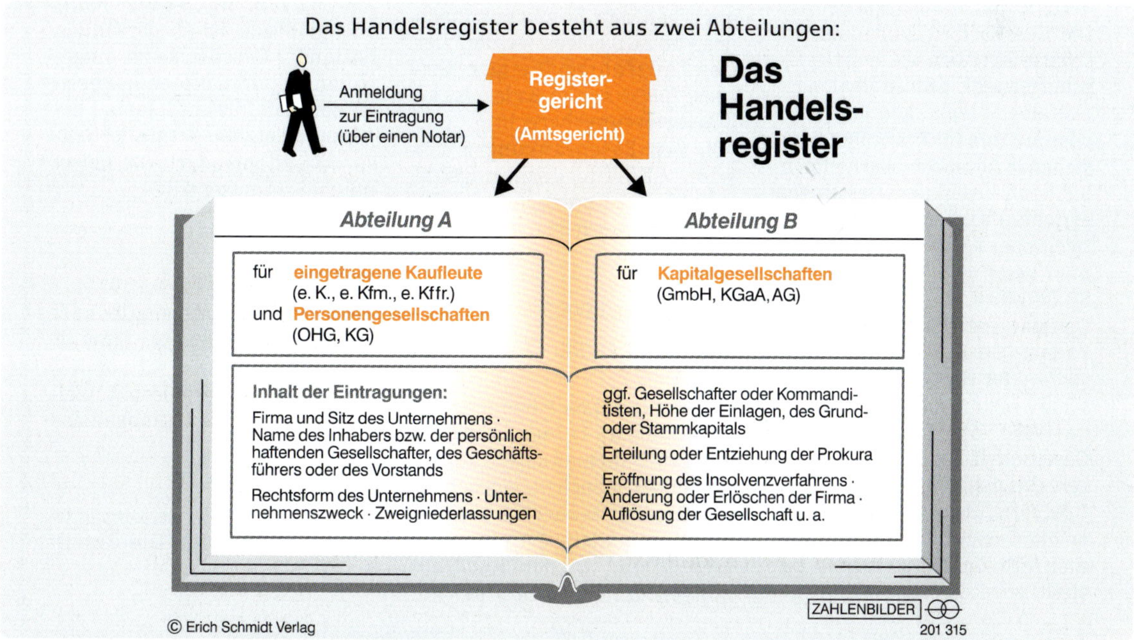

sendung der Dokumente ist ein spezieller Übermittlungsweg (das „Elektronische Gerichts- und Verwaltungsfach") zu nutzen (§ 29 HGB).

Das Registergericht kann vorgeschriebene Anmeldungen durch Ordnungsstrafen erzwingen (§ 14 HGB).

Andererseits kann in das Register nur eingetragen werden, was das Gesetz als eintragungsfähig bestimmt. Der Kaufmann kann daher nicht beliebige Tatsachen, die er der Öffentlichkeit mitteilen möchte, in das Handelsregister eintragen lassen.

Zweck des Handelsregisters ist es,
- die Firma des Kaufmanns zu schützen sowie
- der Allgemeinheit, insbesondere aber den Geschäftspartnern des Kaufmanns die Möglichkeit zu verschaffen, sich über die kaufmännischen Verhältnisse eines Kaufmanns zuverlässig zu informieren (Gläubigerschutz).

1. Anmeldungen zur Eintragung

Anmeldungen (über Neueintragung, Veränderung, Löschung) müssen elektronisch und in öffentlich beglaubigter Form erfolgen (§ 12 Abs. 1 HGB). Eintragungen erfolgen grundsätzlich nur auf Antrag. Das zum Handelsregister einzureichende Dokument kann in jeder Amtssprache eines Mitgliedstaates der Europäischen Union übermittelt werden.

Vor jeder Handelsregistereintragung erfolgen eine firmenrechtliche Prüfung sowie die Stellungnahme durch die IHK (= Prüfung der Eintragsfähigkeit). Über den Eintrag entscheidet immer das Registergericht.

2. Bekanntmachung

Die Bekanntmachung von Registrierungen erfolgt elektronisch über das bundesweite Portal www.justiz.de.

Die **Löschung aus dem Handelsregister** erfolgt, wenn das Handelsgewerbe aufgegeben (Liquidation, Insolvenz) oder in eine juristische Person umgewandelt wird. Genossenschaften werden in einem besonderen Genossenschaftsregister geführt.

BEISPIELE FÜR EINTRAGUNGEN IM HANDELSREGISTER

1. Neueintragungen

HRB 5402 – 22. Dez. 20..:

D. K. Warenhandel und Vertrieb GmbH, 28832 Achim-Baden (Badener Holz 26). Gegenstand des Unternehmens ist der Handel und Vertrieb von Waren jeglicher Art. Die Gesellschaft kann alle Geschäfte betreiben, die dem Gesellschaftszweck unmittelbar oder mittelbar dienen können, und/oder mit ihm im Zusammenhang stehende Aufgaben übernehmen. Sie kann Zweigniederlassungen errichten und sich an gleichartigen oder ähnlichen Unternehmen beteiligen. Stammkapital: 50.000,00 €. Geschäftsführer: Dietmar Korreck, 28832 Achim-Baden. Gesellschaft mit beschränkter Haftung. Der Gesellschaftsvertrag ist am 20. November 20.. abgeschlossen. Die Gesellschaft hat einen oder mehrere Geschäftsführer. Ist nur ein Geschäftsführer bestellt, vertritt er die Gesellschaft allein. Sind mehrere Geschäftsführer bestellt, wird die Gesellschaft gemeinschaftlich durch zwei Geschäftsführer oder durch einen Geschäftsführer zusammen mit einem Prokuristen vertreten. Durch Gesellschafterbeschluss können Geschäftsführer zur Alleinvertretung ermächtigt und auch von den Beschränkungen des § 18 BGB befreit werden. Der Geschäftsführer, Dietmar Korreck, 28832 Achim-Baden, ist alleinvertretungsberechtigt und von den Beschränkungen des § 181 BGB befreit. Nicht eingetragen: Die Bekanntmachungen der Gesellschaft erfolgen im Bundesanzeiger.

II. Veränderungen

HRB 4089 – 29. Jan. 20..:

VME-Gesellschaft für Medizinelektronik mbH, Mönchengladbach (Rollberg 1), Ingrid von Gehlen, geb. Fuhrmann, geb. am 30. April 1944, Mönchengladbach, ist zur Geschäftsführerin bestellt. Sie ist stets alleinvertretungsberechtigt und von den Beschränkungen des § 181 BGB befreit. Maria Fuhrmann ist nicht mehr Geschäftsführerin.

HRB 3380 – 4. Feb. 20..:

R & S Fenster e. Kfm., Mönchengladbach (Dahlener End 69). Dietmar Josef Wevers, geb. am 23. November 1961, Mönchengladbach, ist als persönlich haftender Gesellschafter eingetreten. Dadurch offene Handelsgesellschaft, die am 1. Januar begonnen hat. Die Firma ist entsprechend geändert. Sie lautet nun: R & S Fenster OHG.

III. Löschungen

HRB 3383 – 24. Feb. 20..:

Lord Spielhallengesellschaft mbH, Braunschweig. Gemäß § 141 a FGG (früher § 2 LöschG) von Amts wegen gelöscht, weil die Gesellschaft vermögenslos ist.

HRB 161 – 27. Jan. 20..:

Steinberg GmbH, Elze. Die Liquidation ist beendet. Die Gesellschaft ist erloschen.

222270298

3. Einsichtnahme und elektronische Registerführung
Das Handelsregister soll eine Publikations-, Beweis-, Kontroll- und Schutzfunktion erfüllen. Daher steht es jedermann zur Einsicht offen (§ 9 Abs. 1 HGB).

Sämtliche im Handelsregister geführten Daten eines Unternehmens können bundesweit von jedermann über das Internet abgerufen werden (siehe Registerportal unter www.unternehmensregister.de). Eingesehen werden können alle in elektronischer Form vorliegenden Dokumente.

Jeder darf ferner vom Handelsregister Ausdrucke bzw. Abschriften der Eintragungen und eingereichten Dokumente verlangen.

Hierfür stellen die Gerichte elektronische Postfächer zur Verfügung. Der Eingang in diesem Postfach ist maßgeblich für Rechtswirkungen oder Stichtage, die an den Eingang einer Anmeldung bei Gericht anknüpfen.

Wirkung der einzelnen Eintragungen

Eine Eintragung in das Handelsregister wird wirksam, sobald sie in den für die Handelsregistereintragungen bestimmten Datenspeicher aufgenommen ist und auf Dauer inhaltlich unverändert in lesbarer Form wiedergegeben werden kann.

1. Manche Eintragungen haben **konstitutive (= rechtsbegründende oder rechtserzeugende)** Wirkung. In solch einem Fall ist die Eintragung notwendig, damit eine bestimmte Rechtslage überhaupt entsteht.

BEISPIEL

- **Eintragung von Kannkaufleuten:** Land- und Forstwirte oder Inhaber von Gewerbebetrieben, die keine kaufmännische Organisation erfordern (Kleingewerbetreibende), erwerben erst mit der Eintragung in das Handelsregister die Kaufmannseigenschaft.
- **Eintragung von Formkaufleuten:** Die Aktiengesellschaft und die GmbH entstehen ebenfalls erst durch die Eintragung (Formkaufleute).

2. Die meisten Eintragungen haben **deklaratorische (= rechtsbezeugende)** Wirkung. Der Rechtsvorgang ist dabei ohne die Eintragung wirksam, die Eintragung bestätigt ihn lediglich.

BEISPIELE

- **Eintragung von Istkaufleuten:** Derjenige, der ein Handelsgewerbe betreibt, wird – ohne Rücksicht auf die Branche – automatisch Kaufmann, wenn sein Geschäftsbetrieb einen gewissen Umfang überschreitet; die Eintragung gibt das nur kund.
- **Eintragung der Prokura:** Die Erteilung und der Widerruf der Prokura sind ohne Eintragung rechtswirksam. Die Eintragung ist zwar vorgeschrieben. Sie hat aber nur die Aufgabe, die Prokuraerteilung kundzugeben.

3. In den Fällen der freigestellten Anmeldung ergibt sich die Wirkung aus der jeweiligen Bestimmung, die dem Betreffenden die Eintragung erlaubt.

BEISPIEL

Für Herrn Bruns als Erwerber der Firma Klaus Kubel e. Kfm., Haus für Herren- und Damenbekleidung, der die Firma unverändert fortführt, gilt folgende gesetzliche Regelung des HGB:

> § 25 Haftung des Erwerbers bei Firmenfortführung
>
> (1) Wer ein unter Lebenden erworbenes Handelsgeschäft unter der bisherigen Firma mit oder ohne Beifügung eines das Nachfolgeverhältnis andeutenden Zusatzes fortführt, haftet für alle im Betrieb des Geschäfts begründeten Verbindlichkeiten des früheren Inhabers.

Herr Bruns kann nun aber die Haftung für die Verbindlichkeiten des bisherigen Inhabers gegenüber den Gläubigern ausschließen, wenn der Haftungsausschluss im Handelsregister eingetragen und bekannt gemacht worden ist.

Schutz des Vertrauens auf das Handelsregister

1. Das Handelsregister genießt öffentlichen Glauben, d.h., dass sämtliche eingetragenen und veröffentlichten Tatsachen als bekannt gelten und ein Dritter darauf vertrauen kann, dass diese Eintragungen gültig sind. Er braucht daher nur das zu glauben, was im Handelsregister eingetragen ist.

2. Das gilt auch für den Fall, dass eine in das Handelsregister einzutragende Tatsache **nicht eingetragen und bekannt gemacht** wurde. Diese nicht in das Handelsregister eingetragene, aber eintragungspflichtige Infor-

mation kann einem Dritten nicht entgegengehalten werden. Es gilt daher auch hier der Schutz des Vertrauens auf das Register: Auf das Schweigen des Handelsregisters kann sich der außenstehende Dritte verlassen.

BEISPIEL

Herr Hentschel scheidet aus der Liebig OHG als Gesellschafter aus. Sein Ausscheiden wird nicht zum Handelsregister angemeldet und deshalb auch nicht eingetragen und bekannt gemacht.

Die Gesellschaftsgläubiger könnten Herrn Hentschel weiterhin als Gesellschafter behandeln und auch für ihre nach dem Ausscheiden begründeten Forderungen persönlich in Anspruch nehmen.

Ausnahme: Der Außenstehende war über die nicht eingetragene Tatsache auch ohne die fehlende Eintragung informiert. Das Risiko des Nachweises liegt in diesem Fall bei der zur Eintragung verpflichteten Person. Durch den Zwang der möglichst schnellen Anmeldung von anmeldepflichtigen Tatsachen wird die Vollständigkeit des Handelsregisters gewährleistet.

3. Andererseits kann sich ein Kaufmann auf eine von ihm ordnungsgemäß vorgenommene und veröffentlichte Eintragung berufen. D.h. andererseits aber auch, ein außenstehender Dritter

- ordnungsgemäß eingetragene Tatsachen gegen sich gelten lassen muss;
- verpflichtet ist, sich ausreichend im Handelsregister zu informieren.

BEISPIEL

Herr Bruns, der die Firma Klaus Kubel e. Kfm., Haus für Herren- und Damenbekleidung e. Kfm., unverändert fortführt, schließt die Haftung für alle vor der Übernahme des Geschäfts entstandenen Verbindlichkeiten des früheren Inhabers, Herrn Kubel, aus.

Gemeinsam mit Herrn Kubel lässt er diese vertragliche Regelung in das Handelsregister eintragen und bekannt machen. Drei Wochen nach der Übernahme fordert der Gläubiger Homann von Herrn Bruns 4.300,00 € aus einer 2 Monate alten, noch offenen Rechnung. Herr Bruns braucht nicht zu zahlen, da Herr Homann über die Eintragung hätte informiert sein müssen; er hat fahrlässig gehandelt.

4. Letztlich kann sich ein Dritter auf eingetragene und bekannt gemachte Tatsachen im Handelsregister verlassen, auch wenn sie **unrichtig** sind.

BEISPIEL

Die Ambiente Warenhaus AG (vgl. Eingangsbeispiel) kann auf die Eintragung des Herrn Springer als Vollhafter vertrauen und ihre Forderung von 50.000,00 € gegen ihn persönlich geltend machen.

Ein außenstehender Dritter kann sich folglich auf eine unrichtige Eintragung berufen. Eine Ausnahme besteht nur dann, wenn der Dritte (hier die Ambiente Warenhaus AG) die Unrichtigkeit kannte.

AUFGABEN

1. Wer ist für die Führung des Handelsregisters zuständig?
2. Wer kann Einsicht in das Handelsregister nehmen?
3. Aus welchen Abteilungen besteht das Handelsregister und welche unterschiedlichen Informationen kann man ihnen entnehmen?
4. Wie werden Handelsregistereintragungen veröffentlicht?
5. Warum ist es für einen Einzelhändler sinnvoll, die Veröffentlichung von Eintragungen im Handelsregister laufend zu verfolgen?
6. Nennen Sie Gründe für die Notwendigkeit des Handelsregisters.

7. Welche Eintragung ins Handelsregister hat
   a) rechtserzeugende (konstitutive),
   b) rechtsbezeugende (deklaratorische) Wirkung?
   - Eintragung der Hannoverschen Papierfabrik AG
   - Ein Hotelbesitzer lässt sich als Kaufmann eintragen.
   - Eintragung eines Handelsgewerbes
   - Eintragung des Bauunternehmens Frank Neumann OHG
   - Eintragung von Herrn Adam als Prokurist
   - Eintragung der Kaufmannseigenschaft eines Kleingewerbetreibenden
   - Eintragung eines Landwirtschaftsbetriebs mit kaufmännischem Geschäftsbetrieb
8. Wie kann die Anmeldung zum Handelsregister erfolgen?
9. Wer muss die Eintragung der Firma ins Handelsregister beantragen?
10. Eine neu eröffnete Boutique wird ins Handelsregister eingetragen.

    Nennen Sie die Angaben, die die Anmeldung enthalten muss.
11. Wann muss die Firma oder Firmenänderung zur Eintragung ins Handelsregister angemeldet werden?
12. Der Unternehmer Flach hat seinem Prokuristen Adam die Prokura entzogen. Die Löschung der Prokura im Handelsregister hat er vergessen.

    Welche Folgen hat sein Versäumnis?

AKTIONEN

1. Erarbeiten Sie das Kapitel mithilfe des „aktiven Lesens" und erstellen Sie anschließend eine Mindmap, die alle wichtigen Informationen zum Handelsregister wiedergibt.
2. Recherchieren Sie im Internet beim Amtsgericht, in dem Ihr Ausbildungsbetrieb eingetragen ist, und nehmen Sie Einblick in das Handelsregister.
   a) Notieren Sie sich
      - die Rubriken des Handelsregisters (Abteilungen A und B),
      - die Handelsregistereintragungen, die Ihr Ausbildungsunternehmen betreffen.
   b) Erfragen Sie durch eine E-Mail an die Informationsstelle,
      - wie viele Neugründungen es durchschnittlich pro Jahr gibt,
      - wie groß die Zahl der Firmenpleiten pro Jahr ist und
      - wie viele Firmenschließungen junge Unternehmen betreffen.
3. Analysieren Sie den nachfolgenden Text. Mit welcher Begründung zwang das Oberlandesgericht in Celle die beiden Betriebe zur Eintragung in das Handelsregister?

Betrieb muss ins Register

Ein Handwerksbetrieb, der nach Art und Umfang einen in kaufmännischer Weise eingerichteten Geschäftsbetrieb erfordert, kann zur Eintragung ins Handelsregister gezwungen werden.

Von dieser Möglichkeit machte das Oberlandesgericht Celle bei einem Schmiedemeister Gebrauch. Er erzielt mit dem Landmaschinenhandel, mit Schlosser- und Wasserversorgungsarbeiten, mit dem Vertrieb von Garten- und Kleingeräten einen Umsatz von über einer Million Euro. Achtzig Zulieferer geben ihm die Waren an die Hand, zwei Banken gestehen ihm einen Überziehungskredit von rund 70.000,00 € zu.

Das Oberlandesgericht zog daraus folgende Schlussfolgerung: Ein Kapitaleinsatz von diesem Umfang erfordere eine Überwachung der Vermögensentwicklung unter Berücksichtigung der Abnutzung und des Geschäftsrisikos, um die Ertragslage des Unternehmens auch im Interesse der Geschäftspartner beurteilen zu können. Eine realistische Einschätzung der Wertentwicklung hoher Sachwerte sei nur unter Zuhilfenahme eines kaufmännischen Rechnungswesens möglich.

Das gleiche Gericht zwang einen Gastwirt dazu, die Eintragung ins Handelsregister anzumelden. Dieser erzielte einen Umsatz von 600.000,00 € und beschäftigt außer seiner Ehefrau drei Facharbeiter, sechs Angelernte, drei Ungelernte und fünf Auszubildende.

Schon allein die Abrechnung der Löhne und der damit verbundenen Abführung von Sozialabgaben und Steuern erfordere eine Lohnbuchhaltung. Ein Betrieb mit etwa 15 nicht familienangehörigen Mitarbeitern sei nicht mehr als einfach strukturiert anzusehen.

ZUSAMMENFASSUNG

Handelsregister
= amtliches und öffentlich zugängliches Verzeichnis aller Kaufleute eines Amtsgerichtsbezirks

wird eingeteilt in

Abteilung A
- eingetragene Kaufleute
- Personengesellschaften

Abteilung B
- Kapitalgesellschaften

Anmeldung durch Inhaber oder Geschäftsführer

elektronisch in öffentlich beglaubigter Form (Notar, Gericht)

I. Neueintragungen mit wesentlichen Inhalten

II. Veränderungen

III. Löschungen

Wirkung der Eintragung

konstitutiv (= rechtserzeugend)
Erst durch die Eintragung wird die Tatsache rechtswirksam.

deklaratorisch (= rechtsbezeugend)
Auch ohne die Eintragung würden die Tatsachen bestehen. Sie werden nur öffentlich bekannt gemacht.

Veröffentlichung

elektronisch über bundesweites Portal

Bedeutung

Eintragungen im Handelsregister genießen **öffentlichen Glauben**, d. h.,
- die Eintragungen gelten als richtig,
- jedermann kann sich darauf berufen.

Tatsache ist nicht eingetragen:
Dritter kann darauf vertrauen, dass die Eintragungen gültig sind.

Tatsache ist eingetragen:
Dritter muss sie gegen sich gelten lassen.

Tatsache ist unrichtig eingetragen:
Dritter kann sich darauf verlassen.

KAPITEL 4

Wir kennen die Besonderheiten verschiedener Rechtsformen

1. Heinz Müller arbeitet seit einigen Jahren in der Feinkostabteilung der Hamburger Filiale der Ambiente Warenhaus AG. Er ist fachkundig und tatkräftig. So macht er beispielsweise häufig Verbesserungsvorschläge, um die Umsatzsituation seiner Abteilung zu verbessern. Nicht immer kann er seine Ideen verwirklichen.

An seinem Wohnort – einer mittelgroßen Stadt – hat Herr Müller eine Marktlücke entdeckt. Dort fehlt den Verbrauchern eine Einkaufsgelegenheit für Lebensmittel des gehobenen Bedarfs. Er beschließt, sich selbstständig zu machen. Nachdem er eine Erbschaft gemacht hat, verfügt er über das notwendige Startkapital. Er mietet ein Ladenlokal in günstiger Lage, das er einzurichten beginnt. Doch bevor sein Unternehmen die Geschäftstätigkeit aufnimmt, muss er noch einige rechtliche Fragen überprüfen.

a) Stellen Sie fest, welche Fragen geklärt werden müssen.
b) Heinz Müller möchte zunächst als Einzelunternehmer tätig werden. Halten Sie die wichtigsten Merkmale der Rechtsform Einzelunternehmen fest.
c) Führen Sie die wichtigsten Vor- und Nachteile dieser Rechtsform auf.

2. Herr Müller stöhnt über die große Arbeitsbelastung. Seine Firma „Heinz Müller – Feinkost e. Kfm." ist sehr erfolgreich. Aus Gesprächen mit Kunden erfährt Herr Müller, dass diese zu den hochwertigen Lebensmitteln auch gern die passenden Weine und Spirituosen kaufen möchten. Eines Tages trifft er zufällig Erwin Kurz. Dieser sucht, nachdem er mehrere Jahre in einer Weinhandlung gearbeitet hat, eine neue, anspruchsvolle Beschäftigung. Da Herr Kurz sehr sparsam ist, verfügt er über ein Kapital von 120.000,00 €. Herr Müller, der über 180.000,00 € Kapital verfügt, möchte sein Unternehmen auf eine breitere Kapitalbasis stellen und außerdem um eine Abteilung für Weine und Spirituosen ergänzen. Daher schlägt er Erwin Kurz die Gründung einer Personengesellschaft vor.

a) Stellen Sie fest, welche Rechtsformen dafür infrage kommen.
b) Schlagen Sie eine Rechtsform vor, wenn Kurz sein Risiko im Fall einer Insolvenz minimieren möchte.

3. Herr Müller, Komplementär der Müller KG, hat Sorgen. In der Nachbarschaft hat sich ein Warenhaus eine Feinkostabteilung zugelegt. Vor der Stadt bieten zwei neu gegründete Verbrauchermärkte ebenfalls Lebensmittel des gehobenen Bedarfs an. Die Umsatzzahlen des bisher erfolgreichen Unternehmens gehen stark zurück.

Da die Situation momentan nicht gerade rosig ist, macht sich Herr Müller vorsichtshalber Gedanken um die Zukunft. Im Insolvenzfall würde er als Gesellschafter wegen der vollen Haftung sein ganzes Privatvermögen aufs Spiel setzen. Herr Müller sucht eine Unternehmensform, bei der er als Gesellschafter nicht persönlich haften muss. Nachdem er einige Erkundigungen eingezogen hat, wandelt er mit Zustimmung der übrigen Gesellschafter die bisherige Firma in die Müller GmbH um.

a) Führen Sie Vorteile der GmbH auf.
b) Stellen Sie fest, ob Herr Müller auch alleine eine GmbH gründen kann, wenn alle anderen Gesellschafter ausscheiden würden.
c) Führen Sie auf, wodurch sich eine GmbH & Co. KG von
   - einer GmbH,
   - einer KG

   unterscheidet.

INFORMATION

Die Rechtsform eines Unternehmens muss bei der Gründung festgelegt werden. Es muss dann entschieden werden, wie das Unternehmen im Hinblick auf die unternehmerische Zielsetzung rechtlich am besten gestaltet werden soll. Änderungen der Rechtsform werden oft vorgenommen, wenn sich wesentliche persönliche, wirtschaftliche oder rechtliche Bedingungen im Umfeld eines schon bestehenden Unternehmens ändern.

Die richtige Wahl der Unternehmensform ist abzuleiten von der Beantwortung folgender Fragen:

- Wer bringt das Eigenkapital auf?
- Wer soll die Entscheidungen im Unternehmen treffen?
- Wer soll das Unternehmen nach außen vertreten?
- Wer soll haften, wenn das Unternehmen – z. B. im Insolvenzfall – nicht mehr zahlen kann?
- Wer soll – in welchem Ausmaß – Anspruch auf Gewinn haben?

Der Einzelhändler wird die Unternehmensform wählen, die sich am besten für die Aufgaben eignet, die das Einzelhandelsunternehmen zu leisten hat. Er kann das Unternehmen – als Einzelunternehmen – allein führen oder aber mehrere Personen am Unternehmen beteiligen. Dann liegt ein Gesellschaftsunternehmen vor.

Gesellschaftsunternehmen

Personengesellschaften

Personengesellschaften entstehen immer dann, wenn sich mindestens zwei Personen zur Erreichung eines genau bestimmten Zwecks – in diesem Fall also zur Führung eines Einzelhandelsunternehmens – zusammenschließen.

Die Gründung erfolgt durch einen Gesellschaftsvertrag. Personengesellschaften sind dadurch gekennzeichnet, dass bei ihnen die persönliche Mitarbeit und Haftung der Unternehmer im Vordergrund stehen. Der Zusammenschluss zu Personengesellschaften beruht auf dem persönlichen Vertrauen, das sich die einzelnen Gesellschafter entgegenbringen. Deshalb ist der Fortbestand einer Personengesellschaft grundsätzlich von der unveränderten Zusammensetzung des Personenkreises abhängig, der sich zu der Gesellschaft zusammengeschlossen hat.

Das bedeutet u. a.:

- Im Zweifel endet die Gesellschaft mit dem Tod eines Gesellschafters.
- Grundsätzlich muss sich keiner der Gesellschafter gegen seinen Willen einen anderen Gesellschafter aufzwingen lassen.

Die Gründung einer Personengesellschaft erfordert einen geringen Kapitalbedarf und ist relativ einfach durchzuführen. Die Geschäftsführung ist auf einen oder mehrere Inhaber zugeschnitten. Kredite können wegen der persönlichen Haftung wenigstens einer Person leicht beschafft werden.

Kapitalgesellschaften

Kapitalgesellschaften unterscheiden sich von den Einzelunternehmen und den Personengesellschaften dadurch, dass sie „anonym“ sind. Das zum Betrieb erforderliche Kapital wird hier nicht von Einzelpersonen unter ihrem Namen gegeben, sondern von einem nicht mit Namen genannten größeren Personenkreis, der Anteile erwirbt. Die Höhe der Kapitalbeteiligung ist die Grundlage für Haftung, Stimmrecht und Gewinnbeteiligung der Gesellschafter.

Die Form der Kapitalgesellschaft erleichtert die Beschaffung von langfristigem Kapital. Bei einer Kapitalgesellschaft ist das Verlustrisiko eines Teilhabers auf seinen Anteil beschränkt. Den Geschäftsanteil kann er im Allgemeinen jederzeit verkaufen. Die Teilhaber haften für Gesellschaftsschulden nur mit ihrer Geldeinlage. Da die Gesellschafter an den Kapitalgesellschaften meist nur geldmäßig beteiligt sind, wird die Geschäftsführung von besonderen, gesetzlich vorgeschriebenen Organen wahrgenommen.

Genossenschaften

Als besondere Gesellschaft ist noch die Genossenschaft zu nennen. Sie ist eine Selbsthilfeorganisation, die auf der Solidarität ihrer Mitglieder beruht. Sie strebt vorrangig also keine Gewinnmaximierung an wie Personen- und Kapitalgesellschaften. Bei der Genossenschaft ist eine Mindestgründerzahl von drei „Genossen“ vorgeschrieben, die allerdings kein Mindestkapital aufbringen müssen. Das Verlustrisiko eines Genossen ist in der Regel auf seinen Anteil beschränkt: Es haftet also nur das Vermögen der Genossenschaft. Die Gewinnverteilung erfolgt laut Statut oder nach Geschäftsanteilen.

222270304

Merkmale		Einzelunternehmen	OHG (offene Handelsgesellschaft)	KG (Kommanditgesellschaft)	AG (Aktiengesellschaft)	GmbH (Gesellschaft mit beschränkter Haftung)	eG (eingetragene Genossenschaft)
Wesen		Inhaber führt das Unternehmen selbstständig	Unternehmen für den Betrieb eines Handelsgewerbes	Unternehmen für den Betrieb eines Handelsgewerbes	• Gesellschaft mit eigener Rechtspersönlichkeit • Errichtung für jeden gesetzlichen Zweck zulässig • Aktionäre haften nur mit Gesellschaftsvermögen	• Gesellschaft mit eigener Rechtspersönlichkeit • Errichtung für jeden gesetzlichen Zweck zulässig • Gesellschafter haften nur mit Gesellschaftsvermögen • Errichtung durch eine oder mehrere Personen	• Gesellschaft mit nicht geschlossener Mitgliederzahl • Förderung der Mitglieder bzw. deren Wirtschaft (Selbsthilfe) durch gemeinsamen Geschäftsbetrieb • verschiedene Formen der Haftung der Gesellschaftsmitglieder
Gründung	Rechtsnatur	keine eigene Rechtspersönlichkeit des Unternehmens	keine eigene Rechtspersönlichkeit des Unternehmens	keine eigene Rechtspersönlichkeit des Unternehmens	juristische Person	juristische Person	juristische Person
	Form	formfrei; Schriftform üblich	formfrei; Schriftform üblich	formfrei; Schriftform üblich	notarielle Beurkundung des Vertrags, Satzung	notarielle Beurkundung des Vertrags, Satzung	notarielle Beurkundung des Vertrags, Statut
	Beginn	mit Geschäftsbeginn	mit Geschäftsbeginn	mit Geschäftsbeginn Haftungsbeschränkung des Kommanditisten ab Eintragung ins Handelsregister	mit Eintragung ins Handelsregister Abt. B	mit Eintragung ins Handelsregister Abt. B	mit Eintragung ins Genossenschaftsregister
	Mindestkapital				50.000,00 €	25.000,00 € (Sonderfall 1,00 € bei haftungsbeschränkter Unternehmergesellschaft)	
	Gründer (Mindestzahl)	1	2	2	1	1	3
	Firma	Vor- und Zuname des Inhabers (Zusatz möglich); Fantasiefirma mit Zusatz e. K., e. Kfm, e. Kffr.	Fantasiefirma mit Zusatz OHG, Name eines Gesellschafters oder mehrerer Gesellschafternamen mit Zusatz OHG	Fantasiefirma mit Zusatz KG, Name mindestens eines Komplementärs mit Zusatz KG	Sachfirma oder fortgesetzte Personenfirma mit Zusatz AG	Fantasiefirma, Sachfirma oder fortgesetzte Personenfirma mit Zusatz GmbH	Sachfirma mit Zusatz eG
Inhaber		Unternehmer	Gesellschafter (natürliche und/oder juristische Person)	a) Komplementär b) Kommanditist	Aktionäre	Gesellschafter	Genossenschaftsmitglieder
Eigenkapital	Bezeichnung	Eigenkapital	Kapitalanteile	a) Kapitalanteil(e) b) Einlage(n)	Grundkapital (gezeichnetes Kapital)	Stammkapital	Geschäftsguthaben (+ Reservefonds)
	Beteiligung		Stand der Kapitalkonten	Stand der Kapitalkonten	Aktien	Geschäftsanteil/Stammeinlage	Geschäftsanteil
Organe					• Vorstand (VS) (mind. 1 Pers.) • Hauptversammlung (HV) • Aufsichtsrat (AR) (mindestens 3 Personen)	• Geschäftsführer (GeFü) • Gesellschafterversammlung • Aufsichtsrat bei mehr als 500 Arbeitnehmern erforderlich	• Vorstand (mind. 2 Pers.) • Generalversammlung (GV), ggf. Vertreterversammlung, mind. 3 Pers.

Merkmale	Einzelunternehmen	OHG (offene Handelsgesellschaft)	KG (Kommanditgesellschaft)	AG (Aktiengesellschaft)	GmbH (Gesellschaft mit beschränkter Haftung)	eG (eingetragene Genossenschaft)
Rechte und Pflichten der Gesellschafter/ Organe	**Inhaber** • führt das Unternehmen selbstständig • hat alle Aufgaben eines ordentlichen Kaufmanns zu erfüllen • erhält/trägt allein Gewinn/Verlust	**Vollhafter** • Geschäftsführungsbefugnis für alle gewöhnlichen Geschäfte, für außergewöhnliche Geschäfte ist der Beschluss aller Gesellschafter erforderlich, auch für die Bestellung von Prokuristen und Handlungsbevollmächtigten • Kontrollrecht über den Gang der Gesellschaft, insbesondere, falls einzelne Gesellschafter von der Geschäftsführungsbefugnis ausgeschlossen sind • Anspruch auf Jahresgewinn, 4 % Zinsen auf Kapitaleinlage, Rest nach Köpfen • Verlust Verteilung nach Köpfen • Recht auf Privatentnahmen (bis zu 4 % Zinsen auf Kapitaleinlage) • gesamtschuldnerische Haftung (unbeschränkt, unmittelbar, solidarisch) • Wettbewerbsverbot – für Geschäfte im gleichen Handelszweig – für Beteiligung als Vollhafter an anderen Gesellschaften	**Vollhafter** Rechte und Pflichten wie OHG-Gesellschafter **Teilhafter** • Kontrollrecht, Recht zur Einsicht in Jahresbilanz sowie Recht, ihre Richtigkeit anhand von Büchern und Papieren zu prüfen • Anspruch auf Jahresgewinn, 4 % Zinsen auf Kapitaleinlage, Rest im angemessenen Verhältnis • Recht auf Auszahlung des Gewinns • Verlust nur bis zur Höhe seiner (gezeichneten) Kapitaleinlage • Recht auf Privatentnahmen (bis zu 4 % Zinsen auf Kapitaleinlage) • Haftung nur bis zur Höhe der gezeichneten Kapitaleinlage	**Vorstand** • Wahl für 5 Jahre • gemeinschaftliche Geschäftsführung und Vertretung • verantwortlich für Führung der Handelsbücher, Vorlage des Jahresabschlusses, Lagebericht und Bericht des AR zur HV **Hauptversammlung** • Bestellung der AR-Mitglieder für höchstens 4 Jahre (Wiederwahl möglich) • Beschluss über Verwendung des Bilanzgewinns (dabei an Bestimmungen von Gesetz und Satzung gebunden) • Haftung der Aktionäre auf Kapitaleinlage beschränkt • nur bei Bewilligung des AR ist dem VS erlaubt – Betreiben eines Handelsgewerbes – im Geschäftszweig für eigene und fremde Rechnung tätig zu sein • Entlastung von VS und AR, Bestellung des Abschlussprüfers • Recht auf Auskunft über Angelegenheiten der Gesellschaft • Beschlussfassung über Satzungsänderungen (Dreiviertelmehrheit des anwesenden Kapitals) • Beschlussfassung über Kapitalbeschaffung, -herabsetzung, bedingte Kapitalerhöhung und genehmigtes Kapital **Aufsichtsrat** • Wahl für höchstens 4 Jahre (Wiederwahl möglich) • Zusammensetzung gemäß den gesetzl. Bestimmungen; überwacht die Geschäftsführung des VS	**Geschäftsführer** • Bestellung für unbestimmte Zeit • Geschäftsführung und Vertretung (im Innenverhältnis ist Einschränkung der Vertretungsbefugnis möglich) einschl. Recht zur Bestellung von Prokuristen und Handlungsbevollmächtigten; alle Aufgaben eines ordentlichen Kaufmanns **Gesellschafterversammlung** • Bestellung der AR-Mitglieder für höchstens 4 Jahre (Wiederwahl möglich) • Feststellung der Jahresbilanz und Verteilung des Gewinns • Haftung auf Stammeinlage beschränkt (ggf. beschränkte oder unbeschränkte Nachschusspflicht gemäß Satzung) • Bestellung und Abberufung der GeFü • Maßnahmen zur Prüfung und Überwachung der GeFü • Geltendmachung von Ansprüchen gegen GeFü und Gesellschafter • Beschlussfassung über Satzungsänderungen (drei Viertel der anwesenden Stimmen) • Beschlussfassung über – Einforderung von Einzahlungen auf ihre Stammeinlagen – Rückzahlung von Nachschüssen – Teilung und Einziehung von Geschäftsanteilen **Aufsichtsrat** Sofern AR gebildet wird, gelten die aktienrechtlichen Vorschriften.	**Vorstand** • gemeinschaftliche Geschäftsführung und Vertretung • im Übrigen entsprechen Rechte und Pflichten des VS im Wesentlichen denen des VS einer AG **Generalversammlung** • vertritt die Interessen der Genossenschaftsmitglieder • entspricht im Wesentlichen der HV einer AG • Haftung der Genossenschaftsmitglieder beschränkt auf Geschäftsanteile; laut Statut möglich – bis zum Geschäftsanteil – bis zum Geschäftsanteil zzgl. einer Haftsumme – unbeschränkt mit dem Privatvermögen **Anmerkung** Bei mehr Mitgliedern als 1 500 kann, 3 000 muss AR gebildet werden. Die Vertreterversammlung besteht aus mind. 50 Vertretern. **Aufsichtsrat** Sofern AR gebildet wird, gelten die aktienrechtlichen Vorschriften.

222270306

Einzelunternehmen

Ein Einzelunternehmen ist ein Unternehmen, dessen Eigenkapital von einer Person aufgebracht wird. Diese Unternehmensform hat also nur einen Inhaber, der für das Unternehmen mit seinem ganzen Privatvermögen **unbeschränkt haftet.** Da der Eigentümer daher das Unternehmensrisiko allein zu tragen hat, steht ihm als Ausgleich auch der gesamte erzielte Gewinn zu.

© Erich Schmidt Verlag

Der Eigentümer leitet das Einzelunternehmen sowohl im Innenbereich als auch in der Vertretung nach außen alleinverantwortlich. Er kann aber verschiedene Aufgaben der Geschäftsführung an von ihm dazu ermächtigte Personen (Handlungsbevollmächtigte oder Prokuristen) übertragen.

Alle neu ins Handelsregister eingetragenen Unternehmen müssen einen eindeutigen Rechtsformzusatz führen. Dies gilt auch für einen Einzelkaufmann oder eine Einzelkauffrau (siehe Kap. 14.2).

Die meisten Betriebe in der Bundesrepublik (ca. 90 %) sind Einzelunternehmen. Sie beschäftigen aber nur ungefähr ein Drittel aller Arbeitnehmer. Es handelt sich dabei in der Regel um Kleinbetriebe mit wenigen Beschäftigten. Die Bedeutung dieser Unternehmensform geht – auch im Einzelhandel – stark zurück. Das ist auch auf den **Hauptnachteil** der Einzelunternehmen zurückzuführen: Ihre **mangelnde Kapitalstärke** bewirkt oft, dass notwendige Betriebsinvestitionen nicht durchgeführt werden können, die für die Zukunft des Unternehmens sehr wichtig sind. Ebenfalls negativ wirkt sich aus, dass das Geschick des Betriebs unlösbar mit dem Schicksal des Einzelunternehmers verbunden ist.

Das Einzelunternehmen hat aber auch Vorteile. Der Unternehmer kann seine Entscheidungen selbstständig, frei und vor allem schnell treffen. Das hat positive Auswirkungen auf das Marktgeschehen. Der Einzelunternehmer ist unabhängig von kontrollierenden Organen und ist niemandem Rechenschaft schuldig. Es gibt auch keine Meinungsverschiedenheiten in der Geschäftsführung, wie es bei Gesellschaftsunternehmen häufig der Fall ist.

Offene Handelsgesellschaft

Ist die Kapitalgrundlage eines Einzelunternehmens zu schwach, kommt es oft zur Gründung einer offenen Handelsgesellschaft (abgekürzt OHG). Die OHG ist eine vertragliche Vereinigung von mindestens zwei Personen, die Eigenkapital zum Betrieb eines Handelsgewerbes zur Verfügung stellen. Alle Gesellschafter sind zur Geschäftsführung berechtigt und verpflichtet.

Die Inhaber der OHG haften für die Verbindlichkeiten der Gesellschaft mit ihren gesamten Privatvermögen und nicht nur mit ihren Anteilen am Gesellschaftsvermögen. Die Haftung ist also **unbeschränkt.** Darüber hinaus haftet jeder Gesellschafter unmittelbar. Die Gläubiger der OHG können ihn direkt, ohne zuvor bei der Gesellschaft einen Ausgleich der Verbindlichkeiten gesucht zu haben, in Anspruch nehmen. Dabei liegt es im Ermessen der Gläubiger, ob ein Gesellschafter die Schulden der OHG in voller Höhe oder nur zu einem Teil begleichen soll. Jeder Gesellschafter haftet mit den anderen Gesellschaftern als Gesamtschuldner **(solidarische Haftung).**

Eine Regelung zur Beschränkung der Haftung ist zwar im Innenverhältnis möglich (Gesellschaftsvertrag), Dritten gegenüber (Außenverhältnis) jedoch unwirksam.

Kommanditgesellschaft

BEISPIEL

Die Firma Müller und Kurz OHG hat sich durchgesetzt. Ein fester Kundenstamm bringt Umsatz und Gewinn. Doch es treten Probleme auf. Herr Kurz soll auf ärztliches Anraten im Geschäft nicht mehr mitarbeiten und möchte sich daher aus der Geschäftsführung zurückziehen. Die Verkaufsräume haben sich als zu klein erwiesen. Für die Anmietung und Einrichtung eines neuen, größeren Geschäfts benötigen Herr Müller und Herr Kurz Kapital, das sie allein nicht aufbringen können. Zwei Bekannte von Herrn Müller, der Rechtsanwalt Naumann und die Hausfrau Anneliese Otto, sind bereit, sich zu beteiligen. Sie möchten allerdings im Geschäft nicht mitarbeiten und auch nicht mit ihrem Privatvermögen haften. Herr Müller schlägt die Gründung einer Kommanditgesellschaft vor.

Die Kommanditgesellschaft (abgekürzt KG) unterscheidet sich von der OHG dadurch, dass bei einem oder einem Teil der Gesellschafter die Haftung gegenüber den Gesellschaftsgläubigern auf den Betrag einer bestimmten Vermögenseinlage beschränkt bleibt. Es gibt also in einer KG zwei Arten von Gesellschaftern, von denen mindestens je einer vorhanden sein muss:

- Die **Komplementäre** (= Vollhafter) haben als persönlich haftende Gesellschafter im Wesentlichen die gleiche Stellung wie die Gesellschafter einer OHG. Sie haften mit ihrem ganzen Vermögen. Das Recht, Entscheidungen im Unternehmen zu treffen, liegt allein bei ihnen. Auch nach außen vertreten nur die Komplementäre die Gesellschaft.
- **Kommanditisten** (= Teilhafter) heißen die Gesellschafter, deren Haftung den Gesellschaftsgläubigern gegenüber auf den Betrag ihrer Kapitaleinlage beschränkt ist. Ihnen stehen gewisse Kontrollrechte zu. Sie dürfen Bilanzabschriften und Bucheinsichten verlangen.

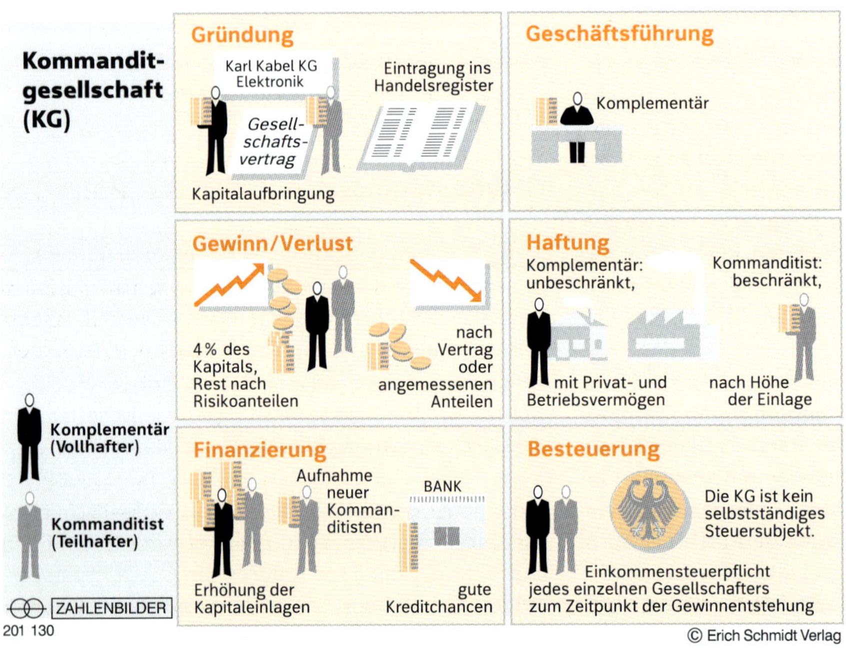

Bei der **Gewinnverteilung** bekommt zunächst einmal jeder Gesellschafter 4 % seines Kapitalanteils. Der Gewinnrest wird in einem angemessenen Verhältnis, das im Gesellschaftsvertrag festgelegt wird, verteilt. Dabei steht den Komplementären, die die Geschäftsführung innehaben und zudem mit ihrem ganzen Vermögen haften, im Allgemeinen ein größerer Gewinnanteil zu als den Kommanditisten.

BEISPIEL

In dem Gesellschaftsvertrag einer KG ist festgelegt, dass der Restgewinn zu 70 % an den Komplementär und zu je 10 % an die drei Kommanditisten fallen soll. Der Jahresgewinn beträgt 80.000,00 €.

Gesellschafter	Kapitaleinlage	4 % Zinsen auf die Einlage	Restgewinn nach Gesellschaftsvertrag	Gesamtgewinn
Müller (Komplementär)	180.000,00 €	7.200,00 €	44.800,00 €	52.000,00 €
Kurz (Kommanditist)	120.000,00 €	4.800,00 €	6.400,00 €	11.200,00 €
Naumann (Kommanditist)	60.000,00 €	2.400,00 €	6.400,00 €	8.800,00 €
Otto (Kommanditist)	40.000,00 €	1.600,00 €	6.400,00 €	8.000,00 €
		16.000,00 €	64.000,00 €	80.000,00 €

222270308

Die Verteilung eines Verlusts wird im Gesellschaftsvertrag geregelt. An dem Verlust darf der Kommanditist aber nur bis zum Betrag seines Kapitalanteils beteiligt werden.

Die **Firma** (Name) muss einen Hinweis auf die Rechtsform enthalten (z.B. „Kommanditgesellschaft" oder „KG"), im Übrigen aber darf der Name Fantasiebezeichnungen enthalten (siehe Kap. 14.2).

Die Kommanditgesellschaft hat im Wirtschaftsleben ständig an Bedeutung gewonnen. Die Möglichkeit der Aufnahme neuer Gesellschafter ist größer als bei der OHG. Kommanditisten gehen nicht das Risiko ein, auch ihr Privatvermögen bei Verlusten der Gesellschaft zu verlieren. Durch den Eintritt von Kommanditisten erhöht sich das Eigenkapital des Unternehmens, wodurch die Kreditwürdigkeit gestärkt wird.

Gesellschaft mit beschränkter Haftung

Die Gesellschaft mit beschränkter Haftung (abgekürzt GmbH) ist eine **Kapitalgesellschaft,** die nicht nur zum Betrieb eines Handelsgewerbes, sondern zu jedem gesetzlich zulässigen Zweck errichtet werden kann.[1] Die GmbH hat eine eigene Rechtspersönlichkeit. Sie ist eine juristische Person, die selbstständig ihre Rechte und Pflichten hat. Sie kann beispielsweise Eigentum und Rechte an Grundstücken erwerben, vor Gericht klagen und verklagt werden.

Das Gesellschaftskapital wird **Stammkapital** genannt und muss mindestens 25.000,00 € betragen. Stammeinlagen sind die Beiträge der einzelnen Gesellschafter zum Stammkapital. Die Höhe der Stammeinlage kann für die einzelnen Gesellschafter unterschiedlich groß sein. Jeder Gesellschafter muss sich aber mit mindestens 100,00 € beteiligen.

Für die Verbindlichkeiten der Gesellschaft **haftet** den Gläubigern grundsätzlich nur die GmbH mit ihrem **Gesellschaftsvermögen.** Die Gläubiger können sich nicht an das Privatvermögen der Gesellschafter halten.

Die Gesellschafter haben Anspruch auf den von der GmbH erzielten Reingewinn. Falls der Gesellschaftsvertrag nichts anderes bestimmt, wird er nach dem Verhältnis der Geschäftsanteile verteilt.

Die **gesetzlich vorgesehenen Organe** zur Vertretung, Überwachung und Beschlussfassung der GmbH sind Geschäftsführer, Gesellschafterversammlung und Aufsichtsrat:

- Durch die **Geschäftsführer** handelt die GmbH. Mindestens ein Geschäftsführer führt die Geschäfte und vertritt die Gesellschaft gerichtlich und außergerichtlich nach außen. Der Geschäftsführer muss nicht unbedingt Gesellschafter sein, in bestimmten Fällen können Fachleute das Unternehmen besser führen.

- Die **Gesellschafterversammlung,** die in der Regel durch die Geschäftsführer einberufen wird, ist das oberste Organ der GmbH. Hier entscheiden die Gesellschafter über alle grundsätzlichen Angelegenheiten, beispielsweise:
  - die Bestellung oder Abberufung von Geschäftsführern und Prokuristen,
  - die Feststellung des Jahresabschlusses,
  - die Verteilung des Reingewinns,
  - die Einforderungen von Einzahlungen und Nachschüssen,
  - Satzungsänderungen und Angelegenheiten, die sich die Gesellschafter im Gesellschaftsvertrag vorbehalten haben.

- Ein **Aufsichtsrat** kann als Kontrollorgan eingerichtet werden. Gesetzlich vorgeschrieben ist er nur für Gesellschaften mit beschränkter Haftung, die mehr als 500 Arbeitnehmer beschäftigen.

Die **Firma** der GmbH muss sich durch einen eindeutigen Zusatz „GmbH" identifizieren lassen. Wie bei anderen Rechtsformen sind auch bei der Gesellschaft mit beschränkter Haftung Fantasiefirmen möglich.

Die GmbH wird als Unternehmensform oft gewählt, wenn eine einzelne Person oder ein überschaubarer Kreis mehrerer Personen ein kaufmännisches Unternehmen führen wollen, bei dem keiner die volle Haftung übernehmen will. Sie ist daher hauptsächlich bei kleineren und mittleren Unternehmen anzufinden. Auch die meisten Neugründungen erfolgen als Gesellschaften mit beschränkter Haftung. Neben der eingeschränkten Haftung hat die GmbH weitere Vorzüge:

---

1 Der Bundestag hat 2008 das Gesetz zur Modernisierung des GmbH-Rechts und zur Bekämpfung von Missbräuchen (MoMiG) beschlossen. Dieses sieht für die GmbH eine Vereinfachung und Beschleunigung des Gründungsvorgangs in verschiedenen Punkten vor. Neben der Normalform der GmbH ist als zusätzliche Variante jetzt die Gründung einer sogenannten Unternehmergesellschaft mit beschränkter Haftung möglich, die bei ihrer Gründung mit einem Stammkapital von 1,00 € auskommt. Durch die gesetzliche Beschränkung der jährlichen Gewinnausschüttung soll das Stammkapital allmählich auf die GmbH-übliche Mindesthöhe von 25.000,00 € anwachsen.

- Die Zahl der Gesellschafter ist unbegrenzt.
- Das zur Gründung notwendige Mindestkapital beträgt lediglich 25.000,00 €.
- Die gesetzlichen Vorschriften, die für eine GmbH gelten, sind relativ einfach zu erfüllen. Daher kann die GmbH über den Gesellschaftsvertrag den Besonderheiten des Einzelfalles besonders gut angepasst werden.

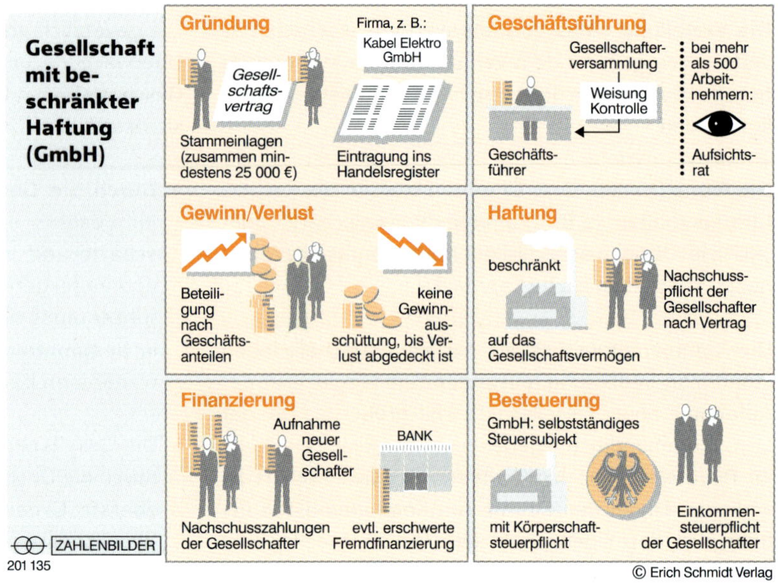

GmbH & Co. KG

Eine spezielle Unternehmensform stellt die GmbH & Co. KG dar. Sie ist eine **Personengesellschaft,** als deren **Komplementär** eine **Kapitalgesellschaft** – nämlich die GmbH – auftritt. Der Unterschied zur KG liegt darin, dass in dieser Gesellschaft eine juristische Person das Unternehmen führt. Dadurch gelingt es, die unmittelbare und unbeschränkte Haftung des Komplementärs in eine **mittelbare und beschränkte Haftung** zu verwandeln.

Die Firma der GmbH & Co. KG muss die volle Bezeichnung der GmbH enthalten. Außerdem ist ein das Vorhandensein eines Gesellschaftsverhältnisses andeutender Zusatz („& Co. KG") enthalten.

Aktiengesellschaft

Die Aktiengesellschaft (abgekürzt AG) ist eine **Kapitalgesellschaft.** Die Anteilseigner haften nicht mit ihrem persönlichen Vermögen für die Verbindlichkeiten des Unternehmens, sondern ausschließlich mit ihrer Kapitaleinlage. Das Kapital der AG wird durch den Verkauf von Aktien aufgebracht.

Aktien sind Urkunden über Anteils- und Besitzrechte an einer Aktiengesellschaft. Der Aktionär – der Inhaber von Aktien – ist somit Teilhaber am Vermögen und den Erträgen einer Aktiengesellschaft.

Die Aktien können einen unterschiedlichen **Nennwert** haben.

Der Nennwert ist der auf einer Aktie aufgedruckte Betrag in Euro. Er drückt aus, mit welchem Euro-Betrag ein Aktionär am Grundkapital der AG beteiligt ist.

Zum Nennwert wird eine Aktie meistens bei der Gründung der Aktiengesellschaft ausgegeben.

Der Mindestnennwert beträgt 1,00 €.

Zur Gründung einer AG ist nur eine Person notwendig. In der Satzung (dem Gesellschaftsvertrag) wird die Höhe des **Grundkapitals** festgelegt, das mindestens 50.000,00 € betragen muss.

Eine Aktiengesellschaft muss über folgende Organe verfügen:

- Die **Hauptversammlung** ist die Zusammenkunft aller Aktionäre, die turnusmäßig jedes Jahr mindestens einmal einberufen wird. Die Aktionäre üben überwiegend hier ihre Rechte aus. Sie entscheiden u.a. über die Verwendung des ausgewiesenen Jahresgewinns oder über die Änderung von Grundkapital und Satzung. Die Hauptversammlung wählt mindestens die Hälfte der Mitglieder des Aufsichtsrates sowie den Vorsitzenden. Der Vorstand hat über die geschäftliche Lage zu berichten und sich vor den Aktionären zu verantworten.
- Der **Aufsichtsrat** soll als Kontrollorgan der AG den Vorstand überwachen. Er wird auf 4 Jahre gewählt. Der Aufsichtsrat besteht aus mindestens drei Personen, die nicht im Vorstand sein dürfen. Zu seinen

Pflichten gehört die Berufung bzw. Entlastung des Vorstands. Zusätzlich hat er den Jahresabschluss und den Geschäftsbericht zu prüfen.

- Der **Vorstand** führt als Leitungsorgan der Gesellschaft die Geschäfte. Er wird auf höchstens 5 Jahre bestellt, wobei aber eine wiederholte Bestellung zulässig ist. Der Vorstand vertritt die AG gerichtlich und außergerichtlich. Der Vorstand kann aus einer oder mehreren Personen bestehen, die nicht Aktionäre zu sein brauchen. Im Allgemeinen gehören dem Vorstand Fachleute („Manager") an, die keine Aktien des Unternehmens besitzen.

Es gehört zu den wesentlichen Merkmalen der Aktiengesellschaft, dass die Unternehmensleitung und die Mitgliedschaft an der Aktiengesellschaft grundsätzlich getrennt ist: Der einzelne Aktionär trägt zwar das wirtschaftliche Risiko – das allerdings auf den bei Erwerb der Aktien erbrachten Kapitaleinsatz beschränkt ist –, er ist aber nicht an der Unternehmensleitung beteiligt.

Die **Firma** muss den Zusatz „Aktiengesellschaft" enthalten.

Die Genossenschaft

Um eine Genossenschaft zu gründen, sind mindestens drei Mitglieder („Genossen") nötig. Mithilfe eines gemeinschaftlich betriebenen Unternehmens wird die wirtschaftliche Tätigkeit der Genossenschaftsmitglieder ergänzend unterstützt. Man tritt gemeinsam am Markt auf, um z.B. günstige Absatz- und Beschaffungskonditionen zu erlangen. Die Genossenschaft wird in das örtliche Genossenschaftsregister eingetragen. Eine unkomplizierte Gründung und die begrenzte Haftung sind die größten Vorteile.

201 150
(C) Bergmoser + Höller Verlag AG

AUFGABEN

1. Was ist eine Rechtsform?
2. Durch welche Merkmale unterscheiden sich Rechtsformen?
3. Durch welche Merkmale ist ein Einzelunternehmen gekennzeichnet?
4. Welche Vorteile bringt die Gründung eines Einzelunternehmens?
5. Was sind
   a) Komplementäre,
   b) Kommanditisten?
6. Zur Erweiterung der Kapitalbasis gründet der Einzelunternehmer Spindler, zusammen mit Herrn Lauer als Kommanditist, eine KG. Welche Aussage entspricht der gesetzlichen Regelung?
   a) Herr Bauer haftet für die Verbindlichkeiten der KG bis zur Höhe seiner Kapitaleinlage.
   b) Herr Bauer erhält als neuer Gesellschafter Geschäftsführungs- und Vertretungsaufgaben.
   c) Herr Bauer erhält für seine Kapitaleinlage eine feste Verzinsung, weitere Ansprüche bestehen nicht.
   d) Beide Gesellschafter haften für die Verbindlichkeiten der Kommanditgesellschaft mit ihrem Gesamtvermögen.
   e) Das Unternehmen soll unter der Firma Spindler & Bauer e. Kfl. in das Handelsregister eingetragen werden.
7. Welche Organe hat eine GmbH?
8. Welche Vorteile sprechen für die Unternehmensform der GmbH?
9. Was ist eine Einmann-GmbH?
10. Wie heißt das beschließende Organ einer GmbH?
    a) Gesellschafterversammlung
    b) Aufsichtsrat
    c) Generalversammlung

d) Mitgliederversammlung
e) Hauptversammlung
f) Vertreterversammlung

11. Warum wählt man die Rechtsform GmbH & Co. KG?

12. Prüfen Sie in den folgenden Fällen, um welche Unternehmensform es sich handelt:
   a) Vierzehn selbstständige Winzer haben sich zusammengeschlossen. Durch einen gemeinsamen Verkauf ihrer Produkte und gemeinschaftliche Werbung erhoffen sie sich bessere Absatzmöglichkeiten. Andere Winzer des Weinanbaugebiets sind aufgerufen, sich ebenfalls zu beteiligen.
   b) Christine Errath beabsichtigt die Eröffnung einer Modeboutique. Mit einem angesparten Kapital von 45.000,00 € richtet sie ihr Geschäft ein. Als zusätzliche Hilfe stellt sie die Verkäuferin Helga Herzhom ein.
   c) Herr Schmidt und Herr Rössig betreiben zehn Lebensmittelsupermärkte. Herr Schmidt haftet mit seinem Geschäfts- und Privatvermögen, Herr Rössig nur mit seiner Einlage in Höhe von 700.000,00 €.
   d) Fünf Hotelbesitzer in einem Alpendorf wollen eine Seilbahn bauen, um die Attraktivität des Feriengebiets zu erhöhen. Von den veranschlagten Kosten in Höhe von 7.000.000,00 € können sie nur 2.000.000,00 € aufbringen. Deshalb sollen sich auch andere Bewohner des Ortes sowie interessierte Feriengäste beteiligen. Der Mindestanteil beträgt 50,00 €.
   e) Hans Ebensen beteiligt sich am Sportartikelgeschäft „Franz Feuerstein". Er hat das Recht auf einen angemessenen Gewinnanteil, ist jedoch von der Geschäftsführung ausgeschlossen.
   f) Göttmann, Schimanski und Marlowe betreiben eine Privatdetektei. Die drei Gesellschafter haften aber nur mit ihrem Geschäftsanteil von 40.000,00 €, 10.000,00 € und 50.000,00 €.
   g) Erwin Bodenburg und Matthias Groß vereinbaren die Gründung eines Fotogeschäfts. Bodenburg übernimmt die Verwaltungsarbeiten, Groß den Verkauf. Beide sind bereit, auch mit ihrem Privatvermögen zu haften.

13. An der Wechselberger OHG sind drei Gesellschafter beteiligt:
   - Pierre Wechselberger mit 30.000,00 €,
   - Christian Soballa mit 50.000,00 € und
   - Maximillian Ursinus mit 20.000,00 €

   In diesem Jahr wurde ein Reingewinn von 187.600,00 € erzielt. Da vertraglich nichts geregelt wurde, soll die Gewinnverteilung nach den gesetzlichen Vorschriften erfolgen. Diese besagen, dass jeder Teilhaber einer OHG zunächst 4 % des eingebrachten Kapitals an Gewinn erhält. Der übrige Gewinn wird zu gleichen Anteilen (das HGB sagt: nach „Köpfen") verteilt.

   Wie hoch ist der Gewinnanteil der einzelnen Gesellschafter?

14. In der Hennies OHG wird der Gewinn nach den gesetzlichen Vorschriften verteilt. Herr Hennies bekommt für das vergangene Geschäftsjahr einen Gewinnanteil in Höhe von 570.000,00 €, Herr Schobess 720.000,00 € und Herr Leck 480.000,00 €.

   Berechnen Sie die Kapitaleinlagen der drei Gesellschafter, wenn der nach Köpfen zu verteilende Restgewinn 1.260.000 € beträgt.

15. An der DGR GmbH sind drei Gesellschafter beteiligt:
   - J. Tabellion mit 80.00,000 €,
   - M. Fricke mit 140.000,00 € und
   - C. Schulz mit 60.000,00 €.

   Ermitteln Sie die Gewinnanteile bei einem zu verteilenden Gewinn von 382.000,00 €.

16. Maren Runge und Jens Grudzielanek sind Gesellschafter einer GmbH. Im Gesellschaftsvertrag ist festgelegt, dass Maren Runge ein Viertel des Anteils von Grudzielanek enthält. In diesem Jahr ist ein Gewinn von 240.000,00 € angefallen.

17. Ein Gewinn von 63.500,00 € ist laut Gesellschaftsvertrag einer GmbH so zu verteilen, dass Barbara Bartsch ein Siebtel mehr als Doris Rodewald bekommt.

   Ermitteln Sie den Gewinn, den die beiden Gesellschafterinnen (+/– 0,10 € Rundungsdifferenz erlaubt) erhalten.

18. Die Grotex-GmbH hat drei Gesellschafter, die sich mit einer Kapitaleinlage in jeweils gleicher Höhe beteiligt haben. Im Gesellschaftsvertrag der Grotex GmbH ist festgelegt, dass aufgrund des unterschiedlichen Arbeitseinsatzes der Beteiligten der Gesellschafter Scharm 2.000,00 € weniger Gewinn als der Gesellschafter Mühlenbein erhält und der Gesellschafter Grolms 5.000,00 € mehr als Scharm. In diesem Jahr ist

222270312

ein Gewinn von 180.000,00 € angefallen.

Ermitteln Sie den Gewinn, den die einzelnen Gesellschafter (Rundungsdifferenz 0,05 €) erhalten.

19. An einer GmbH sind drei Personen beteiligt:
- Mark Storch mit 120.000,00 €,
- Nadine Schrader mit 480.000,00 € und
- Sandra Tillack mit 600.000,00 €.

Mit wie viel Prozent ist jeder Gesellschafter an dem Unternehmen beteiligt?

20. Franz Sturm ist mit einer Kapitaleinlage von 800.000,00 € Mitgesellschafter einer GmbH. Für das vergangene Geschäftsjahr bekam er einen Gewinnanteil in Höhe von 50.000,00 € ausbezahlt.

Wie hoch ist die Kapitalverzinsung?

AKTIONEN

1. Öffnen Sie folgende Website: www.existenzgruender.de
- Wählen Sie auf der linken Menüleiste „Weg in die Selbständigkeit" – „Vorbereitung" – „Gründungswissen".
- Gehen Sie rechts auf „Rechtsform".
- Bearbeiten Sie anschließend die folgenden Aufgaben:

a) Welche Fragen sind vor einer Entscheidung bezüglich der Rechtsform des zu gründenden Unternehmens zu klären?

b) Erstellen Sie mit Word eine Tabelle nach folgendem Muster (Querformat):

Art der Rechtsform	Wesentliche Merkmale	Vorteile	Nachteile

2. Überprüfen Sie Ihre „Qualitäten" als Unternehmer/als Unternehmerin. Rufen Sie dazu den Persönlichkeitstest im Internet auf und bearbeiten Sie ihn.

http://www.existenzgruender.de/static/et-raining/existenzgruendung/existenz/kapitel_2.html#kapitel-02-01

ZUSAMMENFASSUNG

	Einzelunternehmen	**Kommanditgesellschaft**	**GmbH** (Gesellschaft mit beschränkter Haftung)
Gründerzahl	einer	mindestens zwei (ein Komplementär, ein Kommanditist)	einer oder mehrere
Mindestkapital	keine Regelung	keine Regelung	mindestens 25.000,00 € Stammkapital (Ausnahme: haftungsbeschränkte Unternehmergesellschaft)
Haftung	unbeschränkt mit Privat- und Geschäftsvermögen	Komplementär unbeschränkt mit Privat- und Geschäftsvermögen, Kommanditist mit seiner Einlage	Nur die Gesellschaft haftet mit ihrem Vermögen.
Geschäftsführung und -vertretung	der Einzelkaufmann allein	nur Komplementäre	Geschäftsführer
Gewinnverteilung	an den Einzelkaufmann	falls keine vertragliche Regelung: 4 % der Kapitaleinlage, Rest in angemessenem Verhältnis	im Verhältnis der Geschäftsanteile

KAPITEL 5

Wir informieren uns über Investitions- und Finanzierungsanlässe sowie über die Bedeutung von Finanzierungsgrundsätzen

In der Ambiente Warenhaus AG will man in der Warenwelt „Schöner wohnen" unbedingt etwas tun, um den Verkaufszahlen wieder eine nachhaltige positive Richtung zu geben, denn gerade in jüngster Vergangenheit sah es mit dem Absatz an Wohnungseinrichtungsgegenständen nicht rosig aus.

In der letzten wöchentlich stattfindenden Abteilungsleiterkonferenz weist Frau Hauck, zuständig für den Bereich Absatz, im Gespräch über die zukünftigen Unternehmenspläne nochmals auf die geänderte Marktsituation und die sich verschlechternde Situation der Ambiente Warenhaus AG in der Warenwelt „Schöner wohnen" hin.

Um die Konkurrenzfähigkeit zu verbessern, schlägt sie vor, die Verkaufsbereitschaft und den Kundenservice des Unternehmens zu erhöhen. Insbesondere der Kundenservice scheint in der letzten Zeit für den Verkauf von Wohn- und Kücheneinrichtungen immer bedeutender geworden zu sein.

Dazu sind

- der Ausbau der Lagerräume und
- die Anschaffung von sechs weiteren Lkws und drei weiteren Pkws für den Auslieferungs- bzw. Kundendienstnotwendig.

Nach ihren und den Berechnungen von Herrn Kuhn, Finanzchef in der Ambiente Warenhaus AG, würden diese Investitionen 750.000,00 € kosten.

Herr Freiberg aus dem Rechnungswesen gibt zu bedenken, dass die Eigenkapitaldecke des Unternehmens momentan sehr dünn ist.

Die zweite Vorstandsvorsitzende der Ambiente Warenhaus AG, Frau Bode, erwidert, dass

Wöchentliche Abteilungsleiterkonferenz

- ein Teil der benötigten Summe über die Aufnahme eines kurzfristigen Kredits bei der Hausbank bzw. durch Kontoüberziehung finanziert werden könne,
- der Lieferer der Fahrzeuge um ein längeres Zahlungsziel gebeten werden könne und darüber hinaus
- noch nicht über die Gewinnverwendung des letzten Geschäftsjahres befunden wurde und daher sicherlich noch finanzielle Mittel für die angesprochenen betrieblichen Maßnahmen zur Verfügung stehen würden.

In der Runde wurde noch sehr lange über die beste Finanzierungsmöglichkeit der notwendigen Anschaffungen diskutiert.

1. Erläutern Sie die Chancen, die Sie der Ambiente Warenhaus AG und deren Warenwelt „Schöner wohnen" geben würden, wenn die Maßnahmen nicht durchgeführt werden.
2. Überlegen und begründen Sie, welche Art der Kapitalbeschaffung für die Ambiente Warenhaus AG sinnvoll bzw. weniger sinnvoll wäre.

INFORMATION

Investition und Finanzierung

Ein Einzelhandelsunternehmer benötigt finanzielle Mittel, um sein Unternehmen und damit seine Leistungen

- zu erhalten,
- zu verbessern und/oder
- zu erweitern.

Diese **Verwendung finanzieller Mittel** nennt man **Investition.**

DEFINITION

Investition = Verwendung von finanziellen Mitteln zur Beschaffung von Produktionsgütern, also

- Sachvermögen (Maschinen, Vorräte)
- immaterielles Vermögen (Patente, Lizenzen)
- Finanzvermögen (Wertpapiere, Beteiligungen)

222270314

Investition bedeutet

Geldkapital — wird umgewandelt in → **Produktionsgüter**[1]

Investitionen
können erfolgen im

Anlagevermögen

z. B.
- Grundstücke und Gebäude
- Betriebs- und Geschäftsausstattung
- Beteiligungen an anderen Unternehmen

Umlaufvermögen

z. B.
- Waren
- Forderungen gegen Kunden
- Liquiditätsreserven (Kasse, Postbank, Kreditinstitute)

immateriellen Bereich

z. B.
- Werbung
- Sozialleistungen
- Mitarbeiterschulung

Einen Überblick, wie Kapital beschafft und verwendet wurde, gibt die Bilanz eines Unternehmens.

Die beschafften Vermögenswerte, beispielsweise Gebäude, Maschinen, Rohstoffe, Gabelstapler, EDV-Anlage, werden auf der **Aktivseite der Bilanz** ausgewiesen (= **Mittelverwendung**). Auf der **Passivseite der Bilanz** ist abzulesen, woher das Unternehmen die finanziellen Mittel für die betrieblichen Investitionen bekommen hat (= **Mittelherkunft**).

Bilanz der Ambiente Warenhaus AG

Aktiva	**Passiva**
Mittelverwendung = Investition	Mittelherkunft = Finanzierung
VERMÖGEN	**KAPITAL**
Anlage**vermögen**	Eigen**kapital**
Umlauf**vermögen**	
	Fremd**kapital**

Die Bilanz zeigt folglich auf beiden Seiten dieselben Mittel, die lediglich unter den unterschiedlichen Betrachtungsweisen dargestellt werden.

- Mittelverwendung = investierte Mittel
- Mittelherkunft = finanzielle Mittel

Dabei setzt die Kapitalverwendung stets die Kapitalbeschaffung voraus.

Kapitalbeschaffung bedeutet Finanzierung. Der Gegenbegriff wäre der Kapitalabfluss (Entfinanzierung), z. B. Rückzahlung von Krediten, Privatentnahmen, Gewinnausschüttung.

Der Begriff „Kapitalbeschaffung“ wird üblicherweise gleichgesetzt mit der Beschaffung von Geldmitteln. Meistens denkt man bei dem Begriff „Kapitalbeschaffung“ an eine Bilanzverlängerung. Hier werden zusätzliche Geldmittel beschafft, indem das Eigen- oder Fremdkapital des Unternehmens in entsprechender Weise erhöht wird. Wenn einem Unternehmen, etwa auf dem Kreditweg, zusätzliche Geldmittel zufließen, erhöht sich die Bilanzsumme.

Es ist zu beachten, dass eine Beschaffung von Geldmitteln auch dann vorliegt, wenn ein Aktivtausch zu diesem Zweck vorgenommen wird, d. h., wenn beispielsweise Wertpapiere oder Grundstücke verkauft werden, um so (Vermögensumschichtung) den Kassenbestand zu erhöhen. Die Bilanzsumme bleibt bei einem Aktivtausch unverändert.

Auch ein Passivtausch, d. h. eine Kapitalumschichtung, kann zu Finanzierungszwecken vorgenommen werden,

1 Den umgekehrten Vorgang, die Kapitalfreisetzung, nennt man Desinvestition. Beispiel: Ein Kunde der Ambiente Warenhaus AG überweist nach Ablauf des Zahlungszieles den fällig gewordenen Rechnungsbetrag. Hierdurch wird bislang gebundenes Kapital in der Ambiente Warenhaus AG wieder freigesetzt.

etwa mit dem Ziel, künftige Auszahlungen für das aufgenommene Fremdkapital zu vermeiden oder zu senken. Dieser Fall liegt dann vor, wenn Fremdkapital in eine Beteiligung, d.h. in Eigenkapital umgewandelt wird oder wenn kurzfristige Verbindlichkeiten durch langfristige abgelöst werden. Die Bilanzsumme bleibt beim Passivtausch unberührt, die Kapitalbeschaffung (Finanzierung) hat keine Investition zur Folge.

DEFINITION

Finanzierung = Sämtliche Maßnahmen, die der lang-, mittel- und kurzfristigen **Beschaffung von Kapital** in allen Formen (Eigen- oder Fremdkapital) dienen.

Neben den besonderen Finanzierungsanlässen (vgl. Investitionsarten) muss durch entsprechende Finanzierung stets auch der **laufende Betriebsprozess** sichergestellt sein (siehe Liquiditätsgrundsätze und Finanzpläne). Regelmäßig zu finanzieren sind dabei z.B.

- Löhne und Gehälter,
- Sozialabgaben des Arbeitgebers, Steuern,
- Beschaffung von Roh-, Hilfs- und Betriebsstoffen,
- Reparaturen,
- Miet-, Strom- und Heizungskosten oder
- laufende Ersatzbeschaffungen.

Investitionen und ihre Bedeutung

1. Investitionen nach Anlass und Wirkung

Unternehmerische Investitionsentscheidungen haben verschiedene Motive.

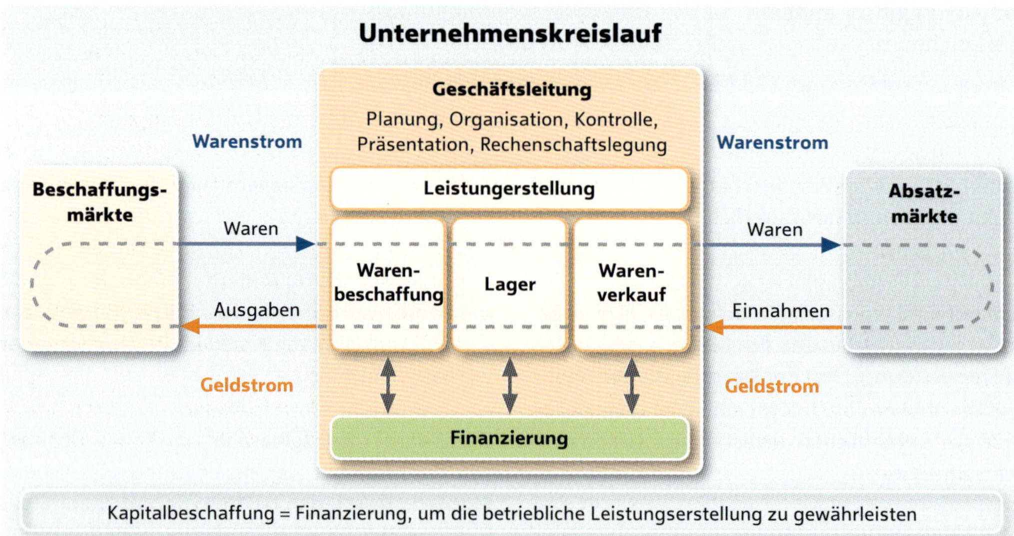

Die wichtigsten Investitionsarten sind:

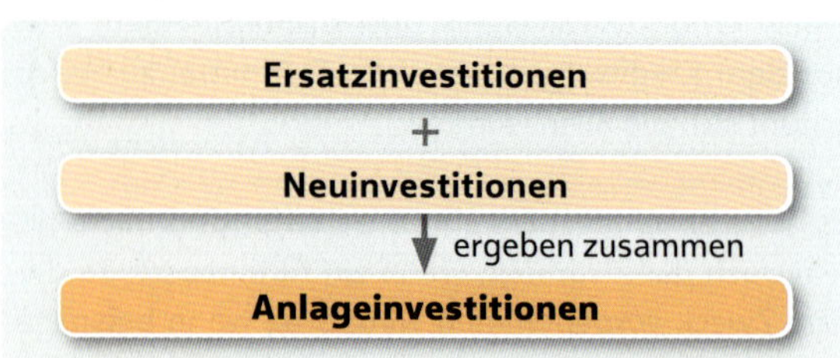

DEFINITION

Unter **Anlageinvestitionen** versteht man die langfristige Anlage von Kapital zur Erhaltung, Verbesserung und Erweiterung des Produktionsapparates einzelner Unternehmen und der Volkswirtschaft im Ganzen.

Anlageinvestitionen sagen aber nichts aus über das Wachstum der Wirtschaft, da in dieser Summe auch die Ersatzinvestitionen enthalten sind.

Ersatz-(Re-)Investitionen dienen dazu, veraltete oder verbrauchte Anlagen durch identische zu ersetzen.

Durch die Produktion nutzen sich beispielsweise die Maschinen ab. Ihre Lebensdauer ist zeitlich begrenzt. Die abgenutzten Anlagen müssen durch neue ersetzt werden. Zur Finanzierung der Ersatzinvestitionen werden sogenannte Abschreibungen gebildet. Sie werden ihrem Kostencharakter entsprechend in die Verkaufspreise einkalkuliert, kommen über die Erlöse in das Unternehmen zurück und können reinvestiert werden. Ersatzinvestitionen dienen also nicht der Erweiterung, sondern in erster Linie dem Erhalt des Produktionsapparats.

Eine Ersatzinvestition kann aber gleichzeitig auch **Rationalisierungsinvestition** sein, wenn beispielsweise eine abgenutzte Maschine durch eine kostengünstiger produzierende ersetzt wird, ohne dass dabei die Kapazität verändert wird.

Ersatz(Re-)investitionen zählen zu den Anlageinvestitionen, aber nicht zu den Neuinvestitionen, die mehr als den reinen Erhalt des Produktionsapparats bezwecken.

Neuinvestitionen sind die Differenz zwischen Anlageinvestitionen und Ersatzinvestitionen (Abschreibungen).

Sind Neuinvestitionen vorhanden, so ist das gleichbedeutend mit einer Zunahme des gesamtwirtschaftlichen Güterangebots und einem Wachstum der Wirtschaft.

Bei den Neuinvestitionen lassen sich **nach dem Zweck** der Investition unterscheiden:
- Rationalisierungsinvestitionen
- Erweiterungsinvestitionen
- Vorratsinvestitionen

Mit **Rationalisierungsinvestitionen** bezweckt das Unternehmen, seine Produktionskosten zu senken, ohne dabei aber seine Produktionsanlagen auszudehnen. Vielmehr wird in produktivere und kostengünstiger produzierende Betriebsmittel investiert. Rationalisierungsinvestitionen verbessern so zwar die Leistungsfähigkeit des Unternehmens, haben aber auch zur Folge, dass Arbeitsplätze verloren gehen. Arbeitskraft wird durch Kapital (= produzierte Produktionsmittel) ersetzt (substituiert). Rationalisierungsinvestitionen werden immer dann vorgenommen, wenn die Arbeitskosten real stärker steigen als die Produktivität.

Rationalisierungsinvestitionen sind die Voraussetzung für das allgemeine Wachstum einer Volkswirtschaft.

Erweiterungsinvestitionen dienen der Anpassung an erwartete Absatzsteigerungen und vergrößern den Produktionsmittelbestand und das Leistungsvermögen eines Unternehmens (= Kapitalneubildung).

BEISPIELE
- Eröffnung einer Filiale
- Bau einer Lagerhalle
- Errichtung eines neuen Verwaltungsgebäudes
- Anschaffung eines Montageroboters mit erhöhter Kapazität
- Modernisierung der Betriebs- und Geschäftsausstattung

Die Eröffnung einer Filiale erfordert neue Geldmittel.

Zu den **Vorratsinvestitionen** zählen die nicht dauerhaften Produktionsmittel, wie z. B. die Lagerbestände der Roh-, Hilfs- und Betriebsstoffe und die Fertigprodukte. Sie stellen zusammen mit den Erweiterungs- und Rationalisierungsinvestitionen die Summe der Neuinvestitionen dar.

2. Investitionen nach dem Objekt

Eine weitere Gliederung der Investitionen ergibt sich aus der Betrachtung der Fragestellung, in was investiert wird:
- **Sachinvestitionen**, z. B. Anlagevermögen wie Grundstücke, Maschinen und Fuhrpark; Handelswaren, Rohstoffe, Fertigerzeugnisse.
- **Finanzinvestitionen**, z. B. Beteiligungen an anderen Unternehmen, Wertpapiere, Forderungen gegen Kunden.
- **Immaterielle Investitionen**, z. B. Forschungs- und Entwicklungsarbeiten, Werbung, Ausbildung.

3. Bedeutung von Investitionen

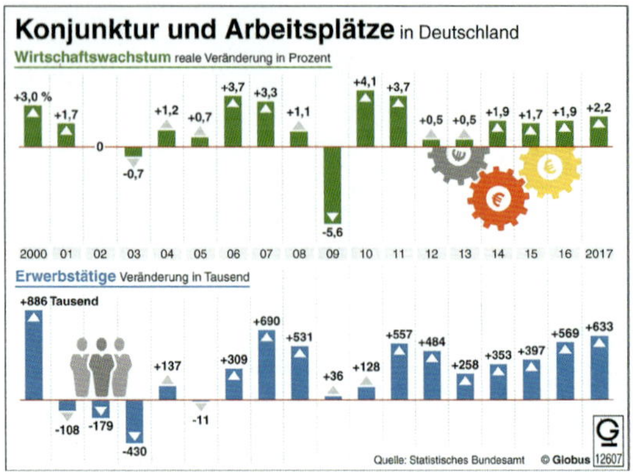

Wenn die Konjunktur „brummt", dann profitiert auch der Arbeitsmarkt. Denn Unternehmen investieren nicht, um Arbeitsplätze zu schaffen. Unternehmen investieren nur, wenn es sich für sie lohnt, wenn sie also gute Geschäfte und gute Gewinne erwarten können. Es gibt somit eine Verknüpfung von Konjunkturlage, Investitionsklima und Arbeitsplätzen. Läuft es mit der Wirtschaft reibungslos und sind zufriedenstellende Überschüsse zu erwarten, dann stecken die Unternehmen auch mehr Geld in neue Maschinen, Anlagen und Gebäude. Dann wächst – manchmal mit einer gewissen zeitlichen Verzögerung – auch die Zahl der Arbeitsplätze. In der Flaute dagegen, wenn die Betriebe sparen und ihre Investitionslust schwindet, gehen in der Regel auch Arbeitsplätze verloren. So geschehen beispielsweise zu Beginn der 2000er Jahre, als 700000 Arbeitsplätze verloren gingen. In der Finanzkrise 2008/2009 ist Deutschland noch mit einem blauen Auge davongekommen. Obwohl die Wirtschaft 2009 um fast sechs Prozent einbrach, gab es sogar noch ein kleines Plus bei den Arbeitsplätzen (36 000), da die Bundesregierung mit Konjunkturprogrammen und Regelungen zur Kurzarbeit gegensteuerte. Ab dem Jahr 2010 setzte dann in Deutschland ein Konjunkturaufschwung ein, der bis heute anhält – und entsprechende Auswirkungen auf den Arbeitsmarkt hat. Weit mehr als drei Millionen neue Arbeitsplätze entstanden ab 2010, und bis Ende 2017 kletterte die Zahl der Erwerbstätigen in Deutschland auf rund 44,3 Millionen.

Kapitalbedarf

Die Berechnung des Kapitalbedarfs erstreckt sich auf das ganze Unternehmen. Eine **Kapitalbedarfsrechnung** ist unumgänglich, wenn neue Ereignisse finanziell bewältigt werden müssen, wie z. B.

- die Errichtung einer Filiale,
- betriebliche Erweiterungen oder Umstellungen (z. B. Ausbau der Lagerkapazitäten),
- Rationalisierungsmaßnahmen und/oder
- Arbeitsplatzschutz- und Umweltschutzmaßnahmen.

Kapitalbedarf entsteht letztlich immer, wenn die Kapitalbindung, beispielsweise durch den Kauf von Anlagegütern, und die Kapitalfreisetzung, resultierend aus den Umsatzerlösen, zeitlich auseinanderfallen (siehe Abb. Seite xxx). Bedarf an zusätzlichen Geldmitteln besteht daher konkret, wenn innerhalb eines bestimmten Zeitraums die Auszahlungen größer sind als die Einzahlungen. Dieser Kapitalbedarf muss durch die Zuführung von Finanzmitteln befriedigt werden.

Kapitalbedarfsermittlung

Im Einzelhandel wird der weiterhin steigende Kapitalbedarf u. a. maßgeblich bestimmt durch:

- Sortimentserweiterungen
- Erhaltung der Wettbewerbsfähigkeit
- Umstellung auf modernere Verkaufssysteme

Die **Höhe des Kapitals** hängt von verschiedenen Einflussgrößen ab, wie z. B. von:

- **der Unternehmensgröße**

BEISPIEL „EXPANSION"

Wenn sich, wie bei der Ambiente Warenhaus AG, die Umsätze von Jahr zu Jahr erhöhen, müssen daraus finanzielle Konsequenzen gezogen werden. Für zusätzlich Beschäftigte, die Aufstockung der Lagerkapazität, den Kauf weiterer Lkws, die Finanzierung gestiegener Kundenkredite und die Einrichtung einer Filiale müssen neue Geldmittel aufgebracht werden.

- **der Betriebsform**[1]
- **der Branche**
- **der Verkaufsform** (Bedienung, Vorwahl, Selbstbedienung)
- **dem Sortiment**

BEISPIEL

Die Sortimente, die ein Baustoff-Fachhändler führen muss, expandieren ständig. Früher waren es vor allem die Rohbaustoffe, die schwerpunktmäßig verkauft wurden, heute sind die Baustoffe für den Innenausbau, den Gartenbau, vielfach auch Sanitäreinrichtungen, Holz, Werkzeuge und vieles andere mehr hinzugekommen. Das bedeutet letztlich erhöhten Kapitalbedarf für das Sortiment, die aufgestockte Lagerkapazität und hoch qualifizierte Verkaufskräfte. Ähnliche Zusammenhänge ergeben sich bei der Spezialisierung. Das vorhandene Sortiment muss breiter und tiefer ausgebaut werden.

1 Siehe Kap. 1.6 in „Handeln im Handel – 1. Ausbildungsjahr".

222270318

- **der Kapitalbindungsdauer**

Gemeint ist hier der unterschiedlich lange Zeitraum von der Investition, z. B. Wareneinkauf oder Kauf einer neuen EDV-Anlage, bis zur Desinvestition durch die Verkaufserlöse. Mit zunehmender Kapitalbindungsdauer steigt der Kapitalbedarf eines Einzelhandelsbetriebs.

BEISPIEL

Die Gegenstände des Anlagevermögens, z. B. Grundstücke und Gebäude, haben eine wesentlich längere Kapitalbindungsdauer als beispielsweise die Handelswaren, die dem Umlaufvermögen zuzurechnen sind. Die Kapitalfreisetzung bei Positionen des Umlaufvermögens erfolgt wesentlich schneller.

- **der Rechtsform**

Die Gründungskosten z. B. einer Aktiengesellschaft sind wesentlich höher als die eines Einzelunternehmens. Aktiengesellschaften haben zudem die Möglichkeit, sich notwendige finanzielle Mittel am Kapitalmarkt zu beschaffen, was den Personengesellschaften versagt bleibt.

- **der eigenen Kreditgewährung**

Je länger das den Kunden eingeräumte Zahlungsziel ist, desto größer ist der Kapitalbedarf. Längere Kreditfristen haben die gleiche Wirkung wie eine längere Lagerdauer.

- **den Liefererkrediten**

Je länger das Zahlungsziel der Lieferer ist, desto geringer ist der eigene Kapitalbedarf.

- **Saisoneinflüssen**
- **den angebotenen Dienstleistungen**
- **der Eigenkapitalausstattung**
- **Steuerzahlungen (z. B. Umsatzsteuer, Gewerbesteuer)**
- **dem Standort**

Finanzierungsregeln[1]

Das notwendige Kapital steht dem Unternehmer unterschiedlich lange Zeit zur Verfügung:

- kurzfristiges Fremdkapital
- langfristiges Fremdkapital
- unbefristetes Eigenkapital

Ein Einzelhandelsunternehmen muss immer über flüssige Mittel verfügen, um Fremdkapital auch rechtzeitig zurückzahlen zu können.

Eigenkapital hingegen kann unbedenklich langfristig investiert werden.

Sogenannte **Finanzierungsregeln** (Finanzierungsgrundsätze) sollen sicherstellen, dass die Liquidität des Einzelhandelsunternehmens stets aufrechterhalten bleibt, um die **betriebliche Zahlungsfähigkeit zu sichern**.

Horizontale Regeln[1] untersuchen die Beziehungen zwischen dem Vermögen und der Kapitalstruktur der Bilanz.

Horizontale Regeln

Aktiva	Bilanz	Passiva
Anlagevermögen	⟷	Eigenkapital langfr. Fremdkapital
Umlaufvermögen	⟷	kurzfr. Fremdkapital
z. B.: AV: EK wie 1 : 1 UV: FK wie 1 : 1	= =	Anlagendeckung Liquidität

Der wichtigste und daher bekannteste Finanzierungsgrundsatz ist in der „goldenen Finanzierungsregel“ festgeschrieben.

1. Goldene Finanzierungsregel

Zur Sicherung der Zahlungsfähigkeit gilt es, die „goldene Finanzierungsregel“ (auch „goldene Bankregel“) zu beachten. Sie besagt:

Aufgenommenes Fremdkapital soll erst dann fällig sein, wenn die damit finanzierten Investitionen durch den Umsatzerlös wieder zu Geld geworden sind (= Desinvestition).

1 In diesem Teilkapitel werden ausschließlich die horizontalen Regeln behandelt.

Das heißt:

- **Anlagevermögen** ist mit Eigenkapital bzw. in geringem Umfang mit langfristigem Fremdkapital zu finanzieren.
- **Umlaufvermögen** sollte mit mittel- und kurzfristigem Fremdkapital beschafft werden. Die Fristigkeiten (siehe Abb.) sollten sich decken.

Die Beachtung dieser Grundsätze soll unter Berücksichtigung der Rückzahlungsverpflichtungen jederzeit die **Zahlungsbereitschaft** des Unternehmens **sicherstellen.**

Erläuterung zur Abbildung: Der Umschlag des Anlagevermögens erfolgt sehr langsam. Die Ausgaben für das Anlagevermögen gelangen über den Verkaufspreis nur allmählich in das Unternehmen zurück. Daher sollte das für das Anlagevermögen notwendige Kapital möglichst langfristig, am besten unbefristet, zur Verfügung stehen. Das Umlaufvermögen hingegen lässt sich eher mit fremden Mitteln, die in relativ kurzer Zeit zurückzuzahlen sind, finanzieren. Umlaufvermögen wie z. B. die Waren wird wesentlich schneller umgeschlagen, sodass auch die eingesetzten Fremdmittel sehr schnell zum Unternehmen zurückfließen.

2. Silberne Finanzierungsregel

Wegen des überwiegend sehr knappen Eigenkapitals im Handel ist dort die goldene Finanzierungsregel kaum anwendbar. Deshalb ist dort in der Praxis eher die sogenannte „silberne Finanzierungsregel" anzuwenden.

Sie besagt, dass bei ungenügendem Eigenkapital mindestens das Anlagevermögen und etwa $^1/_3$ des Umlaufvermögens durch Eigenkapital und langfristiges Fremdkapital gedeckt sein sollen, während das restliche Umlaufvermögen mit kurzfristigem Fremdkapital finanziert werden kann. Außerdem sollten ein Teil der Kundenforderungen (ca. $^1/_3$ bis $^1/_2$) sowie eventuell eine Liquiditätsreserve ($^1/_{12}$ der jährlichen Kosten) langfristig finanziert sein.

3. Goldene Bilanzregel

Eine weitere horizontale Kapital-Vermögensstrukturregel ist die **„goldene Bilanzregel"**, die überprüft, wie viel Prozent des langfristig im Unternehmen gebundenen Anlagevermögens durch langfristiges Kapital finanziert (gedeckt) ist. In ihrer engen Fassung verlangt sie, dass das Anlagevermögen ausschließlich mit Eigenkapital zu finanzieren ist.[1]

$$\textbf{Anlagendeckung} = \frac{\text{Eigenkapital}}{\text{Anlagevermögen}} \cdot 100$$

Liquiditätsgrundsätze

Für jeden Einzelhändler ist es unerlässlich, ständig den Überblick über seine finanziellen Mittel zu haben. Planung und Sicherung der Liquidität muss oberstes Gebot sein. Das untaugliche Mittel des „Management by Kontoauszug" (Haben wir Geld, ist es gut, haben wir keins, müssen wir uns etwas überlegen) ist der sichere Weg in die Unternehmenskrise.

1 Die „weite Fassung" der Goldenen Bilanzregel wird im Rahmen dieser Ausführungen nicht behandelt.

Jedes Unternehmen hat Verpflichtungen: Monatlich sind Löhne und Gehälter zu zahlen, die Rechnungen der Lieferer sind zu begleichen, Kosten der Verwaltung wie Bürobedarf, Porto und Telefon müssen bezahlt werden, Versicherungen, Mieten und vieles mehr werden fällig. Wird diesen Verpflichtungen fristgerecht nachgekommen, so bedeutet das **Auszahlungen,** die gleichzusetzen sind mit einem **Geldabfluss.**

Forderungen entstehen u.a. durch den Warenverkauf. Die daraus resultierenden **Einzahlungen** stellen einen **Zufluss an flüssigen Mitteln** (= Zahlungsmittel) dar, dessen Umfang man an der Summe der Finanzmittelbestände (Kasse, Bank, Postbank, diskontfähige Wechsel) ablesen kann.

Die Zahlungsfähigkeit eines Unternehmens ist gegeben, wenn sich Einzahlungen (= Geldzuflüsse) und Ausgaben (= Geldabflüsse) ausgleichen. Es liegt ein finanzielles Gleichgewicht vor = **optimale Liquidität.**

DEFINITION

Liquidität (Flüssigkeit) = Die Fähigkeit des Unternehmens, stets zahlungsbereit zu sein, um seine fälligen Verpflichtungen **fristgerecht** erfüllen zu können.

Liquiditätsbedingung:

	Bestand an flüssigen Mitteln (Zahlungsmittel)
+	Einzahlungen
./.	Auszahlungen
≥	0

Übersteigen die Zahlungsmittelbestände die betrieblichen Verpflichtungen bzw. die Geldeingänge aus den Forderungen die Zahlungsabflüsse aus den Verpflichtungen, entsteht ein Überschuss an Zahlungsmitteln; man spricht dann von **Überliquidität.**

BEISPIEL FÜR ÜBERLIQUIDITÄT

Guthaben auf Kontokorrentkonto

Zwar kann das Unternehmen in dieser Situation seine Zahlungsverpflichtungen erfüllen, vorhandene überschüssige Zahlungsmittel bedeuten aber auch, dass das Kapital unwirtschaftlich genutzt wird und Zinsverluste hingenommen werden müssen.

Einnahmen > Ausgaben (= Überdeckung)
Die Situation einer Überliquidität sollte wie folgt genutzt werden:

- Tilgung von Krediten
- Anlage als Termingeld
- Kauf von Wertpapieren
- Verbesserung des Zahlungsziels für Kunden zur Steigerung des Umsatzes

Sind die Ausgaben höher als die Einnahmen, so liegt **Unterliquidität** vor. In dieser Situation decken die flüssigen Mittel nicht die fälligen kurzfristigen Verpflichtungen. Das Unternehmen ist nicht mehr jederzeit in der Lage, seine Zahlungsverpflichtungen zu erfüllen – es ist nur noch eingeschränkt zahlungsfähig.

BEISPIEL
FÜR EINGESCHRÄNKTE ZAHLUNGSFÄHIGKEIT

Ein Einzelhändler ist aufgrund seiner Liquiditätssituation zu einem bestimmten Zeitpunkt nicht in der Lage, Liefererskonti zu nutzen.

Einnahmen < Ausgaben (= Unterdeckung)
Bei Unterliquidität wäre denkbar:

- Aufnahme neuer Kredite
- Leasing von Wirtschaftsgütern
- Verkauf von Kundenanforderungen an eine Factoringgesellschaft
- Verlängerung von Krediten

Hält dieser Zustand über einen längeren Zeitraum an, kann es zur **Illiquidität** (= Zahlungsunfähigkeit) führen und letztlich zur Auflösung des Unternehmens.

Für weitergehende Einsichten hilft die Aufstellung eines Finanzplans weiter.

Finanzplan

DEFINITION

Der **Finanzplan** ist eine **Kapitalbedarfsrechnung** für die **fortdauernde (zukunftsgerichtete) Planung,** die alle ein- und ausgehenden Zahlungsströme eines Einzelhandelsunternehmens berechnet oder steuert.

Finanzpläne sind daher weniger geeignet zur Ermittlung des Kapitalbedarfs bei Gründung oder Betriebserweiterungen, sondern dienen in erster Linie der **Erhaltung der Zahlungsbereitschaft (Liquidität)**. Jedes Einzelhandelsunternehmen sollte insofern die zu erwartenden Zahlungsströme – geordnet nach deren Zahlungsterminen – stets im Blick haben.

Im Finanzplan wird deshalb ausgewiesen, welche Finanzmittel zu welchen Terminen im Planungszeitraum benötigt werden und woher sie bezogen werden sollen. Dabei werden die erwarteten (geschätzten) Einzahlungen (Soll-Zahlen) den erwarteten Auszahlungen gegenübergestellt. Aus der Differenz der Einzahlungen und Auszahlungen ergibt sich der (monatliche) Saldo: die Liquidität. Die so ermittelten Planzahlen werden darüber hinaus mit den Ist-Zahlen verglichen. Die Abweichungen zwischen Planwerten und den tatsächlichen erreichten Zahlen fließen in die Folgeplanungen ein.

Finanzpläne können für einen kürzeren (bis zu einem Jahr) oder längeren Zeitraum (bis zu 5 Jahren) erstellt werden. Am häufigsten anzutreffen sind mittelfristige Quartalsbetrachtungen (1 bis 2 Jahre).

Es ist insbesondere der Faktor Zeit, der bei der Finanzplanung eine herausragende Rolle spielt.

Umfangreiche Arbeiten zur Erstellung eines Finanzplans

BEISPIEL

Die Einzelhändlerin Franke rechnet in ca. 4 Wochen mit dem Eingang von diversen Zahlungen. Sie kann aber momentan ihren aktuell fälligen Zahlungsverpflichtungen, wie z. B. die Zahlung der Gehälter und der Steuer, nicht nachkommen. Frau Franke ist daher von der Zahlungsunfähigkeit und damit vom Aus ernsthaft bedroht.

Aufbau eines Finanzplans

Finanzplan: Ambiente Warenhaus AG					**Planungszeitraum vom 01.07. bis 30.09.20..**		
Beträge in €	Juli			August			(...)
	Soll[1]	Ist[2]	Differenz	Soll	Ist	Differenz	
Anfangsbestand an Zahlungsmitteln (Kasse, Bank)							
Einzahlungen:							
• Umsatzerlöse							
• Forderungen							
• Zinsen							
• Verkauf von Maschinen							
• Darlehensaufnahme (...)							
Summe der Einzahlungen							
Auszahlungen:							
• Provisionen							
• Kauf von Grundstücken							
• Wareneinkäufe							
• Steuern/Abgaben							
• Löhne und Gehälter							
• Darlehensrückzahlung							
• Reparaturen							
• Versicherungen							
(...)							
Summe der Auszahlungen							
Endbestand an Zahlungsmitteln (Überschuss/Defizit)							

1 In der Soll-Spalte befinden sich die geplanten Werte (Planzahlen).
2 In der Ist-Spalte werden die tatsächlich erreichten Beträge notiert.

Jedes sechste Unternehmen zahlt Rechnungen verspätet / Berliner Unternehmen zahlen 32 Tage zu spät

Die Unternehmen in Deutschland machen derzeit [2015] gute Erfahrungen mit dem Zahlungsverhalten ihrer Kunden. Nur 16,5 Prozent der Unternehmen begleichen ihre Rechnungen im Mai 2015 verspätet oder gar nicht. [...] Zu diesen Ergebnissen kommt die Studie „Zahlungsmoral deutscher Unternehmen" der Wirtschaftsauskunftei Bürgel. [...]

„Den Unternehmen in Deutschland geht es zurzeit recht gut. Dies spiegelt sich auch in der positiven Zahlungsmoral der Unternehmen wider. Die Firmen profitieren weiterhin von der guten Binnenkonjunktur, die vor allem durch den privaten Konsum und vorteilhafte Finanzierungsbedingungen gestützt wird. Trotzdem kam es bei jedem sechsten Unternehmen zu Zahlungsverzögerungen. Einfach ausgedrückt: Ein Unternehmen, das 100 Rechnungen schreibt, muss davon ausgehen, dass im Durchschnitt 16,5 Rechnungen nicht fristgerecht bezahlt werden. Eine durch den Kunden oder Auftraggeber nicht bezahlte Rechnung zieht einen erheblichen Verwaltungsaufwand, Ärger und zusätzliche Kosten nach sich", sagt Bürgel Geschäftsführer Dr. Norbert Sellin zu den aktuellen Zahlen. [...]

Unternehmen, die Geschäfte mit dem öffentlichen Sektor machen, müssen am längsten auf ihr Geld warten. Die durchschnittlichen Überfälligkeitstage betragen in dieser Branche 34,9 Tage. Die Quote der Spät- oder Nichtzahler liegt in dem öffentlichen Sektor bei 7,4 Prozent. [...] Erhöhte Überfälligkeitstage weisen auch das Baugewerbe (26,7 Tage, Spät- bzw. Nichtzahlerquote: 18,4 Prozent), die Logistik (19,5 Überfälligkeitstage; 21,8 Prozent) und die Energieversorgung (18,3; 17,5) auf. Den höchsten Anteil an Zahlungsverzögerern gibt es bei den Wasserver- und -entsorgern. 24,7 Prozent der Unternehmen zahlen nicht fristgerecht. [...]

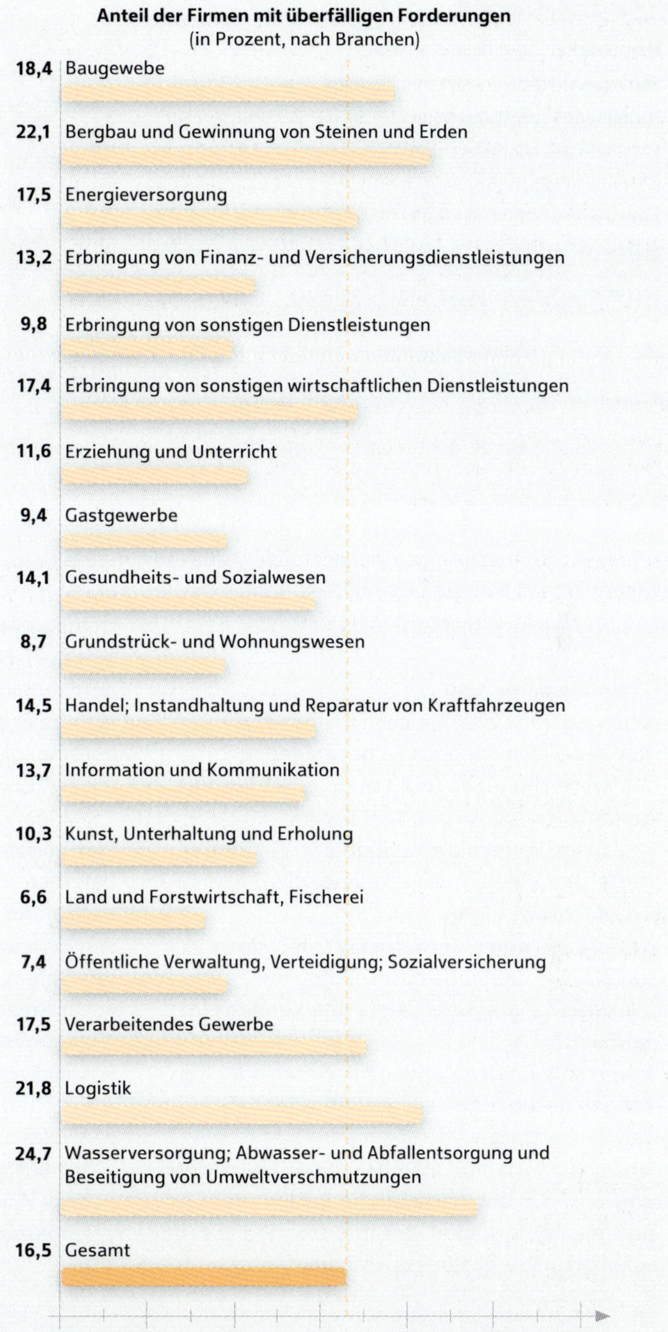

Quelle: Bürgel Wirtschaftsinformationen GmbH & Co. KG: Zahlungsmoral deutscher Unternehmen. In: https://www.crifbuergel.de/sites/default/files/zahlungsmoral-deutscher-unternehmen.pdf, S. 7 [22.01.2019]. (verändert)

Da sich ein schleppendes Kundenzahlungsverhalten belastend auf die Liquiditätslage eines Unternehmens auswirken kann und Liquiditätsengpässe zu den häufigsten Insolvenzursachen zählen, ist eine gute Zahlungsmoral der Kunden von hoher Bedeutung. Warum dennoch viele Unternehmen Rechnungen verspätet oder nicht zahlen, hat die unterschiedlichsten Ursachen. Seitens der Unternehmen, die ihre Rechnungen verspätet bezahlen werden, am häufigsten die folgenden Ursachen genannt:

- Momentaner Liquiditätsengpass
- Zahlungsausfälle bei eigenen Kunden
- Mangelnde Professionalisierung bei der Rechnungsbearbeitung
- Vorsätzliches Nichtbezahlen
- Aktuelle Konjunktur
- Ausnutzen von Lieferantenkrediten
- Insolvenz
- Technische Gründe (z.B. neue IT-Systeme)

Quelle: Bürgel Wirtschaftsinformationen GmbH & Co. KG: Jedes sechste Unternehmen zahlt Rechnungen verspätet/Berliner Unternehmen zahlen 32 Tage zu spät. In: www.crifbuergel.de. 15.07.2015. https://www.crifbuergel.de/de/aktuelles/pressemitteilungen/jedes-sechste-unternehmen-zahlt-rechnungen-verspaetet-berliner [22.01.2019].

Einzahlungen und Auszahlungen verändern die Höhe von Kassenbestand und Bankguthaben täglich. Insofern ist es für den Einzelhändler wichtig, sich stets zu fragen:

- **bei den Auszahlungen:**
  - Wie viele Tage oder Wochen bleiben für den Ausgleich der noch zu bezahlenden Liefererrechnungen und sonstigen Verbindlichkeiten?
  - Wie lange können die verfügbaren Zahlungsmittel anderweitig verwendet werden?
- **bei den Einzahlungen:**
  - Wann kann damit gerechnet werden, dass zusätzliche Zahlungsmittel eingehen?
  - Welches Zahlungsziel wurde den Kunden eingeräumt?
  - Wann können den Kunden für Waren oder Leistungen Rechnungen ausgestellt werden?

Der Einzelhändler sollte also bei seiner Liquiditätsplanung u. a. die durchschnittliche Zahlungsfrist seiner eigenen Forderungen ermitteln und diese bei seiner Finanzplanung berücksichtigen.

Planfeststellung

Da die Gegenüberstellung von Ein- und Auszahlungen im Finanzplan eine Über- oder Unterdeckung (Differenz) beim Endbestand an Zahlungsmitteln ergeben kann, ist das Einzelhandelsunternehmen zu entsprechenden Anpassungen gezwungen (= Cash-Management). Ziel ist dabei die jederzeitige Aufrechterhaltung der Liquidität bei gleichzeitiger ertragbringender Anlage freier Mittel zur Erhöhung der Rentabilität (denkbare Ausgleichsmaßnahmen sind auf Seite 321 unter „Über-“ bzw. „Unterdeckung“ nachzulesen).

Plankontrolle

Letztlich müssen im Rahmen der Kontrolle des Finanzplans die Ist-Zahlen mit den Soll-Zahlen (Plan) verglichen werden. Ursachen für Abweichungen von den Soll-Werten können u. a. sein:

- veränderte Preise auf den Beschaffungs- und Absatzmärkten
- steigende Kosten, z. B. bei Löhnen und Gehältern; Erhöhung des eisernen Warenbestands
- zeitliche Verschiebungen, z. B. niedrigere Lagerumschlagshäufigkeit, Verkürzung von Zahlungszielen beim Wareneinkauf, Verlängerung des eigenen Zahlungsziels aufgrund der Wettbewerbssituation

Mithilfe eines vorausschauenden Finanzplans

werden die Zahlungsvorgänge im Einzelhandelsunternehmen übersichtlich dargestellt.

soll die **Liquidität gesichert** werden.

Das heißt, es soll vermieden werden, dass im Planungszeitraum eine nachhaltige Unterdeckung entsteht. Insofern ist es wichtig, dass für sämtliche Ausgaben **termingerecht** die entsprechenden Geldmittel vorhanden sind, z. B. für die Gehälter und Löhne oder die Abführung der Umsatzsteuer an das Finanzamt.

können rechtzeitig finanzielle Engpässe erkannt und von der Geschäftsleitung geeignete Gegenmaßnahmen in die Wege geleitet werden.

AUFGABEN

1. Was versteht man unter den Begriffen „Finanzierung“ und „Investition“?
2. Erklären Sie die „goldene Finanzierungsregel“.
3. Welche Probleme können sich ergeben, wenn das Eigenkapital im Verhältnis zum Fremdkapital zu niedrig ist?
4. Nennen Sie drei Investitionsgründe.
5. Erläutern Sie den Begriff „Desinvestition“.
6. Welcher Zusammenhang besteht zwischen Finanzierung und Investition?
7. Ordnen Sie die folgenden Begriffe entweder der Aktiv- oder der Passivseite der Bilanz zu.
   a) Vermögen
   b) Finanzierung
   c) Kapitalverwendung
   d) Investition
   e) Kapital
   f) Kapitalherkunft
8. Welche Auswirkungen können
   a) Erweiterungsinvestitionen,
   b) Rationalisierungsinvestitionen
   auf eine Volkswirtschaft haben?
9. Welcher Anlass kann eine Ersatzinvestition auslösen?
10. Was verstehen Sie unter Neuinvestitionen?
11. Erklären Sie,
    a) was Sie unter Liquidität verstehen,
    b) warum ein Einzelhandelsunternehmen stets liquide sein sollte,
    c) welche Gefahren bei Über-, Unter- und Illiquidität bestehen.
12. Warum stellt ein Einzelhandelsunternehmen stets einen Finanzplan auf?
13. Ein Kunde musste aufgrund der AGB eines Onlinehändlers die Rücksendekosten für ein Paket in Höhe von 7,50 € = 21,77 % des Netto-Warenwertes selbst tragen.

    Prüfen Sie auf der Grundlage der rechtlichen Bestimmungen (siehe Kap. 12.4, Seite 187 ff.), ob
    a) die AGB des Onlinehändlers dem Wortlaut nach rechtens sind und
    b) die Rücksendekosten durch den Kunden getragen werden müssen. Begründen Sie Ihre Antwort.

Auszug aus den Angaben eines Onlineverkäufers zum Widerrufs- oder Rückgaberecht für einen Artikel

Widerrufsrecht
[...]

Widerrufsfolgen
Im Falle eines wirksamen Widerrufs sind die beiderseits empfangenen Leistungen zurückzugewähren und ggf. gezogene Nutzungen (z. B. Zinsen) herauszugeben. Können Sie uns die empfangene Leistung ganz oder teilweise nicht oder nur in verschlechtertem Zustand zurückgewähren, müssen Sie uns insoweit ggf. Wertersatz leisten. [...]

Paketversandfähige Sachen sind auf Ihre Gefahr innerhalb von 14 Tagen nach Abgabe des Widerrufs zurückzusenden. Sie haben die Kosten der Rücksendung zu tragen, wenn die gelieferte Ware der bestellten entspricht und wenn der Preis der zurückzusendenden Sache einen Betrag von 300,00 Euro nicht übersteigt. Nicht paketversandfähige Sachen werden bei Ihnen abgeholt. Verpflichtungen zur Erstattung von Zahlungen müssen von uns innerhalb von 30 Tagen erfüllt werden.

AKTIONEN

1. a) Suchen Sie mithilfe der Kopfstandmethode Fehler, die ein Einzelhändler bei der Ermittlung seines Kapitalbedarfs machen kann.
   b) Formulieren Sie für jeden gefundenen Fehler einen Oberbegriff, der ein positives Vorgehen kennzeichnet.
   c) Halten Sie das Gesamtergebnis für Ihre eigenen Unterlagen mithilfe des Computers in einer Übersicht fest.
2. Erkundigen Sie sich bei verschiedenen Institutionen über den Finanzierungsbedarf von Unternehmensgründern (hilfreich ist z. B. www.existenzgruender.de, Suchbegriff „Finanzierung“). Ergänzen Sie ggf. Ihre in Aufgabe 1 erstellte Übersicht.
3. a) Erkundigen Sie sich vor dem Hintergrund der Inhalte dieses Kapitels in Ihrem Ausbildungsunternehmen nach dessen konkreter Handhabung der Finanzierungsgrundsätze.
   b) Stellen Sie Ihre Informationen anhand von einem oder zwei konkreten Fällen aus der betrieblichen Praxis in einem schriftlichen Referat vor.
   c) Bereiten Sie sich darauf vor, dieses Referat Ihrer Klasse zu präsentieren.

ZUSAMMENFASSUNG

Horizontale Regeln

- untersuchen die Relationen zwischen dem Vermögen und dem Kapitalaufbau der Bilanz
- betreffen die Kapitalbindungs- und Kapitalüberlassungsdauer

goldene Finanzierungsregel:
(auch goldene Bankregel)

Kapitalentleihungsfrist
= Kapitalbindungsfrist

Das heißt:

- Das Anlagevermögen sollte überwiegend durch Eigenkapital und eventuell zu einem geringen Teil mit Fremdkapital finanziert werden.
- Das Umlaufvermögen kann mit mittel- und kurzfristem Fremdkapital finanziert werden.

goldene Bilanzregel

Anlagevermögen und die langfristig gebundenen Teile des Umlaufvermögens sollen durch Eigenkapital und langfristiges Fremdkapital gedeckt sein (weite Fassung).

silberne Finanzierungsregel

Anlagevermögen und $^{1}/_{3}$ des Umlaufvermögens sollen durch Eigenkapital und langfristiges Fremdkapital gedeckt sein.

Liquidität (= stete Zahlungsbereitschaft)

ist optimal, wenn → **Geldzuflüsse = Geldabflüsse.**

222270326

ZUSAMMENFASSUNG

Bruttoinvestitionen
= gesamte Investition einer Volkswirtschaft

*Investitionen nach dem **Objekt***

Sachinvestitionen
Beschaffung von Gütern des Anlage- und Umlaufvermögens zur Erstellung, Erhaltung und Erweiterung des Produktionsapparats

Finanzinvestitionen
Investitionen in Wertpapiere und Beteiligungen

Immaterielle Investitionen
Investitionen in
- Forschung und Entwicklung
- Ausbildung
- Sozialleistungen
- Patente und Lizenzen
- Marketingbereiche

*Investitionen nach **Anlass (Zweck) und Wirkung***

Anlageinvestitionen
langlebige Produktionsmittel
- Maschinen
- Fuhrpark
- Betriebs- und Geschäftsausstattung

Vorratsinvestitionen
Vergrößerung der Lagerbestände (nicht dauerhafte Produktionsmittel)

Ersatz(Re)investitionen
- Ersatz verbrauchter Anlagen, d. h. es erfolgt i. d. R. ein identischer Ersatz
- Erhaltung des erreichten Anlagebestandes

Neuinvestitionen
- Vergrößerung des Bestands an Produktionsgütern
- Steigerung des Wirtschaftswachstums

Rationalisierungsinvestitionen
- Ersatz technologisch veralteter Anlagen durch Anlagen neueren Typs, sodass der Produktionsapparat bzw. die Qualität verbessert werden
- Ersatz menschlicher Arbeitskraft (Kostensenkung)

Erweiterungsinvestitionen
Erwerb zusätzlicher Anlagen, sodass die Produktionskapazitäten ausgeweitet werden

KAPITEL 6

Wir suchen für betriebliche Investitionen geeignete Möglichkeiten der Kapitalbeschaffung

Die Verantwortlichen der Ambiente Warenhaus AG haben sich entschlossen, die Lagerkapazitäten in der von Herrn Otte, Funktionsbereich Beschaffung, und Frau Sgonina, Funktionsbereich Lagerhaltung, vorgeschlagenen Art und Größe unverzüglich auszubauen. Auch gegen die Anschaffung der neun Fahrzeuge gab es letztlich keine wesentlichen Einwände (siehe Einstieg Kap. 14.5).

Keinen Beschluss gab es aber hinsichtlich der Kapitalbeschaffung für die Gesamtinvestition in Höhe von 750.000,00 €.

Zeigen Sie auf, welche Möglichkeiten die Ambiente Warenhaus AG hat, sich das nötige Geld für die geplanten Investitionen zu beschaffen.

INFORMATION

Wahl der Finanzierungsart

Je nachdem, ob die Deckung des ermittelten Kapitalbedarfs mit **Eigen- oder Fremdkapital** vorgenommen wurde, unterscheidet man zwischen **Eigenfinanzierung** und **Fremdfinanzierung.**[1]

Kriterien für die Beurteilung dieser Finanzierungsalternative sind die **Kosten,** die **Dauer der Kapitalüberlassung** sowie die **Einflussnahme der Kapitalgeber.**

Eigenfinanzierung

Die Eigenfinanzierung umfasst
- die Einlagen- oder Beteiligungsfinanzierung und
- die Selbstfinanzierung.

In beiden Fallen wird das Kapital selbst aufgebracht, das Unternehmen erhält eigene Mittel: **Eigenkapital**.

1. Einlagen- oder Beteiligungsfinanzierung

DEFINITION

Von **Einlagen-** oder **Beteiligungsfinanzierung** spricht man, wenn
- der bisherige oder die bisherigen Gesellschafter eine zusätzliche Einlage leisten oder
- Kapitalgeber als neue Gesellschafter aufgenommen werden.

1.1 Arten

Die Arten der Einlagen- oder Beteiligungsfinanzierung sind **von der Unternehmensform abhängig.** Den Unternehmen wird dabei aber stets Kapital (Geld, Sachleistungen oder Rechte) von **außen (= Außenfinanzierung)** zugeführt.

Tätige/r Teilhaber/-in
gesucht für bestens eingeführtes Wäsche-Geschäft (über 50 J. am Ort), konkurrenzlos im weiten Umkreis, 1-a-Lage, im süddeutschen Raum (nähe Bodensee), spätere Übernahme nicht ausgeschlossen.

Bestens in D, A, CH eingeführtes
TEXTIL-PRODUKTIONS- und IMPORT-HANDELSUNTERNEHMEN
sucht INVESTOR (500.000 €),
um Liquidität der wachsenden Auftragslage anzupassen, gute Rendite gewährleistet.

Unternehmensform	Erhöhung des Eigenkapitals durch:	
Einzelunternehmen	Einzahlung privater Gelder oder privaten Sachvermögens (Einlagenfinanzierung)	
OHG KG	weitere Kapitaleinlagen bzw. Aufnahme neuer Gesellschafter	
GmbH	Einlagen der Gesellschafter:	Erhöhung des Stammkapitals, indem die bisherigen oder neuen Gesellschafter Geldmittel zuführen
AG		Ausgabe neuer Aktien (Grundkapitalerhöhung)
Genossenschaft	Erhöhung der Geschäftsanteile der Genossen und Eintritt neuer Mitglieder	

Bei der Einlagen- oder Beteiligungsfinanzierung ist der Kapitalgeber Eigentümer des Unternehmens. Er ist am Gewinn und Verlust des Unternehmens beteiligt.

1 Diesen beiden Finanzierungsarten nach der Rechtsstellung der Kapitalgeber kann das **Crowdfunding**, von dem es vier verschiedene Varianten gibt, zugeordnet werden. Informationen zum Crowdfunding sind im Kapitel 12.4 unter „E-Business-Trends" nachzulesen.

222270328

1.2 Beurteilung

Einlagen- und Beteiligungsfinanzierung	
Vorteile	**Nachteile**
• Eigenkapital ist **langfristiges** Kapitel, d. h., es steht dem Unternehmen **unbegrenzt lange** zu Verfügung und ist daher eine Garantie für finanzielle Unabhängigkeit. • Da die Kapitalgeber keinen Anspruch auf eine feste Verzinsung ihres Kapitals haben und Tilgungsraten nicht anfallen, – ist es in Krisensituationen vorteilhaft, wenn das Unternehmen zu einem großen Anteil mit Eigenkapital finanziert ist; – hat das positive Wirkung auf die Liquidität. • Da Eigenkapital haftendes Kapital darstellt, wird – die Kreditwürdigkeit des Unternehmens erhöht, – die Beschaffung von Fremdkapital erleichtert. • Durch die Erhöhung des Eigenkapitals des Unternehmens wird die Krisenfestigkeit des Unternehmens gesteigert. • Das Eigenkapital stellt einen Schutz vor Überschuldung bei vorübergehenden Verlusten dar (Verlustpuffer).	• Bei Personengesellschaften hat die Aufnahme neuer haftender Gesellschafter eine Einschränkung in der Geschäftsführung und Vertretung zur Folge. • Potenzielle Kapitalgeber (Teilhafter) sind nur zu finden, solange das betreffende Unternehmen Gewinne erwirtschaftet, die die Kapitalanlagen höher verzinsen, als es auf dem Kapitalmarkt der Fall wäre. • Aufgrund der großen Anzahl von Rechtsvorschriften ist die Einlagen- und Beteiligungsfinanzierung komplizierter durchzuführen als die Fremdfinanzierung. • Steuerliche Diskriminierung der Beteiligungsfinanzierung gegenüber der Fremdfinanzierung: – Bei der Fremdfinanzierung sind die Fremdkapitalzinsen als Vergütung für die Kapitalüberlassung als Betriebsausgaben vom Gewinn abziehbar. – Bei der Beteiligungsfinanzierung werden die Vergütungen an die Eigenkapitalgeber (z. B. die Dividenden) besteuert.

2. Selbstfinanzierung

DEFINITION

Unter **Selbstfinanzierung** versteht man die Finanzierung des Unternehmens **aus eigener Kraft, ohne Zuführung von Kapital von außen** (= Innenfinanzierung).

Selbstfinanzierung ist Finanzierung aus erwirtschafteten, einbehaltenen Gewinnen.

Nach der Art des Ausweises in der Bilanz kann man unterscheiden in:

- offene Selbstfinanzierung und
- stille oder verdeckte Selbstfinanzierung.

2.1 Offene Selbstfinanzierung

Die offene Selbstfinanzierung erfolgt aus dem in der Bilanz- und der Gewinn- und Verlustrechnung ausgewiesenen Gewinn bzw. Jahresüberschuss (versteuerter Gewinn).

- Bei **Personengesellschaften** fließen nicht entnommene/ausgeschüttete Gewinne dem Eigenkapitalkonto zu:

Abschluss im Berichtsjahr

Soll	**GuV-Konto** Haben
Aufwand 1.080.000,00	Ertrag 1.200.000,00
Gewinn 120.000,00	

Soll	**Eigenkapital** Haben
SBK 1.023.000,00	EBK 903.000,00
	Gewinn 120.000,00

Eröffnung im darauffolgenden Jahr:

Soll	**Eigenkapital** Haben
	EBK 1.203.000,00

Selbstfinanzierung von 120.000,00 € bei nicht entnommenen Gewinnen

Der nicht entnommene Gewinn erhöht das Eigenkapital, das für Investitionen zur Verfügung steht. Eigenkapital macht im Vergleich zu Fremdkapital unabhängiger und krisenfester. Das Anlagevermögen sollte daher grundsätzlich mit Eigenkapital finanziert werden.

- Bei **Kapitalgesellschaften** und **Genossenschaften** fließen die Gewinne den Rücklagen zu, ausgewiesen in der Bilanz. Speziell die Aktiengesellschaft ist gemäß Aktiengesetz verpflichtet, den 20. Teil des Jahresüberschusses so lange den Rücklagen zuzuführen, bis die Rücklagen den 10. Teil (oder den in der Satzung bestimmten höheren Teil) des Grundkapitals betragen.

Neben den gesetzlichen können freie Rücklagen gebildet werden.

2.2 Stille oder verdeckte Selbstfinanzierung

Die stille Selbstfinanzierung entsteht dadurch, dass nicht ausgewiesene und somit unversteuerte Gewinne einbehalten werden. Der Gewinnausweis wird durch bewusste bilanzpolitische Maßnahmen verringert, wodurch **stille Reserven** gebildet werden.

Möglichkeiten zur Bildung stiller Reserven:

- Unterbewertung von Vermögensteilen (Aktiva)
  Die Unterbewertung der Aktivposten in der Bilanz kann beispielsweise erfolgen durch überhöhte direkte Abschreibungen oder zu niedrige Wertansätze des Umlaufvermögens.
- Überbewertung von Schulden (Passiva)
  Die Überbewertung der Passiva wäre möglich z. B. durch hohe Steuerrückstellungen oder zu hohe Rechnungsabgrenzungsposten.
- Nichtaktivierung von aktivierungsfähigen Vermögensgegenständen, z. B. bei geringwertigen Wirtschaftsgütern

2.3 Beurteilung

In allen Fällen **verdecken** die höher ausgewiesenen Aufwendungen den **tatsächlich erzielten Gewinn** teilweise oder ganz. Dies führt zu einer geringeren Steuerbelastung in der Abrechnungsperiode. Diese Form der Selbstfinanzierung wird „still“ genannt, weil sie nicht aus der Bilanz ersichtlich ist. Zu einem späteren Zeitpunkt werden diese stillen Reserven aufgelöst, z. B. beim Verkauf der betreffenden Vermögensgegenstände. Doch bis zur Auflösung der stillen Reserven ergeben sich Liquiditäts- und Zinsvorteile, weil zinsloses Kapital im Unternehmen verbleibt. Dieses Kapital kann zur Finanzierung von Investitionsvorhaben verwendet werden.

Eigenkapitalausstattung des Mittelstands

im Verhältnis zur Bilanzsumme; Angaben in % der Befragten

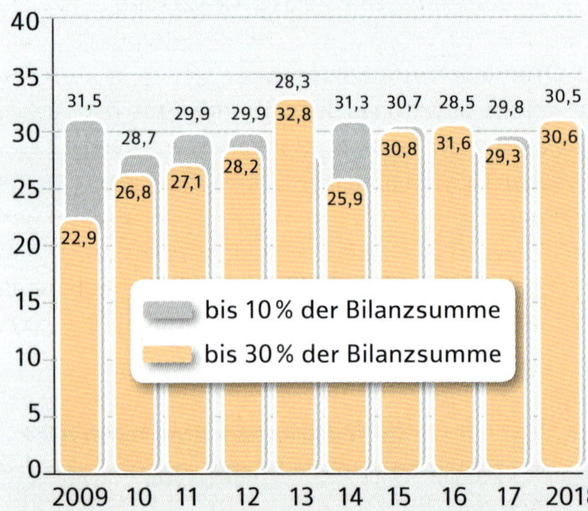

Quelle: Creditreform: Wirtschaftslage und Finanzierung im Mittelstand, Frühjahr 2016. In: www.creditreform.de. 16.04.2018. https://www.creditreform.de/fileadmin/user_upload/crefo/download_de/news_termine/wirtschaftsforschung/wirtschaftslage-mittelstand/analyse_MIT-fruehjahr-2018.pdf, S. 17 [24.10.2018]. (verändert)

Welche Finanzierungsmittel hat Ihr Unternehmen bisher eingesetzt oder geplant einzusetzen?

Einnanhmen aus dem laufenden Geschäft	82,4 (81,3)
Rücklagen aus Gewinnen	38,8 (35,6)
Kredite von Banken	37,2 (37,6)
eingebrachte Eigenmittel	36,5 (34,6)
öffentliche Fördermittel	12,9 (12,9)
Bürgschaften	6,1 (6,1)
Beteiligungskapital	3,9 (3,1)
Zins- oder Lizenzeinnahmen	1,0 (1,3)

Angaben in % der Befragten, Mehrfachnennungen möglich, () = Vorjahresangaben 2016

Quelle: Creditreform: KMU-Report Berlin 2017, Wirtschaftslage und Finanzierung. In: www.creditreform-bb.de. 6.7.2017. https://www.creditreform-bb.de/fileadmin/user_upload/vc_files/berlin-brandenburg.de/KMU_Report/KMU_Report_2017.pdf, S. 23 [24.10.2018].

Der Mittelstand ist zur Finanzierung seiner Geschäfte viel stärker auf fremde Geldquellen angewiesen als die großen Firmen. Das oft mangelnde Eigenkapital ersetzen die kleinen und mittleren Betriebe dabei insbesondere durch Bankkredite. Das gilt für Deutschland, aber auch für eine Reihe weiterer Industriestaaten.

Selbstfinanzierung	
Vorteile	**Nachteile**
• keine zusätzlichen Kreditgeber oder Eigentümer, dadurch: – keine Kosten für die Kapitalbeschaffung – unabhängig von neuen Gesellschaftern und fremden Kapitalgebern • keine Belastung durch Zins- und Tilgungsverpflichtungen • keine Verschiebung von Herrschaftsverhältnissen	• Zinsloses Eigenkapital kann zu riskanten Spekulationsgeschäften verleiten (Gefahr der Fehlinvestition). • Verdeckte Selbstfinanzierung verschleiert die tatsächliche Rentabilität, weil den Berechnungen nicht das wirkliche Eigenkapital zugrunde liegt, sondern nur das ausgewiesene.

222270330

Selbstfinanzierung	
Vorteile	**Nachteile**
• Erhöhung der Kreditwürdigkeit durch größere Eigenkapitalbasis • Ansammlung von Eigenkapitalreserven und Erhöhung der Krisenfestigkeit • keine Terminierung und Sicherheitsleistungen vorgegeben • Steigerung der Investitionsbereitschaft (z. B. risikoreiche Investitionen) und Investitionstätigkeit • Verringerung des Fremdkapitalanteils • durch Eigenkapitalerhöhung zusätzliche Gewinnerzielung • Förderung des Unternehmensimages durch kontinuierliche Gewinnausschüttung	• Sofern die Bedingung des Verkäufermarktes gegeben ist und die Selbstfinanzierung über überhöhte Preise erfolgt, muss der Käufer die Kosten für die Bildung zusätzlichen Eigenkapitals tragen. • Bilanzverschleierung: geringe Aussagekraft der Bilanz für externe Adressaten • Werden stille Reserven aufgelöst, wird unter Umständen trotz wirtschaftlichen Verlusts noch Gewinn ausgewiesen; Verschleierung von Managementfehlern.

3. Finanzierung durch Ausgabe von Aktien

Da traditionelle Finanzierungsquellen wie Bankkredite und einbehaltene Gewinne allein nicht mehr ausreichen, um für Expansion und Globalisierung genügend liquide zu sein, gehen mehr und mehr vornehmlich inländische Aktiengesellschaften an die Börse. Aber auch Steueränderungen und gelockerte Bedingungen für den Börsengang haben die Unternehmen inspiriert.

4. Finanzierung aus Abschreibungsrückflüssen

Abschreibungen entstehen ursächlich u. a. durch technischen und natürlichen Verschleiß sowie aufgrund von Entwertungen durch technischen Fortschritt und Bedarfsverschiebungen (wirtschaftliche Überholung).

Diese Wertminderungen von Anlagegütern sind betriebsbedingter Aufwand, der durch Abschreibungen erfasst und in die Verkaufspreise eingerechnet wird.

Die Abschreibungen sind in die Verkaufspreise eingerechnet. Werden Waren verkauft, so fließen die Abschreibungsbeträge über die Verkaufspreise in das Unternehmen zurück. Dort werden sie aber zeitlich erst später benötigt, nämlich dann, wenn das Anlagegut abgeschrieben ist und durch ein neues ersetzt werden soll.[2]

Die über die Umsatzerlöse in das Unternehmen zurückfließenden Abschreibungsgegenwerte werden sodann nicht über die gesamte Nutzungsdauer angesammelt, sondern zwischenzeitlich für neue Ersatz- oder Erweiterungsinvestitionen ausgegeben (Kapazitätserweiterungseffekt).

Damit dieser Prozess reibungslos funktioniert und bei einer fälligen Ersatzinvestition auch das benötigte Kapital vorhanden ist, muss vom Unternehmen ein genauer Abschreibungs- und Reinvestitionsplan aufgestellt werden.

Der **Kapazitätserweiterungseffekt** soll am Beispiel von Reinvestitionen in Anlagen gleicher Art dargestellt werden.

BEISPIEL

Die Ambiente Warenhaus AG begann ihren Geschäftsbetrieb in Schönstadt seinerzeit mit sechs gleichen hydraulischen Lagertransportmaschinen. Der Anschaffungswert pro Maschine betrug 15.000,00 €. Die Hydraulikmaschinen wurden bzw. werden über 5 Jahre mit jeweils 20 % pro Jahr linear[1] abgeschrieben. Die Waren sind zu kostendeckenden Preisen absetzbar.

Der Anfangsbestand von sechs hydraulischen Transportmaschinen führt im 1. Jahr zu einer Gesamtabschreibung von 18.000,00 € (= freigesetzter Abschreibungswert). Davon werden 15.000,00 € unverzüglich wieder in eine neue siebte Maschine gleicher Technik investiert; 3.000,00 € bleiben als Restbetrag übrig.

Im 2. Jahr beträgt der Abschreibungswert insgesamt 21.000,00 €. Von dieser Summe wird eine achte Maschine angeschafft, die restlichen 6.000,00 € werden als Restbetrag ausgewiesen (3.000,00 € + 6.000,00 € = 9.000,00 €).

1 Bei der linearen Abschreibungsmethode wird mit gleichen Beträgen von den Anschaffungs- oder Herstellungskosten abgeschrieben.
2 Zum zeitlichen Ablauf siehe ergänzend die Abbildung in Kap. 11.4, Seite 66.

Am Ende des 5. Jahres scheiden die im 1. Jahr angeschafften sechs Maschinen aus, während aufgrund der freigesetzten Abschreibungen in diesem Jahr zu Beginn des 6. Jahres zwei neue Maschinen gekauft werden; neuer Maschinenbestand zu Beginn des 6. Jahres: acht. Am Ende des 6. Jahres muss die siebte Maschine (Anschaffung im 2. Jahr) ersetzt werden, am Ende des 7. Jahres die achte (Anschaffung im 3. Jahr) usw.

Vom Ende des 8. Jahres an entspricht die Abschreibungssumme jedes Jahres genau dem Reinvestitionsbetrag von 30.000,00 €; Maschinenneuzugänge und -abgänge (+2/–2) gleichen sich aus. Dieser Gleichgewichtszustand stellt das Ende des Kapazitätserweiterungsprozesses dar. Ohne dass Finanzmittel von der Ambiente Warenhaus AG aufgenommen wurden, konnte die Anzahl der Lagertransportmaschinen von sechs auf zehn Maschinen erhöht werden; dies entspricht einer Kapazitätserweiterung von 66,67 %.

Jahr	Bestand an Maschinen jeweils am Jahresanfang		Abschreibung	Maschinen		Restbetrag aus Abschreibungen
	Anzahl	Anschaffungswert		Neuzugang	Abgang	
1	6	90.000,00 €	18.000,00 €	+ 1		3.000,00 €
2	7	105.000,00 €	21.000,00 €	+ 1		9.000,00 €
3	8	120.000,00 €	24.000,00 €	+ 2		3.000,00 €
4	10	150.000,00 €	30.000,00 €	+ 2		3.000,00 €
5	12	180.000,00 €	36.000,00 €	+ 2	– 6	9.000,00 €
6	8	120.000,00 €	24.000,00 €	+ 2	– 1	3.000,00 €
7	9	135.000,00 €	27.000,00 €	+ 2	– 1	–
8	10	150.000,00 €	30.000,00 €	+ 2	– 2	–
9	10	150.000,00 €	30.000,00 €	+ 2	– 2	–

Die Funktionsweise des Kapazitätserweiterungseffekts ist an mehrere Voraussetzungen geknüpft:

- lineare Abschreibung der Anlagen und kontinuierliche Investition der Abschreibungsgegenwerte in neue, gleichwertige Anlagen
- konstante Wiederbeschaffungspreise der Anlagen
- kein technischer Fortschritt
- konstante Leistungsfähigkeit der Anlagen während der gesamten Nutzungsdauer
- Finanzierung der Erstanschaffung der Anlagen mit Eigenkapital – bei Fremdfinanzierung müssten die freigesetzten Mittel in das Anlagevermögen investiert werden, anstatt damit die teuren Kredite abzulösen.

Der Kapazitätserweiterungseffekt wird eingeschränkt, weil

- die oben genannten Voraussetzungen realitätsfern sind, wie z. B. die konstanten Wiederbeschaffungspreise oder die Reinvestition in gleichartige Maschinen;
- eine Ausweitung des Anlagevermögens zu Folgekosten führt (Ausweitung des Umlaufvermögens, höhere Lagerkapazitäten, Personal), die ebenfalls finanziert werden müssen;
- eine Kapazitätsausweitung nur sinnvoll ist, wenn die zusätzlichen Produkte auch am Markt absetzbar sind.

Fremdfinanzierung

DEFINITION

Bei der **Fremdfinanzierung** erhält das Unternehmen Kapital in Form von Geld- oder Sach**krediten.** Dabei sind die **Kreditgeber unternehmensfremde Gläubiger.** Die Überlassung der Mittel ist befristet.

Bevor ein Einzelhändler einen Kredit aufnimmt, müssen von ihm die folgenden Punkte geklärt werden:

- Verwendungszweck des Kredits, beispielsweise für Anlage- oder Umlaufvermögen
- Höhe des Kredits
- Laufzeit des Kredits
- Kreditart, z. B. Bank- oder Liefererkredit
- Sicherheiten

1. Kreditfinanzierung

DEFINITION

Bei der **Kreditfinanzierung** wird dem Unternehmen (von außen) durch unternehmensfremde Kapitalgeber (Gläubiger) Fremdkapital **auf begrenzte Zeit** zur Verfügung gestellt **(Außenfinanzierung).**

Da die Kapitalgeber Gläubiger des Unternehmens sind (es entsteht keine Beteiligung des Kreditgebers am Unternehmen des Schuldners), haben sie Anspruch

- auf Verzinsung und
- pünktliche Rückzahlung ihres Kapitals.

Am Verlust nehmen sie nicht teil.

Insofern stellen die Zins- und Tilgungszahlungen für Kredite eine feste Liquiditätsbelastung dar, die bei starken Umsatzrückgängen zu Liquiditätsschwierigkeiten oder doch zumindest zu einer Einengung der Dispositionsfreiheit bezüglich der Preisuntergrenze führen kann.

Darüber hinaus ist zu bedenken, dass die Gläubiger zwar kein Mitspracherecht im Unternehmen haben, dennoch aber die Gefahr erhöhter Abhängigkeit besteht, sollte sich das Unternehmen bei einem Großkreditgeber hoch verschuldet haben.

Das für die Fremdfinanzierung erforderliche Fremdkapital kann u. a. über die Kreditmärkte beschafft werden.

NEUHEIT

Im Auftrag ausländischer Geldgeber
Ideal-Spezial-Kredit ohne Bankauskunft

Kredite von 2.000,00 bis 7.800,00 € für jeden Verwendungszweck, für Selbstständige, Rentner, Arbeitnehmer, ohne Sicherheiten, auch bei Mahnbescheid usw. Zinsen 5 % p.a., effektiver Jahreszins: 9,714 % freibleibend.

Auszahlung: 100 % ohne Abzug

Normalerweise ist es aber bei den Kreditinstituten nicht üblich, Kredite ohne Sicherheiten zu gewähren.

2. Kreditarten nach der Fristigkeit des Kredits

Nach der Laufzeit unterscheidet man

- langfristige Kredite,
- mittelfristige Kredite und
- kurzfristige Kredite.

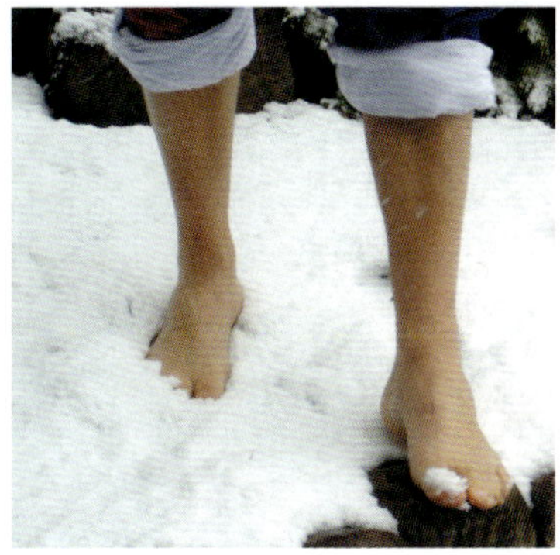

Die Finanzierung (Laufzeit der Kredite) muss den Investitionszielen angepasst werden – so wie das Schuhwerk der Witterung.

2.1 Langfristige Kredite

Die langfristige Fremdfinanzierung ist eine Finanzierung durch Darlehen (§§ 607–610 BGB).[1]

Das Darlehen ist Fremdkapital mit einer **Laufzeit von mehr als 5 Jahren.** Darlehen werden insofern überwiegend zur Finanzierung des Anlagevermögens aufgenommen.

Merkmale des Darlehens sind:

- feste Laufzeit: Darlehen sind Kredite, die an bestimmten, vertraglich vereinbarten Terminen auszuzahlen und zurückzuzahlen sind.
- Zinszahlungen
- Tilgungszahlungen: Die Rückzahlung am Fälligkeitstag kann in einer Summe oder während einer festgelegten Laufzeit in Raten getilgt werden.

2.2 Mittel- und kurzfristige Kredite

Mit **mittelfristigen Krediten** (von 1 bis zu 5 Jahren Laufzeit) werden **kurzlebige Güter des Anlagevermögens** finanziert, wie z. B. Teile der Betriebs- und Geschäftsausstattung.

Kurzfristige Kredite (bis zu 1 Jahr Laufzeit) sind vornehmlich bei der Finanzierung des **Umlaufvermögens** (Waren und Forderungen) angebracht.

Bedeutsam bei der Beschaffung von kurzfristigen Mitteln sind

1 Auf weitere Formen der langfristigen Fremdfinanzierung soll im Rahmen dieser Ausführungen nicht eingegangen werden.

- Kredite der Lieferer,
- Kundenkredite,
  } Handelskredite
- der Kontokorrentkredit und
- der Wechseldiskontkredit.
  } Bankkredite als Geldkredite

- **Liefererkredit**
  Der Liefererkredit entsteht dadurch, dass der Lieferer (z. B. Großhändler) dem Einzelhändler ein Zahlungsziel einräumt (Kauf von Waren auf Ziel). Der Einzelhändler muss den Rechnungsbetrag erst nach einer bestimmten Frist begleichen.

BEISPIEL

Zahlung innerhalb von 60 Tagen netto Kasse

Der Liefererkredit
- dient der Überbrückung der Zeitspanne zwischen Warenbeschaffung und Warenabsatz: Dem Einzelhändler wird durch den Zahlungsaufschub ermöglicht, seine Schulden aus den Umsatzerlösen der verkauften Waren zu bezahlen, sodass sein sonstiger Kapitalbedarf durch diese Art der Kreditgewährung wesentlich geringer ist.
- entlastet insofern die Kreditlinie bei der Bank.
- ist die besonders bequeme Form der kurzfristigen Fremdfinanzierung, da
  - er ohne besondere Formalitäten bei Abschluss des Kaufvertrags abgeschlossen wird,
  - eine systematische Kreditprüfung fehlt,
  - die Kreditsicherung durch Eigentumsvorbehalt möglich ist.
- birgt für den Kreditnehmer die Gefahr der Abhängigkeit zum Lieferer.
- verlangt einen „Preis“ für die Inanspruchnahme: Der Lieferer gewahrt den Kredit nicht kostenlos. Er kalkuliert den Zins für die Gewährung des Liefererkredits zuvor in seinen Verkaufspreis ein, denn üblicherweise kann bei Barzahlung vom Rechnungspreis Skonto abgezogen werden.

BEISPIEL

Zahlbar in 30 Tagen ohne Abzug oder innerhalb von 14 Tagen mit 1 % Skonto

Das folgende Beispiel zeigt, dass es aber für den Käufer günstiger ist, den vom Lieferer gewährten Skonto in Anspruch zu nehmen, als den Liefererkredit zu nutzen.

BEISPIEL

Die Ambiente Warenhaus AG, Schönstadt, erhält die Rechnung des Großhändlers Arnold Gessner, Peine, vom 6. Aug. 20.. über 6.000,00 €. Sie enthält die Zahlungsbedingung „Zahlbar innerhalb von 10 Tagen mit 2 % Skonto oder 30 Tage netto“.

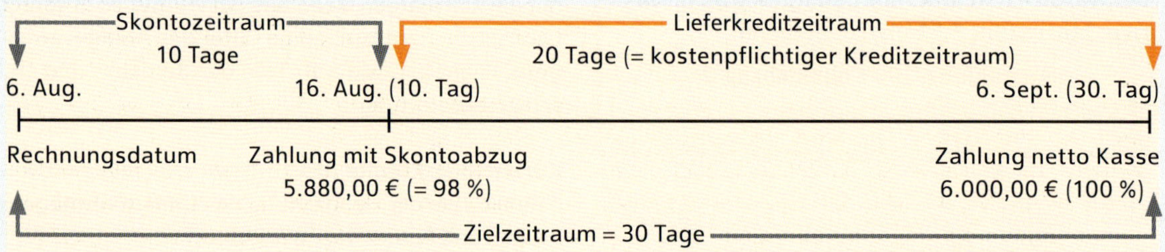

Zahlt die Ambiente Warenhaus AG spätestens am 10. Tag, so erhält sie dafür, dass sie 20 Tage vor dem Zahlungsziel zahlt, 2 % = 120,00 € Skonto.

222270334

Die ersten 10 Tage des Ziels, während der ein Skontoabzug möglich ist, verursachen noch keine Kreditkosten. Kreditkosten in Höhe von 2 %, die im Verkaufspreis einkalkuliert sind, entstehen ab dem 11. bis zum 30. Tag. Der kostenpflichtige Kreditzeitraum umfasst 20 Tage (Zielzeitraum – Skontozeitraum).

20 Tage Kredit kosten demnach 120,00 €.

Da sich 2 % Skonto auf den kostenpflichtigen Kreditzeitraum von 20 Tagen beziehen, ergibt das, bezogen auf ein Jahr, einen Jahreszinssatz von

20 Tage – 2 %
360 Tage – x %

$$x = \frac{360 \cdot 2\,\%}{20} = \underline{\underline{36\,\%}}$$

Die genaue Lösung:

$$p = \frac{Z \cdot 360 \cdot 100\,\%}{K \cdot t} = \frac{120 \cdot 360 \cdot 100\,\%}{5.880{,}00 \cdot 20} = \underline{\underline{36{,}73\,\%}}$$

$$\text{bzw. } p = \frac{2\,\% \cdot 360 \cdot 100\,\%}{98\,\% \cdot 20} = \underline{\underline{36{,}73\,\%}}$$

Z = Skontobetrag; K = Zahlung mit Skontoabzug; t = Kreditzeitraum

Das Sahnehäubchen: Skontoabzug als Zusatzertrag für vorzeitige Zahlung

Übersteigt der Skontoertrag (hier 120,00 €) die Kosten für einen Bankkredit, ist es für den Käufer wirtschaftlicher, einen kurzfristigen Bankkredit aufzunehmen, um den Skontoabzug ausnutzen zu können.

Die Finanzierung durch Liefererkredit kann für ein Unternehmen aber dennoch von besonderer Bedeutung sein, wenn sein Eigenkapital und seine Liquidität gering sind und wenn es nicht über genügend Sicherheiten verfügt, um Bankkredite in Anspruch nehmen zu können. Mithilfe des Liefererkredits kann es zumindest teilweise seine Lagerbestände finanzieren.

- **Kundenkredit**
  Im Gegensatz zum Liefererkredit tritt bei **Anzahlungen** der Kunde eines Einzelhandelsunternehmens als Kreditgeber auf. Der Kunde zahlt bereits vor Lieferung teilweise oder vollständig, also noch bevor das Unternehmen seine Leistung erbracht hat. Kundenanzahlungen zählen zur kurzfristigen Fremdfinanzierung und sie sind als Verbindlichkeiten zu behandeln.

BEISPIEL FÜR DIE FINANZIERUNG DURCH KUNDENKREDIT:

Im Einzelhandel kommt es vor, dass Kunden eine Ware zurücklegen lassen und sie dann anzahlen. Aber auch der Einzelhändler verlangt eine Anzahlung beispielsweise bei Änderungen, Sonderbestellungen oder Schaufensterware, die nicht sofort aus dem Fenster genommen werden kann.

Im Einzelhandel hat die Anzahlung nur noch Bedeutung, wenn es sich um Anschaffungen von Einrichtungsgegenständen handelt, wie z. B. bei Möbeln, Rundfunkgeräten, Kochgeräten u. a.

Vorteile für den Lieferer:
- eigene Liquidität wird positiv beeinflusst
- Sicherheit, dass der Kunde zahlungsfähig ist
- Sicherheit, dass der Kunde weiterhin an der Leistung interessiert ist

Das Risiko für den Auftraggeber besteht darin, dass der Lieferer trotz Anzahlung seinen Verpflichtungen nicht nachkommt. Daher wird der Auftraggeber in der Regel einen Bankaval[1] als Sicherheit verlangen.

- **Kontokorrentkredit** (Kredit in laufender Rechnung)
  Begriff und Aufgaben
  Der Kontokorrentkredit ist der wichtigste und am häufigsten vorkommende kurzfristige Bankkredit im Handel. Er entsteht bei der **Abwicklung** des Zahlungsverkehrs **über das laufende Konto.**

1 Der Avalkredit stellt eine Bürgschaft oder Garantie des Kreditinstituts gegenüber einem Dritten dar, allerdings nur zugunsten von kreditwürdigen Kunden.

Die Bank gewährt dem Kreditnehmer (z.B. Einzelhändler) einen Kredit bis zu einer bestimmten Höhe. Bis zu dieser Kreditgrenze (= Limit oder **Kreditlinie)** kann der Kontoinhaber innerhalb einer bestimmten Laufzeit sein Konto überziehen Durch ständige Ein- und Auszahlungen entsteht eine laufende Rechnung, deren Saldo entweder ein Guthaben oder eine Kreditinanspruchnahme aufweist.

Der Kontokorrentkredit ist ein kurzfristiger Kredit. Vereinbarungen zwischen Kreditnehmer und Kreditgeber von bis zu einem Jahr sind der Regelfall. Normalerweise wird der Kontokorrentkredit aber verlängert, sodass er dem Kreditnehmer tatsächlich langfristig zur Verfügung steht.

Kapitalkosten

- **Soll-Zinsen:** Berechnung für den tatsächlich beanspruchten Kreditbetrag (Der Soll-Zinssatz für den Kreditsaldo ist relativ hoch, die Haben-Zinsen für den Guthabensaldo dagegen verhältnismäßig niedrig.)
- **Überziehungsprovision** bei Überschreitung der Kreditlinie (Kreditlimit): Sie wird zusätzlich zu den Soll-Zinsen berechnet.
- **Kreditprovision** für die Einräumung einer Kreditlinie
- **Bereitstellungsprovision** für den **nicht** in Anspruch genommenen Teil des Kredits
- **Umsatzprovision:** Entgelt für die Führung des Kontokorrentkontos sowie für die Bereitstellung der banktechnischen Einrichtungen
- **Auslagen** für z.B. fremde Spesen, Porti und Gebühren

Bedeutung

Dem Kreditnehmer dient der Kontokorrentkredit zur Sicherung seiner Zahlungsbereitschaft. Er ist besonders bedeutsam für die Ausnutzung von Skonto. Der Kontokorrentkredit ist nicht zweckgebunden, sodass der Kreditnehmer selbst entscheiden kann, wofür und in welcher Höhe er ihn einsetzt (= optimale Dispositionsfreiheit).

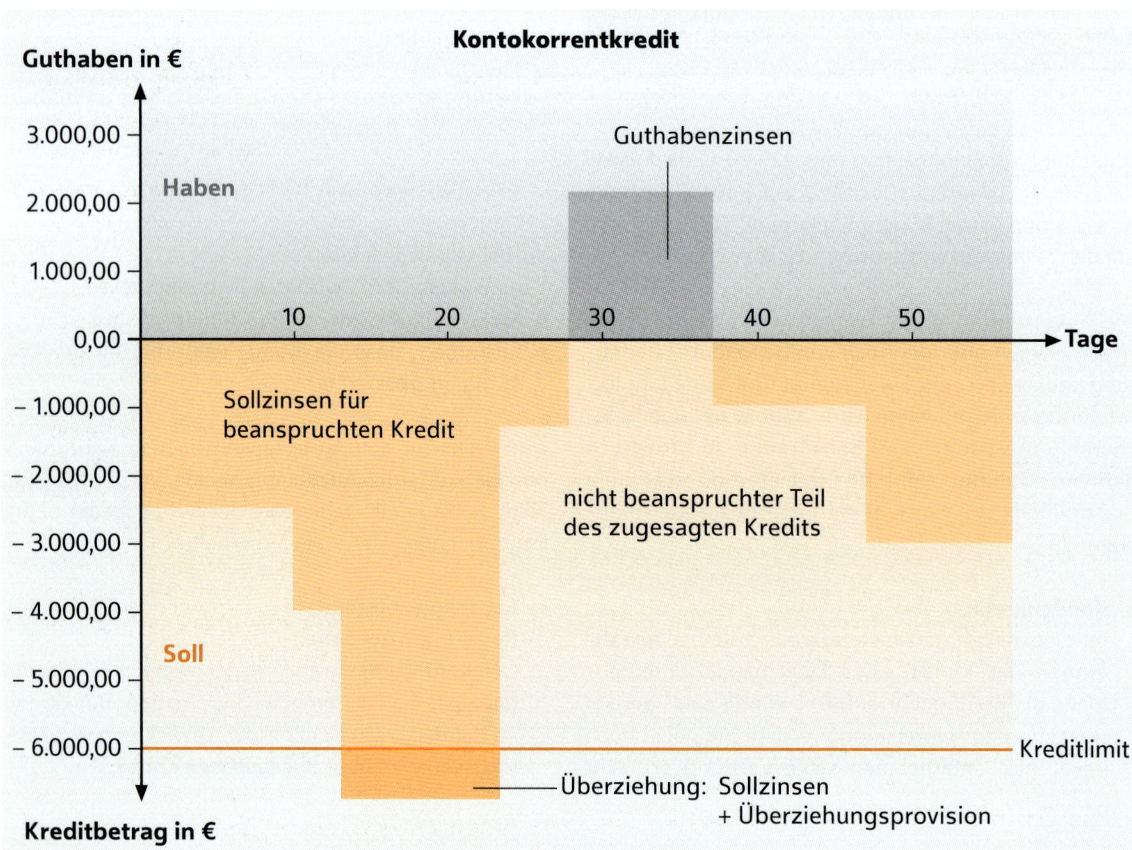

Fremdfinanzierung	
Vorteile	**Nachteile**
• Kapitelgeber haben keinen direkten Einfluss auf die Geschäftsführung. • Fremdkapitalgeber sind nicht am Gewinn beteiligt. • Fremdkapital kann kostengünstiger sein als Eigenkapital. • Die Kosten der Fremdkapitalbeschaffung mindern den steuerlichen Gewinn (Einkommen- bzw. Körperschaftsteuer; Gewerbesteuer). • Bei festen niedrigen Zinsen und steigendem allgemeinen Zinsniveau wird der Kredit kostengünstiger. • Die Finanzierung von Betriebserweiterungen ist auch dann möglich, wenn die Finanzkraft des Unternehmens erschöpft ist. • Risikoreiche Investitionen werden vermieden, weil die Zins- und Liquiditätsbelastung des Fremdkapitals zu sorgfältiger Kalkulation zwingt.	• Fremdkapital – steht zeitlich nicht unbegrenzt zur Verfügung, – ist daher zeitlich nur beschränkt verwendbar, – verursacht Zinsen und Tilgungsbeträge, die auch in wirtschaftlich schlechten Geschäftsjahren zu zahlen sind. • Fremdkapitalzinsen erhöhen die fixen Kosten; damit werden Kalkulation und Liquidität belastet; bei schlechter Konjunktur können somit die Verkaufspreise steigen. • Bei festen Zinssätzen und fallendem Zinsniveau wird der Kredit teurer. • Bei Zahlungsschwierigkeiten können die Gläubiger (Kapitalgeber) den Bestand des Unternehmens gefährden (Gefahr der Liquidation bzw. der Insolvenz). • Mit zunehmender Fremdfinanzierung sinkt die Kreditwürdigkeit. • Ein hoher Fremdkapitalanteil am Gesamtkapital verschlechtert den guten Ruf (Goodwill) des Einzelhändlers.

AUFGABEN

1. Der Unternehmer Fritz Schwerdtfeger, Asternweg 15, 31141 Hildesheim, will aufgrund der Gewinnsituation sein Unternehmen durch die Errichtung einer Filiale in Marienhagen erweitern. Dazu benötigt er umfangreiche Geldbeträge.
Welche Möglichkeiten der Innen- und der Außenfinanzierung bieten sich Herrn Schwerdtfeger?

2. Welche Finanzierungsart (Einlagenfinanzierung, Selbstfinanzierung, Fremdfinanzierung) wird in den folgenden Beispielen angesprochen?
- **a)** Kapitaleinlage eines Kommanditisten
- **b)** Überziehung des Kontokorrentkontos
- **c)** Ausgabe neuer Aktien
- **d)** Erhöhung des Eigenkapitals durch Einlagen

3. Entscheiden Sie in den folgenden Fällen, ob
1. eine Innen- oder Außenfinanzierung,
2. eine Selbstfinanzierung, Beteiligungs- oder Fremdfinanzierung vorliegt.

- **a)** Der Unternehmer Karl-Otto Bodenstein stockt sein Warenlager durch Zieleinkäufe auf.
- **b)** Die Gesellschafter einer OHG beschließen, ihre Gewinnanteile von je 50.000,00 € nicht zu entnehmen, sondern für Investitionszwecke in ihrem Unternehmen zu belassen.
- **c)** Der Unternehmer Wilfried Bachstein nimmt bei der Sparda Bank Hannover eG einen Kontokorrentkredit von 65.000,00 € auf.

4. Welche Vorteile hat es für den Unternehmer, wenn er sein Unternehmen vornehmlich mit Eigenkapital finanziert?

5. Nennen Sie die Grenzen der Eigenfinanzierung.

6. Worin besteht der Unterschied zwischen Beteiligungsfinanzierung und Selbstfinanzierung?

7. Zur Finanzierung einer besonders günstigen Warenlieferung benötigt ein Teppicheinzelhändler 150.000,00 € für etwa 5 Monate.
Eigenkapital steht nicht ausreichend zur Verfügung. Welche Kreditform würden Sie empfehlen?

8. Erklären Sie den Liefererkredit und den Kontokorrentkredit.

9. Jannik Krämer und Gertrud Seeler sind Gesellschafter der Krämer & Seeler OHG. Beide beschließen, dringend notwendige Investitionen vorzunehmen. Herr Krämer setzt sich dafür ein, das notwendige Kapital von 120.000,00 € durch Bankkredite zu beschaffen. Frau Seeler hingegen vertritt die Auffassung, neue Gesellschafter in die OHG aufzunehmen.
Wozu würden Sie Herrn Krämer und Frau Seeler raten?

10. Welche Folgen ergeben sich aus der Tatsache, dass Fremdkapital stets befristet ist?

11. Welche Arten von Fremdfinanzierung gibt es?

12. Die Mohnhoff GmbH kauft sieben vollautomatische und baugleiche Webstühle zur Herstellung von textilen Flächengebilden. Pro Maschine muss das Unternehmen 40.000,00 € bezahlen. Die Anlagen werden mit 20 % linear abgeschrieben. Die Abschreibungsbeträge werden zur Anschaffung neuer, gleichartiger Maschinen verwendet. Stellen Sie in einer tabellarischen Übersicht den Kapazitätserweiterungsprozess bis zu seinem Ende (= Gleichgewichtszustand) dar.

AKTIONEN

1. Daniela Rosendahl, Ausbildungsleiterin in der Ambiente Warenhaus AG, möchte ihren Auszubildenden die verschiedenen Arten der Finanzierungsmöglichkeiten in der Ambiente Warenhaus AG erklären.

   Helfen Sie Frau Rosendahl und erstellen Sie hierzu eine anschauliche Mindmap.

2. a) Bilden Sie in Ihrer Klasse fünf Gruppen und führen Sie eine Pro-und-Kontra-Diskussion als Rollenspiel durch.
   - Ort des Geschehens: Ein Hearing, zu dem die als Aktiengesellschaft geführte Ambiente Warenhaus AG eingeladen hat.
   - Jeweils ein Mitglied von vier Gruppen wird die Rolle eines Vertreters der Aktionärsgruppe, ein anderes Mitglied einen Repräsentanten des Verbands öffentlicher Banken übernehmen. Anwesend sind zudem der Finanzexperte des Einzelhandelsverbands Region Schönstadt und Frau Bode als stellvertretende Vorstandsvorsitzende der Ambiente Warenhaus AG und Frau Kraibaum, Leiterin des Funktionsbereichs Personal im Warenhaus.
   - Ein Mitglied der fünften Gruppe wird die Rolle des/der Diskussionsleiters/-leiterin übernehmen.
   - Das Thema, zu dem die Verantwortlichen der Ambiente Warenhaus AG eingeladen haben, lautet: „Finanzierungsalternativen im Einzelhandel – ihre Chancen und Risiken!"

   b) Weisen Sie einzelnen Gruppenmitgliedern eine bestimmte Rolle in der Diskussion zu und bereiten Sie für die Rollenspieler die Rollenkarten vor.

   c) Besorgen Sie sich wichtige Sachinformationen, um die Rollenspieler mit den entsprechenden Pro- und Kontra-Argumenten auszustatten.
   - Beachten Sie bei dieser Arbeit die „Methoden zur selbstständigen Informationsgewinnung".
   - Denken Sie sich in Ihre Rolle ein.

   d) Der Moderator führt in das Thema ein und steuert die Diskussion.

   e) Die anderen Schüler verfolgen die Diskussion der Rollenspieler, bilden sich eine eigene Meinung und notieren Beobachtungen (ggf. auf einem Beobachtungsbogen).

   f) Diskutieren Sie anschließend in der Klasse über die beobachteten Argumente der Rollenspieler.

   Mögliche zu diskutierende Fragestellungen:
   - Inwieweit war das Rollenspiel wirklichkeitsnah?
   - Haben die einzelnen Spieler ihre Rollenerwartungen eingehalten?
   - Wie wurden die einzelnen Argumente begründet; wurden sie mit Beispielen untermauert?
   - Konnten Argumente von der Gegenseite widerlegt werden?
   - Wurde eher gefühlsmäßig oder mehr sachlich argumentiert?
   - Welche Beziehungen bestanden zwischen den Spielern?
   - Gab es ein bestimmtes persönliches Verhalten oder ein Argument, das der Lösung des Konflikts diente oder zur Eskalation beitrug?

   g) Der Moderator fasst die Ergebnisse der Diskussion an der Tafel zusammen.

222270338

ZUSAMMENFASSUNG

Finanzierung
= sämtliche Maßnahmen der Kapitalbeschaffung (Geld oder Sachgüter)

Finanzierungsarten nach der **Rechtsstellung** der Kapitalgeber:

Eigenfinanzierung
= befristete Überlassung von Mitteln durch den bzw. die **Eigentümer**

Fremdfinanzierung
= befristete Überlassung von Mitteln durch **Gläubiger** mit Rückzahlungsverpflichtung

Finanzierungsarten nach der **Finanzierungsform**:

Einlagen- oder Beteiligungsfinanzierung durch Geld oder Sachgüter
- Erhöhung des Eigenkapitals von außen

Selbstfinanzierung (Überschussfinanzierung)
- **offene SF**
  - Erhöhung des Eigenkapitals durch nicht entnommene Gewinne (Kapitalbeträge kommen aus dem Unternehmen selbst); Finanzierung über den Preis
- **stille (verdeckte) SF**
  - Unterbewertung von Aktiva
  - Überbewertung von Passiva

Finanzierung durch Abschreibungen
- Finanzierung über Umsatzerlöse
- Aktivtausch durch Vermögensumschichtung

Kreditfinanzierung
- Aufnahme von Fremdkapital für eine begrenzte Zeit

Leasing (siehe Kap. 14.7)
- Erwerb von Nutzungsrechten

Finanzierungsarten nach der **Herkunft des Kapitals**:

Innenfinanzierung (Selbstfinanzierung, Finanzierung durch Abschreibungen)

Außenfinanzierung (Einlagen- oder Beteiligungsfinanzierung, Kreditfinanzierung, Leasing)

Kreditarten
(Unterscheidung nach der Fristigkeit)

langfristige Kredite (über 5 Jahre Laufzeit)

Darlehen
- Auszahlung des gesamten Kreditbetrags in einer Summe
- Rückzahlung in einer Summe oder nach Tilgungsplan

mittelfristige Kredite (von 1 bis 5 Jahre Laufzeit)

kurzfristige Kredite (bis zu 1 Jahr Laufzeit)
- **Liefererkredit**
  Gewährung eines Zahlungszieles durch den Lieferer
- **Kontokorrentkredit**
  Überziehung des laufenden Kontos
- **Kredit von Kunden**

KAPITEL 7

Wir prüfen besondere Finanzierungsformen (Finanzierungshilfen)

Die Ambiente Warenhaus AG hat inzwischen sowohl die Lagerräume als auch die nötigen zusätzlichen Fahrzeuge für den Kundendienst angeschafft – Gesamtkosten 750.000,00 €.

Die Geschäfte laufen durch diese Investitionen wieder gut – so gut, dass unbedingt drei weitere Außendienstfahrzeuge für den Lieferungs- bzw. Möbelaufstellservice benötigt werden. Darüber hinaus soll gleichzeitig die EDV-Anlage auf den allerneuesten Stand der Technik gebracht werden.

Da die Eigenkapitaldecke in den letzten Monaten aber noch geringer geworden ist, der Ambiente Warenhaus AG leider jetzt auch noch die banküblichen Sicherheiten fehlen und die nur noch geringen unternehmensbezogenen Kreditmöglichkeiten geschont werden sollen, stehen die Verantwortlichen vor einem richtig großen Finanzierungsproblem.

Sie möchten auf jeden Fall nach wie vor die Aktiengesellschaft in der jetzigen Form, d. h. ohne ein Mitspracherecht von neuen weiteren Aktionären, weiterführen. Die Ausgabe neuer Aktien zur Finanzierung wird daher definitiv ausgeschlossen.

Diskussion unter Verantwortlichen: Woher kommen die finanziellen Mittel?

Unterbreiten Sie Vorschläge, wie die Ambiente Warenhaus AG die Anschaffung der drei Fahrzeuge und die Erneuerung der EDV-Anlage im Gesamtwert von 309.000,00 € finanzieren kann.

INFORMATION

Grundsätze des Leasings

Als eine weitere Möglichkeit zur mittel- und langfristigen Finanzierung von Anlagevermögen kann das Leasing gesehen werden.

DEFINITION

Leasing[1] = Mittel- und langfristige Vermietung oder Verpachtung von beweglichen oder unbeweglichen Investitions- sowie langlebigen Konsumgütern durch die Hersteller dieser Güter oder durch besondere Leasinggesellschaften an einen Leasingnehmer

Der Leasingvertrag kann als eine besondere Art des Miet- wie auch des Pachtvertrags betrachtet werden. Der Leasinggeber bleibt während der Dauer des Leasingvertrages rechtlicher und wirtschaftlicher Eigentümer und bilanziert den Gegenstand. Folge davon ist, dass der Leasingnehmer die Leasingraten in voller Höhe als steuerlichen Aufwand behandelt.

Einer der Unterschiede zwischen traditioneller Miete und Leasing besteht darin, dass der Leasingnehmer (= Mieter oder Nutzer des Leasingobjekts) beim Leasing Rechte, Risiken und Pflichten übernimmt, die bei der „normalen" Miete in der Regel der Vermieter trägt. So haftet der Leasingnehmer für Beschädigungen und ggf. für den Ausfall des Produkts, er muss Reparaturen ausführen und das Objekt instand halten.

Inhalte des Leasingvertrags sind: Mietdauer, Höhe der Mietrate, Leasingobjekt, Versicherungen und Kündigungsfrist.

1 to lease [engl.] = mieten

222270340

Beim Leasing tritt an die Stelle der einmaligen Zahlung des Kaufpreises eine laufende, regelmäßig zu entrichtende Mietzahlung, in die der Leasinggeber einkalkuliert:

- den Abschreibungsbetrag für die Wertminderung des Leasingobjekts,
- die Verzinsung des von ihm investierten Kapitals,
- einen Risikozuschlag, z. B. für schnelles Veralten,
- Wartungs- und Reparaturkosten, soweit von ihm übernommen,
- sonstige Verwaltungs- und Vertriebskosten,
- den Gewinnzuschlag.

Die Höhe der Leasingraten richtet sich nach der Laufzeit des Vertrags sowie nach den vom Leasinggeber zu erbringenden Serviveleistungen.

Der Leasingvertrag wird erst wirksam, wenn der Leasingnehmer seine Bestellung nicht binnen 2 Wochen widerruft. Während der Widerrufsfrist ist der Vertrag schwebend unwirksam.

Beurteilung

Die Kosten beim Leasing sind in der Regel höher als beim Kauf. Leasing bietet aber als langfristige Investitionsform ergänzend zu den bekannten Finanzierungsarten für den Unternehmer die Möglichkeit, die eigenen Mittel zu schonen und sie für eine andere Verwendung freizustellen, ohne dabei auf die notwendige Investition verzichten zu müssen. Seine Anwendung hängt aber letztlich von der jeweiligen betriebswirtschaftlichen Situation ab.

Leasing ist jedoch auf keinen Fall Rettungsanker für Unternehmen, die eine verfehlte Unternehmenspolitik betrieben haben. Voraussetzung für das Leasing ist eine ausreichende Bonität.

Wichtige Objektgruppen

Anteile am Neugeschäft Mobilien-Leasing

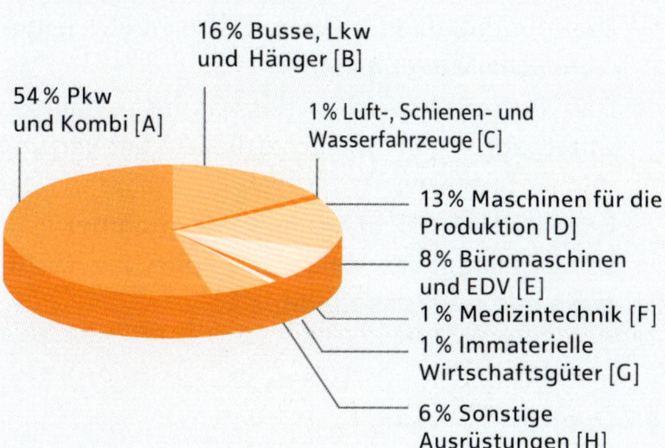

Kundensektoren

Anteile am Neugeschäft Mobilien-Leasing

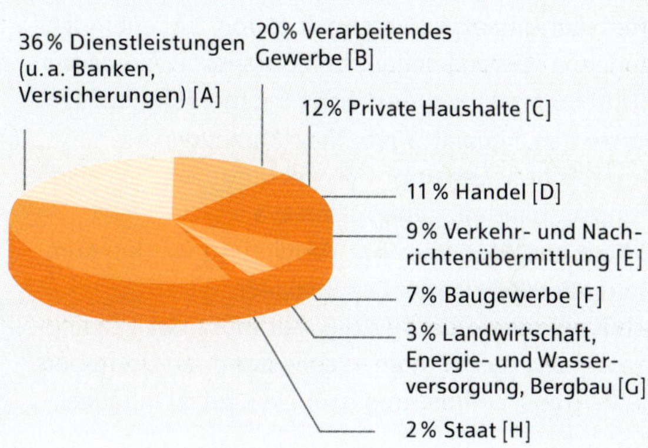

vgl. BDL

Leasingformen

Betrachtet man die Formen des Leasings, so sind folgende Unterscheidungen gebräuchlich:

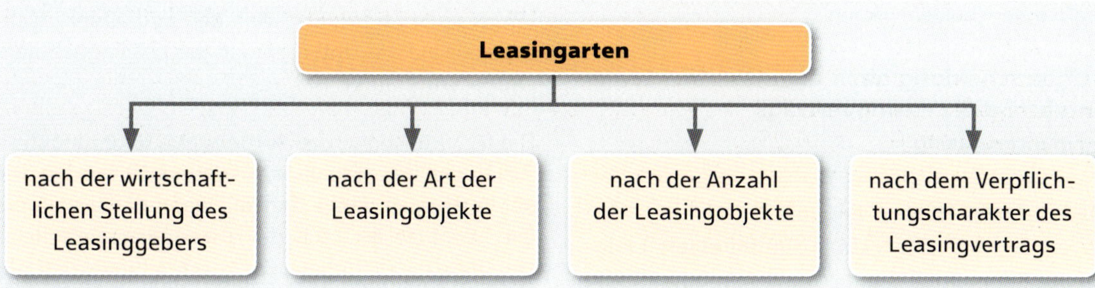

1. Unterscheidung nach der wirtschaftlichen Stellung des Leasinggebers

1.1 Direktes Leasing (Herstellerleasing)

Leasinggeber ist der Hersteller selbst oder eine speziell dafür eingerichtete Tochtergesellschaft.

1.2 Indirektes Leasing

Zwischen dem Hersteller und dem Leasingnehmer steht eine **herstellerunabhängige Leasinggesellschaft** als Leasinggeber.

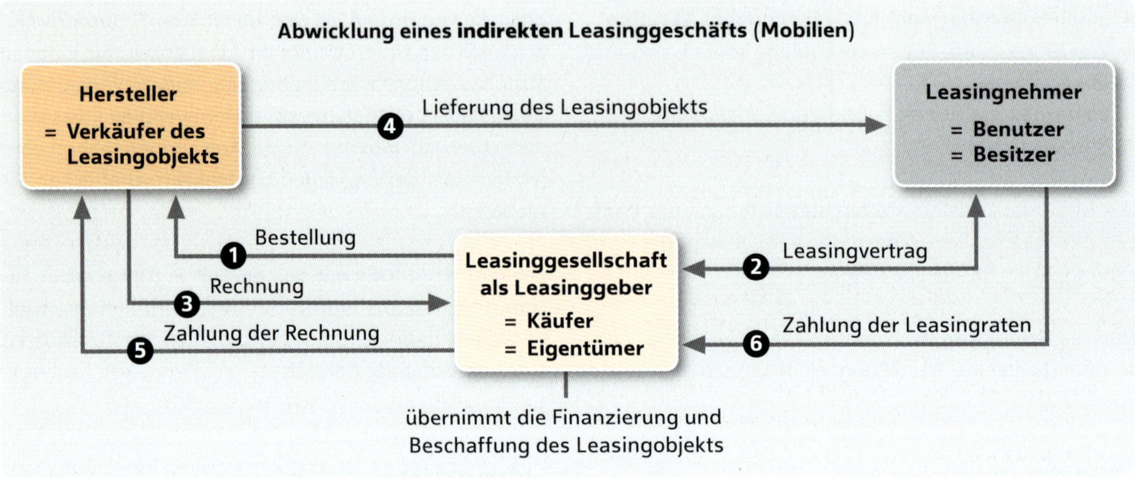

2. Unterscheidung nach der Art der Leasingobjekte

2.1 Investitionsgüter-Leasing in Form von

- **Mobilien-Leasing:** Vermietung von Ladeneinrichtungen, Telefonanlagen, Computern, EDV-Anlagen, Schreibmaschinen, Auszeichnungsgeräten, Kassensystemen, Regalanlagen, Nutzfahrzeugen u. a.
- **Immobilien-Leasing:** Vermietung von Verwaltungsgebäuden, Lagerhallen u. a.

2.2 Konsumgüter-Leasing: Vermietung von Konsumgütern mit relativ langer Lebensdauer

Nach Beendigung der Vertragszeit muss der Leasingnehmer den gemieteten Gegenstand zurückgeben. Eine Vertragsverlängerung oder ein Kauf ist möglich.

3.Unterscheidung nach der Anzahl der Leasingobjekte

3.1 Equipment-Leasing

Geleast wird ein einzelnes bewegliches Wirtschaftsgut.

3.2 Plant-Leasing: Geleast wird eine ganze Betriebsanlage, die aus beweglichen und unbeweglichen Wirtschaftsgütern bestehen kann.

4. Unterscheidung nach dem Verpflichtungscharakter des Leasingvertrags

4.1 Finance-Leasing[1]

Merkmale des Finance-Leasings:

- Verträge mit einer **festen Grundmietzeit** (Langfristcharakter)
- Der Vertrag kann während der Grundmietzeit von beiden Seiten **nicht gekündigt** werden.
- Die Grundmietzeit ist kürzer als die betriebsgewöhnliche Nutzungsdauer.
- Das **Investitionsrisiko** (Risiko des zufälligen Untergangs, der wirtschaftlichen Entwertung durch technischen Fortschritt während der Grundmietzeit) liegt **beim Leasingnehmer.**
- Der Leasinggeber stellt das Kapital zur Verfügung und trägt das Kreditrisiko.

4.2 Operating-Leasing

DEFINITION

Operating-Leasing lässt sich beschreiben als die Vermietung von Objekten, die einem raschen technischen Fortschritt unterliegen.

BEISPIELE

Fotokopiergeräte, EDV-Anlagen und andere nicht speziell auf das Unternehmen des Leasingnehmers abgestellte Güter

Die Objekte können bei technischen Neuerungen sofort gegen das aktuellste ausgetauscht werden. Dieser Vertrag ist daher sinnvoll, wenn das Leasingobjekt weniger als 40 % der „betriebsgewöhnlichen Nutzungsdauer“ (meist der Abschreibungszeitraum) gebraucht werden soll.

1 Auf die unterschiedlichen Vertragsmodelle des Finance-Leasing wie Voll- und Teilamortisationsvertrag wird nicht weiter eingegangen.

Kennzeichnend für das Operating-Leasing ist ebenfalls, dass der Leasingnehmer meist nicht weiß, wie lange er die Sache braucht oder ob er sie anschließend erwerben will. Operating-Leasing kommt folglich auch dann zur Anwendung, wenn das Einzelhandelsunternehmen seine Kapazität wirtschaftlichen Schwankungen anpassen möchte, ohne dabei das Risiko einer Fehlinvestition eingehen zu wollen.

BEISPIELE

- Vergrößerung des Fuhrparks
- Ausbau einer Stabsstelle u. a. mit diverser Hightech-Bürotechnologie für eine gewisse Zeit

Merkmale des Operating-Leasings:

- Vertrag **ohne feste Grundmietzeit** und mit kurzen Laufzeiten
- **Vertrag** kann vom Leasingnehmer unter Beachtung vereinbarter Kündigungsfristen **jederzeit gekündigt** werden.
- Ziel dieses Vertrags ist nicht die „Finanzierung" des Objekts, sondern allein die Gebrauchsüberlassung gegen ein Entgelt.
- Der Leasinggeber verpflichtet sich, das Objekt zu überwachen, instand zu halten (Übernahme von Reparatur- und Wartungskosten sowie von Versicherungen) und bei Bedarf auszutauschen.
- Das Vermarktungsrisiko am Ende der Leasing-Laufzeit trägt alleine der Leasinggeber.

Besonderheit dieser Vertragsgestaltung ist weiterhin, dass der Leasinggeber keine Abschlusszahlung erhält. Er trägt selbst das **Investitionsrisiko** und die Kosten, wenn der Leasingvertrag beendet wird, bevor die Ausgaben durch die Leasingraten wieder eingenommen wurden.

Die universellen Güter des Operating-Leasings rentieren sich meist erst durch eine **mehrmalige „Vermietung"** an verschiedene Leasingnehmer, die diese hintereinander nutzen. Da hier die Sache nur gegen Bezahlung zum Gebrauch überlassen wird und nicht zugleich eine Finanzierung gewollt ist, überwiegt der **mietrechtliche Charakter.** Das Operating-Leasing wird deshalb überwiegend nach Mietrecht beurteilt.

Für den Fall der Kündigung werden Abschlusszahlungen des Leasingnehmers fällig, die bereits bei Vertragsbeginn im Leasingvertrag, gestaffelt nach Kündigungsterminen, festgelegt sind. Da der Vertrag jederzeit verlassen werden kann, ist mit hohen Leasingraten bzw. einer hohen Abschlusszahlung zu rechnen.

Beurteilung

Leasing	
Vorteile	**Nachteile**
• Keine Bindung des Eigenkapitals, da eine 100-prozentige Fremdfinanzierung möglich ist. • Eigenkapital kann rentabler eingesetzt werden a) im ertragsstarken Umlaufvermögen und b) durch Einräumung von Rabatt oder Sonderangeboten. • Die Liquidität wird geschont bzw. erhöht, da weder eigene noch fremde Mittel benötigt werden. Die Mieten werden aus dem laufenden wirtschaftlichen Ertrag des Mietobjekts bezahlt. • Leasingraten sind Fremdkapitalkosten, die steuerlich Betriebsausgaben darstellen und daher die Steuerbelastung mindern (wenn wirtschaftlich die Objekte nicht dem Leasingnehmer zugerechnet werden). • Durch schnelle Anpassung an den technischen Fortschritt schützt Leasing vor Überalterung der Anlagen. • Leasing bietet einen Servicevorteil durch Beratung, Wartung und Reparatur des Leasingobjekts durch den Leasinggeber. • Der Finanzierungsspielraum und die Kreditlinien bleiben für den kurz- und mittelfristigen Finanzbedarf erhalten. • Das Verhältnis zwischen Eigen- und Fremdkapital ändert sich nicht (gleichbleibende Bilanzrelationen). • Der Leasingnehmer hat feste monatliche Raten, die eine genaue Kalkulation ermöglichen. • Für die Dauer des Leasingvertrags liegen die monatlichen Leasingraten fest. Sie bleiben von Preisänderungen unberührt. Das Risiko trägt der Leasinggeber. • Leasing erleichtert den Kosten-Nutzen-Vergleich einer Investition, da die anfallenden Kosten genau fixiert sind. Investitionsentscheidungen können so leichter abgeklopft werden, ob sie vorteilhaft sind.	• Hohe finanzielle Belastung mit fixen Kosten • Das Leasing ist teurer als der Kreditkauf. • Die Leasingobjekte müssen ihre Miete erst verdienen, was besonders in Krisenzeiten nicht immer möglich ist. • Der Leasingnehmer ist während der Grundmietzeit (beim Finance-Leasing) vertraglich fest gebunden. • Investitionsobjekte sind nicht im Eigentum des Nutzers. • Sie können deshalb auch nicht – quasi kostenlos – nach der Abschreibungszeit weiterarbeiten. • Die eventuell gewinnbringende Verwertung des Investitionsobjekts nach Ende der betrieblichen Nutzung liegt beim Leasinggeber.

AUFGABEN

1. Was verstehen Sie unter „Leasing"?
2. Aus welchen Rechengrößen setzt sich die Leasingrate zusammen?
3. Nennen Sie die Vorteile des Leasingverfahrens für den Leasingnehmer.
4. Welche Nachteile ergeben sich aus dem Leasingverfahren?
5. Beschreiben Sie die Abwicklung eines indirekten Leasinggeschäfts.
6. Worin unterscheidet sich das Finance-Leasing vom Operating-Leasing?
7. Über welche Güter werden in den beiden Vertragstypen der Aufgabe 6 Verträge geschlossen?
8. Um den Kundenservice nachhaltig zu verbessern, haben die Verantwortlichen des Warenhauses Ambiente AG beschlossen, fünf weitere Fahrzeuge für den Außendienst im Gesamtwert von 162.000,00 € anzuschaffen.

Für die nötige Kapitalbeschaffung dieser Investition stehen zwei Finanzierungsmöglichkeiten zur Verfügung:

- Darlehensangebot der Hausbank über
  - ein Ratentilgungsdarlehen mit $16\,^2/_3$ % Ratentilgung pro Jahr
  - Darlehensnominalbetrag in Höhe von 162.000,00 €
  - Laufzeit 6 Jahre
  - Sollzins 3,5 % p.a.
  - Zahlungs- und Tilgungstermine jährlich
- Abschluss eines Leasingvertrages:
  - Grundmietzeit: 72 Monate
  - Effektiver Zinssatz 11,92 %
  - Einmalige Abschlussgebühr: 9,0 % vom Gesamtwert, fällig mit der 1. Leasingrate
  - Jährliche Leasingrate 17,0 % des Kaufwertes, zahlbar jeweils am Ende des Jahres

1. a) Ermitteln Sie die gesamte Zinsbelastung in Euro.
   b) Berechnen Sie, wie viel Prozent des Kaufpreises die Zinsbelastung beträgt.
   c) Wie hoch ist die Gesamtbelastung für das Ratentilgungsdarlehen?

Die Tilgung des Bankkredits soll mithilfe der folgenden Tabelle dargestellt werden:

Jahr	Kreditbetrag am Jahresanfang	Zinsen 3,5 %	Tilgung in €	Tilgung und Zins(jährl. Belastung)	Kreditsumme
1	162.000,00	5.670,00	27.000,00	32.670,00	135.000,00
2	135.000,00				

2. Wie viel Euro beträgt die Gesamtbelastung für die Finanzierung mittels Leasing?

AKTIONEN

1. Die im Einstiegsfall zum Kapitel 14.5 geplanten Investitionen in Höhe von 750.000,00 € könnten auch geleast werden. Stellen Sie in Form einer Skizze den Ablauf dieses Leasinggeschäfts mit seinen sechs Phasen dar.
2. Führen Sie eine Pro-und-Kontra-Diskussion zum Thema „Leasing – eine alternative Finanzierungsform im Einzelhandel" durch. Bereiten Sie für die Rollenspieler die Rollenkarten vor:

- Marc Kreibohm, Geschäftsführer einer Leasinggesellschaft: Pro,
- Benjamin Mehrbaum, Mitarbeiter der Ambiente Warenhaus AG: Kontra,
- Janina Schwerdtfeger, Vertreterin eines Bankhauses: Kontra.

Formulieren Sie für die Rollenspieler die entsprechenden Pro- und Kontra-Argumente.

222270344

ZUSAMMENFASSUNG

Leasing
= langfristige Finanzierung von Anlagevermögen

bedeutet, dass

- vom Leasingnehmer Investitionsgüter gemietet werden;
- der Leasingnehmer eine monatliche Leasingrate zu zahlen hat;
- der Leasinggeber Eigentümer des Leasingobjekts bleibt;
- der Leasinggeber eine Finanzierungsgesellschaft oder der Hersteller ist;
- nach Ablauf der Vertragszeit der gemietete Gegenstand weitergemietet, gekauft oder zurückgegeben werden kann.

Einteilungskriterien	**Leasingarten**
nach der wirtschaftlichen Stellung des Leasinggebers	direktes Leasing indirektes Leasing
nach den Leasingobjekten	Investitionsgüter-Leasing • Mobilien-Leasing • Immobilien-Leasing Konsumgüter-Leasing
nach der Anzahl der Objekte	Equipment-Leasing Plant-Leasing
nach dem Verpflichtungscharakter des Leasingvertrags	Finance-Leasing Operating-Leasing

KAPITEL 8

Wir informieren uns über die Sicherung von Bankkrediten

Jens Lembke, Inhaber des Kaffeshops in Schönstadt, möchte gern auf ein Angebot der Ambiente Warenhaus AG eingehen und zwei weitere Geschäfte unter dem Dach der Ambiente Warenhaus AG in Hamburg und Rostock eröffnen.

Die dazu benötigten finanziellen Mittel in Höhe von 120.000,00 € will er über die Aufnahme eines langfristigen Kredits bei seiner Hausbank besorgen.

Schnell wird man sich in den Geschäftsräumen der Bank über die Kreditkonditionen einig. Allerdings ist der Bankenvertreter, Herr Brendel, nur bereit, die Kreditsumme gegen entsprechende von Herrn Lembke einzubringende Sicherheiten bereitzustellen.

1. Erläutern Sie, warum ist es normalerweise bei den Banken nicht üblich ist, Kredite ohne Sicherheiten zu gewähren.

Verhandlung mit der Hausbank über Kreditkonditionen

2. Machen Sie Vorschläge, welche Sicherheiten Jens Lembke der Bank für seinen Kredit zur Verfügung stellen könnte.

INFORMATION

Kreditprüfung und Kreditvertrag

Kredit bedeutet, dass Geld durch den Kreditgeber an den Kreditnehmer (= Schuldner) gegeben wird. Der Kreditnehmer gibt dabei seine Zusage, das Geld zu einem vereinbarten späteren Zeitpunkt zurückzuzahlen.

Bevor allerdings der Kreditvertrag abgeschlossen wird, findet eine Kreditprüfung statt. Sie umfasst u.a. die Prüfung der Kreditfähigkeit und der Kreditwürdigkeit (Bonität).

1. Kreditfähigkeit

Kreditfähig ist, wer rechtswirksam Kreditgeschäfte abschließen kann.

Das sind
- natürliche Personen, die voll geschäftsfähig sind,
- handelsrechtliche Personenvereinigungen (OHG/KG),
- juristische Personen des privaten und öffentlichen Rechts, wenn sie rechtsfähig sind, d. h., wenn sie im Handelsregister eingetragen sind.

2. Kreditwürdigkeit

Neben der Kreditfähigkeit hat die **Kreditwürdigkeit** besondere Bedeutung. Sie ist abhängig von persönlichen und materiellen Faktoren.

2.1 Materielle Faktoren

Die materielle Kreditwürdigkeit bezieht sich auf die wirtschaftliche Lage des Kreditnehmers. Bei Unternehmen ist es in erster Linie die Liquiditäts- und Ertragslage.

Im Einzelnen können für die Beurteilung der Kreditwürdigkeit die folgenden Unterlagen/Hilfsmittel herangezogen werden **(= sachliche Prüfung)**:
- Handelsregister- und Grundbuchauszüge
- Investitionspläne
- Steuerunterlagen
- Bilanz
- GuV-Rechnung
- Gesellschaftsvertrag
- Finanzplan, der über die betriebliche Liquidität – sprich Zahlungsfähigkeit – informiert
- Geschäftsbücher, z. B. Kreditoren- und Debitorenziel, Lagerdauer, Auftragsbestand
- Betriebsbesichtigung (Zustand der Geschäftseinrichtung, Organisation)
- Auskünfte von z. B. Auskunfteien, anderen Banken, Kammern, Verbänden

2.2 Persönliche Faktoren

Zur persönlichen Kreditwürdigkeitsprüfung zählen bei natürlichen Personen:

222270346

- charakterliche Eigenschaften, wie z. B. Fleiß, Tüchtigkeit, Zuverlässigkeit
- fachliche und kaufmännische Qualifikationen, z. B. Berufserfahrung, Studienabschlüsse, Auslandsaufenthalte
- „geordnete" finanzielle Verhältnisse (keine nennenswerten Schulden und keine größeren ungewöhnlichen finanziellen Belastungen)
- persönliche Haftungsverhältnisse, z. B. Vollhafter in einer OHG oder „nur" Teilhafter in einer KG
- unternehmerische Fähigkeiten

Dazu kommt der „gute" Eindruck, den ein Kreditnehmer hinterlassen sollte: seriös, entschlossen, tatkräftig, überzeugt von sich selbst und seinem Vorhaben sowie – vor allem – gut vorbereitet für das Kreditgespräch.

Bedeutsam sind auch:
- die familiären Verhältnisse
- das Image des Unternehmens
- ob der Kreditsuchende seriös und gewissenhaft ist und ob er pünktlich zahlt

Da Gewissenhaftigkeit und pünktliche Zahlungsweise aber nicht vom Gesicht abzulesen sind, bedienen sich Banken bestimmter Grundlagen, um die wirtschaftlichen Verhältnisse des Kreditnehmers zu prüfen.
Heutzutage umfasst die Kreditwürdigkeitsprüfung drei Bestandteile:
- die **vergangenheitsbezogene** Auswertung der Jahresabschlüsse
- die Beurteilung der **gegenwärtigen** Situation auf der Grundlage von betriebswirtschaftlichen Auswertungen
- die **zukunftsbezogene** Darstellung der wirtschaftlichen Verhältnisse. In diesem Zusammenhang ist die sogenannte „Kapitaldienstfähigkeit" des Einzelhändlers von besonderer Bedeutung. Hiermit ist eine ausreichend hohe zu erwartende Rentabilität gemeint.

Und letztlich: Je mehr Eigenkapital der Kreditnehmer einsetzen kann, desto besser sind die Erfolgsaussichten, die gewünschte Kreditsumme auch zu erhalten.

2.3 Goodwill

Sehr häufig spielt bei der Kreditvergabe auch der **Goodwill (Geschäfts- oder Firmenwert)** des Einzelhandelsunternehmens eine große Rolle.

Der Geschäfts- oder Firmenwert ist der Teil des Unternehmenswertes, der über den Buchwert hinausgeht. Der Goodwill setzt sich aus Werten zusammen, die nicht in der Bilanz erscheinen, aber maßgeblich am Unternehmenserfolg beteiligt sein können.

Er ist umso höher, je positiver die folgenden firmenwertbildenden Faktoren bewertet werden:
- Standort (verkehrsgünstige Lage)
- Zukunftsaussichten des Unternehmens
- bekannter Markenname
- gesicherter Kundenstamm
- treue Stammkundschaft
- Zahlungsverhalten des Einzelhändlers
- vorhandene Patente und Lizenzrechte
- gut qualifiziertes Personal
- gutes Management
- rationelle betriebliche Organisation

Bei all diesen Faktoren ist es jedoch schwierig, eine Bewertung vorzunehmen.

2.4 Eigenkapital als Bonitätsfaktor

Mittlerweile berücksichtigen Kreditinstitute die Bonität[1] ihrer Kunden und die Verwertbarkeit der Sicherheiten – und damit das Ausfallrisiko eines Kredits – stärker. Wie viel **Eigenkapital zur Absicherung von Krediten** eingesetzt werden muss, hängt ebenfalls von der Bonität des Kreditnehmers ab:
- Je geringer die Bonität des Kreditnehmers ist, desto mehr Eigenkapital muss das Kreditinstitut hinterlegen und umgekehrt.
- Je mehr Eigenkapital ein Kreditinstitut hinterlegen muss, desto höher wird der Zinssatz für ein gewährtes Darlehen sein und umgekehrt.

1 Einwandfreier Ruf einer Person oder eines Unternehmens im Hinblick auf ihre Zahlungsfähigkeit und -willigkeit

- Damit sind die Kosten bzw. Zinsen für einen Kredit je nach Risiko eines Zahlungsausfalls unterschiedlich hoch.

Die einfache Formel lautet:
- Gute Bonität = geringes Risiko = niedrige Kreditzinsen
- Schlechte Bonität = hohes Risiko = hoher Zinssatz bei Kreditvergabe oder gar kein Kredit

Gründe für Kreditablehnung
(Angaben in %, Mehrfachnennung möglich)

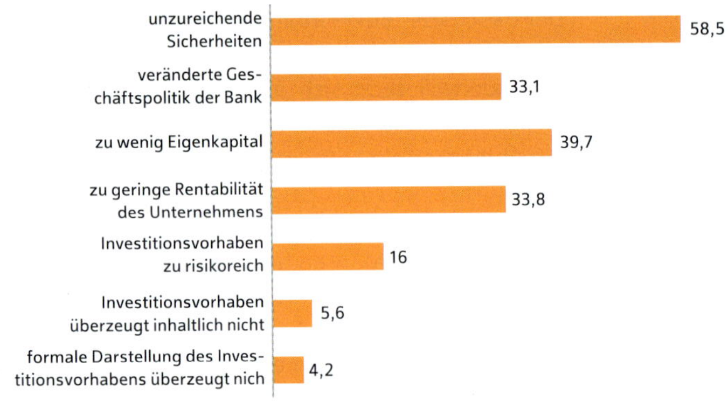

Quelle: Bundesministerium für Wirtschaft und Energie: Gründerzeiten 14, Sicherheiten – Bürgschaften – Rating. Gründe für Kreditablehnung. In: www.existenzgruender.de. April 2018. https://www.existenzgruender.de/SharedDocs/Downloads/DE/GruenderZeiten/GruenderZeiten-14.pdf?__blob=publicationFile, Seite 3 [22.01.2019].

Die Finanzkraft eines Kreditnehmers (Bonität) soll auch mithilfe eines Ratings festgestellt werden.

3. Rating

DEFINITION

Als **Rating**[1] bezeichnet man eine Aussage über die zukünftige Fähigkeit eines Unternehmens zur vollständigen und termingerechten Tilgung und Verzinsung seiner Schulden.

Beim Rating werden analysiert:
- die wirtschaftliche Situation des Unternehmens
- die Qualität des Managements und der Unternehmensorganisation
- die Situation des Unternehmens im Markt und die Zukunft des Marktes und der Branche
- die Beziehung zwischen Unternehmen und Hausbank
- die Unternehmensentwicklung und die Unternehmensplanung.

Die Einstufung der Bonität in eine Rangliste ist daher eine Art Schulnote über die Kreditwürdigkeit eines Unternehmens, die gleichzeitig seine momentanen wirtschaftlichen Stärken und Schwächen aufzeigt. Das Spektrum reicht von AAA = sehr gute Bonität über BBB = gut bis zu C = schlechte Bonität (Vorsicht: Insolvenzgefahr) bzw. D = bereits eingetretene Zahlungsstörung.

Kreditsicherungen (Kreditarten)

„Ein Kredit“, spottete einst der britische Aristokrat Lord Chesterfield, „ist ein Regenschirm, den man bei Sonnenschein leicht bekommt, aber beim ersten Regentropfen zurückgeben muss.“

Ein Aphorismus[2], den mancher deutsche Einzelhändler bestätigen kann: Wer keine Sicherheiten zu bieten hat, hat bei Kreditverhandlungen mit der Hausbank einen schweren Stand.

Denn kein Kreditgeber kann sicher sein, dass der Kreditnehmer den Kredit zum vereinbarten Termin zurückzahlen und die Zinsen für den gewährten Kredit aufbringen kann.

Daher müssen sich Kreditinstitute durch eine Kreditsicherung bei Zahlungsunfähigkeit des Schuldners vor Verlusten schützen.

Sicherheiten müssen das Risiko eines Kreditausfalls abdecken. Für die Bank ist es ideal, wenn der Wert der Sicherheit über der Darlehenssumme liegt.

BEISPIEL

Ein Warenlager, in dem sich seit mehreren Jahren unverkäufliche Ware stapelt, ist als Sicherheit nicht geeignet. Dagegen kann der Wert eines gepflegten Garagenwagens höher als der entsprechende Listenpreis sein.

1 englisch to rate = jemanden einschätzen, beurteilen
2 [gr.-lat.] prägnant-geistreich formulierter Gedanke, der eine Erfahrung oder Lebensweisheit vermittelt

Letztlich wird aber kein Kreditinstitut einem Kredit suchenden Einzelhändler allein wegen seiner nachgewiesenen Sicherheiten einen Kredit gewähren. Sicherheiten werden immer nur ein zusätzliches Argument sein für eine Kreditvergabe. Im Mittelpunkt bleiben das Konzept und die Erfolgswahrscheinlichkeit des Vorhabens, für das der Einzelhändler Geld beantragt.

Einfache Personalkredite (Blankokredite)

Einfache Personalkredite werden ausschließlich aufgrund der Kreditwürdigkeit des Kreditnehmers gewährt und sind fast immer kurzfristig. Zu ihnen zählen der Kontokorrentkredit, der Liefererkredit und Kundenanzahlungen.

Die Kreditwürdigkeit wird in erster Linie nach der persönlichen Zuverlässigkeit des Kreditnehmers, seinem guten Ruf und dem Vertrauen in seine wirtschaftliche Leistungsfähigkeit beurteilt Da besondere Sicherheiten nicht verlangt werden, wir die Kreditwürdigkeit immer sehr sorgfältig geprüft.

Verstärkte (erweiterte) Personalkredite

Ist beim Kreditnehmer keine ausreichende Gewähr für die termingerechte Rückzahlung und Verzinsung des Kredits gegeben, müssen außer dem Schuldner noch weitere Personen haften.

Verstärkte Personalkredite können in Form des
- Bürgschaftskredits und des
- Zessionskredits

gewährt werden.[1]

1. Bürgschaftskredit

1.1 Ablauf beim Bürgschaftskredit

Dem Bürgschaftskredit liegen zwei Rechtsgeschäfte zugrunde:
- der **Kreditvertrag** (zwischen Kreditnehmer = Hauptschuldner und Bank = Gläubiger) und
- der **Bürgschaftsvertrag** (zwischen Bank und Bürge = Nebenschuldner).

Kommt der Kreditnehmer seiner Zahlungsverpflichtung nicht rechtzeitig nach, so kann sich der Kreditgeber (Gläubiger) an den Bürgen wenden. Die Bürgschaft erlischt, wenn der Kreditnehmer (Schuldner) den Kredit getilgt hat.

DEFINITION

Der **Bürgschaftsvertrag** ist ein einseitig verpflichtender Vertrag. Darin verpflichtet sich der Bürge, für die Erfüllung der Verbindlichkeit des Hauptschuldners einzustehen (§ 765 BGB).

Normalerweise ist beim Bürgschaftsvertrag die Schriftform erforderlich (§§ 766, 126 BGB). Unter Kaufleuten ist die mündliche und elektronische Form möglich (§ 350 HGB), soweit sie aufseiten des Bürgen ein Handelsgeschäft ist.

Sittenwidrig sind die Verträge allerdings, wenn Bürgen – vor allem junge Erwachsene – beim Scheitern der Kreditrückzahlung die Schulden ein Leben lang nicht abtragen können und die Bank dabei geschäftliche Unerfahrenheit ausnutzt (§ 138 BGB).

BEISPIELE

- Eine 21-jährige Arbeitslose bürgt für die Ausweitung der Geschäftskredite ihres Vaters.
- Ein 23-jähriger Zeitsoldat haftet für den Baukredit des Vaters von 1,2 Mio. €. Hier muss ein Gericht allerdings noch prüfen, ob der Sohn als Mitunternehmer einsteigen sollte. Bei großem Eigeninteresse müsste der Bürge den Vertrag dann erfüllen.

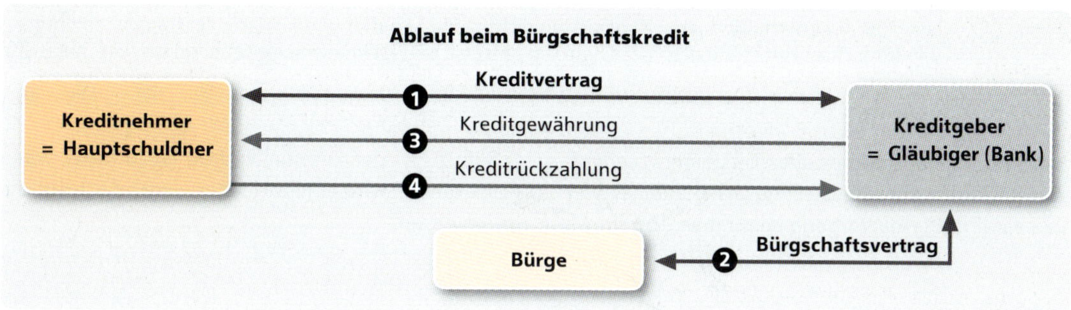

1 Auf den Wechseldiskontkredit soll im Rahmen dieser Ausführungen nicht eingegangen werden.

Die Bürgschaft eignet sich wegen der fehlenden dauerhaften Wertgarantie nicht zur Sicherung von langfristigen Krediten.

1.2 Bürgschaftsarten

Es sind **zwei Arten der Bürgschaft** zu unterscheiden:

- die Ausfallbürgschaft und
- die selbstschuldnerische Bürgschaft.

2. Zessionskredit

2.1 Ablauf beim Zessionskredit

Beim Zessionskredit wird die Bank (= neuer Gläubiger; Zessionar) durch die **Abtretung von Forderungen** Eigentümerin der Forderung. Mit dem Abtretungsvertrag

Ausfallbürgschaft

- Bei der **Ausfallbürgschaft** muss der Bürge erst zahlen, wenn gegen den Hauptschuldner (Kreditnehmer) erfolglos die Zwangsvollstreckung betrieben wurde.
- Der Bürge hat nämlich in diesem Fall die **Einrede der Vorausklage** (§ 771 BGB), die ihm das Recht gibt, die Zahlung zu verweigern, solange der Gläubiger nicht erfolglos eine Zwangsvollstreckung in das Vermögen des Hauptschuldners (z. B. durch Pfändung) versucht hat.
- Der Bürge haftet nur für den **Ausfall.** Zahlt demnach der Kreditnehmer lediglich einen Teil seiner Schuld, muss der Bürge in Höhe des noch bestehenden Ausfalls haften.
- Der Gläubiger muss die Höhe des Ausfalls nachweisen.
- Der Kreditnehmer zahlt für eine Ausfallbürgschaft eine einmalige Bearbeitungsgebühr zwischen 0,6 % bis 1,5 % der verbürgten Summe sowie eine laufende Provision ab 0,6 %.

Ablauf bei der Ausfallbürgschaft

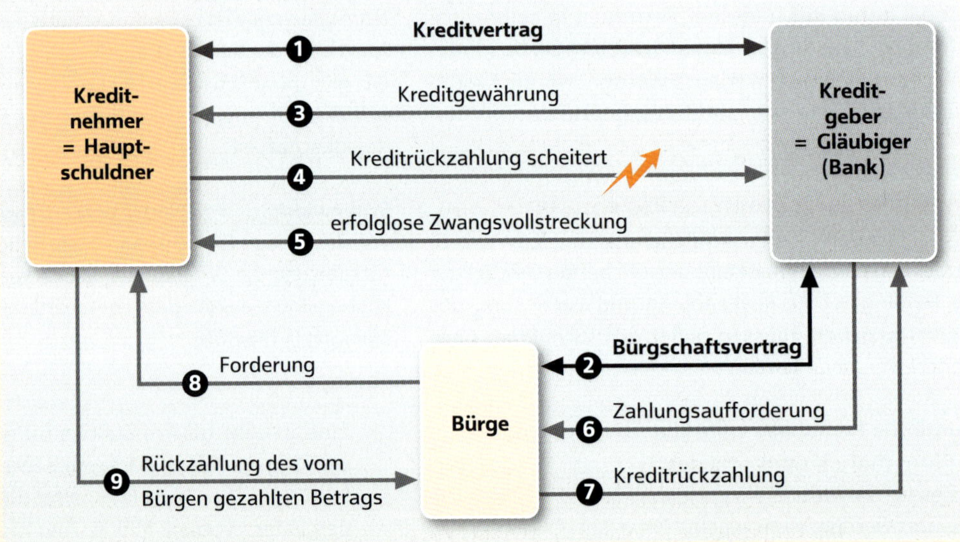

Selbstschuldnerische Bürgschaft

- Die Einrede der Vorausklage ist ausgeschlossen, wenn der Bürge im Bürgschaftsvertrag ausdrücklich auf sie verzichtet hat. Man spricht dann von einer **selbstschuldnerischen Bürgschaft.**
- In diesem Fall kann der Bürge ohne vorherige Zwangsvollstreckung zur Zahlung verpflichtet werden, – wenn der Hauptschuldner am Fälligkeitstag nicht zahlt. Er haftet genauso wie der Hauptschuldner.
- Die Bürgschaft von Kaufleuten bei einem Handelsgeschäft ist immer selbstschuldnerisch (§ 349 HGB).

tritt die Bank an die Stelle des alten Gläubigers (Zedent), der damit seine rechtliche Stellung als Gläubiger vollständig aufgibt. Diesen Vorgang nennt man „Zession[1]“ (§ 398 BGB). Der Zessionsvertrag ist formfrei. Aus Beweisgründen wird er jedoch überwiegend schriftlich abgeschlossen.

1 [lat.] cedere = abtreten, zurücktreten

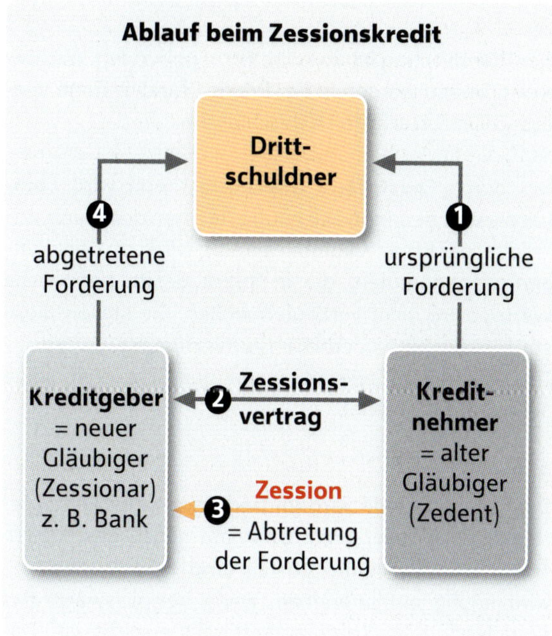

2.2 Arten der Zession

- Stille Zession

  Von **stiller Zession** ist immer dann die Rede, wenn der Drittschuldner von der Forderungsabtretung nichts erfährt. Er zahlt nach wie vor an seinen Gläubiger, der das Geld anschließend an die Bank (neuer Gläubiger) weiterleitet.

- Offene Zession

  Wird er allerdings von der Abtretung der Forderung benachrichtigt, so liegt eine **offene Zession** vor. Hierbei muss der Drittschuldner an die Bank mit befreiender Wirkung direkt zahlen. Um sicherzugehen, dass der Drittschuldner von der Zession erfährt, senden Kreditinstitute eine Abtretungsanzeige an den Drittschuldner und lassen sich den Empfang schriftlich bestätigen.

Die stille Zession hat in der Praxis die größere Bedeutung.

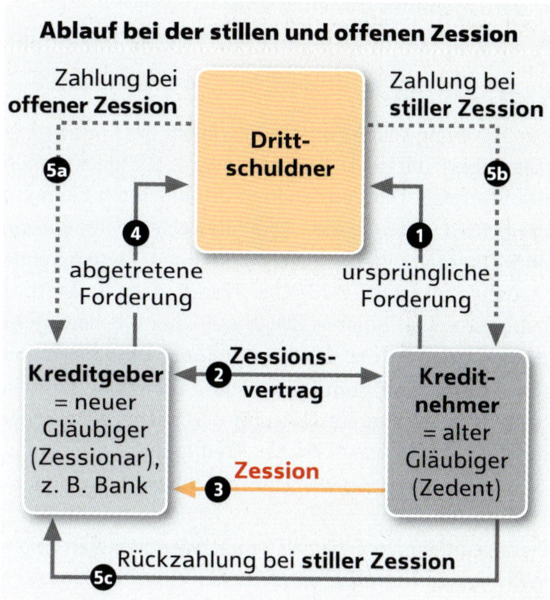

	stille Zession	offene Zession
Chancen	Für den Kreditnehmer (Zedenten): • Der Drittschuldner (Kunde) erfährt nichts von der Abtretung. • Das Ansehen bleibt erhalten.	Für den Kreditgeber (Zessionar), z. B. Bank: • größere Sicherheit, da der Drittschuldner nur an den Kreditgeber (Bank) zahlen kann • keine Mehrfachabtretungen möglich
Risiken	Für den Kreditgeber, z. B. Bank: • Die abgetretene Forderung existiert nicht oder nicht mehr. • Gefahr der Mehrfachabtretung (Die Forderung wurde bereits an einen weiteren Zessionar abgetreten.) • Drittschuldner zahlt an Kreditnehmer, der die Zahlung nicht an den Kreditgeber (Zessionar) abführt, sondern sie anderweitig verwendet. • Drittschuldner hat die Abtretung vertraglich ausgeschlossen. • Forderungen können zweifelhaft oder uneinbringlich werden. • Kreditinstitute bevorzugen daher die offene Zession.	Für den Kreditnehmer (Zedent): • Der Drittschuldner (Kunde) erfährt durch die Benachrichtigung von der Kreditaufnahme/den Zahlungsschwierigkeiten des Kreditnehmers. • Rufschädigung (Imageverlust) und Minderung der Kreditfähigkeit

1 [lat.] cedere = abtreten, zurücktreten

Sicherung durch Sachen (Realsicherheiten)

Realsicherheiten bzw. Realkredite sind Kredite, bei denen die Forderung des Kreditgebers durch **bewegliche und unbewegliche Sachen** (Dinge) abgesichert wird. Daher spricht man auch von **dinglicher Sicherung.**

Zu unterscheiden sind
- das Pfandrecht,
- die Sicherungsübereignung,
- der Eigentumsvorbehalt und
- die Grundpfandrechte Hypothek und Grundschuld.

1. Pfandrecht

Zur Sicherung seiner Forderung schließt der Kreditgeber (Gläubiger) mit dem Kreditnehmer (Schuldner) einen Pfandvertrag. Die Verpfändung erfolgt durch Einigung der beiden Parteien, dass ein Pfandrecht bestehen soll, und Übergabe des zu verpfändenden Gegenstands (Faustpfand; § 1205 BGB). Das **Pfand,** wie z.B. Wertpapiere, Schmuck, Edelmetalle, Waren oder Wechsel, **geht dabei in den Besitz des Kreditgebers über,** während der **Schuldner Eigentümer** bleibt. Damit ist für den Schuldner die weitere Nutzung der Sache nicht mehr möglich. Andererseits ist der Kreditgeber verpflichtet, die verpfändeten Sachen sicher aufzubewahren.

Der Kreditnehmer erhält als Kredit aber nicht den vollen Wert seines Pfandes, sondern nur einen bestimmten Prozentsatz davon (Beleihungswert). Damit wollen sich die Banken vor dem Risiko des Wertverlusts schützen.

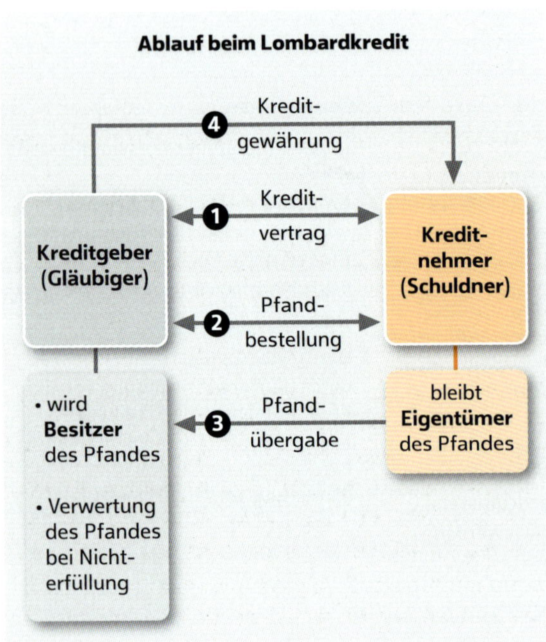

Der Pfandvertrag ist an keine Form gebunden. Aus Beweisgründen werden in der Praxis Pfandverträge aber ausschließlich schriftlich geschlossen.

Der durch **Faustpfand** gesicherte Kredit wird **Lombardkredit** genannt. Die häufigste Form des Lombardkredits, der Effektenlombardkredit, wird von Bankkunden aufgenommen, die in ihrem Besitz befindliche Wertpapiere nicht verkaufen wollen. Sie stellen diese stattdessen als Sicherheiten zur Verfügung.
Das Pfandrecht erlischt, wenn der Schuldner seine Schulden bezahlt hat.

Bedeutung

Der Lombardkredit wird im Gegensatz zum Kontokorrentkredit in voller Höhe zu einem genau bestimmten Termin zur Verfügung gestellt und zurückgezahlt. Er wird häufig aufgenommen, wenn beispielsweise das Kreditlimit beim Kontokorrentkredit erreicht ist. Dadurch ist es möglich, finanzielle Mittel zur Überbrückung von vorübergehenden Liquiditätsschwierigkeiten kurzfristig zu beschaffen, ohne aber die beweglichen Sachen selbst verkaufen zu müssen. Die Kreditdauer lässt sich dabei den jeweiligen betrieblichen Erfordernissen anpassen. Andererseits sind die Kreditkosten relativ hoch.

Wenn der Schuldner seinen Verpflichtungen aus dem Kreditvertrag nicht nachkommt, hat der Kreditgeber das Recht, die verpfändeten Sachen versteigern zu lassen und seine Forderung aus dem Erlös zu befriedigen.

2. Sicherungsübereignung

Besitzt der Unternehmer zur Sicherung eines Kredits keine Gegenstände, die er verpfänden könnte, so besteht die Möglichkeit, dass er der Bank Vermögensgegenstände als Sicherheit anbietet, z.B. einen Lieferwagen, Teile der Geschäftseinrichtung oder der Transporteinrichtung, seltener Warenvorräte.

222270352

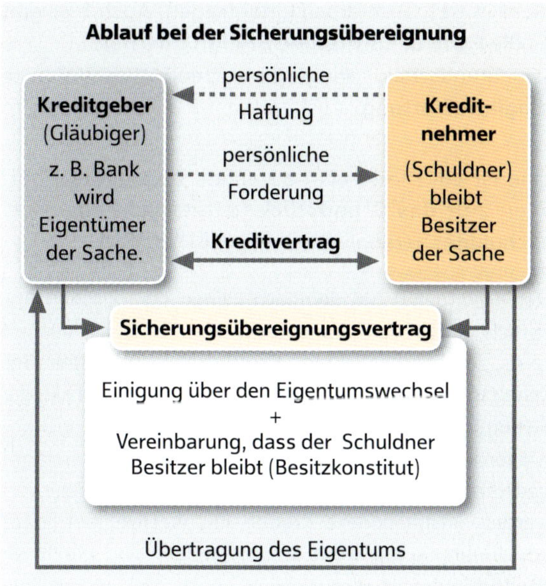

Neben dem Kreditvertrag wird zwischen Bank (Kreditgeber) und Schuldner (Kreditnehmer) ein Sicherungsübereignungsvertrag geschlossen, wodurch die **Bank Eigentümerin** der übereigneten Sache wird und der **Schuldner unmittelbarer Besitzer** bleibt. Dieser Vertrag ist an keine Form gebunden, in der Praxis werden aber ausschließlich schriftliche Verträge verwendet.

Bedeutung

Für den Kreditnehmer: Die Sicherungsübereignung ist nach außen von Dritten nicht zu erkennen und schädigt insofern auch nicht die Kreditwürdigkeit. Sie hat ferner für den Schuldner den Vorteil, dass er mit den übereigneten Sachen weiterarbeiten kann. Deshalb ist die Sicherungsübereignung in der Praxis auch häufig vorzufinden.

Für den Kreditgeber: Der Kreditgeber wiederum muss als Eigentümer die übereignete Sache nicht wie ein Pfand aufbewahren. Darüber hinaus ist die schnelle Verwertung (ohne vollstreckbaren Titel) des Sicherungsgegenstands möglich. Andererseits besteht für ihn aber das Risiko, dass die übereignete Sache

- bereits einem anderen Gläubiger übereignet wurde (Gefahr der mehrmaligen Übertragung),
- unter Eigentumsvorbehalt steht,
- der Wertminderung (Preisverfall) ausgesetzt ist,
- so speziell ist, dass sie nicht verwertet werden kann.

3. Eigentumsvorbehalt[1]

Der Eigentumsvorbehalt dient der Sicherung von Lieferkrediten. Er soll den Anspruch des Verkäufers auf ordnungsgemäße Zahlung der von ihm gelieferten Waren sichern.

4. Grundpfandrechte

Die Absicherung von langfristigen Krediten (Darlehen) erfolgt bei Banken im Allgemeinen durch ein Pfandrecht an einem Grundstück oder Gebäude in Form
- der Hypothek oder
- der Grundschuld.

Kreditinstitute bevorzugen eine solche Kreditsicherung, da Grundstücke wertbeständig sind und meist einen dauernden Ertrag versprechen.

Eingetragen werden die Grundpfandrechte im Grundbuch, einem Verzeichnis (staatlichem Register) aller Grundstücke in einem Amtsgerichtsbezirk. Es gibt Auskunft, wer Eigentümer eines Grundstücks ist und welche Lasten und Beschränkungen darauf ruhen.

Das Grundbuch genießt öffentlichen Glauben, sodass sich jeder auf die Richtigkeit der Eintragungen verlassen kann. Einsicht nehmen kann jeder, der ein berechtigtes Interesse nachweist.

Sollte der Kreditnehmer seinen Verpflichtungen aus dem Kreditvertrag nicht nachkommen, kann das Kreditinstitut seine Forderungen befriedigen, indem es das Grundstück zwangsversteigern lässt.

4.1 Hypothek

Die Hypothek entsteht durch
- **Einigung** zwischen dem Kreditgeber und dem Grundstückseigner **und**
- **Eintragung** in das Grundbuch als **Buchhypothek.**

Wird zusätzlich vom Grundbuchamt ein Hypothekenbrief (= öffentliche Urkunde) ausgestellt, so spricht man von einer **Briefhypothek.**

Die Hypothek setzt immer das Bestehen einer Forderung voraus. Daher erwirbt z.B. eine Bank als Gläubiger die Hypothek erst, wenn die Forderung tatsächlich entsteht, also bei Auszahlung des Darlehens. Bei einer Briefhypothek ist zudem die Übergabe des Briefes notwendig. Es wird immer nur **eine bestimmte Forderung** in der ursprünglichen Höhe abzüglich der darauf geleisteten Tilgungen gesichert (strenge Akzessorietät).

1 Siehe auch „Handeln im Handel – 1. Ausbildungsjahr“, Kap. 3.7.

Das hat zur Folge:

- Das Kreditinstitut, zu dessen Gunsten eine Hypothek in das Grundbuch eingetragen wurde, erwirbt, nachdem das Darlehen an den Kreditnehmer ausgezahlt wurde, die Rechte an dem Grundstück.
- Das Kreditinstitut verliert mit jeder Tilgungsrate durch den Kreditnehmer genau in dieser Höhe einen Anteil am Grundstück.
- Nach Rückzahlung des Gesamtbetrags des Darlehens muss die Hypothek aus dem Grundbuch gelöscht werden, da das Kreditinstitut keine Forderung gegenüber dem einstigen Kreditnehmer mehr hat.

Bei der Bestellung der Hypothek verlangen die Banken grundsätzlich vom Kreditnehmer, dass er die persönliche Haftung übernimmt und sich der sofortigen Zwangsvollstreckung unterwirft. Denn kommt er mit seinen Leistungen in Verzug, kann nach Kündigung des Kredits die Zwangsvollstreckung sowohl in das Grundvermögen (= **dingliche Haftung**) als auch in das sonstige Vermögen (= **persönliche Haftung**) des Schuldners betrieben werden.

BEISPIEL

Ein Einzelhändler nimmt für sein Geschäftshaus bei seiner Bank ein Darlehen von 100.000,00 € auf (= tatsächliche Forderung der Bank). Als Sicherheit für den langfristigen Kredit belastet er sein Haus mit einer Hypothek über 100.000,00 €. Der Hauseigentümer (= Hypothekenschuldner) haftet nun mit seinem Haus (= **dingliche Haftung**) sowie mit seinem privaten Vermögen (= **persönliche Haftung**).

Sollte eine mögliche Zwangsversteigerung einen Betrag von 90.000,00 € erbringen, so müsste der Schuldner die restlichen 10.000,00 € aus seinem sonstigen Vermögen zur Begleichung der Schuld aufbringen.

Kann der Schuldner beweisen, dass sämtliche Forderungen erloschen sind, kann der Gläubiger keine Rechte aus der mit der Forderung verbundenen Hypothek geltend machen. Das ist auch dann nicht möglich, wenn die Hypothek noch im Grundbuch eingetragen sein sollte. Die Hypothek erlischt mit der Rückzahlung des Darlehens.

4.2 Grundschuld

Die Grundschuld entsteht wie die Hypothek durch

- **Einigung** der Beteiligten über die Belastung des Grundeigentums **und**
- **Eintragung** der Grundschuld in das Grundbuch.

Der Schuldgrund, nämlich die Kreditaufnahme, wird nicht in das Grundbuch eingetragen. Auch hier gibt es die Form der Buch- und Briefgrundschuld.

Die Grundschuld bringt dem Kreditgeber nur eine **dingliche Haftung.**

Sie ist ein Pfandrecht an einem Grundstück, bei dem **nur das Grundstück** haftet, nicht aber der Schuldner persönlich wie bei der Hypothek.

Der Kreditgeber hat demnach keinen persönlichen Anspruch gegen den Grundstückseigentümer. Es besteht keine persönliche Schuld, insofern auch keine **persönliche Forderung.** Aus diesem Grund braucht im Falle der Zwangsvollstreckung eine Forderung auch nicht nachgewiesen werden. Durch die Grundschuld können somit gegenwärtige und zukünftige Forderungen abgesichert werden. Insbesondere Kredite mit wechselnder Inanspruchnahme, wie Kontokorrentkredite, sind durch ein Grundpfandrecht abzusichern. Auch bei zeitweiliger Rückzahlung aller Verbindlichkeiten durch den Schuldner erlischt die Grundschuld nicht (**Grundschuld ohne Schuldgrund**). Sie bleibt in voller Höhe bestehen, auch wenn die persönliche Forderung aus dem Kreditgeschäft erloschen ist. Die Grundschuld erlischt erst, wenn sie im Grundbuch gelöscht wird. Zur Löschung muss der Gläubiger eine Löschungsbewilligung ausfertigen.

BEISPIEL

Die DKB gewährt dem Einzelhändler Neubarth einen Kontokorrentkredit in Höhe von 20.000,00 €. Zur Sicherung bestellt Herr Neubarth eine Grundschuld in Höhe von 30.000,00 €. Die Grundschuld bleibt nun in unveränderter Höhe bestehen, egal, ob auf dem Konto des Einzelhändlers ein Soll-Saldo von 10.000,00 €, 18.000,00 € oder gar ein Guthaben von 5.000,00 € ausgewiesen wird. Die Grundschuld ist unabhängig von einer persönlichen Forderung.

Die Grundschuld ist wesentlich flexibler als die Hypothek. Daher wird die Hypothek von den Banken kaum noch praktiziert.

BEISPIEL

Die Verantwortlichen der Ambiente Warenhaus AG wollen das Obergeschoss ihres Geschäftsgebäudes ausbauen, um zukünftig mehr Bürofläche nutzen zu können. Für die Ausbauarbeiten rechnet man, verteilt auf die nächsten 2 Jahre, mit Kosten von ca. 130.000,00 €. Über diesen Betrag lässt die Ambiente Warenhaus AG eine Grundschuld zugunsten ihrer Hausbank in das Grundbuch eintragen.

222270354

Je nachdem, wie viel Geld das Unternehmen dann jeweils im Lauf der nächsten 2 Jahre benötigt, kann es zu gegebener Zeit verschieden hohe Darlehen bei der Bank aufnehmen. Die Grundschuld dient für diese Darlehen – und bei Bedarf auch für künftige Kredite – als Sicherheit. Sie bleibt bestehen, auch wenn keine Schuld mehr vorliegt.
Bei einem Hypothekarkredit müsste die Ambiente Warenhaus AG bei jedem Kredit eine Hypothek in das Grundbuch eintragen lassen. Das würde nicht nur mehr Zeit kosten, sondern auch zu steigenden Notariats- und Grundbuchkosten führen.

Grundpfandrechte sind insbesondere wegen ihrer nachhaltigen Sicherung für langfristige Kredite gut geeignet, was ihren Einsatz auch für kurz- und mittelfristige Kredite nicht ausschließt.

Entstehung einer Grundschuld

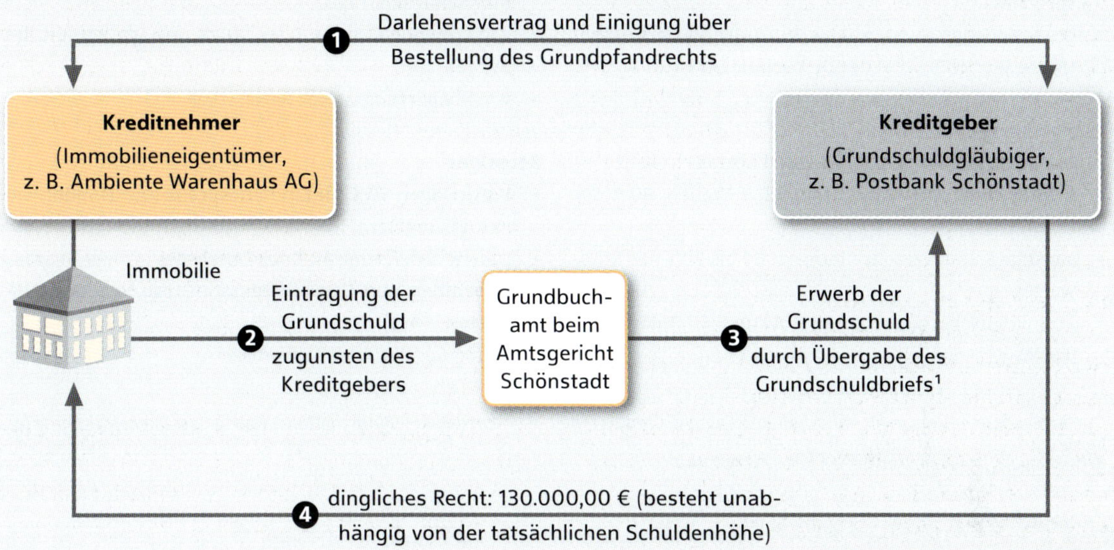

1 bei Vorliegen einer Briefgrundschuld

	Haftung	**Beziehung zur Forderung**
Grundschuld	Nur das belastete Grundstück haftet für die Grundschuld (dingliche Haftung).	• Das Bestehen einer Forderung wird nicht vorausgesetzt (abstraktes Recht). • Die Grundschuld erlischt nicht mit der Rückzahlung des Kredits, sodass weitere Kredite gesichert werden können.
Hypothek	• persönliche Haftung des Schuldners (Hauptrecht) **und** • dingliche Haftung mit dem Grundstück (Nebenrecht)	• kann nur in Verbindung mit einer Forderung bestehen (Akzessorietät) • passt sich der Forderung an und erlischt mit ihr, z. B. bei Rückzahlung

Kreditversicherung

Über diese Kreditsicherungsmöglichkeiten hinaus ist eine Kreditsicherung durch den Abschluss einer Kreditversicherung möglich, indem der Kreditnehmer seine Ansprüche gegen die Versicherungsgesellschaft, mit der er den Kreditversicherungsvertrag abgeschlossen hat, an die Kredit gewährende Bank abtritt.

Wie Banken Sicherheiten bewerten

Die nachfolgenden Beleihungsgrenzen sind innerhalb der jeweiligen Ober- und Untergrenzen verhandelbar, da es weder gesetzliche Vorschriften noch einheitliche Richtlinien für die Bewertung von Kreditsicherheiten gibt – außer bei Hypothekenbanken und Versicherungen.

- Grundstücke: 60 bis 80 % der von den Kreditinstituten ermittelten Beleihungsgrenzen
- Bank- und Bausparguthaben: 100 % des Nennwertes
- Lebensversicherungen: 100 % des Rückkaufwertes

Kundenforderungen
- gegen die öffentliche Hand: 90 % des Forderungsbetrages
- Steuererstattungsansprüche:100 % des Erstattungsanspruches
- gegen sonstige Kunden: 0 bis 100 % des Forderungsbetrages; je nach Bonität des Drittschuldners

Wertpapiere
- Bundesschatzbriefe: 100 % des Zeitwertes
- Schuldverschreibungen öffentlicher Stellen: 80 % des Kurswertes
- sonstige Schuldverschreibungen: 60 bis 80 % des Kurswertes
- an inländischer Börse notierte Aktien: 60 % des Kurswertes
- an ausländischer Börse notierte Aktien: 40 bis 50 % des Kurswertes
- Aktienfonds: 60 % des Kurswertes
- Rentenfonds: 60 bis 80 % des Rücknahmepreises
- Zertifikate offener Immobilienfonds: 70 % des Rücknahmepreises

Bürgschaften
- einer inländischen (Bürgschafts-)Bank: 100 % des Bürgschaftsbetrages
- von fremden Dritten: 0 bis 100 %; je nach Bonität des Bürgen
- von Ehepartnern: ohne Bewertung

Sonstiges
- Warenlager: 50 % der Einstandspreise (von Handelsware und Vorräten)
- Ladeneinrichtung: 40 % des Zeitwertes
- Maschinen und Geschäftsausstattung: 50 % des Zeitwertes
  Fahrzeuge: 50 % des Zeitwertes

Quelle: Bundesministerium für Wirtschaft und Energie: Gründerzeiten 14, Sicherheiten – Bürgschaften – Rating. Wie Banken Sicherheiten bewerten. In: www.existenzgruender.de. April 2018. https://www.existenzgruender.de/SharedDocs/Downloads/DE/GruenderZeiten/Gruender-Zeiten-14.pdf?__blob=publicationFile, Seite 2 [22.01.2019].

AUFGABEN

1. Warum ist es für eine Bank notwendig, die Bonität eines Kreditnehmers zu prüfen?
2. Welche Informationsquellen kann der Kreditgeber bei der Kreditprüfung benutzen?
3. Worin besteht die Kreditsicherung bei einem
   - Personalkredit,
   - verstärkten Personalkredit,
   - Realkredit?
4. Wie kommt eine Bürgschaft zustande?
5. Erklären Sie die „Einrede der Vorausklage“.
6. Unterscheiden Sie zwischen selbstschuldnerischer Bürgschaft und Ausfallbürgschaft.
7. Welche Bürgschaftsart kann ein Unternehmer übernehmen, wenn er
   a) für eine Verbindlichkeit der Heiko Binnewies KG bürgen will,
   b) für seine Tochter die Bürgschaft für die Bezahlung eines neuen Sportwagens übernehmen möchte?
8. Nennen Sie die Merkmale eines Lombardkredits.
9. Beschreiben Sie das Wesen einer Zession.
10. Der Großhändler Arnold tritt an die sparda Bank Hannover eG zur Sicherung eines Kontokorrentkredits Forderungen gegen seine Kunden über 30.000,00 € ab.

222270356

a) Wer ist Zessionar, Zedent und Drittschuldner?
b) Wer erhält – bei Begleichung der Schulden durch die Kunden – das Geld bei stiller Zession und wer bei offener Zession?

11. Welche Vorteile bietet
a) die offene Zession der Bank,
b) die stille Zession dem Kreditnehmer?

12. Wie ist der Vorgang der Sicherungsübereignung und was bewirkt sie?

13. Was verstehen Sie unter dinglicher Sicherung?

14. Nennen Sie die entsprechende Kreditart für folgende Kreditsicherungsmittel:
a) Forderungen aus Warenlieferungen und Leistungen
b) Kraftfahrzeuge
c) Grundstücke

15. Welche Vorteile hat die Sicherungsübereignung für den Kreditnehmer?

16. Wer ist beim Faustpfandrecht Eigentümer und wer Besitzer der verpfändeten Sache?

17. Erklären Sie die Bedeutung des Besitzkonstituts im Zusammenhang mit der Sicherungsübereignung.

18. Worin besteht der grundlegende Unterschied zwischen Hypothek und Grundschuld?

19. Wie entsteht eine Hypothek?

AKTIONEN

1. Stellen Sie in arbeitsteiliger Gruppenarbeit die verschiedenen Möglichkeiten der Kreditsicherung dar.
a) Recherchieren Sie hierzu mithilfe des Internets. Da es nicht die „beste" Suchmaschine gibt, sollten Sie bei Ihrer Informationssuche verschiedenen Suchmaschinen verwenden (z. B. fireball, google, altavista, yahoo, lycos und metacrawler).
   - Suchen Sie entsprechende Texte und Berichte, Statistiken, Daten usw. (Anm.: Die Suche wird erfolgreicher, je spezieller die Suchabfrage ist.),
   - sortieren Sie nicht verwertbare Informationen aus und
   - bewerten Sie kritisch, was für das vorgegebene Thema von Bedeutung ist.

b) Nutzen Sie weitere gezielte Kontaktmöglichkeiten zur Ergänzung Ihrer Informationen, wie z. B. den Verband der Bürgschaftsbanken (www.vdb-info.de), KfW (www.kfw.de) oder das Institut der deutschen Wirtschaft (www.iwkoeln.de), das Handelsblatt (www.handelsblatt.com) und die FAZ (www.faz.net) u. a.
c) Erstellen Sie eine Präsentation mit PowerPoint: Führen Sie dabei Diagramme, grafische Elemente, Texte, Tabellen und ggf. Klangelemente zusammen.
d) Stellen Sie Ihr der Klasse Arbeitsergebnis vor.

2. Die Ambiente Warenhaus AG will aufgrund wieder gut gehender Geschäfte ihre Lager- und Fuhrparkkapazitäten erweitern. Es sollen nach dem Willen von Vorstand und Aufsichtsrat moderne Anlagen und Fahrzeuge im Wert von 62,1 Mio. € angeschafft werden.

Bilanz der Ambiente Warenhaus AG zum 31. Dez. 20.. (in T€)

Aktiva		Passiva	
I. Anlagevermögen		**I. Eigenkapital**	54.432,00
1. Gebäude	88.000,00	**II. Fremdkapital**	
2. Fuhrpark	7.681,00	1. Hypothekenschulden	155.040,00
3. Betriebs- und Geschäftsausstattung	15.363,00	2. Darlehensschulden	6.578,00
II. Umlaufvermögen		3. Verbindlichkeiten a. LL	1.683,00
1. Waren	44.200,00		
2. Forderungen a. LL	189,00		
3. Kasse	1.020,00		
4. Kreditinstitute	51.280,00		
5. Postbank	10.000,00		
	217.733,00	Heinz Rischmüller	217.733,00
Schönstadt, den 5. Jan. 20..		Michael Sauter	Andrea Bode

Die für das letzte Geschäftsjahr veröffentlichte Jahresbilanz weist folgende Positionen und Werte aus (Kurzübersicht):

Weitere Informationen:

- Die Investitionen sollen zum Teil durch einen Bankkredit über 35,5 Mio. € mit einer Laufzeit von 4,5 Jahren finanziert werden.
- Beleihungssätze des Bankhauses Delfs, der Hausbank der Ambiente Warenhaus AG: Gebäude 65 %; Fuhrpark 45 %; BGA 50 %; Forderungen 35 %.

a) Das Bankhaus Delfs Schönstadt ist aufgrund der guten langjährigen Zusammenarbeit mit dem Warenhaus bereit, die erforderlichen Finanzmittel zur Verfügung zu stellen. Voraussetzung für die Kreditgewährung sind allerdings von der Ambiente Warenhaus AG bereitzustellende Sicherheiten.

Im Rahmen der Kreditprüfung muss der Bankenvertreter, Herr Franke, die von der Ambiente Warenhaus AG eingereichte Bilanz analysieren.

Übernehmen Sie diese Aufgabe und geben Sie an, welche Bilanzpositionen sich für welche Kredite eignen. Erstellen Sie hierfür eine Tabelle mit folgendem Aussehen:

Kreditsicherungsmöglichkeit (Bilanzposition)	Mögliche Kreditart
(1) **Gebäude**	...

b) Stellen Sie fest, welche Bilanzpositionen zur Sicherung des benötigten Kredits nicht bzw. nur bedingt geeignet sind. Begründen Sie Ihre Feststellungen.

c) Welche Sicherheiten wird Herr Franke vom Bankhaus Delfs höchstwahrscheinlich für das von der Ambiente Warenhaus AG beantragte langfristige Darlehen bevorzugen?

d) Finden Sie Kreditsicherungsmöglichkeiten, die für die Ambiente Warenhaus AG für die Kreditgewährung stets von großer Bedeutung waren und weiterhin sind, die aber in den ausgewiesenen Werten in der Bilanz nicht unmittelbar abzulesen sind.

e) Überlegen Sie, welche Kreditsicherungsmöglichkeiten nicht in der Bilanz erscheinen, aber im Fall einer Personengesellschaft zusätzlich infrage kämen.

f) Begründen Sie, ob die vorhandenen Aktiva für die Kreditsicherung ausreichen würden.

g) Nehmen Sie im Zusammenhang mit dem beabsichtigten Investitionsvorhaben Stellung zur Laufzeit des Kredits.

222270358

ZUSAMMENFASSUNG

Die Kreditprüfung

umfasst die Prüfung

der Kreditfähigkeit
= Fähigkeit, rechtsgültige Kreditgeschäfte abzuschließen

Kreditfähig sind:
- natürliche Personen: Feststellung der Geschäftsfähigkeit
- OHG/KG
- juristische Personen

} Feststellung der Rechtsfähigkeit mittels Handelsregister

der Kreditwürdigkeit (Bonität)
- sachliche
- persönliche

Nach zusätzlicher Prüfung der Sicherheiten schließen

Kreditgeber + **Kreditnehmer**

einen Kreditvertrag

Kreditsicherungen

(Unterscheidung nach den Sicherheiten)

Sicherung durch Personen

einfacher Personalkredit
(Blankokredit)

Gewährung ist abhängig von der Kreditwürdigkeit des Schuldners.

- kurzfristiger Kredit
  - Kontokorrent-kredit
  - Liefererkredit
  - Kunden-anzahlungen
- Kredit ohne Sicherheit

verstärkte (erweiterte) Personalkredite

= Neben dem Kreditnehmer (Schuldner) haften weitere Personen.

Formen:
- **Bürgschaftskredit**
  - Ausfallbürgschaft
  - selbstschuldnerische Bürgschaft
- **Zessionskredit**
  = Abtretung von Forderungen an eine Bank, die Eigentümerin wird
  Formen:
  - Einzelzession
  - Mantelzession
  - Globalzession
  Arten:
  - stille Zession
  - offene Zession

Sicherung durch Sachen

Realsicherheiten

= Bewegliche und unbewegliche Sachen haften für eine Forderung.

Formen:
- **Pfandrecht** (Lombardkredit)
- **Sicherungsübereignung**
- **Eigentumsvorbehalt**
- **Grundpfandrechte**
  Hypothek
  - Eigentümer und Grundstück haften
  - ohne Forderung keine Hypothek
  Grundschuld
  - nur das Grundstück haftet
  - Grundschuld setzt keine Forderung voraus
  - Grundschuld ohne Schuldgrund

KAPITEL 9

Wir überwachen den Zahlungseingang zur Sicherung unserer Liquidität

Nach seiner Rückkehr von einer Geschäftsreise am 8. April lässt sich Herr Freiberg, Abteilungsleiter des Rechnungswesens in der Ambiente Warenhaus AG, durch das EDV-gestützte Warenwirtschaftssystem die „Offene-Posten-Liste“ mit den demnächst fälligen Ausgangsrechnungen ausdrucken:

Offene Posten Liste vom 8. April 20.. (Auszug) Seite 1

Haus	Kunde	Kd.Nr.	RE-Nr.	RE-Datum	RE-Betrag (€)	Fällig am	Zahlungs-eingang	Zahlungs-verzug ab	Maßnahmen
1	Müller	80233	1012/HH	22.02...	1.300,00	24.03...		25.03...	
1	Grube	80345	1213/HH	15.02...	228,00	10.04...		11.04...	
1	Bruns	80258	1341/HH	05.04...	570,00	15.04...		16.04...	

Der Auszug vom 8. April zeigt beim Kunden Müller einen am 24. März fällig gewesenen Rechnungsbetrag. Der längst überfällige Betrag in Höhe von 1.300,00 € wurde durch die Unachtsamkeit eines Mitarbeiters in der Ambiente Warenhaus AG übersehen, sodass bis jetzt noch keinerlei Maßnahmen seitens der Ambiente Warenhaus AG gegen den Kunden eingeleitet wurden.

1. Nennen Sie mögliche wirtschaftliche Folgen, die das Überschreiten des Fälligkeitstermins für die Ambiente Warenhaus AG haben könnte.
2. Schlagen Sie eine bzw. mehrere Maßnahmen vor, die die Verantwortlichen der Ambiente Warenhaus AG ergreifen sollten.

INFORMATION

Notwendigkeit eines Forderungsmanagements

Der Käufer hat die Pflicht, den vereinbarten Kaufpreis rechtzeitig zu bezahlen (§ 433 Abs. 2 BGB). Ist eine Zeit für die Zahlung weder festgelegt noch aus den Umständen zu entnehmen, kann der Verkäufer (Gläubiger) die Zahlung sofort verlangen: Zug-um-Zug (Ware gegen Geld) ist die gesetzliche Regelung (§ 271 BGB). Zahlt der Käufer nicht oder nicht rechtzeitig, kann er in Zahlungsverzug geraten.[1]

Da der Käufer als Geldschuldner mit der Erfüllung seiner Pflicht im Verzug ist, spricht man auch von Schuldnerverzug.

Gründe für den Käufer, die Zahlung zu verzögern, können sein:
- Zahlungsunfähigkeit
- Zahlungsunwilligkeit
- Vergesslichkeit bzw. Unaufmerksamkeit

Ein Kaufmann muss andererseits stets auf den **pünktlichen Zahlungseingang** seiner Forderungen achten, da die verspätete Zahlung durch seine Kunden unter Umständen für ihn bedeutet:
- Verringerung der eigenen finanziellen Mittel (= Zahlungsfähigkeit)
- Aufnahme teurer Bankkredite
- Erschwerung der Skontoausnutzung
- Erhöhung der Verlustgefahr, da sich die finanzielle Lage des Käufers verschlechtern kann und die Verjährung der Forderung droht
- Gefährdung der eigenen Existenz durch diese säumigen Schuldner

Kein Kaufmann will und kann sich solchen Gefahren und deren möglichen wirtschaftlichen Folgen aussetzen.

Insofern sind Forderungen gegenüber den Kunden als wichtige Ansprüche zu behandeln. Ein aktives Forderungsmanagement, das an den folgenden sechs

1 Eine der wichtigsten Formen der Sicherung von Forderungen aus Warenlieferungen ist der Eigentumsvorbehalt; siehe Kap. 3.7 in „Handeln im Handel – 1. Ausbildungsjahr“.

Grundsätzen ausgerichtet ist, kann dabei helfen, den wirtschaftlichen Erfolg des Unternehmens zu sichern:

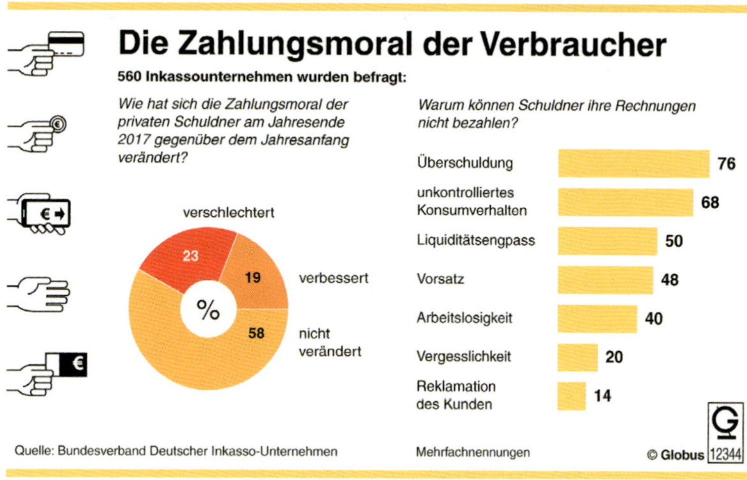

- (bereits vor der Belieferung) **Prüfung der Bonität** der Kunden, denen ein Zahlungsziel eingeräumt werden soll.
- Kein Verkauf der Leistungen mithilfe großzügiger oder branchenunüblicher Zahlungsziele. Bei größeren Kreditbeträgen sollten Sicherheiten geschaffen werden, z. B. Bankbürgschaften.
- **Umgehende Rechnungserstellung,** sobald die Leistung erbracht wurde. Dabei ist auf die korrekte und vollständige Aufzählung der erbrachten Leistungen zu achten, damit der Kunde die Zahlung nicht hinauszögern oder verweigern kann: genaue Beschreibung der Art und Menge der gelieferten Gegenstände bzw. des Umfangs der erbrachten Leistungen sowie den Zeitpunkt bzw. Zeitraum der Lieferung oder Leistung.
- **Straffe Organisation des Mahnwesens** (siehe Kap. 14.10 und 14.11)
- **Inanspruchnahme externer Hilfe** beim Forderungseinzug, z. B. durch professionelle Inkassoinstitute (siehe Kap. 14.11)
- **Genaueste Überwachung der Zahlungstermine:** Die Lieferer erwarten vom Einzelhändler pünktliche Zahlung. Daher sollte auch die Einhaltung der vereinbarten Zahlungsziele von den eigenen Kunden verlangt werden. Dazu gehört auch die tägliche, wöchentliche oder monatliche Auswertung, um die schwarzen Schafe der Kreditoren sichtbar zu machen, und die Vereinbarung eines verbindlichen Termins, zu dem die Rückstände bezahlt sind.

Durchschnittliche Forderungsverluste mittelständischer Unternehmen

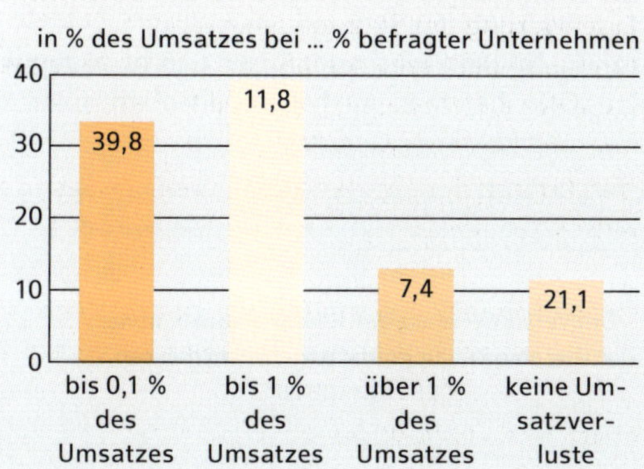

Zahlen entnommen aus: Creditreform, Wirtschaftslage und Finanzierung im Mittelstand, Herbst 2014, S. 20.

Die **Kontrolle der Zahlungseingänge** kann u. a. mithilfe einer **Offene-Posten-Datei** erfolgen (siehe Ausdruck im Einstiegsfall Seite 360). Das Warenwirtschaftssystem kann hierfür die entsprechenden Daten zur Verfügung stellen.

Ambiente Warenhaus AG

Ambiente Warenhaus AG · Groner Straße 22–24 · 34567 Schönstadt

Familie
Müller
Leonardstsraße 17
34613 Schönstadt

Kopie

Unternehmenszentrale

Groner Straße 22–24
34567 Schönstadt
Tel.: 05121 839001
Fax: 05121 839002

E-Mail: zentrale@ambiente-warenhaus-wvd.de
Internet: www.ambiente-warenhaus-wvd.de

Erinnerung an noch offene Posten
Sachbearbeiterin: Frau Münzer

Ihr Konto bei uns: 30 358
Datum: 08.04.20..

Rechn.Nr.	Rechn.Datum	Vorgang	Betrag/€
1012/HH	22.02.20..		
Nolte Como Einbauküche mit sehr hochwertigen Einbaugeräten von AEG und Blanco-Spüle.		letzte Rate, zahlbar 24.03.20..	1.300,00
Gesamtpreis	7.999,00 €		
Saldo	08.04.20..		1.300,00

Voraussetzungen für den Zahlungsverzug (Nicht-Rechtzeitig-Zahlung)

Der Käufer hat die Pflicht, den vereinbarten Kaufpreis rechtzeitig zu bezahlen (§ 433 Abs. 2 BGB). Ist eine Zeit für die Zahlung weder festgelegt noch aus den Umständen zu entnehmen, kann der Verkäufer (Gläubiger) die Zahlung **sofort verlangen**: Zug-um-Zug (Ware gegen Geld) ist die gesetzliche Regelung (§ 271 BGB). Zahlt er nicht oder nicht rechtzeitig, kann er in Zahlungsverzug geraten. Da der Käufer als Geldschuldner mit der Erfüllung seiner Pflicht im Verzug ist, spricht man auch von **Schuldnerverzug**.

Gründe für den Käufer, die Zahlung zu verzögern, können sein:
- Zahlungsunfähigkeit
- Zahlungsunwilligkeit
- Vergesslichkeit bzw. Unaufmerksamkeit

Verschulden liegt bei Geldschulden grundsätzlich vor. Der Hinweis des Käufers auf seine unverschuldete finanzielle Notlage wird vom Gesetz nicht akzeptiert, denn „Geld hat man zu haben". Insofern spielt die

An den Zahlungsverzug sind die folgenden **Voraussetzungen** geknüpft:

- **Die Zahlung erfolgt nicht rechtzeitig oder nicht vollständig**
- **Die Zahlung muss fällig sein**
  - Die Zahlung hat sofort zu erfolgen, falls keine besondere Vereinbarung getroffen wurde (§ 271 BGB).
- **Der Verkäufer muss den Käufer mahnen, ohne dabei eine Zahlungsfrist angeben zu müssen** (§ 286 Abs. 1 BGB).
  - wenn der Zeitpunkt der Zahlung im Kaufvertrag **kalendermäßig nicht genau vereinbart ist oder sich kalendermäßig nicht berechnen lässt,** z. B. „Zahlung sofort" oder „Zahlbar ab 20. März 20.."

222270362

Überprüfung des Verschuldens des Käufers als Voraussetzung für den Eintritt des Zahlungsverzugs keine Rolle, da es grundsätzlich vermutet wird.

Eintritt

Wenn die Zahlung fällig ist, der Käufer nicht zahlt und der Verkäufer die Zahlung angemahnt hat, gerät der Käufer **mit dem Erhalt der Mahnung in Zahlungsverzug** (ab Zugang; § 286 Abs. 1 BGB). Eine Mahnung ist eine Aufforderung zur Zahlung. Sie braucht keine Zahlungsfrist zu enthalten.

Der Zahlungsverzug tritt **ohne Mahnung** in den folgenden Fällen ein:

1. Wenn ein **nach dem Kalender genau bestimmter bzw. bestimmbarer Zahlungstermin** (z. B. auf der Rechnung oder im Kaufvertrag) vereinbart wurde. Der Käufer (Schuldner) befindet sich ab dem Tag im Zahlungsverzug, der auf den letzten Tag der Zahlungsfrist folgt. Ist die Zahlungsfrist z. B. bis zum 6. Juni festgelegt, befindet sich der Käufer ab dem 07.06. in Zahlungsverzug.

BEISPIELE

Folgende Formulierungen gelten als genau bestimmte bzw. bestimmbare Termine, weil dem Zeitpunkt der Zahlung ein bestimmtes Ereignis vorausgeht. Die Leistungszeit lässt sich insofern kalendermäßig von diesem Ereignis an berechnen:

- „Zahlung am 20. April 20..“
- „Zahlbar bis 20. Januar 20..“
- 14. Kalenderwoche
- „Zahlung Mitte Mai 20..“
- „Zahlbar bis Ende Oktober“
- „20 Tage nach Kündigung“
- „Zahlbar 10 Tage nach Rechnungserhalt“; geht die Rechnung am 18. Sept. zu, dann gerät der Käufer mit Ablauf des 28. Sept. in Zahlungsverzug.
- „Zahlung im Laufe des Monats März“
- „Zahlung bis Ablauf der 17. KW“

2. Ist im Vertrag kein konkreter Zahlungstermin oder keine konkrete Zahlungsfrist festgelegt, bestimmt das Gesetz, dass der Käufer spätestens dann in Zahlungsverzug gerät, wenn er **nicht innerhalb von 30 Tagen nach Fälligkeit und Zugang einer Rechnung oder gleichwertigen Zahlungsaufstellung** bezahlt (§ 286 Abs. 3 BGB). Der Verkäufer kann daher wählen, ob er – nachdem seine Forderung fällig geworden ist – durch eine Mahnung den Zahlungsverzug herbeiführt oder ob er den Verzug erst nach 30 Tagen eintreten lässt.

   Die o.g. Regelung gilt bei einem Kaufvertrag mit einem **Verbraucher** als Zahlungsschuldner allerdings nur dann, wenn er auf die Folgen in der Rechnung oder Zahlungsaufstellung ausdrücklich hingewiesen wurde, z. B. mit dem Hinweis: „Erfolgt innerhalb von 30 Tagen nach Zugang der Rechnung kein Zahlungseingang, kommen Sie automatisch in Zahlungsverzug.“ Ein Hinweis in den AGB des Unternehmens – wie im nachfolgenden Beispiel – reicht nicht aus, sondern muss zwingend in der Rechnung oder der Zahlungsaufstellung stehen.

Auszug aus den Allgemeinen Geschäftsbedingungen eines Unternehmens

Der Rechnungsbetrag muss spätestens am 10. Tag nach Zugang der Rechnung bei dem angegebenen Konto eingegangen sein. Sollte Ihr Konto bei der entsprechenden Abbuchung nicht gedeckt sein, kommen Sie **ab dem 10. Tag nach Zugang der Rechnung**, ohne Mahnung, mit den Forderungen der Norddeutschen Verlagsgesellschaft in Verzug. Mit den Forderungen der anderen Anbieter kommen Sie nach deren Allgemeinen Geschäftsbedingungen in Verzug, **spätestens aber am 30. Tag nach Zugang dieser Rechnung.** Ab Beginn des Verzugs können Ihnen die Kosten für Mahnungen aufgrund anhaltenden Zahlungsverzugs sowie Verzugszinsen in Rechnung gestellt werden. [...]

   Den ordnungsgemäßen Zugang der Rechnung hat im Streitfall der Rechnungssteller zu beweisen.
   Im Geschäftsverkehr (also bei **Unternehmen**, wenn der Geldschuldner kein Verbraucher ist) beginnt die 30-Tage-Frist mit **Erhalt der Ware** (= Gegenleistung), wenn der Erhalt der Rechnung nicht sicher bestimmbar (beweisbar) ist bzw. bestritten wird.

3. Bei ernsthafter und endgültiger Zahlungsverweigerung des Käufers.

4. Wenn aus besonderen Gründen, die im beiderseitigen Interesse der Vertragsparteien liegen, der sofortige Eintritt des Verzugs gerechtfertigt ist. Das ist beispielsweise der Fall, wenn der Schuldner die Zahlung zu einem bestimmten Datum ankündigt (sogenannte Selbstmahnung) und damit der Mahnung des Gläubigers zuvorkommt oder wenn der Einzug einer Lastschrift scheitert.

5. Bei ergebnisabhängigem Leistungstermin, z. B. „Der Kaufpreis ist zahlbar innerhalb von 15 Tagen **nach Lieferung**“ oder „Der Kaufpreis ist innerhalb von 10 Tagen **nach Rechnungslegung** zahlbar“. Nicht ausreichend ist: „Zahlung sofort nach Lieferung“.

Kein Zahlungsverzug liegt vor, wenn ein Verrechnungsscheck rechtzeitig mit einem einfachen Brief abgesandt wurde, d. h. am letzten Tag der Zahlungsfrist zur Post gebracht wurde und den Käufer kein Verschulden trifft.

Darüber hinaus sind im Geschäftsverkehr, also bei Forderungen von Unternehmen gegen andere Unternehmen[1] oder gegen öffentliche Auftraggeber, folgende gesetzliche Regelungen zu den Fälligkeiten und Fristen zu beachten:

- Die vertraglich festgelegte Zahlungsfrist zwischen Unternehmen ist auf **60 Tage** beschränkt. Überschreitungen müssen ausdrücklich vereinbart werden und dürfen den Gläubiger nicht grob benachteiligen (§ 271a Abs. 1 BGB).
- Bei Geschäften mit öffentlichen Auftraggebern als Schuldner (u. a. Bund, Länder und Gemeinden) gilt grundsätzlich eine Frist von 30 Tagen, d. h. eine Forderung wird automatisch 30 Tage nach Rechnungsstellung fällig. Soweit sachlich begründet, kann die **Zahlungsfrist maximal 60 Tage** betragen.
- Jede Zahlung ist nach Ablauf der vereinbarten Frist sofort fällig, ohne dass der Gläubiger noch mahnen muss. Fälligkeit tritt nach Ablauf der gesetzlichen oder vereinbarten Frist sofort ein.
- Die pünktliche Zahlung ist eingehalten, wenn der Betrag fristgerecht auf dem Konto des Gläubigers eingegangen ist.
- Eine Zahlungsfrist in den Allgemeinen Geschäftsbedingungen (AGB) von mehr als 30 Tagen ist i. d. R. unwirksam (§ 308 Nr. 1a BGB).

Rechte des Verkäufers (§§ 280 und 281 BGB)

1. Vorrangige Rechte

Ab dem Zeitpunkt, zu dem der Käufer in Zahlungsverzug geraten ist, stehen dem Gläubiger (Verkäufer) folgende vorrangigen Rechte zu:

1.1 Zahlung verlangen und ggf. Käufer auf Zahlung verklagen oder

1.2 Bestehen auf verspätete Zahlung und **Ersatz des Verzugsschadens** (Schadensersatz neben der Zahlung).
Der Verkäufer (Gläubiger) kann – **neben** der Erfüllung des Zahlungsanspruchs – den Ersatz sämtlicher durch den Zahlungsverzug des Käufers entstandenen Verzugsschäden fordern:

- Für verspätete Zahlungen kann der Verkäufer **Verzugszinsen** fordern (§ 288 BGB):
  Der Verzugszinssatz beträgt
  - beim Privatkauf und einseitigem Handelskauf 5 % über dem Basiszinssatz[2],
  - beim zweiseitigen Handelskauf 9 %[3] über dem Basiszinssatz.

  Höhere Zinsen können ausdrücklich oder in den Allgemeinen Geschäftsbedingungen vereinbart werden. Zinseszinsen dürfen nicht berechnet werden.
- Erstattung der Kosten für z. B.
  - den Verwaltungsaufwand
  - ein Inkassobüro[4]
  - einen Anwalt
  - ein mögliches Gerichtsverfahren
- Neben Verzugszinsen und Kostenerstattung kann der Gläubiger
  - unabhängig von der tatsächlichen Höhe vom Schuldner, wenn dieser kein Verbraucher ist, eine Verzugsschadenpauschale von 40,00 € verlangen und
  - weitere Schadensersatzforderung stellen und den Schuldner auf Zahlung verklagen.

2. Nachrangige Rechte

Zur Wahrung seiner ihm zustehenden **nachrangigen** Rechte muss der Verkäufer dem Käufer (Geldschuldner) **eine angemessene Nachfrist setzen.**

Die **Fristsetzung kann entfallen,** wenn

- der Schuldner die Zahlung ernsthaft und endgültig verweigert hat **(Selbstinverzugsetzung)** oder
- es besondere Umstände rechtfertigen, den Schadensersatzanspruch auch ohne vorherige Fristsetzung geltend zu machen.

Befindet sich der Käufer in Zahlungsverzug, stehen dem Verkäufer **nach Ablauf der Nachfrist** – soweit sie nicht entbehrlich ist – folgende Rechte zu.

2.1 Ablehnung der Zahlung und Rücktritt vom Kaufvertrag (§§ 323, 346 ff. BGB)

1 Der Begriff „Unternehmen“ schließt die freien Berufe mit ein.
2 Der Basiszinssatz beträgt im Januar 2019 – 0,88 %. Er wird zum 1. Januar und 1. Juli eines jeden Jahres von der EZB neu berechnet. Der jeweils aktuelle Zinssatz kann im Internet unter www.bundesbank.de abgerufen werden.
3 Bei Rechtsgeschäften, an denen kein Verbraucher beteiligt ist, beträgt der Verzugszins für Entgeltforderungen ab dem 29.07.2014 9 %.
4 Obergrenze der Inkassokosten ist der entsprechende Gebührensatz für Rechtsanwälte.

Der **Rücktritt** setzt voraus
- Fälligkeit und
- den erfolglosen Ablauf einer angemessenen Frist oder die Entbehrlichkeit der Fristsetzung.

Beim Rücktritt vom Vertrag sind die bereits erbrachten Leistungen zurückzugewähren, beispielsweise Anzahlungen des Käufers oder die gelieferte Ware.

Vom Rücktrittsrecht Gebrauch zu machen wäre sinnvoll, wenn sich der Käufer in ernsthaften Zahlungsschwierigkeiten befindet und die Ware unter Eigentumsvorbehalt geliefert wurde.

Auch wenn sich der Verkäufer für den Rücktritt entschlossen hat, kann er zusätzlich noch Schadensersatz verlangen. Ausgeschlossen ist das Rücktrittsrecht, wenn der Gläubiger (Lieferer) für den Umstand des Zahlungsverzugs allein oder weit überwiegend verantwortlich ist.

2.2 Ablehnung der Zahlung und Schadensersatz statt der Zahlung (Nichterfüllungsschaden)

Die Kombination der Schadensersatzforderung mit dem Rücktritt vom Kaufvertrag ist möglich (§ 325 BGB). Denkbar wäre die kombinierte Inanspruchnahme, wenn der Verkäufer die nicht bezahlte Ware an einen anderen Kunden – zu einem niedrigeren Preis – verkaufen kann. Den Differenzbetrag zwischen zuvor vereinbartem und nun tatsächlich erzieltem Preis kann er als Schadensersatz verlangen.

Hat der Verkäufer Schadensersatz verlangt, erlischt sein Anspruch auf die Zahlung.

Darüber hinaus kann er Ersatz für die Wertminderung der Ware und Rücknahmekosten verlangen. Da der Nachweis über den entgangenen Gewinn nur ungern geführt wird, kann unter Kaufleuten eine Konventionalstrafe vereinbart werden.

2.3 Ersatz vergeblicher Aufwendungen kann der Gläubiger verlangen entweder
- anstelle des Schadensersatzes statt der Zahlung oder
- gleichzeitig mit seinem Rücktritt vom Vertrag.

Die Anwendung der Zinsrechnung beim Zahlungsverzug

Angenommen, Familie Müller würde den am 24. März fälligen Rechnungsbetrag erst am 1. Juni überweisen. Für das Überschreiten des Zahlungsziels um 67 Tage berechnet die Ambiente Warenhaus AG der Familie Müller Verzugszinsen.

Ermittlung der Verzugszinsen:

Gegeben sind:
- das Kapital 1.300,00 €
- der Zinssatz 4,12 % (gem. §§ 247, 288 BGB)
- die Zeit 67 Tage (Fälligkeitstag: 24. März bzw. erster Verzugstag 25.03.; letzter Verzugstag (Zahlungseingang) 1. Juni)

Eine gesetzlich vorgeschriebene Zinsmethode gibt es nicht. Für die Berechnung der Zinstage hat sich die tagesgenaue Echt/Echt-(act/act-)Methode (oder Effektivzinsmethode) durchgesetzt, bei der alle Tage zwischen Fälligkeit und der Rückzahlung als vollverzinsliche Zinstage berechnet werden:
- Die Zinstage werden kalendergenau bestimmt. Das Zinsjahr wird mit 365 Tagen bzw. 366 Tagen im Schaltjahr gerechnet.
- Beim Errechnen der Zinstage wird der Fälligkeitstag nicht mitgezählt (begonnen wird mit dem ersten Verzugstag), allerdings wird der letzte Tag des Verzugszeitraums berücksichtigt.

Gesucht werden: die Zinsen (Z)

$$\text{Zinsen} = \frac{\text{Forderung} \cdot (\text{Basizinssatz} + 5\,\%\text{ oder }9\,\%) \cdot \text{Anzahl der Tage}}{100 \times 365\ (366)}$$

$$= \frac{1.300{,}00 \cdot 4{,}12\,\% \cdot 69}{100 \cdot 365} = \underline{\underline{10{,}12\text{ € für 69 Tage}}}$$

Familie Müller muss für die verspätete Zahlung der Rechnung 10,12 € Zinsen für 69 Tage zahlen.

Darüber hinaus ist der Familie Müller ein Skontobetrag in Höhe von 26,00 € verloren gegangen. Hätte Herr oder Frau Müller den Rechnungsbetrag innerhalb des von der Ambiente Warenhaus AG eingeräumten Skontozeitraums von 10 Tagen überwiesen, hätte ein Skontosatz von 2 % abgezogen werden können (Zahlungsbedingung: „Zahlbar innerhalb von 10 Tagen mit 2 % Skonto oder innerhalb von 30 Tagen ohne Abzug“).

Sollte der Geldschuldner seinen Zahlungsverpflichtungen nicht rechtzeitig nachkommen, kann der Gläubiger mithilfe des kaufmännischen bzw. gerichtlichen Mahnverfahrens versuchen zu seinem Geld zu kommen.

AUFGABEN

1. Warum wird ein Kaufmann auf den pünktlichen Eingang seiner Forderungen achten?
2. In einem Kaufvertrag war Zahlung bis zum 15. Juli.. vereinbart. Die Zahlung ist bis zu diesem Termin nicht eingegangen.
   a) Ist in diesem Fall eine Mahnung mit Fristsetzung erforderlich, um den Schuldner in Verzug zu setzen? Begründen Sie Ihre Antwort.
   b) Von welchem Tag an besteht Zahlungsverzug?
3. Die Firma Michaelis & Brunotte GmbH schickt einem säumigen Kunden 5 Wochen nach Rechnungserhalt eine nochmalige Rechnung mit dem Stempelaufdruck „Zweitrechnung" (vereinbart war ein Zahlungsziel von 20 Tagen ab Rechnungserhalt).

   Wie ist der Kunde in Zahlungsverzug geraten?
4. Die Kundin eines Einzelhändlers kaufte am 29. Mai Waren für 235,00 €. Es wurde vereinbart, den Betrag innerhalb von 2 Wochen zu bezahlen. Am 18. Juni ist der Rechnungsbetrag beim Einzelhändler noch nicht eingetroffen.

   Befindet sich die Kundin bereits im Zahlungsverzug? Begründen Sie Ihre Antwort.
5. Wann tritt der Zahlungsverzug ein:
   a) bei einem kalendermäßig genau festgelegten Zahlungstermin?
   b) bei einem kalendermäßig nicht genau festgelegten Zahlungstermin?
6. Welche Rechte stehen dem Gläubiger im Fall des Zahlungsverzugs zu und welche Voraussetzungen sind dabei zu beachten?
7. Um den Käufer in Zahlungsverzug zu setzen, ist häufig eine Mahnung erforderlich (zweckmäßig).

   Bei welchem der folgenden Zahlungstermine kann auf die Mahnung verzichtet werden bzw. kommt der Geldschuldner mit Ablauf des Zahlungstermins in Verzug?
   a) „Zahlbar bis 25. November 20.."
   b) „Zahlbar sofort"
   c) „Zahlbar 4 Wochen ab heute"
   d) „Zahlbar 6 Wochen nach Rechnungsdatum"
   e) „Zahlbar am 6. Juni 20.."
   f) „Zahlbar 14 Tage nach Erhalt der Rechnung"
   g) „Zahlbar 3 Wochen nach Erhalt der Lieferung"
8. Das Modefachgeschäft für Damengarderobe Helen Villanueva e. Kffr. schuldet der Liebermann GmbH seit dem 4. Juni einen Betrag über 12.000,00 €. Die Liebermann GmbH berechnet Verzugszinsen von 12 %, 4,50 € Porti und Mahngebühren von 23,70 €.

   Wie viel Euro hat die Inhaberin Frau Villanueva am 15. Oktober insgesamt auf das Konto der Liebermann GmbH überweisen müssen? Bei der Tageberechnung ist die tagesgenaue Echt/Echt-Methode anzuwenden.
9. Herr Maurer kauft beim Computerfachgeschäft Jordan OHG die Webkamera „QuickCam Web" für 56,00 €. Da man sich gut kennt, wird die Zahlung bei Rechnungserhalt vereinbart. Herr Maurer erhält daraufhin 7 Tage später, am 17. Aug., die Rechnung per Post. Zu diesem Zeitpunkt befindet er sich allerdings bereits im Urlaub und kehrt erst am 15. Sept. zurück.

   Befindet sich Herr Maurer bereits in Zahlungsverzug, wenn über die weitere Zahlungsabwicklung zwischen Privatmann Maurer und dem Händler nichts vereinbart wurde? Begründen Sie Ihre Stellungnahme.
10. Ein Großhandelsunternehmen liefert an einen Einzelhändler 15 italienische Deckenlampen der Marke „Sunshine". Der Einzelhändler erhält die entsprechende Rechnung 2 Tage später, am 18. April.
    a) Vereinbart wurde zwischen den Vertragsparteien das Zahlungsziel „Zahlbar bis Ende April".
       Ab wann befindet sich der Einzelhändler in Zahlungsverzug?
    b) Angenommen, auf der Rechnung ist kein Zahlungsziel angegeben.
       Ab wann befindet sich der Einzelhändler in Zahlungsverzug?

222270366

c) Es soll angenommen werden, dass die Rechnung kein Zahlungsziel enthält, der Großhändler den Einzelhändler aber am 2. Mai schriftlich gemahnt hat und die Mahnung postalisch am 4. Mai zugegangen ist.
Ab wann befindet sich der Einzelhändler in Verzug?

11. Die Textileinzelhandlung Schünemann KG bestellt am 6. Mai bei der Yson OHG 120 Basketballhemden mit V-Ausschnitt in glänzender Optik für 1.278,00 € und am gleichen Tag bei der Karl Jens KG 75 Zweiteiler (Shirt und Hose, hellblau) in pflegeleichter Crinkle-Qualität zu 2.625,00 €. Die Lieferungen sollen unfrei in 14 Tagen, am 20. Mai, erfolgen, was von den beiden Unternehmen noch am Tag der Bestellung schriftlich bestätigt wird. Vereinbarte Zahlungsbedingungen:

- Yson OHG: zahlbar 4 Wochen nach Rechnungsdatum;
- Karl Jens KG: keine Angabe eines Zahlungstermins.

Am 20. Mai treffen beide Warensendungen vereinbarungsgemäß bei der Schünemann KG in Mainz ein. Die Rechnung von der Yson OHG lag der Warensendung bei, die der Karl Jens KG trifft 2 Tage später, am 22. Mai, per Post ein.

Wann muss die Schünemann KG die bezogenen Waren bezahlen?

12. Aufgrund unglücklicher Umstände (in der Buchhaltung der Schünemann KG ist die langjährige Sachbearbeiterin altersbedingt ausgeschieden) werden die beiden Rechnungen (siehe Aufgabe 11) der Yson OHG und der Karl Jens KG in den nächsten Wochen nicht bezahlt. Dies fällt den Verantwortlichen im Einzelhandelsgeschäft allerdings erst am 21. August auf, als von den beiden Lieferern schriftliche Mahnungen eintreffen, die an die Zahlung erinnern.

Befindet sich die Schünemann KG damit bereits im Zahlungsverzug? Begründen Sie Ihre Antwort.

13. Angenommen, die Schünemann KG bestreitet im Fall der Karl Jens KG, die Rechnung auf postalischem Weg erhalten zu haben (siehe Aufgaben 11 und 12).

Wie ist die Rechtslage?

14. Der Inhaber der Karl Jens KG will die an die Schünemann KG gelieferten 75 Zweiteiler zurückhaben (siehe Aufgaben 11 und 12), da er für die Textilien in der Zwischenzeit eine alternative Verwendungsmöglichkeit gefunden hat.

Welche Rechte kann die Karl Jens KG in Anspruch nehmen?

15. Berechnen Sienach der deutschen (kaufmännischen) Zinsmethode wie viel Tage eine Kreditsumme in den folgenden Fällen ausgeliehen worden ist.

a) 29.01. bis 15.09.
b) 01.04. bis 09.06.
c) 17.08. bis 19.11.
d) 27.02. bis 06.06.
e) 13.09. bis 15.10.
f) 01.01. bis Ende Februar
g) 28.07. bis 05.10. des folgenden Jahres
h) 28.02. bis 05.10.

16. Berechnen Sie die Tage der angegebenen Zeiträume aus Aufgabe 15 a) bis h) nach der tagesgenauen Echt/Echt-Methode, wenn diese für die Ermittlung von Verzugszinsen berücksichtigt werden sollen.

17. Verzinsen Sie nach der kfm. Zinsmethode folgende Beträge:

a) 180,00 € zu 5 % vom 03.01. bis 23.04.
b) 5.489,97 € zu 8 % vom 19.02. bis 07.05.
c) 2.600,00 € zu 7,5 % für 9 Monate

18. Großhändlerin Lippe hat bei ihrer Bank ein Darlehen von 14.000,00 € aufgenommen. Das Darlehen hat eine Laufzeit von 3 Jahren und ist mit 7 % zu verzinsen.
Wie viel Zinsen sind für das Darlehen insgesamt zu bezahlen?

AKTIONEN

1. Bearbeiten Sie den Text des vorliegenden Kapitels in sechs Schritten:
   1. Überblick verschaffen
   2. Leseabschnitte einteilen
   3. unbekannte Wörter nachschlagen
   4. Wichtiges herausschreiben
   5. mit eigenen Worten wiederholen
   6. den Text skizzieren in Form
      - einer Mindmap (falls möglich, verwenden Sie das Programm MindManager)
      - eines Ablauf- oder Ordnungsschemas oder
      - eines Bildes, das den Textinhalt darstellt
2. Bereiten Sie sich darauf vor, Ihre Ergebnisse des letzten Schrittes (Punkt 6.) Ihren Mitschülern angemessen zu präsentieren.
3. Erstellen Sie eine PowerPoint-Präsentation, die das Thema „Notwendigkeit eines Forderungsmanagements" vorstellt. Visualisieren Sie Ihre Präsentation mithilfe von Abbildungen aus dem Internet. Verwenden Sie dazu die Bildersuche verschiedener Suchmaschinen, z. B. Yahoo, Msn oder Google.
4. a) Schaffen Sie sich eine Übersicht zum Thema „Über welche gesetzlichen Voraussetzungen zur Nicht-rechtzeitig-Zahlung muss ein Einzelhändler informiert sein?" Benutzen Sie dafür verschiedene Informationsquellen:
   - Lesen Sie die Informationen dieses Kapitels mithilfe der Methode des aktiven Lesens.
   - Suchen Sie darüber hinaus im Internet nach Ausführungen zum Zahlungsverzug.
   - Nutzen Sie für die weitere Informationsbeschaffung Bibliotheken, Nachschlagewerke und Behördenauskünfte.

   b) Fassen Sie die Informationen in diesem Kapitels des Lehrbuches und Ihrer Recherchen mithilfe des Computers in einer entsprechenden visuellen Darstellung zusammen.
5. Schaffen Sie sich eine Übersicht zu dem Thema „Welche Rechte sollte der Verkäufer bei der nicht rechtzeitigen Bezahlung der Warenlieferung haben?"

   a) Bilden Sie hierzu Arbeitsgruppen.

   b) Wenden Sie die Methode der Kartenabfrage an. Schreiben Sie in gut lesbarer Blockschrift eine Idee bzw. einen Gedanken pro Karte und hängen Sie anschließend Ihre Karten an die Pinnwand.

   c) Wählen Sie aus Ihrer Mitte zwei Schüler, die mit Unterstützung der Arbeitsgruppen die Karten nach Oberbegriffen (Sinneinheiten) ordnen (clustern).

   d) Überprüfen Sie die Zuordnungen und geben Sie jedem Cluster eine passende Überschrift.

   e) Kontrollieren Sie, ob in der so gewonnenen Systematisierung noch wichtige Gedankengänge fehlen. Kommentieren Sie Ihre Vorschläge.

222270368

ZUSAMMENFASSUNG

Bedeutung eines aktiven Forderungsmanagements

Mit der laufenden Überwachung der Fälligkeitstermine und dem pünktlichen Eingang der Forderungen kann der Verkäufer

- seine Liquidität erhöhen,
- Kreditkosten vermeiden,
- Skonti seiner Lieferer in Anspruch nehmen,
- günstige Angebote wahrnehmen,

Beitrag zur Sicherung des wirtschaftlichen Erfolgs eines Unternehmens

Gesetzliche Verzugszinsen (Stand: 1. Januar 2019)

Kaufverträge nach der rechtlichen Stellung der Vertragspartner	Vertragspartner	mögliche Verzugszinsen
bürgerlicher Kauf (Privatkauf)	Verbraucher kauft bei Verbraucher	5,00 % gem. § 288 I BGB + −0,88 % gem. § 247 I BGB = 4,12 %
einseitiger Handelskauf (u. a. Verbrauchsgüterkauf)	Verbraucher kauft bei Unternehmer	
zweiseitiger Handelskauf	Unternehmer kauft bei Unternehmer	9,00 % gem. § 288 I BGB + −0,88 % gem. § 247 I BGB = 8,12 %

Unternehmer

Natürliche oder juristische Person oder eine rechtsfähige Personengesellschaft, die bei Abschluss eines Rechtsgeschäfts in Ausübung ihrer gewerblichen oder selbstständigen beruflichen Tätigkeit handelt (§ 14 BGB).

Verbraucher

Jede natürliche Person,die ein Rechtsgeschäft zu Zwecken abschließt, die überwiegend weder ihrer gewerblichen noch ihrer selbstständigen beruflichen Tätigkeit zugerechnet werden können (§ 13 BGB).

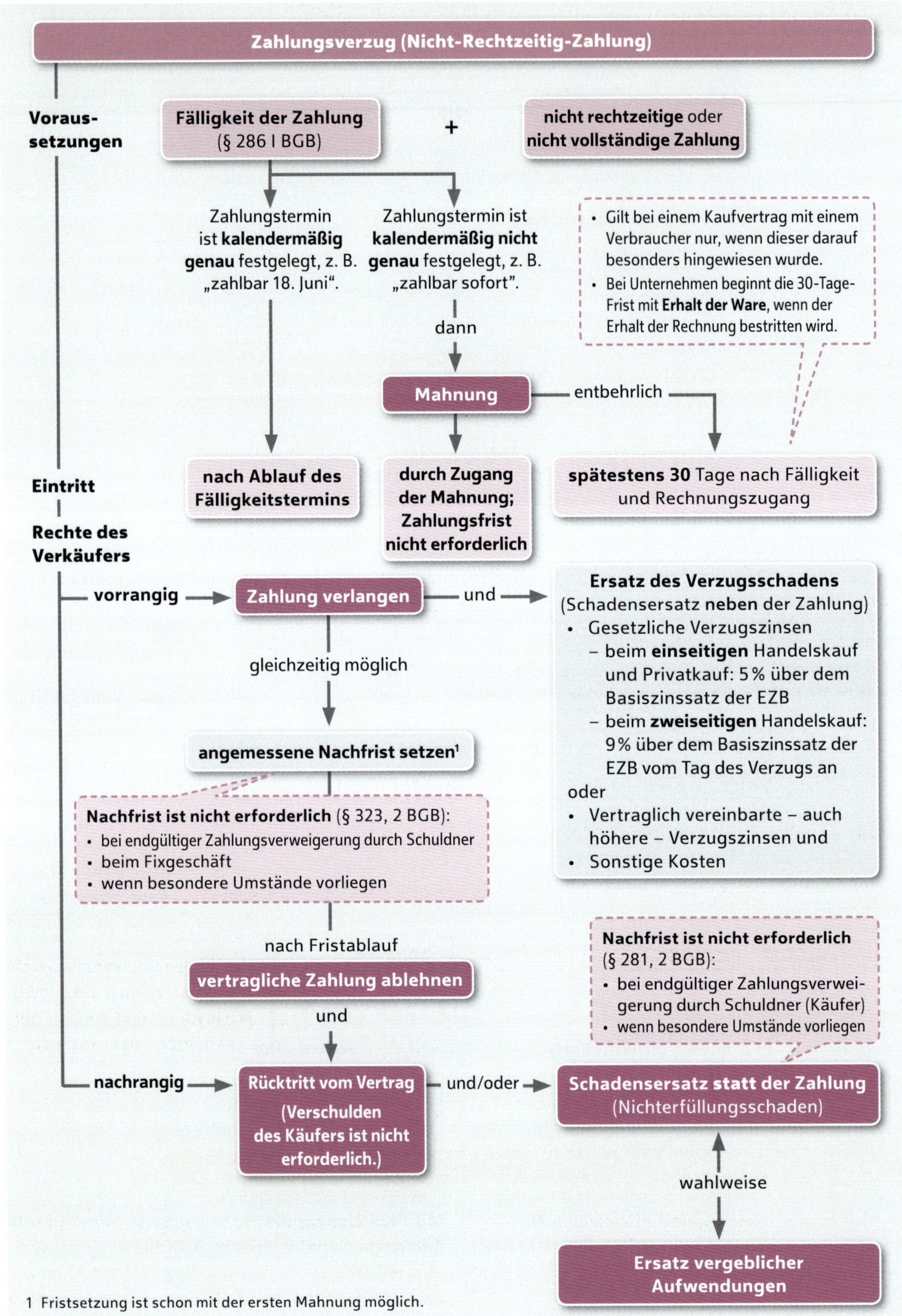

1 Fristsetzung ist schon mit der ersten Mahnung möglich.

KAPITEL 10

Wir wenden das außergerichtliche (kaufmännische) Mahnverfahren bei Zahlungsverzug an

Da Familie Müller aus Schönstadt – langjährige und gute Kunden der Ambiente Warenhaus AG – ihre Rechnung nicht termingerecht bezahlt hat, schreibt der Sachbearbeiter des Warenhauses, Herr Strahler, folgenden Brief:

Ambiente Warenhaus AG

Unternehmenszentrale

Groner Straße 22–24
34567 Schönstadt
Tel.: 05121 839001
Fax: 05121 839002

E-Mail: zentrale@ambiente-warenhaus-wvd.de
Internet: www.ambiente-warenhaus-wvd.de

Ambiente Warenhaus AG · Groner Straße 22–24 · 34567 Schönstadt

Familie
Müller
Leonardstsraße 17
34567 Schönstadt

Ihr Zeichen, Ihre Nachricht vom	Unser Zeichen, unsere Nachricht vom	Telefon, Name	Datum
	r-l 22.02.20..	60, Herr Strahler	08.04.20..

Zahlungserinnerung

Sehr geehrte Frau Müller, sehr geehrter Herr Müller,

auf Ihrem Konto steht der Betrag unserer Rechnung 1012/HH vom 22. Februar d. J. von

1.300,00 €

noch offen.

Bei einem Ziel von 30 Tagen war dieser Rechnungsbetrag bereits am 24. März d. J. fällig.

Um nicht selbst in Zahlungsschwierigkeiten zu geraten und um die Aufnahme teurer Bankkredite zu vermeiden, müssen wir auf den pünktlichen Eingang unserer Forderungen ganz besonderen Wert legen.

Kein Kaufmann kann sich heutzutage die Geschäftsbeziehungen mit Kunden leisten, die längst fällig gewordene Rechnungsbeträge erst mehrere Wochen nach Fälligkeit begleichen.

Sollten Sie den oben genannten Betrag zuzüglich 4,12 % Verzugszinsen nicht bis zum 15. April 20.. auf unser Konto überwiesen haben, werden wir gerichtlich gegen Sie vorgehen.

Hochachtungsvoll

Ambiente Warenhaus AG

Strahler

Strahler

Unternehmenszentrale
Groner Straße 22–24
34567 Schönstadt
Haus 1:
Groner Straße 22–24
34567 Schönstadt
Haus 2:
Groner Straße 52–54
34567 Schönstadt

Amtsgericht Schönstadt HRB 1811
Vorstandsvorsitzender: Heinz Rischmüller
Vorstandsmitglieder: Andrea Bode, Michael Sauter
Vorsitzender des Aufsichtsrates: Dirk Rosenthal

USt-IdNr.: DE 164 882 465
Finanzamt: Schönstadt-Mitte-Altstadt
Steuer-Nr. 24 671 00036

Bankhaus Delfs
BIC: BADEDEFF
IBAN: DE43 5594 3200 0006 3436 82
Grün & Gut Bank
BIC: PGUGBDE2H
IBAN: DE76 5889 0001 0007 1667 07

Begründen Sie, warum es nicht ratsam ist, einen Kunden möglichst schnell und in einem derart scharfen Ton zu mahnen.

INFORMATION

Säumige Käufer müssen gemahnt werden (siehe Kap. 14.9). Mit der Mahnung weist das Einzelhandelsunternehmen ausdrücklich auf den fälligen Betrag hin und nennt zugleich einen letzten Zahlungstermin.

Mit dem Zugang der Mahnung gerät der Käufer in Zahlungsverzug (§ 286 Abs. 1 BGB), wenn der Zahlungstermin kalendermäßig nicht genau festgelegt war bzw. die Mahnung innerhalb der ersten 30 Tage nach Fälligkeit und Rechnungszugang erfolgte.

Die Mahnung ist **formfrei,** also auch mündlich möglich. Aus Gründen der Beweissicherung sollte der Einzelhändler aber stets schriftlich mahnen und, zumindest in wichtigen Angelegenheiten, das Schreiben durch Einschreiben mit Rückschein zustellen lassen, da der Gläubiger für den Zugang der Mahnung beweispflichtig ist.

Trotz aller Vorsichtsmaßnahmen wird ein Kaufmann jedoch nicht sein erstes Schreiben an den säumigen Käufer als Mahnung abfassen oder gar gleich mit gerichtlichen Schritten drohen. Schließlich könnte es sich lediglich um ein Versehen handeln und mit dem im Mahnschreiben angeschlagenen Ton würde man den Käufer – zumal einen langjährigen – verletzen oder sogar für immer verlieren.

In der kaufmännischen Praxis ist es deshalb allgemein üblich, dem Käufer vor der 1. Mahnung ein **Erinnerungsschreiben** zuzusenden, z. B. in Form einer Rechnungskopie mit Zahlschein oder in Form eines Kontoauszugs. Das höflich formulierte Erinnerungsschreiben ist rechtlich gesehen keine Mahnung und **setzt den Käufer auch nicht in Verzug.**

Sollte der Käufer darauf nicht reagieren, ist das außergerichtliche Mahnverfahren möglich (also nicht zwingend vorgeschrieben), bevor der gerichtliche Mahnweg beschritten wird.

Außergerichtliches Mahnverfahren:
Es wird versucht, Forderungen ohne Einschaltung der Gerichte einzutreiben.

Das außergerichtliche Mahnverfahren wird von den Unternehmen unterschiedlich gehandhabt. Es ist u. a. abhängig von den Gründen des Zahlungsverzugs, der Art der Geschäftsbeziehung und der wirtschaftlichen Situation des Verkäufers.

Stufenweises Vorgehen beim außergerichtlichen (kaufmännischen) Mahnverfahren

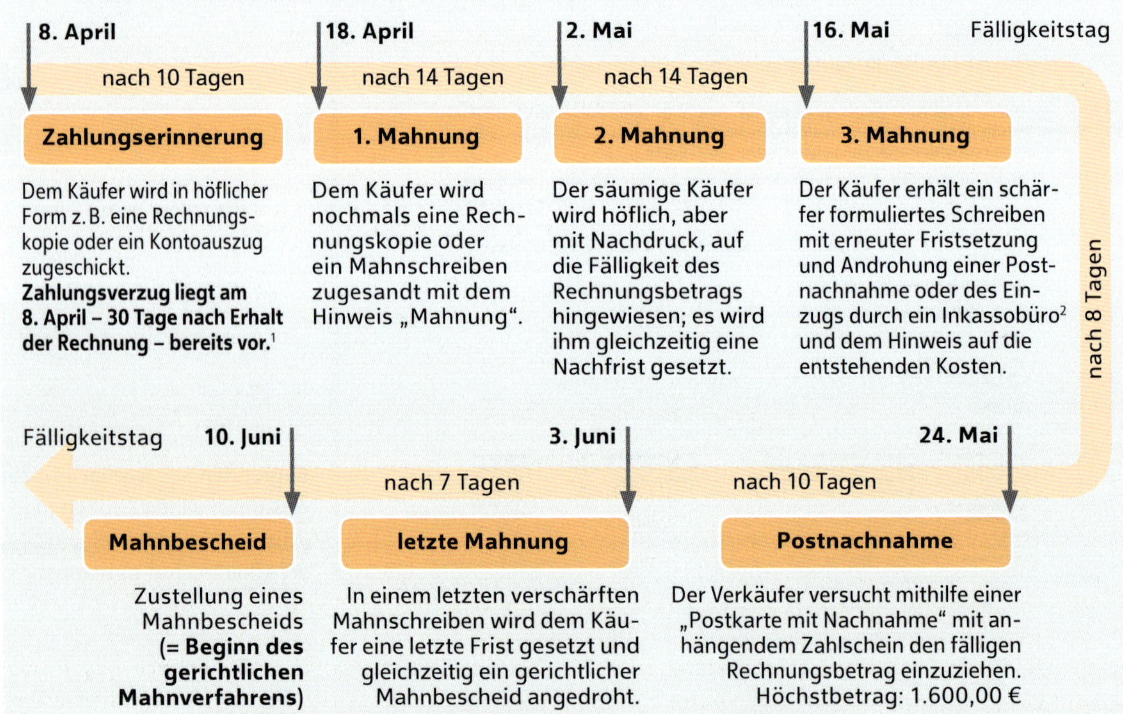

1 Der Schuldner gerät automatisch, d. h. auch ohne Mahnung, spätestens 30 Tage nach Fälligkeit und Rechnungszugang in Verzug. Eine Mahnung wäre daher, um den Schuldner, Familie Müller, in Zahlungsverzug zu setzen, in diesem Beispiel nicht notwendig.

2 Ein **Inkassobüro** ist ein Dienstleistungsunternehmen, das Gläubigern dazu verhilft, das ihnen geschuldete Geld zu bekommen. Das ist juristisch ausgedrückt „gewerbsmäßige Einziehung von Forderungen". Die Tätigkeit der Inkassobüros steht in Deutschland unter Erlaubniszwang; wer nicht über die behördliche Erlaubnis verfügt, darf nicht als Inkassounternehmer arbeiten. Der Gläubiger hat den Vorteil, dass er die Kosten für die Überwachung der Zahlungseingänge sparen kann, beispielsweise für die Mahnabteilung oder für die Kreditkontrolle. Er muss allerdings eine Inkassogebühr entrichten, die jedoch als Verzugszinsen gegenüber dem säumigen Schuldner geltend gemacht werden kann.

222270372

Ambiente Warenhaus AG

Ambiente Warenhaus AG · Groner Straße 22-24 · 34567 Schönstadt

Familie
Müller
Leonardstsraße 17
34567 Schönstadt

Unternehmenszentrale

Groner Straße 22–24
34567 Schönstadt
Tel.: 05121 839001
Fax: 05121 839002

E-Mail: zentrale@ambiente-warenhaus-wvd.de
Internet: www.ambiente-warenhaus-wvd.de

Ihr Zeichen, Ihre Nachricht vom	Unser Zeichen, unsere Nachricht vom	Telefon, Name	Datum
	r-I 08.04.20..	60, Herr Strahler	18.04.20..

1. Mahnung

Zur Abstimmung erhalten Sie nachstehend eine Aufstellung der offenen Posten. Sollten darin bereits fällige Beträge enthalten sein, so betrachten Sie bitte diesen Auszug als Erinnerung.Ambiente Warenhaus AG

Wir bitten um baldigen Ausgleich.

Rechn.Nr.	Belegdatum	BA	Fälligkeitsdatum	Buchungstext	offene Posten/€	fälliger Betrag/€	Mahnstufe
1012/HH	22.02.	04	24.03.	Rechnung	1.300,00	1.300,00	1

Zahlungseingang berücksichtigt bis 15.04.20..

renhaus AG

Unternehmenszentrale

Groner Straße 22–24
34567 Schönstadt
Tel.: 05121 839001
Fax: 05121 839002

E-Mail: zentrale@ambiente-warenhaus-wvd.de
Internet: www.ambiente-warenhaus-wvd.de

Ihr Zeichen, Ihre Nachricht vom	Unser Zeichen, unsere Nachricht vom	Telefon, Name	Datum
	r-I 28.05.20..	60, Herr Strahler	03.06.20..

Letzte Mahnung

Sehr geehrte Frau Müller, sehr geehrter Herr Müller,

Sie haben trotz mehrfacher Aufforderung unsere Rechnung 1012/HH vom 22. Febr. d. J., fällig am 24. März d. J., noch nicht beglichen.

Ihr Verhalten ist uns unverständlich. Da unsere Preise sehr knapp kalkuliert sind, können wir Ihnen ein Zahlungsziel, wie es jetzt von Ihnen in Anspruch genommen wird, nicht länger einräumen. Kein Kaufmann kann heutzutage tatenlos zusehen, wie die Zinsverluste bei seinen Außenständen seine Gewinne aufzehren.

Sie zwingen uns leider dazu, unsere Forderungen gerichtlich durchzusetzen. Wir werden deshalb am 10. Juni d. J. gegen Sie den Erlass eines Mahnbescheides über 1.300,00 € zuzüglich Verzugszinsen und Mahnkosten erwirken.

In Anbetracht unserer langjährigen Geschäftsbeziehungen setzen wir Ihnen eine letzte Zahlungsfrist bis zum 7. Juni d. J.

Mit freundlichen Grüßen

Ambiente Warenhaus AG

Strahler

Strahler

Forderungseinzug durch Postnachnahme

Mithilfe der **Postnachnahme National** können durch die Deutsche Post vom säumigen Käufer Forderungen bis zu einer Höhe von 1.600,00 € eingezogen werden. Der Nachnahme ist ein Zahlschein angeheftet. Auf dem Zahlschein erscheint der um die Zahlscheingebühr verminderte Nachnahmebetrag.

Kreditversicherung

Einzelhandelsunternehmen können sich gegen ausbleibende Zahlungen versichern. Bleiben dann Außenstände offen, weil der Kunde zahlungsunfähig ist, zahlt die Versicherung.

BEISPIELE FÜR KREDITVERSICHERER

- Allgemeine Kreditversicherung
- Hermes Versicherung
- Gotha Versicherung

AUFGABEN

1. Wovon wird es abhängen, in welcher Form und wie oft ein Verkäufer einen Käufer mahnt?
2. Welchen Zweck hat das außergerichtliche Mahnverfahren?
3. Sie sind unterschriftsbevollmächtigter Mitarbeiter des Modehauses Bachmann, Kurze Straße 18, 30629 Hannover. Konten:

   Postbank Hannover
   Konto-Nr. 275942-305
   BLZ 250 100 30
   BIC PBNKDEFF250
   IBAN DE16 2501 0030 0275 9423 05

   Sparda-Bank Hannover eG
   Konto-Nr. 154032
   BLZ 250 905 00
   BIC GENODEF1S09
   IBAN DE66 2509 0500 0000 1540 32

   a) Das Modehaus Bachmann hat an das Textilfachgeschäft Bernd Krellwitz, Goethestr. 124, 31135 Hildesheim, Waren im Wert von 1.100,00 € geliefert, Ziel 20 Tage. Bernd Krellwitz hat die Rechnung vom 7. Sept., eingegangen am 10. Sept., nicht fristgemäß bezahlt. Eine Erinnerung vom 30. Sept. und eine Mahnung vom 11. Okt. 20.. mit beigefügtem ausgefülltem Zahlschein blieben ohne Erfolg. Schreiben Sie mit Datum 18. Okt. eine Mahnung an Bernd Krellwitz. Berücksichtigen Sie die obige Sachlage. Drohen Sie bei Nichtzahlung den Geldeinzug durch Postnachnahme an. Weisen Sie auf die dadurch entstehenden Kosten hin.

   b) Bernd Krellwitz hat auch die ihm inzwischen zugestellte Postnachnahme nicht eingelöst. Schreiben Sie mit Datum vom 3. Nov. eine letzte Mahnung mit einer angemessenen Nachfrist. Drohen Sie bei Nichtbeachtung gerichtliche Schritte an.
4. Welche Vorgehensweise schlagen Sie vor, wenn ein guter Kunde eine fällige Rechnung nicht unverzüglich begleicht?
5. Aus welchen Gründen ist eine Mahnung erforderlich?

AKTIONEN

1. Schreiben Sie einen Fachbericht mit dem Thema „Das außergerichtliche Mahnverfahren“.

   Dem Fachbericht soll mindestens entnommen werden können, welchen Zweck und welche Bedeutung das Verfahren hat und welche Vorgehensweise möglich ist.
2. Erkundigen Sie sich in Ihrem Ausbildungsunternehmen, wie im Fall nicht rechtzeitiger Zahlung verfahren wird.

   a) Bereiten Sie Ihre Informationen mithilfe der Netzwerktechnik auf.

   b) Fertigen Sie eine Farbfolie Ihrer Arbeit mithilfe des Computers und geeigneter Software an. Beachten Sie dabei die Tipps zur Gestaltung von Folien und Plakaten.

   c) Bereiten Sie sich darauf vor, Ihr Arbeitsergebnis mittels Overheadprojektor vorzutragen:
   - Prüfen Sie zuvor, ob der Inhalt der Folie auf der Projektionsfläche zu lesen ist.
   - Achten Sie auf die Anwendung der Präsentationsregeln.
3. a) Vergleichen Sie das Verhalten Ihres Ausbildungsunternehmens im Fall des Zahlungsverzugs mit der Praxis in den Unternehmen Ihrer Klassenkameraden.

   b) Sammeln Sie die verschiedenen Reaktionen an der Tafel, stellen Sie die Unterschiede bzw. Gemeinsamkeiten fest und erörtern Sie im Klassenverband die möglichen Gründe für Abweichungen.

   c) Stellen Sie das Ergebnis Ihrer Gemeinschaftsarbeit in Form eines Kreis- oder Säulendiagramms dar. Benutzen Sie hierfür das Tabellenkalkulationsprogramm Excel.
4. a) Informieren Sie sich z. B. unter den Internetadressen www.inkasso.de und www.creditreform.de über die Aufgaben eines Inkassounternehmens bzw. dessen Kreditrisikomanagement.

   b) Stellen Sie die Ergebnisse Ihrer Recherchen der Klasse mithilfe von geeigneten Präsentationsverfahren vor.

ZUSAMMENFASSUNG

Das außergerichtliche (kaufmännische) Mahnverfahren

Zweck

Einzug von fälligen Forderungen **ohne** gerichtliche Maßnahmen

Verfahren

- **Grundsatz:** Zunächst vorsichtig mahnen!
- **Mögliche Stufen:**

Zahlungserinnerung
↓
evtl. 3 Mahnungen
↓
Postnachnahme/Inkassoinstitut
↓
4. Mahnung
↓
Mahnbescheid (= **Beginn des gerichtlichen Mahnverfahrens**)

Steigerung von „sehr höflich" über „energische Aufforderung" bis „Androhung gerichtlicher Schritte"

Ein allgemeingültiges Ablaufschema gibt es nicht.

Bedeutung

Beitrag zur **Sicherung des wirtschaftlichen Erfolgs** des Unternehmens (siehe auch unter „Forderungsmanagement" in Kap. 14.9)

KAPITEL 11

Wir informieren uns über das gerichtliche Mahnverfahren

Auch der letzte Mahnbrief der Ambiente Warenhaus AG vom 3. Juni 20.. an Familie Müller in Schönstadt bleibt unbeantwortet. Der längst fällige Rechnungsbetrag wird nicht überwiesen.

Die Ambiente Warenhaus AG kann Familie Müller nun mithilfe des Gerichts auf Zahlung verklagen oder beim Gericht den Erlass eines Mahnbescheids beantragen.

Da man in der Ambiente Warenhaus AG glaubt, durch das gerichtliche Mahnverfahren schneller und kostensparender zu seinem Geld zu kommen, wird am 10. Juni der Mahnbescheid beantragt.

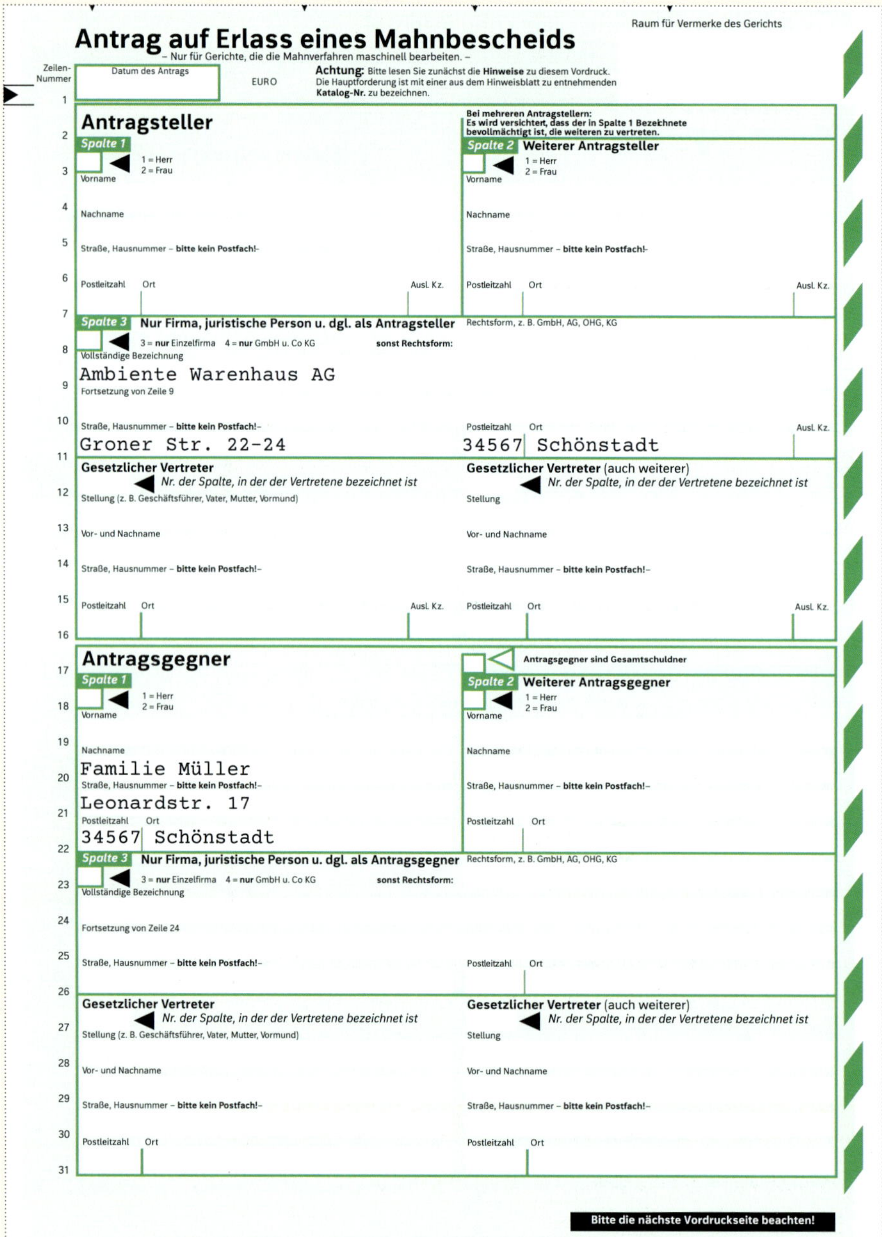

Raum für Vermerke des Gerichts

Antrag auf Erlass eines Mahnbescheids

– Nur für Gerichte, die die Mahnverfahren maschinell bearbeiten. –

Zeilen-Nummer

Datum des Antrags | EURO

Achtung: Bitte lesen Sie zunächst die **Hinweise** zu diesem Vordruck. Die Hauptforderung ist mit einer aus dem Hinweisblatt zu entnehmenden **Katalog-Nr.** zu bezeichnen.

Antragsteller

Bei mehreren Antragstellern: Es wird versichert, dass der in Spalte 1 Bezeichnete bevollmächtigt ist, die weiteren zu vertreten.

Spalte 1: 1 = Herr, 2 = Frau; Vorname; Nachname; Straße, Hausnummer – **bitte kein Postfach!** –; Postleitzahl; Ort; Ausl. Kz.

Spalte 2 **Weiterer Antragsteller**: 1 = Herr, 2 = Frau; Vorname; Nachname; Straße, Hausnummer – **bitte kein Postfach!** –; Postleitzahl; Ort; Ausl. Kz.

Spalte 3 **Nur Firma, juristische Person u. dgl. als Antragsteller** – Rechtsform, z. B. GmbH, AG, OHG, KG

3 = **nur** Einzelfirma 4 = **nur** GmbH u. Co KG **sonst Rechtsform:**

Vollständige Bezeichnung: Ambiente Warenhaus AG

Fortsetzung von Zeile 9

Straße, Hausnummer – **bitte kein Postfach!** –: Groner Str. 22-24

Postleitzahl: 34567 Ort: Schönstadt Ausl. Kz.

Gesetzlicher Vertreter – Nr. der Spalte, in der der Vertretene bezeichnet ist; Stellung (z. B. Geschäftsführer, Vater, Mutter, Vormund); Vor- und Nachname; Straße, Hausnummer – **bitte kein Postfach!** –; Postleitzahl; Ort; Ausl. Kz.

Gesetzlicher Vertreter (auch weiterer) – Nr. der Spalte, in der der Vertretene bezeichnet ist; Stellung; Vor- und Nachname; Straße, Hausnummer – **bitte kein Postfach!** –; Postleitzahl; Ort; Ausl. Kz.

Antragsgegner

Antragsgegner sind Gesamtschuldner

Spalte 1: 1 = Herr, 2 = Frau; Vorname; Nachname: Familie Müller

Straße, Hausnummer – **bitte kein Postfach!** –: Leonardstr. 17

Postleitzahl: 34567 Ort: Schönstadt

Spalte 2 **Weiterer Antragsgegner**: 1 = Herr, 2 = Frau; Vorname; Nachname; Straße, Hausnummer – **bitte kein Postfach!** –; Postleitzahl; Ort

Spalte 3 **Nur Firma, juristische Person u. dgl. als Antragsgegner** – Rechtsform, z. B. GmbH, AG, OHG, KG

3 = **nur** Einzelfirma 4 = **nur** GmbH u. Co KG **sonst Rechtsform:**

Vollständige Bezeichnung; Fortsetzung von Zeile 24; Straße, Hausnummer – **bitte kein Postfach!** –; Postleitzahl; Ort

Gesetzlicher Vertreter – Nr. der Spalte, in der der Vertretene bezeichnet ist; Stellung (z. B. Geschäftsführer, Vater, Mutter, Vormund); Vor- und Nachname; Straße, Hausnummer – **bitte kein Postfach!** –; Postleitzahl; Ort

Gesetzlicher Vertreter (auch weiterer) – Nr. der Spalte, in der der Vertretene bezeichnet ist; Stellung; Vor- und Nachname; Straße, Hausnummer – **bitte kein Postfach!** –; Postleitzahl; Ort

Bitte die nächste Vordruckseite beachten!

222270376

Bezeichnung des Anspruchs

Euro

I. Hauptforderung - siehe Katalog in den Hinweisen -

Katalog-Nr.	Rechnung/Aufstellung/Vertrag oder ähnliche Bezeichnung	Nr. der Rechng./des Kontos u. dgl.	Datum bzw. Zeitraum vom	bis	Betrag EUR
43	Rechnung	1012/HH	22.02.20..		1.300,00

Postleitzahl | Ort als Zusatz bei Katalog-Nr. 19,20,90 | Ausl. Kz. | Vertragsart als Zusatz bei Katalog-Nr. 28 | -Vertrag

Sonstiger Anspruch - nur ausfüllen, wenn im Katalog nicht vorhanden - mit Vertrags-/Lieferdatum/Zeitraum vom ... bis ...

Fortsetzung von Zeile 36 | vom | bis | Betrag

Nur bei Abtretung oder Forderungsübergang:
Früherer Gläubiger – Vor- und Nachname, Firma (Kurzbezeichnung) | Datum – Seit diesem Datum ist die Forderung an den Antragsteller abgetreten/auf ihn übergegangen. | Postleitzahl | Ort | Ausl. Kz.

IIa. Laufende Zinsen

Zeilen-Nr. der Hauptforderung	Zinssatz %	oder % über Basiszinssatz	1 = jährl. 2 = mtl. 3 = tägl.	Nur angeben, wenn abweichend vom Hauptforderungsbetrag aus	Ab Zustellung des Mahnbescheids, wenn kein Datum angegeben. ab oder vom	bis
32	4,12		1		25.03.20..	

IIb. Ausgerechnete Zinsen

Gemäß dem Antragsgegner mitgeteilter Berechnung für die Zeit

vom	bis	Betrag EUR
24.03.	10.06.	11,45

III. Auslagen des Antragstellers für dieses Verfahren

Vordruck/Porto Betrag EUR	Sonstige Auslagen Betrag EUR	Bezeichnung
3,30	17,00	

IV. Andere Nebenforderungen

Mahnkosten Betrag	Auskünfte Betrag	Bankrücklastkosten Betrag	Inkassokosten Betrag	Sonstige Nebenforderung Betrag	Bezeichnung
12,50					

Ein streitiges Verfahren wäre durchzuführen vor dem
1 = Amtsgericht, 2 = Landgericht, 3 = Landgericht – KfH, 6 = Amtsgericht – Familiengericht, 8 = Sozialgericht

[1] in Postleitzahl Ort: 34567 Schönstadt

[X] Im Falle eines Widerspruchs beantrage ich die Durchführung des streitigen Verfahrens

Prozessbevollmächtigter des Antragstellers

[ ] 1 = Rechtsanwalt, 2 = Rechtsanwälte, 3 = Rechtsbeistand, 4 = Herr, Frau, 5 = Rechtsanwältin, 6 = Rechtsanwältinnen

Betrag

Ordnungsgemäße Bevollmächtigung versichere ich.
Bei Rechtsanwalt oder Rechtsbeistand: Anstelle der Auslagenpauschale des § 26 BRAGO werden die nebenstehenden Auslagen verlangt, deren Richtigkeit versichert wird.

[ ] Der Antragsteller ist nicht zum Vorsteuerabzug berechtigt.

Vor- und Nachname

Straße, Hausnummer – bitte kein Postfach! – | Postleitzahl | Ord | Ausl. Kz.

34567 Schönstadt

Bankleitzahl | Konto-Nr. | bei der/dem

Von Kreditgebern (auch Zessionar) zusätzlich zu machende Angaben bei Anspruch aus Vertrag, für den das Verbraucherkreditgesetz gilt:

Zeilen-Nr. der Hauptforderung	Vertragsdatum	Effektiver Jahreszins	Zeilen-Nr. der Hauptforderung	Vertragsdatum	Effektiver Jahreszins	Zeilen-Nr. der Hauptforderung	Vertragsdatum	Effektiver Jahreszins

Geschäftszeichen des Antragstellers/Vertreters/Prozessbevollmächtigten

An das
Amtsgericht
- Mahnabteilung -
Postfach ________

34567 Schönstadt
Postleitzahl, Ort

Ich beantrage, einen Mahnbescheid zu erlassen und in diesen die Kosten des Verfahrens aufzunehmen.
Ich erkläre, dass der Anspruch von einer Gegenleistung
[X] abhängt, diese aber bereits erbracht ist. [ ] nicht abhängt.

Unterschrift des Antragstellers/Vertreters/Prozessbevollmächtigten

Strahler

1. Stellen Sie fest, zu welchen Punkten der Gläubiger im Mahnantrag Angaben machen muss.
2. Welche Folgen kann der Mahnbescheid für Familie Müller haben?

INFORMATION

Führt die außergerichtliche Mahnung nicht zur Begleichung des fälligen Rechnungsbetrags, wird der Gläubiger (Antragsteller) das **gerichtliche Mahnverfahren** einleiten, die schärfste und nachdrücklichste Form der Mahnung.

Mahnbescheid

1. Mahnantrag

Für das gerichtliche Mahnverfahren gilt Formularzwang. Der Formularsatz kann in Schreibwarengeschäften gekauft oder unter www.online-mahnantrag.de als Ausdruck generiert werden. Hier wird auch genau beschrieben, wie beim Antrag auf Erlass des Mahnbescheids vorzugehen ist.

Ist ein Mahnbescheid lückenhaft ausgefüllt, kann er erst nach zeitraubenden Rückfragen erlassen werden. Hierdurch verzögert sich das Verfahren. Dies wiederum kann auch dazu führen, dass die Verjährung nicht gehemmt wird.

2. Erlass und Zustellung des Mahnbescheids

Das Gericht stellt dem Schuldner (Antragsgegner) nach Bezahlung der Gerichtskosten den Mahnbescheid von Amts wegen zu (§ 693 Abs. 1 ZPO). Eine **Prüfung,** ob die Forderung zu Recht besteht, **findet nicht statt.**

DEFINITION

Der **Mahnbescheid** ist eine Aufforderung an den Schuldner,
- entweder innerhalb einer gegebenen Frist den geschuldeten Betrag zuzüglich Zinsen und entstandenen Kosten zu zahlen
- oder sich zu verteidigen.

Das Mahngericht informiert den Gläubiger über die erfolgte Zustellung und insbesondere über das Zustelldatum, da es für den ggf. nachfolgenden Antrag auf Erlass des Vollstreckungsbescheids maßgeblich ist.

3. Wirkung des Mahnbescheids

- Die im Mahnbescheid enthaltene Zahlungsaufforderung ersetzt eine erforderliche **Nachfristsetzung.**

- Der Schuldner gerät durch die Zustellung des Mahnbescheids in **Zahlungsverzug** (§ 286 Abs. 1 Nr. 2 BGB), sodass spätestens ab diesem Zeitpunkt die gesetzlichen Verzugszinsen verlangt werden können.

- Durch die **Zustellung** des Mahnbescheids wird eine laufende **Verjährungsfrist gehemmt** (§ 204 Abs. 1 Nr. 3 BGB).

Verfahren bis zum Vollstreckungsbescheid

Nach der Zustellung des Mahnbescheids hat der Antragsgegner folgende Möglichkeiten:
- Er bezahlt. Das gerichtliche Mahnverfahren ist damit beendet.
- Er schweigt.
- Er legt Widerspruch ein.

1. Der Schuldner (Antragsgegner) legt Widerspruch ein

Mit dem Mahnbescheid muss sich der Schuldner nicht abfinden. Wenn er die Forderung nicht anerkennt, muss er **innerhalb von 14 Tagen** gegen den Mahnbescheid schriftlich Widerspruch einlegen.

Sachlich ist bei einem Streitwert bis 5.000,00 € immer das Amtsgericht zuständig.

Beim Amtsgericht beginnt das gerichtliche Mahnverfahren.

Bei einem höheren Streitwert wird vor dem Landgericht verhandelt.

Sind mehrere Gerichte **örtlich** zuständig (neben dem Wohnsitzgericht des Schuldners z. B. auch das Gericht am Erfüllungsort aufgrund einer wirksamen Gerichtsstandvereinbarung), muss sich der Gläubiger bereits beim Ausfüllen des Mahnantrags entscheiden, bei welchem örtlich zuständigen Gericht ein späteres streitiges Verfahren durchgeführt werden soll. Maßgebend für diese Entscheidung können sein:
- Entfernung zum Gerichtsort und damit verbundene Reisekosten

222270378

- „besondere" Rechtsprechung eines Gerichts zu bestimmten Rechtsfragen
- Kanzleisitz der ggf. zu beauftragenden Rechtsanwälte u. a.

Die Frist für die Widerspruchserhebung, für die weder Formular- noch Anwaltszwang besteht, beginnt mit der ordnungsgemäßen Zustellung des Mahnbescheids.

Der **rechtzeitige Widerspruch** verhindert den Erlass eines Vollstreckungsbescheids und sollte vom Schuldner vor allem bei inzwischen erfolgter Bezahlung eingelegt werden. Der Schuldner hat auch die Möglichkeit, seinen Widerspruch auf einen Teil des geltend gemachten Anspruchs oder auf die Nebenforderungen (Zinsen und Kosten) zu beschränken. Der Widerspruch braucht vom Schuldner nicht begründet zu werden.

Bei rechtzeitigem Widerspruch muss der Gläubiger oder der Schuldner die **Durchführung des streitigen Verfahrens** beantragen. Hierbei sind keine besonderen Fristen zu beachten.

Auf den Streitantrag einer der Parteien gibt das Mahngericht den Rechtsstreit an das „Streitgericht" ab. Dies ist das Gericht, das der Gläubiger bereits im Mahnbescheid als örtlich und sachlich zuständiges Gericht angeben musste. Das Gericht benachrichtigt die Parteien, sobald es die Sache abgegeben hat. Nach Eingang der Akten beim Streitgericht fordert dieses den Gläubiger auf, seinen Anspruch innerhalb einer 2-Wochen-Frist zu begründen.

Im weiteren Verlauf kommt es zu einem **ordentlichen Gerichtsverfahren,** in dem geklärt wird, ob die Forderung begründet ist. Der Gläubiger – jetzt Kläger – muss seinen Anspruch vor Gericht begründen, der Schuldner muss dem Gericht vortragen, warum er den Anspruch für unbegründet hält.

Im Rahmen einer Beweisaufnahme klärt der Richter den Sachverhalt und beendet das Verfahren mit einem Urteil. Ist das Urteil rechtskräftig, kann der Gläubiger seine Forderung durch den Gerichtsvollzieher pfänden lassen.

2. Der Schuldner (Antragsgegner) schweigt

Falls der Schuldner auf den Mahnbescheid nicht reagiert, kann der Gläubiger

- frühestens nach dem Ende der Widerspruchsfrist von 2 Wochen[1],
- spätestens nach einer Frist von 6 Monaten

bei demselben Amtsgericht den **Erlass eines Vollstreckungsbescheids** beantragen. Der Vollstreckungsbescheid wird dem Schuldner dann von Amts wegen durch das Mahngericht mit zweiwöchiger Zahlungsfrist zugestellt. In diesem Fall besteht Formularzwang.

Wird der Antrag nicht innerhalb der sechsmonatigen Frist, beginnend mit der Zustellung des Mahnbescheids, erhoben, wird der Mahnbescheid wirkungslos und das gesamte Verfahren muss mit komplett neu entstehenden Gebühren von Anfang an wiederholt werden. Wird diese 6-Monate-Frist versäumt, entfällt auch die durch Zustellung des Mahnbescheids bewirkte Verjährungshemmung (§ 204 Abs. 2 Nr. 2 BGB).

Vollstreckungsbescheid

Der Vollstreckungsbescheid ist die letzte Zahlungsauffoderung des Gerichts. **Schweigt der Schuldner** daraufhin, wird der Vollstreckungsbescheid rechtskräftig. Er hat die Wirkung eines gerichtlichen Urteils und stellt einen **vorläufig vollstreckbaren** Titel dar.

Dadurch hat der Gläubiger die Möglichkeit, die Zwangsvollstreckung zu betreiben. Er kann z. B. den Gerichtsvollzieher mit der Pfändung und Versteigerung von Sachen des Schuldners beauftragen oder eine Lohn- und Gehaltspfändung vornehmen lassen.

DEFINITION

Vollstreckungsbescheid = „Vollstreckbarer Titel" mit dem Recht, gegen den Schuldner die Zwangsvollstreckung einzuleiten

Zunächst hat der Schuldner aber wieder 2 Wochen Zeit, gegen den Vollstreckungsbescheid – ab Zustellung – **Einspruch einzulegen.** Der Einspruch muss an das Amtsgericht – mündlich oder schriftlich – gerichtet werden, das den Vollstreckungsbescheid erlassen hat Der Rechtsstreit wird dann ohne besonderen Antrag von Amts wegen an das zuständige Gericht zur Prüfung gegeben (gleiches Verfahren wie beim Widerspruch gegen den Mahnbescheid).

Der Einspruch gegen den Vollstreckungsbescheid verhindert die Zwangsvollstreckung nicht, d. h., der Gläu-

1 Geht der Antrag auf Erlass des Vollstreckungsbescheids vor Ablauf dieser Frist beim Mahngericht ein, besteht für den Gläubiger die Gefahr, dass dieser Antrag zurückgewiesen und – mit entsprechendem Zeitverlust – wiederholt werden muss, denn nach den gesetzlichen Vorschriften hat der Gläubiger im Antrag außerdem anzugeben und damit zu versichern, ob und welche Zahlungen des Schuldners inzwischen geleistet wurden. Wahrheitsgemäß kann der Gläubiger diese Angabe nur nach Ablauf der 2-Wochen-Widerspruchfrist machen.

biger hat das Recht, bis zur Klärung gegen den Schuldner die Zwangsvollstreckung zu betreiben. Das Gericht kann allerdings auf Antrag des Schuldners die Vollstreckung vorerst einstellen.

Kosten des Mahnverfahrens

Die Kosten des gerichtlichen Mahn- und Vollstreckungsverfahrens muss der unterliegende Vertragspartner zahlen.

Einer der Vorteile des Mahnverfahrens besteht darin, dass der Gläubiger im Vergleich zum Klageverfahren weitaus kostengünstiger an einen Vollstreckungstitel gelangt.

Wehrt sich der Schuldner gegen den Mahn- bzw. Vollstreckungsbescheid nicht, entstehen dem Gläubiger relativ geringe Gerichtskosten. Beauftragt er mit der Durchführung des Mahnverfahrens einen Rechtsanwalt, erhöhen sich die Kosten um die Rechtsanwaltsgebühren.

Gerichts- und Anwaltskosten bemessen sich nach dem Streitwert. Das ist die geltend gemachte Hauptforderung, wobei die Nebenforderungen (Zinsen u.a.) den Streitwert nicht erhöhen.

AUFGABEN

1. Die Firma Berger & Co. KG in Hannover hat an die Simpex GmbH in Lüneburg noch eine Forderung von 3.170,00 €. Der Rechnungsbetrag hätte schon längst bezahlt sein müssen. Die Verantwortlichen in der Berger & Co. wollen nach vergeblichem außergerichtlichen Mahnverfahren einen Antrag auf Erlass eines Mahnbescheids stellen.
   a) Welches Gericht ist zuständig?
   b) Was bewirken Widerspruch und Einspruch des Schuldners während des Verfahrens?
   c) Wie kann die Simpex GmbH nach Zustellung des Vollstreckungsbescheids die Zwangsvollstreckung noch verhindern?
2. Warum überprüft das zuständige Gericht beim Erlass eines Mahnbescheids nicht, ob der Anspruch des Gläubigers zu Recht besteht?
3. In welcher Reihenfolge laufen die Phasen des gerichtlichen Mahnverfahrens ab?
   Ordnen Sie folgerichtig.
4. Wie kann sich der Schuldner nach Zustellung des Mahnbescheids verhalten?
5. Wie kann sich der Schuldner nach Zustellung des Vollstreckungsbescheids verhalten?
6. Was ist ein Vollstreckungsbescheid?
7. Wie ist ein Mahnbescheid zu beantragen?
8. Der Antrag auf Erlass eines Mahnbescheids kann ohne vorherige Ankündigung gestellt werden.
   Zu welchem Zeitpunkt ist das frühestens möglich?
9. Ein Schuldner, wohnhaft in Hannover, legt gegen einen vom Gläubiger, wohnhaft in München, beantragten Mahnbescheid Widerspruch ein – Streitwert 1.250,00 €.
   Welches Gericht ist hierfür zunächst zuständig?
10. Dem Mitarbeiter des Rechnungswesens der Firma Frank Reuter e.K., Softwareentwicklung, IT-Lösungen und Programmierung liegen am 31.09.2018 die folgenden Daten vor, die er als Grundlage zur Erstellung des „Antrages auf Erlass eines Mahnbescheides" noch am gleichen Tag benutzt.

    Kunde (Antragsgegner): Wächter GmbH, Reinigungsservice

    I. Hauptforderung: Ausstehender Rechnungsbetrag (brutto) 875,00 €, fällig am 24.08.2018
    II. Zinsen (vom Mitarbeiter berechnet): 3,81 € für die Zeit des Zahlungsverzugs
    III. Auslagen (Porto, Sonstige Auslagen) für dieses Verfahren: insgesamt 19,90 €
    IV. Andere Nebenforderungen (Mahnkosten): 12,50 €

    a) Prüfen Sie, ob der Zinsbetrag vom Sachbearbeiter zu diesem Zeitpunkt richtig ermittelt wurde. Legen Sie hierfür die nachstehend abgebildete Mitteilung sowie den § 288 BGB zugrunde sowie bei der Tageberechnung die tagesgenaue Echt/Echt-(act/act-)Methode.

Mitteilung: Basiszinssatz nach § 247 BGB weiterhin konstant

Der Basiszinssatz der Deutschen Bundesbank – Bezugsgröße für die Berechnung von Verzugszinsen – bleibt ab 1. Juli 2018 weiterhin unverändert. Der Basiszinssatz des Bürgerlichen Gesetzbuches dient vor allem als Grundlage für die Berechnung von Verzugszinsen, § 288 Absatz 1 Satz 2 BGB. Der Basiszinssatz des Bürgerlichen Gesetzbuches verändert sich zum 1. Januar und 1. Juli eines jeden Jahres.

222270380

Gem. § 247 Abs. 2 BGB ist die Deutsche Bundesbank verpflichtet, den **aktuellen Stand** des Basiszinssatzes im Bundesanzeiger zu veröffentlichen (siehe auch HYPERLINK „http://www.bundesbank.de“ www.bundesbank.de, Stichwort Basiszinssatz).

b) Ermitteln Sie den Gesamtbetrag, den das Unternehmen Frank Reuter e. K. gegenüber der Wächter GmbH zum 31.09.2018 hat.

AKTIONEN

1. Sie sollen ein Referat über das gerichtliche Mahnverfahren bei nicht rechtzeitiger Zahlung halten.
   a) Zur Information nutzen Sie bitte die Informationen dieses Kapitels und die des Internets.
   b) Erstellen Sie eine Gliederung und formulieren Sie das Referat.
   c) Organisieren und strukturieren Sie die Informationen, die Sie vermitteln möchten, so, dass Ihre Zuhörer möglichst gut folgen können. Benutzen Sie dazu die Strukturen und Organisationsprinzipien, die Sie in den zugrunde liegenden Texten vorfinden, orientieren Sie sich z. B. an Kapitelüberschriften.
   d) Präsentieren Sie Ihre Arbeit mithilfe ausgewählter Medien. Benutzen Sie dabei bildliche Darstellungen wie z. B. Diagramme, Tabellen, Symbole, Cartoons, Strukturdarstellungen usw., um Ihre mündlichen Informationen zu unterstützen. Denken Sie daran, dass Ihre Zuhörer ungefähr 70 % ihrer Informationen über die Augen und nur 30 % mittels der Ohren aufnehmen.
2. Erstellen Sie mithilfe des Programms MindManager eine Mindmap zum Ablauf des gerichtlichen Mahnverfahrens.
3. Besorgen Sie sich einen Formularsatz eines Antrags auf Erlass eines Mahnbescheids.
   - Lassen Sie sich beim örtlichen Amtsgericht über die einzelnen Eintragungen bzw. das weitere Vorgehen aufklären.
   - Informieren Sie Ihre Klasse über die neu hinzugewonnenen Informationen. Setzen Sie zur Veranschaulichung Folie und Overheadprojektor ein.

ZUSAMMENFASSUNG

Gerichtliches Mahnverfahren

- ein standardisiertes, in den meisten Bundesländern automatisiertes Verfahren
- Ein geeignetes Mittel des Gläubigers, um
  - schnell
  - kostengünstig,
  - einfach

  einen **Vollstreckungstitel gegen einen säumigen Schuldner** zu erwirken.
- Durch die **Zustellung** des Mahnbescheids
  - gerät der Schuldner in Schuldnerverzug,
  - wird eine laufende **Verjährungsfrist gehemmt**.
- Eine **Prüfung der Berechtigung** des vom Gläubiger geltend gemachten Anspruchs durch das Gericht **findet nicht statt**.

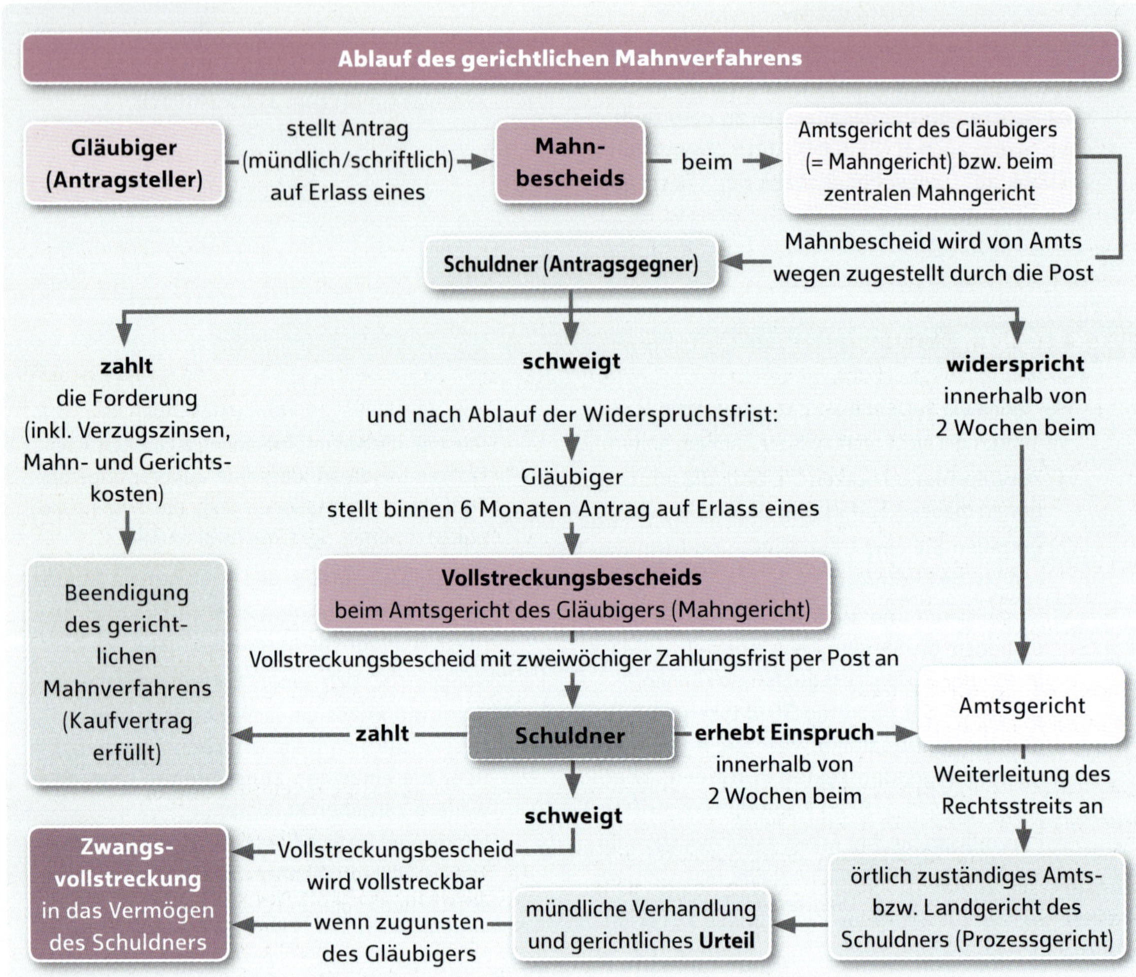

KAPITEL 12

Wir informieren uns über Voraussetzungen und Durchführung der Zwangsvollstreckung

Die Ambiente Warenhaus AG hat, da Familie Müller nicht reagierte, am 28. Juni einen Vollstreckungsbescheid beantragt. Dieser Bescheid ist der Familie vom Gericht zugestellt worden.

VOLLSTRECKUNGSBESCHEID

vom 28.06. aufgrund des am 10.06 erlassenen und am 11.06 zugestellten Mahnbescheids.

Der Antragsteller macht folgenden Anspruch geltend: ...

Als am 11. Juli der ausstehende Geldbetrag immer noch nicht eingegangen ist, glaubt man in der Ambiente Warenhaus AG an die endgültige Zahlungsunwilligkeit von Familie Müller.

Daraufhin will die Ambiente Warenhaus AG die Zwangsvollstreckung durch den Gerichtsvollzieher veranlassen. Doch der beauftragte Gerichtsvollzieher winkt ab.

Stellen Sie fest, aus welchem Grund der Gerichtsvollzieher in diesem Fall noch nicht tätig werden kann.

222270382

INFORMATION

Voraussetzungen der Zwangsvollstreckung

1. Zustellung

Voraussetzung für den Beginn von Vollstreckungsmaßnahmen ist die Zustellung des Vollstreckungsbescheids. Der Vollstreckungsbescheid stellt einen Vollstreckungstitel dar.

2. Vollstreckungstitel

Soll die Zwangsvollstreckung gegen den Schuldner veranlasst werden, muss ein Vollstreckungstitel (= öffentliche Urkunde) gegen den Schuldner vorliegen. Zu den wichtigsten Vollstreckungstiteln gehören

- Vollstreckungsbescheide und
- vollstreckbare Urteile (§§ 704, 794 ZPO).

Mit einem Vollstreckungstitel, der dem Antragsgegner von Amts wegen zugestellt wird, kann der Gläubiger pfänden lassen.

3. Vollstreckungsklausel

Die Vollstreckungsklausel muss in jedem Vollstreckungstitel enthalten sein (= amtliche Bescheinigung), z. B.: „Vorstehende Ausfertigung wird der Ambiente Warenhaus AG, Schönstadt, zum Zweck der Zwangsvollstreckung erteilt." Die Vollstreckungsklausel wird grundsätzlich von dem Urkundsbeamten des Gerichts erteilt (z. B. § 724 f., 750, 796 ff. ZPO).

Wenn diese Voraussetzungen erfüllt sind, kann der Vollstreckungsantrag beim Amtsgericht gestellt werden.

Durchführung der Zwangsvollstreckung

Die Zwangsvollstreckung bezieht sich auf alle Vermögenswerte des Schuldners:

1. Zwangsvollstreckung in das bewegliche Vermögen

Die Zwangsvollstreckung in das bewegliche Vermögen erfolgt durch Pfändung und Versteigerung. Für sämtliche Zwangsvollstreckungsmaßnahmen in das bewegliche Vermögen ist der Gerichtsvollzieher zuständig. Wenn er – nur auf Antrag – tätig wird, kann er grundsätzlich nur Sachen pfänden, die sich im unmittelbaren Besitz des Schuldners befinden. Er prüft dabei nicht, wer Eigentümer der beim Schuldner vorgefundenen Sachen ist.

1.1 Körperliche Sachen

Der Gerichtsvollzieher nimmt die Gegenstände in seinen Besitz, indem er

- sie an sich nimmt (= Faustpfand) (§ 808 Abs. 1 ZPO), z. B. Bargeld, Wertpapiere und wertvolle Gegenstände, oder
- ein Pfandsiegel („Kuckuck") bei schweren Gegenständen anbringt, wie z. B. Schränken, Tiefkühltruhen, Maschinen.

Nachdem das Siegel angebracht wurde, darf der Gepfändete nicht mehr über die gepfändeten Gegenstände verfügen. Die Entfernung des Siegels ist strafbar (§ 808 Abs. 2 ZPO).

Die Pfandsachen werden nach einer bestimmten Frist (frühestens nach 7 Tagen) öffentlich versteigert.

Zwangsversteigerungen

Versteigerung

Am Mittwoch, dem 19. Oktober .., 12 Uhr versteigere ich meistbietend gegen bar: 1 Pkw Renault 25 GTS, Baujahr 2004, 58 000 km. Der Pkw ist untergestellt und wird versteigert auf dem Gelände der Fa. Renault-Ahrens, Bremer Straße 53, 30827 Garbsen

Plinke, Gerichtsvollzieher in Neustadt

Der Erlös wird – nach Abzug der Vollstreckungskosten – an den Gläubiger abgeführt (§ 814 ZPO). Wertpapiere mit einem Börsen- oder Marktpreis (z. B. Aktien) verkauft der Gerichtsvollzieher freihändig zum Tageskurs (§ 821 ZPO).

Der Schuldner erhält eine Abrechnung sowie einen evtl. erzielten Überschuss. Aus sozialen Gründen (Sicherung der wirtschaftlichen Existenz; Erhalt einer bescheidenen Lebensführung) sind zahlreiche bewegliche Sachen nicht pfändbar. Hierzu gehören insbesondere Sachen, die für eine bescheidene Lebens- und Haushaltsführung und die Berufsausübung notwendig sind (§ 811 ZPO).

BEISPIELE

Lebensmittelvorräte für 4 Wochen, Kleidungsstücke, Betten, Wäsche, Rundfunk- und Fernsehgeräte einfacher Ausführung, Haus- und Küchengeräte (z. B. ein Staubsauger), notwendige Arbeitsgeräte (z. B. Lkw eines Bierverlegers; Auto eines Architekten) usw.

Eine klare und einheitliche Regelung lässt sich aber nicht finden, da es keinen „Einheits-Schuldner“ gibt.

BEISPIELE

Kühlschrank: Er wird weitgehend als unpfändbar angesehen, aber nicht einhellig. Zum Teil wird darauf abgestellt, ob dem Schuldner zugemutet werden kann, täglich einzukaufen. Auch bei einem Haushalt mit kleinen Kindern ist daher der Kühlschrank pfändbar.

Waschmaschine: Entscheidend ist die Größe der Familie. Bei einem Zweipersonenhaushalt ist sie entbehrlich, nicht jedoch bei einem älteren Ehepaar.

Eine Möglichkeit, doch verhältnismäßig wertvolle, aber unpfändbare Sachen zu pfänden, bietet die sogenannte Austauschpfändung (§§ 811 a und 811 b ZPO).

BEISPIEL

Gehört dem Schuldner ein wertvolles Farbfernsehgerät, so kann es dennoch gepfändet werden, wenn der Gläubiger dem Schuldner zugleich ein betriebsfähiges Gerät von geringerem Wert zur Verfügung stellt.

1.2 Geldforderungen und andere Rechte

Hierzu zählen z. B. das Arbeitseinkommen, Bankguthaben, Kreditforderungen, Leistungen aus Lebensversicherungen, Mietforderungen.

Die Pfändung einer Geldforderung erfolgt – auf Antrag des Gläubigers – durch einen Pfändungsbeschluss des Gerichts.[1]

Liegt z. B. ein Lohnpfändungsbeschluss vor, so wird der Arbeitgeber des Schuldners verpflichtet, vom Lohn/Gehalt des Schuldners den pfändbaren Teil einzubehalten. Der gepfändete Betrag ist stattdessen an den Gläubiger zu überweisen.

Damit der Lebensunterhalt des Gepfändeten gesichert bleibt, ist ein Teil des Einkommens unpfändbar (§ 850 c ZPO).

Für die Berechnung des pfändbaren Teils des Arbeitseinkommens ist das Nettoeinkommen maßgebend (§ 850 e ZPO). Die Höhe des unpfändbaren Betrags wird durch Gesetz bestimmt und in gewissen Zeitabständen den gestiegenen Lebenshaltungskosten angepasst.

Bei der Ermittlung der Pfändungsgrenze sind ferner die Unterhaltszahlungen des Schuldners an seinen Ehegatten, seinen früheren Ehegatten, einen Verwandten oder

an die Mutter eines nichtehelichen Kindes zu berücksichtigen (§§ 1615 l, 1615 n BGB).

2. Zwangsvollstreckung in das unbewegliche Vermögen

Zum unbeweglichen Vermögen zählen Grundstücke und Gebäude. Es soll auf zwei Arten der Zwangsvollstreckung in das unbewegliche Vermögen eingegangen werden:

2.1 Zwangsversteigerung

Der Schuldner verliert durch die Versteigerung sein Eigentum. Den Erlös erhält der Gläubiger zum Ausgleich seiner – meist sehr hohen – Forderung (z. B. §§ 15, 35 ZVG).

2.2 Zwangsverwaltung

Durch die vom Gericht auf Antrag des Gläubigers angeordnete Zwangsverwaltung werden das Grundstück und die Erträge aus dem Grundstück, z. B. Miet- und Pachteinnahmen, beschlagnahmt. Der Schuldner bleibt zwar Eigentümer des Grundstücks, doch erhält der Gläubiger die Einnahmen (z. B. § 148 ff. ZVG).

3. Pfandverwertung

Der Gerichtsvollzieher bestimmt zur Versteigerung der gepfändeten Gegenstände einen Versteigerungstermin und führt die Versteigerung durch, sofern der Schuldner nicht vorher zahlt oder der Gläubiger die Aufhebung des Versteigerungstermins beantragt. Nach Abzug der Versteigerungskosten überweist der Gerichtsvollzieher den verbleibenden Erlös an den Gläubiger.

Erfolglose Durchführung der Zwangsvollstreckung

Führen die Zwangsvollstreckungsmaßnahmen nicht zum Erfolg, kann der Schuldner – auf Antrag des Gläubigers beim zuständigen Amtsgericht – zur Abgabe einer **eidesstattlichen Versicherung** (früher: „Offenbarungseid“) über seine Vermögensverhältnisse gezwungen werden. Er bestätigt damit die Richtigkeit und Vollständigkeit seiner Aufstellung. Falsche Angaben gelten als Meineid und werden mit Freiheitsstrafe geahndet.

Anschließend wird er in das für jedermann zugängliche **Schuldnerverzeichnis** des Vollstreckungsgerichts (sogenannte schwarze Liste) eingetragen. Sinn und Zweck des Verzeichnisses ist der Schutz Dritter; die Auskunft ist kostenlos.

1 Eine Tabelle für Pfändungsfreibeträge ist zu finden unter www.justiz.nrw.de.

Verweigert der Schuldner die eidesstattliche Versicherung, kann er auf Antrag des Gläubigers bis zu 6 Monate in Erzwingungshaft genommen werden (Beugehaft). Die Haftkosten sind vom Gläubiger zu tragen und monatlich im Voraus zu entrichten.

Ist der Schuldner völlig ohne Mittel und das gerichtliche Mahn- und Vollstreckungsverfahren erfolglos geblieben, bleiben die Ansprüche des Gläubigers noch 30 Jahre lang bestehen (§ 197 BGB).

AUFGABEN

1. Wie wird sich der Gerichtsvollzieher beim Vorfinden folgender Sachen verhalten?
   - Farbenvorrat eines Malermeisters
   - Aktien
   - Pelzmantel im Wert von 6.000,00 €
   - Schreibtisch eines Rechtsanwalts
   - wertvolles Gemälde
   - größere Geldsumme
   - Pkw eines Handelsvertreters
   - Wochenendhaus eines leitenden Angestellten am Bodensee
   - Stereoanlage im Wert von 3.000,00 €
   - Radiogerät
   - Waschmaschine einer vierköpfigen Familie
   - antiker Bauernschrank
2. Beschreiben Sie die Pfändung von Forderungen.
3. Nennen Sie die Voraussetzungen der Zwangsvollstreckung.
4. Welche Arten der Zwangsvollstreckung gibt es?
5. Beschreiben Sie die Zwangsvollstreckung in
   a) das bewegliche Vermögen,
   b) das unbewegliche Vermögen des Schuldners.
6. Was ist eine eidesstattliche Versicherung?
7. Warum sollte der Gläubiger mit der Zwangsvollstreckung warten, bis die Einspruchsfrist abgelaufen ist?
8. Beachtet der Schuldner den Vollstreckungsbescheid nicht, kann der Gläubiger die Zwangsvollstreckung erwirken.
   a) Wer führt die Zwangsvollstreckung durch?
   b) Wie wird die Zwangsvollstreckung durchgeführt?
9. Wie werden gepfändete Sachen verwertet?
10. Was verstehen Sie unter einer Austauschpfändung?
11. Erklären Sie die Aussage: „Der Gerichtsvollzieher pfändet aufgrund eines Titels."
12. Dem Rentner Wolff droht eine Pfändung. Da er aber mit seiner Rente unter der Pfändungsgrenze bleibt, glaubt er sich vor dem Zugriff des Gerichtsvollziehers sicher. Wolff hat eine Lebensversicherung über 50.000,00 €, die in 2 Jahren ausbezahlt wird.

    Können die Gläubiger die Zwangsvollstreckung in die Lebensversicherung beantragen? Begründen Sie Ihre Antwort.
13. Was verstehen Sie unter „Faustpfand"?
14. Wo ist zu erfahren, ob ein Schuldner eine eidesstattliche Versicherung geleistet hat und ob ein Haftbefehl vorliegt?
15. Was kann der Gläubiger bei erfolgloser Pfändung unternehmen?

AKTIONEN

1. Lesen Sie den Text zum Kapitel „Wir informieren uns über Voraussetzungen und Durchführung der Zwangsvollstreckung". Arbeiten Sie zu den Voraussetzungen und zur Durchführung der Zwangsvollstreckung ein maximal zehnminütiges Kurzreferat aus und tragen Sie es vor der Klasse überwiegend in freier Rede vor.

   Orientieren Sie sich an den Hinweisen des Kapitels 1.16 („Handeln im Handel – 1. Ausbildungsjahr").

2. a) Recherchieren Sie in Zeitungen nach Bekanntmachungen über Zwangsvollstreckungen/-versteigerungen.

   b) Erstellen Sie in Gruppenarbeit ein Anschreiben, um kostenloses Informationsmaterial von Institutionen und Behörden zur Zwangsvollstreckung zu erhalten.

   c) Erarbeiten Sie mithilfe Ihrer Zeitungsveröffentlichungen und den weiteren Informationsmaterialien folgende Aspekte:
   - Allgemeines zur Zwangsvollstreckung
   - Organe der Zwangsvollstreckung
   - Rechtsstellung des Gerichtsvollziehers
   - Vollstreckungsauftrag und Vollstreckungsvoraussetzungen
   - Pfändung von Arbeitseinkommen und Pfändungsschutz
   - Eidesstattliche Versicherung und Haft

Zwangsversteigerung

wegen Zoll- und Steuerschulden

Am Mittwoch, dem 11. Juli 20.., ab 11:00 Uhr versteigere ich im fr. Auftrag geg. bar in **34567 Schönstadt, Rubensstr. 27 (Hanke-Gelände)**, 2 Pkws DB (123 C + 200 E), Alu-Säge u. -Fräse, Ständerbohrmaschine, Kompressor, Elektroschweißgerät, Heylo-Hallenheizung, Schutzgasschweißgerät, Doppelschleifblock, Elu-Fräsmaschine, div. Schweißdraht u. v. a. aus diesem Bereich. Außerdem eine altdeutsche Esszimmergruppe mit Sideboard, Vitrinen-Wandschrank und Polsterstühle, Sessel, Deckenleuchte, 1 Sekretär, 1 Couchtisch, 1 engl. Liege, Schlafzimmerschränke u. v. a. m.

Besichtigung ab 09:00 Uhr

Marion
Wasserkampf **Schätzerin und vereidigte öffentl. bestellte Auktionatorin**
34567 Schönstadt, Goethestr. 19, Tel. 05121 4910031

   d) Tragen Sie die Ergebnisse Ihrer Arbeit zu diesem Arbeitsauftrag dem Plenum vor. Beachten Sie dabei die Grundregeln zur Präsentationsdarstellung.

ZUSAMMENFASSUNG

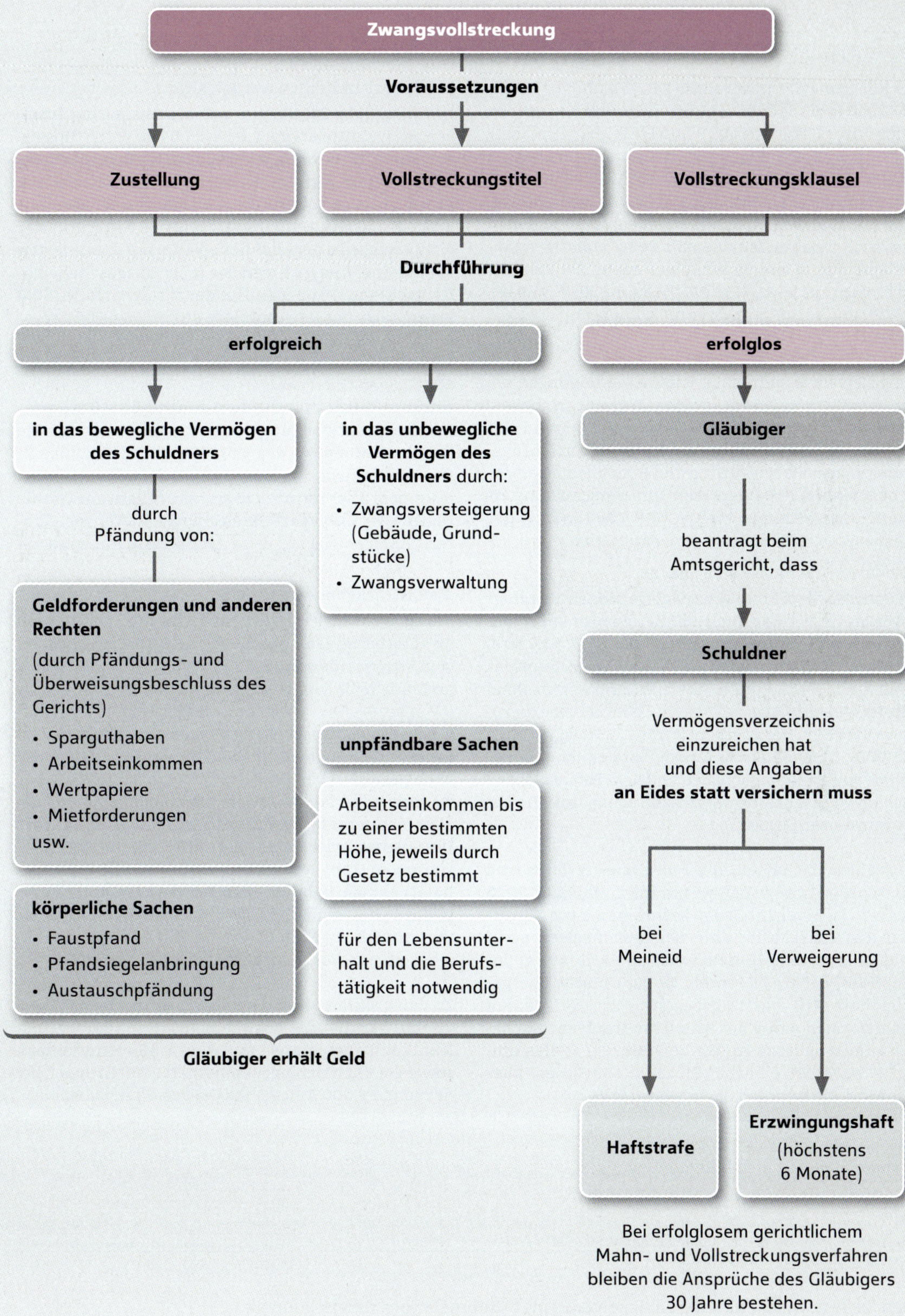

Wir wirken bei der Lösung von Unternehmenskrisen mit

Insolvenzen in Deutschland, 1. Halbjahr 2018

Rückgang der Insolvenzen verlangsamt sich

Der Rückgang der Insolvenzen setzte sich im 1. Halbjahr 2018 fort. Die Zahl der Unternehmensinsolvenzen nahm um 3,3 Prozent auf 9.900 Fälle ab (1. Halbjahr 2017: 10.240). Bei den privaten Verbrauchern waren 34.300 Insolvenzen zu verzeichnen (1. Halbjahr 2017: 36.080). Das war ein Rückgang um 4,9 Prozent. Die Gesamtzahl aller registrierten Insolvenzfälle, zu denen u. a. auch Insolvenzen ehemals Selbstständiger zählen, verringerte sich in den ersten sechs Monaten um 3,8 Prozent auf 56.100 Fälle (1. Halbjahr 2017: 58.310). Im Vorjahr betrug der prozentuale Rückgang noch 6,0 Prozent.

Die guten wirtschaftlichen Rahmenbedingungen begünstigten das weiter rückläufige Insolvenzgeschehen. Deutschland verzeichnete 2017 das achte Jahr in Folge ein Wirtschaftswachstum. Auch die Finanzierungsbedingungen blieben günstig und ermöglichten es Unternehmen wie Privatpersonen, ihre Verschuldung erträglich zu gestalten. Positiv entwickelten sich der Arbeitsmarkt und die Einkommenssituation.

Insolvenzschäden nehmen aber zu

Die Schäden für die Insolvenzgläubiger waren allerdings höher als im Vorjahr und summierten sich auf schätzungsweise 15,5 Mrd. Euro (1. Halbjahr 2017: 13,0 Mrd. Euro). Im Durchschnitt sind pro Unternehmensinsolvenz somit rund 1,6 Mio. Euro an Ausfällen zu erwarten. Rund 120.000 Arbeitsplätze sind durch Unternehmensinsolvenzen bedroht bzw. abgebaut worden (1. Halbjahr 2017: 101.000). Ursache dieser Entwicklungen ist eine Zunahme von größeren Schäden und dem Personalabbau auch im Vorfeld der Insolvenzbeantragung bzw. Umfeld der betroffenen Firmen.

Kapitalgesellschaften, die tendenziell größer und wirtschaftsaktiver sind, waren im 1. Halbjahr 2018 stärker von einer Insolvenz betroffen als vor Jahresfrist. Ein Viertel aller Unternehmensinsolvenzen in Deutschland (24,5 Prozent) wies die Rechtsform der GmbH auf, weitere 7,7 Prozent die der Unternehmergesellschaft (UG haftungsbeschränkt). Bei beiden Rechtsformen nahm der Anteil am Insolvenzgeschehen zuletzt spürbar zu. Mit 56,9 Prozent stellen einfache Gewerbetreibende (Einzelunternehmen) aber weiterhin die Mehrheit der Insolvenzfälle.

Insolvenzkandidaten werden älter

Im 1. Halbjahr 2018 zeigte sich ein Anstieg der Insolvenzen im Mittelstand (5,0 bis 25,0 Mio. Euro Umsatz) von plus 10,8 Prozent, während bei Kleinstunternehmen ein Rückgang zu verzeichnen war (minus 10,2 Prozent). Auch bei größeren Firmeninsolvenzen mit mehr als 50 Mio. Euro Umsatz (plus 66,7 Prozent) war ein Zuwachs zu verzeichnen. Weiterhin dominierten aber kleine Unternehmen das Insolvenzgeschehen in Deutschland. Bei der Hälfte der Insolvenzfälle (50,8 Prozent) lag der Jahresumsatz unter 250.000 Euro.

Mehr Insolvenzen gab es in der Altersgruppe der 9- bis 10-jährigen Unternehmen (plus 2,3 Prozent) sowie bei den über 10 Jahre alten Unternehmen (plus 2,0 Prozent). In dieser Entwicklung spiegelt sich das steigende Durchschnittsalter des Unternehmensbestandes in Deutschland wider. Entsprechend stellen Unternehmen mit einem Alter von über 10 Jahren mittlerweile fast die Hälfte aller Insolvenzfälle (46,1 Prozent). Vor zehn Jahren (2009) entfiel auf diese Altersklasse nur etwa ein Drittel (35,4 Prozent).

Kaum Rückgänge im Handel

Deutlich zurückgegangen ist die Zahl der Insolvenzen im Verarbeitenden Gewerbe (minus 6,6 Prozent), gefolgt vom Baugewerbe (minus 5,2 Prozent). Im Handel verringerten sich die Insolvenzen hingegen nur leicht (minus 0,9 Prozent). Der Anteil des Handelssektors am deutschen Insolvenzgeschehen erhöhte sich folglich auf 21,8 Prozent. Zuletzt war diese Quote vor zehn Jahren so hoch gewesen. Das Gros der Insolvenzen entfiel aber weiterhin auf den Dienstleistungssektor (56,4 Prozent aller Insolvenzen). Zuletzt verringerte sich die Zahl der Dienstleisterinsolvenzen aber um 3,3 Prozent. Die Insolvenzquote (Zahl der Insolvenzen pro 10.000 Bestandsunternehmen) nahm in allen vier Hauptwirtschaftsbereichen ab – am deutlichsten im Baugewerbe. Gesamtwirtschaftlich gehen 61 von 10.000 Unternehmen in die Insolvenz. Vor zehn Jahren waren es noch 103.

Zu den größten Insolvenzfällen im bisherigen Jahresverlauf zählten die Krankenhauskette „Paracelsus-Kliniken Deutschland" mit rund 5.000 Mitarbeitern sowie die Kapitalanlagegesellschaft „P&R Gruppe", bei der rund 54.000 Anleger ihr Geld verloren haben.

Quelle: Creditreform: Presseinformation: Insolvenzen in Deutschland, 1. Halbjahr 2018. In: www.creditreform.de 27.06.2018. https://www.creditreform.de/fileadmin/user_upload/crefo/download_de/news_termine/wirtschaftsforschung/insolvenzen-deutschland/presseinfo_UE1-halbjahr_2018.pdf [16.10.2018].

Stellen Sie fest, welche Gründe zur Insolvenz eines Unternehmens führen können.

222270388

INFORMATION

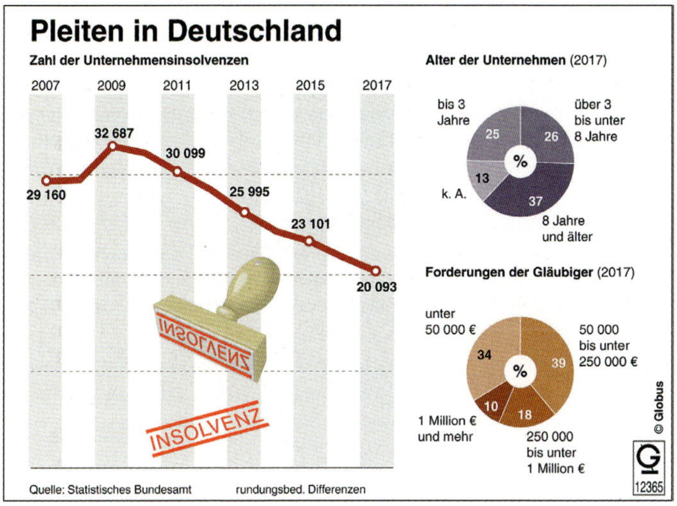

- Verschärfung des Wettbewerbs,
- Verschlechterung der Standortbedingungen, z. B. durch Straßenbauarbeiten vor dem Geschäftshaus oder Änderung der Verkehrsführung.

Organisatorische Gründe sind z. B.
- veraltete Betriebsorganisation,
- zu hohe Lagerbestände, hoher Schwund und Verderb infolge einer mangelhaften Organisation der Warenwirtschaft (Beschaffung, Lagerung und Verkauf),
- versäumte Rationalisierung durch Verzicht auf den Einsatz von EDV-gestützten Warenwirtschaftssystemen,
- zu viel Personal durch mangelhafte Personaleinsatzplanung.

Gründe für Unternehmenskrisen

Anzeichen für Unternehmenskrisen sind
- Umsatzrückgang,
- immer geringer werdende Gewinne,
- Verluste und Schrumpfen des Eigenkapitals,
- eine zunehmende Verschuldung und als Folge
- Zahlungsschwierigkeiten und schließlich
- Zahlungsunfähigkeit.

Finanzielle Gründe sind u. a.
- zu geringes Eigenkapital,
- falsche Kapitalverwendung, z. B. Verwendung kurzfristiger Kredite zur Beschaffung von Anlagevermögen (Geschäftsausstattung, Geschäftsfahrzeuge usw.),
- zu großzügige Kreditvergabe an Kunden,
- hohe Forderungsausfälle,
- zu hohe Privatentnahmen.

Für eine solche Entwicklung können personelle, sachliche, organisatorische und finanzielle Gründe verantwortlich sein.

Personelle Gründe sind z. B.
- Entscheidungsfehler der Geschäftsleitung bei der Sortimentsgestaltung und Umsatzplanung,
- Verluste durch Fehlplanungen beim Einkauf,
- Streitigkeiten unter den Gesellschaftern eines Unternehmens,
- Ausscheiden eines Gesellschafters aus dem Unternehmen,
- Nachlässigkeit des Verkaufspersonals im Umgang mit den Kunden.

Sachliche Gründe sind z. B.
- Nachfragerückgang durch
  - eine allgemeine Verschlechterung der Wirtschaftslage (Konjunktur),
  - Rückgang der Kaufkraft infolge steigender Arbeitslosigkeit,
  - Änderungen der Verbrauchergewohnheiten,

Maßnahmen zur Lösung der Unternehmenskrise

Eine Unternehmenskrise kann
- durch die Auflösung des Unternehmens oder
- durch Sanierung des Unternehmens

gelöst werden.

DEFINITION

Die Auflösung eines Unternehmens wird als **Liquidation** bezeichnet.

DEFINITION

Unter **Sanierung** versteht man die Gesamtheit aller Maßnahmen, die der Wiederherstellung der Leistungsfähigkeit eines in Zahlungsschwierigkeiten geratenen Unternehmens dienen. Sie erfolgt auf Kosten der Eigentümer des Unternehmens.

Insolvenzverfahren

Die **Insolvenz** eines Schuldners liegt vor, wenn sein Vermögen nicht mehr ausreicht, um alle seine Gläubiger zu befriedigen, oder er überschuldet ist.

DEFINITION

Das **Insolvenzverfahren** ist ein Verfahren, bei dem

- das Vermögen eines Schuldners verwertet (z. B. Gebäude, Geschäftsausstattung, Waren des Unternehmens verkauft) und der Erlös nach den Vorschriften der Insolvenzordnung an die Gläubiger verteilt wird (Regelverfahren) oder
- in einem Insolvenzplan eine abweichende Regelung insbesondere zum Erhalt des Unternehmens getroffen wird.

Um ein Insolvenzverfahren eröffnen zu können, muss ein Insolvenzgrund vorliegen. **Insolvenzgründe** sind:

- **Zahlungsunfähigkeit** (§ 17 Abs. 2 InsO):
  Der Schuldner ist zahlungsunfähig, wenn er nicht in der Lage ist, die fälligen Zahlungsverpflichtungen zu erfüllen.

- **Überschuldung** (§ 19 Abs. 2 InsO):
  Bei einer juristischen Person (z. B. AG, GmbH) ist auch die Überschuldung ein Insolvenzgrund. Sie liegt vor, wenn das Vermögen des Schuldners die bestehenden Verbindlichkeiten nicht mehr deckt.

- **Drohende Zahlungsunfähigkeit** (§ 18 InsO):
  Die drohende Zahlungsunfähigkeit liegt vor, wenn der Schuldner voraussichtlich nicht in der Lage sein wird, die bestehenden Zahlungsverpflichtungen zum Zeitpunkt der Fälligkeit zu erfüllen. Dieser Insolvenzgrund ist allerdings nur bei einem Eigenantrag des Schuldners und nicht bei einem Gläubigerantrag anzuwenden.

Ablauf des Regelverfahrens

Antrag	• bei Zahlungsunfähigkeit oder Überschuldung durch Gläubiger oder Schuldner • bei drohender Zahlungsunfähigkeit nur durch Schuldner • Die Verfahrenskosten müssen gedeckt sein.
Durchführung	• Eröffnungsverfahren durch das Insolvenzgericht (Das Gericht prüft u. a., ob ein Eröffnungsgrund vorliegt und ob genügend Masse zur Verfahrensdurchführung vorhanden ist.) • Eröffnungsbeschluss des Insolvenzgerichts mit Ernennung des Insolvenzverwalters und Bestimmung eines Berichts- und Prüfungstermins • Anmeldung der Forderungen durch die Insolvenzgläubiger • Berichtstermin: In dieser 1. Gläubigerversammlung bestimmen die Gläubiger den Verfahrensweg (Regelverfahren oder nicht, Fortführung des Unternehmens oder nicht). Die Gläubigerversammlung kann den Insolvenzverwalter beauftragen, einen Insolvenzplan auszuarbeiten. • Prüfungstermin: Forderungen werden geprüft; Berichts- und Prüfungstermin können verbunden werden. • Verwertung (es sei denn, das Unternehmen wird noch fortgeführt) und Verteilung der Insolvenzmasse durch den Insolvenzverwalter • Schlusstermin • Aufhebung des Insolvenzverfahrens durch das Insolvenzgericht: Eintragung ins Handelsregister und Veröffentlichung

Feststellen der Insolvenzmasse

Die Insolvenzmasse ist das gesamte Vermögen, das dem Schuldner zum Zeitpunkt der Eröffnung des Verfahrens gehört und das er während des Verfahrens erwirbt.
Nicht zur Insolvenzmasse gehören

- unpfändbare Gegenstände, die dem persönlichen Gebrauch und der Berufsausübung dienen, z. B. notwendiger Hausrat, Bekleidungsstücke, PC;

- Gegenstände, die sich bei der Eröffnung des Insolvenzverfahrens im Besitz des Schuldners befinden, ihm aber nicht gehören, z. B. unter Eigentumsvorbehalt gelieferte Waren, geliehene oder gemietete Gegenstände. Sie werden den Eigentümern zurückgegeben (= **Aussonderung;** § 47 InsO).

222270390

Verteilung der Insolvenzmasse

Die Insolvenzmasse muss im Regelverfahren nach einer genau vorgeschriebenen Reihenfolge verteilt werden:

I. Absonderung	Gläubigerforderungen, die durch ein Pfandrecht, eine Sicherungsübereignung oder eine Hypothek besonders gesichert sind, werden bevorzugt befriedigt.
II. Aufrechnung	Wenn ein Gläubiger nicht nur Forderungen, sondern auch Schulden gegenüber dem Gemeinschuldner hat, kann er sie gegeneinander aufrechnen.
III. Kosten des Insolvenzverfahrens und sonstige Masseverbindlichkeiten	Kosten des Insolvenzverfahrens sind • die Gerichtskosten für das Insolvenzverfahren, • Ausgaben für die Verwaltung, Verwertung und Verteilung der Insolvenzmasse (z. B. Ausgaben für den Gläubigerausschuss, Vergütung des Insolvenzverwalters). Sonstige Masseverbindlichkeiten sind Schulden, die erst nach der Insolvenzeröffnung entstanden sind, z. B. Käufe, Miete, Löhne und Gehälter.
IV. Forderungen der (nicht nachrangigen) Insolvenzgläubiger	Insolvenzgläubiger sind die Gläubiger, die bei der Eröffnung des Insolvenzverfahrens eine Forderung gegen den Schuldner haben.
V. Forderungen nachrangiger Insolvenzgläubiger	1. Die seit der Eröffnung des Insolvenzverfahrens laufenden Zinsen der Forderungen der Insolvenzgläubiger 2. Die Kosten, die den einzelnen Insolvenzgläubigern durch die Teilnahme am Verfahren entstehen 3. Geldstrafen, Geldbußen, Ordnungsgelder und Zwangsgelder sowie solche Nebenfolgen einer Straftat oder Ordnungswidrigkeit, die zu einer Geldzahlung verpflichten 4. Forderungen auf eine unentgeltliche Leistung des Schuldners 5. Forderungen auf Rückgewähr des kapitalersetzenden Darlehens eines Gesellschafters oder gleichstehende Forderungen

Nachdem die bevorrechtigten Ansprüche (I bis III) aus der Insolvenzmasse voll befriedigt worden sind, werden die Forderungen der (nicht nachrangigen) Gläubiger aus der Restmasse beglichen. Die Insolvenzgläubiger werden dabei insgesamt gleich behandelt. Bei nicht ausreichender Masse werden sie also anteilig befriedigt.

BEISPIEL

Forderungen der (nicht nachrangigen) Insolvenzgläubiger	50.000,00 € ≙ 100 %
Restmasse	5.000,00 € ≙ x %

$$x = \frac{100\ \% \cdot 5.000{,}00\ €}{50.000{,}00\ €} = 10\ \%$$

Da die Restmasse nur 10 % der Forderungen ausmacht, erhält jeder (nicht nachrangige) Insolvenzgläubiger nur 10 % seiner Forderungen beglichen.

Die Ansprüche der nachrangigen Insolvenzgläubiger werden erst nach den Ansprüchen der (nicht nachrangigen) Insolvenzgläubiger befriedigt. Das heißt, die Forderungen der nachrangigen Insolvenzgläubiger werden nur dann ganz oder teilweise beglichen, wenn noch eine Restvermögensmasse übrig bleibt, nachdem die Forderungen aller (nicht nachrangigen) Gläubiger zu 100 % befriedigt sind.

Insolvenzplanverfahren

In einem **Insolvenzplan** können

- die Befriedigung der absonderungsberechtigten Gläubiger und der Insolvenzgläubiger,
- die Verwertung der Insolvenzmasse und die Verteilung an die Beteiligten sowie
- die Haftung des Schuldners nach Beendigung des Insolvenzverfahrens

abweichend von den gesetzlichen Vorschriften der Insolvenzordnung (Regelverfahren) geregelt werden.

Die inhaltliche Gestaltung des Insolvenzplans kann von den Gläubigern selbstständig vorgenommen werden. Die Insolvenzordnung enthält daher nur grobe Vorgaben zur Gestaltung des Insolvenzplans.

Arten des Insolvenzplans

Es gibt drei Grundtypen des Insolvenzplans:

- **Liquidationsplan:**
  Die Vermögensgegenstände werden abweichend vom Gesetz veräußert.
- **Übertragungsplan:**
  Das Unternehmen geht auf einen anderen Rechtsträger über.

- **Sanierungsplan:**
  Das Unternehmen wird saniert und bleibt erhalten.

Diese Grundtypen können auch als Mischform auftreten, z. B. Liquidation eines Betriebsteils, Übertragung eines zweiten und Sanierung eines dritten Betriebsteils.

Ablauf des Insolvenzplanverfahrens

Vorlage des Insolvenzplans

Zur Vorlage eines Insolvenzplans sind nur der Schuldner und der Insolvenzverwalter berechtigt.

Der Schuldner kann den Insolvenzplan bereits mit der Antragstellung auf Insolvenzeröffnung vorlegen.

Der Insolvenzverwalter muss einen Insolvenzplan ausarbeiten und vorlegen, wenn dies die Gläubigerversammlung so beschließt.

Gliederung des Insolvenzplans

Der Insolvenzplan besteht aus dem darstellenden Teil und dem gestaltenden Teil.

Im darstellenden Teil des Insolvenzplans wird beschrieben, welche Maßnahmen nach der Eröffnung des Insolvenzverfahrens getroffen sind oder noch getroffen werden sollen, um die Grundlagen für die geplante Gestaltung der Rechte der Beteiligten zu schaffen (§ 220 Abs. 1 InsO). Er hat die Grundlagen und die Auswirkungen des Plans so zu beschreiben und darzustellen, dass sich der Gläubiger sowohl ein Urteil über die Lage des Unternehmens als auch über den Sinn der im gestaltenden Teil für ihn getroffenen Regelungen bilden kann.

Im gestaltenden Teil des Insolvenzplans wird festgelegt, wie die Rechtsstellung der Beteiligten durch den Plan, z. B. die Regelungen über die Verteilung der Insolvenzmasse, geändert werden soll (§ 221 InsO).

Vorprüfung des Insolvenzplans durch das Insolvenzgericht

Das Insolvenzgericht muss den Insolvenzplan im Rahmen einer Vorprüfung prüfen. Es weist den Plan gegebenenfalls wegen Mängeln zurück, wenn z. B.

- der vom Schuldner oder Insolvenzverwalter eingereichte Plan formal und inhaltlich nicht dem Gesetz entspricht,
- der vom Schuldner eingereichte Plan offensichtlich keine Aussicht auf Annahme durch die Gläubiger oder auf Bestätigung durch das Gericht hat,
- der vom Schuldner eingereichte Plan Ansprüche enthält, die den Beteiligten nach dem gestaltenden Teil des Plans zustehen, die aber offensichtlich nicht erfüllt werden können.

Wird der Insolvenzplan zugelassen, leitet ihn das Insolvenzgericht dem Gläubigerausschuss, dem Betriebsrat, dem Sprecherausschuss der leitenden Angestellten sowie dem Schuldner (wenn der Insolvenzverwalter den Plan vorgelegt hat) bzw. dem Insolvenzverwalter (wenn der Schuldner den Plan vorgelegt hat) zur Stellungnahme zu.

Verwertung gemäß Insolvenzplan (§ 1 InsO; § 217 ff. InsO)

Liquidationsplan	Übertragungsplan	Sanierungsplan	Mischplan
z. B. längerer Verwertungszeitraum als gesetzlich vorgesehen	Übertragung des Vermögens auf Auffanggesellschaft oder Dritte	Gläubiger bleiben Finanziers. Ansprüche werden aus künftigen Überschüssen bedient.	Mischformen aus Liquidations-, Übertragungs- und Sanierungsplänen

Erörterungs- und Abstimmungstermin

Das Insolvenzgericht bestimmt einen Erörterungs- und Abstimmungstermin, zu dem die Insolvenzgläubiger, die absonderungsberechtigten Gläubiger, der Insolvenzverwalter, der Schuldner, der Betriebsrat und der Sprecherausschuss der leitenden Angestellten eingeladen werden.

Im Erörterungs- und Abstimmungstermin wird
- der Insolvenzplan mit den Beteiligten erörtert,
- das Stimmrecht der Insolvenzgläubiger und Absonderungsberechtigten festgestellt und anschließend
- über den Plan abgestimmt.

Die Abstimmung über den Plan wird in Gruppen durchgeführt. Jede Gruppe und jede Untergruppe der stimmberechtigten Gläubiger stimmt gesondert über den Insolvenzplan ab.
Welche Gruppen und Untergruppen abstimmen, hängt davon ab, welche Gruppen im vorgelegten Insolvenzplan gebildet wurden. Wurde die Gruppenbildung entsprechend den beispielhaft erwähnten Gläubigergruppen des § 222 InsO vorgenommen, so erfolgt die Abstimmung in den folgenden Gruppen:
- den absonderungsberechtigten Gläubigern, wenn durch den Plan in deren Rechte eingegriffen wird,
- den nicht nachrangigen Insolvenzgläubigern,
- den einzelnen Rangklassen der nachrangigen Insolvenzgläubiger, soweit deren Forderungen nicht nach § 225 InsO als erlassen gelten sollen (hier ist für jede Rangklasse eine eigene Gruppe zu bilden),
- der Arbeitnehmergruppe,
- der Kleingläubigergruppe.

Der Insolvenzplan ist angenommen, wenn in jeder Gruppe eine Mehrheit der abstimmenden Gläubiger (Kopfmehrheit) zustimmt und eine Mehrheit der Ansprüche (Forderungen) der abstimmenden Gläubiger (Summenmehrheit) besteht.

Die Erzielung einer Mehrheit wird durch das Obstruktionsverbot des § 245 InsO erleichtert. Danach gilt die Zustimmung einer Abstimmungsgruppe auch dann als erteilt, wenn die erforderlichen Mehrheiten nicht erreicht worden sind, sofern
- die Gläubiger dieser Gruppe durch den Plan nicht schlechter gestellt werden, als sie ohne Plan (also nach dem Regelverfahren) stünden,
- die Gläubiger dieser Gruppe angemessen an dem wirtschaftlichen Wert beteiligt werden, d. h., dass sie gegenüber den anderen Gruppen nicht benachteiligt sind, und
- die Mehrheit der abstimmenden Gruppen dem Plan mit den erforderlichen Mehrheiten zugestimmt hat.

Gerichtliche Bestätigung

Nach der Annahme des Insolvenzplans durch die Gläubiger und der Zustimmung des Schuldners muss der Plan durch das Insolvenzgericht bestätigt werden.

Der Beschluss, durch den der Insolvenzplan bestätigt oder abgelehnt wird, muss im Abstimmungstermin oder in einem alsbald zu bestimmenden besonderen Termin bekannt gegeben werden.

Auf Antrag eines Gläubigers ist die Bestätigung des Insolvenzplans zu verweigern, wenn der Gläubiger nachweist, dass er durch den Plan schlechter als ohne Insolvenzplan gestellt ist (Minderheitenschutz).

Aufhebung des Insolvenzverfahrens

Sobald die Bestätigung des Insolvenzplans rechtskräftig ist, beschließt das Insolvenzgericht die Aufhebung des Insolvenzverfahrens. Damit erlöschen die Ämter des Insolvenzverwalters und des Gläubigerausschusses. Mit der Aufhebung des Insolvenzverfahrens erhält der Schuldner das Recht zurück, über die Insolvenzmasse frei zu verfügen.

Ist die Überwachung der Planerfüllung im Insolvenzplan vorgesehen, besteht jedoch zu diesem Zweck das Amt des Insolvenzverwalters, des Gläubigerausschusses und des Insolvenzgerichts fort.

Verbraucherinsolvenzverfahren

Fünf Schritte zur Schuldenfreiheit

Stufe 1
Versuch außergerichtlicher Einigung mit Gläubigern
- erfolgreich: private Entschuldung ohne Gericht
- nicht erfolgreich: Stufe 2 beantragen (vor Gericht)

Stufe 2
Verfahren über gerichtlichen Schuldbereinigungsplan
- Gläubiger stimmen dem Plan vor Gericht zu: Künftig läuft die Entschuldung nach diesem Plan.
- Gericht ersetzt die Zustimmung der Gläubiger: Die Entschuldung läuft ebenfalls nach diesem Plan.

Stufe 3
Gericht macht aufgrund des Entschuldungsplans ein vereinfachtes Insolvenzverfahren; ein Treuhänder verwaltet das Vermögen des Schuldners und teilt es unter die Gläubiger auf.
- Antrag auf Restschuldbefreiung wird im Insolvenzverfahren abgelehnt: Alles war umsonst.
- Antrag auf Restschuldbefreiung wird angenommen: Es beginnt Stufe 4.

Stufe 4
Wohlverhaltensperiode

- 6 Jahre lebt der Schuldner vom pfändungsfreien Teil seines Einkommens, nimmt jede zumutbare Arbeit an und meldet alle persönlichen Veränderungen dem Treuhänder und dem Gericht.

Stufe 5
Entscheidung über Restschuld

- Der Schuldner hält die 6 Jahre nicht durch: Restschuldversagung.
- Der Schuldner hält die 6 Jahre durch: Restschuldbefreiung.

AUFGABEN

1. Welche personellen, sachlichen, organisatorischen und finanziellen Gründe können zu einer Unternehmenskrise führen?
2. Wodurch unterscheiden sich Liquidation und Sanierung?
3. Wer kann einen Antrag auf Eröffnung eines Insolvenzverfahrens stellen?
4. Warum wird der Eröffnungsbeschluss über ein Insolvenzverfahren veröffentlicht?
5. Welche Gegenstände gehören nicht zur Insolvenzmasse?
6. In welcher Reihenfolge müssen folgende Forderungen in einem Insolvenzverfahren befriedigt werden?
   a) Gerichtskosten für das Insolvenzverfahren
   b) unter Eigentumsvorbehalt gelieferte Ware
   c) ungesicherte Forderungen eines Lieferers
   d) rückständige Gewerbesteuerzahlung
   e) eine durch Sicherungsübereignung gesicherte Forderung
   f) die Forderung eines Arztes gegenüber dem Schuldner
7. Welche Vorteile bietet das Insolvenzplanverfahren gegenüber dem Regelverfahren
   a) dem Schuldner?
   b) den Gläubigern?
8. Der Angestellte Frank Bussath ist nicht mehr in der Lage, seine Schulden zu bezahlen.

   Was muss er tun, um eine Restschuldbefreiung zu erlangen?

AKTIONEN

Der Inhaber der Jeans-Mode KG ist nicht mehr in der Lage, seine Zahlungsverpflichtungen zu erfüllen.

Welche Maßnahmen kann er ergreifen, um sein Unternehmen vor der Auflösung zu bewahren? Stellen Sie die notwendigen Schritte auf einem Plakat dar.

ZUSAMMENFASSUNG

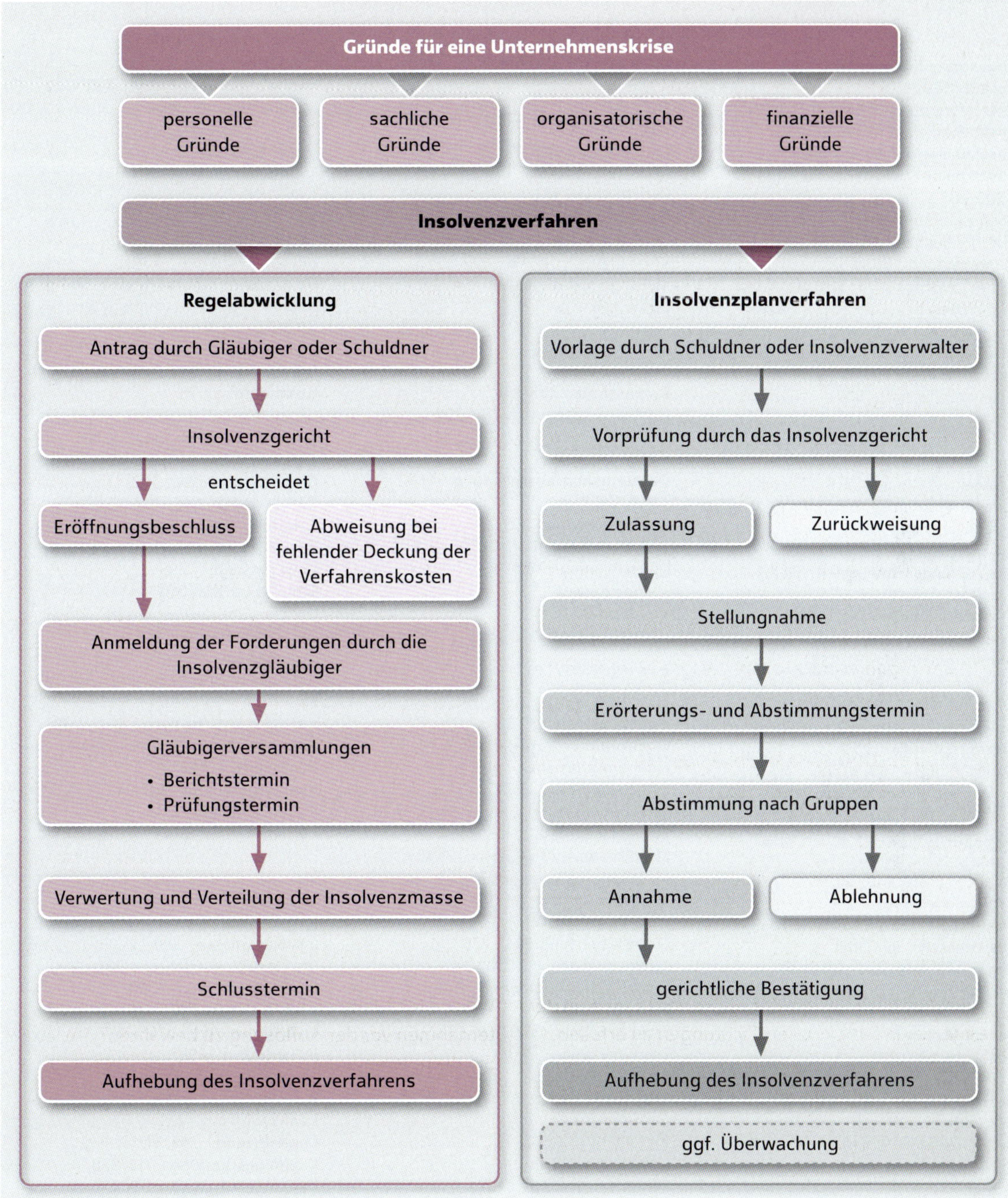

SACHWORTVERZEICHNIS

Einzelhandelskontenrahmen (EKR)[1]

Gekürzte Fassung für Ausbildung – Oktober 1990

lassen

ıließlich
n)

löse für Waren
:onto)
sberichtigungen
löse für Waren
)
sberichtigungen
löse für Waren
)
sberichtigungen
tzerlöse
Jmsatzerlöse
tleistungen)
sberichtigungen

bliche Erträge
öse aus Vermie-
Verpachtung
ge)
Erlöse
von Gegenständen
gen Leistungen
nstige betrieb-
ige
der Herabsetzung
ellungen
eiligungen
ıs Beteiligungen
tpapieren
ıs Wertpapieren
ı und ähnliche

ge
träge
he Erträge
entliche Erträge

ıntenklasse 6

d Beratungs-
ngen
ür Kommunikation
, Information,
)
ial
Fachliteratur
on
gebühren
onkosten
n
und Präsentation
Dekoration

ür Beiträge und
ı
ngsbeiträge
Wirtschaftsver-
l Berufsvertretungen
nstige betriebliche
ngen
ıs Schadensfällen
ıngen auf
en
ngen aus Wäh-
lifferenzen
en zu Rückstel-
Gewährleistungen

6 Betriebliche Aufwendungen (einschließlich Berichtigungen)

Materialaufwand

60 Aufwendungen für Waren
- 6000 Aufwendungen für Waren (Sammelkonto)
  - 6001 Bezugskosten
  - 6002 Nachlässe
- 6010 Aufwendungen für Waren (Gruppe 1)
  - 6011 Bezugskosten
  - 6012 Nachlässe
- 6020 Aufwendungen für Waren (Gruppe 2)
  - 6021 Bezugskosten
  - 6022 Nachlässe

61 Aufwendungen für Material und für bezogene Leistungen
- 6100 Aufwendungen für Betriebsstoffe
- 6101 Aufwendungen für Verpackungsmaterial
- 6102 Aufwendungen für Leergut
- 6103 Aufwendungen für Energie
- 6104 Aufwendungen für Reparaturmaterial
- 6105 Aufwendungen für Reinigungsmaterial
- 6106 Aufwendungen für sonstiges Material
- 6110 Frachten und Fremdlager
- 6111 Vertriebsprovisionen
- 6112 Fremdinstandhaltung
- 6113 Abfallentsorgung
- 6114 Reinigung

Personalaufwand

62 Löhne
- 6200 Löhne für geleistete Arbeit
- 6210 Sonstige Lohnaufwendungen

63 Gehälter
- 6300 Gehälter
- 6310 Sonstige Gehaltsaufwendungen

64 Soziale Abgaben und Aufwendungen für Altersversorgung und für Unterstützung
- 6400 Arbeitgeberanteil zur Sozialversicherung
- 6420 Beiträge zur Berufsgenossen-schaft

Abschreibungen

65 Abschreibungen
- 6520 Abschreibungen auf Sachanlagen
- 6530 Abschreibungen auf geringwertige Wirtschaftsgüter
- 6540 Abschreibungen auf Sammelposten (Wirtschaftsgüter über 250,00 € bis 1.000,00 €)

Sonstige betriebliche Aufwendungen (66–70)

66 Sonstige Personalaufwendungen
- 6600 Sonstige Personalaufwendungen

67 Aufwendungen für die Inanspruchnahme von Rechten und Diensten
- 6700 Mieten, Pachten
- 6710 Leasing
- 6730 Gebühren
- 6750 Aufwendungen des Geldverkehrs

7 Weitere Aufwendungen

70 Betriebliche Steuern
- 7020 Grundsteuer
- 7030 Kraftfahrzeugsteuer
- 7090 Sonstige betriebliche Steuern

71 Frei

72 Frei

73 Frei

74 Abschreibungen auf Finanzanlagen und auf Wertpapiere des Umlaufvermögens
- 7420 Abschreibungen auf Wertpapiere des Umlaufvermögens

75 Zinsen und ähnliche Aufwendungen
- 7510 Zinsaufwendungen
- 7530 Diskontaufwendungen

76 Außerordentliche Aufwendungen
- 7600 Außerordentliche Aufwendungen

77 Steuern vom Einkommen und Ertrag
- 7700 Gewerbeertragsteuer
- 7710 Körperschaftsteuer
- 7720 Kapitalertragsteuer

78 Frei

79 Frei

8 Ergebnisrechnungen

80 Eröffnung/Abschluss
- 8000 Eröffnungsbilanzkonto
- 8010 Schlussbilanzkonto
- 8020 Gewinn- und Verlustkonto

9 Kosten- und Leistungsrechnung

In der Praxis wird die Kosten- und Leistungsrechnung gewöhnlich tabellarisch durchgeführt.

Erläuterungen zu den einzelnen Positionen

Kontengruppen
Die **zweiziffrigen Kontengruppen** entsprechen den ausweispflichtigen **Bilanz- und GuV-Positionen** gem. § 266 und 275 HGB.

Warenkonten
Der **Bezug** von Waren ist sofort als Aufwand auf dem Konto 6000 „Aufwendungen für Waren" zu buchen. Dementsprechend sind Anschaffungsnebenkosten (Bezugskosten) und Anschaffungspreisminderungen = Nachlässe (Boni, Skonti) auf den „Unterkonten" 6001 und 6002 zu erfassen.
Das Konto 5000 „Umsatzerlöse für Waren" – mit dem entsprechenden „Unterkonto" 5001 „Erlösberichtigungen" für Boni und Skonti – ist für den **Verkauf** von Waren vorgesehen. Das **Warenbestandskonto** (2000) wird während der Abrechnungsperiode nicht angesprochen. Die Gegenbuchung von **Inventurdifferenzen** (Mehr- und Minderbestände an Waren) ist auf dem Konto 6000 „Aufwendungen für Waren" vorzunehmen.

Konto 5410 „Sonstige Erlöse"
Vorgesehen z. B. für die Erfassung von Erlösen aus Anlagenverkäufen.

Konto 5430 „Andere sonstige betriebliche Erträge"
Vorgesehen z. B. für Kassenüberschüsse und Anlagenverkäufe über Buchwert.

Konto 5800 „Außerordentliche Erträge"
Erträge gem. § 277 Abs. 4 HGB.

Konto 6106 „Aufwendungen für sonstiges Material"
Vorgesehen für Materialaufwendungen, die z. B. im Zusammenhang mit der Erbringung von Dienstleistungen anfallen.

Konto 6930 „Andere sonstige betriebliche Aufwendungen"
Vorgesehen z. B. für Kassenmanko und Anlagenverkäufe unter Buchwert.

Konto 7600 „Außerordentliche Aufwendungen"
Aufwendungen gem. § 277 Abs. 4 HGB.